朱东安
晚清史文集

晚清政治
与
传统文化

朱东安 —— 著

WANQING ZHENGZHI YU
CHUANTONG WENHUA

辽宁人民出版社

ⓒ 朱东安 2019

图书在版编目（CIP）数据

晚清政治与传统文化 / 朱东安著 . — 沈阳：辽宁人民出版社，2019.3

ISBN 978-7-205-09528-4

Ⅰ．①晚… Ⅱ．①朱… Ⅲ．①政治文化-研究-中国-清后期 Ⅳ．①D691

中国版本图书馆CIP数据核字(2018)第301092号

出版发行：辽宁人民出版社
　　　　　地址：沈阳市和平区十一纬路25号　邮编：110003
　　　　　电话：024-23284321（邮　购）　024-23284324（发行部）
　　　　　传真：024-23284191（发行部）　024-23284304（办公室）
　　　　　http://www.lnpph.com.cn
印　　刷：辽宁新华印务有限公司
幅面尺寸：170mm×240mm
印　　张：33
字　　数：460千字
出版时间：2019年3月第1版
印刷时间：2019年3月第1次印刷
责任编辑：娄　瓴
装帧设计：琥珀视觉
责任校对：刘宝华
书　　号：ISBN 978-7-205-09528-4

定　　价：88.00元

关于近代史研究的几点思考（代序）

近二十年来，中国近代史的研究取得很大成绩，有了很大发展，可以说出现了空前未有的繁荣局面。而海峡两岸的学者济济一堂，共同探讨一些学术问题，更是20世纪80年代之前所未曾有过的情况，可谓可喜可贺。然而，繁荣中也有忧虑，前进中亦有值得重视的问题。其中有的属于老问题变出新花样，有的则是新时代提出的新要求。而要使近代史研究有一个坚实的、科学的基础，以获得可持续发展，对这些问题不能不认真考虑。

一、问题的提出

自改革开放以来，由于"双百方针"得以贯彻，学者们有了较为充裕的时间，学术著述与学术会议增多，自由讨论的空气较前浓厚，对各种学术问题可以各抒己见，热烈讨论，这都是正常的，也是好事，只有这样才可促进学术的发展。然而，在这些争论中也反映出一个学术研究要不要坚持科学性问题。例如，太平天国与辛亥革命，本来是近代史上两次最大的革命运动，无论就其历史推动作用还是对历史经验的积累而言，都曾对中国民主革命的最后胜利作出过贡献。可以说，没有这些革命斗争，就没有中国的今天。所以，历代革命伟人，从孙中山到毛泽东，都曾对它们作出过肯定的评价。而于今同一个学者，对太平天国与辛亥革命的评价却悬若天壤，一个要低之再低，多低都不为低；一个要高之再高，多高都不为高。难道这两种评价都是科学的吗？在学术争论中，某种偏激见解的出现是正常的、常见的和由来已久的，只是两种偏激之见集中在一人身上，这样典型、这样对照鲜明，且并非出于感情上的好恶，而是完全属于理性的思维。这就不能不引起人们的深思。为了彻底弄清这一现象的实质和根源，也就不能不回顾一下改革开放乃至新中国成立以来近代史的研究状况，不能不涉及一些有关史学的历史经验和基本理论问题，甚至对一些过去约定俗成的说法，重新拿出来加以讨论。

二、关于为现实政治服务

文艺要以歌颂或批判的方式为社会现实政治服务，本来是毛泽东在延安文艺座谈会上讲的，对史学研究还没有直接这样讲过，但事实上却一直按此方针参照执行，故多年来史学研究上的一些得失利弊，都往往与之有着直接或间接的关系。

作为意识形态的历史学，一定要服务于社会、服务于现实政治，可以说这具有一定的客观必然性。否则，政治上就会失去法律保障，经济上也难以生存。中国史学自西汉中期由司马迁创建以来，在自己长期发展的过程中，曾先后出现过几次转型，即指导思想与阶级属性的根本转变，以至形成几个前后不同的阶段。而究其原因，则主要因为社会政治、经济制度发生了质的变化，对史学提出新的政治要求，而史学如要承担现实社会向它提出的新的政治任务，也就只有从根本上改变自己的性质。从而形成自身的新陈代谢，新史学取代旧史学，占据史学领域的统治地位。于是，中国史学便发展到一个新的阶段。例如，辛亥革命后，反对帝制与实行民主成为中国政治的中心内容和历史潮流，然原来的旧史学却只能为封建帝制服务而不能为民主政治服务，故在五四运动以来的一场史学革命中被无情淘汰，其原有的尊崇地位被民国新史学所取代。及至1956年中国基本上完成对农业、手工业和资本主义工商业的社会主义改造，进入社会主义社会之后，国家政权性质由人民民主专政变为无产阶级专政。亦因资产阶级史学不能为以无产阶级专政为核心的无产阶级政治服务，遂在1958年以来的史学革命[1]中被无情淘汰，其在史学领域的主体地位也被马列主义史学所取代。

然而，历史学究竟如何为现实政治服务，怎样才算是为现实政治服务，却是一个非常值得重视和认真探讨的问题。《史记》曾对刘邦、吕后多有微词，而对项羽、韩信却充满同情与敬意，以致被人斥为"谤书"；《资治通鉴》则对众多的帝王进行过批评。难道它们没有为当时的现实政治，即封建专制制度服务？应该说不仅是为封建专制制度服务的，且服务得非常好，故而受到历代帝王的欣赏。可见，对这个问题的理解过于狭隘，过于简单、直接，也会走向愿望的反面，使优秀著作遭到扼杀，平庸甚或有害之作四处传播。经过"文化大革命"的教训，这个问题好像已经解决了，史学界同行有了共同认识，但实际上，在史学研究的实践中却并非如此。

改革开放之初，近代史研究中曾发生过"三大高潮"与"四个阶梯"之争，表面上双方见解尖锐对立，各执一端，实际上却仅仅是政治内容与方向上不同，而在如何为现实政治服务的问题上，其理解与做法却并无分歧。就是说，他们对于史学"为现实政治服务"的理解与做法，都只是停留在宣传上，用"借古讽今""以古喻今"来为现实政治服务，表面上，即口头上或字面上说的是历史，实际上，心中之所想、所指，却是现行政策和现实政治问题。古代史与现实政治联系较少，而要让它直接为现实政治服务，多半要靠那些影射史学之类。而近代史则属近水楼台，同现实政治联系较多，只要把那些与现实相同或相近的事物拿来，加以批判或歌颂，也就达到了为现实政治服务的目的。例如，借歌颂义和团来歌颂中国人民的反帝斗争，借歌颂太平天国和辛亥革命来歌颂中国人民的反封建斗争，借批判曾国藩、李鸿章、袁世凯来批判蒋介石等等。由于太平天国与中国共产党领导的人民革命战争最相近，所以，在近代史学乃至整个史学领域，也就最受青睐，独占鳌头，以至在中国史学史上风光了几十年。而改革开

---

[1] 这场革命问题不少，缺点甚多，但却是一个不可否定的历史事实。马列主义史学也是在五四运动后产生的，与资产阶级史学几乎同时，但长期以来一直未能在史学领域占有统治地位，直到此时二者的地位才发生逆转。这也是一个不可否定的历史事实

放之后，政治中心改变，由强调战争、强调革命、强调阶级斗争，转而强调资金、强调技术、强调现代化，由强调反对帝国主义侵略，转而强调学习资本主义列强，学习其积极追随者"亚洲四小龙"。在新的形势下近代史研究如何为现实政治服务？于是，一些学者将近代史上的重大事件重新排队，提出"四个阶梯"之说，以打破原有的相关理论体系，实现近代史研究由革命年代向建设年代的过渡。然其最大的改变，不过是洋务运动地位飞升，义和团运动遭到淘汰，太平天国虽屡遭批评但仍保有一席之地。而随着改革开放的不断深化，太平天国的日子则一天不如一天，不断受到一些莫名其妙的冲击。例如，经济上搞包产到户，就有人把太平天国说成是"一大二公"的人民公社；政治上否定"文革"、批判"造神运动"，就有人把太平天国说成是"红卫兵"，是神权政治；国家强调稳定、强调发展经济，就有人说太平天国破坏稳定、破坏生产；强调弘扬中国优秀的传统文化，就有人说太平天国破坏传统文化；要批判邪教、取缔"法轮功"，就有人指太平天国为邪教；政治上要批判"台独"，推进中国的统一，就有人要取消太平天国的国号，搞什么"天无二日，人无二主"，甚至连什么国际承认都搬出来了。凡此种种，都曾在史学界造成程度不同的影响，有的甚至引起全国性的轰动。

同一个太平天国，在不同的历史时期其政治命运竟会如此天差地别，这就不能不引起人们的深思，除要看到政治上的变局这一外部条件，亦需要对其内因，即历史学的自身特性，做一些认真的考察。

三、关于史学的功能

就一般而言，史学的功能大约有两个方面：一为舆论功能，一为借鉴功能。舆论功能即其所具有的制造社会舆论的功能，上面所提到的以史学为宣传工具，为现实社会中的政治中心任务服务，就是主要发挥这方面的作用。由于近代史是个新学科，是在革命战争年代，为着革命的需要建立起来的。且有的史学家，尤其那些对于中国近代史体系的建立与维持，起着决定性的领导作用的史学家，如胡绳、刘大年等，本身就是负责宣传工作的政治家,所以,其所承担的政治宣传任务特别重,在这方面的作用也得到充分发挥。同古代史相比,舆论功能也就成为它的一个突出特点。这不仅表现在过去,也表现在现在。改革开放以来,近代史学科制造舆论的功能比革命年代更为得心应手。太平天国、义和团不行了,就大吹洋务运动和洋务派,大吹曾国藩、李鸿章。似乎一个"中学为体,西学为用",就为改革开放找到了足够的历史根据。甚至有人说,歌颂李鸿章,就是歌颂改革开放。于是,太平天国和洋务运动的历史地位来了一个乾坤倒转,以前的歌颂对象如今成了批判对象,以前的批判对象如今成了歌颂对象。不过,这些史学家的做法虽然是从上一代史学家那里学来的,但具体的史学观点却不为他们所认同。于是,双方屡起争议,形成近代史研究领域两个最大的对立的学术流派。

数十年来,最无争议的要算辛亥革命了。无论是讲革命至上抑或经济建设为中心,无论是海峡的此岸彼岸,即使让史学为现实政治服务,也很少有人对它进行攻击。其实,在20世纪的五六十年代,对辛亥革命同样有拔高或过誉现象,同样有不够实事求是之处。例如,民国的建立应当归功于革命党,而推翻清王朝却并非革命党一派之力。若不是立宪派被逼造反和袁世凯对清朝贵族的背叛,武昌起义很难发动起来,更不会导致清朝灭亡的结局。否则,就很难解释为什么革命党有力量推翻清王朝却无力实行共和政治的奇怪现象。事实上,以往对辛亥革命的研究中,与太平天国的情况类似,过分强调了阶级矛盾与阶级斗争,革命与反革命间的矛盾斗争,有意无意地忽略了统治阶级内部不同利益集团,尤其是满汉之间的矛盾斗争,忽略了革命党与满洲贵族之间的中间力量,如立宪派与袁世凯的政治动向与历史作用。这种研究,不仅把革命党孤立起来加以考察,从而割断了它与立宪派、袁世凯北洋集团间的联系,也将辛亥革命孤立起来加以考察,从而割断了它与清末新政及民初军阀混战的内在的历史联系。这样,也就很难对辛亥革命中的复杂的历史现象,例如南北议和问题,作出实事求是的解释。然而,当今之世,这类问题存在于太平天国身上可以得到纠正,而存在于辛亥革命身上却很难加以纠正。古人云:"生于忧患而死于安乐。"虽则指人而言,其道理却不限于此。无论一个史学著作、一个研究专题,还是一个史学观点、一个史学流派,若不经过几个反复是很难作数的,要经受得住历史的考验,各种政治环境与思想潮流的考验。经过这次严酷环境的锻炼,太平天国的研究必将会有长足进步,而辛亥革命的研究却未必能够如此。因为它还没有这样的政治机遇。

至于史学的借鉴功能,亦受到中国历代统治者的重视。所谓以史为鉴、以古鉴今,所谓"殷鉴不远,在夏后之世",都是说史学具有这一功能,并可以用来为现实政治服务。所谓"以人为鉴可以辨得失",也包含这种意思。因为人无非今人、古人,以古人为鉴,也就是以史为鉴、以古鉴今了。所以,制造社会舆论并不是史学的唯一功能,更不是它最重要、最本质的功能。因为制造舆论是社会政治加在它身上的带有强制性的任务,且是意识形态的各个门类,如哲学、文学、新闻、艺术等所共同具有的,而只有借鉴功能才是它所独有的。也可以说,舆论功能只是它得以生存的外部条件,而只有借鉴功能才能体现它的本质和生命力。虽然这两种功能都是史学为现实政治服务的本领,但舆论功能只能表现其粗浅功夫,其历史作用也是短暂的甚或片面的;而只有借鉴功能才能体现出其深厚的底蕴,具有长久的魅力。因为它可以在一定程度上突破阶级和时代的局限性,揭示出人类社会在一定时期或一个发展阶段上的客观规律。整个史学如此,具体到一部史学著作也是如此。如《史记》和《资治通鉴》,它们虽为封建时代地主阶级的作品,但却具有永久的魅力,直到今天仍具有很高的参阅价值。据说,一部《资治通鉴》,毛泽东竟读过17遍。由此人们可以理解,他之所以能够在中国革命的战略思想上高人一等,并非由于他去的国家多,马列著作读得熟,而是较为熟悉中国历史和中国传统文化,从而对中国社会的发展规律,较他人具有更为深刻的理解。

四、关于史学的二重性

说史学具有二重性,有两层含义:一个是它的客观性,一个是它的主观性。就是说,它既是客观的,又是主观的。一部好的史学著作,必然是主观与客观的高度统一。而究其原因,则来自三个方面:一是它的自身,一是社会对它评价,一是研究者自身的追求。历史学是以研究人类社会的历史为任务的,而人类社会的历史是一个流动的亦即发展变化的过程。它包括物质和精神两个方面,但无论物质或精神,对其研究者来说,都是客观存在的、不以人的主观意志为转移的。而历史学则是人类历史在历史学家头脑中的反映,亦即他们对人类历史的主观认识与表述。就其本质而言,人类社会与自然界是相同的,包括它的历史与现实,并由此建立起它们的共性和联系。而历史学则是另一码事。其究竟能在多大程度上反映历史的客观性,则完全取决于历史学家的水平与能力。就是说,从客观上讲,人类具有认识和掌握社会发展规律的可能性是一码事,而在主观上、通过社会的具体的个人实现这种可能性又是另一码事。所以,已经发生过的社会发展的历史过程是不可能复原的,所谓重构历史、复原历史、再现历史云云,都带有广告嫌疑,都是不可能的。历史学只能最大限度地贴近历史实际,不可能原原本本地将它复原出来。况且,在实践上,人们的认识与表达能力又受到主客观上的种种限制。因为人们要开展研究工作,总离不开文字与实物资料。而文字资料是靠人记录的,难免不加入人的主观因素,同客观实际相比已有了差距、打了折扣。更何况有些情况,当事者是永远不想让别人知道的,不会留下任何证据,更不会有文字记载。且往往越是在历史发展的关键时刻与重大问题上,越是如此。所谓"烛光斧影,千古之谜",就是指此而言。而地下发掘的实物资料,虽然较为客观,但却处处依靠考古工作的开展,亦受到国家财力、物力、科技水平和时间的限制。至于研究者主观上还要受到理论水平、研究能力、刻苦努力的程度等限制,就更是不言而喻的了。所以,一部史学著作究竟能在多大程度上反映历史的真实性,这要因人而异、因书而异,如果具有七成以上的科学性,恐怕就算是优秀作品了。

此外,社会的要求是造成史学二重性的另一重要原因,在一定程度上可以说是决定性的原因。由于社会是由人组成的,而人分属于不同阶级、阶层、集团,具有不同的利益要求,并由此造成对自然科学与社会科学的不同的评价标准,即客观真理与主观真理之说。历史学与历史科学都属于意识形态、社会科学的范畴,故社会对它的评价也有二重性,客观性和主观性。就是说,人们评定一个史学著作的高下优劣,不仅要根据其科学性如何，还要看其观点是否符合自己的利益。以所占科学性的多寡定其殿最应属客观标准，以自身利益衡量其优劣轻重则是主观标准。从前，胡适曾将历史学比喻为任人打扮的小姑娘，也有人把它说成是任人摆弄的二百吊大钱，可谓将史学自身与社会评价标准的主观性推到了极致，并在社会上造成很大影响。而新中国成立后史学界出现的一些怪现象，一些没有多少科学性，甚至有害无益、害多益少的作品，竟能得到势要人物的推崇，取得社会上的轰动效应，也是因为它符合一些人的政治利益，以至根本不去顾忌它的客观性。而这种现象今后还会有，只要社会上存在着阶级、阶层，它就不会消失。因为这不仅由社会要求、史学自身的特点来决定，也由从事史学研究的工作人员本身的特点来决定。因为他们也是人，他们要生存、要发展就要适应社会、面对市场。俗话说"重赏之下必有勇夫"，只要有好处，任何荒诞的事都会有人去干。而同样道理，范文澜提倡的"二冷精神"虽然高尚，却很少有人能够做到、能够坚持一生，尤其在实行市场经济的今天。虽然不能说有市场经济就有市场史学，但史学与史学工作者的生存和发展一定会受到市场和社会现实政治的制约，却是一个不可否认的事实。由此，又使人联想到另一问题。近来有人提出回到乾嘉学派去的口号，似乎可以彻底摆脱现实政治对史学的纠缠，但实际上却不能解决问题。这里且不评论乾嘉学派的长短得失及其特殊的政治背景，单就其皓首穷经的精神与做法，以后的莘莘学子就很少有人能够做到。故自道光以来这个学派就衰落下去，很少有人再像他们那样治学。我在研究曾国藩的幕僚时，曾见到一个追随先贤、效法乾嘉学派的事例。刘文淇、刘毓崧、刘寿曾皆清代以考据见长的著名学者，立志撰成《左氏春秋长编》一书。只可惜祖孙三代前仆后继，无不英年早逝，最后也未能完成这部著作，读之令人悲痛。况且，当时的学者多属士绅之家，最低也无冻饿之虞。而今天的学者皆靠工薪吃饭，上司考查又勤，恐怕即便有其心也无其力。

五、关于史学的科学性

所谓史学的科学性，即史学的客观性，也就是对人类社会历史的真实反映。其内容包括两部分：一是符合历史事实；一是能够揭示出这些历史现象间的内部与外部的必然联系，即发展变化的客观规律。就这点而言，跟自然科学是一样的。西方与港台的一些学者不承认史学的科学性，并将之排斥于社会科学之外，主要是出于他们的偏见。因为他们拒绝马克思主义，不承认人类社会与自然界具有共同的本质，都是客观存在的、发展变化的、遵循一定规律的，且人类能够掌握这种规律，包括其过去、现在与未来，就像对于自然界一样。所以，他们将自己不想做、做不到的事，归结于不可能。不过，这是就整体而言，只有在马克思主义诞生之后，历史学才有可能变为历史科学，但并不是说在此之前，或者不用马克思主义指导其研究工作的学者的史学论著，就不含有科学性。应该说，凡是公认的史学著作，都含有程度不同的科学性，一些优秀的古今名著则所含科学性的成数尤高，不管其作者属于哪个阶级，唯物主义者还是唯心主义者。反之，即使诚心用马克思主义研究历史的学者，其写出的著作也不一定就是马克思主义的史学著作，更不可能具有百分之百的科学性。这就是说，可以将历史学变为历史科学的客观可能性是一回事，而要通过具体的个人，在主观上实现这种可能性，又是另一回事。其主观上想用马克思主义研究史学是一回事，其做法上是否符合马克思主义，却是另一回事。无论多么好的主义与方法，使用不当都会产生偏差甚或相反的结果。所以，评价一部史学著作或史学论文学术价值的客观标准只有一个，那就是其所含科学性的成数。

一般而言[1]，史学工作者都承认史学的科学性，但结果却往往大相径庭。而究其原因，则不仅与个人因素有关，更取决于本人对史学价值的不同追求。因为史学研究也是一种科学研究活动，最忌带有主观性，它与科学性的关系应该是此消彼长。这就是说，即使是第一流的史学家，如果他所追求的目标过多地带有主观性，也必然使自己史学著作科学性的成数大为降低。例如，他以史学的借鉴功能为首要的价值追求，他就努力追求史

---

[1] 因为影射史学实行的是另一套规则，并不遵守约定俗成的史学规则，严格地说它不属于史学，其热衷者也多不是专业史学工作者。所以，它只是一种社会现象，而不是史学现象，故不在本文讨论之列。

学的科学性,力求自己的史学著作更接近客观历史。因为只有符合社会历史实际及其客观发展规律的史学著作,才能真正揭示出历史与现实的内在的必然联系,才能对现实社会具有借鉴价值。如果他不以科学性为基础,片面追求史学舆论功能上的价值,他就可能努力追求史学的主观性,力求自己的史学著作更贴近一时的社会需求。这样,对一个历史人物或历史事件的表述和评价,难免不发生畸高畸低的现象,而本文开头所举的例子,不过较为突出和典型而已。

此外,《春秋》义法与《联共(布)党史教程》的影响,也往往导致史学的政治化,从而造成其主观性的膨胀和科学性的萎缩。究其原因,则与多少年来常常混淆政治学与历史学的界线有关。所谓《春秋》义法不过是孔子借歪曲史实,以打击当时的那些肆意僭越的"乱臣贼子",宣扬自己克己复礼的政治主张的做法,并经由公羊派和今文经学派的张扬,形成一种以微言大义为特征的治学方法。多年来,一直有人采用这一方法研究历史,撰写史书和文章。但这是治经学的方法,并不是研究历史的方法。更何况,孔子的《春秋》也不是史学著作。至少从西汉中期以来《春秋》就被称为"经",是人们必须恪守的政治法则,应属于政治学。而历史学则是由《史记》发端、司马迁创立的,故其有"史圣"之称。所以,这个问题本来是清楚的。但自章学诚提出"六经皆史"之后,这个问题又逐渐模糊起来。因为他的主张,实际上是将史学政治化,并非将《春秋》史学化,故能得到一些民国学者的响应,用以批判旧史学、鼓吹新史学,以便让它为民主革命造舆论。其后的一些马克思主义史学家,也往往采取与之类似的做法,不过不是直接取义于《春秋》,而是取义于革命的新经典《联共(布)党史教程》,将之奉为无产阶级新史学的样板,而视中国史学的经典之作,如《史记》《资治通鉴》等为一堆史料。其实,《春秋》、党史之类政治学教科书不仅形式上,且在裁定原则上与史学著作有着明显的不同。就拿《春秋》与《史记》来说吧,前者为尊者讳、亲者讳、贤者讳,甚至为政治宣传的需要而不惜歪曲历史事实;而后者则顺从自然、尊重客观,无论胜败贵贱、美丑智愚皆无所隐讳,在司马迁的笔下,孔子老庄都是先哲,秦皇荆轲尽皆英雄,既推崇刘邦的机警善变,也敬仰项羽的英勇无畏。但对他们的弱点劣迹,也毫不留情地加以揭露和批评。又如,裁定历史学中是是非非的根据应是历史事实,而裁定党史上是非曲直的根据则是党的文件和领导人的言论。所以,它们虽然都是讲历史的,但却有着大为不同的规矩,虽无明文规定,但却是个不容否认的事实,业内人士无不知晓。因而,为了坚持史学的科学性,应将历史学与政治学分开,各行其是,互不干扰。

六、关于史学的研究方法

中华民族具有丰厚的学术积累和诸多治学方法,五四运动以来又从欧美日本传入实用主义、马列主义等,差不多都被用来研究历史,遂使今天研究史学的方法多种多样,学者们也大有选择的余地。应该说,这些方法都有它的合理性,都有过它的辉煌,都有自己的名人名著。然比较而言,在这些研究方法中,应以马克思主义的实事求是的方法为最优。我这样讲有两方面的理由:一是在理论上,它吸收和综合了古今中外研究方法的精华;一是在实践上得到证明,其中既有马克思主义和毛泽东思想创始人的实践,也有作者个人二十几年来从事史学研究的切身体验。

实事求是是个古老的提法,最早载于《汉书·河间献王传》,称刘德"修学好古,实事求是",清代考据学家曾以此为治学格言。他们高张汉学的旗帜,与程朱理学拼死争斗、相互讦难,并在乾嘉时期称霸学坛,创造出自己的辉煌时代。曾国藩是一位晚清时期学兼汉宋的理学家,主张兼取各家之长,认为"事"就是"物"、"求"就是"穷",汉学家的"实事求是"与宋学家的"即物穷理"是一致的。这样,他就将这势不两立的两大学派的研究方法统一起来,虽未必能为两派学者所接受,但对他来说却是兼两家之长,创造出一种新的研究方法,且对汉、宋两家而言,都是一种超越。因为提法虽然略同,但汉、宋两家的治学实践却各有自己的长短偏好。汉学家重证据而轻理论,他们所说的"是"归根到底还是事实。而理学家则重理论而轻证据,他们所说的"物"归根到底还是"理"。毛泽东则更进一步将这一古老的说法与马克思主义结合起来,对实事求是作出新的解释:"实事"就是客观存在着的一切事物,"求"就是研究,"是"就是客观事物的内部联系,即规律性。这一说法与马克思的治学方法是一致的。他在谈到《资本论》的研究方法时曾说,研究必须充分地占有材料,分析它的各种发展形式,探寻这些形式的内在联系。可见,经毛泽东重新解释的实事求是的研究方法,在理论上是可以成立的。

从实践上说,马克思曾用这一方法完成《资本论》的研究,揭示出人类社会,尤其资本主义社会的发展规律,从而奠定了马克思主义整个思想体系的理论基础。毛泽东曾用这一方法研究中国问题,从而揭示出中国革命的规律,开创了农村包围城市的道路,将中国民主革命引向胜利。而我个人的实践虽然与之相比微不足道,但于自己对实事求是这一研究方法的信心的建立,相对而言却更为重要。二十几年来,我一直在自己的史学研究工作中坚持实事求是态度,虽然为此付出巨大的代价,所出成果不多,但所幸这些著作与论文大致经受住了时间的考验,未因时势的变化而引起学术价值的涨落。

至于二十几年来从事史学研究的体验,似乎觉得人类历史确有规律可循,而马克思主义实事求是的方法也确有可取之处。我在研究中发现,历史人物的主观与客观之间,存在着一个由此及彼的桥梁,那就是他们对利益的追求。只要抓住这一点,就可以通过他们的个人言行,追索到其背后的客观必然性。因为"利益"只有大小远近之分,个体整体之别,小到一人一事,大到一个集团、一个阶层、一个阶级,乃至一个民族,无不为自己的利益而斗争。作为社会中的一个人或一群人,尽管其思想千差万别、反复多变,但殊途同归、万变不离其宗,总不能脱离上述规律,总不会甘为他人作嫁衣裳。我把这一发现称为"利益原则"或"利益法则"。它与马克思主义的阶级分析方法是一致的,但从具体言行入手,可避免公式化之弊;既可用以作阶级、阶层分析,也可作派别、集团与个人分析,故使用面更广、精确率更高。又因它是运用马克思主义实事求是的方法,在长期的研究实践中发现的,故更合乎实事求是和具体问题具体分析的原则。多年来,我曾用此法破解过研究过程中遇到的不少难解之题,可以说屡试不爽。

其实，对史学研究来说，最重要的不是研究方法，而是出发点。只要坚持从事实出发、从现象入手展开研究工作，不论采用什么方法，搞出的成果总具有程度不同的科学性。而衡定各种史学研究方法和指导思想的优劣殿最，也只有一个客观标准，那就是看其所生产的史学论著的科学性如何。

这里还想顺便说一句，以笔者浅见，胡适先生的"大胆假设，小心求证"好像并不是研究方法，而是一种表述方法。其理由有三：1.一个科学作品的产生，应有研究、表述两个过程与相应的两种不同的方法，如马克思在论及《资本论》的研究方法时所讲的那样。2.此法似乎脱胎于数学解题方法中的假设与求证，但它要说明的并非数学家复杂的研究过程，而是他们的研究成果，实际上是将他们经过多次排除和反复试验而从中选出的最佳方案再演示一遍。如今虽由胡先生为之加上"大胆""小心"的字样，亦只不过转换了它的表述对象，由数学问题变为人文学科问题，但并未改变它的本质。3.胡先生的方法，只是说明如何"求证"它的"假设"，并没有说明这"假设"是怎么来的。按照一般常识，一个问题的正确答案应当产生于研究过程的终结，而不是在它之前。如果未曾研究先已有了结论，就很难使人相信其科学性。况且，既然已经有了结论，还搞什么研究，又何谈什么研究方法？或者说，虽有结论却无论证，难以取信于人。那样，作者的论证就不再是对未知的探索，而只是讲清自己所以得出这一结论的理由，以说服别人。因为他已经弄清了这个问题的来龙去脉，只是别人还不明白。所以，这实际上还是一种表述，而不是研究。或者有人认为，自然科学就是这样搞的，往往先有假说，然后在实验室里反复实验，最后才能得出科学的成果。然自然科学中的假说也是科学家的研究成果，也是产生于研究过程的终结，而不是在它的开始。它与社会科学的不同之处，是在它的实践检验阶段。自然科学可以由自然科学家在实验室里进行，而社会科学则只能是对社会活动的研究和总结。因为人类社会的问题，无论是历史问题还是现实问题，都不能搬到实验室里来。所以，一旦形成自己的理论，社会科学家的科研活动也就结束了。更何况，胡先生的"求证"也不是自然科学家在实验室做实验，它们根本是两码事。或者，胡先生此法另有秘诀。例如，他所以能够破解《红楼梦》的成书之谜，很可能因为他与曹雪芹有着大致类似的经历，故能迈越群贤，一矢中的。只是他不肯吐露真实的研究过程，仅仅讲出了自己的表述方法。这就是说，这一方法的关键在于"假设"之科学与否，而科学的"假设"则来自实事求是的研究过程。所以，它作为一种表述方法还是可取的，但若当作一种研究方法，则却存在着诸多疑问。

（《历史档案》，2006年第2期）

前　言

回顾几十年的治学生涯，感慨良多。

我生于1939苦难之秋，长于鲁西北穷乡僻壤，家境贫寒，世代务农，少有识字之人。幸家乡土改较早，入学及时，且机缘巧合，于1964年进入中国科学院哲学社会科学部（今中国社科院）近代史研究所。只是十余年间与史学研究无缘。迨及潜心向学，提笔习练，已近不惑之年。书海无涯，时不我待，若非龙盛运先生耐心引导，很难迈出开头那艰难的一步。然借多方推助发表论文一篇，初步掌握文字表述的基本要领，却行文议事未脱当时的流行模式，殊非史学正途。

我于马克思主义、马列著作所读不多，但于《毛泽东选集》颇下过一番功夫。故当世上纷传"信仰危机""诚信危机"之际，对马克思主义坚信不疑，而于史学信誉不佳却深感警惧。遂借1977年转换研究课题之机，遍访马克思主义名家，以求其为学之道、格致之方。然千言万语终不外毛泽东"实事求是"四字："'实事'就是客观存在着的一切事物，'是'就是客观事物的内部联系，即规律性，'求'就是我们去研究。"

于是，反思史学研究的现状和自身经历，决心改弦更张，另起炉灶，遵循马克思主义的相关论述，参照司马迁"究天人之际，通古今之变，成一家之言"的治学格言，实事求是地研究历史，以探索社会发展的客观规律为第一要义，力戒史学无诚信之弊。为此，在研究过程中，坚持科学性第一，坚持独立思考，坚持自主论断。凡属研究课题的基干部位，不接受现成答案，不遗留研究死角。一切现有成果均视为学术动态，即便有所吸纳，也是在经过自己的研究之后。只有那些一时无力研究而又不可或缺的相关内容，如《曾国藩传》中清代学术和幕府幕僚部分，另当别论。有关清代学术部分，《曾国藩传》初版时只能搬用现成说法，及至修订再版即以新的研究成果予以替换，并发表《清儒汉宋之争与曾国藩集团的思想基础》一文，以为诠释。而有关幕府幕僚部分，则因《曾国藩传》初版时其相关成果过于单薄，不得不耗时十载作专题研究，出版《曾国藩幕府研究》一书，并于《曾国藩传》修订再版时压缩为《知人慎用　幕府称盛》一章，既弥补了昔日的缺憾，也为其后的曾国藩集团研究打下基础。

新的课题研究从曾国藩入手，围绕晚清政治和传统文化步步推进。由曾国藩而曾国藩集团、太平天国、晚清政府，又进而推及义和团运动、庚子之战，并从晚清满汉关系的角度对清末新政和辛亥革命进行了粗浅的探讨。最后，一直延伸至周初政治、孔子思想、古史分期、史学理论。同时，还在文字表述上下过一些功夫，力求准确、精练、流畅。其初衷是方便读者，也出于对史学先贤的景慕。

多年来，深居简出，心无旁骛，主要时间和精力集中于晚清政治史领域，做一些基础性研究，成果集结为《曾国藩传》《曾国藩集团与晚清政局》《曾国藩幕府研究》三部学术专著，一批学术论文和几部集体著作。但于学术上一些平日未曾留意而突然汹汹袭来的问题，也往往形格势禁，不得不应。有关神权政治、排外主义、庚子之战、天津教案、史学理论的几篇文章，就是对来自社会或学术界的几次挑战，被迫作出的回应。有关排外主义、神权政治、天津教案、庚子之战的几篇文章，就是对来自社会或学术界的几次挑战，被迫作出的回应。有关庚子之战一文认为，甲午战后，西方列强已把中国看成任人宰割的"死人"，若非义和团舍命保国、那拉氏放手一搏，从而促成军民联手抗敌的局面，西方列强绝不会中止瓜分中国的"再建计划"而"维持垂帘听政体制"。而关于孔子思想的文章，则既属基础性研究，也有现实需要。专门研究儒学初为评价曾国藩，其后则发现对孔子的评价之所以忽天忽地，其根源在于缺乏一个科学稳固的学术基础，亦与郭老古史分期不当有关。孔子思想源于周公，祖述尧舜，宪章文武，既有民本主义等合理内核，亦有食古不化之弊。该文坚持一分为二，溯源泛流，理、势兼论，一分为二，略可自圆其说，避其积弊。

自1977年以来，对自己当年的选择无怨无悔，坚持不懈。虽往往事倍功半而所获成果不多，然幸能经受时间的考验，未因风潮的变幻而引起社会价值的涨落。至于这些科研成果同先前那段社会实践的关系，则古有"史识"之说。其与史学作品的质量干系甚大，但只能从社会实践中获得。假若我没有十年社会实践的历练，对史学问题的识别能力没有得到相应提高，就写不出现在这样的著作和论文。更重要的是，社会实践使我对社会、对人生有所感悟，深感人生艰辛、生命可贵。而作为一名史学研究人员，其人生价值和社会奉献主要体现于笔下。既有近代史所这样优越的客观条件，若不写出点好书好文章，那就有负今生！

回望几十年治学历程，若非这口倔强之气积聚于心，我就不会以破釜沉舟的决心而选择实事求是的治学之路；也难以在科研事业上苦战几十年，攻坚克难，浴火重生。至于对这些科研成果乃至今生今世的自我估量，则古人云"尽人事而知天命"。既已尽心竭力、无憾无悔，那就顺其自然吧。

几十年来，我所以能沿着实事求是的治学之路走过来，并在学术上取得些许成绩，还有一个更为重要的原因，那就是20世纪80年代以来科研环境的宽松和众多前辈、师友的鼓励帮助。曾在科研工作中给我很大帮助的老师，除前面提到的龙盛运先生，步步扶掖、督促鼓励外，还有我做研究生时的导师钱宏先生，学术界前辈罗尔纲先生、刘大年先生、荣孟源先生，以及蔡美彪、何重仁、张振鹍、王其榘、贾熟村等诸位先生。至于一言之师，切磋之友，则更是不胜枚举。几十年来，凡我著述文稿，字字句句皆有他们的心血。值此书出版之际，再次向诸位前辈和师友致以深深的谢意。

限于本人的识见与能力，难免舛误、不当之处，诚请读者批评教正。

出版说明

朱东安先生在我社出版学术著作由来已久,最早当溯自1993年出版的《清代全史》,先生负责草拟第七卷第四章关于同治朝内政部分。2013年,我社组织出版"回顾丛书",先生的学术专著《曾国藩传》位列第一部,受到读者欢迎。此后五年,我社又先后出版先生的学术专著《曾国藩集团与晚清政局》《曾国藩幕府》,以及学术论文集《晚清政治与传统文化》和选注读物《曾国藩文粹》,亦深受读者喜爱。

先生治学谨遵实事求是原则,以探索社会发展的客观规律为己任。多年来主要从事晚清史的基础性研究,而对史学研究中的一些疑难问题,也进行了深入探讨并提出自己的见解。数十年来,历经学术风潮的变幻涨落,先生的著述经受住了时间的考验。

晚清史离我们较近,人们也乐于了解,只是不宜戏说。但实事求是、贴近实际的史学著作,或比戏说更精彩,故先生的著作令读者备受吸引,往往开卷难掩。作为出版工作者,面对作者的信赖和读者的热情,岂可无动于衷!遂将先生的5部作品结为《朱东安晚清史文集》出版,倘于晚清史研究有所裨益,则幸莫大焉。

目 录
CONTENTS

关于近代史研究的几点思考（代序）
前言
出版说明

一　太平天国的性质与作用 /001

太平天国与咸同政局 /002
太平天国"推行神权政治"说质疑 /065
太平天国与传统文化 /078

二　天津教案的起因与性质 /091

再论天津教案的起因与性质
——兼评长篇历史小说《曾国藩》津门篇 /092
文化冲突还是主权之争
——三论天津教案的起因与性质 /106

三　义和团运动的指导思想与历史作用 /113

从三份历史文件看庚子之战的性质与起因 /114
应当如何看待义和团的排外主义 /141

四　袁世凯与辛亥革命 /161

评载沣驱袁 /162
晚清满汉关系与辛亥革命 /176

曾国藩和晚清政治走向 /189

五　曾国藩集团与晚清政府 /193

曾国藩在近代史上的作用与影响 /194
关于曾国藩的幕府和幕僚 /210
曾国藩集团的社会来历 /228
曾国藩集团同清政府的矛盾与对策 /241
曾国藩集团的人才理论与实践 /280
晚清军制演变和近代军事工业的兴起 /295
关于晚清垂帘听政制度的确立 /314
关于清代的道和道员 /338

六　曾国藩与传统文化 /371

曾国藩的洋务思想与中国传统文化 /372
中体西用　师夷制民
　——评曾国藩集团的文化取向与社会实效 /384
曾国藩与中国传统文化 /406
曾国藩哲学思想初探 /420
曾国藩和理学 /432
曾国藩与湘乡文派 /449
清儒汉宋之争与曾国藩集团的思想基础 /466
战国封建说质疑
　——从孔子思想与周初政治看西周社会性质 /483

附录：社会反映：360百科等对本集论文的推介 /504

一 太平天国的性质与作用

太平天国与咸同政局

清王朝是中央集权和极端君主专制的一代封建政权。然自太平天国革命爆发以来，随着内战的推进，其权力结构自中央以至地方都发生很大变化，突出表现在相权的析出和督抚权力的膨胀。总之是皇帝大权旁落，一分于宰相，二落于督抚，中央则肃顺、奕訢先后秉政，地方则形成以曾国藩为代表的一大批掌握军政实权的汉员督抚。前一问题已由那拉氏于同治四年加以解决，而督抚专政问题则成尾大不掉之势，终有清一代未能改变，且对后世产生很大影响。对于这一历史现象，有的方面，如地方分权的增强和中央集权的削弱，史学界已成共识；而有的方面，如肃顺、奕訢秉政，则有不同的解释。至于上述种种的历史成因，就更是言人人殊。本文拟就清朝咸同年间权力格局的变化及其历史成因，作一较为系统、深入的探讨，以期揭示这一时期历史发展的辩证关系，并与学界朋友相切磋、共勉励。

一、太平天国革命的爆发及其对清政府的沉重打击

中国地主封建制社会经过长期的发展和多次的王朝更替，到了明代，已进入它的晚期阶段。其标志就是，经济领域中资本主义因素的产生和政治上封建君主专制的进一步加强。而清王朝的建立则使日渐衰微的封建制度回光返照，再度辉煌。由于满族从原始社会直接进入封建社会，世风古朴，新兴贵族没有明朝统治者那样的腐败积习，又接受了明朝灭亡的教训，故在国家的治理上兢兢业业，颇有政绩。尤其在位多达六十年之久的

康熙、乾隆两帝，比之唐宗、汉武并不少让。在他们的治理下，清王朝兴旺发达，出现了一百多年的太平盛世。

由于满洲贵族初入中原，腐败风气习染未深，加以接受明王朝因加派"三饷"导致迅速灭亡的教训，生活上非常注意节俭，力图减省宫中开支。据载，自入关以来至康熙十九年，清朝"外廷军国之费，与明代略相仿佛。至宫中服用，则以各宫计之，尚不及妃嫔一宫之数。"[1] 与宫中修造、花用相关的工部、光禄寺每年支用银两，亦"较前朝省十之九"[2]。故财政费用年有盈余，及至康熙末年，户部库银已有"五千余万之积"[3]。

然而，乾隆朝以来，宫廷费用与军政开支渐增，吏治渐坏，贪污大案迭起。文武官员养廉费的增设，不仅没有使他们较前更加廉洁，反而使他们贪欲日增，腐败日甚。绿营兵增额六万，年耗库银三百万两，其战斗力反而日益降低。迨至乾隆中期已开始出现衰落迹象，只是各种社会矛盾统统掩盖在"太平盛世"的外衣之下，尚不为世人所警觉。而乾隆帝晚年耽于游乐和奸相和珅的秉政，政以贿成，人以干进，"风气为之一变"[4]，则加速了这一衰落的进程。而嘉庆元年爆发的川、楚、陕白莲教大起义，更使清王朝由鼎盛走向全面的衰落，兵无斗志，库无帑银，沿着下坡路一步步走下去。

正当清王朝一衰不振之时，野心勃勃的西方殖民主义者打了进来。以英国为首的西方殖民主义者在征服美洲、非洲及印度等大片地区之后，又把矛头指向中国。为了改变中英贸易中对其不利的入超地位，他们大量进行毒品走私活动，把强迫印度农民种植的罂粟制成鸦片烟，集中收购，漂洋过海向中国倾销。而当他们的这种罪恶活动遭到遏制时，便悍然发动了侵略中国的战争，即鸦片战争。在外国侵略面前，清朝军队不堪一击，终与侵略者订立城下之盟，使中国丧失主权、丧失独立，被迫走上殖民地化的道路。大量的战争赔款，激化了国内的阶级矛盾，经过十年酝酿与准备，

---

[1] [2] 王庆云：《石渠余纪》第1卷，北京古籍出版社，1985年版，第1页。
[3] 王庆云《石渠余纪》第1卷，北京古籍出版社，1985年版，第2页。
[4] 昭梿：《啸亭杂录》第6卷，上海埽叶山房光绪二十七年石印本，第11页。

逐步形成以太平天国为中心的全国各地各族人民大起义。

鸦片战争的失败，不仅暴露了清政府的腐败，也暴露了中华民族的弱点，使中国人民在痛苦中惊醒。他们憎恨殖民主义者的强暴蛮横，憎恨清政府的腐败无能和卖国求安，同时也感到侵略者确有可恃之术，中国确有落后之处。而要战胜敌人，必须首先学习敌人之长，克服自身之短。这一认识，成为中国近代史上一代先进人物思想认识的主流。只是由于阶级、地位以及出身、经历的不同，产生了认识上的差异和自身利害的冲突，并各自提出不同的救国方案，围绕着封建主义同人民大众的矛盾，尤其是资本主义侵略者同中华民族这一更为主要的矛盾，展开了时急时缓、错综复杂的分合争斗。太平天国革命实质上就是农民阶级提出的救国方案。

太平天国革命的主要领导人是洪秀全、杨秀清、冯云山、萧朝贵等人。他们先是创立了一个民间团体，劝人行善、拜上帝，史称"拜上帝会"或"拜上帝教"。信从者多贫苦农民。当政治形势变得越来越有利于革命发动的时候，洪秀全、冯云山便向杨、萧等人透露了夺取天下、另建新朝的重大图谋。于是，他们衷心拥戴洪秀全为一国之主，大家齐心合力，积极准备，并于道光三十年十月（1851年1月）冬，在广西金田村正式宣布起义。

他们定国号为太平天国，洪秀全称天王。意思是要把基督教原有教义中的天堂，从天上搬到人间，由死后提到生前，并将之称为"小天堂"，而将原有教义中的天堂称为"大天堂"。宣布大天堂归上帝所有，是永恒的，而小天堂则要在天父、天兄、天王的领导下，经过众兄弟姊妹的一番奋斗，方可在人间建立起来。还宣布，只有在建立小天堂的过程中建立功勋，死后才能荣升上帝的大天堂，永享富贵。而他们在斗争中所遇到的一切艰难困苦，都是上帝对他们的考验，对他们的玉成、磨炼。其后，他们根据形势的发展和广大贫苦农民的要求，不断发展其教义，直到制定并公布《天朝田亩制度》这一纲领性的文件，为他们的小天堂描绘出一幅生动具体的蓝图。虽然带有乌托邦性质，但在当时却对太平天国广大将士起到了巨大的鼓舞作用。

太平天国鼎盛之时，曾占有江西、安徽、湖北的大部和江苏的一部分，清军江南、江北大营一再被毁，湘军大帅曾国藩困于江西一隅之地，二号人物胡林翼一度产生自杀之心。不料，杨秀清居功自傲，野心膨胀，假代天父传言之权，逼洪秀全封其为"万岁"。其实，杨秀清以东王节制诸王，执掌太平天国军政大权，军民上下无不畏惧，所奏之事无不允准，一切号令皆由他发出，实权已超过洪秀全。天王洪秀全久处虚尊之位，只是多一个"万岁"的称号，与尊称"九千岁"的杨秀清仅有"千岁"之差。如今杨秀清要消除这一差别，造成形式上二人平起平坐，实际上则由他独掌大权的政治格局，这就不能不使洪秀全心生疑惧。在此之前，杨秀清已与韦昌辉、石达开、秦日纲等关系紧张，他们积怨于杨的跋扈，已有人密议除杨之策，仅由于洪的反对而未敢动手。而正当此千钧一发之际，洪秀全突然接到杨秀清的心腹爱将、天官正丞相陈承镕的紧急密报，称杨欲杀洪自为，发兵攻打天王府。洪秀全遂决心杀杨，一场决定太平天国命运的大悲剧随之发生。

这场内讧从咸丰六年韦昌辉杀杨开始，到咸丰八年石达开离京出走为止，前后历时三年，终致精兵猛将所余无几，太平天国由盛转衰，一步步走向失败。此后，太平天国能够坚持八年之久，原因虽然不止一宗，但主要还是由于当时南方革命形势仍在继续高涨，而清政府的政策还没有调整到位，湘军的作用也没有发挥出来。而清朝原有的旗、绿各营武装力量，即使到了太平天国后期，也不是太平军的对手。

这场大革命历时十四年，波及十八省，拥兵百万，定都天京，建立太平天国农民政权，与设在北京的清朝政府南北对峙，长达十一年之久，并公布了自己的革命纲领《天朝田亩制度》与《资政新篇》，从而将单纯的农民战争推向高峰。这在中国和世界史上都是仅见的。它虽然最后在中外势力的联合镇压下遭到了失败，但其伟大的历史作用与深远意义是不能抹杀的。

它同清政府为代表的封建反动卖国势力和外国侵略者进行了坚决的斗争。它从未承认过清政府与外国侵略者签订的丧权辱国的《南京条约》，提出了彻底否定封建剥削制度的方案，从而指出了中国人民近代革命的反帝反封建的政治方向，揭开了资产阶级民族民主革命的序幕。它沉重地打击了反动腐朽的清王朝，基本上摧毁了作为其主要军事支柱的绿营武装，使满洲贵族失去了控制国家武装力量的实际能力，国家军政实权渐渐落入汉员督抚手中，从而为辛亥革命最后推翻清王朝与封建君主专制体制提供了方便条件。

这场革命的伟大意义不止这些，近年人们也对它提出不少问题，但本文不打算对这些问题展开广泛的讨论，仅拟集中探讨这场失败了的革命对近代中国社会发展的实际历史进程所产生的影响。具体而言，就是这场革命与曾国藩集团的崛起有什么内在联系，对中国近代历史的实际进程是否起了推动作用。

满洲贵族自入关以来，对汉族官员防范甚严，尤其不让他们掌握军政实权。而太平军对八旗、绿营武装的摧毁性打击，使满洲贵族陷于左右两难的选择：或者严密文法，自取灭亡；或者听任，甚至支持以曾国藩为代表的汉族官员壮大武装力量，扩张地方实权，以依靠他们将这场革命镇压下去，保住自己的皇位。两害相权取其轻。满洲贵族经过长期的犹豫摇摆和反反复复的内部斗争，直至一场腥风血雨的宫廷政变，终于断然放弃前议，采取后策。倘若没有太平天国革命，以及由此导致的清政府一系列自身变化与政治策略的调整，曾国藩集团不仅难以发展壮大，恐怕连其自身生存也大成问题。遗憾的是，对于近代史上这种相反相成的辩证关系，至今没有引起史学界足够的重视，虽有不少著作涉及这一问题，提出不少颇具学术意义的见解，但还没有集中、系统地将这一带有规律性的认识揭示出来。而有些人，只是挖空心思想着如何彻底否定太平天国，借以为曾国藩彻底翻案，以便将其重新树为"古今第一完人"。他们当然也就不会去想：如果没有太平天国革命，曾、胡、左、李怎么会成为近代史上的政治名人？那时的曾国藩，至多不过是个文官与学者。胡、李或者有官可做。而左宗棠则很可能老死民间，默默无闻。不过，无论他们学问多么大，文章写得怎么好，都不会引起这么多文人学士经久不衰的崇拜。仅就学问、文章而言，即有清一代就有多少人超过曾国藩，而他们当中又有谁值得当今学人如此动心？究其原因，还是因为曾国藩是一位政治人物。试问，数十年来，又有哪一个成为学术热点的人物或问题与政治无关？而所有这一切，都是这场革命造成的，追本溯源还是太平天国。言及于此，则太平天国的作用与影响自不待言，研究这一历史辩证关系的必要亦自不待言。

以太平天国为中心的全国大起义对清王朝的打击是极其沉重的。太平军从广西一路打到南京，北伐京津，西征湘鄂，东取苏杭，三次攻占湖北省会武昌，两次攻占安徽省城安庆、庐州，因战争失败而被免职、被革职乃至丧失性命的钦差大臣、总督、巡抚及都统将军先后达三十多人。咸丰元年广西巡抚周天爵革职。咸丰二年钦差大臣赛尚阿、徐广缙、陆建瀛先后革职逮问。赛尚阿先判死刑，后改流放；陆建瀛旋因城破被杀。同年，广西巡抚邹鸣鹤革职，湖北巡抚常大淳城破被杀。咸丰三年钦差大臣祥厚城破被杀，讷尔经额被革职。安徽巡抚蒋文庆城破被杀，继任李嘉端被革职，江忠源城破自杀。咸丰四年湖广总督吴文镕兵败被杀，继任台涌被革职。湖北巡抚崇纶被革职，继任青麐因兵败逃走被按律处斩。咸丰五年钦差大臣西凌阿被革职，胜保被革职逮问。湖广总督杨霈被革职，鄂抚陶恩培城破被杀。咸丰六年钦差大臣托明阿被革职，向荣败死，江苏巡抚吉尔杭阿兵败被杀。咸丰九年钦差大臣德兴阿兵败被革职。咸丰十年钦差大臣张玉良被革职，和春败死，督办宁国军务周天受城破被杀，督办徽州军务张芾被免职。两江总督何桂清先因失城被革职拿问，继因弃城逃走、枪打阻行缙绅，于同治元年按律处死。浙江巡抚罗遵殿、江苏巡抚徐有壬则皆因城破被杀。咸丰十一年杭州将军瑞昌城破被杀，浙江巡抚王有龄城破自尽。同治三年钦差大臣、西安将军多隆阿在陕西盩厔（今周至）重伤致死。同治四年钦差大臣、蒙古博多勒噶台亲王僧格林沁在山东菏泽兵败被杀。至于巡抚以下藩、臬、提、镇及道、府、州、县官员被杀、被革职者，则不胜枚举，无从统计。

有些几经反复、拉锯争夺的省份，例如安徽省，曾长期被清朝官员视为畏途，上至巡抚下至知县，都不愿到这里做官，已经上任的官员，也千方百计地设法调走。两江总督曾国藩在给友人的信中说："安徽糜烂之区，人人裹足远避。前此七八年间，福中丞告病告假奏疏近十次，其避抚篆如避虎狼。近翁中丞思卸抚篆，前后亦具疏数次。恩廉访不肯接篆，曾经严旨申斥。"[1] 他在给清廷的奏折中也说："安徽用兵十年，蹂躏不堪，人人思为畏途。通省实缺人员，仅有知府二人，州县二人。即候补者亦属寥寥。每出一缺，遴委乏员。"[2]

　　太平天国对清廷的致命一击，是对其主要武装力量的摧毁与对其主要财源的破坏。清王朝的主要武装力量是八旗骁骑营与绿营，即通常所说的八旗兵与绿营兵。八旗骁骑营简称旗营，约二十多万人，主要戍卫京师，少数分防各地，由设置各城的将军、都统、副都统统辖。绿营兵约六十多万人，少数驻扎京师，绝大多数分派全国各地，按营、汛驻扎。咸丰三年当太平天国北伐军威胁清朝的统治中心北京的时候，清政府调兵遣将，直到咸丰五年才把北伐军彻底打败，其所使用的主要兵力是蒙古科尔沁郡王僧格林沁统率的八旗兵和绿营兵。第二次鸦片战争期间，八旗兵在天津与京东张家湾等地受到沉重打击，基本上失去战斗力。陆续从黑龙江、内蒙古调来的骑兵马队，又于同治四年在山东被捻军歼灭。从此，清政府再也难以组成大支八旗武装力量。至于驻防各地的八旗兵，在太平军的进攻面前，则连自己的满营都守不住，江宁将军祥厚与杭州将军瑞昌都因此送掉性命，更不可能成为镇压太平天国革命的主要力量。所以，在长期的战争中，清政府对太平军作战，主要靠绿营与勇营。自金田起义以来，清政府就从各地调兵对太平军进行围追堵截。起初，尚有乌兰泰等少数八旗兵将，曾与绿营将领向荣屡生龃龉。自乌兰泰死后，则主要使用绿营兵对太平军作战。他们在受到太平军的几次打击之后，逐渐变得乖巧起来，不再敢贸然出击，只远远地进行监视、围困或在后尾追。故咸丰二年在长沙城内外同太平军作战的清军，计有一大学士、两总督、三巡抚、三提督、十一二员总兵，统带兵勇六七万人，仍让人数不足六万的太平军悄悄撤走，迅速北上，连下岳州、武昌、九江、安庆，直取江宁，改名天京，定为首都。所以，曾国藩在总结几年来的作战情况时说："自

---

[1] 曾国藩：《曾文正公全集·书札》（以下简称《曾文正公书札》）第13卷，湖南传忠书局版，第27—28页。

[2] 曾国藩：《曾文正公全集·奏稿》（以下简称《曾文正公奏稿》）第18卷，湖南传忠书局版，第42页。

军兴以来二年有余,时日不为不久,糜饷不为不多,调集大兵不为不众,而往往见贼逃溃,未闻有与之与鏖战一场者;往往从后尾追,未闻有与之拦头一战者。"[1] 亲临战阵的江忠源也沉痛地说:"军兴以来法玩极矣!就湖南事言之。全州以失援陷,按兵者相仍;道州以弃城陷,而效尤者踵起。时机之失,所争毫厘。如蓑衣渡之战,贼锋已挫,宜连营河东断贼右臂;道州之役,贼势本孤,宜分屯七里桥扼贼东窜;长沙之围,贼路俱穷,宜扎兵龙回潭、土墙头堵贼西溃之路。此皆利害昭然,屡请不报。道州双牌莲涛湾六十里之奇险,贼自入死地而纵之使生;长沙驻兵四五万,围守有余而开之使逸。士卒以逃死为长计,而临敌无斗心;州县以避贼为固然,而守城无坚志。"[2] 而清军追至天京城下,则依然故我,既不攻城,也不撤走,而分别在长江南岸的孝陵卫与江北扬州设立两座大营,号称江南大营与江北大营,眼看着各地练勇与太平军厮杀,自己却妄图重温镇压白莲教起义时那种团练苦战、绿营收功的旧梦。而太平军亦对其置之不理,派出自己的主力部队进行北伐与西征,只留下一部分部队戍卫京畿,一旦时机成熟,即于咸丰六年调集大军一举踏平清军江北大营与江南大营。不久,清政府调兵遣将,又把江南大营与江北大营恢复起来。咸丰八年太平军再破江北大营,咸丰十年再破江南大营,全歼其所属部队,并顺势夺取苏、常富庶之区,使清政府再也无力调集大支清军,重建江南大营与江北大营。苏南地区是清政府的主要财源,清军江南与江北大营的军饷,一向由苏南和浙江供应。这样,苏南地区的丢失与江南大营的败溃,就使清政府陷于兵饷两空的困难境地,唯靠各省督抚自筹兵饷同太平军作战。迨至同治三、四两年多隆阿、僧格林沁相继毙命之后,忠于满洲贵族的兵将基本丧失,无论平时战时,清政府要想维持自己的统治,除了依靠湘、淮军,再无其他选择。

二、中央政权权力结构的变化与归复:相权的让出与收回

太平天国革命对清政府的制约和影响是巨大而深刻的,不仅迫使它

---

[1] 曾国藩:《曾文正公奏稿》第1卷,湖南传忠书局版,第56页。
[2] 江忠源:《与徐仲绅制军书》,选自《江忠烈公遗集》第1卷,同治十二年重刊,第12—16页。

政策上作出大幅度调整,且导致其自身权力结构的很大变化,从中央到地方,都进行了一次权力再分配。多年来,对于地方督抚军政实权的增强,曾有不少人论及,而对于中央政权权力结构的变化,出于种种原因,则较少有人注意。而若不弄清中央政权的变化,则很难弄清其对汉员督抚将帅的政策得以及时调整的关键所在和地方政权变化如此之大的内在原因。所以,本文的考察首先从中央政权开始。

中国自古以来,历代专制政府的权力大约一分为三,即君权、相权、将权,分别由君主、丞相、将军执掌。君主掌决策、用人之权,而具体行政、用兵则由丞相、将军执行。丞相为政府(一般为内阁)首脑,将军为军队的统帅,平时主要靠相,战时主要靠将,分去君主的很大一部分权力,即是其不可或缺的助手,也对其具有一定的制约作用。丞相主持内阁,执掌六部,遇有国家大事,即由君主作出决定,具体由丞相按规章制度办理。故有所谓"掌天下之平"之说,君主亦不得肆行己意。汉唐盛世曾有过不少这样的故事。遇有战事则君主命将授符,将军率兵出征,而一旦兵权在握,即有机动专断之权,不受君权的遥制。亦所谓"将在外君命有所不受"。从奴隶制到封建制,这种国家中央政权的权力分配制度行之多年,对社会的发展起了很大的作用。而其中相权的存在则尤为重要,往往影响或决定一代王朝的兴衰。因为君主之位按血统继承,实行嫡长制,往往由自然而决定,并非出于人的选择。因而,承位之人并不一定有治国之才。而丞相则由君主任命,是可以选择的,往往由治国之才担任,既是国家方针大计的制定者,又是具体执行者。所以,丞相任用得人,即可使一个国家或地区兴旺发达。例如,历史上著名的东周春秋时期的管仲治齐,汉之文景之治,唐之贞观之治、开元之治,皆多借重于丞相之力。而历史上的所谓名臣贤相,从傅说、姜尚、管仲、商鞅到萧何、魏徵、姚崇、宋璟、王安石,其名望与历史作用,则较之同时代的帝王似乎并无逊色。

迨至封建社会后期,这种情况发生了变化。明洪武十三年(1380)太祖皇帝朱元璋杀左丞相胡惟庸之次日,即发布文告,声称"朕欲革去中书省,升六部，仿古六卿之制，俾之……权不专于一司，事不留于壅蔽[1]。"中书省即内阁，也是当时的政府。作为皇帝的朱元璋撤销中书省，直接掌管六部，也就是撤销了丞相之权，或者说兼并了丞相之权，身兼君、相二职。从此而后，君主不仅是国家元首，同时还是政府首脑，君主专制进一步加强，相权也就不复存在了。

清承明制，虽有内阁之名而无内阁之实。尽管顺、康之时大学士尚有阅折、拟稿之权，但既不能掌管六部，亦即不是政府，也就不再是原来的内阁，只不过徒具虚名而已。及至雍正八年设立军机处之后，内阁仅有的这点权力亦被彻底剥夺，内阁学士、大学士完全成为荣誉职务。军机处虽具有一定职权，协助皇帝处理国家大事，但并无专职人员，皆由大学士与部院大臣兼任，带有临时差派的性质，与明代以前的内阁不同。领班军机大臣亦非政府首脑，并不执掌六部，亦同于明代以前的丞相。所以，出于某种习惯，军机处有时被人称为政府，大学士、领班军机大臣被称为丞相，而实际上却无相权可言，亦属于一种荣誉称呼。

在太平天国革命期间，出于政治上的实际需要，清政府的这种权力结构暗中发生了变化。虽然，名义上并未设立丞相一职，但在实际上，皇帝却不得不将往日被他兼并的相权分离出来，交给一人执掌，使之成为有实无名的政府首脑，以提高办事效率，迅速而恰当地处理决定国家命运的军政大事。这样，在此期间，清政府为镇压太平天国革命所采取的重大政治对策，也就不能不与当时握有相权的人息息相关。

太平天国革命爆发之初，咸丰帝奕詝仍循旧例，主要依靠军机大臣协助自己处理日益繁剧的军政要务。不料，时过境迁，时势有异，昔日得心应手的办法失去灵验，事事处处不遂人意。

有清一代，自雍正八年军机处设立以来，一般来说军机大臣是最有权势、最受信任的。但论及个人的实际权势，却并非人人均等，而是因人而异。当军机大臣奏事之际，依次跪在皇帝面前，领班军机大臣离皇帝最近，皇帝讲什么话听得真切，提什么问题亦份应首先回答。其余军机大臣，尤

---

[1]《明实录》第一二九卷，江苏国学书馆传抄本，第4页。

其最末一位，所谓"卷帘军机"或"学习行走"的军机大臣，皇帝讲什么话，根本听不清，对他所提出的问题，除指名要其回答者外，亦不能越次抢答。故有人曾用四乘小轿的轿夫，各自不同的神态、感受，来戏喻他们的境遇，有所谓"扬眉吐气""昏天黑地"乃至"吃人臭屁"之说。所以，军机处中只有领班军机大臣握有较大的实权，其余军机大臣都不能跟他相比。至于造成这种情况的原因，除了军机处内部的排列次序和主次关系外，也同当时实际存在的满汉隔离、民族歧视有关。

清王朝是满洲贵族建立的一代政权，军机大臣虽名义上满汉兼用，实际上主要权力掌握在满员手中。领班军机大臣一般由满员担任，遇事专断，汉员不敢与之相争。若有倔犟不服、争辩不已者，亦必以失败而告终。道光时，军机大臣王鼎为重新起用林则徐事，同领班军机大臣穆彰阿屡争不胜、愤而自杀的例子，则是对这种不平等关系最深刻的揭露。再者，在那满洲贵族主宰一切的政权中，这些汉员军机大臣之所以能够升至如此高位，主要并非由于他们真的有什么治国治军的出色才能，而多因他们唯唯诺诺，老于世故，遇事模棱，善观风色。而皇帝平时也不需要他们有什么本领，有什么主见，而恰恰相反，需要的正是他们没有才能，没有定见，只要服服帖帖就行了。据说，军机大臣曹振镛"性模棱，终身无所启沃，入对但颂而已"，故能在嘉、道两朝"特见委任"，"当国"[1]十五六年。而其"晚年恩遇盖隆，身名俱泰，门生某请其故，曹曰：'无他，但多磕头少说话耳。'""门生后辈有入御史者，见必诫之曰：'毋多言，毋豪意兴。'"有人说，"道光以来，世风柔靡，实本于此。近更加以浮滑，稍质直，即不容矣。"还有人赋一剪梅四首以讥讽这种官场风气。"其一云：'仕途钻刺要精工，京信常通，炭敬常丰；莫谈时事逞英雄，一味圆融，一味谦恭。'其二云：'大臣经济在从容，莫显奇功，莫说精忠；万般人事要朦胧，驳也无庸，议也无庸。'其三云：'八方无事岁年丰，国运方隆，官运方通；大家赞襄要和衷，好也弥缝，歹也弥缝。'其四云：'无灾无难到三公，

---

[1] 赵烈文：《能静居日记》，学生书局影印本，同治元年五月廿八日。

妻受荣封，子荫郎中；流芳身后更无穷，不谥文忠，便谥文恭。'"[1]这样，一旦国家有事，到了生死存亡之秋，面对决定国家命运的重大问题，需要他们出谋划策、承担责任的时候，也就无能为力了。故多年之后还有人对此切齿痛恨，直斥"曹振镛之误清"。认为曹振镛"拘牵文义，挑剔细故，钳制天下人心，不得发舒，造成一个不痛不痒之天下。洪杨猝发，几至亡国，则曹振镛之罪也。"[2]其实，始作俑者还是清朝皇帝，曹振镛之类汉大臣，不过投其所好而已。

道光三十年十月，登极不久的咸丰皇帝将长期把持枢垣的穆彰阿革职之后，领班军机大臣曾几度易人，其中除咸丰五、六年间在位不及两年的文庆外，在如何镇压太平天国革命的问题上，皆没有多大作为。而赛尚阿还因政治上与军事上的无能而获罪，几乎被咸丰杀掉。自咸丰六年十一月文庆去世至咸丰十年六月，近三年半的时间内，这一要职即由依次递升的彭蕴章担任，终使咸丰皇帝在最需要他为自己出力卖命的时候，陷入用非其人的苦恼。可以说，历史让他喝下了清王朝多年酿就的苦酒。

彭蕴章，江苏长洲人，出身书香门第、高官富豪之家。其高祖父彭定求为康熙十五年状元；曾祖父彭启丰为雍正五年状元，官至侍郎。本人在官场中混迹甚久，受那种不黑不白、无是无非的习气熏染甚深。早在道光十五年考取进士之前，彭蕴章即由举人捐官内阁中书，充任军机章京。考取进士后授工部主事，仍留值军机处，充任章京。此后累次迁官，位至卿贰，咸丰元年以工部侍郎充任军机大臣。咸丰六年十一月原领班军机大臣文庆去世，彭蕴章以文渊阁大学士、工部尚书，循序递升为领班军机大臣。在其担任军机大臣的十年间，尤其位至领班军机大臣的四五年间，清政府真是到了内外交困的地步。太平天国为中心的全国人民大起义方兴未艾，战意方酣，直欲取清王朝而代之；而以英、法、为代表的西方资本主义侵略者则气势汹汹地打了进来，蓄意侵夺中国的主权，逼迫清政府低头，从广州一直打到北京，不达目的，决不停止进攻。面对如此危局，清政府有

---

[1] 朱克敬：《瞑庵二识》第2卷，上海进步书局石印本，第5、6页。
[2] 小横香室主人编：《清朝野史大观》第7卷，中华书局民国四年版，第96页。

多少大事亟须处理,而有不少问题处理当与不当,则又关乎清朝的存亡。咸丰帝面对一个个令人头疼的难题,左支右绌,狼狈不堪。这时他才痛切感到得力助手的重要。无奈蕴章"在枢府日,唯阿取容,从无建白,外间戏以彭葫芦称之"[1],根本不可能担当此任。薛福成《书宰相有学无识》一文所讽刺的两位宰相,就是祁寯藻与彭蕴章。不过,当时皇帝身边,除军机大臣外,还有一种少为人知的御前大臣。可以说前无古人、后无来者,是清代官制上的一大发明。清王朝"鉴明弊政,不许寺人干政","内廷事务,特设御前大臣,皆以内廷勋戚诸臣充之,无定员,凡乾清门内之侍卫、司员,命其统辖。每上出宫巡幸,皆橐鞬扈从,代宣王言。名位尤重,仿两汉大将军制,而亲谊过之。初尚命军机大臣代摄","后特分析,体制尤正"[2],但从此不再办理政务。如今形势严峻,急需代谋之人,咸丰帝遂将其两种职能合并起来,由御前大臣"代摄"军机大臣之责。也就是说,咸丰帝失望之余,不得不改弦更张,将军机大臣弃置一旁,任用满族亲贵,怡亲王载垣、郑亲王端华及其同父异母弟肃顺等御前大臣,遂得以用事。于是,御前会议渐渐取军机处而代之,而其权势则尤过之。章士钊曾引用李慈铭《日记》以说明这一权力转移过程:"比国事日亟,上知宰执无能为,颇任宗王及御前大臣,枢密之权渐替。……或谓长洲在枢府,时御前某大臣骄甚,凡枢臣拟旨,径取笔涂抹之。长洲虽不敢违,然默然自守,不肯曲附。而同官如匡公源、穆公荫、杜公翰、文公祥,尤恭谨承顺恐后。于是,枢柄尽移于御前诸贵,而长洲终以不为所喜,受其排挤云。"章士钊解释说:"御前某大臣者肃顺也。宗王及诸贵,则统郑、怡王言之。"[3]不过,这里还应补充一句,所谓"长洲"者,彭蕴章也。至于造成这一历史现象的原因,章士钊则采取客观叙述的方式,将三条成因中的一、二两条(形势紧张、军机大臣无能)与第三条(肃顺跋扈)相提并论,且似有非此即彼之意。而事实上,恐怕三条原因都有,也不会没有主次之分。肃

---

[1] 章士钊:《热河密札疏证补》,《文史》第2辑,中华书局,1963年,第94页。
[2] 昭梿:《啸亭杂录》第1卷,上海埽叶山房光绪二十七年石印本,第4页。
[3] 章士钊:《热河密札疏证补》,《文史》第2辑,中华书局,1963年,第94页。

顺专横跋扈，凌轹同僚，原因不外有三：一是政见不同；一是有权有势，身份高贵；一是个人性格，所谓"江山易改，本性难移"者也。第一点留待后议，现仅就后两条做点分析。论出身肃顺不过是闲散宗室，曾长期四处游荡，无所事事，给他做个散秩大臣、奉宸苑卿之类，也只是为了照顾他的衣食，无论如何也没有欺压军机大臣的资格。至于权势，则全是咸丰所授予。而军机大臣本是皇帝的亲信，并非肃顺的家奴，他欲行欺压，也要看咸丰的态度。所以，这些原因都是次要的、派生的，由咸丰皇帝的态度决定的。正是由于国势危急，咸丰帝极需助手，欲行非常之事，必用非常之人，所以才弃军机大臣如敝屣，放纵肃顺如虎狼。关于这一点，后面还要详述。但不管出于何种原因，有一点是可以肯定的，那就是肃顺的地位已凌驾于军机大臣之上，握有国相的实权，成为事实上的丞相。无怪乎章士钊在讲完上述情况之后，会从中得出结论说："观此，当时朝政机枢，盖全掌于肃顺一人之手。"[1] 薛福成亦称，载垣、端华、肃顺三人盘结，"同干大政，而军机处之权渐移，军机大臣皆拱手听命，伴食而已。"还说怡、郑"二王实皆庸愦无能，其揽权窃柄一以肃顺为主谋"[2]。

　　肃顺，字雨（又豫）亭，宗室远支，郑亲王端华异母弟，行六。道光中授委散秩大臣、奉宸苑卿。咸丰帝即位，擢内阁学士，兼护军统领等职。以其敢于任事，渐受重用。咸丰四年授御前侍卫，迁工部侍郎，历任礼部、户部侍郎。咸丰七年擢左都御史、理藩院尚书，兼都统，渐与廷议。怡亲王载垣与郑亲王端华虽地位显赫、同被重用，但办事能力不大，遇事也拿不出什么主意。而肃顺为人机敏、刚毅，虽属不学无术，但却遇事果断，敢作敢为，具有一定社会经验与办事才能。尤其长期接近社会下层，洞悉社会弊端，痛恨官场的昏庸腐败，嫉之如仇，受命之先，即于咸丰召见时提出"严禁令、重法纪、锄奸宄"的主张，"皆当上意"[3]。也就是很合咸丰的口味。当时，"内忧外患"，形势严重，整个清王朝岌岌可危。而

---

[1] 章士钊：《热河密札疏证补》，《文史》第2辑，中华书局，1963年，第94页。
[2] 薛福成：《庸庵笔记》第1卷，上海埽叶山房民国十一年石印，第12页。
[3] 沃丘仲子：《近代名人小传》上册，崇文书局，1918年，第75页。

清政府各级官员，从中央到地方，除少数警觉、振奋者外，绝大多数贪污纳贿，依然故我。咸丰帝心急如焚，极欲从政治上扭转清政府的危机局面，遂大刀阔斧，严刑峻法，对吏治严加整顿，接连兴起几个大狱。当时主要有议约违旨案、顺天乡试舞弊案、户部宝钞处贪污案，元老重臣耆英、柏葰或赐死，或处斩，涉案官员株连甚众。主管户部的大学士翁心存几被科以重罪，被迫休致。据当时的记载和后人的研究，对于清政府数年之间所发生的这一巨大变化，肃顺从中起了很大作用。《清史稿》载：咸丰八年"英法联军犯天津，起前大学士耆英随钦差大臣桂良、花沙纳往议约。耆英不候旨回京，下狱议罪，拟绞监候，肃顺独具疏请立予正法，上虽斥其言过当，即赐耆英自尽。大学士柏葰典顺天乡试，以纵容家人舞弊，命肃顺会同刑部鞫讯，谳大辟，上念柏葰旧臣，狱情可原，欲宽之；肃顺力争，遂命斩。"户部为裕饷，印行纸币，铸行当百、当五百大钱，设置宝钞处、官钱总局分管其事。"肃顺察宝钞处所列'宇'字五号欠款与官钱总局存档不符，奏请究治，得朦混状，褫司员台斐音等职，与商人并论罪，籍没者数十家。又劾官票所官吏交通，褫关防员外郎景雯等职，籍没官吏亦数十家。"[1]一时朝野震惊，秩序肃然，风气大为好转，直到肃顺被处死之前，再没有发生过考场舞弊案件。可见，当时对吏治的整顿还是取得一定成效的。其实，当时对犯罪大臣的处置，并未超出清朝的法律规定，尚不如顺治年间同类案犯所受惩办之重。只是由于那拉氏、奕䜣政变之后肃顺被杀，诸多事实遭到歪曲[2]，不少问题黑白颠倒，是非混淆。细察肃顺所为，虽难免挟嫌报复、杀人树威的成分，也显得有些感情用事，急于求成，但其主旨是与咸丰皇帝相同的，亦不失为对症下药，整顿清朝吏治的良方。所谓久玩之后，振之以猛，正是诸葛亮治蜀的指导思想，若能长此以往，清王朝政治上的腐败可能会受到一定程度的抑制。所以，当有人批评咸丰帝"求治太锐，不免操之已蹙；除弊太急，不无过为已甚"时，他立刻下诏予以反驳，称"朕执两用中，毫无偏倚。近来诸事苟且，即如现办户部

---

[1] 赵尔巽等：《清史稿》第38册，中华书局1977年版，第11699、11670页。

[2] 参见《清代全史》第7卷，辽宁人民出版社1993年版，第257—259、309—323页。

钞票局一案，弊端迭出，若不严惩，何以肃法？徒持宽大，尚未平允。"[1]然而，肃顺毕竟不学无术，亦非丞相之才。为相者不仅为皇帝制定并具体执行国家方针大计，还须统率群僚、和衷共事，故有所谓"是非不可太清、爱憎不可太明"之说，以使人敢于接近自己。而肃顺心胸偏狭，作风霸道，行事狠戾，刻人宽己，有似酷吏行径，殊非丞相所宜。加以当时满朝文武贪渎成性、因循苟且，他的所作所为也就不仅惊世骇俗，简直可以说人人自危了。不过，我们仍能从中看出，肃顺当时"独被信任"、凌轹群僚的特殊地位，亦隐然一当朝宰相、政府首脑了，说他实在一人之下、万人之上，似亦不算过分。尤为重要的是，当他的意见与咸丰皇帝发生分歧时，敢于坚持己见，起而抗争，更是多年来从未有过的。自从明初朱元璋兼夺相权、建立廷杖制度以来，尤其鳌拜、和珅被杀之后，极少有人敢跟皇帝相争。故肃顺所行之事、所处之位、所执之权，与明初以前的丞相颇为相似，而与明、清各朝的成例大不相同。因而，不少论者不明就里，将这一特殊历史现象的成因，或者归之于肃顺的强梁、咸丰的懒惰，或者视肃顺为非法篡权，惊其连军机大臣都不是，何以竟有那么大的权力？有人甚至把肃顺看成怪物，用一般成见解释其所作所为，以论证那拉氏、奕䜣发动政变的合理性。他们面对晚清历史上这一难解之谜，所以不能作出恰当解释，其主要原因还是忽视了一个重要事实，即在太平天国革命战争的强大压力下，皇帝一人难以独支危局，不得不倚任强有力的宰辅。这样，在中央政权的实际运作中，就不能不容忍与默许相权的存在，非如此则不能发挥其作用。

那拉氏、奕䜣政变上台之后，虽然取消了大臣赞襄政务制度，实行垂帘听政，但中央政权的这种权力结构却并未改变，相权不但没有取消，反而得到进一步的加强，唯那拉氏取代咸丰，奕䜣取代肃顺而已。

从个人地位来说，奕䜣原本是道光帝遗诏特封的恭亲王，具有与众不同的地位，又是同治皇帝的亲叔，那拉氏的小叔子，可以说既亲且贵。政变之后，那拉氏又酬其拥戴之功，封其为议政王、领班军机大臣，主管总理各国事务衙门。从个人关系来说，留任与新任军机大臣桂良、文祥、宝

---

[1] 李慈铭：《越缦堂日记补》，商务印书馆，民国二十六年版，咸丰九年十二月初九日。

鋆等人，不是他的岳父，就是亲信、死党，遇事看其眼色，再加上议政王头衔，更使奕訢名正言顺地成为政府首脑，当朝宰相。同时，那拉氏虽掌握最后决定权，但却没有治国才能与经验，遇有国家大事拿不出什么主张，在这方面尚不如咸丰帝，只是阴狠毒辣，善弄权术而已。再者，她靠奕訢的力量政变上台，满朝文武多属奕訢一党，遇有分歧不能不容忍退让，只是明辨君臣之分，使其安于臣位、不敢作非分之想而已[1]。这样，自咸丰十一年政变上台至同治四年取消议政王称号的五年之间，清朝中央政府就形成了垂帘听政与亲王议政的联合体制，出现帝、相并存的局面。整个朝政的制定与实施，无不出于奕訢之手。遇有重大事项，总是先由奕訢提出主张，经那拉氏照准，再交由奕訢具体执行。其地位之煊赫与实际上所起作用之大，则都超过肃顺，成为名副其实的国相。其议政王的头衔尤非一般。清朝贵族入关之前，虽曾有过八王议政制度，康熙初立亦有过四大臣辅政之事，但究非一人专任可比。八人、四人尚有相互之间的牵制，而一人专任则国家诸大政，事事处处皆可参与议定，其情形同太平天国的东王杨秀清有些类似，较之古时丞相权位尤重。正像有人说的那样："军机仅事承宣，久无实权，唯恭忠亲王议政时略可专断。"[2] 当时虽行垂帘听政之体制，但"两宫初政，春秋甚富，骤遇盘错，何能过问？"所以，"所承之旨，即军机之旨，所出之谕，即军机之谕"，一时形成太后听政其名、亲王议政其实的局面。有人还进一步解释说："两宫垂帘听政，则军机必以亲王领班，下以数大臣辅之，所谓军机大臣是也。凡事由亲王做主，商之大臣而定。每日上班，必由领班之亲王开口请旨。所请何旨？即未上班时所商定者，虽偶有更动，亦罕矣。"[3]

那拉氏是个权力欲极强的女人，其内心深处，对于这种权力分配方式是很不满意的。只缘当时自己根基尚未稳固，羽翼尚未丰满，尤其以太平天国为中心的全国大起义还没有镇压下去，尚需借重恭亲王的力量。所以，

---

[1] 参看《清代全史》第7卷，辽宁人民出版社1993年版，第324—325页。
[2] 金梁：《光宣小纪》，1933年版，第55页。
[3] 何刚德：《客座偶谈》第1卷，1934年线装本，第9、1页。

她表面上对奕訢处处迁就，事事容让，以充分调动其积极性，最大限度地发挥其作用；而实际上则无时无刻不以警惕的目光看着恭亲王的一举一动，一旦时机成熟，就可迅速出击，剥夺其特殊地位，兼并其手中的相权，以重新恢复旧制，做一个独断专行的女皇。这一天终于到来了，这就是同治四年的春天。这时，太平天国革命已被镇压下去，湘军首领曾国藩也被收拾得服服帖帖，再没有什么外部力量足以构成对清廷的威胁，于是，就开始动手解决恭亲王奕訢的问题了。

早在辛酉政变取得胜利之初，即处死肃顺的第二天，那拉氏就发布上谕，借题发挥，对奕訢等提出警告："王、公、内外文武大臣均受皇考大行皇帝深恩，特备任使"，"倘敢纳贿招权，营私舞弊"，"载垣等前车具在"。"嗣后倘有如载垣等专擅不臣者，尔王、大臣等以及科、道即行参奏"，"倘仍前缄默"，"朕不能宽宥也！"[1]奕訢一看便知这主要是针对自己的，遂于次日急急上奏，表示要"尽心竭力，一秉公忠，与在廷诸臣认真办理，以期仰慰先帝在天之灵，用酬委畀深恩于万一"，并请求"明降谕旨，饬下中外大小臣工，嗣后于朝廷用人行政贤否是非，务当各抒己见，据实胪陈，以求折中至当。而臣得借以多方历练，庶不致有陨越之虞矣！"[2]实际上，奕訢与那拉氏较量的第一个回合就落在下风，臣服于慈禧太后的脚下，但却并未从中看透那拉氏的为人，也没有接受应有的教训。他生长深宫之中，自幼处于尊宠的地位，加之性情虚浮，社会阅历甚少，实际经验尚不如自幼生长民间的那拉氏。赵烈文说他"聪明信有之，亦小智耳"，"身当姬旦之地，无卓然自立之心，位尊势极而虑不出庭户"[3]。其智囊宝鋆也说："恭王虽甚漂亮，然究系王子，生于深宫之中，外事终多隔膜，遇有疑难之事，还是我们几个人帮忙。"[4]所以，对于政变上台后他与那拉氏的关系并没有看透，虽然垂帘听政之初，那拉氏曾给了他一

---

[1] 故宫博物院明清档案部编：《清代档案史料丛编》第1辑，中华书局1987年版，第117—118页。
[2] 故宫博物院明清档案部编：《清代档案史料丛编》第1辑，中华书局1987年版，第121页。
[3] 赵烈文：《能静居日记》，学生书局影印本，同治六年七月初九日。
[4] 何刚德：《客座偶谈》第1卷，1934年线装本，第9页。

个下马威，但稍过即忘，不知自警，很快忘乎所以，恃功骄盈之态难以自掩，从而为那拉氏重新兼夺相权提供了可乘之机。只是恭亲王在朝臣中有一定威望，又有统兵在外的胜保为其军事支柱，故动手之前必须先除掉胜保。

由于当时手握京畿主要武装力量的胜保在辛酉政变时，于"太后垂帘听政"之外，又提出一个"近支亲王辅政"的问题[1]，迫使那拉氏不得不接受太后、皇叔联合执政的体制，犯武人干政之大忌，那拉氏早就对他恨之入骨，起了杀以泄愤之心。其后胜保又对恭亲王多方行贿、拉拢，二人关系日益亲密。这就更加坚定了那拉氏杀掉胜保、以剪除奕訢羽翼的决心。而胜保自己亦行为不检，授人以柄，这就无疑为那拉氏实现这一图谋大开方便之门。同治元年七月那拉氏先下令将胜保由安徽调往陕西，接着又于十一月以恃功骄盈、多次庇护苗沛霖与宋景诗部"降而复叛"等罪，密令督办陕西军务的钦差大臣多隆阿将其逮捕，并于同治二年二月槛送至京师。七月，下诏赐其自尽，从而剪除了奕訢的羽翼。由于在此之前几次欲杀胜保，都因奕訢的阻挠而未获成功，故这次那拉氏还特地耍了一个小花招。为了避开奕訢的阻挠，她又重施杀肃顺时的故技，先令人背着奕訢秘密拟定谕旨。"一日，帘内传旨无事，各直员皆散，恭邸甫出而赐胜死之旨从中降。"[2]当奕訢发现回救时，已经来不及了。同治三年六月曾国藩兄弟率湘军攻陷太平天国的首都天京，随后将该地区湘军五万人陆续调走或裁撤，仅留数千人戍卫省城，其前敌统帅曾国荃亦被迫辞职回籍。那拉氏以为时机已到，便暗中布置，于同治四年三月向奕訢开刀。

日讲起居注官蔡寿祺首先发难，以议论朝政的形式呈递奏折，对奕訢进行政治攻击。他根据那拉氏的授意，在折中提出"广言路、勤召对、复封驳、振纲纪、正人心、整团练、除苛政、复京饷"[3]八条要求，并批评奕訢重用汉臣，指责劳崇光、骆秉章、曾国藩、刘蓉、李鸿章等督抚大员结党营私、排斥异己。该折留中。时隔十日，蔡寿祺又上一折，好像得到什么高人的

---

[1] 参见《清代全史》第7卷，辽宁人民出版社1993年版，第320页。
[2] 赵烈文：《能静居日记》，学生书局影印本，同治七年二月十四日。
[3] 赵烈文：《能静居日记》，学生书局影印本，同治四年四月初四日。

指点，一改上次万箭齐发的做法，将攻击的矛头集中于奕訢一人，列出"揽权、纳贿、徇私、骄盈"四大罪状，要求奕訢引咎辞职，"归政朝廷，退居藩邸，请别择懿亲议政"[1]，从而在统治阶级内部引起更大的震惊与混乱。那拉氏乘乱出击，避开奕訢控制的军机处，召集周祖培等八人，命其照蔡折给奕訢定罪。周祖培等惊惧交加，怵于那拉氏的淫威，尽管查不到事实，最后仍不得不以"事出有因，查无实据"为由，将那拉氏事先亲自草拟的文理不通、错字连篇的上谕，加以润色，仅在"恭亲王"与"妄自尊大"之间，增添"议政之初，尚属谨慎，迨后"十字，即匆匆发向全国。蔡寿祺胆子如此之大，那拉氏动作如此之快，不能不令人联想起四年前那拉氏、奕訢导演的，作为政变先声的董元醇奏请太后垂帘听政的闹剧，内容有变，手法雷同，个中奥秘，不言自明。那拉氏的"上谕"称："朕奉两宫太后懿旨，本月初五日据蔡寿祺奏，恭亲王办事徇情、贪墨、骄盈、揽权，多招物议，似此劣情，何以能办公事！查办虽无实据，事出有因，究属暧昧，难以悬揣！恭亲王议政之初，尚属谨慎，迨后妄自尊大，诸多狂傲，倚仗爵高权重，目无君上，视朕冲龄，诸多挟制，往往暗使离间，不可细问；每日召见，趾高气扬，言语之间，许多取巧妄陈。若不及早宣示，朕亲政之时，何以用人行政！凡此重大情形，姑免深究，正是朕宽大之恩。恭亲王著毋庸在军机处议政，革去一切差使，不准干预公事，以示朕曲为保全之至意。至军机处政务殷烦，著责成该大臣等共矢公忠，尽心筹办。其总理通商事务衙门各事，宜责令文祥等和衷共济，妥协办理。以后召见、引见等项，著派惇亲王、醇郡王、钟郡王、孚郡王四人轮流带领。特谕。"[2]

不料，上谕发布之后，在统治阶级上层，招来一片惊异、反对之声。惇亲王奕誴，本奕訢同父异母第五兄，为人蠢笨、憨直，出承惇亲王爵，因不直其政变杀肃顺事，多年与奕訢不和。这次见奕訢突然遭此沉重打击，顿生兔死狐悲之感，疑为那拉氏擅作威福，欲灭觉罗近支诸王，遂警惕起

---

[1] 吴相湘：《晚清宫廷实纪》，台北正中书局1982年版，第99、101页。
[2] 翁同龢：《翁同龢日记》，中华书局1969年版，同治四年三月初八日。

来，愤然上疏抗争。随后，醇郡王奕譞、通政使王拯、御史孙翼谋接连上疏力争，不同意罢免奕訢。将这些奏折发下复议，结果也是反对者多，赞成者少，且反对之声越来越大，几乎众口一词，要求收回成命。尤为应该注意的是，有人竟以"夷人"为词，称"该王素为中外仰重，又为夷人所信服，万一夷人以此为请，从之则长其骄肆之心，不从则别启猜疑之渐"[1]，更使那拉氏有所顾忌。这样，她也就只有退却一条路了。然而，那拉氏毕竟具有丰富的政治经验，在其前行无路必须退却时，也要竭力掩盖自己的政治意图，以免陷于被动。于是，她再次耍弄两面手法，在将这一问题提交王公大臣集议之前，分别召见意见不同的两派人物，使双方都以为得到那拉氏的支持，造成意见相持不下、一时难以成议的局面，从而冲淡了反对派黑云压城的政治气氛。当与议朝臣意见渐趋一致时，她便乘机发布明谕，恢复奕訢内廷大臣、管理总理各国事务衙门的职务。接着，召见奕訢，面加训诫，见其"伏地痛哭，无以自容"，"深自引咎，颇知愧悔"，完全屈服于自己的脚下，那拉氏便故作"衷怀良用恻然"的姿态，恢复奕訢军机大臣的差事，但"毋庸得议政名目，以示裁抑"[2]，并将上述情形与新的决定以上谕的形式发布全国。至于奕訢的内务府大臣、宗人府宗令及正黄旗满洲都统等军政要职，则已于数日前由他人接替。经过这次打击，奕訢不仅实权顿减，地位降低，而更为重要的是从此失去议政之权，再不能与那拉氏帝相联合，隐隐相抗，完全变成驯服的臣仆，同咸丰初年以前的军机大臣无异，徒有相名，而无相权。

至此，通过辛酉政变建立起来的听政、议政联合政体宣告解体，肃顺执政时由咸丰皇帝出让的相权，亦由那拉氏对奕訢的突发一击而夺回。从此，那拉氏便成为中国历史上继武曌之后的一代女皇，而清王朝则通过她的手，以帝权兼并相权，在经过一场惨烈的战乱之后，重新恢复了昔日极端的君主专制体制。

---

[1] 吴相湘：《晚清宫廷实纪》，正中书局1982年版，第109页。
[2] 翁同龢：《翁同龢日记》，中华书局1969年版，同治四年四月十五日。

三、清政府政治对策的形成与实施

清代咸同年间中央政府权力结构的变化,以及咸丰后期军机处的失势和相权的产生,都与清政府为镇压太平天国革命所采取的政治对策,尤其是围绕这些政策在中央政府内部所进行的一系列斗争有关。肃顺之所以敢于力争这一久已消失的权力,并强行加以使用,以及咸丰帝之所以出让这一权力,容忍肃顺以御前大臣、户部尚书行使相权,皆因这些政策对清王朝至关紧要,生死攸关,而又非如此不能克服障碍,使之得以贯彻执行。

为了将太平天国革命尽快镇压下去,清政府采取了包括政治、经济、文化等在内的一系列政策。这里只讲政治方面的,主要有以汉制汉与放权督抚两项,与此相关的还有重用士绅、重用勇营两项。实际上,这是一次统治阶级内部的权力再分配。满洲贵族,尤其是觉罗皇室、皇帝本人,为了打赢对太平天国的这场战争,保住自己至高至大的权位,不得不从自己手中分出一部分权力,授予汉族地方督抚,以最大限度地调动和发挥他们的作用。

以汉制汉的思想与政策由来已久,满洲贵族入关前后曾被广泛地加以运用。如收编耿仲明、尚可喜、孔有德等汉族降人,于满、蒙八旗外建立汉军旗;招降吴三桂等明将及大批明军,于八旗骁骑营外建立绿旗营;招降洪承畴等明臣,借以制定各项政策、法令和规章制度,维持统治秩序,以及在各级政权中选用汉族官员等,都属于这一类。只是当其统治地位逐步稳固,尤其平定三藩之后,这一思想与政策渐渐淡化,且其借重汉人的程度,亦远不能和咸同年间相比。因为上述人员至多起一些配合、辅助作用,满洲贵族从未让他们唱过主角。其原因无他,主要还是由于斗转星移,满汉之间的力量对比发生了变化。对满洲贵族来说,他们所面临的是完全不同的政治、军事形势,无论其自身还是客观环境,都已起了很大变化。所以,这项政策之能否得以实施,及其实际上的深度与广度,对他们自身来说,则具有更为重大的意义。

清王朝是少数民族入主中原建立起来的一代政权,一开始就陷入占中国人口百分之九十的汉族人众的包围之中,犹如汪洋大海中的一叶扁舟。

满洲贵族乘明朝末年旧政权垮台、新政权尚未巩固之机带兵杀入关内，其杀戮之重、得天下之巧空前绝后。虽然以暴力镇压了汉族人民的反抗，而民族对立情绪，包括地主士绅在内的各阶层民众的反满思想，却仍长期存在，难以消除。而这些问题能否解决，则关乎他们的治乱存亡，可谓清鉴不远，在元蒙之世。如何保持自己的统治地位，就成了他们政治上的一个大课题。他们接受元朝统治者仅居有天下八十年即行灭亡的教训，为了长久保持其统治地位，采取了一系列政治措施，除加强满族团结、推行汉化政策、联合蒙回藏族上层人物、对反满思想加紧镇压外，还刻意对汉族民众进行分化，吸收一部分汉族士绅参加各级政权，担任各种职务，以达到分而治之的目的。但这是有条件和有限度的，而民族歧视则根深蒂固，民族藩篱与警戒之心依然存在。所谓条件，就是誓死效忠满洲贵族；所谓限度，就是名义上满汉兼用，六部堂官缺额对等，而实际上则不让汉员掌握实权，尤其不让他们掌握兵权。所谓民族歧视，就是旗员与汉员之间同样条件下的种种不平等，差别相当悬殊。所谓民族藩篱，就是对一些要害部门官吏任职资格的限制，或明或暗地规定，某些缺额只能由旗员担任，汉员不得与闻。所谓警戒之心，则指清廷对担当督抚要职的汉族大吏放心不下，往往在身边安插旗员加以监视，一动一静上报皇帝。据载，"六部皆有匾，上书某年满大臣等，宜时至大内某官（宫），敬谨阅看某朝所立御碑。"而"宫内所立碑，系专谕满大臣。大略谓本朝君临汉土，汉人虽悉为臣仆，然究非同族。今虽用汉人为大臣，然不过用以羁縻之而已。我子孙须时时省记此意，不可轻授汉人以大权，但可使供奔走之役云云。"可谓立意"深远矣"[1]。这样，就不能不常常发生以往朝代所未曾有过的怪事，下吏无法无天，上司不敢管束，甚至竟有下吏欺压上司、逼死（或直接或间接）上司之事。究其原因，则不外上司为汉员，不得皇帝信任，而下吏属满员，有监视上司之责而已。至于下吏挟私诬告，皇帝偏听偏信，汉员蒙冤受屈之事，则更是屡见不鲜。咸丰四年湖广总督吴文镕，就是在旗员鄂抚崇纶的一再上告、诬陷和不断逼迫下，带少数兵力出防黄州，终致败

---

[1] 小横香室主人编：《清朝野史大观》第3卷，中华书局民国四年版，第95页。

死的。从军事的角度看，这是个明显的错误。当时湖北兵力不敌太平军，所谓"战则不足，守则有余"是尽人皆知的。出发前吴文镕曾致函曾国藩，明知送死却不敢不赴黄州，其原因就是崇纶受咸丰宠信，有言必听，而吴文镕无处可以申辩。曾国藩当时也是敢怒而不敢言，待其政治上站稳脚跟之后，便即专折弹劾崇纶，为吴申冤辩诬，也为自己出了一口气。之所以出现这种情况，归根结底还是因为满洲贵族以勇武自雄，自视种族优越，藐视汉族，鄙视汉员。虽然让这些人做官，但仍视为恩赐。在他们看来，这些汉员在清政权中的作用，不过是一种陪衬。他们很少认为，没有这些官员，就很难统治下去；更不会想到，将来会有一天，只有依靠汉族官员的支持，才能维持他们的统治。

其实，嘉庆初年的川楚白莲教大起义，就已经给他们敲起了警钟。虽然它终被清政府镇压下去，但其战争过程表明，不仅赖以征服中原的满蒙八旗勇武已属过去，平定三藩时充任主力的绿营也成了明日黄花，追杀堵截全靠地主团练，不过依仗特权，欺瞒天下，团练苦战，绿营收功，汉员出力，旗员受赏而已。这种自欺欺人的做法，掩盖了事实真相，也蒙住了自己的眼睛，使他们难以发现形势的变化，当然也就更谈不上提高认识、调整政策了。《清代野史》称："满自开国，重用满而轻视汉，不曰'汉儿庸懦喜名誉'，即曰'吾满勿沾染汉人习气。'"[1]更有所谓"近支排宗室，宗室排满，满排汉"[2]之说。晚清学者薛福成亦曾专门著文谈及此事。只是当时清廷尚在，恐触忌讳，语言有些含混闪避，不敢过于直露。他说："圣清御宇余二百年，凡磊落闳伟盖世之勋业，皆出满洲世族及蒙古、汉军之隶旗籍者。汉臣虽不乏贤儁，不过以文学议论黼黻隆平而已。"为什么会出现这种情况呢？"先皇措注之深意，盖谓疏戚相维、近远相驭之道当如此，而风气之文弱，不娴骑射，将略非所长，又其次也。"他还说："乾隆、嘉庆间防畛犹严，如岳襄勤公之服金川，二杨侯之平教匪，虽倚任专且久，而受上赏、为元勋者，必以旗籍当之。"为何竟然如此？"斯

---

[1] 孟森，等：《清代野史》第3辑，巴蜀书社1987年版，第354页。
[2] 刘体仁：《辟园史学四种·异辞录》（以下简称《异辞录》）第4卷，木刻线装本，第3页。

制所由来旧矣。"[1]就是说，这是清朝的固有制度，已行之很久了。

在镇压太平天国革命的战争过程中，最早提出重用汉人、以汉制汉的是文庆。文庆，字孔修，费莫氏，满洲镶红旗人。出身官宦之家，其祖父曾任两广总督。道光二年进士，选庶吉士，散馆授编修。道光十二年授礼部侍郎，兼副都统。此后屡升屡降，反复进出军机处。咸丰二年起授内阁学士，寻擢户部尚书，复为内大臣、翰林院掌院学士。咸丰五年复为军机大臣、协办大学士，加太子太保衔、拜文渊阁大学士。咸丰六年晋武英殿大学士。从上述经历可知，文庆确乎清政府的元老重臣。他受道光、咸丰两帝信任，虽屡因失误褫职，却仍恩眷不衰，旋即复职，寻又提升，情形较为少见。其于满汉关系，尤具远见卓识，识大体、顾大局、胸怀宽广，不为俗见所蔽。"平时建白，常密请破除满汉藩篱，不拘资地以用人。"[2]太平天国革命爆发后，更力主重用汉员。"尝言欲办天下大事，当重用汉人。彼皆从田间来，知民间疾苦，熟谙情伪，岂若吾辈未出国门一步，懵然于大计者乎？"[3]曾国藩、胡林翼等皆得其护佑、识拔。

道光二十年文庆典江南乡试，充主考官。副考官为刚刚授职翰林院编修的胡林翼，因私携江西举人胡某入闱事泄，当受重处。"文庆重林翼才识，以为将来必能大有展布，若以新进获重咎，将难再起。已为旗员，且旧臣，虽降黜易于登进也。因挺身自认其事，遂降四级为鸿胪寺卿，林翼仅坐失察降一级。"[4]其后，胡林翼靠副江南乡试时所取门生的资助，捐得贵州知府，屡署、任安顺、镇远、黎平等府知府，因实行团练保甲、镇压当地小股农民起事卓有成效，被贵州地方官奏保贵东道道员，任命状未到，即应调赴湖北委用。不料刚到湖南岳州，即闻湖广总督吴文镕败死黄州之讯。遂进退失据，犹如丧家之犬，出于无奈，只好暂寄前礼部侍郎、湖南团练大臣曾国藩的麾下。其时所统主要为自贵州带来的六百黔勇，亦未见其立有什么大功，只因获文庆之"深知"，赞赏"其才略，屡密荐，

---

[1] [2] [3] 薛福成：《庸庵全集·庸庵文续编》（以下简称《庸庵文续编》）卷下，光绪十三年刊，第4页。
[4] 徐凌霄、徐一士：《凌霄一士随笔》，《国闻周报》第26期。

由贵州道员一岁之间擢至湖北巡抚,凡所奏请,无不从者"[1]。曾国藩初起,以汉族书生组建湘军,为祁寯藻"所觝排,又累战失利",遂致朝野皆疑,自己也曾投水自杀,省城长沙内外更是怨声载道。而湖南巡抚骆秉章、布政使徐有壬、按察使陶恩培所谓三宪大员,尤其徐、陶两位,则冷眼旁观,等待时机,随时准备发难。其处境之难可想而知。多少年后提及此事,曾国藩仍不免神情凄然。当时,只有文庆独具慧眼,"谓曾某负时望,能杀贼,终当建非常之功,时时左右之"。同时,文庆对"督师淮上"的袁甲三、"巡抚湖南"的骆秉章,亦皆"尝荐其才,请勿他调以观厥成"。即如户部主事阎敬铭这样的小京官,以军机大臣、武英殿大学士兼管户部的文庆,也因其"明习部务","常采用其议,虽他司所掌,亦询之以定稿"[2]。对于力不胜任的旗员大吏,文庆则力主及时罢免。咸丰六年十一月文庆临终之前,"遗疏谓各省督抚如庆端、福济、崇恩、瑛棨等皆难胜任,不早罢之,恐误封疆事"[3]。文庆上年七月接替奕䜣入值军机处,任领班军机大臣,距去世之日尚不足十七个月。

在如何看待和处理满汉关系的问题上,文庆的确不失为一位较有胆识与远见的政治家,在清政府的元老重臣中尤属凤毛麟角,难能可贵。其"重用汉人"的思想与主张,对于民族偏见颇深的满洲贵族来说,无疑起了振聋发聩的作用,不仅为清政府制定和推行以汉制汉政策奠定了思想政治基础,亦为曾国藩军政集团的发展开辟了一条通道。无怪乎曾国藩的得意门生薛福成会对文庆如此推崇。他在《书长白文文端公相业》一文临近结尾之时说:"曾公克金陵报捷也,推使相官文恭公居首,而己次之。海内称其让德。今伯相李公将平捻寇,将军都兴阿公甫受命督师而寇适灭。都公谦不报捷。大功之成,由汉大臣专报,自兹役始。迨左文襄公平回寇,则竟不参以他帅,满汉已无町畦。功名之路大开,贤才奋而国势张,盖文文

---

[1] 赵尔巽等:《清史稿》第38册,中华书局1977年版,第11686页。
[2] 薛福成:《庸庵文续编卷下》,光绪十三年刊,第4、5页。
[3] 薛福成:《庸庵文续编卷下》,光绪十三年刊,第5页。福济、崇恩分别为安徽、山东巡抚,瑛棨、庆端分别为河南、福建布政使,四人皆满族。薛福成统以督抚称之,恐为笔下之误。

端公之力为多。"又说:"宰相以荐贤为职。荐一世之贤,平一世之难,其功固不浅。若所荐不仅一世之贤,而移数百年积重之风气,非具不世出之深识伟量,其孰能之?余故表而书之,以谓中兴之先,论相业者,必以公为首焉。"[1]在这段话语中,既有冷静的理性分析,也饱含着胜利之后对这位保护神的感激之情。这般情感,倾注到肃顺身上固然万万不可,即发向奕訢亦未尽适宜,这样,也就只有向文庆表达了。

文庆去世之后,坚持重用汉人、实施以汉制汉之策者是肃顺。其于曾国藩终得两江总督之位、左宗棠免于牢狱之灾而骤获大用,都起了关键作用。故李岳瑞在《春冰室野乘》中说:"发逆荡平之由,全在重用汉臣,使曾、胡诸公得尽其才。人第知其谋之出于文文端公庆,而不知帷幄之谋,皆由肃顺主持之。"[2]《清代野史大观》也说:"曾国藩、胡林翼之得握兵柄,亦皆肃顺主之。"[3]薛福成等亦曾专文述及此事。其《肃顺推服楚贤》称:"肃顺于咸丰年间始为御前大臣,贵宠用事……其人固无足论矣。然是时粤贼势甚张,而讨贼将帅之有功者皆在湖南,朝臣如祁文端公、彭文敬公尚懵焉不察。唯肃顺知之已深,颇能倾心推服。平时以座客谈论,常心折曾文正公之识量,胡文忠公之才略。"[4]

肃顺对湘军将帅为什么竟能知之甚深呢?此可谓冰冻三尺,非一日之寒。只因肃顺早已"获罪伏法",薛福成不肯多所牵连,故不能像文庆那样毫发不遗,颠末尽述。其实,肃顺"虽痛恨科甲,而实爱才如渴,一时名士,咸从之游"[5]。《清史稿》称,肃顺当权之后,"日益骄横,睥睨一切,而喜延揽名流,朝士如郭嵩焘、尹耕云及举人王闿运、高心夔辈,皆出入其门,采取言论,密以上陈"[6]。《慈禧传信录》亦称:"肃顺虽

---

[1] 薛福成:《庸庵文续编卷下》,光绪十三年刊,第5—6页。
[2] 孟森,等:《清代野史》第5辑,巴蜀书社1987年版,第106页。
[3] 黄濬:《花随人圣庵摭忆》,上海古籍书店1983年版,第497页。
[4] 薛福成:《庸庵笔记》第1卷,上海埽叶山房民国十一年石印,1922年线装石印本,第10页。
[5] 孟森,等:《清代野史》第5辑,巴蜀书社1987年版,第106页。
[6] 赵尔巽等:《清史稿》第38册,中华书局1977年版,第11700页。

暴戾，独敬礼汉人，尝谓满、蒙气运已终，后起皆竖子。"[1]《清代野史大观》则说："肃顺秉政时，待各署司官，眦睚暴戾，如奴隶若。然唯待旗员则然，待汉员颇极谦恭。尝谓人曰：'咱们旗人浑蛋多，懂得什么？汉人是得罪不得的，他那支笔厉害得很。'故其受贿亦只旗人，不受汉人也。汉人有才学者，必罗而致之，或为羽翼，或为心腹，如匡源、陈孚恩、高心夔，皆素所心折者。"还说："肃顺极喜延揽人才，邸中客常满。"[2]《清世说新语》则称："肃顺优礼贤士，而又有知人之鉴。"郭嵩焘因喜谈洋务，在第二次鸦片战争中主和议，备受"肃党"陈孚恩青睐。而郭嵩焘"亦当时极以肃顺为然之人，以先出都，得免于'肃党'之目"。有人说若"南归稍缓一两月，天津兵溃，嵩焘前言皆验，尚书必邀致之，使并入党祸"[3]。这里所说的"尚书"，就是先为"穆（彰阿）党"、后为"肃党"、最后死于新疆流放地的陈孚恩，时任兵部尚书、吏部尚书。这位人士还说，曾国藩、郭嵩焘、王闿运、吴汝纶等言及咸丰末年之事，总不免含有为端、肃讼冤之意。以上所述虽有些传奇色彩，好像肃顺将清朝的民族歧视政策翻转过来，有些言过其实，但其欲办天下大事，非重用汉人不可的思想，颇与文庆相合。而其所网罗的郭嵩焘、尹耕云、王闿运、高心夔等诸名士，则多与曾、胡友善，而郭尤称密友。这样，肃顺对于湘军的情况知之甚详，对湘军将帅知之甚深，对曾、胡诸人倾心推服，也就不奇怪了。所以，他所推行的以汉制汉政策，更较他人坚实有力，以至成为清政府镇压太平天国革命的根本方针，那拉氏、奕䜣政变上台之后，杀其人而不废其策。至于肃顺推荐曾国藩、救援左宗棠之事，则有多人言之甚详，其中又以薛福成的文字传播最广。

咸丰十年太平军再次踏破清军江南大营，顺势夺占苏、常繁富之区。原两江总督何桂清因弃城获咎革职，咸丰帝欲调胡林翼总督两江。肃顺进言道："胡林翼在湖北措注尽善，未可挪动，不如用曾国藩督两江，则上

---

[1] 黄濬：《花随人圣庵摭忆》附《花随人圣庵摭忆补篇》，上海古籍书店1983年版，第5页。
[2] 黄濬：《花随人圣庵摭忆》，上海古籍书店1983年版，第497页。
[3] 黄濬：《花随人圣庵摭忆》，上海古籍书店1983年版，第430、496页。

下游俱得人矣。上曰善，遂如其议。"[1]《归庐谈往录》亦称："两江总督何桂清以逃死拿问，而代任殊未定人，肃首以曾某为请，得旨即行。"还说："湖口高刺史心夔时在肃幕，左右其事。""独山莫孝廉友芝时亦在都，与二三清流实始倡议。知高为肃所重，邀与密商，高毅然以此自任。殆奉俞旨，肃下直趋高馆曰：'行矣，何以谢保人。'握高手大笑。置酒极欢而散。"[2]而左宗棠则因充任湖南巡抚骆秉章幕僚，呼喝指挥，隐操一省大权，为非分礼仪之争，卒革署湖南提督、永州镇总兵樊燮之职。"樊燮控之都察院"，湖广总督官文"复严劾之"。廷旨敕下官文"密查"："如左宗棠果有不法情事，可即就地正法。"其时，知其事者皆不敢言。肃顺告其幕客高心夔，高告知王闿运，王告知时任翰林院编修的郭嵩焘。郭复请王闿运求救于肃顺。肃顺说："必俟内外臣工有疏保荐，余方能启唇。"郭嵩焘当时正与京师潘祖荫同值南书房，遂恳请潘疏荐左宗棠。"上果问肃顺曰：'方今天下多事，左宗棠果长军旅，自当弃瑕录用。'肃顺奏曰：'左宗棠在湖南巡抚骆秉章幕中，赞画军谋，迭著成效。骆秉章之功皆其功也。人才难得，自当爱惜。请再密寄官文，录中外保荐各疏，令其察酌情形办理。'从之。官公知朝廷意欲用文襄，遂与僚属别商具奏结案，而文襄竟未对簿。俄而，曾文正公奏荐文襄以四品京堂襄办军务，勋望遂日隆焉。"[3]徐珂《清稗类钞》亦言及肃顺救援左宗棠事，或许另有所本，其说大旨相同，而情节则较薛文为详。"当文恭参折之上，已奉密谕：左某如果有不法情事，即行就地正法。肃顺知之，语其幕客高心夔。高转语王闿运，王又转语郭嵩焘，郭使王偕高求肃营救。肃允之，第云：'仍须别有人奏保，上如问及，可从而解释之，其势顺而言亦易入。若凭空陈奏，恐上见疑。'王以告郭，郭乃撰具保折，并怀三百金往觅潘。既相见，郭卒然指潘而问曰：'伯寅，何久不宴我于莲芬家也？'（莲芬姓朱，为尔时名伶，工生旦剧，潘所眷也）潘曰：'近者所入甚窘，何暇及此？'郭

---

[1] 薛福成：《庸庵笔记》第1卷，上海埠叶山房民国十一年石印，第10页。
[2] 徐宗亮：《归庐谈往录》第2卷，光绪十二年刊，第1页。
[3] 薛福成：《庸庵笔记》第1卷，上海埠叶山房民国十一年石印，第10页。

强嬲之,偕赴莲芬家。既至,郭又问曰:'今者具折保举人,肯为之乎?'潘询保何人,郭曰:'姑勿问,折已代具撰,且缮就,第能具奏者,当以三百金为寿。'言次,即出三百金置潘前,连问曰:'如何如何?'潘既夙信郭,又见多金,足以应急,不能无动,即取金纳怀中,曰:'吾辈姑饮酒,再商。因命莲芬置酒,相与痛饮。'既,郭要潘同往递折,潘于路,复以所保何人为问,郭虑其中变,仍支吾之。至奏事处,潘曰:'事已至此,必无悔理。唯所保何人,折中所言云何,必先令我知,否则万一叫起(叫起即召见也)将何词以对?'郭乃出折与观,潘无异言。折上,果叫起,上问曰:'汝从何识左宗棠而知其为人?'潘仓促间未筹及此,乃饰词对曰:'左宗棠是臣业师。'上颔之。未几,而胡文忠保左之折亦至,上乃顾肃曰:'官文劾左宗棠,潘祖荫、胡林翼又保举左宗棠。方今多事,用人之际,人才难得,左宗棠果为不法,固应严惩,如有大才,亦应重用,不知究竟何若?'肃曰:'闻左宗棠为湖南巡抚骆秉章所信用,一切皆归其主持。官文劾之,亦颇以其揽权为言。然骆秉章之在湖南,功绩昭著,即左宗棠之才可知矣。'上恍然,于是谕官文再行确查。及官复奏,亦为左洗雪,即奉命以三品京卿用。"[1] 而《春冰室野乘》则又是一说。李岳瑞称:"方左文襄公之佐湖南幕府也,为蜚语所中,嫉之者争欲置诸死地,祸几不测。微肃之论救,必无幸矣。方狱之急时,文襄故交某君走京师,诣高谋之。高之入言于肃顺。肃曰:'论救吾当力任之,然必外廷汉官有上疏言之者,某乃可尽言。不然,某素不与外官交通,上所深知,今无端言此,适以启上疑耳。'高出谋于众,众皆畏祸累,蔑敢应者。吴县潘文勤官翰林,慨然单衔入奏,请以百口保左宗棠无他。上果持其疏,询诸枢臣。肃顺首奏,'潘祖荫国家重臣,所保必可信,请姑宽之,以观后效。'因乘机极言满将帅腐败不可恃,非重用汉臣不可。上大感动,即可潘奏。文襄获无事,旋即大用。而曾文正督师之局亦定于此时,肃之功顾可没哉?"[2]资料甚多,不胜枚举,虽细节略有出入,但有一点却可肯定,即左宗棠曾

---

[1] 徐珂:《清稗类钞》第3册,中华书局1984年版,第1405页。官文谥号文恭。
[2] 孟森,等:《清代野史》第5辑,巴蜀书社1987年版,第107页。潘祖荫谥号文勤。

为官文所劾，几乎送命，其所以终得解脱、复获大用，全仗肃顺，否则，当时谁个有此回天之力，可令咸丰帝转过这一百八十度的大弯子？况且，救左完全出于肃顺的主动。不然，如此机密之事能有几人得知？而皇帝已经批定之事，谁敢力推反转？肃顺泄密于先，授计于后，并不失时机地对咸丰帝启发诱导、出谋献策，不仅援救了左宗棠，还让咸丰皇帝心为之动，实际上完全接受了重用汉臣、以汉制汉的方针。这似乎是一次经过深思熟虑的、有计划有步骤的活动，并非一时心血来潮。而这件事又是实施其以汉制汉政策的关键所在，似亦非出于偶然。左宗棠因参革樊燮招来的这场官司前后经历了一年左右，而其间正好穿插着太平军再破清军江南大营和曾国藩总督两江两件大事，而清政府对汉族官员，尤其是湘军将帅的政策，亦在这一时期发生较为明显的重大改变，这就不能不引起人们的深思和种种联想。所以，劾左救左一事当时即已震惊政坛，引起社会的广泛注意，事后又为多人所记述、谈论，至今仍令史学家大感兴趣，也是不奇怪的。

  清政府为镇压太平天国革命所采取的第二项重大政治对策是放权督抚将帅。当然，它在实施中也有一个发展过程。开始恐怕只是无可奈何地听任中央权力的流失，容忍地方督抚侵夺中央权力，而到后来，就有些忍痛割爱，较为主动地将中央的权力下放地方督抚了。自唐代节度使身兼军政，因地方权力过大而终致藩镇割据、走向灭亡以来，后世统治者多接受这一教训，注意正确处理中央与地方的关系，极力防止地方官权力过大，出现尾大不掉之局。以至宋代矫枉过正，颇有点"宁与友邦，不赐家奴"的味道，不仅将"三纲五常"强调到灭绝人性的程度，借以约束文武官员和广大绅民的思想，而且对统军将帅多方牵制、忌刻尤深，致使武德不振、将帅无能、军力孱弱、御侮乏术，最后未亡于内而竟亡于外，与汉、唐正好相反，恰成对照。清王朝是满洲贵族建立的一代政权，为保持和巩固自己的统治地位，不仅设立民族藩篱、防止汉族官员掌握军政实权与要害部门，还要防范地方权力过大、尾大不掉，尤要禁绝汉族地方官员身兼军政、养成足可同满族皇室隐隐相抗的实力。所以，二百多年来，清王朝历代帝王都极力限制地方督抚和统兵将帅的权力，将军事、行政、财政、司法、人事大权条块分割，使地方大员各负专责、互不统属，谁都不能自行独立，只能听命于中央。从而将君主专制政体强化到空前绝后的程度。正像有人说的那样,"东西南北,方制十余万里,手足动静,视中国之头目。大小省督抚,开府持节之吏,畏惧凛凛,殿陛若咫尺"。其"事权之一,纲纪之肃,推校往古,无有伦比"[1]。而国家遇有战事,将则临时授符,兵则从各处搭配抽调,粮饷则另委大臣设立粮台,专门负责掌管,使他们互为依存,谁都不能拥兵自立。而督抚在战争中的地位更是无足轻重。正像薛福成所描写的那样:"国家承平余二百年,凡有大寇,兴大兵役,必特简经略大臣及参赞大臣。继乃有佩钦差大臣关防及号为会办、帮办者,皆王公亲要之臣,勋绩久著,呼应素灵。吏部助之用人,户部为拨巨饷,萃天下全力以经营之。总督、巡抚不过承号令、备策应而已,其去一督抚,犹拉枯朽也。故督抚皆奉命维谨,罔敢违异。"[2] 这种办法行之多年,卓有成效,削平三藩,用兵西陲,乃至镇压白莲教起义,亦皆事事奏功。不料,在太平天国革命面前,这套成法不仅完全失去灵验,而且成为取得战争胜利的严重障碍,可以说生死决于一策,到了非破除不可的时候了。

  清王朝镇压以太平天国为中心的全国各地各族人民大起义,同嘉庆初年平定川楚白莲教起义时情况已大为不同。由于财政拮据、国库空虚,国家常备军八旗、绿营腐败,清政府既无可用之兵,亦无可筹之饷,以致粮饷多靠自筹,征战主要靠练勇。尤其咸丰十年太平军再破江南大营、顺势夺取苏常富庶地区之后,清政府兵饷两空,主要靠各地督抚将帅以自募自练的勇营艰苦支撑,而清王朝最后得以危而复安,亦全靠这些汉族地方督抚和统兵将帅。故有些满族官员对他们感恩戴德,说:"若辈皆百战功臣,若非湘淮军,我们今日不知死所耶!"[3] 然亦有人不承认这一点,拐弯抹角地否定他们的作用。同治元年曾国藩曾颇多感慨地说:"本朝军务,唯川楚一事最不足称,而今人多言之,亦是古非今之见也。"又说:"教匪

---

[1] 梅曾亮:《梅伯言全集》,《柏枧山房文集》第2卷,国学扶轮社民国六年版,第1页。
[2] 薛福成:《庸庵全集·海外文续编》(以下简称《庸庵海外文续编》)第4卷,光绪十三年刊,第12页。
[3] 伍承乔编:《清代吏治丛谈》第4卷,浙江省警察协会1936年版,第197页。

倡乱，数年未尝被破府城，今粤贼则蹂躏及七八省。然彼时调兵半天下，用饷至数千万。今吾与此匪角逐十年，所用额兵不过千人，余皆自募；所用库饷不及十万，余皆自筹。与往日有劳逸之分，难易之别也矣。历来乱贼未有若是之多，亦未有若是之久，唯北魏末年与此相仿。诚史册所仅见也。"[1]

然而，自募自练勇营，则地方督抚须有统兵之权，而粮饷自筹则统兵将帅必须兼领地方。否则，他们皆难以为功，且难以自存。这是因为，当时的战争形势犬牙交错，各自为战，无论地方督抚还是统兵将帅，若非将军事、行政、财政、人事大权集于一身，遇事独断专行，则难以独当一面，也难获得成功。经过数年的战争，地方督抚与统兵将帅都受到严格的检验，凡这样做、做得好的，即得以生存、发展、壮大，反之，则被革、被免、被杀。懵然无知或反应迟钝者，受到历史无情的淘汰，而遇事留心者，终于掌握了这一战争发展规律。曾国藩所谓"细察今日局势，非位任巡抚有察吏之权者，决不能以治军，纵能治军决不能兼及筹饷"[2]云者，即属多年实践的切身体验，不应仅仅看作个人权力欲的暴露，即使确有其事，亦位在其次。况且，他这一思想由来已久，大约萌生于咸丰四至七年，因失去署理鄂抚一职而导致坐困江西之时。咸丰八年他在苦劝胡林翼势应夺情服官时，再次强调治军必须兼领地方的道理说："'讨贼则可，服官则不可。'义正词严，何能更赞一语。唯今日受讨贼之任者，不若地方官之确有凭借。晋、宋以后之都督三州、四州、六州、八州军事者，必求领一州刺史。唐末之招讨使、统军使、团练使、防御使、处置应援等使，远不如节度使之得势。皆以得治土地人民故也。"[3] 总之，兵、政合一已成定势，二者缺一不可，合则成，分则败。胡林翼亦有同感。他奉命抚鄂，尤其李续宾三河覆军之后，锐意兵事，苦心筹饷，决心将兵饷两事兼于一身。当

---

[1] 赵烈文：《能静居日记》，学生书局影印本，同治元年六月初十日。
[2] 曾国藩：《曾文正公奏稿》第9卷，湖南传忠书局版，第76页。
[3] 曾国藩：《曾文正公书札》第6卷，湖南传忠书局版，第32页。这里的"宋"指南朝的刘宋。

左宗棠鉴于吴文镕的教训，责其不善带兵、不应出驻黄州时，胡林翼复函称："筹饷较易，带兵较难。惟以衰经出山，不司兵事则此身何以自处？万世之清议其不足畏耶？至公谓带兵非所长，固然。然万事可谦，兵事不可谦。太谦则怯，太谦亦近伪。况目今十八省之上座者，尚以不肖为最能兵耶？此二年之中应在黄州，兼司饷事，决不能安坐堂皇，如寻常服官模样。"又说："此出为不得以之变局，受印不过为饷事耳。"[1]咸丰十一年春他在敦劝李续宜速赴安徽巡抚任时还说："理财必先政事，吏事尤为兵事之本。""然处艰巨危难之时，非带兵不可。仅带兵而吏治不饬，民生无依，即日杀千贼无补大局。故非兼地方不可。""为皖计，为公计，以受印为正。"[2]也都是在讲兵事和饷事的极端重要性及二者密不可分的关系。曾国藩统军最早、战功最著，只因不得督抚之位，长期客军虚悬，军势日弱，处境艰难。刘蓉最后兵败陕西、全军覆没，亦是辞去署抚、专领一军所致。至于督抚因不习兵事、没有自募练勇而导致败亡的例子，则更是不胜枚举，咸丰初年三江两湖被革、被杀的督抚，多属这种情况。故薛福成在论及清代督抚地位的变化和历史成因时说："国家承平余二百年，凡有大寇患、兴大兵役，必特简经略大臣及参赞大臣驰往督办，继乃有佩钦差大臣关防及号为会办帮办者，皆王公亲要大臣。勋绩久著，呼应素灵。吏部助之用人，户部为拨巨饷，萃天下全力以经营之。总督巡抚不过承号令、备策应而已。其去一督抚犹拉枯朽也。""咸丰之世粤寇势张，首相赛尚阿与总督徐广缙，相继奉命督师剿贼，皆无远略以偾厥事。自时厥后，或用尚书侍郎及将军提督为钦差大臣，或用各行省督抚兼任兵事，而能有成功者则在督抚为多。曾文正公以侍郎剿贼，不能大行其志，及总督两江而大功告成。以其有土地人民之柄，无所需于人也。是故督抚建树之基，在得一行省为之用，而其绩效所就之大小，尤视所凭之地以为准焉。"何哉？"大抵多事之秋莫急于筹饷，饷源以地丁、漕政、盐政、关税、厘金为大宗。""夫承平时筹饷之权固在户部。疆事糜烂，关税而外户部提拨之檄

---

[1] 胡林翼：《胡文忠公遗集》第62卷，同治六年刊，第16页。
[2] 杜春和、耿来金编：《胡林翼未刊往来函稿》，岳麓书社1989年版，第79页。

不常至，至亦坚不应。盖事机急迫，安危系之，斯时欲待户部济饷势所不能；而疆臣竭蹶经营于艰难之中，则部臣亦不能以承平事文法掣之。故疆臣之负才略者，转得从容发舒，以成夷艰济变之功焉。"[1] 当然，对清政府来说，则不只由于对战争规律认识不清，也与其偏私、短见、缺乏气魄有关。

在清政府中，反对重用汉臣、放权督抚将帅最力者，是汉族官员中的旧贵族，其代表人物是军机大臣、大学士祁寯藻、彭蕴章。咸丰帝则摇摆于祁、彭与文、肃之间。曾国藩在湘淮将帅中地位最高、名望最隆、带兵最早、战功最著，为满汉贵族疑忌亦最深，也就不可避免地成为矛盾的焦点。

咸丰三年曾国藩出任湖南团练大臣，仅奉"帮同办理本省团练乡民搜查土匪诸事务"的命令，借机创办湘军、担当镇压太平军的重任，完全是他自作主张，并未接奉明确命令。后来虽奉命办理炮船，似亦并不包括当时业已大致办理就绪的陆师在内。所以，他要谬将"团练"一词分之为二，声言自己不办保甲而专办练勇，以使自己的做法合法化。而咸丰帝最初命湘军出省作战的上谕，亦称曾国藩之水师、塔齐布之陆师云云，并不把曾国藩视为整个湘军的统帅。因而，他所创办的湘军最初只处于半合法的地位，一旦军事受挫，就立刻出现生存危机。咸丰四年曾国藩率军东征之初，即一败岳州、再败靖港，长沙一片"解散"声，朝中也有人大肆挑拨，若非湘潭取胜，恐怕曾国藩性命难保，湘军也可能夭折。黎庶昌在追述其带兵经历时说："方兵之初起，大学士某倡言于朝曰：'曾某以在籍绅士，非上所令召，而一呼万人，此其志不在小。'语浸淫上闻。湘潭克复，奏捷至京师，大臣或指为妄，上心知非是。一日特旨召见编修袁芳瑛，问所以破贼状"，"因举颠末为上备陈之。上大悦，即日授芳瑛松江知府，而公（指曾国藩）志以明"。[2] 这就是说，湘军以其优于八旗、绿营的战斗力争得了合法地位，曾国藩以汉族文臣也取得了带兵的权力。满洲贵族一

---

[1] 薛福成：《庸庵全集·海外文续编》（以下简称《庸庵海外文续编》）第4卷，光绪十三年刊，第12、13页。

[2] 黎庶昌：《拙尊园丛稿》第3卷，光绪十六年刊，第4页。袁芳瑛，湘潭人，曾国藩的好友、亲家。

向最忌汉臣掌实权、掌兵权，尤忌像曾国藩这样有名望的汉族文臣掌握兵权。咸丰帝一时迫于太平天国的军事压力，准许曾国藩独自带兵，已经有违祖制，从祖宗家法上后退了一步，若要他再向后退，那就更加不易。所以，咸丰帝只令曾国藩带兵，不让他兼领地方。他可以任命江忠源为安徽巡抚，胡林翼为湖北巡抚，就是不肯任命曾国藩为其所在省份的巡抚。很显然，江、胡受命之时，并没有像曾国藩那样手中握有近两万人的重兵，其名望与资历也无法同曾国藩相比。故而不易勾起咸丰的心病。

咸丰四年秋，曾国藩率军攻占湖北省城武昌，咸丰帝闻报大喜，立即任命尚未服阕的曾国藩署理湖北巡抚。不料，某相国一言触到痛处，幡然悔悟，立刻收回成命。薛福成《书宰相有学无识》一文对此作了较为生动的描述："捷书方至，文宗显皇帝喜形于色，谓军机大臣曰：'不意曾国藩一书生，乃能建此奇功。'某公对曰：'曾国藩以侍郎在籍，犹匹夫耳。匹夫居闾里，一呼，蹶起从之者万余人，恐非国家福也。'文宗默然变色者久之。由是曾公不获大行其志者七八年。"[1] 这里的"某公"与上文黎庶昌所说的"某大学士"曾长期被人们认为是指当时的军机大臣、体仁阁大学士祁寯藻，后来此事传入曾国藩耳中，似乎他也指目祁寯藻。而笔者在查阅《清实录》时发现，早在曾国藩攻占武昌前祁寯藻已请假在家，随之休致，前后数月未去军机处上班，似无此可能，曾专文予以考辨，认为这里的"某公"最大的可能是指彭蕴章。彭当时也是军机大臣，未有请假之事，且反对重用汉臣，观点与祁相同。还有记载说："蕴章在枢府日，唯阿取容，从无建白，外间戏以彭葫芦称之。久之，闻于上。一日，曾国藩奏某处大捷，文宗临朝嗟赏。蕴章忽曰：'国藩以一书生出总师干，权力渐盛，不可不防。'文宗云：'今日葫芦亦开口了。'肃顺将此语述之幕僚，传诸曾耳，颇为畏惧，军事不免趋于保守。"[2] 此亦可作为旁证。而黎文所说的"某大学士"，却似指祁无疑。因为祁在道光末年即已晋升体仁阁大学士，而彭直到咸丰五年方授协办大学士，湘军东征事在咸丰四

---

[1] 薛福成：《庸庵文续编》卷下，光绪十三年刊，第7—8页。
[2] 章士钊：《热河密札疏证补》，《文史》第2辑，中华书局1963年版，第94页脚注。

年。不过，有一点可以肯定，薛文中的"某公"无论指祁指彭，则他们反对重用汉臣，极力压制湘军，却是一致的。对于这一点，《清史稿》亦有记载。其彭蕴章传称："蕴章久直枢廷，廉谨小心，每有会议，必持详慎。""两江总督何桂清素以才敏自负，蕴章误信之，数于上前称荐。十年，江宁大营溃，蕴章犹言桂清可恃。未几，苏、常相继陷，桂清逮治。文宗以蕴章无知人鉴，眷注寖衰。"[1] 对照薛文"又有相国某公者，以咸丰初年入政府，后遂为首相，力荐何桂清兼资文武，必能保障江南。迄苏常告陷，犹不悟，力庇桂清，谋贳其罪。"则知此公为彭蕴章（咸丰六年入值，次年递升领班军机大臣，十年罢值）。彭于肃顺死后复"征起"，"条议时事颇备"，"其大旨谓楚军遍天下，曾国藩权太重，恐有尾大不掉之患，于所以撤楚军、削曾公权者，三致意焉。是时曾公负朝野重望，天子方倚以平贼。军机大臣见而哂之，由是不获再用"。[2] 因系宫廷密事，不可能见诸档案，故多属传闻，无切实记载。所以，有关他们二人的言行，传述有误或张冠李戴者都是有的，但主旨大致不错，足可说明在是否重用汉臣、允许地方督抚集权一身的问题上，清政府内部确实发生过长达数年的矛盾和斗争。而这些矛盾斗争主要在肃顺和祁、彭之间进行，其焦点又往往集中在湘军首领曾国藩身上。此亦可见，肃顺对他们的排挤与压制，并非仅仅出于个人权欲或性格上的恣横，也反映了当时战争形势的紧张和这场矛盾斗争的尖锐、激烈。也就是说，在太平天国百万大军的逼迫下，清政府已经到了生死存亡的关头，而这场斗争的结局，则将决定着清王朝的命运，且可供选择的余地亦愈来愈小。所以，当咸丰十年江南大营被毁、苏常失落之后，清政府只得将两江大权交给湘军领袖曾国藩，至于尾大不掉云云，只好留待后议了。

其实，祁、彭未必有错，否则亦难令咸丰帝为之动心。只是他们分不清轻重缓急，不知重用汉臣、放权督抚将帅是镇压太平天国革命的关键所在，非如此不能在这场战争中取胜，无法保住清王朝。相比之下，显然不

---

[1] 赵尔巽等：《清史稿》第38册，中华书局1977年版，第11678、11683页。
[2] 薛福成：《庸庵文续编》卷下，光绪十三年刊，第8—9页。

如肃顺高明。因而,薛福成也只是批评他们"有学无识","学不能施于用"。[1]
而咸丰帝则为形势所迫,认识上渐有醒悟,行动上不断前进,渐与肃顺达成一致。咸丰七年,当曾国藩激于义愤倔强之气,于进退维谷之际向他摊牌,提出或者兼领地方,或者留籍守制,二者必居其一时,他曾断然选择后者,命曾国藩在籍守制,将这位忠臣孝子陡然推入痛苦的深渊。其实,无论咸丰四年朝令夕改,还是这次吝而不授,都不是因为曾国藩没有担任巡抚的能力与资格,而是咸丰帝还没有走到山穷水尽的地步,下不了最后的决心。曾国藩系道光朝旧臣,历任内阁学士、礼部侍郎,且遍署工、兵、刑、吏各部,若非在外带兵,可能早已外放督抚。只因带兵打仗,反而苦苦求一巡抚而不可得,无怪曾国藩会为此愤愤不平。究其原因,还是咸丰帝不愿汉大臣身兼军政,权力过大,恐成尾大不掉之势,将来难以收拾。咸丰四年因湘军仍被视为辅助力量,咸丰七年则以为太平军指日可平,尚未从湘军苦战、绿营收功的美梦中醒来,当然觉得曾国藩可有可无,不会将他的摊牌当成一回事。迨至江南大营再次被毁,苏常失落,咸丰帝四顾茫茫,无可倚任,也就只好接受肃顺的建议,将江督一席授予曾国藩了。正如曾国藩的心腹幕僚赵烈文在追述曾国藩与清政府的关系时说的那样:"迨文宗末造,江左覆亡,始有督帅之授,受任危难之间。盖朝廷四顾无人,不得已而用之,非负扆真能简畀,当轴真能推举也。"[2] 真可说切中要害。

  同以上以汉制汉、放权督抚将帅两项主要政策相关联,还有重用士绅与重用勇营两项较为次要的政策。这两项政策亦并非不重要,只是与上述两项政策密不可分,虽理论上平行无所属,但实行起来却变成了附带问题。例如,曾国藩、左宗棠起初皆为士绅,依勇营为功,只是一偏于军,一偏于政,而后身兼军、政,名正言顺,士绅变为封疆大吏,勇营也取代八旗、绿营的地位,一跃而成为清王朝的主要武装力量。所以,前两者一旦解决,后两者也就迎刃而解了。因而,无须再行详述,只是粗略及之,点到就是了。

  历代统治阶级有组织的政治力量,主要由官、绅、士三部分组成。官

---

[1] 薛福成:《庸庵文续编》卷下,光绪十三年刊,第7页。
[2] 赵烈文:《能静居日记》,学生书局影印本,同治三年四月八日。

主要指实缺、候补、候选各官。绅则又分两种情况：一是因故离职的实缺官员而尚未向皇帝（自三品以上）或吏、兵二部（自四品以下文、武）报到者，主要是休致与开缺在籍人员；一是已取得任职资格而尚未入选的进士、举人及正、杂各途生员，例如文童、秀才、监生、贡生，实际上包含了士、绅两部分。士也是绅。故科举时代，通常官绅并称，士绅并称，官、绅、士三位一体。因为，不仅官绅之间可以相互易位，士可以为绅、为官，而且一般官员皆有学历，当时称出身或功名，绝大多数都由士而来。不过，这是咸丰初年以前的情况，其后捐例日繁，仕途拥塞混乱，也就另当别论了。

太平军一开始即攻势甚猛，很快控制长江中下游的大片地区。清政府筹谋对策，首先想到的就是嘉庆初年镇压川楚白莲教的经验，于调兵遣将进行围攻堵追的同时，在战区及邻近省份实行团练保甲、筑堡练勇，配合军队作战。这项任务主要由当地乡绅担负，由各级官员主持。因各省督抚事务繁忙、无暇顾及，且非本地人，联络有所不便，故一时成效不大。于是，清政府又在不少省份委任团练大臣，专司其事。其人选多为在籍守制官员，奉命回籍者仅占少数，利用其乡情乡谊及广泛的社会联系，联络、劝谕、组织士绅，协同督抚办理团练，例如，命曾国藩帮同巡抚办理湖南团练，命工部侍郎吕贤基回籍办理安徽团练等。据罗尔纲先生的统计，像这样的团练大臣，自咸丰二年十一月至三年二月，清政府先后任命了三批，共四十三人。有的省份一月之内就任命四次，另有两省前后任命过两次。人数最多的是山东省一十三人，次则江苏八人。另据《清实录》等载，在籍大臣陈孚恩、周天爵、毛昶熙、杜翻、晏端书、庞钟璐、王履谦、桑春荣、刘绎等亦先后奉命帮办本省团练防剿事宜。此亦足见清政府对这件事的重视，这也是不难理解的。就一般道理而言，士绅既然是国家官员的后备力量，当天下大乱之时，为了尽快打赢这场战争，将他们组织、调动起来，再由他们去发动、组织团练武装，协助军队作战，维持地方治安，总之是参加与配合这场战争，亦似无什么不妥。况且，这些人也很愿这样做。有些人平日作威作福，欺压乡邻，同贫苦农民有着深仇大恨，为保卫身家、甚而乘机发财，办团杀人非常积极。怎奈太平天国革命毕竟不是白莲教起义，一般团练武装对付集中而强大的太平军，毫无作用。所以，曾国藩就只办练而不办团，以集中而强大的勇营武装对付太平军。只是像曾国藩这样做的人为数甚少，绝大多数仍是墨守成规，办理团练保甲，故在镇压太平天国革命的过程中没有什么作为。湘、淮以外稍有名气的勇营武装，如临淮军、皖军、豫军、滇军等，皆地方官员所募练，与团练大臣似乎了无关系。因而，从总体上看，清政府的这项政策，没有产生多大成效，故于咸丰十一年十二月前后将各省团练大臣陆续裁撤。

勇营的情况则有所不同。清政府的武装力量一般讲有三种类型或三个等级。一是国家常备军，即清政府所谓经制之兵或额兵，包括八旗骁骑营，即通常所说的八旗兵与绿营兵，亦即所谓旗、绿各营。一是勇营，有事招募，事毕遣散，集则为勇，散则为民，是纯属雇佣性的半常备武装，带有半兵半民的性质，与编有军籍、世代为兵、父子兄弟相承的八旗、绿营兵不同。一是团练武装，或称团丁，是一种不脱离本土、不脱离生产的民兵。清政府利用勇营参战由来已久。镇压白莲教起义时，随同营兵作战的罗思举、桂涵所部武装，可能就属这种性质。鸦片战争期间，广东、浙江、福建都曾招募勇营，协同查禁鸦片、抗御英军。至于镇压太平天国起义，则一开始就使用勇营。钦差大臣李星沅曾大量招募勇营，向荣、乌兰泰部清军都附有勇营作战。其后江南大营与江北大营围攻太平天国的首都天京，从向荣到和春，从琦善到吉尔杭阿，作战都主要靠勇营。统带勇营的张国梁亦因此成为著名悍将。不过每次打了胜仗，都是勇营苦战、绿营收功而已。此外，江忠源楚勇（实则新宁勇）协同绿营守卫长沙、守卫南昌、守卫湖北田家镇等，都是以勇营的资格参战的。不过，这些勇营尚不能独自成军、独自作战、独自筹饷，始终未能完全脱离依附于营兵的附庸地位。它们同湘军相比，不仅规模大小不同，也有品位高低之分。其实，这种勇营好像正是清政府所需要的。从咸丰帝的所作所为看，他似乎喜欢张国梁、江忠源式的勇营，不喜欢曾国藩的湘军。咸丰三年清政府先后命湘军援皖、援鄂，也是作为一般勇营使用的，不过是让它配合或协助营兵作战，以解决兵力不足的困难，并没有像曾国藩想的那样，让它充任主力，担负镇压太平天国革命的重任。所以，当曾国藩坚持非洋炮不用、船炮不齐不出，尤其处处以"统筹全局""四省合防"自况时，立刻受到他无情的讥讽与嘲笑。咸丰帝在上谕中说："今观汝奏，直以四省军务一身克当，试问汝之才力能乎否乎？"并进而训斥道："平时漫自矜诩，以为无出己之右者，及至临事，果能尽符其言甚好，若稍涉张皇，岂不贻笑于天下！"[1]真可谓，不屑之情溢于言表。从这段言辞中不难看出，曾国藩所以受此讥笑，主要不在其才力如何，而在于说话的口气不合自己的身份。在咸丰帝看来，简直忘记了自己身为何物。而细察当时形势，曾国藩之所以为咸丰所轻，不仅因他一介书生、不谙军事，主要还是因为他所统带的军队，并非国家经制之兵，而是不三不四的勇营武装。同是一个曾国藩，当其所部湘军成为镇压太平军的主力时，尽管他不肯遵命驰援苏常，尽管他不肯遵命放鲍超率部北援，却再也不会受到如此对待。在湘军的问题上，咸丰帝表现出相互矛盾的心理与做法。他似乎既希望湘军能征惯战，为他打败太平军，又希望它永远像张国梁、江忠源的勇营那样始终处于依附他人的附庸地位。或许正是基于这一目的，长期不肯授予曾国藩督抚之任，使其所带勇营除依附于所在省份的督抚外，无以自存。而既领人之饷，也就不能不受人摆布。对于这一点，曾国藩却感到无法忍受。因为在他看来，这些人不过是一些庸人，依靠他们永远也不可能将太平天国革命镇压下去。他之所以没有应命赴川，亦是因为咸丰皇帝只有办理军务之命，不肯授予总督之权，若应命前往，必重陷当年坐困江西之境。这不难看出，对曾国藩的压制，既是对他所创建的湘军的压制，也是对勇营的压制。及至咸丰十年江南大营再次垮台，清政府再也无法集结起大支绿营武装的时候，也就只有依靠湘军等勇营武装，同太平军作战了。这样，重用勇营武装，实际上就与重用汉臣、放权督抚将帅，成为一而二、二而一的问题了。

咸丰十一年奕詝去世，随之发生了一场惊心动魄的宫廷政变，那拉氏垂帘听政，取代咸丰掌握皇权，而奕訢则晋封议政王，取代肃顺控制军机处，形成垂帘、议政联合体制。其外交政策变化较大，放弃了过去两个拳头打人，即既打外国侵略者又打太平军的政策，经过反复协商，终于达成了"借夷助剿"的协议，形成中外反动派联合绞杀太平天国革命的局面。而其内政方面则无

---

[1] 曾国藩：《曾文正公奏稿》第2卷，湖南传忠书局，第23页。

本质变化，奕訢"阴行肃顺政策，亲用汉臣"[1]，在重用汉臣、以汉制汉方面，较肃顺尤为过之，对曾国藩为代表的汉员督抚，由重用而变为依赖，使用更加放手，授予的权力也越来越大。其主要表现有以下几个方面：

首先，长期受到压抑的湘军统帅曾国藩，权力不断增大，地位不断提高，承担的任务也越来越重。继咸丰十年授任两江总督、钦差大臣，督办江南军务、宁国军务、徽州军务之后，咸丰十一年十月又奉命督办江、皖、赣、浙四省军务，巡抚、提、镇以下文武官员皆归节制，并在上谕中一再强调："江浙等处军务，朕唯曾国藩是赖。"[2] 至此，曾国藩则已办理四省军务，身兼五大臣之职，颇有位高自危之感。他在给左宗棠的信中说："昨奉廷寄谕旨，谬以鄙人兼办浙江军务"，"即日当具折谨辞，而推阁下督办浙江军务。朝廷恐国藩不兼浙江之名，则必留贵部雄师以自固，而不复谋及浙事，其用心亦良苦。实则阁下久以援浙为己任，即鄙人稍具天良，亦岂敢以浙事为度外！"[3] 而在给湖广总督官文（满族）的信中则说："接十月十八日谕旨，令弟兼办浙江军务，有节制四省字样。位太高，权太重，才太短，时太艰，皇悚之至。即日当具折辞谢，而荐左帅督办浙江军务。恐朝廷疑我畏难推诿，求阁下便中及之：言曾某'不必有兼辖之名，自不敢存畛域之见，必当竭力谋浙'等语。旁敲侧击，胜于弟自陈矣。"又说："我楚军之所以尚足自立者，全在不争权势、不妒功名。弟若权势太盛，泰然居之而不疑，则将来暗启人之争心、妒心而不觉。弟拟再三辞谢，得请而后已。"[4] 显然，因官文系那拉氏、奕訢的亲信，久居上游，负有监视汉员督抚之责，曾国藩企图借他之口以解清廷之疑。清廷悉知其意，不准其请，曾国藩只好干下去。也就是说，时至今日，已不是曾国藩有求于清廷，而是清廷有求于曾国藩了，不是曾国藩伸手向清廷要权，而是曾国藩一再推辞，清廷却非授予不可了。

---

[1] 刘体智：《异辞录》第2卷，木刻线装本1948年版，第22页。
[2] 曾国藩：《曾国藩全集》第4册，岳麓书社1987年版，第2018页。
[3] 曾国藩：《曾文正公书札》第17卷，湖南传忠书局版，第19页。
[4] 曾国藩：《曾文正公书札》第17卷，湖南传忠书局版，第21—22页。

及至同治元年曾国荃率部进驻雨花台，统军五万围困天京，上上下下尽其亲信。曾国藩愈感自危，遂奏请简派在京亲信大臣驰赴江南会办军务，以试探清廷对他们兄弟的信任程度。奏折称："今年军事甫顺而疾疫流行，休咎之征莫可推测。中夜默思，唯求德器远胜于臣者主持东南大局，而臣亦竭力经营而左右之，庶几补救于万一。"[1]那拉氏阅折后发布上谕说："刻下在京固无简派之人，环顾中外，才力气量如曾国藩者，一时亦实难其选。"并安慰与鼓励曾国藩说："疾疫流行乃无可如何之事，非该大臣一人之咎。意者朝廷政事多所阙失，足以上干天和。唯斋心默祷，以祈上苍眷佑，沴戾全消。我君臣当痛自刻责，实力实心，勉求禳救之方为民请命，以冀天心转移，事机就顺。"[2]曾国藩"读之感激涕零"[3]，在政治上暂时放下心来。两个月后，曾国藩仍觉心里不太踏实，于是又再次上奏，请求清廷简派大臣来江南会办军务。折中奏称："查三年以前，江南钦差大臣一人，两江总督一人，督办徽防一人，督办宁防一人，管辖李世忠、苗沛霖两军之钦差大臣一人。臣今一身所处，兼此五人之职，即使才力十倍于臣者，已有颠蹶之患，况如臣之愚陋乎？合无吁恳皇上天恩，简派大臣与臣会办诸务，纵不能复前此五人之旧，但能添一人二人，俾臣责任稍分、案牍稍简，更得专精竭虑，图报涓埃。"[4]结果，清廷不允所请，仅将严树森奏请皖北各军统归曾国藩调度的折子留中。同治二年十一月，病假在籍的督办皖北军务钦差大臣李续宜病死，清政府四顾无人，最终还是将节制皖北各军的责任压在曾国藩的肩上。同治三年四月曾国藩在一封奏折中说："臣所居职位，昔年凡六人任之：钦差驻金陵者一人，总督驻常州者一人，皖江以南徽防统帅一人、宁防统帅一人；皖江以北，下而滁、和、天、六、全、来归临淮控驭者为东路统帅一人，上而英、霍、潜、太、桐、舒、六、庐多隆阿等经管其间者五年为西路统帅一人。"又说："微臣谬以庸材兼此

---

[1] 曾国藩：《曾文正公奏稿》第16卷，湖南传忠书局版，第81页。
[2] 曾国藩：《曾国藩全集》第5册，岳麓书社1987年版，第2615页。
[3] 《曾文正公手书日记》，中国图书公司宣统元年印行，同治元年九月初一日。
[4] 曾国藩：《曾文正公奏稿》第17卷，湖南传忠书局版，第36页。

六事，曾经两次奏请简派大臣来南会办，未蒙俞允"，"合无吁恳天恩，饬将皖北西路责成（安徽巡抚）乔松年，东路责成（漕运总督）吴棠、（江宁将军）富明阿共筹防剿"。[1]清廷亦不许，仍将江、皖、赣、浙四省军务责成曾国藩一人，拨发巨款，以竟其围攻天京的最后一篑之功。

清政府于授予种种军政大权的同时，在用人、筹饷等方面也为曾国藩大开方便之门。咸丰十年之前，曾国藩奏保属僚很少获准。咸丰九年先是为令李鸿章主持筹建淮阳水师，保奏其补授两淮盐运使而不可得，尽管李鸿章此时已是按察使衔候补道员。随后，保奏其在江西南丰原籍办理团练的老友吴嘉宾（翰林出身，受过处分）升为候补同知，亦遭吏部议驳。咸丰十年出任江督之后，曾国藩大批保奏其部将、属吏与幕僚，每次少者三四名、多者八九名不等，则几乎无不批准。有时所保人员有违成例，被吏部驳回，曾国藩则稍加修改，再次上奏，清政府只好照准，并应曾国藩的请求，在每年分发外省的新进士中特为安徽一省增额十六名，"他省不得援以为例"[2]。

在用人问题上有请必应尚不为奇，尤为出格的是，中央政府对曾国藩所辖四省抚、藩大员，乃至与之相邻的闽浙总督的去留、任命，都征求曾国藩的意见。咸丰十一年夏秋曾国藩"叠奉谕旨饬令保举人才"。十一月"又钦奉寄谕令保封疆将帅"，并令其"密查"江苏巡抚薛焕、浙江巡抚王有龄"能否胜任"。曾国藩以"该二员似均不能胜此重任"[3]入奏，并荐举李鸿章、左宗棠分别办理江、浙两省军务，准许专折奏事。十二月清政府批准安徽巡抚彭玉麟的辞职要求，随即谕令曾国藩荐保安徽巡抚。上谕称："安徽巡抚现在荐用乏人，著曾国藩于所属司道大员内择其长于吏治、熟悉军情者，不必拘定资格，秉公保奏一二员，候旨简放。"[4]同治元年正月清政府又令"曾国藩、左宗棠随时查访，将能胜苏、浙两省监司道府之员保奏前来，以备简用"，并就"福建本省吏治官常"，"着曾国

---

[1] 曾国藩：《曾文正公奏稿》第20卷，湖南传忠书局版，第51页。
[2] 曾国藩：《曾国藩全集》第6册，岳麓书社1987年版，第3219页。
[3] 曾国藩：《曾文正公奏稿》第14卷，湖南传忠书局版，第69、63、66页。
[4] 曾国藩：《曾文正公奏稿》第15卷，湖南传忠书局版，第1页。

藩详加访察。如闽省督抚均属未能胜任，即行据实奏参"，"并将能胜该省督抚之员，采访确实，列名具奏"。[1]

曾国藩以恩遇太过，有侵夺君权之嫌，遂上奏申明己见，以避疆臣贪权之名。他在《金陵未克以前请不再加恩臣家片》中说："前此叠奉谕旨，饬臣保举江苏、安徽巡抚，倾复蒙垂询闽省督抚，饬臣保举大员，开列请简。封疆将帅乃朝廷举措之大权，如臣愚陋，岂敢干预。嗣后臣如有所知勘膺疆寄者，随时恭折入告，仰副圣主旁求之意。但泛论人才、以备采择则可，指明某缺径请迁除则不可。不特臣一人为然，凡为地方督抚者，皆不宜指缺保荐督抚。盖四方多故，疆臣既有征伐之权，不当更分黜陟之柄。唯风气一开，流弊甚长，辨之不可不早，宜预防外重内轻之渐，兼以杜植私树党之端。"同时，要求严格组织纪律，加强对地方大吏的管理。"其督抚有任可履者，不准迁延不到，亦不准他省奏留，庶几纲纪弥肃，朝廷愈尊。"[2]这就是说，在曾国藩看来，清廷此举虽迫于时势，自有一番道理，但作为一个地方大吏，清廷所授予他的权力，已超过其在长江中下游地区打赢这场战争的需要，且使自己处于涉嫌越权的被动地位，为保全名声，不能不上奏郑重声明，以脱卸今日之责任，亦为将来预留地步。

在筹饷方面清政府也给予曾国藩以大力支持。同治元年五月曾国藩奏请征集广东厘金以济江苏、浙江之饷，受到两广总督劳崇光的坚决反对。清廷立刻罢免劳崇光，以奉命赴粤办理厘金的曾国藩同年晏端书接任粤督，并任命曾国藩的好友黄赞汤为粤抚。不久，曾国藩又因粤厘征管不力、所入太少，与晏、黄二人发生矛盾，清政府又罢免晏、黄，以曾国藩好友毛鸿宾、郭嵩焘分别补授广东督、抚。没有清朝中央政府的支持，作为两江总督的曾国藩根本不可能到广东抽收厘金，更不可能征足定额。而没有这一部分厘金以扩充饷源，曾国藩也难以完成攻陷天京的最后一篑之功。

与此同时，清政府还任命大批曾国藩集团的首脑人物与骨干成员担任战区各省的督、抚、藩、臬及提、镇大员。继咸丰三年任命江忠源为安徽巡抚、

---

[1] 曾国藩：《曾国藩全集》第4册，岳麓书社1987年版，第2036—2037页。
[2] 曾国藩：《曾文正公奏稿》第15卷，湖南传忠书局版，第17—18页。

咸丰五年任命胡林翼为湖北巡抚之后，咸丰十年闰三月任命刘长佑为广西巡抚，十月任命严树森为河南巡抚。十一年正月任命李续宜以安徽按察使署理巡抚，二月任命毛鸿宾署理湖南巡抚，五月任命张运兰为福建按察使。七月，毛鸿宾实授湖南巡抚，骆秉章补授四川总督。九月，命彭玉麟为安徽巡抚，李续宜调任湖北巡抚，刘坤一补授广东按察使。十二月，任命左宗棠为浙江巡抚，沈葆桢为江西巡抚，李桓为江西布政使。李续宜调任安徽巡抚，严树森调任湖北巡抚，彭玉麟辞安徽巡抚，改任兵部侍郎。同治元年正月命曾国藩以两江总督协办大学士，任命鲍超为浙江提督、蒋益澧为浙江布政使、曾国荃为浙江按察使、陈士杰为江苏按察使。三月命李鸿章署理江苏巡抚。五月曾国荃升浙江布政使，刘典补授浙江按察使。闰八月，刘长佑补授两广总督。十月李鸿章实授江苏巡抚，阎敬铭署理山东巡抚。十一月丁宝桢补授山东按察使，厉云官补授湖北按察使。十二月，刘长佑调任直隶总督。同治二年三月左宗棠晋升闽浙总督，曾国荃升补浙江巡抚，万启琛补授江苏布政使。四月唐训方补授安徽巡抚。五月毛鸿宾迁两广总督，恽世临补授湖南巡抚。六月郭嵩焘补授广东巡抚。七月刘蓉补授陕西巡抚。十一月阎敬铭实授山东巡抚。同治三年五月杨载福补授陕甘总督。六月曾国藩赐一等侯爵，曾国荃、李臣典、萧孚泗依次赐一等伯、子、男爵。九月左宗棠赐一等伯爵，鲍超赐一等子爵。在此前后，李鸿章亦赐一等伯爵。这样，曾国藩集团以三江两湖为基地，势力不断膨胀，战争发展到哪里，他们的势力便扩展到哪里，南至两广、云、贵、川，北至直隶、山东，东至苏、浙、闽，西至陕、甘，都可以碰到他们的触角。事态的发展竟为彭蕴章所不幸言中，曾国藩集团一发而不可收，终成尾大不掉之局。

四、内轻外重的形成与清政府的对策

　　清政府虽然利用曾国藩、胡林翼、左宗棠、李鸿章等人和他们手中的湘淮军将太平天国革命镇压下去，使清王朝摇而不坠、危而复安，保住了满族王室至高无上的地位，但在这一遍及全国、长达十四年之久的战争过程中，很大一部分原属中央政府的权力，如军事、财政、人事等项大权，都渐渐落入地方督抚，尤其是最大的地方实力派曾国藩集团手中。如前所述，绿营兵由各省提督统带，而提督又辖于总督。依照清朝制度，总督作为地方最高行政长官，且侧重于军政，是应掌有兵权的。但实际上，总督多为文官，尤其汉员总督，一向为武官所轻，除自己的督标营外，并不能超越提督直接干预营务。提督只听命满族王室，并不听命于总督。咸丰三年，湖南提督鲍起豹挑动提标兵围攻曾国藩公馆，伤及亲兵。曾国藩告到湖广总督吴文镕处。吴与曾有师生之谊，且完全支持曾的做法，却对鲍起豹无可奈何，只能上奏朝廷，听候处理。曾国藩不愿在自己尚未站稳脚跟之前打这场官司，只好"打落牙齿和血吞"，并发愤练成自己的军队。至于侧重于民政的巡抚，除自己的抚标营外，更不能干预营务，只有那些不设提督、由巡抚兼任提督的省份例外。所以，无论总督还是巡抚，实质上都没有掌握兵权。迨至咸丰、同治年间，由于兵不可用，各省纷纷募练勇营同太平军作战，加以清政府无力供饷，于是，这些勇营就成为地方督抚自募、自练、自养的武装力量。岂料饷源的转移带来兵权的转移，当勇营成为清王朝主要的军事支柱时，国家的兵权也就落到地方督抚手中。因为粮饷掌握在他们手中，直接带兵的提镇大员也就失去了独立性，变为督抚的属员。而掌管军营日常业务的营务处（相当今天军中之参谋部），则由布政使、按察使兼领，分别为总督与巡抚掌管营务。实行稍久，渐成定例。据说，阎敬铭就曾以署理湖北布政使、署理湖北按察使的身份兼领湖北总营务处衔。[1]这就是说，民以食为天，兵以饷为命，谁供饷就听命于谁。以前军队由国库供饷，属于国家所有，这些直接带兵的提镇大员听从中央政府指挥，现在军队由地方供饷，属于地方所有，这些直接带兵的提镇大员也就只听从地方督抚指挥，不再听命于中央了。

清朝各省财政，本来由布政使掌管，而布政使又直属户部。故各省每年财政收入，皆需上报户部，听候调拨，督抚不得擅自动用。而咸丰、同治以来，用兵日久，情况发生很大变化，不仅逐渐成为主要经济收入的厘金完全由督抚支配，而且原本应交户部的地丁、漕折、关税、盐课等项银

---

[1] 伍承乔编：《清代吏治丛谈》第4卷，浙江省警察协会，1936年，第76页。

两，也被督抚截留，大半充作军饷。由于他们统带的勇营武装名为官军，理应由国库供饷，中央政府既然无力发饷，也就等于欠了地方的款项，当然也就不敢调用地方常税，认真查问督抚自筹款项的收支情况了。所以，办理战争期间的地方军费报销，亦徒具形式，不过争个名义而已。同治三年，曾国藩曾在一封奏折中较为明确地谈论过战争前后清朝财政制度所发生的这一变化。他说："前代之制，一州岁入之款，置转运使主之，疆吏不得专擅。我朝之制，一省岁入之款，报明听候部拨，疆吏亦不得专擅。自军兴以来，各省丁、漕等款纷纷奏留，供本省军需。于是，户部之权日轻，疆臣之权日重。"[1] 既然曾国藩敢于形诸奏章，并以此作为同沈葆桢争夺江西厘金的根据，这种情况也就成为尽人皆知的事实，并为清政府所认可，否则，是根本不可能的。这样，原来为户部执掌一省财政大权的布政使，也就转而听命于督抚，成为替督抚理财的属员。于是，中央政府的财政大权便落入地方督抚的手中。这就是说，作为一个布政使，虽仍理财，虽仍执掌一省财政大权，其隶属关系改变了，一省的财政大权也就易手了。与此同时，原来掌管一省司法、监察大权的按察使，也失去独立性，由直属刑部的地方大员变为督抚的属员。这样，原来一省之中的所谓三宪，即巡抚、布政使、按察使比肩而立的情况也就不复存在，而为督抚专政、一长独尊的局面所取代。对于此种情形，早在同治元年曾国藩就曾在一封奏折中作过生动的描写。他说："臣在外多年，忝任封疆，窃见督抚权重由来已久。黜陟司道，荣辱终身，风旨所在能使人先事而逢迎，既事而隐饰。不特司道不肯违其情，即军民亦不敢忤其意。"[2] 曾国藩这里所说的"司道"与"军民"，当然包括布政使、按察使与提督在内。而折中所涉及的官员，则主要是江宁布政使薛焕、江苏按察使查文经、江宁盐巡道英禄、江安粮道王朝纶。他在私下谈论中还说："督抚在任，势足动天地。一举足则从者如云，一出口则诺者雷动；昼则羽仪照耀，夜则列炬星布。"[3] 可见其权势之重。

---

[1] 曾国藩：《曾文正公奏稿》第20卷，湖南传忠书局版，第24页。
[2] 曾国藩：《曾文正公奏稿》第16卷，湖南传忠书局版，第71页。
[3] 赵烈文：《能静居日记》，学生书局影印本，同治六年九月初四日。

薛福成亦称："自曾文正、胡文忠诸公乘时踔起，铲去文法，不主故常，渐为风气，各省自司道府以下，罔不唯督抚令是听。于是，政权复归一。"[1] 曾、胡所"铲去"的"文法"，当然就是战前那些限制督抚权力、防其拥兵自立的种种规定。这些"文法"不"铲去"，是无法实现督抚专政的。同治六年曾国藩的心腹幕僚赵烈文所说的"师（指曾国藩）历年辛苦，与贼战者不过十之三四，与世俗文法战者不啻十之五六。今师一胜而天下靡然从之，恐非数百年不能改此局面"[2]，也是讲的这个意思。

与之俱来的另一重大变化，就是原属中央的人事大权，有很大一部分落入地方督抚手中。清代定制，三品以上文武大员的任命，先由军机处在记名人员中初选数名，差额呈进，最后由皇帝硃笔圈定简放。三品以下官员缺额则一分为三，文官分别由皇帝、吏部、督抚任命，武官分别由皇帝、兵部、总督、提督任命，各有定额，不得侵混。所以，地方督抚的用人权是有限的。而自用兵以来，司道以下官员的任命，多由督抚奏定，一省人事大权也落入督抚手中。故郭嵩焘称："往时朝廷有纠参、有保举，同官及部民相与诘于上司，有揭告。今则纠参、保举唯督抚之自为政。朝廷黜陟有言及者，多置不理。同官揭告两败俱伤，不计是非。"[3] 而更有甚者，则邻省督抚的任命，有时也要征求有力督抚的意见。咸丰、同治以来此种事例甚多，除前面提到的清政府曾就闽浙两省巡抚是否胜任、苏皖两省巡抚的人选，乃至闽浙总督的任免等项征求曾国藩的意见外，同治元年七月清政府还就湖北藩、臬大员的任命，令两江总督曾国藩、四川总督骆秉章于李榕等五人中奏荐人选。[4] 而类似的例子则不止这些。据薛福成《骆文忠公遗爱》称："当是时，曾文正公督两江，凡湖广、两粤、闽浙等省大吏之黜陟及一切大政，朝廷必以谘之；骆公督四川，凡滇、黔、陕、甘等省大吏之黜陟及一切大政，朝廷必以谘之。二公东西相望，天下倚之为重。"[5]

---

[1] 薛福成：《庸庵文续编》卷上，光绪十三年刊，第40页。
[2] 赵烈文：《能静居日记》，学生书局影印本，同治六年六月二十三日。
[3] 郭嵩焘：《郭嵩焘日记》，湖南人民出版社1981年版，咸丰八年七月廿四日。
[4] 曾国藩：《曾国藩全集》第5册，岳麓书社1987年版，第2541页。
[5] 薛福成：《庸庵笔记》第2卷，上海埽叶山房民国十一年石印，第10页。

李榕也说:"外臣恩遇于节帅特隆,南服之封疆将帅,凡有黜陟,皆与赞画。将也,相也,节帅之任重道远矣!"[1]

对满洲贵族来说,更为严重的问题是,经过一场战争之后,这些手握军政大权的督抚,汉员越来越多,旗员越来越少,有时甚至清一色汉人,没有旗员,与战前形成鲜明的对照。其时,全国总督缺额十名,巡抚缺额十五名,现仅以太平天国革命爆发时的道光三十年与标志其失败的同治三年为例加以考察。道光三十年十缺总督旗人占其四,汉人占其六;十五缺巡抚旗人占一缺,汉人占十四缺。同治三年,十缺总督旗人占其二,汉人占其八;十五缺巡抚全为汉员,无旗员。值得注意的是,这些汉员督抚中的不少人,如直隶总督刘长佑、两江总督曾国藩、陕甘总督杨载福、四川总督骆秉章、闽浙总督左宗棠、两广总督毛鸿宾以及江苏巡抚李鸿章、山东巡抚阎敬铭、陕西巡抚刘蓉、浙江巡抚曾国荃、江西巡抚沈葆桢、湖北巡抚严树森、湖南巡抚恽世临、广东巡抚郭嵩焘、贵州巡抚张亮基,计有十五名,约占二十五缺的一半以上,属于最大的地方实力派曾国藩军政集团首脑、成员或朋友。而其中曾国藩、左宗棠、李鸿章手中都握有重兵,多则十万,少则六七万。一旦天京陷落,太平天国这个主要敌人消失,这二十几万军队就成为清政府的最大威胁。不过,李鸿章资历尚浅,左宗棠、沈葆桢同曾国藩隔阂已深,都不可能有太大作为。这样,统带十万之众的曾国藩兄弟,尤其是集结于江宁城内外的五万湘军,就成为清廷的最大心病。于是,"用箭当用长,擒贼先擒王",清政府为解除汉人督抚对它的威胁,便首先拿曾氏兄弟开刀,直接带兵的前线指挥曾国荃更是首当其冲。

多年来清政府虽然对曾氏兄弟倍加信用,赏赐有加,而暗中却一时一刻也没有放松对他们的警惕。咸丰十一年,工部侍郎宋晋曾上奏清廷,献五省兵饷统筹之议,"请以曾国藩总统四川、湖北、湖南、江西、安徽五省,督办东征军务"[2]。同治元年,御史朱潮复献七省会剿之策,奏请将东南"兵

---

[1] 李榕:《十三峰书屋全集·书札》(以下简称《十三峰书屋书札》)第1卷,成都文伦书局版,第22页。节帅,指曾国藩。

[2] 赵尔巽等:《清史稿》第40册,中华书局1977年版,第12178页。

事责曾国藩总之",集湖南、湖北、江西、江苏、福建、广东、四川七省之力"协同会剿",使"数省督抚,如出一人,千里指挥,若在肘腋",以改变目前这种"画疆自守"[1]、省自为战的不利局面。这显然是让曾国藩担负类似经略大臣的使命,近于总握全国兵权。清政府当然不会授予他这样大的权力,所以,虽朱潮所奏切中东南战事"贼合而我分"的时弊,仍借口"与现办情形均属不相符合"[2]而予以否定。据说,曾国藩攻陷天京后所得到的爵赏,清政府也打了折扣。薛福成在《曾左二相封侯》中称:"曩闻,粤寇之据金陵也,文宗显皇帝顾命颇引为憾事,谓'有能克复金陵者,可封郡王。'及曾文正公克金陵,廷议以文臣封王,似嫌太骤,且旧制所无。因析而为四,封侯、伯、子、男各一。"[3]

  实际上,清政府不仅限制曾国藩的权力和爵位,而且在军事上暗中早有切实布置,对他时时加以防范。自咸丰五年以来,清政府就令湖广总督官文(荆州将军改任)虎踞长江上游的武昌,以建瓴之势,自上而下地监视逐渐控制东南各省军政大权的曾国藩集团。尽管其一无作为而每年挥霍大量钱财,却仍官位连连升迁。咸丰八年授协办大学士,咸丰十年迁文渊阁大学士,同治元年晋文华殿大学士,同治三年封一等果威伯,以酬其劳。而曾国藩同治元年始授协办大学士,同治六年方迁体仁阁大学士,至死也没有升到文华殿大学士,仅以尚低一级的武英殿大学士而告终。两相对比之下,方显出清政府用心之深。此外,还令都兴阿、富明阿先后任江宁将军,统带冯子材等军,驻扎扬州、镇江一带,僧格林沁率满蒙马队及陈国瑞等军驻扎皖北一带,形成对曾国藩湘军的钳制与包围之势。迨至同治三年六月吉字营等部攻陷天京后不久,清政府就抓住天京窖藏金银与幼天王下落问题,对曾氏兄弟步步进逼,命曾国藩追查与严惩放走幼天王的官员,并警告曾国荃等湘军将领,勿得"骤胜而骄",责令曾国藩对之"随时申

---

[1] 曾国藩:《曾国藩全集》第4册,岳麓书社1987年版,第2085页。
[2] 曾国藩:《曾国藩全集》第4册,岳麓书社1987年版,第2083页。
[3] 薛福成:《庸庵笔记》第2卷,上海埽叶山房民国十一年石印,第8页。

徼","庶可长承恩眷"[1]。而对早在一年之前就已实授浙江巡抚的曾国荃，清廷则既不令其赴任，也不准其单折奏事。曾国藩面对兔死狗烹的威胁，既乏取清自为之志，更无北伐必胜之算，只好迅速裁军，自剪羽翼，以释清廷之疑。不过，曾国藩裁军亦有自己的打算。他只撤湘军，不撤淮军，只撤曾国荃所部之勇，不撤鲍超等部之勇，更不撤湘军水师。即曾国荃所部的裁撤，亦先撤依附于吉字营的韦俊、萧庆衍等军一万五千人，再撤萧孚泗、李臣典部，最后裁张诗日部，而将刘连捷、朱南桂等部调往皖南等地，保存下来。然而，曾国藩毕竟将江宁内外的湘军裁撤几尽，只留几千人守城，并令曾国荃辞去浙江巡抚职务，回籍养病，使清政府彻底放下心来。清廷见曾国藩已经驯服，就不再追查天京窖金下落与放走幼天王的责任，也没有批准左宗棠、沈葆桢将幼天王、洪仁玕槛送京师的奏请，下令在南昌就地处死，免使曾国藩过于难堪。

与此同时，清政府还为恢复绿营额兵进行了一番努力，但最终却遭到了失败。这样，清廷无法恢复战前旧有的武装力量与军营制度，也就不能不依靠湘淮军，既依靠湘淮军，也就不能不重用靠湘淮军起家的将领、幕僚，也就无法收回这些人在战争中获得的地方军政实权，改变战争所造成的内轻外重的权力格局。同治七年，清政府调两江总督曾国藩就任直隶总督，冀以改变其权力构成上内轻外重的局面。结果，自此以后，直隶总督几乎成为湘淮将帅的专席，不仅没有收回过去丧失的地方实权，反而使国家外交，乃至整个军政实权渐渐落入疆吏手中。

那拉氏虽然收回相权恢复了战前极端的君主专制制度，但却无法收回战争过程中失落到地方督抚手中的权力，也无法改变整个权力构成上内轻外重的格局。于是，便要弄权术，利用自己至高无上的地位，千方百计地抑制汉族督抚，借以维持清王朝的统治。综合其手法，主要有两个方面：一是分化曾国藩集团，孤立和压抑曾国藩及其至亲密友；一是动员这个集团以外的力量，从舆论上压抑这个集团，以达到政治上某种程度的平衡。

曾国藩集团虽在镇压太平天国革命问题上是一致的，但其内部并非铁

---

[1] 赵烈文：《能静居日记》，学生书局影印本，同治三年七月二十一日。

板一块，出于种种原因，形成曾、胡、左、江、李五大派系。江、胡死后，胡派消失，江派势弱，势力较强的主要是曾、左、李三派。各派之间，尤其曾、左之间，从历史渊源上即分别来自穆彰阿与林则徐两个派别，在镇压太平天国的战争中渐合为一，共同对敌，而一旦胜利在握、一步步走向最后胜利之时，内部便趋疏远，渐生隔阂。同时，李鸿章本属第二代头目，其地位最初尚不及曾国荃。只因淮军赴沪后很快由洋枪洋炮装备起来，战斗力大为提高，加以湘军逐渐裁撤，淮军成为主要武力，故其地位迅速上升。这样，就为那拉氏的分化政策准备了条件。

清政府分化曾国藩集团的政策主要可概括为佑沈压曾、佑左压曾和抑湘扬淮、抑曾扬左数条。同治三年三月正当曾国藩粮饷困难、日夜忧惧围攻天京之役功亏一篑之时，江西巡抚沈葆桢未经协商，突然奏准将原解安庆粮台的江西厘金全部截取，留充本省之饷。曾国藩闻讯惊慌，上疏力争。清政府乘机偏袒沈葆桢，不仅将曾国藩经办的江西厘金全部划拨给沈葆桢使用，户部还在复奏中谎称，曾国藩每月至少可得四川等省协饷银十万两，使曾国藩在粮饷最为困难之时骤失每月几万两的饷源，于权重自危之际背上广揽利权、贪得无厌的恶名。由此引发了曾、沈之间的一场大争大闹。沈葆桢本属曾国藩的幕僚，当其进退无依之际收入幕府，征收厘金、办理营务。曾国藩对他倍加赏识，荐其才堪封疆之寄。当其负气回籍、坚卧不起之时，曾国藩又力主起用沈葆桢，清政府据此将他由道员超擢江西巡抚。这种情况，不仅当时极为罕见，即曾国藩一生所荐人员，亦只有他与李鸿章二人。其后，沈葆桢延宕不肯出山，清政府再次发谕征询曾国藩对其出处的意见，似有收回成命、改变赣抚人选之意。曾国藩重申前说，坚守成命，并担保沈葆桢很快就会赴任，方保住他的巡抚之位。由此可见，曾、沈二人虽人事渊源上并非同流，但一经结合，关系还是相当紧密的。不料，经此一闹关系疏远，二人皆受损伤，而只有清政府坐收渔人之利。更使曾国藩苦恼的是，二人从此结怨，此波平息不久，又兴更大波澜。

曾国荃攻下天京后，纵兵烧杀淫掠，防务松弛，刚刚炸开的城墙豁口无人把守，李秀成乘机率军冲出，幼天王即在其内。李秀成本人虽中途落单被俘，而这支队伍却逃往安徽，打算与驻扎湖州的黄文金部会合。清政府探知这一消息后,曾一再令曾国藩认真查察,勿使幼天王逸出。曾国藩并未认真调查,听信部下谎报军情,声称幼天王不被大火烧死,即死于乱军之中,绝无逸出之事。李秀成被俘后,真相本已大白,但曾国藩为掩饰胞弟及其部下的过失,一直心存侥幸,不肯据实上报。不久,左宗棠从逃出的难民中得知,幼天王已随太平军逃往广德,并从广德逃往湖州,遂一面函知曾国藩,一面上奏清廷。清廷便发布谕旨,责备曾国藩所报不实,并下令惩办防范不力的将领[1],使清政府与曾家兄弟的关系骤形紧张,曾、左之间亦发生一场争斗。以笔者之见,曾国藩集团内部的这两次争闹,情况显有不同。若以统治阶级立场与利益而论,上次沈葆桢理屈,这次曾国藩理屈。对于幼天王等一千多名太平军逃出天京一事,曾国荃确有责任,曾国藩也说了谎。但曾国藩认为清政府偏袒左宗棠,怨恨左宗棠吹毛求疵,不顾同乡、同事及多年患难情谊,也并非全无道理。否则,左宗棠攻陷杭州时十万太平军突围而去,清廷不出一词,而天京城破走脱千人何必苦苦追究,揪住不放?于是,曾国藩一面陆续裁勇,以消除清廷心病;一面包庇胞弟,抗命不办。其复奏之折不仅以无人把守豁口相搪塞,且以杭州之事反唇相讥。清廷见查无实据,曾国藩又死不认账,只好留待后议。不料这年九月,幼天王不幸与大队失散,为江西湘军席宝田部所俘。沈葆桢、左宗棠乘机报复,二人一唱一和,张大其辞,坚请将洪天贵槛送京师,以彰曾氏兄弟走脱要犯之罪。曾国藩认为,自己临渊履薄之时,被左、沈二人从背后击一猛掌,心中恼怒而有口难辩。从此关系疏远,曾、左终生不通书问,曾、沈则多年后始有书信往来。

在曾国藩集团中,曾国藩与胡林翼、李鸿章关系最好,而曾、李二人则尤为密切。李鸿章之父李文安是曾国藩的会试同年,早在道光年间,李瀚章、李鸿章兄弟就以"年家子"的身份投到曾国藩门下,读书受教,具有名副其实的师生关系。其后,兄弟二人又双双充任曾国藩幕僚,得他保奏,位至督抚,说他们的功名禄位均授自于师亦似乎并不过分。然而,时过境迁,关系却发生了变化。尤其当湘军陆续裁撤、淮军的作用越来越大,

---

[1] 朱东安:《曾国藩传》,四川人民出版社1985年版,第230—231页。

曾国藩身家地位的维持有赖于李鸿章淮军之时，则已不是李有求于曾，而是曾有求于李了。而李鸿章的性情又不同于彭玉麟、鲍超诸人，往往官迷心窍、眼睛向上，有"拼命做官"[1]之谓，无患难与共之称，咸丰十年就曾以其师自投"绝地"而借口离去。同治四、五年间，又因曾国藩北上剿捻主要使用淮军，而李鸿章不肯交出兵权，往往暗中操纵，各将"遇有调度，阳奉阴违者颇多"，致令曾国藩大悔"撤湘军一事"，"与所亲书"，有"'合九州铁不能铸错'之语"[2]。正是根据这种情况，清政府设下抑湘扬淮之策，利用李鸿章压抑曾国藩与其他湘军将领。

同治五年九月，正当捻军突破河防，曾国藩剿捻失利之际，其长期在家"养病"、出任湖北巡抚不久的胞弟曾国荃，突然背着乃兄上疏参劾湖广总督官文，列有"贪庸骄蹇、欺罔徇私、宠任家丁、贻误军政"[3]等款，词连军机大臣胡家玉。在此期间，江西巡抚刘坤一也上奏参劾籍隶江西的胡家玉，告发他咸丰以来从未交纳过田赋。"其中警句云：'以五百亩之多，岂无一亩膏壤？以十七年之久，岂无一岁丰稔？'"[4]曾氏兄弟及其他湘淮将领靠练勇骤得高位，成为一帮新贵，早已引起满、汉旧贵的不满。及见曾国荃参劾官文，更是气愤难当。故派往湖北查办此案的钦差大臣，刑部尚书宗室绵森、户部右侍郎谭廷襄回奏时，处处为官文开脱，竟将曾国荃所列各款，全部驳回，甚至有人指责参劾官文为"肃党"一事，要求依法反坐，治其诬陷之罪。那拉氏极富政治经验，早已洞悉曾国荃参劾官文一事，纯属权力之争。为防止奕䜣插手，整个案子由她亲自处理，完全背着军机处进行。曾国荃"参官文折进御后，皇太后传胡家玉面问，仅指折中一节与看，不令睹全文。比放谭、绵二人查办，而军机恭邸以下，尚不知始末"。[5]由于当时剿捻战争正在进行，尚须借重湘淮军之力，故及时作出让步，于当年十一月调官文回京供职，解湖广总督任，以文华殿

---

[1] 俞樾：《春在堂随笔》第1卷，上海文明书局民国十一年版，第6页。
[2] 徐宗亮：《归庐谈往录》第1卷，光绪十二年线装本，第8页。
[3] 赵烈文：《能静居日记》，学生书局影印本，同治六年四月二十七日。
[4] 刘体智：《异辞录》第2卷，木刻线装本，第5页。
[5] 赵烈文：《能静居日记》，学生书局影印本，同治六年七月初九日。

大学士掌刑部，兼正白旗蒙古都统。湖广总督一缺由前往查办案件的谭廷襄暂署。同日，命曾国藩卸去钦差，回两江总督本任，授江苏巡抚李鸿章为钦差大臣，专办剿捻事宜。同治六年正月，授李鸿章为湖广总督，调其胞兄、湖南巡抚李瀚章任江苏巡抚，署理湖广总督。湖南巡抚一席则由曾国藩的亲戚刘昆担任。曾国荃踌躇满志，满望可兼署湖广总督一职，结果却是竹篮子打水。不久，所部新湘军相继败溃，自己也不得不奏请辞职，再度回籍"养病"。

官文，籍隶内务府汉军正白旗，同治三年抬入满洲正白旗。清政府曾用他长期担任湖广总督，自上游监视为清王朝支撑东南半壁的曾国藩集团。胡林翼明知其故而不敢动他，迫于无奈才转而与之结好。胡林翼死后，曾国藩虽处处受制亦一再忍让。所以，曾国荃参劾官文一案，实在非同小可，在双方关系中是一个极为严重的事件，以至在清朝中央、地方乃至曾国藩集团内部，都引起极大震动，好像除左宗棠、曾国荃之外，几乎无人赞成此举。曾国藩更是进退失据、有苦难言，"焦灼弥月"，深恐由此招来大祸。及至取回曾国荃的密折查阅之后，见"所言皆系正大应说之事，无论输赢皆有足以自立之道"[1]，这才放下心来。待到结果出来之后，则顿感处理极不公平，更担心会遭到报复。他在一封家信中说："顷阅邸抄，官相处分极轻，公道全泯，亦殊可惧。"[2] 而随后发生的一些情况证明，曾国藩的这种担心并不是多余的。同治六年十月，曾国荃免湖北巡抚职务，回籍"养病"；十一月，直隶总督刘长佑受革职处分，赏三品顶戴，率所部回籍，其遗缺由大学士官文署理。曾国藩联想起在此之前，湘籍官员如陕西巡抚刘蓉、广东巡抚郭嵩焘、陕甘总督杨岳斌分别于同治五年正月、二月、八月相继落职，尤其刘长佑备受排挤、欺凌的情形，不禁大发感慨，为之伤心落泪。他在给郭昆焘的信中说："官相（指官文）顷有署直隶之信，不知印渠（指刘长佑）何故开缺？近日厚（指杨岳斌）、霞（指刘蓉）、

---

[1] 曾国藩：《曾文正公家书》，商务印书馆民国二十七年版，同治五年十月二十三日。
[2] 曾国藩：《曾文正公家书》，商务印书馆民国二十七年版，同治六年正月二十六日。

筠（指郭嵩焘）、沅（指曾国荃）次第去位，而印复继之，思之悚惕。"[1]在给江西巡抚刘坤一的信中又说："闻带勇回籍之举，系官相密片所请，陷阱下石，相煎太急。富都统来此代为不平，并称印帅受穆公之陵侮，人所难堪。而直隶之官绅军民，无人不服其忠勤而惜其去。弟于印帅归时，唏嘘不忍别，闻富公之言尤为感慨，仕途险巇使为善者增惧。"[2]而刘长佑革职之由，则更令湘军将帅不平。刘长佑自同治元年任直隶总督以来，多在前线指挥军队作战。同治六年夏京畿发生旱灾，"盐山、静海贩私盐枭"乘机起事，当年十月"由固安、雄县掠霸州，京师震动"。那拉氏应官文密请，革直隶总督刘长佑职，遗缺由他署理。"令下十余日而枭匪平"，那拉氏仍令刘长佑带勇回籍，初赏三品，后改二品顶戴[3]。从这一过程看，显然带有打击报复的性质，似乎满洲贵族失去湖广总督一席，必以直隶总督相报偿。而从湖广总督的人事安排看，清政府的用心亦非常明显。同治五年十一月官文离职，湖广总督由前去查办此案的谭廷襄署理。同治六年正月任命正在前线带兵剿捻的李鸿章为湖广总督，却让其刚由湖南调抚江苏的胞兄李瀚章署理是职。苏州与武昌相距不止千里，两职何能兼任？清廷做此安排，显然是为堵塞时任湖北巡抚的曾国荃兼署湖广总督之路。及至曾国荃免职，广西巡抚郭柏荫调任鄂抚，即令其以湖北巡抚兼署湖广总督，并将李瀚章调抚浙江，其苏抚遗缺由李鸿章的亲信丁日昌升补。早在一年前，清政府即应李鸿章的请求，欲令丁日昌担任苏抚，由于曾国藩的反对没有办成，如今终使李鸿章如愿以偿。如果将官文解职的命令与曾国藩撤销钦差的命令同日下达这件事，和上述情况放在一起考察，则清政府抑湘扬淮的意向就更为明显。具体而言，"抑"的主要是曾氏兄弟与刘长佑，"扬"的是李鸿章兄弟及其亲信。这就更使曾国藩有苦难言，在给亲友的信中，也只能为刘长佑抱不平。

---

[1] 曾国藩：《曾文正公书札》第26卷，湖南传忠书局版，第23页。
[2] 曾国藩：《曾文正公书札》第26卷，湖南传忠书局版，第28页。文中提到的"富都统"很可能是江宁副都统富瞻，同治三年十二月至光绪六年一直担任是职。
[3] 朱孔彰：《中兴将帅别传》，岳麓书社1989年版，第44页。

从以上事实可以看出，清政府对曾国藩集团进行打击和压抑的目标，自同治三年以来始终未变，主要是针对曾家兄弟的，其后具体方式上的变化，不过是针对其"裁湘留淮"之策，又推出了一个"抑湘扬淮"之计。而此策的实施亦并未至同治六年为止，同治九年那拉氏又导演了一出以李代曾之剧，使曾国藩陷入更深的苦恼。

同治九年五月，因天津法国天主堂支持与纵容教民、拐犯迷拐幼童，法国驻天津领事丰大业复包庇教堂，接连三次向中国官员开枪，激起民众的反抗，酿成有名的"天津教案"。清政府命直隶总督曾国藩赴津查办。曾国藩屈服于外国侵略者的军事压力，一开始就歪曲教案的性质，颠倒是非，混淆黑白，污蔑天津民众，为法国侵略者的罪行辩护，连他自己都承认其有关案情的奏报"言之不实不尽，诚恐有碍于和局，故不惮委曲求全"[1]。最后竟以天津府、县官员发遣黑龙江赎罪，判天津民众死刑二十名、流放二十五名结案，并赔偿各国银四十九万两，派崇厚为中国特使赴法赔礼道歉，使中华民族蒙受巨大耻辱。曾国藩的所作所为受到全国官绅民众的愤怒斥责和坚决反对，这位在18世纪60年代曾一度被全国地主士绅视为救星的"名将名相"，骤然成为全国舆论的众矢之的，一世"清名"扫地以尽，直落到"举国欲杀"的地步。曾国藩面对亲友的责备，辄以"内疚神明，外惭清议"谢过，好像在一切人面前都有点抬不起头来了。这时候的曾国藩，很希望他的后台与主子能够给他一点庇护和安慰。这不仅因为几十年来他曾为清政府效尽犬马之劳，还因为这次令他威信扫地的屈辱外交，是他与清政府共同办理的，除隐瞒案情一事应由他个人负责外，整个案件的办理方针和每一重要步骤，都是经清政府批准的。所以，要说责任，那拉氏与奕䜣应负有更大的责任。不料，那拉氏却在这关键时刻落井下石，公开责备曾国藩"文武全才惜不能办教案"[2]，把全部责任都推到

---

[1] 朱东安整理：《有关天津教案的四份密件》，见中国社会科学院近代史所编：《近代史资料（总八十八号）》，中国社会科学出版社1996年版，《近代史资料》，总八十八号，第28页。
[2] 徐凌霄，徐一士：《曾胡谈荟》，《国闻周报》第6卷，国闻周报社1929年版，第38页。

他一人身上，并于当年八月令曾国藩第二次回任两江总督，其北洋大臣、直隶总督遗缺，由李鸿章补授，天津教案的未了事宜，亦交由李鸿章接办。这等于是在全国舆论的压力下，调李鸿章进行复审，使曾国藩丢尽脸皮，灰溜溜地离津而去，很有点"墙倒众人推"的味道。既然曾国藩办理津案的所作所为与朝廷无关，反对者自可放胆攻击，毫无顾忌。这就使曾国藩陷于茕茕孑立、赴诉无门的境地。真是伤心、懊悔之至。他在给朋友的信中，自称"时论所弃"之人，说"自问（同治）四、五年剿捻无功，即当退处深山，六年春重回江南、七年冬莅任畿辅，皆系画蛇添足"[1]。真是伤心、懊悔之至。承办津案前，曾国藩已身得重病，左目微视，右目全盲，经过这次打击，遂成不治之症，时未二载，与世长辞。在此一二年间，曾国藩精神极为痛苦，究其原因不止一桩，而那拉氏故技重施，以李代曾，则又不能不是其中重要的一条。

清政府分化曾国藩集团的策略，除上述"抑湘扬淮"外还有一条，那就是"抑曾扬左"。左宗棠生性狂傲，自视甚高，长期以来，对曾国藩在这个集团中的领袖地位，心中很不服气，不时发起挑战。咸丰七年曾国藩因不满于清政府的忌刻防范，弃军奔丧于先，伸手要权于后，论理各有是非，论情则应得到左宗棠的同情。不料，左宗棠无条件地站在清政府一边，对曾国藩攻击、责备不留余地。在他的带动下，全省上下一时形成舆论，使曾国藩卒成怔忡不眠之症。同治三年夏秋，正当曾国藩保权保命的关键时刻，左宗棠故技重施，又在幼天王问题上与之闹翻。这无疑等于在清政府与曾国藩集团的矛盾一度成为主要矛盾的关键时刻，向清政府表明心迹：倘若曾国藩敢于造反，他是坚决站在清政府一边的。正因为这一点，清政府在对曾氏兄弟心存疑忌、一再压制的同时，却对左宗棠越来越重用。同治五年广东巡抚郭嵩焘奉旨回京，就是应左宗棠的奏请，并由他的亲信部属蒋益澧取而代之，使郭嵩焘对此怀恨终生，死不瞑目。曾国藩前面提到的纷纷落职的湘籍官员之一、陕甘总督杨岳斌，即由左宗棠取而代之。左宗棠不仅取代杨岳斌调任陕甘总督，还于数月后授任钦差大臣，同李鸿章

---

[1] 曾国藩：《曾文正公书札》第33卷，湖南传忠书局版，第8、9页。

一东一西,分别负责进剿东、西捻军事宜。所以,清政府抑湘政策的"湘",并不包括左宗棠,除曾氏兄弟外,受到打击、压抑的实际上主要是恽世临、刘蓉、郭嵩焘、刘长佑几个人,而刘蓉、郭嵩焘、恽世临三人,都是曾国藩的好友、幕僚、亲信。至于左宗棠两度充任军机大臣,更是曾、李所不可及。此固因左宗棠有收复新疆之功,但在清政府心目中,此事未必会比平定太平军、捻军更为重要,且军机大臣的差委,主要看其是否忠诚可信,同军功之大小似乎了无关系。只是由于左宗棠不善应酬,对清朝官场的适应能力尚不如曾国藩,其两次进出军机处,时间相加还不足一年。但此亦足可说明,清政府对左宗棠的政策与曾国藩不同,在其实施抑湘之策时,并未打击与压抑左宗棠。同治三年以来,左宗棠地位继续上升,情形与李鸿章相似,却同曾国藩恰成对照。这样,将清政府对待曾、左的不同政策概括为"抑曾扬左",也就未尝不可了。

  清政府压抑曾国藩集团的最后一招是以文抑武,即以言官、词臣从舆论上抑制湘淮军将帅。在清朝统治阶级中,除掌握实权、津要的军政官员外,还有一部分可以制造舆论的力量,如都察院六科十三道监察御史及翰林院、詹事府所属词臣,他们虽地位不高,既无决策权也无执行权,但却可以接近皇帝,上疏言事,参与一些问题的讨论。而御史还可以风闻奏事,不会因言得罪。所以,所奏无论对与不对,朝廷采纳与否,内阁一旦发抄,便经由报房商印行的《京报》风闻全国,形成一种舆论力量,即所谓"清议"。任何官员,一旦受到舆论的贬损,便在政治上陷于被动,重者丢官,轻者降调,最低也会影响自己的前程。因而,一般人都害怕受到清议的指责。为官多年的曾国藩,深知清议的厉害。早在同治元年,就曾为周腾虎"遽被参劾,抑郁潦倒以死"之事,发出"悠悠毁誉,竟足杀人"[1]的感叹。舆论既有如此巨大的威力,富有政治斗争经验的那拉氏,就不可能不加以利用。于是,同治三年以来,尤其内轻外重的权力格局积重难返、已成定势之后,那拉氏即与醇郡王奕譞相互配合,刻意培植和利用清议力量,打击和压抑湘淮军将帅,以至渐渐形成以张之洞、张佩纶为首领的清流派。

---

[1]《曾文正公手书日记》,中国图书公司宣统元年印行,同治元年八月初三日。

他们经常聚会，不时上疏，议论朝政，褒贬大臣，"负敢谏之名，为朝廷所重，一疏上闻，四方传诵"，"开当时词臣言事、清流结党之风"。人们还根据其不同人员的地位与作用，戏赠以"四大金刚""清流腿子""清流靴子"及"捐班清流""诰封清流"[1]诸名号。同治九年曾国藩将天津教案办成典型的屈辱外交，受到全国官绅民众几乎一致的反对，而其中抨击最力的就是清流派诸名士。那拉氏就是利用这些人，并凭借自己至高无上的地位和君臣名分，制造舆论，操纵形势，压抑与控制地方实力派。不过，词臣的活跃是同治后期和光绪初年的事，同治五、六、七年间那拉氏用以压抑曾国藩等人的舆论力量，主要还是都察院的监察御史。

同治五年正值清政府与曾国藩集团之间，因曾国荃参劾湖广总督官文而骤形紧张之际，捻军乘八月中秋之夜，在开封附近冲破湘淮等军修筑的河防，使曾国藩剿捻受挫。于是，京中御史如朱镇、朱学笃、卢镇、穆缉香阿、阿凌阿等人，便纷纷上疏参劾曾国藩，有的劾其"办理不善"，有的劾其"督师日久无功"，有的劾其"骄妄"[2]，有的"疏中竟有'罪不容诛'等语"[3]，使曾国藩心怀忧惧，不敢强辩，只得忍气吞声，自请处分。清廷也就顺水推舟，撤其钦差，命他回两江总督本任，使曾国藩在政治上大丢脸面，有苦难言，灰溜溜地退出剿捻战场。

清政府这种以文抑武的做法，引起曾国藩集团的极大不满。郭嵩焘在给曾国荃的信中说："历观言路得失"，"敢直断言曰：'自宋以来，乱天下者言官也。废言官，而后可以言治。'"又说："唐宋之言官虽嚣，尚无敢及兵政。南渡以后，张复仇之议、推陈兵事，自诸大儒倡之。有明至今承其风，持兵事之短长尤急。末流之世，恨无知道之君子，正其议而息其辩，覆辙相寻，终以不悟。""文宗初基，东南糜烂，天下岌岌。朝廷怀恐惧之意而出之以端简，百官慑于大难之骤兴，瞻顾却立，而抑不敢肆其嚣嚚。金陵之功甫成，士大夫谓自是可以长享无事，而议论嚣然。言

---

[1] 刘体智：《异辞录》第2卷，木刻线装本，第44页、第30—31页。
[2] 黎庶昌：《曾国藩年谱》，岳麓书社1986年版，第223页。
[3] 曾国藩：《曾文正公书札》第24卷，湖南传忠书局版，第44页。

路之气日张,时事亦愈棘矣。"还说:"(咸丰五年)僧邸(指僧格林沁)引运河之水以灌冯官屯,计工数百里。其时,李开芳残贼数百人,无敢议其迂远者"。而今"以侯相功崇德广",惟"朝廷眷顾稍疏,群小遽从而揶揄之"。[1]曾国藩读过此信,心感大快,复信对郭嵩焘说:"尊函痛陈自宋以来言路之蔽,读之正搔着痒处。船山先生《宋论》,如宰执条列时政,台谏论宰相过失,及元祐诸君子等篇,讥之特甚,咎之特深,实多见道之言。尊论自宋以来多以言乱天下,南渡至今,言路持兵事之长短,乃较王氏之说,尤为深美。仆更参一解云:性理之说愈推愈密,苛责君子愈无容身之地,纵容小人愈得宽然无忌,如虎飞而鲸漏。谈性理者熟视而莫敢谁何,独于一二朴讷君子,攻击惨毒而已。"[2]真可谓怨愤之气跃然纸上。而其私下谈纶则更为痛切,至有以言亡国之说:"自南宋以来,天下为士夫劫持。凡一事兴作,不论轻重,不揣本末,先起力争。孱暗之君,为其所夺,遂至五色无主。宋、明之亡皆以此。"[3]然而,曾国藩却不敢抗辩。他在给李鸿章的信中解释说:"王侍御疏中竟有'罪不容诛'等语,自无忍而不辩之理。""然如左公之强梁,乃由禀诸天赋,而人事又足以济之。鄙人本无子路好强之资,又恐运气不济,每讼辄输用是敛手而退。"[4]同时,他还告诫李鸿章:"末世气象,丑正恶直,波澜撞激,仍有寻隙报复之虑。苟非极有关系,如粪桶捐四千万之类,断不能不动气相争,此外少有违言,即可置之不问。"又说:"德门兄弟荣戴,功业煊赫,高明之家,鬼神亦忌,总宜处处多留余地,以延无穷之祜。"[5]总之是抗辩之事愈少愈好。曾国藩如此认识和处理此类问题,恐怕也是接受了刘蓉的教训。同治四年日讲起居注官蔡寿祺疏劾奕䜣,其中"纳贿"一节,于大臣质证时指实刘蓉与薛焕。朝旨令刘蓉自陈。刘蓉怒火满腔,具长疏力辩其诬,为文有气有势,有理有据,可说是慷慨激昂,痛快淋漓。左宗棠称之为天下第一好

---

[1] 郭嵩焘:《养知书屋文集》第10卷,光绪十八年刊,第29、30、28页。
[2] 曾国藩:《曾文正公书札》第26卷,湖南传忠书局版,第1页。
[3] 赵烈文:《能静居日记》,学生书局影印本,同治六年六月十八日。
[4] 曾国藩:《曾文正公书札》第24卷,湖南传忠书局版,第44页。
[5] 曾国藩:《曾文正公书札》第24卷,湖南传忠书局版,第43页。

文章，曾国藩亦说此疏"置身甚高，辞旨深厚，真名作也"[1]。怎想到，刘蓉只顾意气风发，行文流畅，却忘记了政治上的忌讳，终为内阁侍读学士陈廷经所劾，因泄漏保举密折而受到革职降调处分。这件事不仅对曾国藩，对其他人同样也有借鉴意义：愈是功高权重，愈要谨慎小心，稍有不慎，就为御史所劾。如要抗辩，又往往言多有失，愈加被动，甚而招来他祸，受屈更大。这样，也就不能不引起封疆大吏的警惕。如此看来，那拉氏挟居高临下之势，行以文抑武之策，利用言官词臣控制舆论，压制手握重权的地方实力派，在内轻外重已成定局的情况下，求得政治上的某种平衡和暂时的稳定，还是行之有效的。

纵观咸同政局，太平天国革命虽然失败了，但却造成清王朝中央集权的削弱和地方分权增强，从而大大削弱了其统治力量。早在太平天国革命失败的第三年，曾国藩的心腹幕僚赵烈文，就曾据此作出清朝的灭亡不出五十年的论断："天下治安一统久矣，势必驯至分剖。然主威素重，风气未开，若非抽心一烂，则土崩瓦解之局不成。以烈度之，异日之祸，必先根本颠仆，而后方州无主，人自为政，殆不出五十年矣。""然则当南迁乎？""国初创业太易，诛戮太重，所以有天下者太巧。""恐遂陆沉，未必能效晋、宋也。"[2]事实证明这个论断是正确的，太平天国革命对近代中国实际历史进程的巨大推动作用，也是不应否定的。

（《近代史研究》，1999年第2期）

---

[1]《曾文正公手书日记》，中国图书公司宣统元年印行，同治四年五月十二日。
[2]赵烈文：《能静居日记》，学生书局影印本，同治六年六月二十日。

太平天国"推行神权政治"说质疑

1989年第7期《新观察》杂志,以"早春"为题刊出一篇对冯友兰先生的专访文章,当记者问及《中国哲学史新编》第6册有什么特点时,答曰:"否定了太平天国,给曾国藩翻案。"并说,"我之所以否定太平天国,因为太平天国要推行神权政治","假如太平天国统一了中国,那么中国的历史将倒退到黑暗时期","曾国藩打败了太平天国,避免了中国历史倒退到神权政治的黑暗时期"。

为了弄清事情的原委,笔者翻阅了新出版的《中国哲学史新编》第6册,了解了著者的基本观点和主要论据,概括起来就是:"西方中世纪是神权政治统治的时期",太平天国建立的政权是封建政权,所信奉的拜上帝教是西方基督教;西方基督教和封建政权结合为一就是"西方中世纪的神权政治";因为太平天国搞了神权政治,所以,太平天国没有任何进步意义,而且还是对历史的反动和倒退;只有曾国藩镇压太平天国的战争才是"进步的""建立在人权之上的"。[1] 这里涉及一系列理论和史实问题,不可不辨。

一

神权政治是某些西方学者关于国家政治体制的一种观点。据笔者所知,它最早见于17世纪荷兰哲学家斯宾诺莎的《神学政治论》一书。此后,18世纪的意大利学者维柯和19世纪的法国学者孔德都提出过类似的观点。

---

[1] 冯友兰:《中国哲学史新编》第6册,人民出版社1989年版,第65、75页。

斯宾诺莎在著作中申明："应用'神权政治'这个名词有以下的理由：（一）因为政府最高的所在地是神殿，我们已经说过，只有对于它，所有的支派都是同等的公民。（二）因为所有的人都尽忠于他们的最高裁判者上帝，他们只对于他在心中答应服从一切。（三）因为在需要一个主将或独裁者的时候，只有上帝推选这样的一个人。"斯宾诺莎把国家政治体制分为君主政治、贵族政治、平民政治和神权政治四种类型[1]。他认为凡属上述情况的政府都是神权政治的政府，或称神权政体国家。斯宾诺莎指出，在古犹太国，这种情况是在摩西死后出现的。摩西在世时，国家的王权与神权、民政权与宗教权、律令与宗教信条都是统一的，忠于国家与忠于上帝，以国家的名义和以上帝的名义也完全是一回事。他特别强调，从"学理上"讲，这样的政府似乎"可以称之为神权政体"，但"实践上则不然"，因为名义上虽然都有向神请示的"均等的权利"，而在实际上却无法实现，只好把它"绝对地交付于摩西之手"，使之成为一个既握有最高王权又握有最高神权的"绝对的国王"。这样的国家只能是君主国家，不能称之为神权政体。由于摩西临终时没有举出一个与他具有同等权力的继承者，遂致国家权力一分为二，"解释律法之权操在一人之手，而按照这样解释律法以管理国家之权则操在另一个人的手里"。于是，国家政治体制就由君主国变为神权政体。斯宾诺莎反复论证神权的重要性和由君主掌握神权的必要性，最后得出结论说："无论我们是顾到理论，或国家的安全，我们不得不主张神权，也就是控制宗教事务之权绝对有赖于君主的法令，君主是神权的合法的解释人与保护者。""剥夺君主们的这种权力。不但一无好处，而是正相反，大祸就随之而起。"他坚决反对教士掌握神权。他认为："他们也是人，也是平民，他们应该只管自己的事。""真正的教士是那些教人民服从统治权以敬神的人，宗教是借统治者的法令以合于公众的幸福的。"[2] 显然，斯宾诺莎并不是笼统地反对宗教和神权，而是反对

---

[1] 斯宾诺莎：《神学政治论》，温锡增译，商务印书馆1982年版，第239页。
[2] 斯宾诺莎：《神学政治论》，温锡增译，商务印书馆1982年版，第232、233、261、234、267页。

神权政治。他所说的神权政治并非指政权与神权的统一，而是指神权脱离政权并凌驾于政权之上的政治体制。而造成神权政治的直接原因也不是由于集政权、神权于一身，而是由于掌握政权的人失去神权并使之落入教会之手，只有掌握政权的人同时把神权也抓在手中才能结束神权政治，换来国家的安宁和人民的幸福。

那么，太平天国属于哪种情况呢？太平天国自建立政权至灭亡，洪秀全始终集军、政、神权于一身，与古犹太国的摩西极为相似。按照斯密诺莎的划分应属于君主政体。所不同的是，在太平天国发展过程中，领导集团内部曾一度出现二元化的倾向。不过，在长时期内，杨秀清代天父传言的宗教活动，一直为维护天王洪秀全政治上的独尊地位和协助处理重大军政问题服务的，可是当他一旦利用这一特权侵夺君权时，便遭到洪秀全的反击，派人将他杀掉。这说明，掌管宗教的主要权力仍然握在洪秀全手中。因他是拜上帝教的创始人，公认的最高教主和上帝的次子，即使不通过杨秀清也同样可以了解和传达上帝的意旨。这与中世纪西欧的情况根本不同。那些国王们在宗教上的地位无异于一个普通信徒，他们被罗马教皇牢牢地控制着，企图削减教会权势的一切努力都只能带来适得其反的结果，到头来只能向教会屈服，甚至连自己的废立都操在罗马教皇手中。而洪秀全在天京事变之后，很快组成以自己为核心的新的领导集团，这是中世纪西欧的任何一个国王都办不到的。所以，根据斯宾诺莎的原义并参照中世纪西欧的情况，是不能把太平天国的政治体制归之于神权政治的。相反，洪秀全的做法正好符合斯宾诺莎开出的结束神权政治的处方。冯友兰先生不加任何分析，径直将太平天国的政教合一制度说成"西方中世纪式的神权政治"[1]，显然是不妥当的。

二

太平天国的宗教名曰拜上帝教，其教义直接取材于梁发的《劝世良言》，

---

[1] 冯友兰:《中国哲学史新编》第6册，人民出版社1989年版，第70页。

在神学理论上比较接近于原始基督教。洪秀全根据中国的情况和农民战争的政治需要又对它进行了一番改造，加进大量的传统思想、迷信习俗、神话传说、纲领口号等，使之从内容到形式都与西方基督教有很大不同。归结起来其主要特点有五：

（一）民族性。拜上帝教虽然信奉上帝，但并未照搬西方基督教教义。洪秀全坚决反对西方基督教视若命根的上帝、耶稣、圣灵三位一体的神学理论，宣称中国自古拜上帝，上帝是唯一真神，耶稣是上帝的长子，洪秀全是上帝次子，冯云山、杨秀清、韦昌辉、石达开和萧朝贵依次为上帝的三、四、五、六子和女婿；洪秀全曾上天面见天父、天兄，奉命下凡斩妖救民，杨秀清、萧朝贵奉命代天父、天兄传言，辅佐天王。对于来自西方基督教教义的其他内容，洪秀全也往往按照中国传统思想另作解释，他抛弃了不合中国国情的一些说法，吸收了大量儒、释、道各家成分和农民的平等平均思想。在礼拜仪式上，拜上帝教同西方基督教也不尽相同。他们不仅对上帝行跪拜礼，还仿照中国民间祭祀祖先和天地神灵的方式，设置祭案、祭品、灯烛，以示恭敬。西方传教士对这套做法很不以为然，认为是对上帝的亵渎，为此，曾与太平天国领导人进行过反复辩论，结果总是不欢而散。拜上帝教只承认同拜上帝的外国人是洋兄弟，愿意同他们平等往来，但不承认在组织上谁领导谁、谁服从准。所以，拜上帝教不仅教义内容和礼拜仪式独具一格，而且组织上也自成体系，完全独立。

（二）现实性。西方基督教乃至一般宗教的教义都是虚幻的，拜上帝教的教义则不仅具有虚幻性，还具有现实性。其主要表现一是关于上帝的六子一婿之说，一是关于小天堂的许诺。洪秀全宣称，信奉上帝生前可在小天堂享福，死后灵魂可到大天堂享福，上帝的小天堂就是天朝、天国，就是《天朝田亩制度》中所描绘的平等平均、衣食饱暖的人间天堂。要建成这新天、新地、新人、新世界的人间天堂，不仅需要天父、天兄在天保佑，更需要作为上帝子和婿的洪、冯、杨和萧亲自领导。显然，作为死后灵魂归荣之所的大天堂是虚幻的，作为肉身居住享福之所的小天堂则是现实的，主宰天上人间大小天堂的天父、天兄是虚幻的，而掌管天国、天朝的洪、冯、杨、萧却是现实的；对人们死后灵魂享受幸福的许诺是虚幻的，而对人们生前物质利益的许诺却是现实的。

（三）革命性。西方基督教及一般宗教的教义无不以承认现存社会秩序为前提，他们所追求的目标是死后的幸福，而赖以达到目的的手段就是忍受现实的苦痛和屈辱，等待上帝的恩赐。拜上帝教的教义则以推翻现存社会秩序为前提，他们所追求的目标主要是生前的温饱，而达到这一目标的手段，则是在洪、冯、杨、萧的带领下打一场农民战争，推翻清王朝，建成太平天国，完成上帝和耶稣交给的斩妖救民的使命。也只有在这场斗争中经过磨炼，死后灵魂方可进入大天堂享受幸福。显然，拜上帝教手中高举的主要不是十字架，而是"斩妖救民"的剑，它的信奉者也不是一群祈求来世幸福的善男信女，而是为现实利益而战的农民革命军。

（四）政治性。拜上帝教从一开始创立就带有明显的政治动机。洪、冯等人所以创立拜上帝教，绝不只是为了寻求心灵上的安慰，主要还是为了寻求现实的出路。事实上，它的创立和发展过程，也是一场农民起义酝酿和发动的过程。拜上帝教教义的形成和发展，更完全出于农民战争的政治需要。起初，拜上帝教的教义内容比较简单，政治色彩也不甚浓厚。随着形势的发展，洪秀全不断增加反映农民政治要求的内容，逐步完善关于小天堂的设想，使之很快成为这场农民革命的政治纲领。洪秀全所以坚决反对三位一体的神学理论，坚持"上天承命"的神话和上帝除长子耶稣外尚有五子一婿之说，无非是为他的君权神授和"替天行道"提供神学上的依据，给太平天国领导集团乃至整个农民革命运动披上宗教的神圣外衣。

（五）依附性。西方基督教和一般宗教都是独立于政府之外的，它的存在和发展基本不受政局变动的影响。太平天国的宗教则完全依附于各级政府和军队。它既没有独立的组织，也没有专门的活动场所和神职人员；一切宗教仪式均由各级军政领导人主持，在相应机关进行。正是这一点，决定了拜上帝教同太平天国革命休戚与共、相始相终。

通过以上分析可以清楚地看出，拜上帝教不是一般宗教，而是具有明显现实性和革命性的政治宗教。它的存在和发展，完全是服务于农民战争、依附于农民军队的。所以，它是宗教，又不是完全意义上的宗教，只能说是采用了宗教的外壳、宗教的词句和术语，实质内容则是农民的政治要求。正由于这一点，它在政治上表现出巨大的号召力，组织起一支举世无双的农民军队，发动起一场空前的农民战争；而在宗教方面却显得非常脆弱，缺乏生命力。太平天国革命失败后，拜上帝教也随之荡然无存，这种现象是一般宗教所不曾有的。在这方面，它既不能同西方基督教相比，也不能同中国的民间宗教相比。因为一般宗教的教义是虚幻的、不可知的，人们无从考究，故具有很大的欺骗性。而拜上帝教的教义则既有虚幻性又有现实性。这就破坏了神学理论的完整性，使之支离破碎、漏洞百出，一旦在现实中遇到波折或政治变故，就难以自圆其说，势必危及人们对上帝的信仰。譬如，关于死后灵魂升天的许诺是无须兑现的，而对于现实利益的许诺则是需要兑现的；关于上帝是否造就宇宙万物是无法验证的，而对于上帝能否保佑现实目标的实现则是可以验证的；对于上帝的为人处世是不可知的，而对其五子一婿的所作所为则是可知的。一旦革命遭到失败，人们对现实目标的实现感到失望，或者通过现实斗争窥破了其中的奥秘，也就不再相信上帝了。总之，拜上帝教的虚幻性与现实性之间、宗教外壳和革命内容之间存在着矛盾，在实际发展过程中必然会经常发生冲突，其矛盾斗争的结果必然是宗教的外壳在客观现实的不断撞击下逐渐破碎、脱落，最后被当作负担而彻底抛弃。

　　在太平天国革命的发展过程中，拜上帝教的发展情况和在太平军中的地位究竟怎样呢？在太平天国控制的地区内，拜上帝教的成员仅限于军政人员及其随行家属，对一般城乡居民，只令听"讲道理"，并不强迫人人参加礼拜仪式。学校教材中虽有《圣经》之类，而主要教本还是经过删改的五经四书。一般地讲，太平军只能控制占领区内的城镇，不能有效地控制广大农村。有的农村被地主团练控制，有的虽设有乡官，亦主要负责催派钱粮，以供军需。所以，即使在太平天国鼎盛时期，拜上帝教的影响也是很有限的，并不存在西欧中世纪那样广泛的社会基础和普遍的宗教狂热。即使在太平军中，真正信奉上帝的虔诚教徒也并不多，有的著名将领，如前期的石达开，后期的李秀成，就基本不信或完全不信。这种情况，文化程度越高的人越明显。这对太平天国的发展方向不能不产生影响。尤其天京事变之后,太平天国内部思想混乱、组织涣散,相信上帝的人越来越少,宗教基本上丧失了约束力。为了扩充部队,太平军接纳了大量捻军和天地会武装,他们完整地保持着原来的一套组织和思想信仰。这就在很大程度上打破了拜上帝教在太平军内一统天下的局面,冲淡了它的宗教色彩,反映了上帝在人们心目中地位的下降。迨至天京陷落,赖文光以太平军军制改编捻军,为实现太平天国的政治目标而继续奋斗时,就完全抛弃了它的宗教外衣,再不相信上帝会给他们的现实斗争提供什么帮助了。

那么,假如太平天国统一了全国,中国会不会倒退到西欧中世纪神权政治统治的时代呢?要弄清这个问题,除了上面对拜上帝教的分析、说明外,还需从下面几个方面进行考察。

(一)关于近代中国与中世纪西欧所处历史阶段的不同。当时的西欧尚处于封建领主制时代,按照范文澜同志的观点,同中国战国前的周代社会类似,在整个封建社会的发展过程中属于初级阶段,根本无法同中国秦汉以来高度发展的封建社会相比。按照马克思主义基本原理,国家政治体制属于上层建筑,而政治、法律等上层建筑必须以一定的生产关系为基础,并有一定的意识形态与之相适应。西欧中世纪的神权政体,正是其社会经济关系的产物,也是同其政治长期动荡与文化极为落后分不开的。中国自秦汉以来,封建社会的国家政治体制一直是中央集权的君主专制政体,这是由地主经济决定的,也相应地受到儒家文化的制约。时至近代,封建经济开始解体,资本主义因素已经产生,像刘邦、朱元璋那样重建新王朝已不可能,怎么能够建成一个更加反动落后的、西欧中世纪式的神权政治的国家呢?

(二)关于中国的文化传统。中国是个宗教观念较为薄弱的民族,多种宗教并存,民间信仰甚杂,儒家文化根深蒂固,自西汉以来长期居于统治地位,任何一种宗教都不可能形成像西欧中世纪教会那样主宰一切的势力。中国历史上曾有过佛教或道教盛行的时期,但时间不长,也从未在国家政治生活中取得支配地位。西方基督教在中国的传播,也同样受到以儒学为核心的传统文化的抵制。帝国主义为了从精神上征服中国,几乎用尽了政治、经济、军事、文化等所有手段,在中国强行推行基督教,其结果仍然收效甚微,始终未能如愿。太平天国虽然进行了大量改造工作,也不可能将拜上帝教推行全国,用以取代儒家文化在思想领域的统治地位。而这种思想上的权威地位和广泛的社会基础正是神权政治必不可少的条件,没有这个条件是不可能建立神权政治的国家体制的。

(三)关于太平天国政权封建化的实际进程。太平天国同中国历代农民起义一样,由于其阶级和历史的局限性,既不可能改变原有生产关系,也不可能创立新的政治体制。而作为其反封建思想武器的平等平均思想,又是一种不切实际的幻想,到头来只能从空想回到现实,不断调整自己的思想和政策,使之适合生产关系的需要。所以,其政权的封建化是不可避免的,然而,从实际历史进程看,农民政权封建化的过程同农民宗教的发展却是沿着相反的方向进行的。对太平天国来说,其政权封建化的过程,既是封建思想取代农民平等平均思想的过程,也是中国传统思想战胜拜上帝教的过程。因为前面已经讲过,拜上帝教教义的核心思想就是农民的平等平均思想,对平等平均思想的否定,也是对拜上帝教的否定。所以,太平天国的封建化并非宗教的强化,而是宗教影响的削弱和儒家思想的加强。在这个问题上,套用西欧中世纪的公式是不合适的。诚然,西方基督教曾有一段由民间宗教演变为封建统治者手中工具的历史。而在中国却不可能出现这种情况。这不仅由于拜上帝教同西方基督教的巨大差异,更因为中国地主阶级不像中世纪西欧的封建主那样只有依赖教会的支持才能维持自己的政权,他们有更适合自身利益的思想体系作为主要精神支柱。太平天国要取得他们的拥护,就只有淡化自己的宗教,向儒家思想靠拢。在中国历史上,成功地取得全国政权的秦末和元末两次农民起义,都经历过政权封建化的过程。刘邦开始排斥儒学,后来也不得不采用儒家的礼教来建立自己的统治秩序。朱元璋出身佛门,最初又依靠白莲教的分支米勒教发动起义,到头来还是依靠儒生和儒家思想取胜,为了巩固自己的政权,不得不淡化宗教而提倡尊儒读经。假设太平天国能够取胜,当然也免不了要经历这个过程。它之所以出现前期宗教色彩较浓而其后逐渐淡薄的情况,主要就是由于受到中国传统文化的巨大影响和压力,不得不相应地调整自身以适应客观社会环境。然而，农民政权封建化的完成同地主阶级知识分子的积极参与又是分不开的。由于秦、元两代统治者采取歧视和打击知识分子的政策，这就使得知识分子对农民起义采取同情和支持的态度，因而秦末、元末的农民起义也就较为容易地完成了政权封建化过程。而清代统治者接受了元朝迅速灭亡的教训，非常注意拉拢知识分子，这就使他们当中很少有人参加农民起义。更由于他们长期受儒家思想的熏陶，对拜上帝教极为反感，即使有人不满于满洲贵族的腐朽统治，也多不愿反孔奉教，投奔太平军。曾国藩正是利用这一特点，打起尊孔卫道的旗帜来反对和孤立太平天国，争取知识分子的支持的。太平天国如果不放弃自己的宗教而改拜孔子，也就不可能得到地主阶级知识分子，尤如张良、刘基那样有真才实学的高级知识分子的支持和积极参加。太平天国始终不肯这样做，这就造成了封建化进程的迟滞和中断，最后仍作为一个农民政权而不可避免地走向失败。所以，所谓"太平天国统一了中国"，就将使"中国历史倒退到神权政治的黑暗时期"的设想是没有根据的。

冯友兰先生长期研究中国哲学史，对中国社会经济结构的稳固性和传统文化的力量是不可能不了解的，而在研究太平天国史的时候，不知为什么竟忽略了。一会儿似乎相信依靠政权的力量可以强制推行一种宗教，使中国几亿老百姓一下子放弃传统信仰而改拜洋神；一会儿又似乎相信一种宗教可以一下子改变中国的政治体制和经济结构以使之同自己相适应。否则，怎么会作出那种设想而又将自己的结论建立于其上呢？

三

中国近代革命是民族民主革命，其主要任务是反对帝国主义以争取民族独立，反对封建主义以争取民主自由。衡量太平天国进步还是反动的唯一标准，只能是看其政治主张和斗争方向是否符合中国民主革命的方向和近代进步潮流。要弄清这一点，下面几个问题是不能不进行讨论的。

（一）关于反封建。所谓封建主义，既包括其经济基础，也包括其上层建筑。按照恩格斯的观点，所谓政治革命，就是"为了保护一种所有制以反对另一种所有制的革命"[1]。中国民主革命的基本任务和中心内容就是改革土地制度，废除封建剥削，把地主的土地分给农民。而当时代表封建剥削制度的反动政治势力就是清政府及其地方实力派曾国藩集团。太平天国不仅把平分土地、消灭地主土地所有制作为政治纲领，而且同清政府浴血奋战达十四年之久，怎么能说他们不反封建？当然，太平天国与孙中山领导的辛亥革命相比有许多弱点。例如，没有明确提出自由、平等、博爱的口号和共和国方案等，但这不过是高低之分，并没有反不反封建的区别。否则，辛亥志士不会以洪、杨的继承者自居。历史事实早已证明，农民阶级是民主革命的主力，无论是无产阶级还是资产阶级，不依靠农民是不可能取得反封建斗争胜利的。冯友兰先生给太平天国规定的"彻底和中国传统文化决裂"这一反封建标准，实际上只能说是一种幻想，即是对一百多年前的农民起义的苛求。这里顺便说一句，冯友兰先生仅把"四大绳索"当作中国封建主义的主要内容，而将更为重要的土地问题排除在外，也是不妥当的。试想，怎么能离开土地问题大谈什么反不反封建呢？

（二）关于反侵略。太平天国建都天京之后，西方侵略者曾打着"中立"的旗号长期进行观望，但最后还是选择清政府作为其代理人。究其原因，主要还是由于太平天国坚决拒绝了丧权辱国的《南京条约》。因而，在《北京条约》签字后，西方侵略者立即表示愿意协助清政府镇压太平天国革命，以求在长江中下游迅速获得条约中规定的特权。而当这些口岸控制在太平军手中时，他们的这些特权是无法实现的。在外国侵略者与清政府的联合进攻面前，太平天国的英雄们没有屈服，他们为捍卫国家主权和民族尊严同中外反动派进行了英勇斗争。即使在战局极为不利的情况下，洪秀全也没有接受西方侵略者以"平分中国"为条件的所谓援助，从而挫败了帝国主义的侵略阴谋。他们虽然失败了，但其爱国精神和英雄气概是永远值得我们学习和尊敬的。洪仁玕曾在学习西方的道路上走在当时一切中国人的

---

[1] 恩格斯：《家庭、私有制和国家的起源》，载《马克思恩格斯选集》第4卷，人民出版社1972年版，第111页。

前面，而就义前却发出"我朝祸害之源在洋鬼助妖之事"[1]的呼声。这标志着一代爱国者的觉醒：近代以来的中国人，不仅有学习西方的必要，还有反对西方侵略的任务。这也是每个爱国者应该记取的教训。冯友兰先生在评价太平天国时，原本没有涉及反对外国侵略问题，这已经有失偏颇。而后不知怎的又突然把拜上帝教同"帝国主义文化侵略"联系起来，仅根据信奉上帝一事，就说洪秀全和太平天国"起了帝国主义所起不了的作用"，把帝国主义代理人的帽子反扣到太平天国头上，而把民族投降派曾国藩打扮成反侵略的英雄，这就更加违背了历史事实。在一个时期内，曾国藩曾因攻击拜上帝教而被当作反洋教的英雄，他为消除误会特别向人声明：他只反对拜上帝教，不反对洋人在中国传教。除前面的论述外，这也从另一方面证明，拜上帝教与西方基督教完全是两种性质不同的宗教。显然，仅据信教一事就判定洪秀全和太平天国为西方文化侵略效劳是不妥当的。迄今为止，没有任何材料可以证明，拜上帝教对其信徒进行过以变中国为西方殖民地为目的的奴化教育。他们从不依附于西方，从不承认上帝自西方来。而西方传教士也从来不承认拜上帝教是西方基督教的一个支派，更不同意为洪秀全举行洗礼。再说，曾国藩一贯主张信守不平等条约，对外国侵略妥协退让，镇压人民群众反洋教的斗争，随意给他戴上一顶"抵抗了帝国主义的文化侵略"的桂冠，也是令人难以信服的。

（三）关于向西方学习和中国工业化道路。在洪秀全和太平天国向西方学习了什么的问题上，冯友兰先生仅根据洪秀全创立拜上帝教一事，就断定洪秀全和太平天国只是学习了西方的宗教，这就完全抹杀了《资政新编》的意义。洪仁玕在太平天国后期担任军师之职，受命总理朝政。他的《资政新篇》也非个人著述，而是经洪秀全批准，作为太平天国的纲领性文件刊行的。洪秀全对《资政新篇》不仅表示"同意和赞赏"，而且就如何实施问题批示了不少重要意见，这足以说明太平天国后期领导集团对未来的思考和政治动向。《资政新篇》不仅要求学习西方科学技术，还要求学习

---

[1] 中国史学会主编：《中国近代史资料丛刊·太平天国》第2册，神州国光社1952年版，第853页。

西方与之相适应的制度和政策。按照冯友兰先生的说法,就是要走西方"以商带工"的工业化道路。它的刊布,不仅对太平天国意义重大,在整个近代史上也是一件大事。这种思想和主张在当时无疑是最先进的。冯友兰先生也承认,太平天国所代表的"以商带工"的主张同曾国藩所代表的"以政带工"的主张,形成中国在如何实现工业化问题上完全对立的两条路线,"如果以商带工,中国原来的商人就会早一点成为民族资本家,中国就会早一点进入近代化,早一点从半封建半殖民地的地位中自拔出来"。正是由于清政府和曾国藩勾结外国侵略者镇压了太平天国革命,才导致"以商带工"路线的夭折,迫使中国在工业化问题上不得不走一条艰难曲折的道路,并在政治上造成"更为严重"的后果:靠办洋务而大发横财的"官僚逐渐成为官僚资本家。代表封建的官僚资本家和代表帝国主义的买办资本家狼狈为奸,使中国更深地陷入半封建半殖民地的地位"。可见,《资政新篇》所提出的政治主张,代表了洪秀全和太平天国学习西方的主要内容。抹杀这一主要方面,而仅将它归结为宗教一事,并断言洪秀全和太平天国只是"学习西方的短处","要把中国中世纪化、宗教化"[1]云云,是极不公允的。

四

除观点和史实方面的问题外,冯友兰先生的研究方法似乎也有可以商榷之处。据称,他将太平天国视为黑暗反动势力的代表,而给镇压太平天国、办理屈辱外交的曾国藩戴上反侵略、反倒退的桂冠,"是对具体问题做具体分析的结果"。然而,事实究竟如何呢?具体分析的方法,是马克思主义的基本研究方法,它的目的和任务是剥去事物的表象,揭露其本质,从而得出科学的结论。在这方面,恩格斯对德国闵采尔起义的研究和列宁对俄国民粹派的研究都给我们作出了很好的榜样。他们并没有因为以上二

---

[1] 冯友兰:《中国哲学史新编》第6册,人民出版社1989年版,第75、76、69、90、64、2、75页。

者包着一层令人讨厌的外衣就将其彻底否定，而是剥去其荒谬的外衣，肯定其合理的内核，给以应有的历史评价。冯友兰先生在给太平天国下历史结论时，完全挖去了它反对外国侵略、要求平分土地以及主张走"以商带工"的工业化道路等合理内核，只是围绕着它的表象做文章。而对据以定论的宗教问题，也未做任何具体分析，甚至连究竟是谁搞"天父附体下凡"活动都没有弄清，就仅仅根据拜上帝教一事，匆匆得出"神权政治"的结论，并进而推论，把太平天国打成"黑暗""倒退"势力和帝国主义代理人。这种做法，同马克思主义"具体地分析具体的情况"的方法毫无共同之处。

总而言之，太平天国不是要推行神权政治，而是要中国独立富强。它同曾国藩之间的战争，也不是什么"两种宗教"的"圣战"或"神权"与"人权"之争，而是两个阶级、两条道路的大搏斗。在如何对待外国侵略、封建剥削制度以及如何实现中国工业化等一系列带根本性的问题上，太平天国和曾国藩代表了截然不同的两条路线，归根结底是中国究竟走独立发展之路还是半封建、半殖民地道路的问题。然而，太平天国革命仅仅是中国民族民主革命的序幕，其缺点、错误乃至最后失败都是不可避免的。它的意义不在于解决了什么问题，而在于提出了什么问题，指出了什么方向，比前人增加了什么新内容，给后人以什么启示。总结其经验教训，是完全必要的和有益的。而据此将它彻底否定，并进而肯定曾国藩对太平天国的镇压，这就从一个极端走向另一极端，显然是片面的、不可取的。

（《历史研究》，1990年第5期。又名《太平天国神权政治说质疑》，中国社会科学院近代史研究所科研组织处编：《走向近代世界的中国——中国社会科学院近代史研究所成立40周年学术讨论会论文选》，成都出版社，1992年版）

太平天国与传统文化

太平天国与传统文化究竟是一种什么关系？恐怕人们首先想到的是，太平天国对传统文化的冲击和破坏。因为在20世纪的50—80年代，人们贬斥传统文化而歌颂太平天国，故书中所载皆是太平天国反对孔子和传统文化之事。而80年代以来，人们又开始张扬传统文化，批判太平天国，也便有人开始声讨太平天国破坏传统文化之罪。一般来说，其做法虽有上纲上线、夸大其词之嫌，所言之事亦并非全属虚妄。不过，这仅是历史实际的一个侧面，并非它的全部。事实上，太平天国同传统文化之间，还存在着另外一种与之全然不同的关系，即两者密不可分的关系，可以说，儒家思想渗透到它的方方面面。只是人们在论述这一问题时，为了更为密切地配合当时的政治形势和学术文化潮流，不便提及，所以，久而久之被人淡忘。或者不为人们所关注，视而不见，听而不闻。这样，对这一问题的认识，也就不可避免地产生这样那样的片面性。

关于太平天国与传统文化的这种密切关系，并非今天才提出来的，实际上早在几年之前，研究太平天国的两名著名学者，茅家琦先生和王庆成先生就已经注意到了，他们都曾进行过较为深入研究，并皆有专文发表。这个问题应该说是肯定的，它们的立论是恰当的，符合历史事实的，无须再去论证。我的意见只是再从两个方面做点补充：一是将儒家思想与太平天国的思想结合起来进行分析，一是将太平天国与曾国藩集团加以比较对照，以便从儒家文化的思想内涵和太平天国所处的时代两个方面，加深对这一问题的认识和理解。

孔子思想的核心是"仁"，其主要内容包括民本主义与等级观念两部分。以今天的观点看来，应该说其民本主义较之等级观念含有更多的精华。

只是随着时间的推移,尤其程朱理学成为儒学的主宰与核心之后,民本主义渐渐削弱,而等级观念则不断强化,以至五四时期张扬国粹的学衡派也产生了错觉,只强调"三纲五常"的合理性,而不提与近代民主思想更为接近的民本主义。不过,亦并非所有的人尽皆如此,例如太平天国的领袖洪秀全就注意到儒家思想的这一特点,并在发动革命时充分加以利用。以笔者浅见,儒家的民本主义思想,主要表现在有关君民关系、天人关系的论述和平均主义思想上。他们认为,"民为贵,社稷次之,君为轻。是故得乎丘民而为天子"[1],即得民心者得天下,失民心者失天下。君不爱民,失德于天下,人民有权力起而推翻他,并能得到上天的支持。因为"君者舟也,庶人者水也,水则载舟,水则覆舟"[2]。"皇天无亲,惟德是辅,民心无常,惟惠之怀。"[3]所以,汤放桀、武伐纣不为弑君,而是诛一残贼之人。还认为,"有国有家者,不患寡而患不均,不患贫而患不安。盖均无贫,和无寡,安无倾。夫如是,故远人不服,则修文德以来之。既来之,则安之。"否则,很可能引起内乱。"吾恐季氏之忧不在颛臾,而在萧墙之内也。"[4]而最理想的境界,则是"老吾老以及人之老,幼吾幼以及人之幼"[5]。然要真正实现这一理想,则只有到大同之世。因为那里,"大道之行也,天下为公,选贤与能,讲信修睦。故人不独亲其亲,不独子其子。使老有所终,壮有所用,幼有所长,矜寡孤独废疾者皆有所养,男有分,女有归。货恶其弃于地也,不必藏于己,力恶其不出于身也,不必为己。是故谋闭而不兴,盗窃乱贼而不作"[6]。今天看来,这不过是人们对遥远

---

[1] 陈戍国点校:《四书五经》,岳麓书社1991年合刊本,第133页。
[2] 荀卿:《荀子》第20卷,上海涵芬楼影印本,第22页。类似的记载还见于《后汉书》《孔子家语》《艺文类聚》、陆贽《翰苑集》,内容大同小异。晋代的刘渊和唐代的魏徵也都转述过类似的话,见于《资治通鉴》《通鉴纪事本末》的相关篇章。此语广为流传,最终演化为"水能载舟,亦能覆舟",收入成语词典。唯不见于儒家精典。然无论孔子是否讲过这些话,既为儒家所承认,就可以作为儒家思想看待。
[3] 陈戍国点校:《四书五经》,岳麓书社1991年版,第265页。
[4] 陈戍国点校:《四书五经》,岳麓书社1991年版,第51页。
[5] 陈戍国点校:《四书五经》,岳麓书社1991年版,第66页。
[6] 陈戍国点校:《四书五经》,岳麓书社1991年版,第513页。

的原始社会的回忆和留恋,痛惜人类进入阶级社会后丢掉了过去许多美好的东西。然而经过儒家的宣传,却成为中国多少代人的理想。而所有这一切,在太平天国的文件中都有所反映。洪秀全曾熟读四书五经,受尽儒家思想的熏陶,走上革命道路后虽反孔批孔,亦不过推翻其在思想政治领域的权威地位,而对其思想则采取古为今用的态度,尽量吸收对自己有利的内容,作为发动革命的思想武器。它对西方宗教的中国化,除坚持认为上帝自古在中国外,就是在它的教义中加进儒家思想的内容。太平天国革命思想的核心,就是农民的平等平均思想。其平等思想主要来自基督教的原始教义,而平均思想则主要来自儒家经典。开始,他们只是作为一种思想主张提出来,而后不久则将之变为其革命纲领《天朝田亩制度》,实际上是为自己的理想社会绘制出一幅蓝图。细审之,它与儒家的所谓大同社会,究竟有何不同?对于这个问题,南京大学的茅家琦教授早有专门论述[1],这里就不再重复了。作者所要指出的是,洪秀全等太平天国革命志士,始终以"皇天无亲,惟德是辅"的思想作为自己另立新朝的理论根据,故能正义在手,成竹在胸。发动时期他们以解民倒悬为宗旨,进军途中他们以吊民伐罪为号召,形势危机之中坚决拒绝洋人的诱惑,失败被俘仍然理直气壮,保持革命的气节。如若不信,请看洪秀全起义前的诗歌文章和定都天京后颁布的《天朝田亩制度》。

早在金田起义之前,洪秀全为宣传拜上帝教教义而写的三篇文章《原道救世歌》和《原道醒世训》《原道觉世训》,已经显露出他与儒家文化的思想渊源。《原道救世歌》所斥"六不正"之"第一不正淫为首"、"第二不正迕父母"[2],皆属儒家道德规范。而提举"周文孔丘"作为一身正气的榜样[3],亦是儒家的做法。《原道醒世训》则于痛斥当时社会中的种种丑恶现象之后,"遐想唐虞三代之世,天下有无相恤,患难相救,门不

---

[1] 茅家琦:《基督教、儒家思想和洪秀全》,载《晚清史论》,河南人民出版社1989年版。
[2] 中国史学会主编:《中国近代史资料丛刊·太平天国》第1册,神州国光社1952年版,第88页。
[3] 中国史学会主编:《中国近代史资料丛刊·太平天国》第1册,神州国光社1952年版,第90页。

闭户，道不拾遗，男女别途，举选尚德。尧舜病博施，何分此土彼土？禹稷忧溺肌，何分此民彼民？汤武伐暴除残，何分此国彼国？孔孟殆车烦马，何分此邦彼邦？"又说："天下多男人，尽是兄弟之辈，天下多女子，尽是姊妹之群。何得存此疆彼界之私，何可起尔吞我并之念？是故孔丘曰：'大道之行也，天下为公，选贤与能，讲信修睦。故人不独亲其亲，不独子其子。使老有所终，壮有所用，幼有所长，矜寡孤独废疾者皆有所养，男有分，女有归。货恶其弃于地也，不必藏于己，力恶其不出于身也，不必为己。是故谋闭而不兴，盗窃乱贼而不作。故外户而不闭，是谓大同'。"[1] 竟将前面提到的《礼记·礼运篇》中的那段文字，一字不落地抄在自己的文章中。这里且不说孔子和洪秀全对远古历史的误解，起码说明二人的社会理想具有共同之处。而《原道觉世训》虽不再讲社会理想，但仍多处抄录儒家经典。如"孔伋曰：'天命之谓性'，诗曰：'天生烝民'，书曰：'天降下民'。""孟轲云：'天油然作云，沛然下雨，则苗浡然而兴矣。'周诗云：'上天同云，雨雪雰雰，益之以霢霂，既优既渥，既沾既足，生我百谷。'"还说："怪人妄说阎罗妖注生死，且问中国经史论及此乎？曰：无有。"[2] 引经据典，动称圣人，以诗云、子曰判是非，亦是儒生论事的惯例。金田起义之前夕，发布十款天条，作为全军的纪律。其第五条即为"孝顺父母"，第七条即严禁"奸邪淫乱"。并解释说："皇上帝曰：'孝顺父母，则可遐龄。'凡忤逆父母者是犯天条。""凡男人女人奸邪者名为变怪，最大犯天条。即丢邪眼、起邪心向人，及吹洋烟、唱邪歌，皆是犯天条。"颇有以孝治军、以礼治军的味道。以道德支撑法律，以法律维护道德，正是儒家的施政要诀。君不见，孔夫子曾将"君君，臣臣，父父，子子"作为治国纲领奉献给齐景公吗？[3] 太平天国定都天京后则颁布《天朝田亩制度》，宣布"凡天下田天下人同耕"，"每二十五家为两"，大致田分九等，按人口平均计算，

---

[1] 中国史学会主编：《中国近代史资料丛刊·太平天国》第1册，神州国光社1952年版，第91、92页。

[2] 中国史学会主编：《中国近代史资料丛刊·太平天国》第1册，神州国光社1952年版，第93页。

[3] 陈戍国点校：《四书五经》，岳麓书社1991年版，第21页。

以"两"为农业生产的基层单位,设两司马负责管理,并在其上设立军、师、旅三级管理机构。实行田产公有,多少调剂,肥瘦搭配,"丰荒相通"[1],以达到"有饭同食,有衣同穿,有钱同使,无处不均匀,无人不饱暖"的目的。实际上是将他们此前的理想制度化,意欲将社会理想变为社会制度。但出于种种原因没有实现,到头来还只能是个空想。

由此可见,将太平军与湘淮军间的战争说成是农民打农民,或人权与神权之争是很不准确的,从某种意义上看,还不如说它是民本主义与等级观念之争,或儒家思想的精华与糟粕之争较为接近。因为儒家思想本来就是二元的和相互矛盾的。在封建社会中,相互对立的两派各持一端,都从儒学中找根据,也是常有的事。且比较而言,儒家思想中的民本主义应该说与近代民主潮流的接近点更多些,而等级观念则与之尖锐对立,将它们以此区分为精华与糟粕,应该说也是大致不会错的。例如,曾国藩在《讨粤匪檄》中,曾以天下为家和上尊下卑为据,对太平天国的土地公有主张和上下贵贱皆以兄弟相称的做法进行攻击,就表现出这种情况。因为曾国藩之说固属儒家思想,而太平天国"天下为公"的主张亦以经典为据。孔子曾对言偃曰:"大道之行也与三代之英,丘未之逮也,而有志焉。"[2]随之即讲出有关"大同""小康"的一大段话。可见,他确实把"大道之行也天下为公"的"大同"社会当成了自己的最高理想。在这一点上,是与太平天国相一致的。此外,太平天国上下贵贱皆以兄弟相称,亦并不违背"圣道",君不闻"四海之内皆兄弟也"[3]。此说载儒家经典,倡言者虽非孔子,当亦属大成殿中人,即使付诸实践也与"大道"相通,岂可视为贼赃罪证?曾国藩号为大儒,听信理学家仁天义地的胡诌,却不肯下功夫钻研儒家经典,实在是一个大的失误。而有些学者,在传统文化潮涨气热之时,仅根据曾国藩的一些文字,将之推为维护传统文化的功臣,而斥

---

[1] 中国史学会主编:《中国近代史资料丛刊·太平天国》第1册,神州国光社1952年版,第321页。
[2] 陈戌国点校:《四书五经》,岳麓书社1991年版,第513页。
[3] 陈戌国点校:《四书五经》,岳麓书社1991年版,第40页。

太平天国为破坏传统文化的罪魁,并以所谓"无本者竭,有本者昌"[1]判为双方成败的关键。这就不仅有点荒唐,而是是非颠倒、本末倒置了。

试问,何为儒家思想之本,何为儒家思想之末?哪是它的精华,哪是它的糟粕?而判断它的是非的标准又是什么?想来不过有两个标准:一个是儒家自身的标准,一个是当今时代的标准。以儒家自身而论,太平天国的主张合于"大道",通向"大同",属于儒家的最高理想,出于先师的论述,当然为根、为本。而曾国藩所要维护的不过是"大道既隐"的"小康"[2]之制,其所"本"亦不过是后儒理学偏狭之论,当然为枝、为末。如果说,曾国藩所卫的"道"仅指理学而言,还是可以的,若指儒家思想甚或传统文化,就很不准确了。因为传统文化不仅是儒家思想,而理学只是儒学的一部分。这不仅是说另外还有词章、经济、考据等门派,即其对儒家核心思想的继承,也是片面的。它将"三纲五常"强调到灭绝人性的地步,而几乎完全抛弃了民本主义思想,与先儒的思想是有很大不同的。这一点,于今天的社会似乎没有多大意义,而对曾国藩或今天以重续儒学道统自任的学者却有很大关系。因为他们是专业人员,理应弄清其中的曲折原委,采取实事求是的态度。

若以当今时代的标准,则以其是否接近或抗拒近代民主潮流,来区分儒家思想的精华与糟粕,从而衡定民本主义与等级观念在儒家思想中的本末地位。儒家的民本主义虽不同于近代民主思想,但有一点是共同的,那就是,国家的最终主宰是人民,人民有权选择最高决策人。就是说,按照儒家的说法,在中国封建时代,人民虽然不能选择一个王朝的皇帝,但却可以选择一个王朝。虽然这种权力几百年才能行使一次,远不如近代欧美国家更换总统、议员那么便当,但毕竟有胜于无。此外,民本主义还包括使民以时、关心民瘼等内容。所以,自夏至清,中国历史就是一部王朝更替史。在中国历史上,曾出现过不少明君贤相和廉明官吏及政治清明的时

---

[1] 曾国藩:《曾文正公全集·文集》(以下简称《曾文正公文集》)第4卷,湖南传忠书局版,第22页。
[2] 陈戌国点校:《四书五经》,岳麓书社1991年版,第513—514页。

期，如文景之治、贞观之治、姚崇宋景之治、开元之治、康乾之治等，代表了封建社会和儒家思想光明的一面。而等级观念则要求绝对地服从，将整个社会限定在一个僵死的、一元化的枷锁里，广大民众只有少得可怜的一点权力，面对层层压迫没有足够的自卫能力，最多也不过盼望出现清官好皇帝。从而压抑甚至扼杀了个人与下级的积极性，阻碍商品经济的发展，与近代以来的民主自由精神相冲突，是滋生政治腐败的根源，代表了封建社会和儒家思想黑暗的一面。所以，如果儒家思想可以一分为二，区别为精华和糟粕的话，当然各自会有丰富的内容，但就其核心而论，就是民本主义和等级观念。如果儒家思想在失去独尊地位之后，还有作为一个学术派别继续生存的理由，也就是因为它具有民本主义思想。故以此看来，其民本主义较之等级观念更重要，而二者间的本末地位也是不应怀疑的。太平天国作为一场旧式农民战争，也是最后一次失败了的谋立新朝的革命，虽然达到它所能达到的最高限度，出现前所未有的诸多新因素，但从根本上说，并未冲出王朝更替和儒家思想的范围。然其高举民本主义的旗帜，向满洲贵族的皇权挑战，同曾国藩集团维护土地剥削与等级观念的做法形成鲜明对照。可以说虽败犹荣，不失英雄本色。所以，无论就反帝反封建的民主革命的潮流抑或儒家思想而言，肆意拔高曾国藩集团、贬低以至完全否定太平天国，都是不妥当的。在革命党年代，曾有不少史学权威，为了革命宣传的需要，将太平天国举上天，把曾国藩集团踹入地。而今天改革开放时代，又有不少学者，为了宣传"四化"的需要，反其道而行之，以纠偏为名而走向另一极端。其做法都是不可取的。因为他们都加入了太多的主观成分，违背了科学性，以至混淆了历史学与政治学的界线。而科学性是历史学的生命，失去它，也就会使历史学迷失本性，变为另外一个学科。所以，世上讲历史陈迹的书很多，但不一定都是史学著作。例如孔子的《春秋》及其三传，虽有"六经皆史"之说，但多年来谁也不把它当作史学著作。因为它是经，属于政治学，而中国的史学是由司马迁创立的，不是孔子。

当然，说太平天国与曾国藩集团分别代表着文化上的精华与糟粕，还有另外的根据。那就是，太平天国虽然失败了，但提出《天朝田亩制度》

和《资政新篇》两个革命纲领，向外国侵略者和腐败、卖国的清政府做了坚决的斗争，代表了近代中国民族民主革命的方向和进步潮流，不仅丰富了革命人民的斗争经验，也为后来者做出了榜样。曾国藩集团则逆历史潮流而动，强行不可为之事，而为了达到自己的目的，不惜采取任何手段，以至在不少方面，不仅继承了中国传统文化的糟粕，也在中国近代史上开了最恶劣的先例。这里仅举出最著名的三条：一是以军法处理民事，二是以厘金筹军饷，三是以残忍手段杀俘杀降。

曾国藩出山不久，就在团练大臣公馆设立审案所，杀人不要证据，审案不经有司，废除一切司法程序，只凭各地团练头子的一言定生死。重者就地正法，轻者立毙杖下，再轻者瘐死狱中。实际上，被送到审案所的人，很少有活着出来的。他还嫌湖南地方官员杀人不多、不快，竟然将送至首府首县的人提来杀掉。以至激怒省城官绅民众，纵容士兵哗变，将他赶出长沙。其"曾剃头、曾屠户"的徽号，就是这时候得的。其后剿捻期间，他又故技重施，派员四出查圩、杀人，心狠手辣者奖，迟疑手慢者罚。有人起初杀人很少，后经曾国藩的威逼利诱，便胆大妄为，大杀特杀。其后凡杀人多者，皆受到奖励。他制造了无数冤假错案，却不准申诉、翻控，称所办之案皆以军法从事，翻不胜翻，有碍体制。胡林翼的做法也与曾国藩相似，他在贵州任知府时即办团练杀人，并因而受到赏识，有干练之名，升迁贵东道，奉调赴湖北，遂成为他一生飞黄腾达的最初基础。所以，他虽因此得到"胡屠户"的徽号，但却极感自豪和得意，常以"杀人如麻，挥金如土"夸示于人。曾国藩之胞弟曾国荃亦曾以此语夸示于人。其尤恶劣者，则是他们于战争结束后继续沿用"就地正法"之制，仍以军法办理民间案件。例如，沈葆桢光绪元年至五年任两江总督，"残忍滥杀胜于军事时期"，有人说其"所杀戮者，平均每日得五十人"[1]。正是他们，在近代史上首开"宁可错杀一千，不可放走一人"的先例。

曾国藩集团为筹集军饷亦不择手段，所得白银达数千万两，方式虽多种多样，但主要来自厘金，尤其是盐厘，占七成左右。厘金之害不仅在于

---

[1] 周今觉：《夜读书室随笔》，《永安月刊》，第103期。

常税之外再多抽百分之几的捐税，而在于贻误商机，加之经办人员乘机敲诈勒索，使商人实际上所遭受的损失，超过厘金本身不知多少倍，从而严重障碍了商品的流通和资本主义的发展。其盐厘所占比重甚大的主要原因，是由于当时战乱之下，百业萧条，人民生活困苦，但却不能不吃盐，尤其南方酸性水土地区。厘金之制虽不由他们所创，但他们经办较早、成效最著、影响最大，并因而得到很大发展，遍及各省，遂成为当时政府的一项主要财源，战争结束后仍被保留下来，直到20世纪30年代，才归入统税一体征收。所以，人们一提到这项弊政，就想到曾国藩集团。故有人斥责他们倡"就地正法之制"，兴"抽厘聚敛"之风，是祸国殃民的"罪魁戎首"[1]。

说起他们的杀俘杀降，则更令人发指，不仅人数众多，动辄逾万，且手段极为残忍。屠戮战俘与降卒，在湘淮军中相当普遍，曾国藩力主此策，罗泽南、曾国荃、李鸿章、左宗棠、刘锦棠都直接间接地干过此事。咸丰十一年，曾国荃将围攻安庆期间陆续投降的太平军降卒一万多人，全部杀死。同治二年，李鸿章将献城而降的苏州太平军兵将杀逐殆尽。同治十年，左宗棠杀金积堡已经出降的回军首从近百人。同治十二年，左宗棠又在肃州乘夜放火屠城，杀降回军民近七千人。原城中军民，除一千一百名汉民和九百余名回族老弱妇孺外，无一幸免。他们不仅将其中的有些人，如金积堡回军首领马化龙父子亲属十三人、肃州回军首领马文录及出城迎降父老九人，凌迟处死，还剖取活人心肝生祭战死将领。如左宗棠以马八条生祭刘松山，罗泽南以被俘太平军战士生祭彭三元、李杏春，都是这样干的。罗泽南甚至竟鼓励湘军弁兵，生吃太平军战俘的血肉心肝。曾国藩对罗泽南的做法，不仅不加以制止，还在奏折中大肆张扬炫耀，真不知天下有羞耻事。他对曾国荃、李鸿章的杀降一事，实际上也抱有支持与鼓励的态度。曾国荃杀俘之后，因畏于阴骘果报之说，致函曾国藩表示悔意。曾国藩对之严加批评，称圣人在世也会这样做，既已行之更无反悔之理。他初闻李鸿章收复苏州，曾为四万降卒的处置绕室彷徨，及闻杀降之后，才如释重

---

[1] 夏震武：《灵峰先生集》第4卷，浙江印刷公司版，第57、57、42页。

负，寝食复安。其心其意，不言自明。

以上三事对曾国藩集团的整个杀人事业来说，虽属小菜一碟，但因其不是在战场上，不是面临着强大的敌对武装力量，使人愈感无此必要，且为近代法律所不容。而他们却偏要这么干，不以为耻，反以为荣。从这里，使人愈加看清封建地主阶级的野蛮性和残忍性，儒家文化，尤其理学阴暗和糟粕的一面。不容讳言，所有这一切，都是通过曾国藩集团的所作所为暴露出来的。当然，他们于战争之外的野蛮暴行还不止于此，譬如他们在九江、安庆，特别在天京的烧、杀、淫、掠，都是旷古罕见的，都应归于此类。点到即止，就不再详谈了。

至于曾国藩集团同传统文化总体上的关系，除上述继承的一面，即体现出文化对人的制约作用外，还通过他们的实践，体现出文化对政治、对社会的反作用，以及人对文化的反作用。这就是说，曾国藩集团在本质上是一群来自地主阶级中下层的书生，如果将他们的经历看作一种文化现象，人们就会从中发现两个有趣的问题。一方面他们表现为儒家学说，尤其程朱理学的忠实履践者，自立志、诚意开始，一步步走完了修身、齐家、治国、平天下的全过程。他们的事业借程朱理学之力获得成功，而他们的思想行为也受到儒家学说，尤其是程朱理学的制约，既体现其精华的一面，又体现其糟粕的一面。所以，从学术的角度看，将其名之为理学经世派还是有道理的。一方面这个集团从无到有、从小到大的发展，也向人们演示了一个由精神到物质的辩证的转化过程。起初，直到太平天国革命爆发，曾国藩冒死上疏之时，他们除了书生的血诚之外，几乎一无所有。当他们发现清政府并不能保护其身家性命时，在死亡的威胁下，不得不一改旧习，穿起乡勇号服，借承办团练之机奋起自救。他们由思想而组织，由组织而军队，由军队而政权，不仅为清王朝撑起半壁江山，使其摇而不坠，危而复安，还使日暮途穷的传统文化回光返照。直到今天，仍有人将这段史实作为论证儒家文化万古长青的根据。

常言道，书生造反，三年不成。曾国藩集团以书生治兵竟成就如此大功，曾使不少人为之欢欣鼓舞，喜闻乐道，颂扬之声至今不绝。既颂扬其心目中的这些英雄，更颂扬程朱理学、儒家文化。曾国藩亦借题发挥，将他们成功的根本原因归之于理学。他在《湘乡昭忠祠记》中说："东南数省莫不有湘军之旌旗，中外皆叹异焉！""一县之人征伐遍于十八行省，近古未尝有也！""然而，前者覆亡，后者继往，蹈百死而不辞，困厄无所遇而不悔者何哉？岂皆迫于生事逐风尘而不返与？亦由前此死义数君子者为之倡，忠诚所感，气机鼓动，而不能自已也。"又说："君子之道，莫大乎以忠诚为天下倡。世之乱也，上下纵于亡等之欲，奸伪相吞，变诈相角。自图其安，而予人以至危；畏难避害，曾不肯捐丝粟之力以拯天下。得忠诚者起而矫之：克己而爱人，去伪而崇拙，躬履诸艰而不责人以同患，浩然捐生如远游之还乡而无所顾悸。由是，众人效其所为，亦皆以苟活为羞，以避事为耻。呜呼！吾乡数君子所以鼓舞群伦，历九州而勘大乱，非拙且诚者之效与？亦岂始事时所及料哉！"他在《罗忠节公神道碑铭》中则讲得更为具体，不仅将其一生的勋业归功于理学，且将其思想行为的某些出色表现，都与其从军前的学术观点、治学特点联系起来。他说，罗泽南"以诸生提兵破贼，屡建大勋，朝野钦仰，而不知其平生志事，裕于学者久矣。公之学，其大者以为天地万物本吾一体，量不周于六合，泽不被于匹夫，亏辱莫大焉"。又说，罗泽南教馆多年，授徒甚众，"讲论濂洛关闽之绪，瘏口焦思，大畅厥旨"。"湘中书生多拯大难、立勋名，大率公弟子也"。还说，罗泽南"在军四载，论数省安危，皆视为一家骨肉之事，与其所注《西铭》之指相符。其临阵审固乃发，亦本主静、察几之说。而行军好相度山川脉络，又其讲求舆图之效。君子是以知公之功，所蓄积者夙也，非天幸也"。[1]

所谓"无本者竭，有本者昌"就是曾国藩在这篇铭文中提出的。不过，曾国藩是指自明代以来理学与心学之争、乾嘉以来的汉学与宋学之争。罗泽南的《小学韵语》《姚江学辨》就是宗尚程朱理学，贬抑汉学、心学，辨治学之本末正误的。曾国藩以"大江"喻程朱理学，以车辙"积潦"喻与之对立的其他学派，但并未涉及太平天国。其"洛闽之术，近世所捐，姚江事业，或迈前贤。公慎其趋，既辨其诡，仍立丰功，一雪斯耻。大本内植，伟绩外充，兹谓豪杰，百世可宗"[2]的铭文，即可说明这一点。

---

[1] 曾国藩：《曾文正公文集》第4卷，湖南传忠书局版，第18—19页、20—21页、第22页。
[2] 曾国藩：《曾文正公文集》第4卷，湖南传忠书局版，第23页。

然数年之前，曾有新儒派学者，在一本以重树儒学道统为己任的杂志上，发表了一篇题为《无本者竭　有本者昌》[1]的文章，则又向前大大地推进一步，用以解释太平军与湘军之间战争胜败的根源，并借机鼓吹儒家文化，推出至今乃尔的结论。该文所论并非没有几分道理，只是推延过广，学风过劣，虽于孔学本源及太平天国、曾国藩集团三方皆不熟悉，而发泄之语却随处可见。故尽管立意高远，气壮如山，却谈不上什么说服力。人们比较曾国藩、李鸿章、袁世凯的文化品格，常兴儒学气运日下之叹。今观新儒学为文之道，且无须仿之司马迁、韩愈，即与桐城派、湘乡派相比，亦难免霄壤之叹。曾国藩曾言，文运与国运相通。大陆新儒学于祭旗开山之际，竟以这样的文章充号鼓，不能不令人为之气短。

不过，无论太平天国同清政府之间或者同曾国藩集团之间，以上这些差异和争论，还都是理论或言辞之争，因为他们双方谁也没有改变土地占有制度和国家政治体制，都在维护和实行土地剥削制度与君主专制政体。到头来，他们所争的，并非要不要根本改变现存社会制度，而是各自代表着国内的一个民族——满族和汉族，争夺国家的最高权力。就是说，这场战争从某种意义上说，是一场满汉之争。也正是从这个角度上看问题，辛亥志士自居洪杨之徒，而骂曾左等人为汉奸。在这场斗争中，清政府与曾国藩集团的立场是没有变化的，始终如一地维护土地剥削制度与君主专制政体。而太平天国方面则前后有所不同，总的来说是平等平均思想渐趋淡化，等级观念与制度逐渐加强。他们曾于元年与八年两次发布《太平礼制》，对于诸王和各级官员，乃至其父母、妻子、儿女、岳丈、岳母的称呼，都有严格的规定，无不体现着封建等级制度。[2] 只是他们无论变与不变，从平均思想到君主政体、等级制度，都没有超出儒家思想。因为儒家思想本身就包含着平均思想和等级观念这两种成分。

---

[1] 辛岩：《无本者竭　有本者昌》，载《原道》第1辑，中国社会科学出版社1994年版。

[2] 中国史学会主编：《中国近代史资料丛刊·太平天国》第1册，神州国光社1952年版，第103—107页、第103—118页。

二 天津教案的起因与性质

再论天津教案的起因与性质
——兼评长篇历史小说《曾国藩》津门篇

清同治九年五月(1870年6月)天津民众为什么要火烧望海楼教堂,殴毙法国领事?被视为"此案关键所在"的迷拐幼童一节,究竟是无根之谣,还是证据确凿的事实?这本是多年来早已弄清的问题,且为后来发现的资料所证实。笔者在撰写《曾国藩传》一书时,有关津案经过即据此草就。唯碍于题例,于原始资料未曾大段征引,且当时亦未感到有此必要。近年来有不少学者对此事提出不同看法,尤其长篇历史小说《曾国藩》专辟《名毁津门》一章,造作大量情节,对此案作出新的解释。这不仅涉及天津民众的百年沉冤能否得以昭雪,更关乎一个穷困落后的国家,是否也要维护自己的国家主权与民族尊严。因而,有必要对津案关涉的历史事实,尤其迷拐幼童一节详加考证,专文辨析。文中如有与事实不符、论事不当之处,欢迎广大读者,尤其是有涉无涉的学术界朋友,提出批评指正。

(一)

同治九年五月端午前后,天津法国天主教仁慈堂所收养的中国幼孩突然大批死亡,先后达数十人,葬于河东荒野。其中有一棺二三者,有尸身无目、胸腹洞开、失去脏器者。因乘夜掩埋,草率行事,尸体暴露,鹰啄狗刨,惨不忍睹。"五月初六日河东丛冢有为狗所发者,一棺二尸,天津镇中营游击左宝贵等曾经目睹。死人皆由内先腐,此独由外先腐,胸腹皆烂，肠肚外露。"[1]五月初八日乡民拿获用药迷拐幼童之匪犯三人，其中一人为法国天主堂教读，被天主堂经三口通商大臣崇厚要去。当时民情汹汹，既疑法国教堂虐杀儿童，复疑迷拐幼童之事与其有关。天津道府官员迫于民众压力，只好将另外二名拐犯张栓、郭拐迅速审结正法，并宣称崇厚要去之人并非拐犯，以解众疑。"自此人心稍安，浮议渐息，而百姓仍疑拐犯系天主堂指使，县官不敢深究，且以河东前葬幼孩多棺，终觉怀疑莫释。"[2]

"〔五月〕二十日复有乡民获送拐犯武兰珍一名，讯系用药迷拐桃花口人李所被获属实，未加刑讯，到堂即供。伊系赵州宁晋[津]人，帮人拉纤来津。有教民王三将伊诱入堂中，付伊药包，令其出外迷拐男女。前在穆庄子拐得行路一人，曾得洋银五元。"[3]并供称："王三系天津口音，脸上有白麻。有天津人开药店教民王三，且面上果有白麻。则迷药之得自王三，似非虚捏。"[4]"此供于被获之时伊已据实告知乡民，是以甫经送案，而城乡四境早已哄传天主堂真有用药迷人之事。"[5]天津知县刘杰审得此供，感到左右为难：事涉教堂，势难穷追到底；而消息走漏，民情汹汹，又势难置之不问。于是，拿着供单去见知府张光藻，请示办理之法。张以为事关教堂，如何办理应由崇厚决定。崇厚亦以为社会压力太大，势难不为查办，遂令天津道周家勋往见法国驻天津领事丰大业，请其将教民王三送案质对。该领事许为查问有无此人。

不料丰大业中途变卦。次晨崇厚令刘杰前往询问时，被丰大业呵斥而回。崇厚只得亲自往见丰大业。丰大业初推不管，继乃令天主堂主持人谢福音查问。谢福音将王三密匿堂内，诡称堂中并无此人。崇厚等无奈，只好放下王三不管，仅商定于五月二十三日巳刻由天津道员周家勋率同府、县官员，带犯赴教堂指认门径。结果，堂内并无栅栏、天棚，与供

---

[1] 曾国藩：《曾文正公书札》第29卷，湖南传忠书局光绪二年刊本，第38页。
[2] 曾国藩：《湘乡曾氏文献》第7册，学生书局1965年版，第4518—4519页。
[3] 曾国藩：《湘乡曾氏文献》第7册，学生书局1965年版，第4519页。
[4] 曾国藩：《湘乡曾氏文献》第7册，学生书局1965年版，第4479页。
[5] 曾国藩：《湘乡曾氏文献》第7册，学生书局1965年版，第4519页。

情不符。天津地方官感到此案已无法再查下去，遂带犯赴三口通商大臣衙门，与崇厚"议以不了为了，即可完案"，"拟即出示晓谕，并将武兰珍先行正法"。[1]

天津地方官员离开之后，仍有不少人在天主堂门外围观，见教民出入，齐声喝好讥诮。堂内杂役出扭一人发辫殴打。于是，双方发生争斗。法国天主堂离三口通商衙门甚近。谢福音派人告知崇厚，崇厚当即令两巡捕前去弹压。巡捕到后，众人均已敛手。这时，忽有堂内人出来，呵斥巡捕"因何不将闲人拿去"。巡捕回称："彼不闹事，何用拿他？"丰大业闻声而出，持鞭将巡捕乱打，口称"尔官保教尔领许多兵来此搅我，我定不依"等语。两巡捕跑回告知崇厚，崇厚复令一弁前往。丰大业带跟丁西蒙"各执利刃洋枪"，揪住去弁发辫，一同去三口通商大臣衙门，脚踹仪门而入，一见崇厚即放一枪。崇厚逃向内室，丰大业即将屋内器具砸毁。经众巡捕将丰大业劝住，崇厚复出相见。丰大业又放一枪，大肆咆哮，口称"尔百姓在天主堂门外滋闹，因何不亲往弹压？我定与尔不依"等语。[2]崇厚向其周旋，他竟不理，怒气冲冲，手持刀枪而出。

其时，纷传在三口通商大臣衙门门前与法国人开仗，各水会鸣锣聚众，前往救援。人们满面怒容，手执刀枪，齐集三口通商大臣衙门门外。而各处仍在鸣锣，水会会众塞满街巷，从四面八方如潮水般向这里涌来。崇厚怕乱中出事，劝丰大业不要此时出去。丰大业更怒，口称："尔怕百姓，我不怕尔中国百姓。"[3]遂复走出。崇厚只好派两弁护送其回天主堂。两旁民众执刀怒视，犹未动手，且纷纷后移，给丰大业让出通道，令其通行。丰大业行至浮桥，与天津知县刘杰迎面相遇。刘杰劝其暂回三口通商衙门。丰大业突然向刘杰开枪，打伤跟丁高升。于是，人们的愤怒再也无法忍耐，如潮水决堤般迸发出来，一齐动手将丰大业、西蒙打死，随即奔往天主堂、仁慈堂及法商开办的富昌洋行，拆毁焚烧。事后查明，纷乱之中共死外国

---

[1] 曾国藩：《湘乡曾氏文献》第7册，学生书局1965年版，第4467—4468页。
[2] 曾国藩：《湘乡曾氏文献》第7册，学生书局1965年版，第4469—4470页。
[3] 曾国藩：《湘乡曾氏文献》第7册，学生书局1965年版，第4470页。

人20名,烧毁房屋数处,从天主堂救出中国人10名,从仁慈堂救出中国人150名,在天主堂内搜获拐匪教民王三,在教堂门前抓获拐犯教民安三。这就是有名的天津教案。

此事发生后,西方列强列舰天津海口,对中国进行军事威胁。清政府极为紧张,一面通令各地督抚弹压民众,防止类似事件发生;一面命正在病假中的直隶总督曾国藩,立刻销假,赶赴天津查办此案。曾国藩亦极为紧张,害怕自己成为叶名琛第二,而职任所在,无法推诿,只好写下遗嘱,带病应命,一面奏报启程日期,一面派人赴津,令地方官详禀事件经过及处理意见。很快,曾国藩收到天津道周家勋密函一件,天津知府张光藻密禀一件。此后,曾国藩还就天津教案写了密片两件,一件上呈清廷(收入《同治朝筹办夷务始末》),一片留下未发。这四个密件,曾国藩一直妥为保存,后来辗转流落台北,1965年由学生书局夹在《湘乡曾氏文献》中影印出版,使人们从而得知天津教案的真相与曾国藩的真实看法。可惜此书印数有限,发行不广,知者甚少。

(二)

天津教案为什么突然爆发?既有远因,也有近因;既有根本原因,也有直接原因。从根本原因上讲,是由于法国侵略者胡作非为、蛮横霸道,肆意践踏中国主权与民族尊严,以及清政府的软弱无能、忍辱退让所致。

帝国主义各国为了侵略中国的需要,大力扶持教会,妄图依靠教会的奴化宣传,从精神上征服中国人民。教会为了扩充实力,滥收教徒,大批流氓无赖、恶霸罪犯加入教会,依仗教会势力拒交钱粮、逃避徭役,甚至作奸犯科,为恶一方。由于中国人一入教会,便受到教会的包庇,虽为非作歹,而中国官员不敢过问,实际上也享受洋人在华享有的治外法权等特权。平民百姓不堪忍受教会的欺压,常常起而抗争,故民教争斗案件时常发生。"凡教中犯案,教士不问是非,曲庇教民,领事亦不问是非,曲庇教士。遇有民教争斗,平民恒屈,教民恒胜。教民势焰愈横,平民愤郁愈甚。郁极必发,则聚众而群思一逞。"著名的"酉阳、贵州教案皆百姓积不能平所致"。[1] 不过,曾国藩在这段话中隐瞒了一个重要情节,即清政府在其中扮演了什么角色。"遇有民教争斗"为什么会"平民恒屈,教民恒胜"？那就是清政府害怕洋人,各级官员不敢秉公断案,往往畏势枉法,曲从洋人之请,包庇教民,压抑平民。

  天津教案发生的直接原因则是中法官员之间的冲突。当时,教堂杂役人员出殴围观民众,引起双方争斗,至多不过是投掷瓦块,拉扯撕打,经三口通商衙门来人劝解,围观民众散去,纠纷已经解决,若非堂内杂役人员喝令来弁抓捕围观民众,以后的事情就不会发生。三口通商衙门乃当时中国的外交机构,其派出官弁无论职位高低,在外国人面前都是代表中国政府的,天主堂杂役不过是洋人的奴才,竟喝令中国官弁逮捕并未触犯刑律的中国平民,这在过去可能都是寻常之事,而这一次或者慑于民众压力,或者受到民众斗争的鼓舞,中国官弁拒绝执行洋奴的命令,以至引起双方冲突。法国驻天津领事丰大业如果是个正常的外交官,斥退杂役,制止其狂妄无理行为,冲突立刻就会平息下来。叵奈这个狂妄的帝国主义分子,视中国人民如草芥,视中国官员如奴婢,认为中国人在他的淫威之下只能逆来顺受,见有人竟敢违背他的意志,对民教冲突中的中国民众不肯依例残酷镇压,便立刻暴跳如雷,不仅当场鞭打来弁,还拖着其发辫,冲向三口通商衙门,找崇厚算账。正是由于丰大业鞭打官弁、脚踹仪门、打砸商署,并一再向崇厚开枪,方才引起中法开仗的误传,致使天津民众鸣锣聚众,前往三口通商衙门"帮打"。不过,形势虽已发展到如此严重的地步,天津民众仍是含怒未发,静观事态发展。当丰大业从商署冲出时,尚肯迅速后退,闪出一条通道,让这位瘟神穿行离去。倘若不是丰大业第三次向中国官员开枪,事件仍可避免。天津知县刘杰,本是闻讯赶往通商衙门弹压民众的,劝丰大业回商署暂避,实是为其安全着想,也是尽一个地方官的应尽之责。不料丰大业兽性大发,突然向刘杰开枪,打伤跟丁高升。这样,长期郁积在天津民众胸中的怒火再也压抑不住,天津教案随即爆发。

---

[1] 曾国藩等:《张光藻密禀》,载《湘乡曾氏文献》第7册,学生书局1965年版,第4509—4510页。

由此可见，所谓天津教案，实是一场天津人民反对外国侵略、捍卫国家主权与民族尊严的斗争。尽管它存在种种缺点，犯有不少错误，但都不能改变其正义的、爱国的、自卫的性质。

引发天津教案的主要原因是迷拐幼童问题。说明这一问题的主要事实有以下几点：一、同治九年春天，天津法国教会仁慈堂收养的中国幼童，发生大批非正常死亡，人们怀疑教会虐杀中国儿童。二、天津附近州县，尤其静海一带时常丢失幼儿。三、人们抓获拐犯三名送天津县，其中一名系教堂中人，被崇厚要走，人们怀疑拐犯与教堂有关。四、拐犯武兰珍在迷拐幼孩时被当场抓获，供称迷药由教民王三供给，所拐幼孩亦卖给教堂。前此曾迷拐一人卖给教堂，得洋银五元。此事传开，群情激愤，皆认为教堂主使教民迷拐人口。地方官迫于民众压力，不得不查办武兰珍一案，带犯到教堂核供。由此引发天津官员与法国领事丰大业间的冲突。五、事件发生后，又出现新的情况，找到新的证据。天津知府张光藻禀称："天主堂救出幼孩十人"，"其中有供系迷拐来者"。"仁慈堂救出大小男女一百五十名，卑府逐一讯问，有数十人不知姓名里居，并不知从何而来，想系被拐卖于教堂中者"[1]。六、"仁慈堂救出之男女"，另有"被拐者二人"，刘金玉"称二月被拐入堂"[2]，"刘长清坚供是李迷拐"。他所说的"李"，即拐犯"李兆恒，宁晋[津]人，烧教堂之次日"，被人"拿住送县"[3]。七、烧毁教堂之日，"众人搜获教民王三送县，提犯指认对质，确是其人"。"供明伊系天津人，剃头为业，兄开药铺，祖辈即奉天主教。伊以利诱武兰珍迷拐人口，先拐一人，给过洋银五元。每早在天主堂外交武兰珍迷药一包，令其出外拐人。"王三"又曾给安三迷药，令其迷人"[4]。八、"安三籍隶永清，亦系教民，二十三日在大关桥上拐厨夫之子，欲带赴教堂"，"被乡民拿获送县，业经天津县提同对质，供明在卷"。后经

---

[1]《湘乡曾氏文献》第7册，学生书局1965年版，第4523页。
[2]《湘乡曾氏文献》第7册，学生书局1965年版，第4461页。
[3]《曾文正公手书日记》，中国图书公司宣统元年印行，同治九年七月初五日。
[4]《湘乡曾氏文献》第7册，学生书局1965年版，第4523、4524页。

天津道、府官员"在县提讯王三，亦据供认不讳"[1]。这说明群众冲入教堂的最初动机，主要是为了搜寻王三，救出被拐卖入堂的中国幼孩，其后人多混杂，局面失控，发生烧杀之事。从以上八条主要事实看，迷药来源虽尚难确认，而拐犯迷拐人口卖于教堂却是千真万确的事实，证据凿凿，记录在案。其中教民王三授药与人，令人迷拐人口卖与教堂，自己从中谋利，亦系事实。教堂收买拐犯送来的幼孩竟达数十人之多，实际上已经成为拐犯的主使人和后台。正是在教会的支持、包庇下，拐犯才不怕官府与民众，竟敢光天化日之下四出迷拐人口。"从前迷拐幼孩，近日则兼迷男子。"[2]天津民众忍无可忍，方才起而斗争，自己动手捉拿拐犯送县，迫使地方官讯办。所以，天津知府张光藻认为："王三、安三皆天主教民，而皆用药迷人。虽所迷之人或卖与教堂，或转卖他处，未必果真杀害，而津民之因迷拐而毁其教堂，实教民王三、安三有以致之，并非尽凭谣言。"[3]不过他与曾国藩一样，回避了因查办迷拐一案导致中法官员间的直接冲突一事；而正是这一冲突，引爆了这场教案。

对于上述情况，法国领事丰大业，尤其传教士谢福音不可能全不知情。丰大业出尔反尔，谢福音将教民王三匿于教堂之中，恐怕都是为了掩盖他们主使教民迷拐人口的罪行。大约开始时丰大业对迷拐幼童原委尚知之不详，故痛快地"许为查考"[4]。及至从谢福音处了解到事情真相，遂改变主意，阻挠搪塞，匿犯不交。其后丰大业所以对刘杰开枪，罗淑亚所以指名要天津府县"抵命"，也主要由于他们在民众压力下，对迷拐幼童一案查得比较认真，虽不敢对教会的犯罪活动穷追到底，却揪住王三、安三、武兰珍不放，一旦这几个拐犯受到严惩，教会的罪行亦将大白于天下。这样，也就只有包庇犯罪教民，才能掩盖教堂的罪行。因而，罗淑亚要千方百计地将拐犯要走，使迷拐一案无法再查。所以，连曾国藩也不得不承认："此

---

[1]《湘乡曾氏文献》第7册，学生书局1965年版，第4524页。

[2]《湘乡曾氏文献》第7册，学生书局1965年版，第4480页。

[3]《湘乡曾氏文献》第7册，学生书局1965年版，第4525页。

[4]《湘乡曾氏文献》第7册，学生书局1965年版，第4466页。

次天津府县其始不过欲治一教民,其后竟至下狱。"[1]对于迷拐幼孩一案清政府也极为重视,在给曾国藩的上谕中特别指出:"此案启衅之由,因迷拐幼孩而起,总以有无确据为最要关键,必须切实根究。"[2]而实际上,曾国藩为了讨好洋人,早在接到此谕之前已将拐犯教民王三、安三及并非教民的武兰珍放走,致使这一"最要关键"的问题无从"切实根究"。于是,他为了欺骗舆论、搪塞清政府,就在奏折中编了一大篇谎话。他说:"教民迷拐人口一节,王三虽经供认授药与武兰珍,然尚时供时翻。又其籍在天津,与武兰珍原供在宁津者不符,亦无教堂主使之确据。至仁慈堂查出男女一百五十余名口,逐一讯供,均称习教已久,其家送至堂中豢养,并无被拐情事。"[3]

这里应该指出的是,不管王三有无教堂主使之确证,授药与人迷拐人口却是可以肯定的。曾国藩为了给王三开脱,故意错乱口供。明明武兰珍原供"伊系赵州宁晋[津]人","王三系天津口音",却偏说"又其籍在天津,与武兰珍原供在宁津者不符"。至于教民安三迷拐人口被当场抓获,并非教民的武兰珍亦系在迷拐人口时被当场抓获,且曾迷拐一人卖与教堂,理当与拐匪张栓、郭拐同罚,按天津地方官原判"就地正法",为什么竟被法公使中途要走?曾国藩在此没有解释。

有意思的是,曾国藩可能是害怕事后受到追究,在编造上述谎言的同时还特具密折一封,虽未讲出全部事实,亦足以说明曾国藩编谎全出于自觉,并非由于一时的错乱与忽略。曾国藩在密折中说:"武兰珍原供迷药得自王三,当非妄语。此外尚有教民安三迷拐幼孩,于五月二十三日被获报案,供认不讳。其称迷拐之药亦系得自王三,则王三授药于人、主使出拐已非一次。又河间县拿获拐犯王三纪解至省城,据供伙党均系天主教民,所拐幼孩均送天主教堂。据此数犯之供,教民迷拐已无疑义。而堂中拐匪既多,领事官纵不与闻,其传教之人断无绝不知情之理。此案地方官初次

---

[1]《湘乡曾氏文献》第7册,学生书局1965年版,第4511页。
[2] 曾国藩:《曾文正公奏稿》第29卷,湖南传忠书局版,第36页。
[3] 曾国藩:《曾文正公奏稿》第29卷,湖南传忠书局版,第36页

查讯之时，丰大业曾对天津道周家勋言及，彼国好收穷民，每令习教之人随时收恤，而教民不得其人，从而迷拐或不可知云云。可见，该领事亦难自保。仁慈堂救出之男女，即有被拐者二人。其中有冀州人刘金玉，臣在静海派员审讯，供称二月被拐入堂。此皆近事之证据。"[1]那么，"远事"之证据呢？堂中"数十人不知其姓名里居，并不知从何而来"是怎么回事？曾国藩没有说，他在密折中隐瞒了这一重要事实，连天主堂中救出之幼孩，"其中有供系迷拐来者"也没有提起。

　　曾国藩为什么继续隐瞒事实、不肯说出全部真相呢？请看下面的自供："中国人一经从教，作奸犯科非止一端，而迷拐尤为人所痛恨。此风不除，实为民间大患，异日酿成巨案，当在意中。目下专求息事，臣于挖眼剖心既断其必无，而于迷拐亦复言之不实不尽，诚恐有碍于和局，故不惮委曲求全。"[2]就是说，为了讨好外国人，对教民迷拐一事不仅不能查办，连实话都不能说。实际上，曾国藩为了讨好外国人，不只隐瞒真相，且完全颠倒了是非黑白。明明"此案启衅之由，因迷拐幼孩而起"，他却偏偏归结为"挖眼剖心"之谣。他在给法国公使罗淑亚的照会中说："原众情之所以鼓噪者，皆由谣传教堂有挖眼剖心、迷拐幼孩等语"，"本阁部堂查明并无确据，拟即奏明大皇帝，请明降谕旨，辨明挖眼剖心等事多属虚诬，以雪洋人教堂之冤，以释士大夫之疑，即以平百姓之忿。此全案之根由。津民所以鼓动公忿者在此，贵国所以深恨被诬者亦在此。"[3]为讨好外国人而歪曲事件的性质，为歪曲事件的性质而隐瞒与歪曲事件的真相，明明知道迷拐一事的严重后果却不敢查办，为一时的苟安而牺牲长远与根本的利益，这就是曾国藩办理天津教案时的思想逻辑。无怪乎他的"六月二十三日之奏"发抄后，全国舆论为之大哗，"自京师及各省皆斥为谬论，坚不肯信"[4]。令人奇怪的是，在天津教案的真相大白于天下多年之后，

---

[1]《湘乡曾氏文献》第7册，学生书局1965年版，第4459—4461页。
[2]《湘乡曾氏文献》第7册，学生书局1965年版，第4462—4463页。
[3]《湘乡曾氏文献》第7册，学生书局1965年版，第4497、4498页。
[4]《湘乡曾氏文献》第7册，学生书局1965年版，第4509页．

仍有人重复那篇连曾国藩都承认是"言之不实不尽"的奏折，用以论证迷拐一案的"虚妄"和曾国藩办案方针的"正确"。

（三）

近几年来，不少著作和论文对有关天津教案的史实，尤其教民迷拐幼孩一节进行了歪曲，其中尤以长篇历史小说《曾国藩》最为离奇，其影响也最大。

这部小说近120万字，分为三部，以小说的形式概述了曾国藩的一生，其中《名毁津门》一章，则较为详细地叙述了曾国藩办理天津教案的经过。对于作为该案主要起因的迷拐幼孩一节，小说做了这样的述说：

"武兰珍，老子问你，你要从实招供！"徐汉龙粗大的巴掌往桌子上猛力一击，对着武兰珍大吼。武兰珍吓得只打哆嗦。"武兰珍，你是哪里人？"

"我是天津人，家住杨柳青。"武兰珍面色煞白。

"你在城里住了多少年，一向做的什么事？"

"我是今年开春才进城的。遭旱，地里没有收的，只得到城里来混口饭吃。没有别的事可做，熬点儿红薯糖卖。"

"武兰珍！"徐汉龙又起高腔，"你为什么要在红薯糖里放迷魂药，坑害小孩？"

武兰珍两条腿打起颤来，脸色白里泛青，本来就长得难看的五官，愈加显得丑陋。他呆在那里，好一阵子没有开口。突然双膝一跪，嚎啕大哭："大龙头，我没有迷魂药，我从实招供，我那制糖的红薯里有的发烂发霉了，小孩吃了，头晕拉肚子是有的，不过我没有放迷药。我哪来的迷魂药呀！"

徐汉龙愤怒地望着他，骂道："你这个油炸火烧的汉奸鬼，都说你被洋人买通，放迷魂药在糖里，坑害小孩子。你还要为洋人掩盖罪行吗？老子警告你，你若老老实实交代，我免你一死；你若再这样赖下去，老子立刻乱棒打死你喂狗！"

门外，早已里三层外三层围满了人，乱七八糟地高喊："打死这个狗东西！"

"没人心的汉奸鬼！""该千刀万剐！"

武兰珍吓得瘫倒在地，胡乱地朝徐汉龙、又朝门外的人群磕头，叫道："大龙头，三老四少，爷们哥们姑奶奶们，请饶命，饶命，我家里还有瞎了眼的八十岁老娘，有老婆孩子一大堆，饶了我这条小命吧！"磕了一阵头后，又边哭边叫，"我招，我从实招供，是天主堂的人要我放迷药到糖里，小孩子吃了，就会自动投到育婴堂。"门外的人一齐起哄，嚷道："洋鬼子可恨，咱们宰了他！"

徐汉龙又问："武兰珍，天主堂哪个给你的药？"

武兰珍摸着头，想了半天，说："王三。"[1]

这显然是对历史真相的严重歪曲！把一个两次迷拐人口的拐犯描写成胆小怕事、靠做小生意养家糊口的灾民，把罪证确凿的教民迷拐一案描写成封建帮会诱供、逼供的产物，这就完全颠倒了历史的黑白。按照该书的交代，徐汉龙是天津水会的首领，武兰珍被获后是首先交他审问的。其实，天津水会有八十多个，皆以街道为单位组成，根本没有总会名目。而武兰珍是在桃花口迷拐李所时，被当地群众当场抓获送交县衙审讯的，与设在繁华街市的水会毫无关系。小说节外生枝地编出这一过程，实在另有一番苦心。它为了让人相信武兰珍的口供是迷拐一案的唯一证据，还蓄意隐瞒了拐犯安三在送交迷拐来的幼孩时在教堂门前被获，犯罪教民王三被从教堂中搜出等重要事实。为了让人相信天津水会蓄意诬陷教堂、挑起事端，小说还编造了"徐汉龙回去，立即通知水会的人，明天都去教堂，若洋人不认罪，则使点儿颜色给他们看看"[2]，以及徐汉龙在教堂门前首先打人、生事的情节。小说这样做，不过是暗示这次教案是一次有组织、有预谋的行动，其对历史事实的歪曲比曾国藩当年走得还远。

---

[1] 唐浩明：《曾国藩》第3部，岳麓书社1992年版，第270—271页。

[2] 唐浩明：《曾国藩》第3部，岳麓书社1992年版，第274、275页。

一部历史小说编造情节、歪曲历史，本不足令史学工作者说长道短，唯唐浩明的《曾国藩》一书非同一般，不能不认真地对待。

第一，这部书曾在长沙与台北两地同时出版，发行近20万套，惊动了海峡两岸上上下下的各方人士，其中包括一些自视颇高的中青年学者，以致在社会上卷起一股"曾国藩热"，即读《曾国藩》、学曾国藩的热潮。其所造成的影响，是任何一部史学著作所无法比拟的。

第二，作者与读者都把它当作一部史学著作。作者在"曾国藩学术研究工作领导小组办公室"主编的《曾国藩研究动态》第4期所载《我怎样写〈曾国藩〉》一文中郑重声明，他的书是"以小说的形式写历史"，并解释说："我先是考虑写一部关于曾国藩的研究专著，把我的认识以严谨的学术语言表达出来。但我后来还是放弃了这个想法，决定写一部以曾氏为主人公的长篇历史小说。因为一来这是一桩前人没有做过的事，二来以小说的形式写历史，更能引起人们的阅读兴趣。"这就不仅亮出了作者的学术功底，还标示出该书的史学地位，要人们相信这是一部以小说为形式的史学著作，并非随意编造的"天方夜谭"。

在读者方面，我接触的人不多，但却颇具代表意义。社会上兴起"曾国藩热"以来，不少青年学者找到我，颇为认真地询问小说上的一些情节，并据此提出自己的学术观点，与我交换意见。他们主要是一些近年毕业的硕士与博士，不少还是从事历史专业的。我想，他们不会对一部文学作品有如此大的兴趣，即使嗜文如命，废寝忘食，也不会找我这个不懂文学的人来讨论问题。我还在北京有线电视台组织的以小说《曾国藩》为主题的"读书现场"节目的拍摄过程中，接触到一些青年学者。其中一位是文学博士，一位是法学博士，他们是该书的热心读者。法学博士表示，对《曾国藩》一书，自己不是作为文学作品，而是作为历史著作来阅读的，他读这部书就是为了学习曾国藩，视曾国藩为自己的人生楷模，并具体列举了向曾国藩学习的内容。文学博士也认为，人们热心读这部书，主要是为了学习历史，若仅从文学艺术的角度看，该书颇为平平，绝不会产生如此巨大的轰动效应。另外，我还在途中遇到一位中年学者，他一见面就激昂慷慨地发表了一通对曾国藩的评论。而不幸的是，他所依据的情节恰恰是作者随意编造的,而更不幸的是,这个上当者竟是一位从事近现代史研究的专业人员。不过,我举这些例子绝无讥讽之意,只是说明这些读者实在太虔诚了,他们基本上把这部书当成了一部史学著作,没想到作者竟会随意编造重大情节。我估计那些被卷入"曾国藩热"的读者,恐怕大多数人属于这种情况。

第三,史学界的著名专家亦有把它当成一部史学著作的。早在20世纪60年代即已扬名海内的近代经济史专家姜铎先生,在"曾国藩学术研讨会"召开前夕,曾专门从史学的角度为该书撰写书评,称其"既是小说,也是历史","对曾国藩研讨会,无疑提供了一部颇有价值的参考资料"[1]。

第四,作者唐浩明(又名邓云生)也常以史学学者的身份从事社会活动。小说出版前,他曾主持大型史料《曾国藩全集》的编辑、出版工作,取得对曾国藩广泛占有资料、长期进行研究的资历,并在重要社科刊物上发表过论文。小说出版后,他又以"特约嘉宾"的身份参加了在湖南省双峰县举办的"曾国藩学术研讨会",不仅以十分突出的地位作了长篇发言,还以大会组委会成员的身份参加大会的组织领导工作。大约正是由于这一点,有人在大会发言中引用唐浩明对太平天国的评价,作为否定太平天国的根据。

第五,作者对天津教案进行过专门研究,有一套系统看法。1988年年初,作者以"邓云生"的署名发表长篇学术论文,彻底否定了天津教案反帝爱国的正义性质,指责天津教案是"一桩盲目行动",其"愚昧性超过进步性,破坏性大于积极性","从总体上不能说是一个爱国的反帝行动"。为了引人注目,加深印象,作者还在这一大段话的每个字下,都加上重点号。对于教案的起因,该文则极力加以歪曲,一再强调"天津教案由无稽传闻而引起","事件的起因在于误会",完全抹杀了法国天主教堂支持、包庇拐犯,收买人口的客观事实。小说津门一章的编排,不过是他这种史学观点的具体体现,也是他"以小说的形式写历史"的典型做法。

---

[1] 姜铎:《姜铎文存——近代中国洋务运动与资本主义论丛》,吉林人民出版社1996年版,第821页。

不过，作者这样做也是可以理解的。因为曾国藩一生最难说清的问题，就是办理津案一事，别人也很难为他的行为辩护。作者为改变曾国藩的历史形象，塑造一个"古今第一完人"，采取了最简便的办法，即隐瞒事实，另编一套。作为文学创作，这是允许的，而作为史学研究，则有违史德，不合规矩。唐浩明同志兼操二业，"以小说的形式写历史"，依史学观点编小说，游移两途，左右逢源，可谓潇洒之至。只是这样一来，却不可避免地在读者中造成诸多误解，引起史学上的一些混乱，也令专业史学工作者感到左右为难。笔者此次论及天津教案，顺便对津案一章发表一点评论，如有不当之处，请广大读者批评指正。该书作者唐浩明同志与笔者曾有一面之交，事先也打过招呼，学术之争全为是非，并无个人成见。

总之，天津教案远因为帝国主义对中国的侵略、压迫，近因为教民迷拐幼孩卖给教堂，而教堂包庇犯罪教民，领事包庇教堂犯罪，由此引起中法官员之间的冲突。其性质是中国人民为捍卫国家主权与民族尊严而进行的一场斗争。但由于认识水平的局限与缺乏组织领导，故而带有极大的盲目性与报复性，加以事起仓猝，鱼龙混杂，终于偏向错误方向，把打击的矛头指向一般洋人与外国机构，造成极大的副作用。其功劳应该肯定，教训也是应该记取的。曾国藩为了讨好洋人，曾歪曲事实，编造谎言，但也为今天弄清问题留下了宝贵的资料。时至今日，广大史学工作者在讨论这一问题的时候，应抱着尊重历史、尊重科学的态度，不应再去重复连曾国藩本人都感到"内疚神明，外惭清议"的谎言。长篇历史小说《曾国藩》有关津案一章，歪曲历史，情节太过离奇，出于种种原因，不得不把它作为史学著作加以评论，旨在提醒读者，尤其史学工作者，莫把小说的情节作为论证自己学术观点的根据，并非有意与该书作者为难。

(《近代史研究》，1997年第6期)

文化冲突还是主权之争
——三论天津教案的起因与性质

关于近代教案的性质，本来是很明确的，至少新中国成立以来，史学界普遍认为是中国人民反帝爱国斗争。震惊中外的天津教案，也不外如此，笔者与不少学者都曾做过有根有据的论证。不意近年骤兴新潮，隐瞒历史真相，歪曲事件的性质，为曾国藩与外国侵略者翻案，使天津爱国民众再度冤沉海底。当我再次澄清历史事实，为天津民众伸张正义的时候，有人却大感惊疑：现在都兴说文化冲突，怎么你还讲什么侵略被侵略的问题？这不能不引起我的深思。难道这真的只是一场文化冲突，中国人民以自己的落后文化反抗西方先进文化吗？难道一百多年来，西方列强带给中国人民的仅仅是先进文化，而没有深重的灾难？这显然是对近代史的严重歪曲！为此，笔者不得不仍以天津教案为例，谈点自己的看法，且略申前文未尽之意，以就教于学术界的诸师友。

自鸦片战争以来，以教会为代表的西方侵略势力，是帝国主义对中国实施文化侵略的主要工具，他们妄图从精神上征服中国，让中国人民心甘情愿地接受他们的殖民主义统治，以达到船炮和金元所无法达到的目的。在外国传教士中，的确有虔诚的基督徒，但他们却在自觉不自觉地执行着这种使命，充当殖民主义者侵略中国的工具。西方教会在中国办医院、办学校，传播文化知识，的确也做过一些有益的工作，但与他们的罪行相比不成比例，更不能改变其文化侵略的本质，也无法抵偿中国人民所遭受的巨大伤害。所以，中国人民对他们的抵制是理所当然的，其革命性和进步性是不容否定的。不过，这并非触发近代史上一系列教案的直接原因。因为中国人民当时还没有这种觉悟，还没有这样高的认识。他们只有在掌握马克思主义这一理论武器之后，才有可能认清西方侵略者在华传教的真实意图，得出上述科学结论。而当时反对洋教的广大民众，对教会的认识还只是直观的和感性的，还没有认清它的本质，只是从切身体验中感受到它可恶、可恨。中西文化之间确实存在着明显的差别，有差别就有矛盾，但这只是思想认识上的不同，绝不会触发有如天津教案那样大规模的社会冲突。中国人民是讲道理的，绝不会因为洋人和教民不拜玉皇大帝就向他们施以暴力。佛教在中国的传播就足可证明这一点。况且，洋教在中国势焰熏天，有强大的军事和经济后盾，处处挟官府压人，动辄以炮舰相威胁。在他们面前，中国人处于劣势，属于弱者，若非万不得已，怎会以自己的身家性命做赌注，与他们一争高下？为了宗教信仰的不同而发动一场战争，在中国历史上从来没有过。如果在人类历史上果有其事的话，那是在欧洲，在中世纪，历时近二百年的"十字军东征"，即为此例。然而，这却是一场骗局。不过是当时的反动统治者，利用欧洲人民对上帝的信仰，以罗马教皇的名义，向东地中海沿岸地区发动的八次侵略战争而已。因为支配人们从事社会活动的最终驱动力，不是理念，而是实际物质利益，理念不过是告诉人们，如何才能达到自己的目的。这可以叫作观察和研究历史的"利益原则"。以此观察和认识问题，就不易为假象所迷惑，较易抓住事物的本质。而事实上也正是如此。导致近代教案的直接原因，并不在文化方面，而在此之外。这是因为西方帝国主义将教会作为侵略中国的工具，对中国实施文化侵略，不只使用文化手段，尤其当他们的传教活动受到人们思想上的抵制的时候，他们就动用政治、经济、司法、军事等手段。这样，教会的活动就不仅仅限于文化侵略，而是将之扩大到政治、司法、财政、军事等方面，严重地侵犯了中国的主权，损害了中国人民的实际利益，引发出种种社会问题。西方教会对中国实行文化侵略的途径，并非仅限于文化宣传，展现其文化上的优越性，让人们只是仰慕他们的文化，虽然这一点对他们来说是很重要的。但更主要是在中国发展教徒，扩充宗教组织，使更多的中国人入教，听命于外国教会。然而，中国却是一个具有悠久的历史文化传统的国家，人们的宗教观念很弱，受儒家文化的影响很深。儒家文化是二元的，既可引出有神论，也可引出无神论，且有家族组织作为依托，足可取代西方教会的社会功能。这样，它们就很难在中国得到大的发展。为了突破这种思想上的藩篱，他们就采取利诱手段，给予教民种种特权，致使加入洋教的中国人多属为事势所迫或实利所诱，真为上帝而来者很少。于是，泥沙俱下，鱼龙混杂，各种不法之徒加入其中。而危害尤烈者，则是来华传教士的情形也与之颇为相似。由于中国穷困落后，一般神职人员多不愿来。而各国政府又急于扩充教会势力，大量征发传教士，这就使很多品行不端，甚而根本不是神职人员的冒险家混杂进来。例如天津法国天主堂的主教谢福音，本来就是一个以杀人为业的军官。他们相互勾结，狼狈为奸，抢男霸女，侵吞田产，作奸犯科，无所不为。如此一来，必然引发和激化教民与平民间的矛盾。如有的地方教民拒绝向政府交粮纳税，地方官既不敢向他们收取，又不肯减少收入，于是就强迫邻村平民代交。有的教民欲娶平民之女为妻，平民不许，往往就去强抢。至于巧取豪夺侵吞房产地产者，例子也不少。而更易激起民愤的，则是拐卖人口、虐害幼童、剪人发辫等违反人道之事。前者曾激起不少小规模民教冲突，而后者则往往酿成命案，引发大规模冲突，如江西教案、皖南教案、天津教案，皆由此而起。

  不过，这只是诸多教案的起因，而民教冲突愈演愈烈的主要原因，则是帝国主义超越条约的侵害和清政府的严重失职。也就是帝国主义超越不平等条约进一步侵犯中国的主权，而清政府步步退让，遂使局势失去控制。为了诱人入教，壮大教会势力，外国传教士一味宽纵和包庇教民，外国使、领人员一味宽纵和包庇教会。他们打着保护教民、保护信教自由的旗号，肆意干涉中国的司法行政，借清政府之手压迫平民。遇有教民犯罪，被官府捉去，教士就将他们要出。遇有民教纠纷，动辄强迫地方官袒护教民，打击平民。地方官如不听命，教会就通过清政府将其革职，甚至充军流放。例如，四川总督刘秉璋，就因违抗教会之命、坚持对民教双方公平判决而被革职。天津道、府、县官员周家勋、张光藻、刘杰因核查教民参与迷拐幼童一案而皆被革职，张、刘二人还被发往黑龙江充军。因不满江西教案的处理，外国侵略者还曾带兵轮赴南京两江总督衙门威逼吵闹，吓得曾国藩连大气都不敢出。这些中国官员所以受到惩办，无非因为他们在一定程度上维护了国家主权；受到百姓爱戴，则因为他们在一定程度上维护了司法公正和民众的合法利益，尽了国家官员的应尽之责。此亦可见人民冤抑之深，教会为害之烈。而近代以来，民教冲突所以愈演愈烈，就是因为西方殖民主义者坚持以教会为侵略工具，向中国步步进逼，而清政府却软弱退让，严重失职。总之就是因为中国主权丧失越来越多，以至中国政府事事不能自主。例如，外国人在中国享受治外法权，已经是对中国主权的破坏。而教民犯罪中国官员不能惩治，实际上也享受治外法权，这就更加严重地破坏了中国的主权。近如京师、省会，远至穷乡僻壤，到处充满这种特权人物，百姓岂可安居，中国岂有宁日！当时曾国藩已经看到这一问题的严重性，认为如此下去，必然酿成更大的"祸乱"。他在天津教案办结之后，曾与李鸿章、丁日昌联名上奏，称教会已为"国中之国"，教民遂成"编外之民"，并拟定数条措施，以稍抑教会日益膨胀的势焰。不料各国对总理衙门的照会不予理睬，清政府也只好不了了之。结果，不幸为曾国藩所言中，终于在帝国主义瓜分狂潮的激发下，发生了义和团运动和八国联军侵略中国的战争。

  天津教案的起因与性质，和其他教案略有不同。其最明显的特点，就是主权之争更为突出。只是长期被人忽略，似乎除顽固派之外，谁都不想扯出这个问题。曾国藩和清政府都企图回避矛盾，强调其民教之争的一面。尽管他们在洋人面前卑躬屈膝，但却仍然装腔作势，摆出一副凌驾于洋人与国人之上的虚伪姿态。故虽然已经强烈感到该案的发生和处理都涉及国家主权问题，如认为该案的触发点是丰大业枪击刘杰，三员论抵事关国体，惩办天津府县后果严重，破解之法即由地方官接管教会等，但却始终不肯说破此事。他自己最后所以弄得身败名裂，"内疚神明，外惭清议"，也是因为没有维护中国起码的主权与自尊，将之办成典型的屈辱外交。研究者的情况则与之不同。马列主义学者旨在突出人民群众在近代史上的主导地位，不愿承认天津民众殴毙丰大业的直接动机是为了维护朝廷命官，为刘杰抱打不平，即所谓"帮打"。新潮学者则着意淡化这场冲突的尖锐性，抹杀其侵略与反侵略的本质，极力将政治问题扯到文化上，当然就更不愿没事找事了。只有那些不识时务的顽固派，竭力强调津民舍命护官，不知身已犯法，一下子将天津地方官推到这场冲突的前沿。虽然在一定程度上反映了当时的客观事实，但因不符合人们的口味，故谁都不予理睬。笔者《再论》一文虽已涉及此意，但未及展开，此文当略补前失。

　　从总体上看，由于西方在华传教之权源于不平等条约，是用战争手段强迫清政府接受的，本身就是对中国主权的侵犯。而其实行文化侵略的最终目的，则更是为了把中国变成他们的殖民地，由掠取部分主权到全部主权。所以，从这个角度上讲，一切抵制洋教在华传播，一切反洋教、反侵略的斗争都带有争取民族独立、维护国家主权的意义。天津教案当然也是如此。但若从整个发展过程上看，其不同发展阶段，在表现程度上又有所不同。就此而言，天津教案大致可分为三个阶段：从发现天津法国天主教育婴堂幼童大批不正常死亡和有人拐卖幼童，到将拐犯武兰珍扭送天津县衙为第一阶段；从中国官员接办武兰珍拐卖幼童案到法国驻天津领事丰大业向天津知县刘杰开枪为第二阶段；自殴毙法国驻天津领事丰大业起为第三阶段。从主观意图上看，在第一阶段，天津民众向教会的斗争主要是为了维护自身利益，他们认为教堂收买和虐杀中国幼童，怀疑天津府县袒护教堂不敢认真查办。于是，就自己动手捉拿拐匪，定要抓住真凭实据，消除这一祸患。其时只是要制止教堂的这一犯罪活动，并没有想将其连根拔除。故尚未超出民教冲突和不平等条约所允许的范围。第二阶段主要表现为中法两国官员间的矛盾和冲突，民众则退居次位。由于民众斗争的压力和鼓舞，中国官员一改事事屈从洋人的常态，坚持查办武兰珍案，尤其拒绝无理逮捕围观教堂的中国民众后，同法国的矛盾骤然加剧。丰大业对此痛恨已极。如果说隐匿王三只是包庇犯罪教民、掩盖教堂罪行，那么鞭打和污辱奉命处理民教纠纷的中国官员，则属对中国政府的挑衅。在这种情况下，这些官员无论职位高低都代表着中国政府。他拒绝捕人，不仅是在维护人民的正当权益，也是维护国家主权，一个中国官员不能听命于外国人。何况，一个教堂的杂役人员，俗称仆人或"鬼奴"者，有什么资格令他捕人！更何况平民无罪，仅一时与教民口角争斗，且已奉劝散去，并未冲击教堂。丰大业遭到拒绝是理所当然的。不料他竟为此发疯。这样，他所鞭打和污辱的也就不仅是这几名官弁,而是中国主权和中华民族的尊严,每个血性男儿都不能不为此感到愤怒!及其三次向中国官员开枪,则不仅使这种侵犯的升级,且已超出和平交涉的范围,简直有点像不宣而战。无怪乎会由此引出中法开战的误传。这就是说,在天津民众看来,这不仅仅是丰大业个人向崇厚个人开枪,而是法国向中国开枪。所以,当丰大业打响第一枪之后,民间消防组织水会就立即鸣锣聚众,人们亦势如潮水,从四面八方涌向商署"帮打",即帮助官府打仗。不过,当时群众的态度还是非常克制的,还在静观事态的发展。当丰大业两次向崇厚开枪,愤然冲出三口通商大臣衙门时,围观群众仍然强忍怒气,主动给他让出通道。其后若不是他枪打刘杰,重伤亲兵,以后的事情完全可以避免。因为这次丰大业是在二人面谈之际,并无争执的情况下突然开枪,若非高升舍命相救,刘杰必死无疑。这也是外交史上极为罕见的丑恶事件。第三阶段则是天津民众由二线冲到一线,由护官到越俎代庖,已经超出民教冲突和不平等条约的范围,斗争方式也由和平的变为暴力的。他们所要维护的已不仅限于个人的实际利益和个别清正官员,而是中国的国家主权和民族尊严;其行动也不再限于制止洋人超越条约的侵害,而直欲将一切在华侵略势力连根拔起。也就是说,不仅要维护不平等条约所限定的主权不再受到侵犯,还要将因清政府签订不平等条约所丧失的主权也一起收回。在这方面,同义和团运动略有相似。但当时的清政府根本就不想这样做,他们自己也无力担当这场战争。故其盲目性是不言而喻的。且因事起仓猝,群龙无首,人员混杂,其政策、策略云云,就更无从谈起了。

总之,西方殖民主义者强行在中国传教,就是对中国主权的侵犯。而教会及其主子的一系列不法活动,则进一步破坏了中国主权,给中国广大民众带来沉重的灾难。故一切反洋教斗争,都程度不同地带有反抗外国侵略、维护国家主权的性质,而天津教案则尤为突出。其最初起因虽为拐卖幼童一案,但引发这场冲突的关键性一击,还是丰大业枪打刘杰一事。民众的最初动机虽为维护自身利益,但其最后出手的动机,还是为了维护国家主权和民族尊严。若非丰大业接连三次向中国官员开枪,这件事就不会发生。

(《以史为鉴——中国近代史论文集》,宗教文化出版社,2001年3月)

三 义和团运动的指导思想与历史作用

从三份历史文件看庚子之战的性质与起因

清历光绪二十六年即公元1900年，以中国干支纪年为庚子年。这一年西方列强组成八国联军打进中国，义和团与清朝军队进行了坚决抵抗，表现出中国人民不畏强暴、不怕牺牲的英雄气概和永不屈服于异族压迫的伟大精神，迫使帝国主义不得不放弃瓜分中国的图谋，继续维持清王朝太后训政的政治体制和中国的半独立地位。对于这些问题，在中国大多数史学学者中似乎已基本没有太大的分歧，但对于其中所涉及的一些具体问题，如清政府对外宣战的根本政治原因与具体时间，帝国主义入侵中国的目的等，还仍存在着不同见解和含混不清之处，尚须进一步加以考辨。这里所说的三份历史文件，主要是指光绪二十五年十月十九日清政府发给各省督抚的关于和战问题的《上谕》，光绪二十六年五月二十三日总理衙门送交各国驻华使馆的《照会》和此前一天同文馆教习丁韪良送交各国公使"核览"的《条陈》，对它们的辨析和考察，大概有利于弄清上述一些尚存歧见的具体问题。

一

最近阅读有关义和团运动的一些著作、论文、资料，尤其牟安世先生的《义和团抵抗列强瓜分史》、林华国教授的《义和团史事考》与《历史的真相——义和团运动的史实及其再认识》，大有茅塞顿开之感，不仅许多史实为笔者所未见未闻，其中的许多道理以前也未曾想过。但遗憾的是，他们都认定光绪二十六年五月二十五日清政府发布的"宣战诏书"是其对外宣战的标志,只是在发布这一诏书的原因上存在分歧,而二人都忽视了清政府此前发出的两份重要文件,即前面提到的《上谕》和《照会》。为使它们与"宣战诏书"格式一律,以下就把它们简称为"宣战诏书"和"宣战照会"。"宣战诏书"说明了清政府对外宣战的根本政治原因,而"宣战照会"则说明了清政府对外宣战的具体时间。"宣战照会"和"宣战诏书"所申述的理由是共同的,那就是列强海军强索大沽炮台,而只是在发布时间和对象上,有先后内外之分。

先来讨论《照会》与宣战时间的问题。《庚子使馆被围记》的作者朴笛南姆威尔称这封《照会》为"哀的美敦书","由总理衙门递来","共十二封,由中国政府之差役匆匆分送十一国使馆与关税处,其先尚秘不示人,然不久人人皆知"。并评论道:"观此是海军之要求,中国必已拒绝,史统领与天津租界必已遭难,故有此举。今战争已开,从此非拳匪之事,而为政府之事矣。"[1]各国公使曾要求清政府展延撤离期限,清政府不许,还因此发生亲赴总理衙门交涉此事的德国公使克林德归途被清军杀死之事。迨及限期已过,即五月二十四日(6月20日)下午,原来奉命保卫各国使馆的清朝中央警卫部队,荣禄亲自统带之武卫中军与董福祥统带之武卫后军,就开始对之发动围攻。可见,无论从事实上还是使馆人员的认识上,都说明这个《照会》是清政府对外宣战的正式文件。

从《照会》的内容看也是如此。《照会》称:"为照会事:现据直隶总督奏报,称本月二十一日,法国总领事杜士兰照会内称,各国水师提督统领,限至明日早两点钟,将大沽口各炮台交给伊等收管,逾此时刻,即当以力占据,等语。闻之殊为骇异。中国与各国向来和好,乃各水师提督遽有占据炮台之说,显系各国有意失和,首先开衅。现在京城拳会纷起,人情浮动,贵使臣及眷属人等在此使馆情形危险,中国实有保护难周之势,应请于二十四点钟之内,带同护馆弁兵等,妥为约束,速即起行前赴天津,以免疏虞。除派拨队伍沿途保护并知会地方官放行外,相应照会贵大臣查

---

[1] 中国史学会主编:《中国近代史资料丛刊·义和团》(以下简称《义和团》)(二),上海人民出版社1957年版,第234页。

照可也。"[1]

张海鹏教授曾从国际法的角度对此《照会》进行过专门研究并发表文章，认为"这个《照会》被广泛解释为宣战书与最后通牒"，清政府"把各国占领大沽的行动理解为对中国的宣战是符合国际法有关战争法条款的"。至于书写不甚规范，没有通常宣战书中"断交、逐使"之说，则是由中外力量的悬殊和清政府的畏外心理所致。如果怀疑其宣战书资格的话，而"宣战诏书"就更不能作为对外宣战的标志。因为它"只是对内的，并未送达各国，而且荒唐到未指明何国为宣战对象，从而成为一个奇怪的宣战文件"[2]。

不过，有一点他没有提及，那就是"宣战诏书"比"宣战照会"在时间上晚了两天。所以，即使把它们一起算作宣战文件的话，清政府对外宣战的时间也应从"宣战照会"送达各国使馆的时间算起，确定为光绪二十六年五月二十三日（1900年6月19日），而不是光绪二十六年五月二十五日（1900年6月21日）。至于中外开战的实际时间与"宣战照会"的书写格式不甚合乎国际规范的其他原因，则涉及这场战争爆发的根本政治原因与参战双方的目的，这正是本文下面所要讨论的问题。

牟、林二先生在清政府对外宣战的时间上是没有分歧的，且都认定"宣战诏书"是其标志，他们所争论的只是导致清政府发布这一诏书的原因。林华国教授在《义和团史事考》中提出，外国驻华使馆不断增兵，西摩尔率数千洋兵由天津向北京进军，尤其外国海军攻占大沽炮台，是西太后对外态度"转向强硬"并"决定对外宣战的主要原因"[3]。牟安世教授的《义和团抵抗列强瓜分史》则认为，促使慈禧太后决定对外宣战的主要原因是列强关于如何瓜分中国的四条意见，尤其是"勒令太后归政"一条。这四条意见源于《丁教习瑆良条陈》，是受英国驻华公使窦纳乐委托拟定的，并于光绪二十六年五月二十二日（1900年6月18日）交各国驻华使节审定，

---

[1] 故宫博物院明清档案部编：《义和团档案史料》上册，中华书局1959年版，第152页。
[2] 张海鹏：《追求集》，社会科学文献出版社1998年版，第215、216页。
[3] 林华国：《义和团史事考》，北京大学出版社1993年版，第81、85页。

以使各国对华政策协调一致。不料，在丁韪良拟制过程中走漏消息，被江苏粮道罗嘉杰得知其内容，于光绪二十六年五月二十日（1900年6月16日）夜间遣其子密报荣禄，由荣禄于次日晨送呈慈禧太后[1]。至于罗嘉杰究竟怎样搞到的这份如此重要的政治情报，以及究竟是《条陈》的草稿、底稿、抄件还是经人转述的内容大意，恽毓鼎没有讲，牟先生也没有提。胡思敬《国闻备乘》称："康党既败，太后再出垂帘，外人颇有违言，上海各国领事因欲联盟逼太后归政。江苏粮道罗嘉杰闻其谋，密告政府。"[2] 好像是说罗嘉杰获取情报的途径不是北京的丁韪良而是上海的领事馆，似乎向历史事实靠近了一步，然究属传闻，难以稽考，且好像说的又不是一码事。林教授不能接受此说，在其修订再版本的《历史的真相——义和团运动的史实及其再认识》一书中对牟说予以反驳，认为此说源于范文澜《中国近代史》，牟书虽又找到丁韪良的条陈，亦仍不能成立，因为他不能证明二者是一码事。还有一个理由林教授没有说，不过从行文中可以看得出。那就是，为什么西太后看到罗嘉杰的密报没有立即宣战？因那时还没有接到直隶总督裕禄关于大沽炮台失陷的奏报。"6月21日，慈禧接到奏报后，立即把事先准备好的'宣战诏书'正式发布。"[3] 也就是说，洋兵是否已经攻占大沽炮台，是决定慈禧太后是否对外宣战的关键。其实这是一种误解。这两件事发生在同一天，纯属时间上的巧合，慈禧太后在此前一天急切追问"究竟大沽炮台曾否开仗强占"，也仅是对战争实际进展情况的关注，并非急等着这一信息拍定战和决策。因为，第一，前此两天总理衙门已经照会十一国驻华使馆，限令其二十四小时内撤离北京，前此一天慈禧太后的亲信荣禄就已经开始对使馆的围攻。第二，这是林教授所知道的，"宣战诏书"中"只提及洋兵强索大沽炮台而未提及大沽开仗"，仅用"因此诏系事先拟就"这一理由是难以解释其中的原因的。倘若真像林教授设

---

[1] 牟安世：《义和团抵抗列强瓜分史》，经济管理出版社1997年版，第320—325页。

[2] 胡思敬：《国闻备乘》，上海书店出版社1997年版，第81页。

[3] 林华国：《历史的真相——义和团运动的史实及其再认识》，天津古籍出版社2002年版，第130页。

想的那样，诏书中对外宣战的理由就应锁定在"攻占大沽炮台"这一点上，事先拟定，专等奏报，根本不会有"只提及洋兵强索大沽炮台而未提及大沽开仗"之事。而既然发生这样的事，那就只有一种解释：清政府并不看重此事，作为对外宣战的理由，"强索"与"攻占"之间没有原则区别。否则，即使事先写好亦应立即改正，事关国家存亡与个人身家性命，用时间匆忙或经办人员粗心大意不负责任，都是无法解释的。

  不过，我这样讲也并不表明就是站在牟先生一边，根本不同意林教授的观点。其实，二位讲的都有一定道理，但都不全面。总的说双方的注意点不在一个层次上，所争论的问题虽有联系但却并不完全是一回事。具体而言，就是促使慈禧太后对外宣战的决定性因素有两个方面，一位学者侧重于政治原因，一位学者侧重于军事原因，但说的都是引发战争的导火线，即究竟是什么事触到慈禧太后的痛处，使事态的发展达到她预先设定的底线。因为，就近处说，早在慈禧太后看到罗嘉杰的密报之前一天，即光绪二十六年五月二十日（1900年6月16日），她就已经严令驻防天津的军政官员裕禄、聂士成、罗荣光"力阻洋兵"进京，"以符张翼等与杜士兰约定原议。如各国不肯践言，则衅自彼开"[1]，亮出了军事上对外开战的底线。因为裕禄等人已详细奏明，洋兵蛮横不听劝阻，若以兵力阻禁必致中外开衅，苦苦哀求千万不要这样做。此时，慈禧太后已经认为这场战争势不可免，故立即召开御前会议，进行战争动员和调整对义和团的政策，以抓紧时间在政治上做好切实准备。因而，慈禧太后召开御前会议时主意已定，只是需要在内部统一思想，让大臣们跟着自己走，事后也好分摊责任。试想，自她掌权以来，举行重大决策之际什么时候听过别人的意见？肃顺、奕訢尚不在她眼中，何论他人？所以，林教授没有错，慈禧太后对战和之机的把握全在各国大量调兵进京的问题上，一接到洋兵强索大沽炮台的奏报就立即决定对外宣战，只是对是否已经"开仗占据"一事，没有看得十分认真，并未将之视为最后拍定和战大计的关键。

---

[1] 张海鹏：《追求集》，社会科学文献出版社1998年版，第215、216页。

二

然这毕竟只是战争的表象，只能说明战争过程的正式开始，不能说明参战双方的真正目的，即战争背后起支配作用的根本原因。牟教授的看法触到了战争背后的根本政治原因，但亦属其引爆点，即慈禧太后事先划定的政治底线。因为外国欲"勒令太后归政"的传说由来已久，西太后不惜一战的决心也不是这时候才下定的。实际上，早在此半年之前，慈禧已经下定不惜对外一战的决心，划出了政治上与军事上的底线，即"胁我以万不能允之事"与"断无衅自我开之理"，并通令各省督抚，让他们在思想上与政治上做好充分准备，还要即时回奏，表示态度。

光绪二十五年十月十九日（1899年11月21日）慈禧太后在上谕中称："现在时势日艰，各国虎视眈眈，争先入我堂奥。以中国目下财力兵力而论，断无衅自我开之理。惟是事变之来，实逼处此，万一强敌凭陵，胁我以万不能允之事，亦唯有理直气壮，敌忾同仇，胜败情形非所逆计也。近来各省督抚，每遇中外交涉重大事件，往往预梗一个和字于胸中，遂至临时毫无准备。此等锢习，实为辜恩负国之尤。兹特严行申谕：嗣后倘遇万不得已之事，非战不能结局者，如业经宣战，万无即行议和之理。各省督抚必须同心协力，不分畛域，督饬将士，杀敌致果。和之一字，不但不可出于口，并且不可存诸心。以中国地大物博，幅员数万里，人丁数万万，苟能各矢忠君爱国之诚，又何强敌之可惧？正不必化干戈为玉帛，专恃折冲樽俎也。将此通谕知之。钦此。遵旨寄信前来。"[1]

这个上谕非常重要，曾引起过义和团运动研究者的广泛注意，只是未见牟、林二教授提起。通过它我们可以明白很多道理，识辨长期以来各种学术争议中的是是非非。

很显然，上谕中的所谓"万不能允之事"，"万不得已""非战不能结局"之事，以及辛丑和谈时慈禧太后殷殷下询于全权大臣奕劻、李鸿章

---

[1] 故宫博物院明清档案部编：《义和团档案史料》上册，中华书局1959年版，第37—38页。

之外国所索条款中"有无万不能行之事"[1]，也就是她在第二次御前会议上所讳而不言的"勒令太后归政"一事。应该说，这是庚子之战的根本政治原因。西方列强要"勒令太后归政"，而慈禧太后则一反常态，坚决抵抗。对慈禧太后来说，外国要求诸事皆可退让忍耐，唯独此事"万不能允"。而中国是个主权国家，"勒令太后归政"又绝非通过外交谈判可以解决，故唯一的办法就是动用武力。上谕中所谓"胁我"二字，即指此而言。所以，我在前面要说，牟、林二教授所言皆有道理，惟所争者却不在一个层次上：一个在说军事方面，即战争过程的起点；一个在说战争背后的政治动机。而他们各自的不足之处，则是林教授的说法避开了帝国主义入侵中国的根本政治目的，要以"勒令太后归政"的形式推翻清政府，以瓜分豆剖的方式灭亡中国。而牟教授揭示出这一实质问题，但没有说清楚"勒令太后归政"一事的前因后果，来龙去脉，致成孤证难立之势，令对方提出种种质疑，借机推翻原议。就是说，庚子之战的原因错综复杂，既有帝国主义同中华民族的矛盾、封建主义与人民大众的矛盾，也有宫廷内部因"废立"而引起的宫廷矛盾、因帝国主义干涉中国内政而引起的西方列强与皇太后的矛盾。应该说，帝国主义同中华民族的矛盾是主要的，它既包括帝国主义同义和团为代表的中国人民的矛盾，也包括西方列强同慈禧太后为代表的清政府的矛盾。而前一点决定了这场战争最后的政治结局，没有义和团的积极参战，没有关键性的廊坊之战，就不可能形成军民联合抗战的局面和震慑敌胆的巨大威力，也就不可能挫败列强瓜分中国的阴谋。然主导这场战争的却是双方政府，其调兵、宣战、谈判、签约都是由他们决定的，所以，在这场战争中起决定作用的还是西方列强与慈禧太后清政府的矛盾，而且西方列强是矛盾的主要方面。是他蓄谋已久，步步紧逼，迫使慈禧太后忍无可忍，退无可退，不得不作困兽之斗。但归根到底还是属于中华民族与帝国主义的矛盾和斗争。因为垂帘听政或太后训政都是当时中国的政治体制，慈禧太后就是清政府，清政府就是当时的中国政府。所以，无论慈禧太后多么可恶，垂帘听政多么荒谬，封建专制制度多么不合理，

---

[1] 故宫博物院明清档案部编：《义和团档案史料》下册，中华书局1959年版，第782页。

那都是中国的内政，都是中国人自己的事，只有中国人民才有权推翻它、打倒她，外国无权干涉。倘若西方列强以勒令归政或打倒篡权者为名发兵进攻中国，那就是侵略，那就是跟中国人民为敌，中国人民就要坚决反对。道理很简单，变法不能输出，革命也不能输出，无产阶级革命不能输出，资产阶级民主也不能输出。中国人民推翻清政府，那是革命，那是历史的进步；而帝国主义推翻清政府，那就是中国的灭亡，中国的被瓜分，不管是直接瓜分还是在伪满洲国、汪伪政府形式下的瓜分。所以，不管慈禧太后出于什么动机，也不管时间多么短暂，当帝国主义以勒令归政为名借机灭亡中国的时候，她的个人利益与中华民族的根本利益是相一致的，她坚决抵抗的态度与做法，也是符合中华民族的根本利益的。因而，她此前此后的卖国是真的，在此期间的坚决抵抗也是真的。道理很简单，她可以出卖国家主权、民族利益而保权保位，但却不能出卖自己，一旦危及其自身权位，她就会拼命抵抗。这虽然大出洋人的所料，却极为合乎她一贯为人与行事逻辑。

三

自辛酉年政变上台以来，慈禧太后就牢固地控制了清朝的皇权，成为中国历史上最后一代女皇，直到光绪三十四年（1908）病死，在中国近代史上统治了四十七年。此后不到三年，辛亥革命爆发，中国帝王专制制度，也就随着中国历史上最后一个封建王朝的灭亡而永远地终结了。何况，中国历史上曾经出现过吕后与武曌两位女皇，所以，她前有古人、后无来者，只能算作末代女皇。不过，她这个末代女皇与末代皇帝溥仪不同，虽无其名却有其实，牢牢控制着清政府的最高决策权，而同治与光绪皇帝则从未执掌过这一权力，始终都是傀儡。

咸丰十一年奕詝去世时，叶赫那拉氏只是个二十六岁的年轻寡妇，独霸朝纲的肃顺根本不把她放在眼里。结果，大意失荆州，竟被她叔嫂勾结、一举政变成功，杀掉肃顺等人，推翻咸丰帝临终安排的大臣赞襄政务体制，建立起太后垂帘听政与亲王议政相结合的政治体制。同治四年清王朝对太平天国的战争结束不久,慈禧太后又故伎重施,对恭亲王奕䜣闪电一击,取消其议政王封号,夺回相权,废除听政、议政体制,从而将垂帘听政制度巩固下来。同治帝去世时,从清朝的利益出发,本来该立长君,按序当由道光皇帝的长房长孙继位。而慈禧太后出于一己私念,硬拉其妹之子载湉入宫称帝,以便继续掌握皇权。从此,垂帘听政成为清王朝牢不可破的政治体制。

清王朝是中国历史上最后一个封建王朝,也是个人专制程度最甚的两个王朝之一。明代以前虽行专制体制,然皇帝之下尚有宰相充任政府首脑,掌管着很大权力。故吕后、武则天行政、用人多依赖宰相,社会稳定,经济发展,但其权力也受到一定限制。而明清以来皇帝吞并相权,以国家元首兼政府首脑,直接掌管六部,权力更大,专制更甚,国务操劳亦更重。所以,太平天国革命爆发后,咸丰帝面对生死存亡的压力,不胜繁劳,不得不分出手中的相权,使肃顺成为无名有实的当朝宰相,任由他专横跋扈,挥斥一切。慈禧太后所以要政变杀人,就是因为肃顺等人反对她垂帘听政。然奕䜣上台后位更尊、权更重,更是名副其实的宰相。她看在眼里,恨在心里,因战争期间尚有赖于奕䜣替她办事,不得不强自忍耐。而战争一旦告一段落,便立刻动手,夺回相权,恢复旧制,使自己成为一个拥有全权的皇帝。所以,她的为人可用四个字来加以概括,那就是"嗜权如命"。

不过,慈禧太后也有一个难题,那就是小皇帝会一天天长大,一旦成年、大婚之后,就要亲政。到那时,虽不愿交出大权,也只能暗中操纵,不可过分明目张胆。而小皇帝往往也想挣脱羁绊,有所作为,或过把皇帝瘾。这样,真假皇帝、后帝母子之间的摩擦,也就成为不可避免之事。倘一旦发生政治分歧,事关皇朝命运,也就不仅会有争权夺利的斗争,还可能反目成仇,势不两立。同治帝与慈禧太后毕竟亲生母子,况亲政时间太短,无所作为,故未见他们之间在政治上闹出什么大的风波。而光绪皇帝就有些不同了。他四岁入宫,十六岁亲政,面对清王朝江河日下的形势,更有师傅翁同龢忠心辅佐,总想在政治上有所作为,以逃脱"亡国之君"的命运。而在慈禧太后眼里,他不过是自己脚边的一只小猫,乖乖听话是正经,懂什么治理国家?所以,甲午和战之争也就算了,而支持康梁变法则必将"动摇国本",岂容他"任意胡闹"?况又随之扯出皇帝"密诏"和意欲囚禁太后之事。因而,变法百日,慈禧太后即乘机出击,搜捕康梁,杀掉六君子,囚禁光绪皇帝,并开始酝酿废立问题。不料,这一下可惹出了大麻烦,不仅握有军政实权的地方疆吏反对,洋人也插手干预。

四

自戊戌政变以来,慈禧太后曾先后两次欲行废立之举,并为此进行了一系列准备活动。请看《清实录》与郭廷以《近代中国史事日志》中有关废立问题的记载:

光绪二十四年八月六日(1898年9月21日),慈禧太后发动政变,宣布自即日起临朝训政。

同年九月九日(10月29日),世间传言,太后拟行废立,以庆亲王奕劻之子继位,荣禄等力持不可。

同年十一月二十八日(1899年1月9日),清廷宣布,光绪皇帝因病停止年内及明年正月应行升殿及一切筵宴活动。

同年十二月十一日(1月22日),清廷宣布,光绪皇帝因病未愈,派奕劻代享太庙。

同年十二月十七日(1月28日),慈禧太后连日召见溥字辈幼童十余人,为选立大阿哥做准备。

光绪二十五年一月十三日(1899年2月22日),光绪皇帝因病未愈,停止各国公使请觐贺年。

同年二月九日(3月20日),慈禧太后赐武胜新队名曰"虎神营"。

同年二月二十三日(4月3日),光绪皇帝将病状谕知刘坤一,谓身软气弱,有时眩晕。

同年五月一日(6月8日),以虎神营训练五年,著有成效,予端郡王载漪及刚毅等议叙有差。

同年十月十九日(11月21日),清政府通谕各省督抚,时势日艰,各国虎视眈眈,万一强敌凭陵,胁我以万不能允之事,非战不能结局者,必须同心协力，杀敌致果，不可预存和心。

同年十二月一日（1900年1月1日），光绪皇帝称病，命所有年内及明年正月应行升殿及一切筵宴，均著停止。

同年十二月二十三日（1月23日），慈禧太后命恭亲王溥伟、贝勒载濂、载滢、载润及大学士、御前大臣、军机大臣、内务府大臣，南书房、上书房、部院满汉尚书等，次日等候召见。

同年十二月二十四日（1月24日），慈禧太后封端郡王载漪之子溥儁为皇子（大阿哥），承继为同治皇帝之子，派崇绮为师傅授读，并派徐桐常川照料。谕旨称："朕以冲龄入继大统，仰承皇太后垂帘听政，殷勤教诲，钜细无遗。迨亲政后复际时艰，亟宜振奋图治，敬报慈恩，即以仰副穆宗皇帝付托之重。乃自上年以来，气体违和，庶政殷繁，时虞丛脞，惟念宗社至重，是以吁恳皇太后训政。一年有余，朕躬总未康复，郊坛宗社诸大祀，弗克亲行。值滋时事艰难，仰见深宫宵旰忧劳，不惶暇逸，抚躬循省，寝馈难安，敬念祖宗缔造之艰，深恐弗克负荷。且追维入继之初，恭奉皇太后懿旨，俟朕生有皇子，即承继穆宗毅皇帝为嗣。此天下臣民所共知者也。乃朕痼疾在躬，艰于诞育，以致穆宗毅皇帝嗣续无人。统系所关，至为重大，忧思及此，无地自容。诸病何能望愈！用是叩恳圣慈于近支宗室中慎简元良，为穆宗毅皇帝之嗣，以为将来大统之归。再四恳求，始蒙俯允，以多罗端郡王载漪之子溥儁承继穆宗毅皇帝之子。钦承懿旨，感幸莫名，谨当仰遵慈训，封载漪之子溥儁为皇子，以绵统绪。将此通谕知之。"[1] 据传，拟于庚子年实行废立，改元"保庆"。这就是人们通常所说的"己亥建储"[2]。

从以上情况可以看出，慈禧的废立活动可以说是两起两落。其始可谓紧锣密鼓，一个月内就做好了舆论准备与人事准备，但很快就停了下来。事隔一年重谋废立，且事前下定不惜一战的决心，临事做好了一切准备，只待庚子新年一过，即付诸实施。结果又停了下来。是什么力量使这位至

---

[1]《清实录》第57册，《义和团》（四），中华书局1987年版，第1025页。第10—11页。
[2] 郭廷以：《近代中国史事日志》下册，中华书局1987年版，第1024—1063页。

高无上的女皇戛然而止,暂停自己早已决定的行动呢?其时议论纷纷,而流传至今的说法大致有三种。

其一,由于刘坤一等强力疆臣的反对。据传,戊戌政变后,慈禧太后坚欲废除光绪,另立新君,一些顽固派大臣闻风而动,纠合满洲二三大佬联名奏请速行大事。荣禄谏阻不听,恐负恶名,因献策以私意试探地方大吏的意向,慈禧许之。江督刘坤一得电,约张之洞合疏谏争。张之洞始诺而中悔,折已发出,竟追折弁于中途返回,削其名而无与其事。刘坤一遂挺身独任,电复荣禄,中有"君臣之义至重,中外之口难防"之语,一时轰动政坛。荣禄以刘坤一电入奏,慈禧"惧而止"[1]。

其二,由于外国的干预。据说,戊戌变法失败后,"太后再出垂帘,外人颇有违言",太后闻而"大恶之,嗫不敢发。及己亥谋废立,英公使私探其情于李鸿章。鸿章力辨其诬,因留之饮酒,徐试之曰:'顷所言,仆实毫无所闻。设不幸中国果有此事,亦内政耳,岂有邻好而肯干人内政乎?'英使曰:'邻国固无干与之权,然遇有交涉,我英认定光绪二字,他非所知。'鸿章以告荣禄,为太后所知,益恨之刺骨。"[2]

其三,由于李鸿章的警告。据陈夔龙《梦焦亭杂记》载,己亥冬间慈禧再谋废立,嘱荣禄从速办理。荣禄谏阻无效,忧惧成疾,遂求计于李鸿章。李鸿章认为,"此事若果举行,危险万状。各国驻京使臣首先抗议,各省疆臣更有仗义声讨者,无端动天下之兵,为害曷可胜言?"因建议荣禄,"在君造膝之际,委曲密陈成败利钝"以阻止之。荣禄"闻之悚然若失",翼日以李鸿章语"密奏,幸回天聪"[3]。

然求之他证,这些说法有的似乎可信,有的则不可信。

刘坤一反对慈禧的废立之举应是确实的。笔者曾查阅《刘忠诚公遗集》,虽未找到"君臣之义至重,中外之口难防"之语,但却找到一封内容类似的电报,标题为"寄荣仲华中堂,光绪二十四年七月二十一日",电文称:

---

[1] 胡思敬:《国闻备乘》,上海书店出版社1997年版,第58页。
[2] 胡思敬:《国闻备乘》,上海书店出版社1997年版,第81页。
[3] 陈夔龙:《梦焦亭杂记》第1卷,1925年木刻线装本,第11页。

"自我皇太后训政,于变法各事应办者仍办,停者即停,措置合宜,天下欣然望治,我皇上恭己以听。仰见两宫慈孝相孚,始终无间,我公与礼邸、庆邸从中调护,永保安全,外议纷纭,无可借口。是皆社稷之福,始得有此转机。现闻康逆监禁香港狱中,似可将其恶迹宣布各国,照会英使,交犯惩办。伏祈卓裁,并候电复。"[1] 从内容上看,所标时间显然有误,而刘坤一反对废除光绪皇帝一事却是可以肯定的。迨其再次欲行废立之时,为了说服刘坤一,慈禧太后还特地将之召至京师"询废立事",并进而导致刚毅的弹劾和慈禧太后更换江督人选的决定,后因再次停止废立之举方才作罢[2]。同时,慈禧太后初谋废立,因刘坤一的反对而"惧而止"的说法也是可信的。因刘坤一不是孤立的,实际上张之洞、李鸿章等虽未声张,但亦持有同样态度。李鸿章之所以被调任两广总督,其重要原因就是"鸿章反对废立,慈禧不愿其留京"[3]。他们三人早已联为一体,不仅自身握有地方军政大权,且为汉员督抚的首领,具有很大的政治影响。更何况还有西方列强为他们撑腰,这就不能不使慈禧太后有所顾忌。而光绪二十五年二月初十日(1899年3月21日),光绪皇帝陪同慈禧太后在仪鸾殿接见"比国使臣费葛"[4],则标志着第一次废立活动的结束。因为既然能够接见外国使臣,也就不能以病体难支为由废除光绪皇帝了。

那么,慈禧太后的第二次废立之谋,为什么事到临到又再次停了下来呢?对于胡思敬、陈夔龙的说法却要打点折扣,做些补充,因此说不甚准确、不甚全面。据《李鸿章年(日)谱》载,光绪二十五年十月十四日"荣禄访鸿章,鸿章托其向慈禧请委以职。荣禄谈废立,鸿章持不可"。十一月十七日荣禄请慈禧以李鸿章取代谭钟麟,出任两广总督,"慈禧允之"。二十四日"荣禄托鸿章询外使对慈禧之废立意见,外使俱关心光绪情况"[5]。

---

[1] 刘坤一:《刘忠诚公遗集·电信》(以下简称《刘忠诚公电信》)第1卷,宣统元年木刻版,第14页。
[2] 窦宗一(仪)编著:《李鸿章年(日)谱》,友联出版社1975年版,第396、398、408页。
[3] 窦宗一(仪)编著:《李鸿章年(日)谱》,友联出版社1975年版,第396页。
[4]《清实录》第57册,《义和团》(四),中华书局1987年版,第776页。
[5] 窦宗一(仪)编著:《李鸿章年(日)谱》,友联出版社1975年版,第395、396页。

由此可见，上面所说的两条原因虽然从总体上说是对的，慈禧太后再次中途停止其废立活动，的确是由于西方列强与强力疆臣的反对，但与李鸿章的传话和警告没有直接关系。因为慈禧立溥儁为大阿哥，是此后一个月的事。所以，即使上面这些说法全属事实，也没有产生如此巨大的威力。故称此说不甚准确。而所以说它不甚全面，则因为它遗漏了更为直接、更为重要的情况。据《李鸿章年（日）谱》载，光绪二十五年十二月二十七日，即慈禧立溥儁为大阿哥的第四天，西方列强就开始以不同方式向清政府发出警告。"日使告总署，若为择嗣，彼将无辞。若为废光绪，则日本将干涉。各国公使商共同行动，要求于元旦依例觐见光绪，德、奥、意三国向总署表示关心光绪退位，慈禧托法使疏通。"三十日"刘坤一再电慈禧，'君臣之分已定，举国之心难平'，请不废光绪。慈禧自是展缓废立"。[1] 又据郭廷以《近代中国史事日志》载，光绪二十五年十二月二十六日，上海绅商经元善、章太炎、唐才常、蔡元培、黄炎培等一千二百人联名致电总署反对慈禧废立，谓"各国有调兵干预之说"。此时，李鸿章已抵广州，接任两广总督。这样，刘坤一、张之洞、李鸿章三人联手，加上南方绅商的支持和"各国有调兵干预之说"，就足可形成李鸿章所说的"此事若果举行，危险万状。各国驻京使臣首先抗议，各省疆臣更有仗义声讨者，无端动天下之兵，为害曷可胜言"的局面，不能不使慈禧太后知难而止。如果一两个月之前她对李鸿章的警告尚有怀疑的话，时至今日也就深信不疑了。

那么，慈禧太后究竟何时决定停止废立之举的呢？大概是光绪二十六年一月中旬。这年一月二十日，光绪皇帝在勤政殿接见英、德、美、俄、意、法、日等各国使臣十人[2]，说明他"久病"初愈可以"勉强"办公，也就不能以"健康原因"将之废除了。当然，慈禧太后所以最后下定这个决心，原因不止一端，北方有义和团运动的兴起，南方形势不稳，也在其考虑之列。正月二十六日，康有为致电警告总署，"废光绪，将引起革命"。正

---

[1] 窦宗一（仪）编著：《李鸿章年（日）谱》，友联出版社1975年版，第397、398页。
[2] 《清实录》，《义和团》（四），第58册，中华书局1987年版，第11页。

月五日鹿传霖密奏,"湘人愤然不平,请刘坤一回任两江,或另派湘人为总督"。正月十一日"英、美、德、意、法五国公使请本国派海军来直隶湾"[1],准备随时入侵,实施武力干预。凡此种种所形成的巨大政治压力,都对慈禧改变这一既定决策起了一定的作用。但其中最重要的一条,还是害怕帝国主义的武力干预,为避免废除光绪一事成为列强各国调兵入侵、乘机瓜分中国的借口,只好停止废立之举。

然西方列强并没有就此放过慈禧为首的清政府,不仅很快找到调兵入侵的新的借口,而且仍在慈禧太后再出"训政"的问题上大做政治文章,终于在此基础上制订出一个瓜分中国的方案,以混淆视听,蒙骗国人,争取洋务派与维新派的支持或中立,从而分化清朝官绅阶层,让中国在愚昧与内部纷争中沦亡。

五

那么,西方列强为什么要干涉清朝王室的废立呢?这有几方面的原因。首先,他们对慈禧太后阻止一切改革的做法感到不满,希望由戊戌变法开始的改革,能够在帝国主义允许的范围内继续进行,倘若废除了光绪皇帝,他们的这一希望也就落了空。所以,西方列强在放弃"勒令太后归政"的政策后,仍坚决要求中国必须按照戊戌变法的思路进行改革。这就是慈禧太后为什么一定要在西安行宫,而不是返京之后就匆匆发布关于实行新政的《上谕》的根本原因。因为对中外双方来说,正式商讨《辛丑条约》的具体内容之前,必须就两个问题达成一致:一是西方列强必须承认清政府由慈禧太后垂帘听政的现有政治体制,一是慈禧太后必须继续进行光绪皇帝曾经支持过的、戊戌变法时期所要进行的改革。那么,西方列强为什么要求清政府必须进行这样的改革呢?那是出于帝国主义在华利益的需要。因为帝国主义虽然不希望中国走向强大,成为他们的竞争对手,但也不希望中国永远停滞于自然经济状态。因为中国如果不修铁路、不建工厂、不

---

[1] 窦宗一(仪)编著:《李鸿章年(日)谱》,友联出版社1975年版,第407、408页。

贷洋款，他们就很难在中国赚钱；中国如果不实行议会民主制，他们也就难以通过操纵选举的办法轻易地改变国家领导人。而在专制政体下，西方列强要改变这个国家的最高领导人，就非得动用兵力、付出较大的代价不可。这也是西方列强喜欢发展中国家实行议会民主制度，而不喜欢他们搞非议会民主制度的一项重要原因。不过，这还不是西方列强干涉清王朝宫廷废立的主要原因。因为他们的主要目的，是以"勒令太后归政"、驱逐篡权者为借口，调兵进京，推翻清政府，瓜分中国。

中国在甲午战争中的惨败，宣告了清政府以求富求强、船炮救国相标榜的洋务新政的破产，中国军队不堪一击成为尽人皆知的事实。在西方列强心目中，中国已经丧失反抗能力和意志，形如一个任人宰割的死人，其"身价降落到'死骆驼'以下"[1]。他们剑拔弩张，争先恐后，不约而同地扑向中国，一面酝酿瓜分中国的方案，一面抢占战略要地，划分势力范围。这些情况，过去已经揭露得很充分了，无须再加赘述。现在只就列强究竟有无瓜分中国的图谋，以及与"勒令太后归政"有无关系谈点看法。

从后来暴露的情况看，西方列强在酝酿灭亡或瓜分中国的方案的过程中，大致有两种意见：一是主张直接瓜分中国，由外国人直接管制其领地内的中国人；一是主张间接瓜分中国，保留一个傀儡皇帝由西方列强共同管制，保留各地督抚由帝国主义各国分别管制。这两种主张的共同之处是灭亡中国，其不同之处是形式有所不同，一个是印度、非洲、中南美方式，一个是伪满洲国方式。大致说来，德国与俄国持第一种主张，英、美等国持第二种主张。由于德国皇帝一贯主张直接瓜分中国，所以早在光绪二十六年五月一日（1900年5月28日）各国公使议决以保卫使馆为名调兵进京时，德国公使就曾在会上声言，"这些行动是瓜分中国的开始"，并由此引起"伦敦与彼得堡之间的交换意见"。[2] 后来经与英国协商，放弃了这一意见，并于光绪二十六年闰八月二十三日（1900年10月16日）

---

[1] 牟安世：《义和团抵抗列强瓜分史》，经济管理出版社1997年版，第312页。
[2]《德国外交文件》（二），转引自：牟安世：《义和团抵抗列强瓜分史》，经济管理出版社1997年版，第285页。

发表《英德协定》。而其中"如果另一强国利用中国的混乱状况以图在任何形式下获得这种领土利益"[1]一段，就是针对俄国的。丁韪良在列出自己对列强间接瓜分中国的四条意见之后也说，"这要比起他们通过公开的或暴力的并吞所能希望拿到的东西多得多"[2]。这里的所谓"他们"，则是指德国和俄国。这时，俄国已相继出兵强占中国的大连和东北的铁路及沿路要地，其霸占中国东北的意图昭然若揭。只是在《英德协定》发表后，表示同意协定的说法，表面上放弃了瓜分中国的主张，而内心深处则仍坚持原来的意图，拒不从中国撤兵。其后发生的日俄战争不仅说明日俄之间，也说明英俄之间在争夺中国领土主权的问题上存在着矛盾。否则，甲午战后日本强占辽东半岛，曾发生三国干涉还辽之事，而在日本再度侵占辽东半岛后，就没人干预了呢？这些情况说明，德、俄两国最初都是主张直接瓜分中国的，只是后来放弃了这一主张。

英、美等国则是主张间接瓜分中国的，而《丁教习韪良条陈》就代表了这一主张。《丁教习韪良条陈》原为英文，发表于1900年9月5日（光绪二十六年八月十二日）的《京津时报》上，随后收入《北京被围，中国对抗全世界》一书，于当年出版。现有两个中文文本，一个是由牟安世教授从英文直接译出的，一个是经由日文转译的，主要内容一致，文字略有不同。现将这两个文本辑录于下。

牟安世教授译文：

目前的问题是怎样把秩序恢复，同时也是怎样把一次革命的果实拿到手，这次革命非常出人意外地已经把中国的命运交给了外国列强。以下四条措施看来可以充分地处理这些问题：

1. 必须把皇太后流放，以消除她所造成的损害；必须让皇帝在附属于

---

[1] 复旦大学历史系中国近代史教研组编：《中国近代对外关系史资料选辑》上卷第二分册，上海人民出版社1977年版，第143页。
[2] 丁韪良：《北京之围，中国对抗全世界》，1900年英文版，第145页，转引自：牟安世：《义和团抵抗列强瓜分史》，经济管理出版社1997年版，第324—325页。

几个大国提携的条件下,恢复他的适当的权威。

2. 自戊戌政变以来开始的,所有皇太后的命令,包括她所任命的党羽,除为新政府所同意者外,必须一律废除取消。

3. 皇帝的改革计划,必须在列强的批准下方能重新开始和执行。

4. 必须让列强划分出他们的利益范围,每一个强国均须任命一个代表,以控制省政府的行动。

对于中国来说,完全的独立自主既是不可能的,也是不可取的。上述计划可能使现存的政府机关保持运转,可能防止无政府状态,可能有利于进步,也可能赢得中国人民中最开明的人士的支持。否则,只有推翻当前的朝代和帝国的正式瓜分——那是一个笼罩着长期的激烈的冲突的过程。外国列强通过我所提出的方案,将有时间来慎重拟定他们的政策,将有时间来引进逐步的改革,这要比起他们通过公开的或暴力的并吞所能希望拿到的东西多得多。通过中国人来统治中国是容易的,否则,就不可能。

北京,一九〇〇年六月十八日。[1]

佐原笃介等的译文:

以下数节乃北京未围时所拟,业已呈送各国使臣核览。今皇太后已西狩,事势虽异于前,重行覆阅亦无可增减者。北京同文馆教习丁韪良誌。

目前应为者,乃设法使地方平静,且使经此一变之后有成效可睹。以下四节似宜办到:一、欲使民生不受皇太后之害,必先将皇太后迁徙他处,而使皇上复辟归各国协同照料;二、自戊戌政变以来,皇太后之政令所及,所派大小臣工,除非已经新政府所许可者,悉不可用;三、皇上复辟后,所有新政,须各国许可,然后可行;四、各国可将其分界分别清楚,每国应派一人管理各省政府所为之事。中国不可使一概自主。以上数节可使中国不乱,而便行新政,且得智慧华民之助。否则,唯有废去大清政府,而

---

[1] 丁韪良:《北京之围,中国对抗全世界》,1900年英文版,第145页,转引自:牟安世:《义和团抵抗列强瓜分史》,经济管理出版社1997年版,第324页。

瓜分之耳。此事一办，则后来战争之日，无已时矣。如按照吾言行之，各国则得以时使其政策合用，而中国之法亦可渐变，其所得者较瓜分为多也。再，治中国须以华人，无他术也。一千八百九十年八月十八号在北京作。

将以上数节复阅后，尚有一节须添，盖各国应设一公会，凡与各国利权有碍者，可蠲除之。此外，亦宜引进新法于中国也。[1]

丁韪良籍隶美国，是一位在华多年中国通，曾任北京同文馆教习、总教习，时为京师大学堂总教习，二品官衔。他的这一《条陈》是受英国公使窦纳乐的委托草拟的，并"在六月中旬形成了文件"，作为列强首领英国的建议"呈送各国使臣核览"，"以后不久就付印了"[2]。与此同时，英国在上海的舆论工具《字林西报》紧密配合，大造声势。就在《丁教习韪良条陈》送交各国公使的第二天，即1900年6月19日，《字林西报》为宣传这个方案而专门发表社论，声称"中国与列强同时作战，是出于慈禧太后及其奸党的选择而作战的。他们万分愚蠢，妄自尊大，自以为他们能够安全的抗拒外国列强"，"无论发生什么事情，这批奸党如不自动离去，就必须把他们逐出北京城。希望有可能把光绪皇帝找出来，把他重新置于皇位上。现实应该对中国人明白指出，挑起目前战争的是慈禧太后，我们不是对中国作战，而是对篡夺政权的北京政府作战"。这段话不仅体现了英国为首的西方列强坚欲瓜分中国的意图，而且体现了丁韪良《条陈》政治策略的精髓。即利用慈禧太后再出训政与强行废立一事，在中国官绅中挑拨离间，大肆煽动，妄图将他们分化瓦解，拉一派打一派，借以搅乱中国政局，从中渔利。可以断言，这篇社论的炮制者是熟读过丁韪良《条陈》的。否则，他们怎么会如此心意相通？而这家报馆的另一报纸《字林星期周刊》，

---

[1] 佐原笃介等：《八国联军志》，第57册，转引自《清实录》《义和团》（三），中华书局1987年版，第229页。时间有误，应为一千九百年六月十八号。标点不甚恰当者亦略有改动。

[2] 丁韪良：《北京之围，中国对抗全世界》，1900年英文版，第145页，转引自：牟安世：《义和团抵抗列强瓜分史》，经济管理出版社1997年版，第324—325页。《义和团》（三），第229页。

复于次日（6月20日）全文转载了这篇社论，以加重其政治分量[1]。凡此种种，没有英国公使乃至英国政府的同意与支持，是根本不可能的。

所以，虽因其后形势变化，英国改变主张，在如何对待中国的问题上最后没有采纳丁韪良的意见，但决不能否定这个文件的历史意义，亦不应视为只是丁韪良的个人意见。它是个重要的证据，说明英国政府当时曾持这一主张，并且反映了当时西方列强中多数国家的意见，只是由于使馆被围，调兵受阻，中国军民联手英勇抗战，致使他们还没有来得及在此基础上形成一个决议，就不得不改变主意。

至于罗嘉杰密报与《丁教习韪良条陈》有无联系，且先来看一看恽毓鼎、袁昶所分别讲述的有关罗嘉杰密报的内容。恽毓鼎《崇陵传信录》称，"太后随宣谕，'顷得洋人照会四条：一、指明一地，令中国皇帝居住；二、代收各省钱粮；三、代掌天下兵权。……今日衅开自彼，国亡在目前，若竟拱手让之，我死无面目见列圣。等亡也，一战而亡，不犹愈乎？'群臣咸顿首曰：'臣等愿效死力。'有泣下者。

"惟既云照会有四条，而所述只得其三。退班后询之荣相，其一勒令太后归政，太后讳言之也。"[2]袁昶《乱中日记残稿》则说："决战之机由罗粮道嘉杰上略园相书。称洋人要挟有四条（相出示同列，其一条，称请归政，不知确否……），致触宫闱之怒。……推原祸本，苏粮道罗嘉杰，密禀大学士荣禄，所称夷人要挟四条，多悖逆语云云。乃五月二十一至二十三等日，圣慈所由激怒，兵衅所由骤开。"[3]

虽然出于种种原因，罗嘉杰密报与《丁教习韪良条陈》字面上有明显不同，但其核心内容，即废除慈禧太后、复辟光绪皇帝，或者说是勒令太后归政，是相同的，而这一问题正是当时各种政治矛盾的一个重要焦点。再者，罗嘉杰作为国家四品官员，竟至深夜遣子造访荣禄，已属惊天动地

---

[1] 马士：《中华帝国对外关系史》第3卷，商务印书馆1960年版，第233页。
[2] 恽毓鼎：《崇陵传信录》，载《义和团》（一），中华书局1987年版，第48—49页。
[3]《袁太常公行略》，转引自林华国《历史的真相》，天津古籍出版社2002年版，第120—121页。

之事。其所密报的内容则不仅关系国家命运，亦关系本人的身家性命，这就令他不能不考虑此举的严重后果，不能不慎之又慎。不管他通过什么途径搞到的这份情报，也不管这份情报是一种什么形式，若非确有把握，他是不可能甘心承担如此巨大的政治风险的。所以，对这一史料的处理应当慎重，即使一时不能落实，尚可存疑，不宜急切加以否定。

六

　　从以上情况似可看出这样几个问题。第一，帝国主义确有瓜分中国的图谋。他们干涉宫廷废立的主要目的，不是为了中国进步，而是为了乘机灭亡中国，并千方百计地在政治上迷惑洋务派与维新派，骗取他们的支持与合作。当中国军民在京津地区英勇抗击八国联军的入侵时，洋务派与之协议东南互保，自立军起兵"勤王"，客观上都不利于中国的抗战而有利于八国联军的侵略。可以说这都是《丁教习觐良条陈》的政治策略所产生的实际效果。而慈禧太后肆行己意，不顾国家安危，一心要废除光绪皇帝，致使统治阶级内部思想混乱、意见分歧，亦为帝国主义提供了可乘之机。第二，慈禧太后长期把持帝权，甚而肆行废立，从封建法制的角度看，完全出于一己之私；而从近代中国的历史进程看，则是发动政变、反对变法维新的继续，是政治上的反动倒退行为。但在甲午战后民族危机日益加深，帝国主义妄图借机灭亡中国，并不惜发动一场八国联军入侵中国的战争，中华民族与帝国主义的矛盾骤然加剧，成为主要矛盾的情况下，她对西方列强干涉宫廷事务的抗争，则具有维护国家主权、反对帝国主义侵略的性质。因为，垂帘听政就是当时中国的政治体制，慈禧太后就是中国的国家元首与政府首脑，也是帝国主义瓜分中国的一大障碍。所以，在当时的情况下，不管出于什么动机，她的个人利益与中华民族的利益都具有一致性。她后来背叛民族利益、镇压义和团、同帝国主义达成政治上的妥协，则是因为帝国主义放弃了对清朝宫廷事务的干涉，承认了垂帘听政体制和慈禧太后至高无上的政治地位。第三，义和团反抗帝国主义瓜分中国的斗争，并不是引起八国联军入侵的根本原因，而只是他们的一个借口。因为，帝国主义瓜分中国的决心,在甲午战后不久就下定了,德国出兵强占青岛,俄国出兵强占大连,就是他们为此发出信号和说明这一问题的重要证据。在他们的心目中,清政府已经是一具腐败透顶的政治僵尸,中华民族已经是一个任人宰割的死人。按照德、俄等国心思,直接瓜分就得了,用不着大费周折。只是英、美等国老谋深算、善玩花样、动策略,以用最小的代价取得最大的利益。所以,他们要在慈禧太后肆行废立的问题上大做文章,制造舆论,争取人心,以便分化清朝各派政治势力,减少政治阻力。然而,清政府无论多么腐败无能,慈禧太后在清朝统治阶级中无论多么孤立,但要废除慈禧、推翻清政府,绝不是只靠言辞所能办到的。没有足够的武装力量,也就无法压垮清政府,胁迫慈禧太后"归政"。所以,西方列强要公然向中国调兵,就得有一个响亮的借口。本来,慈禧太后肆行废立之事是可以作为军事入侵的借口的,不料她事到临头,戛然而止,使帝国主义各国抓不到把柄,不得不另寻借口。恰在此时,义和团运动高举"扶清灭洋"大旗,在山东、直隶兴起,并在清朝军队的围剿中很快发展壮大,占据涿州,震动京师。于是,西方列强便以保卫使馆为借口,陆续向北京调兵。开始是调集早已在天津大沽口外停泊待命的海军陆战队,其后是应命从国内赶来的陆军,人数越来越多,由数百到数千、数万,终于形成一场八国联军侵略中国的战争。

请看下面的时间表:

光绪二十五年十二月二十七日(1900年1月17日),英、美、法、德、意五国公使联合照会清政府,要求取缔义和拳。

光绪二十六年二月九日(3月9日),各国公使再次要求清政府公布剿灭义和拳之上谕。

二月十日(3月10日),美国公使康格电请美政府派海军来华。

二月十一日(3月11日),美、英、法、德、意五国公使电请本国政府派遣海军来渤海湾。

二月十三日(3月13日),各国海军在渤海举行联合演习,向中国武装示威。

二月十六日(3月16日),英国公使再次电请本国政府派遣海军来渤海湾。

三月七日（4月6日），英、美、德、法四国公使照会总理衙门，请于两月内剿除义和团，否则将派水陆各军驰入直、鲁两省，代为剿平。

四月二十日（5月18日），总理衙门照会英、美公使，决心力剿义和团。清政府急调山东巡抚袁世凯进京。

四月二十二日（5月20日），列强各国驻华公使团会议，提出调兵来京。

四月二十四日（5月22日），义和团在直隶涞水打败清军，阵斩副将杨福同。

四月二十九日（5月27日），义和团进占顺天府涿州城。

五月一日（5月28日），列强驻华公使开会，决定调兵护卫使馆，德使克林德认为，这些行动是瓜分中国的开始。

五月三日（5月30日）山东巡抚袁世凯应命到京，总理衙门五大臣会见各国公使，申明尽快剿灭义和团，要求稍待数日，再行调兵入京，遭到拒绝。

此后形势紧张，清政府转而采取宽松、笼络、利用、鼓励政策。义和团与清军联手，英勇抗敌。清政府特发布上谕，对义和团大加表彰，称赞其奋勇杀敌，大大鼓舞了清军的斗志。正是这军民联手，英勇不屈的顽强抵抗，使八国联军到达北京的时间推迟了两个月，使西方列强感到中国人民决不会屈服于帝国主义的统治，不得不放弃瓜分中国的计划，仍用清政府压制中国人民的反抗。从而使中国保住了半个主权。

五月四日（5月31日），英、美、法、俄、日、意六国军队四百余人到京。

五月七日（6月3日），德、奥两国军队八十余人到京。

五月十一日（6月7日），俄国派兵四千人自海参崴赴天津。[1]

从表面上看来，西方列强调兵进京好像是为了对付义和团，实际则不然。请看下面的事实：

五月十三日（6月9日），慈禧太后由颐和园回宫，董福祥率武卫

---

[1] 牟安世：《义和团抵抗列强瓜分史》，经济管理出版社1997年版，第528—530页。郭廷以：《近代中国史事日志》下册，中华书局1987年版，第1063—1073页。

右军（甘军）随行进城。英国公使窦纳乐大为震惊，急电早已泊驻天津大沽口外的海军中将西摩尔率八国联军进京。盖西方列强英、美、法、俄、日、意、德、奥八国军队近五百人进入东交民巷各国驻华使馆后，清宫已在其大炮射程之内，社会上开始风传慈禧太后欲向西安逃跑的消息。窦纳乐等各国公使也认为，慈禧太后"十分惊慌，并已决定逃往西部的古都西安府"[1]。不料，她却突然回宫，并把各国强烈要求调离北京的董福祥甘军带回城内，令其驻扎于天坛先农坛，自后监视使馆区。窦纳乐等见情况有变，计划落空，于震惊之余只得大量增兵。朴笛南姆威尔《庚子使馆被围记》（1900年6月9日）称，"太后已由颐和园回京"，"彼顽固凶横之董福祥骑马后随，旗帜飘扬于道中，以显董军之威，其号手力扬其声，似挟有杀伐之音者。观此情状，殊不能使人安心也"。又说，"今日天已黑暗，复闻惊人之消息，彼顽固凶横之董福祥，率其甘勇重入城中，驻扎于天坛先农坛前之空地。""使馆至此始大震动，发急电与水师提督，速派援兵，至急至急，但为时已晚矣，真是太晚矣！""盖中国疏懒之政府，今已奋臂而起，不久将冒险而来攻，或即将来攻。"[2]请注意，这里说的是政府，并不是义和团。就是说，西方列强向北京调兵的主要目的，并不是为了对付义和团，而是为了对付清政府。何况，他们最初还没有料到义和团敢与武器精良的外国侵略军对阵，也没有料到这两个冤家竟会联手抗战。从下面的情况也可以看出，义和团虽在抗击八国联军入侵的战争中起了关键作用，但并非庚子之战的主角，更不能决定其或战或和的问题。

五月十七日（6月13日）清政府命裕禄、聂士成、罗荣光在天津、大沽一带实行军事戒严，以重兵控制铁路、车站，实力禁阻各国兵队，不准一名洋兵闯入畿辅。他们以"不可衅自我开"为由，拒不奉命。

五月十八日（6月14日）义和团在廊坊车站拆毁铁路，力阻洋兵进京，双方展开血战。

---

[1]《英国蓝皮书》（第82页），转引自牟安世：《义和团抵抗列强瓜分史》，经济管理出版社1997年版，第289页。
[2] 恽毓鼎：《崇陵传信录》，载《义和团》，中华书局1987年版，（二），第214、215页。

五月十九日（6月15日）裕禄奏称，帮办铁路大臣张翼等同法国驻天津领事杜士兰协商议定，只要清政府发布谕旨，切实负起保卫各国使馆之责，外国军队就暂缓进京。

五月二十日（6月16日）清政府同时发出两道谕旨：一是命荣禄速派武卫中军实力保卫东交民巷；一是命裕禄、聂士成、罗荣光力阻各国续来入京之兵，以符张翼等与杜士兰约定协议。如各国不肯践言，则衅自彼开，该督等须相机行事，朝廷不为遥制，万勿任令长驱直入，贻误大局。

自即日起，慈禧太后连续召开御前会议，讨论对外和战与对义和团的剿抚问题。

同日，停泊在天津大沽口外的外国海军将领向罗荣光发出最后通牒，令中国军队于次日两点前交出大沽炮台，过时将武力攻取。同时，经由法国驻天津领事杜士兰将该通牒转呈直隶总督裕禄。

是日夜，江苏粮道罗嘉杰派其子至荣禄宅，密禀所获有关《丁教习聝良条陈》的内容。

五月二十一日（6月17日）八国联军攻占大沽炮台，罗荣光率中国军队撤走。

同日，荣禄将罗道密禀转奏慈禧太后，太后根据自己的需要在第二次御前会议上宣露其内容，大肆鼓动，表示要同列强决一死战。

同日，清政府命各省督抚派兵星夜驰赴京师，听候调用。

五月二十三日（6月19日）清政府认为八国联军强占大沽炮台，是对中国首开战衅，有意失和，勒令各国使馆于二十四小时内撤离北京，开赴天津。各使馆要求宽限撤离时间，遭到清政府拒绝。朴笛南姆威尔认为，"今战事已开，从此非拳匪之事，而为政府之事矣"[1]。

五月二十四日（6月20日）此前奉命保卫东交民巷使馆的武卫中军、武卫后军，因宣战照会规定的时限已到，复奉命开始围攻各国使馆。

五月二十五日（6月21日）清政府发布宣战诏书，向国内官绅军民进行战争动员。

---

[1] 恽毓鼎：《崇陵传信录》，载《义和团》，中华书局1987年版，（二），第234页。

从以上情况可以看出，西方列强强行向中国调兵，尤其自光绪二十六年五月十三日（1900年6月9日）以来大批向北京调兵，是引发庚子之战的关键所在。且这次战争的双方都隐瞒自己的政治目的，也始终没有公开宣布同对方断交、开战，只是以强行调兵进京和武力禁阻调兵进京的形式进行。所以，从国际法的角度考察，战争双方做得都不甚规范。但有一点是可以肯定的，那就是，它确实是一场战争。因为，按照国际法的规定，外国军队不经允许进入主权国家或在使馆内屯兵，就是发动侵略战争。至于清政府照会中为什么只令外国使馆撤到天津，而不提出与他们断交、开战，大概有两个原因：一是因列强后续调兵进京只是以保卫使馆为名，并没有宣布同中国断交、开战；一是此前有个张翼杜士兰协议，只要清政府发布谕旨，切实负起保卫各国使馆之责，外国军队就暂缓进京。如今列强不仅大量向中国增兵，还要强占大沽炮台，故清政府认为他们撕毁了上述协议，中国政府也就不再承担保卫使馆之责。也正是由于这个原因，清政府始终不承认攻打使馆，而把此事推到义和团与董福祥身上，自己的责任仅是形势混乱，保卫不周。其实，攻打使馆一事完全是武卫军所为，自始至终由荣禄指挥，同义和团没有关系。从朴笛南姆威尔《庚子使馆被围记》一书中可知，义和团个别人员虽曾与使馆发生过纠纷，那是因同伴被使馆人员抓去，前往使馆要人，且时间上是在使馆被围之前。使馆被围后也曾有一人潜入使馆边缘，但随即被洋兵开枪打死。故书中只有德使克林德捕捉和枪杀义和团的记载，从没有义和团围攻使馆之事。林华国教授曾对此作过专门考证，笔者认为这些考证是可信的。而最后把围攻使馆一事算在义和团的账上，完全是西方列强与慈禧太后做的一笔交易。故在双方谈判"惩凶"问题时，西方列强装聋作哑，只追究董福祥的个人责任，根本不提荣禄，更不追究清政府的责任。当时，西方列强指控中国的最大罪名是杀使臣、围使馆，他们为追究战争责任杀了那么多清朝满汉王、大臣，但却杀不了董福祥，最后只好以革职了事。

西方列强之所以会这样做，与其中途改变战争目的有关。他们发动这场侵略战争的最初目的，本来是要废除慈禧太后，推翻清政府，复辟光绪，瓜分中国。但在中国军民的英勇抗击下，他们不久发现自己对中国的认识有误，没有清政府的合作根本就无法对付中国人民的反抗。遂改弦更张，放弃瓜分中国的政策，重新回到联合慈禧太后为首的清政府，共同对付中国人民的老路上来。就拿"惩凶"一事来说吧，他们既然认为"惩办皇太后是绝对不可能的"，既然从自身利益出发不能"废弃中国整个国家组织"[1]，即清王朝慈禧太后垂帘听政的政治体制，也就不能执意严惩她的亲信了。于是，他们双方串通，把围攻使馆之事推到义和团和董福祥身上，联手进剿义和团，卫国英雄转眼成为清政府的刀下之鬼。义和团对清政府缺乏应有的警惕与防范，大部分牺牲，只有少数武术高手逃脱，多隐姓埋名深藏于冀南一带民间，沧州遂成为驰名中外的武术之乡。

所以，从这场战争的最后结局看，参战三方——西方列强、慈禧清政府和义和团，都没有完全实现自己的最初目的。西方列强没有达到瓜分中国的目的，只是捞到九亿两白银的战争赔款和在中国的一些权益，其清除顽固派和强迫清政府实行新政的做法，则可谓"塞翁得马，焉知非祸"，归根到底还是有利于中国的发展。慈禧太后虽然保住了皇位，但却牺牲了顽固派，清政府从此成为洋务派的天下，失去了原来的制衡机制。尤为严重的是，被迫实行的新政为立宪派的活动大开方便之门，却将清政府引入进退两难的绝境，最终送掉了卿卿性命。义和团临危受命，以自己的巨大牺牲击败了帝国主义瓜分中国的阴谋，虽未实现彻底驱逐外国侵略势力的愿望，但却保住了中国的半独立地位。他们热爱祖国、英勇不屈的精神成为后世榜样，其不够明智之处也为后世留下教训。这场战争对中国人来说，付出最大的是义和团，而受益最多的是袁世凯北洋集团和资产阶级维新派、立宪派，清末民初的二十几年简直就成了他们的天下。

(《明清论丛》，第七辑)

---

[1] 孙瑞芹：《德国外交文件有关中国交涉史料选译》第2卷，商务印书馆1960年版，第126、130页。

应当如何看待义和团的排外主义

义和团反帝爱国运动是以排外主义的面貌登上近代中国历史舞台的。毛主席在《实践论》一文中明确肯定了义和团运动的这一特点。但是,解放以来论及义和团的文章书籍中却很少有人对它的内容和形式的内在联系及其历史必然性进行过科学的具体分析和合情合理的说明。批评义和团的人往往过分强调了义和团的"排外"问题而无形中贬低了它的革命性和进步作用,赞扬义和团的人又往往只强调其反帝爱国的革命本质而避开排外主义问题,或者将反帝爱国的内容实质与排外主义形式割裂开来,否定二者之间的内在联系。我们认为,通常所说的义和团的排外主义,实质上是农民阶级有历史局限性的民族革命思想,也是中国人民反抗帝国主义侵略的原始形式。它反映了中国人民反帝斗争初期的共同特点,义和团运动不过是它的典型代表和集中表现。因之,对义和团的排外主义,不应采取简单回避或全盘否定的态度,而是需要依据马克思主义的基本原理进行科学的阶级分析和历史考察,对它作出合情合理的解释。

一

我们通常所说义和团的排外主义(或者说"笼统排外主义")指的是什么呢?

义和团的中心口号是"扶清灭洋"。在义和团的实际斗争中,所谓"灭洋",就是对洋人、洋教、洋货、洋机器等采取一概排斥的态度。我们现在就来看看19世纪末年、20世纪初年中国北方农民的反帝爱国组织义和团为什么采取这种态度。

先说洋人、洋教。在中华民族的历史上,劳动群众中并不存在对洋人、洋教一概排斥的传统。义和团之所以对洋人、洋教采取排斥态度,主要是帝国主义积极推行对华侵略政策造成的。自从1840年鸦片战争起,列强发动了一系列侵略战争,迫使中国签订了一个又一个丧权国的不平等条约。东方这个走到了封建社会尽头的大清帝国,在西方发达的资本主义强国的野蛮进攻面前,束手无策,一蹶不振,不得不走上半殖民地半封建社会的道路。尤其在中日甲午战争后,已经进入帝国主义阶段的西方列强,在世界其他地区加紧掠夺殖民地的同时,也在广袤的中国大地上任意划分势力范围,竞相分割中国领土,肆意掠夺铁路修筑权和矿山开采权,大量对华输出资本,妄图彻底灭亡中国。形势已经把中国人民逼迫到这样的地步:或者任人宰割,坐待灭亡;或者奋起反抗,同外国强盗拼命,以挽救民族的危亡。中国软弱的资产阶级上层分子发动的维新救亡运动失败了,中国的农民再一次拿起大刀长矛发动了一场挽救祖国危亡的英勇斗争,力图用自己的血肉之躯筑成一道捍卫民族独立的长城。他们"最恨和约,误国殃民"(佐原笃介:《拳乱纪闻》),他们要求"保护中原,驱逐洋寇"(杨松等编:《中国近代史资料选辑》),使中国重归"一统"。集合在义和团旗帜下的广大农民正是抱着这样的崇高志愿投入这场反帝爱国运动的。所谓"只因四十余年内,中国洋人到处行。三月之中都杀尽,中原不准有洋人,余者逐回外国去,免被割据逞奇能"(佐原笃介:《拳乱纪闻》),则正反映了帝国主义者割据逞能、妄图灭亡中国,是义和团灭洋排外的根本原因。

教士教民的为非作歹是义和团排外灭洋的直接原因。自从19世纪60年代以来,外国传教士蜂拥而至,迅速挤进中国广大地域,各省无不有外国教士的足迹,以至边远地带,穷乡僻壤,皆受其祸害。外国教士中固然也有纯粹为了传教的,但更多的传教士却打着传教旗号,充当帝国主义侵略中国的工具。一个英国教士公开承认,列强派遣教士"实无异于发强军深入人地"(宓克:《支那教案论·发端篇》),美国公使田贝也说:"这些先锋队(指传教士)所搜集的有关中国民族、语言、地理、历史、商业以至一般文化的情报,对美国的贡献是很大的。"(《美国对外关系,1888年》)这就赤裸裸地暴露了传教士的真面目。外国传教士在中国干尽了侵犯主权、霸占田产、包揽词讼、逞凶惨杀、勒索赔款、刺探情报的勾当。他们自立门户,违抗中国法令,"直如一国之中,有无数自专自主之敌国者"(同治朝《筹办夷务始末》卷八十二)。这不能不激起中国人民的反抗。余栋臣起义檄文中将"海舶通商,耶稣传教"(《民国重修大足县志》卷五)视为帝国主义侵略中国的两种主要手段,义和团揭帖指斥天主教"串结外洋人,祸乱中华"(包士杰辑《拳时上谕·杂录》),表明当时群众对洋教的认识,已远远超出"民教仇杀"范围,初步看出它在帝国主义侵略活动中的重要作用。著名的帝国主义分子、时任北京教区主教的法国人樊国梁,1901年在巴黎也不能不承认:"义和团运动的爆发,主要不是宗教性的,而是政治性的运动……义和团主要是赶走外国人,其所以杀教友,是因为他们视教友为'二等欧洲人''二等法国人',视天主教的宣传是为适应我国的利益。"(马光普:《樊国梁的一张布告》,载《近代史资料》1963年第三期)

义和团对教士教民采取那样严厉的惩治手段,主要也是由于他们往时对平民欺压太甚、积怨太深造成的。早在天津教案时,丁日昌就说,教士教民"凌虐乡里,欺压平民……百姓怨毒积中,几有及尔偕亡之愤"(同治朝《筹办夷务始末》卷七十六)。清政府也担心,总有一天会激成更大的"祸变",曾于1871年由总理衙门向各国提出一个旨在缓和民、教矛盾,而并不妨碍帝国主义进行文化侵略的《传教章程》,就是这个东西,也为列强无理拒绝。其后,帝国主义各国非但不肯稍事收敛,反而变本加厉地推行以耶稣"征服整个中国"(《在华新教传教士1877年大会记录》,转引自《近代中国史稿》)的政策,教士教民也更加得意忘形,"其焰愈张,其势愈暴"(《民国重修大足县志》卷五),激起一系列教案。每发生一次教案,帝国主义列强对中国的讹诈就前进一分,教士教民的凶恶气焰就嚣张一分,中国人民的苦难就增长一分。到19世纪末,遍布中国的教会仅外籍教士就有将近三千人,这就在中国人民主要是农民的头上,除了残酷的封建压迫之外,又增加了外国教堂的压迫,中国人民不反抗是不可能的。

当时奥国首都的一家报纸说:"中国之痛恨教士,隐忍有四十余年矣。即以近六年而论,亦无时不觉洋人之渐食其肉也,又何怪其乘机滋事,思有以脱去洋人制压之痛哉。"(王其榘辑:《有关义和团舆论》)事实正是这样。"压之愈力,则起之愈骤"(郑贯一:《义和团有功于中国说》,载《辛亥革命前十年间时论选集》第一卷上册)。义和团运动是中国人民第一次大规模的反帝斗争,也是中国人民反帝怒火的集中爆发。郁结了几十年的仇恨一旦发泄出来,势必"一决横流"(《山东义和团案卷》上册),"不可遏抑"(《有关义和团舆论》),包括清政府的屠杀政策也不能把它镇压下去。"神助拳,义和团,只因鬼子闹中原。"(《拳乱纪闻》)愤怒的农民,在忍无可忍之下,以排外仇洋的手段,一下把斗争矛头指向了帝国主义侵略者。他们的行动,尽管伴随着大量封建迷信、落后幼稚的成分,仍不失为中国人民爱国传统的光辉发扬,不失为彪炳史册的正义行动,不失为漫漫长夜中的巨雷闪电,具有振聋发聩、指示来兹的革命作用。

再说洋货、洋机器等。义和团焚毁铁路、电线以及一切洋货,是占据涿州和进入京津以后开始的。义和团为什么憎恨这些"洋"东西,"见即怒不可遏",必欲"毁而后快"(《天津一月记》,载《中国近代史资料丛刊·义和团》)呢?

帝国主义侵入中国的目的并不是为了使中国富强。他们在华兴办近代工业、交通以及科学文化事业,只是以此为手段,强化他们对中国的经济掠夺和政治压迫,最终使中国殖民地化。他们在中国兴建近代工业、交通之始,就给中国广大人民带来莫大灾难。

以修筑铁路为例。帝国主义在华修筑铁路,不仅严重侵害了中国利权,而且使沿线人民群众的利益遭到赤裸裸的掠夺。史载:德国在山东修建铁路,"所至之地,尽将村落民家拆坏,遇坟墓建物即毁掘,不惟不迁路避之,且毁坟拆舍亦一文不与","其土民田庐皆归乌有,无以饮食,无以栖止,父子夫妇兄弟流离道路,相转死亡于沟壑不知几人矣"(《文明国之野蛮行为》,《清议报全编》卷十八)。一个外国人记述当时的情形说,他在牛庄时,"有人指示余曰,铁路之经过民田也,正当成熟之时,俄人不给谷值,遽强占之。"(贝思福:《保华全书》卷一,转引自《中国近代农业史资料》第一辑)各地农民为了保护自己的身家利益,起来与之抗争,即横遭血腥屠杀。1900年年初,"山东高密县属濠里地方,洋人修造铁路,阻塞田间水道,有碍小民生计,因向洋人拦阻,洋人枪毙平民数人"(《义和团档案史料》上册)。可见,伴随着铁路的修筑,帝国主义就给铁路沿线的人民群众带来巨大灾难。

铁路建成后,沿线旧有交通废弃,又造成了人数众多的劳动群众,如水手、船夫、纤夫、店员、脚夫、驿站夫等的失业。据当时人的粗略观察,"失车船店脚之利,而受铁路之害者",仅顺天府属州县后来加入义和团的就有四万余人(袁昶:《乱中日记残稿》)。实际上,各地遭受失业之苦的人数要大大超过这个数字。这些因铁路通车而破产的广大群众,生计断绝,流离转徙,困苦异常,他们直觉地感到铁路、电线、机器等都是"洋人所借以祸中国"(罗惇曧:《庚子国变记》)之物,表示深恶痛绝,是完全可以理解的。当时参加拆毁铁路的群众甚多,并不只有义和团员。如芦保铁路就是这样。奉命前往镇压的清军统领杨慕时报告:"是匪是民,无从分别。"(《庚子剿办拳匪电文录》)另一目击者艾声也说:"徐察拆路者,多沿途各村愚民。"(《拳匪纪略》)在这里,我们对受欺压受侮辱、生计无着的中国农民群众,要有基本的历史正义感,如果因此而指责他们是对资本主义先进生产方式的反动,是不公正的。

洋货的情形与此相同。自从对外通商以来,尤其是第二次鸦片战争以后,棉纱棉布的进口逐年增加。棉纱的进口量在1867年仅33507担,到1899年竟增至2748644担,三十三年间增加八十二倍(参见方显廷:《中国之棉纺织业》)。棉纺织品的大量进口,造成了白银外流,织工失业,广大手工业者的破产。薛福成在一个奏折中说:"近年洋货骤赢,土货骤绌,中国每岁耗银至三四千万两,则以洋布洋纱畅销故也。……而中国之织妇机女束手坐困者,奚啻千百万人。"(薛福成:《强邻环伺谨陈愚计疏》,《庸庵海外文编》卷二)陈炽也认为:"中国辟埠通商垂六十载,既自以情形隔膜,将利权所在举而畀诸异国之人。频年海溢川流,岁出金钱万万,遂使二十一行省无一富商,内外穷民之失业无依者,尤如恒河之沙,不可计算。"(陈炽:《续富国策》卷四)北方的情形也和全国一样。

1900年吴汝纶在描述洋货进口对直隶农村所起的影响时说:"畿辅深、冀诸州,布利甚饶,纺织皆女工。近来外国布来,尽夺吾国布利,间有织者,其纱仍购之外国,故利入益微。"(吴汝纶:《深州风土记》卷二十一)直隶雄县,也因洋油进口造成原有榨油作坊"多已歇业"(刘崇本:《雄县乡土志·物产》第十四)。这些因洋货涌入而失业破产的手工业者与"受铁路之害者"一样,总是把自己所受的苦痛与洋货的到来联系在一起,一旦他们组织起来,形成一支力量,就会对输入洋货加以干预,展开一场当时历史条件下的抵制洋货运动。

总之,帝国主义对中国的经济掠夺,在中国造成广大的失业人群,形成他们自己的对立面。这些破产失业、一贫如洗的农民、手工业者,就成为当时义和团运动的骨干力量和积极分子。他们对洋人、洋教、铁路、电线以及一切洋货的憎恨,都是由帝国主义对中国的经济侵略和政治压迫引起的,他们对这些外来事物的攻击,都是对帝国主义侵略政策的反抗。列宁在驳斥帝国主义分子散布的所谓义和团运动"是由黄种人敌视白种人","中国人仇视欧洲文化和文明引起的"等挑拨性、污蔑性言论时说:"是的,中国人的确憎恶欧洲人,然而,他们究竟憎恶哪一种欧洲人呢?而且为什么憎恶呢?中国人并不是憎恶欧洲人民,因为他们之间并无冲突,他们是憎恶欧洲资本家和唯资本家之命是从的欧洲各国政府。那些到中国来只是为了大发横财的人,那些利用自己的所谓文明来进行欺骗、掠夺和镇压的人,那些为了取得贩卖毒害人民的鸦片的权利而同中国作战(1856年英法对华的战争)的人,那些用传教的鬼话来掩盖掠夺政策的人,中国人难道能不痛恨他们吗?"(列宁:《中国的战争》)这就是俄国工人阶级的伟大代表在八十年前说过的话。它同德国工人阶级把义和团称作"铁拳"一样,表明了欧洲工人阶级对东方这个处于殖民地危机下的中国农民的正义声援。它证明:列宁和欧洲工人阶级是站在中国人民一边的,是站在义和团一边的,他们并没有把义和团的排外主义看作是对欧洲文化和文明的反动,是什么历史的惰性力量或者封建蒙昧主义。

二

从中国人民反帝斗争的发展过程来看，可以说，义和团的排外主义是帝国主义侵入中国后，在中国人民中产生的一种不成熟的反帝思想和原始的反抗形式。它是一个被压迫民族在生死存亡的危急关头所自然产生的一种要求生存权利的本能反应。它的看来似乎有些"过分"的思想和行动，正表明中国人民对帝国主义的认识还处在积累经验的感性认识阶段，对帝国主义的斗争还属于初级阶段的自发斗争。尽管它不免片面和肤浅，甚至有些幼稚可笑，但就中国人民反帝斗争的全过程来说，这个发展阶段却是必不可少的。

众所周知，义和团反帝爱国运动主要是中国农民发动起来的。从主要的意义上可以说，它仍然是一次单纯的农民战争，或者说是一次单纯的农民爱国运动。农民阶级具有两重性：他们是被压迫、被剥削的劳动群众，却不是先进生产方式的代表，他们是小生产者。他们作为劳动群众，对于统治阶级，对于压迫者、剥削者，不管是中国的地主还是外国的资本家，他们都具有强烈的反抗性，当帝国主义侵入时，他们可以有坚决的反帝行动。他们作为小生产者，眼光狭窄，文化落后，完全靠直感和经验来观察、认识问题。因而，他们不可能认识帝国主义的本质，不可能把帝国主义的掠夺政策同它借以实行经济掠夺的工具——铁路、商品、机器等加以区别，不可能理解这些东西还同时具有代表资本主义先进生产方式的性质，也不可能了解历史发展的方向和中国人民反帝斗争的真正前途。同时，农民不是一个新的阶级，在需要与帝国主义这个新的敌人进行一场殊死斗争时，也不可能创造出一种新的理论和斗争形式。因而，在当时的历史条件下，义和团在反帝斗争中以排外主义为指导思想和斗争形式是不可避免的。在这个意义上我们可以说，排外主义是当时中国农民在反帝斗争中所可能采取的唯一形式。如果全盘否定了义和团的排外主义，所谓承认义和团是一次反帝爱国运动势必就成为一句空话。试问在当时情形下，一次农民群众自发的反帝爱国运动除了采用排外主义这一斗争形式外，还能采取什么形式？在当时，要他们对帝国主义的本质有清楚的认识，对帝国主义的斗争有科学的理论和明确的方针政策，要他们对既代表帝国主义掠夺政策，又代表资本主义先进生产方式的铁路、机器等采取恰如其分的态度，那是根本不可能的。如果他们真的那样做了，那么他们就根本不是20世纪初年以农民为主体的义和团，而是用马列主义武装起来的中国共产党人了。

《共产党宣言》在追述工人阶级反对资产阶级斗争的发展过程时说，最初"他们不仅仅攻击资本主义的生产关系，他们攻击生产工具本身；他们毁坏那些来竞争的外国商品，捣毁机器，烧毁工厂，力图恢复已经失去的中世纪工人的地位"。工人阶级不同于农民阶级，他们是新生产力的代表。他们在工人运动初期所出现的这种情况，却与义和团的排外主义颇为相似。但是，所有马克思主义的经典作家，都把它作为一个发展过程来看待，把它看作在工人阶级对资本主义的认识处于感性阶段时所必然出现的现象。列宁还特别强调："这是工人运动最初的、开始的形式，而这种形式也是必要的。"（列宁：《社会民主党纲领草案及其说明》，载《列宁全集》第二卷）义和团的排外主义斗争也属于这种情况。可以说，它是中国人民反帝运动"最初的、开始的形式，而这种形式也是必要的"。为了有助于进一步了解义和团采取排外主义这种斗争形式的历史必然性，我们不妨对中国人民反帝斗争的发展过程做一个历史考察。

中国人民对帝国主义的认识有个从感性阶段到理性阶段的发展过程，与此相适应，中国人民的反帝斗争也有个由自发到自觉的过程。毛主席在论述认识的发展过程时说，中国人民对帝国主义认识的"第一阶段是表面的、感性的认识阶段"，表现在"义和团运动等笼统排外主义的斗争上。第二阶段才进到理性的认识阶段"，"这种认识是从一九一九年五四运动前后才开始的"（毛泽东：《实践论》）。就是说，从鸦片战争到五四运动前夕的七十多年间，所有群众反帝斗争都没有超出笼统排外主义斗争这个发展阶段。

在这一历史时期，中国人民经历了从三元里到义和团等一系列反抗外国侵略的斗争，随着帝国主义对华侵略的加紧和中国民族危机的加深，中国人民对帝国主义的认识和斗争也不断向前发展。1857年恩格斯在《波斯和中国》一文中，曾专门论述过中国人民排外主义斗争的产生与实质。

恩格斯指出，第二次鸦片战争期间中国南方人民的反侵略斗争，属于"一切中国人反对一切外国人"的"绝灭战的性质"，它是由"英国政府的海盗政策"引起的。恩格斯高度评价了这种斗争，把它看作中国人民民族觉醒的表现，并对它的未来寄予很大希望。恩格斯说："我们不要像骑士般的英国报纸那样去斥责中国人的可怕的残暴行为，最好承认这是保卫社稷和家园的战争，这是保存中华民族的人民战争，虽然你可以说，这个战争带有这个民族的一切傲慢的偏见、蠢笨的行动、饱学的愚昧和迂腐的蛮气，可是它终究是人民战争。"恩格斯还特别强调："对于起义民族在人民战争中所采取的手段，不应当根据公认的正规作战方法或者任何别的抽象标准来衡量，而应当根据这个起义民族所已达到的文明程度来衡量。"他认为中国人民抵抗外来侵略的办法是有效的，"这种办法如果能彻底实行，就能使第一次英中战争时英军节节胜利的情形不再发生"。最后，恩格斯满怀热望地说："中国的南方人在反对外国人的斗争中所表现的那种狂热态度本身，显然表明他们已觉悟到古老的中国遇到极大的危险；过不了多少年，我们就会看到世界上最古老的帝国作垂死的挣扎，同时我们也会看到整个亚洲新纪元的曙光。"(《马克思恩格斯选集》第二卷)第二次鸦片战争以后，随着帝国主义政治、经济、文化侵略的加强，特别是各种洋教在广大城乡的发展，以排外主义为主要形式的反侵略斗争也不断向前发展，逐渐形成一个连绵不断的遍及全国的反洋教斗争。不过这时的斗争还是孤立地、分散地、此伏彼起地进行的，每一次斗争的发展规模也仅限于一城一地。1895年中日甲午战争以后，当帝国主义掀起割地狂潮，试图瓜分中国的时候，中国人民中的排外主义形式的反帝思想也日益高涨起来，终于借助于"义和团"这个组织形式，再一次掀起"一切中国人反对一切外国人的普遍起义"，将中国人民的民族民主革命推向一个新的高潮，给"整个亚洲"大地带来民族觉醒"新纪元的曙光"。可以说义和团运动是中国人民以排外主义为主要形式的反帝思想和反帝斗争的典型代表，它要"排除"的不再是一城一地的外国侵略者，而是帝国主义在中国的一切侵略势力和侵略工具。它在政治、经济、文化等各个领域，向帝国主义的侵略政策展开反攻，以眼还眼，以牙还牙，在全中国和全世界造成空前未有的影响。这是以往任何一次反侵略斗争所无法比拟的。义和团运动充分表明，在当时的历史条件下，排外主义在反帝斗争中所能发挥的最大限度的历史作用；同时，也充分暴露出排外主义的致命弱点和历史局限性。这样，就从正反两个方面为中国人民的反帝斗争发展到新的更高的阶段，提供了丰富的实践经验和教训。

比较一下太平天国革命和义和团运动，就可以发现，随着客观形势的变化，农民阶级对帝国主义的认识和斗争也有个发展过程。诚然，太平天国与义和团之间各有许多不同特点，而且在反封建斗争组织程度、发展规模，坚持时间等方面，义和团都比太平天国后退了一大步。但在另一方面，即对帝国主义侵略的认识和反帝斗争方面却前进了一大步。正像义和团进攻的矛头主要不是指向清政府一样，太平天国的主要斗争矛头也不是指向外国侵略者。他们对西方列强，基本上是盲目信任，对一切外国人，包括一些居心叵测的外国侵略者，只要不公开"助妖"，即一律视为"洋兄弟"。正因为如此，他们才一再受到外国侵略者的欺骗。直到他们在中外反动派的联合进攻下失败以后，他们才醒悟到应当把"洋鬼"当作主要敌人。洪仁玕临就义前所说的"我朝祸害之源，即洋鬼助妖之事"，就是对他们这种沉痛教训的总结。从这里可以看出，农民阶级并非天生的排外主义者，他们是吃过亏、上过当的，他们是从血的教训中逐渐觉醒过来的。虽然排外主义并不是反帝斗争的科学的指导思想和理想的斗争形式，但对帝国主义这个中国人民的主要敌人，从不认识到有所认识，从被动自卫到主动进攻，这不能说不是个进步。所以，不加分析，笼统地说义和团比起太平天国革命来是大倒退，把义和团运动屏之于单纯农民战争与近代革命运动之外，是不妥当的。

在旧民主主义革命时期，以排外主义作为反帝斗争的指导思想和斗争形式，也不是农民阶级所独有的特点，不但地主阶级抵抗派，即使当时处于先进地位的资产阶级中主张反帝的那一部分人，他们中间有些人的反帝思想也没有超脱排外主义的历史范畴。就拿《义和团有功于中国说》的作者来说吧。他对义和团的排外主义并没有做什么具体分析和恰当批评，对于义和团的"灭洋排外"完全是赞成的，甚至连本来并非义和团所为的"屠外使"也当作英雄行为加以赞扬。他说义和团"屠外使,火教堂,毁公署,拆铁道,动天下之兵,寒列强之胆","实为中国民气之代表,排外之先声","幸则杜绝列强,不幸亦振起国民排外之思想"(《辛亥革命前十年间时论选集》第一卷上册)。"排外"的口号恐怕就是他们提出来的,义和团只有"灭洋"的口号,并无排外的提法。所以,应该把排外主义看作当时整个历史时代反帝斗争的特点,是中国人民对帝国主义的认识处于感性阶段的必然表现,而不应仅仅责备农民阶级的落后。

三

从阶级实质和客观作用上看,义和团的排外主义与太平天国的平均主义一样,都是农民小生产者的革命思想。所不同的,不过是一则表现于反帝斗争方面,一则表现于反封建斗争方面。

恩格斯说过:"在经济学的形式上是错误的东西,在世界历史上却可以是正确的。"列宁认为:"在评价俄国现代民粹派或劳动派的乌托邦的时候,必须记住恩格斯的这个深刻原理。"列宁指出,恩格斯的这个原理虽系指空想社会主义而言,却适用于俄国"民粹派的民主主义"。因为在土地问题上,被民粹派"当作反对资本主义的手段"的乌托邦——平均制,正是"最彻底最坚决的资本主义办法",即"在资产阶级民主主义发展方向上最需要的、经济上进步的、对于俄国这样的国家最迫切的办法"。而被这种乌托邦所鼓动起来的勇于斗争的千百万民众的斗争,正是"资产阶级改革的不可缺少的因素"和"获得全胜的条件"。这就是被列宁所揭示出来的"历史的辩证法"。俄国民粹派不仅"要求根本消灭封建剥削者",而且还幻想"同时,消灭资本主义新剥削者"(列宁:《两种乌托邦》)。对于这种乌托邦,列宁并没有简单斥之为"蒙昧""反动""倒退",而是对它进行科学的具体的分析,既准确地指出它的历史局限性,又肯定了它的合理成分和客观作用,给予了应有的评价。列宁为我们作出了运用马克思主义基本原理解决具体问题的榜样,他的科学分析方法,也为我们研究义和团问题提供了有益的启示和借鉴。

我们认为,被列宁肯定过的恩格斯的上述原理,对于研究义和团的排外主义也是有指导意义的。我们也可以说,义和团的排外主义在经济学的形式上是错误的,因为它毁坏了一些机器、商品等资本主义的先进生产工具和工业产品,但它在历史上却是正确的,因为把帝国主义侵略势力驱逐出中国的要求和行动是革命的、正义的,而被这种排外主义所发动起来的农民群众反对帝国主义的斗争,正是中国发展民族资本主义必不可少的条件。义和团的排外主义不同于封建顽固派的排外主义。就其阶级本质来说,地主阶级某一部分人的排外主义,虽然在一定程度上反映了中华民族同帝国主义的矛盾,客观上也多少有一些维护中国主权的作用,但终归不过是一个腐朽没落的阶级在新的历史条件下的垂死挣扎,是极端虚弱的表现,而义和团的排外主义则是"农民群众的特殊的、有历史局限性的"民族革命思想,反映了中国人民同国际垄断资产阶级的矛盾和斗争。它本身就是人民群众民族革命情绪高涨的"伴侣和象征",是中国人民反帝斗争方兴未艾的表现。正是它,将一个伟大的军民联手的卫国之战推向高潮,从而挫败了西方列强瓜分中国的图谋,为中国保住了半个主权。这里用得着"相反相成"这句话。表面上,义和团的排外主义对于资本主义似乎是绝对排斥的,实际上恰恰相反,它正是为当时中国民族资本主义的发展创造了最必需的条件。因为帝国主义各国到中国来,并不是为了发展中国民族的资本主义,而是为了发展他们自己的资本主义。从一定意义讲,当时中国的资产阶级民主革命,就是与帝国主义争夺在中国发展资本主义的权利的革命。而这种革命成熟的经济条件,也不是什么帝国主义经济势力在中国扎根、壮大,而是中国民族资本主义一定程度的发展。因而,在当时的中国,代表资本主义先进生产方式的并不是帝国主义侵略势力,而是在帝国主义和封建主义压迫下的中国民族资产阶级。帝国主义的侵入虽然有分解自然经济、利于资本主义发展的一面,但就其主要方面来说还是阻碍中国民族资本主义的发展,阻碍中国生产力的发展。共产国际第六次代表大会《关于殖民地及半殖民地革命运动的提纲》在分析帝国主义在殖民地半殖民地所起的历史作用时指出,帝国主义"对于殖民地的剥削",是一种"特有的资本主义剥削形式","就其基本趋势讲来,是阻碍殖民地生产力的发展"。因为"在每个帝国主义国家中,资本主义的剥削是经过发展生产力进行的",而帝国主义对殖民地的剥削,"不仅以经济压迫为基础,而且拿非经济强迫为基础"。它们"在殖民地获得的利润,大部分并不用到生产上面,而是从殖民地吸吮出去,或是投在宗主国,或是投在该帝国主义的新的势力范围以内"。《提纲》还指出,资本主义发展的"第一阶段所起的那种毁灭性的影响,在殖民地方面,因为外资侵入之故,更以可怕的程度,以加快的速度重演出来;反之,资本主义的进步的影响,在殖民地方面,在大多数情况下,却完全感觉不到"。不仅如此,"凡是统治的帝国主义须要在殖民地找到社会支柱的地方,它首先就和旧社会制度的统治阶层——封建主和商业高利贷资产阶级——联合起来反对大多数民众。无论在什么地方,帝国主义都努力于保存和巩固那一切资本主义前期的剥削形式(尤其是在乡村中),因为这些剥削形式是帝国主义的反动同盟者存在的基础"。所以,"在殖民地经济底特殊条件下,商业资本和高利贷资本占着优势和领导地位,这就缓慢工业资本的发展。在争取国内市场的斗争中,民族资本一再碰着投到殖民地的外资的竞争,一再碰到乡村中资本主义前期关系的阻滞作用"。当时中国的情况正是这样。在半殖民地半封建的中国,代表束缚生产力发展的旧生产关系的反动势力,一个是帝国主义侵略者,一个是与之相勾结的封建地主阶级。不推翻他们的反动统治,中国的生产力就得不到解放,中国的近代民族经济就得不到较快的发展。因而,中国资产阶级民主革命不仅有反对封建主义建立民主共和国的任务,而且有反对帝国主义争取民族独立的任务。这两者是缺一不可的。所以,义和团运动作为中国人民第一次大规模反帝斗争的意义是不能抹杀的,它对帝国主义和封建统治者的打击,归根到底,在客观上为中国民族资本主义的发展和资产阶级民主革命的行进造成了有利形势。1918年孙中山在"追述革命原起"时所说的"中国人之心",庚子"前后相较,差若天渊"(《有志竟成》,载《孙中山选集》上卷),就反映了义和团运动对当时全国政治形势的变化所起的巨大影响。事实上,正是由于义和团运动的打击,才迫使帝国主义不得不暂时收起瓜分中国的打算,清政府不得不进行一些它在戊戌变法时所坚决反对的政治、经济改革,使中国民族资本主义在20

世纪第一个十年获得了空前未有的发展。从这个意义上甚至可以讲，义和团运动实现了戊戌变法所没有实现的目标，为辛亥革命的爆发准备了政治、经济前提。

四

应当如何看待义和团排外主义的局限性和它在历史上的教训呢？

从义和团运动最后失败的结局来看，排外主义和平均主义一样，具有很大的历史局限性，采取这种斗争方式是不可能把帝国主义侵略者赶出去的。它对帝国主义在认识上的笼统和模糊，必然导致行动上的自发性与盲目性。就拿"灭洋"这个口号来说吧，它就是一个笼统的排外主义的口号。因为，虽然帝国主义是"洋"，但"洋"却并不等于帝国主义，而且洋人洋物所在甚多，情况各有不同，岂能一概摈除。它既然对于"洋"的不同情况没有区分，其"灭"的提法又过于简单，在实际斗争中，尤其当群众运动达到高潮、成为压倒一切的社会潮流时，就势必一斗而不可止，漫无限制，扩大打击面。这就既不利于集中力量打击帝国主义及其走狗，也不利于争取社会上的广泛同情。其结果必然是孤立了自己、壮大了敌人，导致反帝斗争的最后失败。这个历史的教训也是不应当忘记的。

但是，在总结这一教训的时候，应当实事求是，不应当将本来与义和团排外主义无关的问题也加在它的身上。例如，围使馆、杀使臣之事都与义和团无关。围攻使馆出于慈禧太后之命，是由荣禄和董福祥执行的；杀使臣则是董福祥和恩海干的。当时义和团的队伍奉命开往西什库，与清军联合攻打法国教堂，并未进入使馆区（林华国：《义和团史事考》）。再如，毁铁路的问题也不是排外主义造成的。义和团无论是拆毁京津铁路还是焚拆芦保铁路，都是为了当时军事斗争的需要，并非出于对铁路的憎恨。虽义和团在此之前早就做过不少关于毁路的宣传，但这并不是导致他们最后采取行动的决定性原因。当时奉命赶往高碑店"剿匪"的清军统领杨慕时向上级报告说，义和团"见本路来三营，后必有来者，遂全力毁铁路"。(《庚子剿办拳匪电文录》) 当时日本人佐原笃介辑录的某报"辨谣"文章也说，义和团"意谓前既拒杀官长，祸必不免，毁路所以拒兵"。并认为清朝官员于涞水兵败之后，"犹不派兵队驻守芦保各车站"，以"为将来运兵地步，是为一大失着"（《拳时杂记》）。这些材料说明，义和团焚烧和拆毁芦保路主要是为了阻止清政府利用火车运兵夹攻他们，并在当时基本上达到了这一目的。因此，把它当作排外主义的表现是不适当的。还有，烧毁丰台机器局和"龙车"的问题，不仅当时有这种传闻，即使现在亦有人认为系义和团所为。其实，当时义和团并未到达丰台，"机器房、电报房"及"龙车"等都是在"西人站长"和其他职员闻风逃走后，被"附近乡民和购票客商"放火烧毁的（《拳时杂记》）。因而，无论对这件事评价如何，都不应记在义和团的账上。

在总结这一教训时应当注意当时的历史环境，不应当将义和团运动的失败仅仅归罪于排外主义。应该说这是时代的悲剧，历史的悲剧。在19世纪末期中国具体的历史条件下，当帝国主义的瓜分狂潮威胁着中华民族的生存时，敢于拿起武器，旗帜鲜明地向这个强大敌人发起反攻的只有农民阶级。当时，中国工人阶级虽然早已产生，但还处于幼稚阶段，还是一个"自在"的阶级，他们作为一个阶级，意识到自己的力量并独立地登上政治舞台，还要等到19年之后的"五四运动"之时。中国的资产阶级已经有了相当的发展，他们的政治代表已经登上了中国的政治舞台，他们呼唤着欧风美雨，希望中国从此得到维新。中国的资产阶级民主革命本来是应当由他们来领导的，但是由于他们是在外国帝国主义和中国封建主义的夹缝中成长起来的，他们身上具有先天的软骨病。资产阶级改良派在"百日维新"中曾经大显身手，但是他们把希望寄托在帝国主义身上，希图依靠外国的帮助实现君主立宪，以便他们施展富国强兵的抱负。因此他们在民族危亡之时，不可能举起反帝爱国的大旗。事实上，他们怀着对群众运动的极大恐惧，恶毒咒骂义和团的反帝爱国举动，他们与义和团是格格不入的。资产阶级革命派虽已展开政治活动，正在从改良派中间分离出来，开始具有革命排满的意识，但他们也是害怕帝国主义的，要他们举起反帝的大旗是困难的。当义和团兴起之时，他们同国内其他政治派别一样，对义和团的反帝活动也是反对的。据说资产阶级革命派中曾有人去天津与义和团联系，劝说义和团放弃"扶清灭洋"，改为"革命排满"，遭到拒绝。这证明他们是害怕触动帝国主义的。要革清朝政府的命固属革命行动，但放弃反对帝国主义的斗争，却决非革命上策，尤其在那国难当头、民族危亡之秋。当时，如果不是义和团起来不顾一切地放手大干，一时造成军民联合作战的局面，从而给帝国主义的瓜分政策以有力回击，中国的前途将是不堪设想的。但是，对于农民阶级来说，当时却找不到一种比排外主义更有力的思想武器和斗争形式来向帝国主义开战，这就决定了他们必然失败的历史命运。义和团运动的失败证明，没有先进阶级的领导，农民阶级要想取得反帝斗争的胜利，是根本不可能的。同时也证明，先进的阶级要在中国取得资产阶级民主革命的胜利，在反封建的同时，不举起反帝的旗帜，特别是不注意团结和发动占中国人口绝大多数的农民这支最可靠的同盟军，也是不可能的。观乎义和团运动及其以后的辛亥革命的失败，以及中国共产党领导的新民主主义革命胜利的全部过程，我们益加坚信这是一个真理。

在总结义和团运动失败的教训时，应该注意旧民主主义革命时期的基本特点，不应当过分强调排外主义这一种错误倾向，而忽视了另一种倾向。其实在近八十年的旧民主主义革命时期，虽然不断出现以排外主义为主要形式的反帝斗争，但总的来看，在对待帝国主义的问题上，排外主义并不是主要错误倾向。纵观这一时期的整个历史，中国人民在对待帝国主义的问题上走了一个"之"字形，从太平天国的盲目信外，到义和团的笼统排外，然后又回到辛亥革命的盲目信外，直到五四运动和中国共产党成立以后，中国人民才有了科学的反帝理论和正确的方针政策，从根本上克服了两种错误倾向。所以，在中国人民对帝国主义的认识处于感性认识的阶段，至少从这三次大规模的革命运动来看，其主要错误倾向并不是笼统排外，而是对帝国主义盲目崇信，缺乏警惕。毛主席在《论人民民主专政》一文中曾专门论述过中国共产党诞生前，以孙中山为代表的先进人物对西方侵略者由盲目崇拜到逐渐觉醒的过程，指出"联合世界上以平等待我之民族，共同奋斗"就是他们在总结了这一沉痛教训后得出的正确结论。因而，如果需要总结旧民主主义革命时期同帝国主义打交道的历史教训的话，首先应当总结盲目信任、上当受骗的教训,至少应该兼顾两个方面。我们在总结义和团的经验教训时也不应脱离这个前提。

总之,义和团的排外主义的确是有很大历史局限性的。这不仅在今天,在我们总结历史教训时是这样看,即使是在当时,这种做法也给反帝斗争带来危害。毫无疑问,它是造成义和团运动最后失败的重要原因之一。但总结这一教训时,应当把它作为一个历史问题来看待,应当注意当时的历史条件及其与义和团排外主义的必然联系,从而找出历史发展的客观规律。否则,历史就会失去其客观性和严肃性,就有可能成为人们根据自己的眼前需要随意解释和撰写的东西,就有可能在反对一种倾向的时候,出现它所掩盖着的另一种倾向。这对一个科学工作者来说是应该尽力避免的。

五

纵观一百多年来中国人民反帝斗争的历史进程,使我们深深感到义和团运动时期中国人民以笼统排外主义作为思想武器和斗争形式是不可避免的。因为,"在一个很长的时期内,即从一八四〇年的鸦片战争到一九一九年的五四运动的前夜,共计七十多年中,中国人没有什么思想武器可以抗御帝国主义"(毛泽东:《唯心历史观的破产》)。然而,帝国主义的瓜分狂潮逼着中国人民,使他们不得不在极为不利的条件下,以落后的组织形式、简陋的思想武器和物质手段,向帝国主义作殊死斗争,以挽救民族的危亡。简陋的武器也是武器。如果连这样的武器都没有,那就根本不可能发动一场波澜壮阔的群众运动,为祖国的独立自由事业建立如此巨大的历史功勋。无论义和团运动有多么大的弱点和错误,它在中国近代史上的地位是不能否定的。正如周恩来总理所庄严指出的那样:"一九〇〇年的义和团运动正是中国人民顽强地反抗帝国主义侵略的表现。他们的英勇斗争是五十年后中国人民伟大胜利的奠基石之一。"(《在北京各界欢迎德意志民主共和国政府代表团大会上的讲话》,1955年12月12日《人民日报》)

但是，从中国人民认识过程的发展来说，排外主义又是应该抛弃的。因为它不是科学的理论，不能指引中国人民夺取反帝斗争的胜利；然而，没有失败的教训，不经过革命斗争的检验，中国人民是认识不到这一点的。这就是说，无论在认识上还是在实践上，中国人民的反帝斗争都不可能超越笼统排外主义这个发展阶段。诚然，排外主义不等于"打倒帝国主义"。但是，我们却不能因此而割断"打倒帝国主义"这个科学的革命的口号同排外主义（"灭洋"）之间的历史联系。中国人民正是在经过了无数次的斗争、失败的痛苦之后，经过马克思主义理论的指导，总结了历史经验，才喊出"打倒帝国主义"这个科学的革命口号的。正如毛泽东同志在1949年总结的那样：一百多年来帝国主义对中国发动了一次又一次的侵略战争，"所有这一切侵略战争，加上政治上、经济上、文化上的侵略和压迫，造成了中国人对帝国主义的仇恨，使中国人想一想这究竟是怎么一回事，迫使中国人的革命精神发扬起来，从斗争中团结起来。斗争，失败，再斗争，再失败，再斗争，积一百零九年的经验，积几百次大小斗争的经验，军事的和政治的、经济的和文化的、流血的和不流血的经验，方才获得今天这样的基本上的成功。这就是精神条件，没有这个精神条件，革命是不能胜利的"（毛泽东：《丢掉幻想，准备斗争》）。

今天，我们在事变过去八十年之后来给予义和团的排外主义一个历史的考察，是希望给它一个合乎历史本来面目的科学说明。中国人民已经做了国家的主人，中国人民已经能够在平等的国际气氛中同各国人民来往。我们还有反对帝国主义、反对霸权主义的严峻任务。但是我们决不搞排外主义。如果有人在今天还要来宣扬排外主义，像戚本禹在"文化大革命"中所干的那样，那才真是对历史的反动和倒退。我们应该始终坚持爱国主义和无产阶级国际主义，虚心学习一切民族、一切国家的长处，结合我国的具体情况来加以消化和吸收，以加速我国的社会主义现代化建设，为世界革命作出自己应有的贡献。我们既不能因为今天中国人民要同各国人民保持友好关系，就去贬低甚至抹煞义和团的排外主义在历史上曾经起过的革命作用，更不能因为它在历史上曾经起过某种革命的作用，就要求今天像历史上的义和团那样也来实行排外主义。这两种态度之偏颇，是毋庸多说的。

（本文与张海鹏、刘建一合作，载于《近代史研究》，1981年第2期。《义和团运动史讨论文集》，齐鲁书社，1982年版。《中国史专题讨论丛书》之《义和团运动》（有删节），巴蜀书社，1982年版）

四 袁世凯与辛亥革命

评载沣驱袁

清末光、宣交替之际，接连发生两件突发性的重大政治变故。光绪三十四年十月二十二日（1908年11月15日），即光绪皇帝去世的第二天，慈禧太后病死。十二月十一日（1909年1月2日）摄政王载沣发布谕旨，解除袁世凯所任各职，令其回籍养病。这两件事前后相隔不足五十天，但却给清朝的最后命运乃至民初政治带来巨大影响。那拉太后的死，使清朝统治阶级上层失去控驭之才，从而导致大纲紊乱，顾此失彼。而载沣驱袁则不仅令立宪派大失所望，而且拆散了自咸同以来满洲贵族与汉族实力派地方督抚间的君臣之盟，从而为立宪派的起而造反和袁世凯的叛变埋下祸根。也就是说，早在辛亥革命爆发之前，从国内政治力量的对比上，已经决定了清王朝必然灭亡的命运。政治局势发展到如此严重的地步，可谓冰冻三尺非一日之寒。

清王朝是满洲贵族入主中原所建立起来的一代政权，但因其人数太少、文化太低、人才尤为缺乏，故始终受到一个政治难题的困扰，那就是如何对待和使用汉族官吏的问题。咸同以来，尤其到了清朝末年，这个问题更成为大清王朝生死存亡的关键。而这个问题所以变得日趋严重，则既有客观上的原因，也有主观上的原因。

从客观上说，清朝后期尤其到了末年，统治阶级内部满、汉之间的实力地位发生了巨大变化，从总的发展趋势看，汉族官员越来越强，满族贵族越来越弱。在入关之前，满洲贵族就非常重视引进与重用汉族人才，文则范文程、洪承畴，武则耿精忠、尚可喜、孔有德、吴三桂，成为他们步步取胜、最后能够定鼎中原的重要原因。然而，他们对汉人的戒备亦甚为森严。虽然接受汉族文化，却拒绝满汉血统的融合，极力保持满洲贵族尤其是皇家血统的纯粹；虽然引进与重用汉族人才，甚至明文规定满汉官员缺额相等，大量吸收汉族士绅参加各级政府，但对汉员绝不真正信任，对其多方限制、处处防范，竭力不让汉族官员握有兵、政实权。据说，康熙皇帝曾留有明训，勒石立碑，藏于密室，令满员不时阅读，汉员不得与闻，内称对汉人只可利用，不可信任。

然而，随着时间的推移，这种情况也渐渐发生了变化。以太平天国为中心的反清大起义爆发，尤其咸丰十年以来，清政府兵饷两空，主要靠汉员督抚募勇筹饷，支撑危局。为赢得战争、保住皇位，他们两害相权取其轻，不得不大幅度地调整满汉关系与民族政策，行以汉制汉、放权督抚之策，遂致中央集权削弱、地方分权增强，国家军政实权落到以曾国藩为代表的汉族督抚手中。加以取代八旗、绿营地位充任国家主要军事支柱的湘淮勇营，军营风气大变，兵为将有，权出私门，层层辖制，结为死党，虽战斗力大为提高，但从此军权旁落，成为汉族将帅的专利，再非满洲皇室囊中之物。甲午战后清政府编练新军以取代勇营，亦欲乘机从汉族将帅手中收回兵权，而同样由于自身的腐败无能，又使新建陆军一开始就牢牢控制在袁世凯的手里。其装备、训练虽属新式陆军，但军营风气却与湘淮旧军一脉相承，全军上下无不仰承袁世凯的鼻息，只知有袁帅，不知有朝廷。对满洲贵族来说，更为糟糕的是，咸同时期湘淮军虽称盛一时，但尚有八旗、绿营、练军等武装力量。就湘淮军而言，亦有曾、左、李、刘等诸多派系相互牵制，而到了北洋军时代，八旗、绿营、湘淮军、练军都已退出历史舞台，新式陆军一统天下。只是新军的编练虽然遍地开花，风行一时，清政府也打算在全国建立三十六镇新式陆军，但直到武昌起义爆发也没有完成这个编练计划。其初步成军的部队虽有二十几镇，但真正练成者仅直隶六镇七万人左右，湖北一镇一协一万八千人上下。其他各省皆未练成。且北洋军全部德国装备，由德国军官训练，精锐冠绝一时，非他省新军所可比。此时，李鸿章、刘坤一早已去世，张之洞也年老体衰，致使军界、政坛一时形成袁世凯一枝独秀的局面。这样，那拉氏往日对付湘淮将帅的那些法术，也就无所施展了。

在主观方面,与咸同时代相比也发生了很大变化。就是说,由于时代和个人素质的不同,无论满洲贵族方面还是汉族地方实力派方面,其当权人物都显示出很大的落差。从那拉氏到载沣,从曾国藩到袁世凯,无不是黄鼠狼子生老鼠,一代不如一代。

由于满汉之间的民族矛盾与界线是根深蒂固,所以满洲贵族与汉族地方实力派虽然同属于一个阶级,有着共同的利害,在共同的敌人面前结为同盟,但他们在权利分配上又存在着一种此长彼消的关系,不仅包含着满汉之间的矛盾,也存在着中央与地方的矛盾,倘若处理不当,冲突不能及时化解,尤其在一些关键时刻或重大问题上,就必然会危及他们的这种同盟关系。所以,有经验的政治家如那拉氏与曾国藩,他们不仅对这种同盟关系极为珍视,而且善于自我克制、化解矛盾。就在湘军攻陷天京后的一年之内,他们之间曾出现过两次严重的政治危机,处理不当都足可导致全国性的内战,甚或将他们双方一起毁掉。结果都被他们化解于无形,平安度过危机,君臣关系如初。而载沣、袁世凯二人,则既不能正确估计客观形势,又不能在内部争权夺利的斗争中把握适当的节度,或者野心勃勃,不知自忌;或者狂妄无知,行事鲁莽。他们都忘了一个客观事实,那就是大清王朝是满洲贵族的天下,而满洲贵族离开汉族实力派官员的支持就不能维持自己的统治。

早在袁世凯仰仗荣禄、奕劻的宠信,兵、饷集于一身,倾全国之力而将其所部新军扩练为六镇的时候,已经引起朝臣的警觉。御史王乃征奏称,"今日国家兵赋之大政悉听"袁世凯一人。"该督年甫四十,曾无勋绩足录",而"爪牙布于肘腋","腹心置于朝列","党援置于枢要","即使忠纯如曾国藩、胡林翼、左宗棠,臣抑以为不可,况该督之断断非其人也"。甚至大声疾呼:"满溢之戒,该督既不自知;逾分之嫌,朝廷独不加虑乎?!"[1]只是由于清廷练兵计划尚未完成,正当用人之际,故对其奏折不予理睬。而以那拉氏之阅历,不可能看不到这一问题的严重性。

然六镇练成后,袁世凯仍不知自抑。他眼见那拉氏命不久长,害怕光

---

[1] 杜春和等编:《北洋军阀史料选辑》(上),中国社会科学出版社1981年版,第41-43页。

绪帝重新执政清算自己的旧账，遂重操政治投机的故伎，企图利用清廷假立宪之机，攫取内阁协理大臣一职。立宪派也极力加以鼓动，称"公今揽天下重兵，肩天下重任矣，宜与国家有死生休戚之谊"，"不及此日俄全局未定之先求变政体，而为揖让救焚之迂，图无及也。"[1] 其时议论纷纷，朝臣奏请，奕劻提携，入阁秉政似乎已成定局，真是司马昭之心路人皆知。由于奕劻对之言听计从，引为心腹，此计一旦得逞，责任内阁的实权也就落到他的手里。加以重兵在握，其实际地位将超过当年的肃顺、恭亲王，而与太平天国的东王杨秀清相埒。这就势必激怒满洲贵族，引起那拉氏的警觉。结果，那拉氏一纸上谕，不仅粉碎了他的入阁梦，还收回了他手中的兵权与财权。不过，那拉氏毕竟有经验，不久即令其以外务部尚书入值军机处，虚尊其位，保全脸面，既可解除其目前的威胁，又可留为他日之用。

但袁世凯并没有就此为止。其遭到迎头棒喝之后，仍不知自敛，不仅与奕劻联手将政敌瞿鸿禨逐出军机处，还上疏攻击凤山之无能与成立陆军部之失计，妄图重新夺回已经失去的兵权，似乎忘记了大清王朝是满洲贵族的天下。更为严重的是，那拉氏重病之际，忽然传来袁世凯欲废光绪、拥戴奕劻之子载振为帝的消息。这就更进一步激化了他们同少壮亲贵的矛盾，引起那拉氏的警惧。其临终安排以溥仪承位，以袁世凯的死对头载沣摄政，显然含有预防庆、袁篡权之深意。不过，直到此时袁世凯尚有畏惧之心，知道光绪帝复出无望，极力表示拥戴载沣，主动提出"以醇王载沣长子溥仪入承大统"，为那拉氏破解了一个大难题。她本早有此意，惟顾虑可能遭到袁世凯和奕劻的反对，迟疑未发。那拉氏见此情景，也就放下心来。故而临终之际，对之倍加信赖，将载沣父子托付给袁世凯、奕劻等人，"顾而泣曰：'汝辈皆先皇老臣。今皇帝冲龄，虽有载沣摄政，亦唯汝辈匡辅是赖。'复泣顾载沣曰：'汝应拜诸老臣，汝年幼，唯诸老臣之谋是用。'"[2] 随之相互伏地跪拜。如果袁世凯就此罢手，载沣不把事情做绝，

---

[1] 沈祖宪 吴闿生：《容庵弟子记》，《北洋军阀》（五），上海人民出版社1993年版，第67页。

[2] 袁克文：《洹上私乘》，大东书局1926年版，第6—7页。

或许满汉君臣之盟尚不至决裂。

不料,袁世凯野心不死,也不接受上次失败的教训,乘光绪皇帝与慈禧太后刚刚去世,朝局一时动荡、混乱之际,再次奏请速设责任内阁,向载沣施加压力,企图浑水摸鱼,攫取内阁实权。康梁改良派在一封密信中称:"今日夜(报)纸言,仓主提议,速布宪法。"据杨天石先生的考证,"仓主"指袁世凯。因其以小站练兵发迹,"小站出稻,故由此取意"[1]。信中未署时日,但从当时的情形看,袁世凯此举当发生于那拉氏死后的七日之内。因为以公历纪年,那拉氏死于1908年11月15日,而1908年11月22日的《大公报》已发布袁世凯奏请速开国会、实行宪政以安人心的新闻,日本报纸《大阪朝日新闻》《东京朝日新闻》也以显著位置分别于同日和后日登载了这一消息[2]。袁世凯此举恰好击中了满洲贵族的要害,将载沣逼入死角,双方的矛盾一下子激化起来。以至连康梁改良派也大呼"手段真是可畏"[3],乘机煽风点火,推波助澜,力谋杀袁以报戊戌一箭之仇。

从那拉氏到载沣,包括满洲贵族与握有实权的汉族官吏,实际上他们内心深处谁都不愿意召开国会、实行宪政。因为按照西方体制,他们必须交出手中的权力,最高决策权要交给国会,地方大权要交给省议会,这是他们誓死难从的。他们所以虚张声势,大喊大叫,一则为应付国内外压力,二为捞取更大的权力。由于戊戌维新运动失败之后,国内革命形势日趋高涨,而那拉氏拒绝一切政治制度的改革,也不利于帝国主义在华利益的扩张。所以,帝国主义列强将尽快实行君主立宪作为与清政府签订《辛丑条约》的先决条件。否则,那拉氏西逃,为什么要刚到太原就迫不及待地发布实行君主立宪的上谕?又为什么要在那拉氏公开发布此谕之后,中外双方才开始有关《辛丑条约》的谈判?至于防止国内革命的发生,则清朝统

---

[1] [3] 杨天石:《从帝制走向共和——辛亥革命前后史事发微》,社会科学文献出版社2002年版,第42页。

[2] 杨天石:《从帝制走向共和——辛亥革命前后史事发微》,社会科学文献出版社2002年版,第43页。

治阶级、帝国主义列强、资产阶级改良派与立宪派同此心愿。一些西方学者至今未脱此态,仍坚持认为中国人不该发动辛亥革命,应让清政府一直按照自己的路子走下去。不过,仅为这一目的,尚不足调动载沣和袁世凯等人的积极性。他们后来所以有了热情,尤其积极主动、再接再厉的袁世凯,则是企图乘君主立宪之机进一步扩大自己的权力。

载泽曾在力请实行宪政的密折中称:"宪法既立,在外各督抚,在内诸大臣,其权必不如往日之重,其利必不如往日之优。于是,设为疑似之词,故作异同之论,以阻挠于无形。彼其心,非有所爱于朝廷也,保一己之私权而已,护一己之私利而已。顾其立言则必曰:防损主权。不知君主立宪大意在于尊崇国体,巩固君权,并无损之可言。"[1]显然,他所讲的"君主立宪"并不是英、日等国的君主立宪,而是清政府特有的君主立宪:不是还政于民,而是强化君权。不仅极力避免中央大权落入汉人手中,还要将咸同年间落入汉员地方督抚手中的军政实权夺回来。他是满洲贵族中既亲且贵的人物,曾于1905年受清政府派遣专门赴国外考察宪政,于专门报告之外又上密折,可谓当时政坛大红大紫的人物,其言论足可代表满洲贵族核心人物的政治意图。何况,他们不仅这样说,也这样做。他们不仅收缴了直隶的兵权,还用设立新的理财机构的办法,夺回咸同年间落入地方督抚手中的中央财权。光绪三十三年"载泽既管度支部,一设各省监理财政官,尽夺藩司之权;一设盐政处于京师,尽夺盐政、盐运使之权,即所谓中央集权是也"[2]。所以,满洲贵族所要剥夺和打击的不止一个袁世凯,而是各省汉员督抚,即便他们安分守己也难逃此一劫。就拿当时与袁世凯地位相埒的张之洞来说吧,虽没有入阁夺权的野心和举动,但最后亦因不堪满洲贵族的排挤"抑郁而死",其下场也并不比袁世凯好。光绪三十三年七月,他几乎与袁世凯同时被清廷以明升暗降的手段调离湖北,入京充军机大臣,借以抑制袁世凯,故处处受到袁世凯的暗中排挤。"及袁世凯

---

[1] 中国史学会主编:《中国近代史资料丛刊·辛亥革命》第四册,上海人民出版社1957年版,第27页。
[2] 胡思敬:《国闻备乘》,上海书店出版社1997年版,第96页。

既罢，无人掣肘，自料可伸己志。已而，亲贵尽出揽权，心甚忧之。军谘府之设，争之累日不能入"，复因与载沣意见相左而辗转招致美国公使的压迫。"之洞生平多处顺境，晚岁官愈高而境愈逆，由是郁郁成疾。"[1]这就不能不使其他汉员督抚同病相怜，兔死狐悲。袁世凯欲赢反亏固然愚蠢可笑，而那拉氏、载沣对袁世凯和其他地方督抚的做法，也使他们推行君主立宪的真实意图大白于天下。无怪乎武昌一声枪响，各省纷纷宣告独立，脱离清政府。他们的选择恐怕主要不是出于对共和民主制度的热爱，而是出于个人利害的考虑：再跟着满洲贵族走下去，很可能老本都会赔光。

袁世凯则与之相反，沿着另一条政治思路和历史发展趋势顽强地走下去。前面已经提到，自咸同以来，国家权力重心下移，军政实权落到地方督抚手中。其实力最强的曾国藩湘淮集团，在一定程度上掌握了国家命脉，且随着时间的推移，事态益趋严重。曾国藩充任首领时，虽有功高震主之嫌，亦不过握有东南地区及直隶等省的地方大权。而李鸿章接掌门户后，则又进而控制了中央政府的国防、外交实权，或战或和皆其一身承办，遂成为古今中外最大的"签约专业户"。及至八国联军侵入中国，清政府对外宣战，他们竟与中央政府公开分裂，分庭抗礼，同外国侵略军搞起了"东南互保"。而清政府迫于形势，事后不仅不加追究反而对之大加表彰，对于袁世凯则尤为重用，倾全国之力增练北洋军，使之数年之内由一万多人扩充至六镇七万人左右。再加上受他间接控制或依附于他的东北、华北地区的外省部队，其兵力更为可观。所以，迨及清政府大搞预备立宪之时，袁世凯已成羽翼丰满、坚固不拔之势，岂可轻易放弃攫取内阁实权的大好时机？故于初试失败之后再来一次，被逐之后一旦东山再起，复又旧事重提，终于达到了自己的目的。

其实，清政府预备立宪之时袁世凯所搞的官制改革方案，也不是要革除封建专制，实行议会民主。他所要建立的责任内阁，也不是西方式的责任内阁。因为西方民主制度，无论美、法式的共和国还是英、日式的君主立宪制度，国家的最高决策权都在议会，内阁对议会负责。而袁世凯的改

---

[1] 胡思敬：《国闻备乘》，上海书店出版社1997年版，第85页。

革方案不过是撤销军机处,建立一个对皇帝负责的内阁,皇帝仍然是国家最高决策者,只不过将手中的丞相之权分出,交给内阁总理大臣,只做国家元首,不再兼任政府首脑。其实际情况与明代以前的情形相似,虽然多了一个国会,它也不是西方式的国会,而最多不过是个谘议性机构。

中国自古以来,历代专制政府的权力大约一分为三,即君权、相权、将权,分别由君主、丞相、将军执掌。君主掌决策、用人之权,而具体行政、用兵则由丞相、将军执行。丞相为政府(一般为内阁)首脑,将军为军队统帅,平时主要靠相,战时主要靠将,分去君主的很大一部分权力,既是其不可或缺的助手,也对其具有一定的制约作用。丞相主持内阁,执掌六部,遇有国家大事,即由君主作出决定,具体由丞相按规章制度办理。故有所谓"掌天下之平"之说,君主亦不得肆行已意。迨至明洪武十三年(1380),太祖皇帝朱元璋杀左丞相胡惟庸之次日,即发布文告,声称"朕欲革去中书省,升六部,仿古六卿之制,俾之……权不专于一司,事不留于壅蔽。"[1]中书省即内阁,也是当时的政府。作为皇帝的朱元璋撤销中书省,直接掌管六部,也就是撤销了丞相之权,或者说兼并了丞相之权,身兼君、相二职。从此而后,君主不仅是国家元首,同时还是政府首脑,君主专制进一步加强,相权也就不复存在了。清承明制,虽有内阁之名而无内阁之实。尽管顺、康之时大学士尚有阅折、拟稿之权,但既不能掌管六部,亦即不是政府,也就不再是原来的内阁,只不过徒具虚名而已。及至雍正八年设立军机处之后,内阁仅有的这点权力亦被彻底剥夺,内阁学士、大学士完全成为荣誉职务。军机处虽具有一定职权,协助皇帝处理国家大事,但并无专职人员,皆由大学士与部院大臣兼任,带有临时差派的性质,与明代以前的内阁显然不同。而清政府也就是利用清代政治体制的这一特点,企图鱼目混珠,以一个作为封建专制工具的内阁,冒充象征西方民主政治制度的内阁。

我这样讲并非出于推理,而是根据事实。不仅我这样看,时人也这样看;不仅制订这一方案的人这样看,反对这一方案的人也这样看。且不

---

[1]《明实录》第一二九卷,江苏国学图书馆传抄本,第4页。

说袁世凯从来就没有真正拥护过共和民主制度，根本就不可能制订出一个实施这一政治制度的方案，只要看一看反对这一方案的人是如何讲的，就足可说明这一问题。御史张瑞荫在奏折中称："大抵天下之权，唯皇上可以操之，非臣下所宜擅也。军机处虽为政府，其权属于君；若内阁则权属于臣，不过遇事请旨耳，视前明之内阁票拟何异？若谓大权仍不下移，其谁信之！"[1]很清楚，他之所以反对这个方案，并非因为它是个西方式的内阁方案，而仅仅是个恢复明代内阁的方案。所谓"票拟"就是草拟谕旨。明代废除丞相制度之后与清朝初年，都实行过这种制度。不过是徒拥空名的内阁所能保留的一点少得可怜的残余权力。清朝皇帝，连这点按照封建专制体制原本属于内阁的权力都不肯交出，怎么能还权于民，把国家最高决策权交给民选议会？可见，满洲贵族在清朝末年搞的立宪活动确实是假立宪，袁世凯的官制改革方案也不是谋求西方民主制度的方案，不过是假借西方责任内阁之名而已。

至于时人的评论，则更是一针见血。胡思敬在《国闻备乘》中说："当世凯去位时，幕客代拟疏谢恩，中有'属当宪政垂成之时，正值两宫升遐之日'二语。世凯大惧，急取笔涂去'宪政垂成'四字，易以'庶政待理'。"使人从中洞悉玄机，"乃知立宪一事并非世凯本心，不过借以翻乱朝局"，故"既罢则防后祸，不敢以此自坐也"[2]。

那么，他们为什么会因此斗得你死我活呢？请看反对这一方案的大臣们是如何说的。

御史赵炳麟奏称："一切大权皆授诸二三大臣之手，不知有天子。虽曰二三大臣之进退操于君主，而党羽既成，根柢深固，天子号令不出一城，虽欲进退之乌从下手？是流弊必至陵君。"[3]内阁学士兼礼部侍郎衔文海则在奏折中说："今议者欲去军机大臣，而设大总理以为立宪之地，是欲

---

[1] 故宫博物院明清档案部汇编：《清末筹备立宪档案史料》上册，中华书局1979年版，第430页。

[2] 胡思敬：《国闻备乘》，上海书店出版社1997年版，第86页。

[3] 故宫博物院明清档案部汇编：《清末筹备立宪档案史料》上册，中华书局1979年版，第124页。

学日本权在大将军也。败坏国家,莫此为甚。"他还要求立即斥退袁世凯,彻底拆毁其酝酿这一阴谋的穴巢:"所有厘定官制馆应请即行裁撤,并请饬下直隶总督袁世凯速回本任,以重职守。"[1]显然,他们并不是反对借责任内阁之名搞假立宪,而是反对这一组阁方案的人事安排。说白了就是反对袁世凯入阁担任协理大臣,所谓"二三大臣",所谓"权在大将军"都是指他而言。因为谁都能想到,他既掌京畿六镇的兵权,又任内阁协理大臣之职,加之总理大臣奕劻对他言听计从,这样的责任内阁也就不会徒具空名了。而且从最后的结局看,袁世凯的方案完全出于私意。那拉氏只是让他制订一个官制改革方案,并没有让他担任内阁协理大臣,而反对此方案的这些话却是得自上意。否则,其后设立皇族内阁,同样是由奕劻出任总理大臣,他们怎么就不再反对了呢?可见,满洲贵族与袁世凯之间的矛盾和斗争,纯属清朝统治阶级内部满汉贵族间争权夺利的矛盾和斗争,并不涉及是否实行君主立宪或真立宪和假立宪的问题。故长期以来这个问题不被研究者所重视,即使在著作中提到,亦不过是个讥讽袁世凯心狠手拙的笑话,并没有把它同辛亥革命的最后结局联系起来,发现二者内在的、必然的因果关系。

然这一矛盾和斗争,对他们双方,尤其满洲贵族来说,同样具有关乎生死存亡的意义。袁世凯乘光绪皇帝与慈禧太后刚刚去世,清朝政局动荡、人心不稳之机,以隐掌兵权的元老重臣的资历,上奏敦促载沣速开国会、实行宪政以安人心,无疑是对满洲贵族的严重挑衅,表明他野心不死,有败无畏,非把内阁实权拿到手不可。他之所以会如此赤膊上阵,孤注一掷,则主要有两方面的原因。从客观上说,首先,当时政治局势的发展为它提供了这种可能性。从全国的形势看,君主立宪势在必行。否则,西方列强不答应,立宪派不答应,广大民众对清政府感到失望,就会转而支持革命党,清王朝大势已去,也就无法挽回了。这也正是载沣感到为难的地方。上次为了阻止袁世凯入阁,干脆来个原地不动,撤销设立责任内阁的计划,

---

[1] 故宫博物院明清档案部汇编:《清末筹备立宪档案史料》上册,中华书局1979年版,第139、140页。

仍旧沿用军机处制度。而现在形势已经不同,那拉氏死后最高决策层空虚,正是清政府最脆弱的时候,设立责任内阁的事不能再无限期地拖延下去了。同时,他遍观朝内亲贵,倘设立责任内阁,则总理大臣一职非奕劻莫属。而以奕劻的性情以及他们之间的亲密关系,则一旦奉命组阁,必然引他入阁,倚为干城。这样,他就可以控制内阁实权,大有一番作为了。这也是令载沣极感为难的一个原因。另外,也使人联想到,曾国藩作为一个受尽屈辱和压制的清朝汉员大臣,未必不想驱除鞑虏、恢复中华,早日夺回失之于明末的汉家江山,只是苦于客观上看不到这种可能性,不得不苦苦自守,对清廷奉之唯谨,致令不少人至今为他不肯做皇帝扼腕叹息。如今袁世凯急于夺权,一次次地向清廷发起冲击,则是由于客观上为他提供了这种可能性,并且被他看到了。所以他揪住不放,不达到目的不肯罢休。从主观上来说,袁世凯做得如此莽撞、露骨、迫不及待与不计后果,不能不说是一种不学无术、素质不高的表现。因为袁世凯此举在不少方面思虑不周,既没有正确地估量客观形势,也没有为自己一旦遭到失败而做好必要的应急准备。首先,袁世凯乘推行"宪政"之机向清廷夺权,究属于合法斗争,不同于吴三桂的叛乱与太平天国的反清起义,要想达到自己的目的,不仅需要向清政府施加足够的压力,还要考虑其所能够承受的最大限度。上次夺权就因为忽视了这一点,弄得个狼狈溃败,不仅没有捞到内阁实权,还被清政府收走了统辖直隶六镇的大权,真是赔了夫人又折兵。袁世凯大概事先没有想到竟会出现这样一个结局。他如果真的接受这次教训,就应该想到清政府绝不会满足他的要求,将内阁实权交到他的手里。因为这样一来必然导致清王朝的名存实亡,就像东汉末年的情景。故清帝绝不会成为汉献帝,清政府也会不让袁世凯做曹阿瞒。所谓"今议者欲去军机大臣,而设大总理以为立宪之地,是欲学日本权在大将军也。败坏国家,莫此为甚",说的就是这个意思。同时,袁世凯只是觉得那拉氏死后朝中再没有足可降服自己之人,却没有想到越是弱者越要痛下杀手,一旦反击必置对手于死地,再不会像那拉氏那样对之宽容了。故他对此毫无精神准备,一旦面临杀身大祸,竟然垂头丧气,一片惊慌,狼狈逃离北京。同曾国藩相比,袁世凯确实存在着明显的差距。倘若袁世凯当时隐忍不发,耐心等待譬如后来东山再起时那样的时机，目的或可以达到，同满洲贵族间的联盟也不至破裂。这样，大清王朝固然可以苟延十几年，而他自己也不至像后来那样，先叛大清，再叛民国，复又为洪宪帝制卖国求援，落下千古骂名。他与曾国藩同为封建地主阶级的代表人物，同样推行洋务新政，无不主张对外妥协，但在中国文人心目中的地位却悬若天壤，这不能不使人归咎于个人素质上的差别。

然就载沣而言，狂妄无能、偏狭短视，根本无法与那拉氏相比，实在不具帝王之资。他本来是要杀掉袁世凯的，鉴于奕劻、张之洞的坚决反对，尤怵于帝国主义的干预，方改为驱逐。当时的清王朝已是风雨飘摇，内外交困，他却既要排除立宪派，又要拆散满汉联盟，设大清有难，靠谁支撑？假如满洲贵族有能力平息汉族民众的反抗，曾国藩集团何能崛起田间？若非以汉制汉之策，清朝何能苟延至今？由此可见，清朝的灭亡，不仅由于革命形势的日益发展和自身的腐败无能，而且因为清政府内连肃顺、奕訢、那拉氏那样善于因人成事的政治家，也不复出现了。正像有人说的那样，"那拉后当热河奔遁之余，委任汉大臣坐致中兴"，"其识力手腕均有不可及之处"。"所可恨者，嗣醇王不能听老人临终嘱托之言"，"三百年之帝位轻轻以一手断送之"。又说："使醇王摄政之初，稍有知识，憬然于天命已去，大局将危，遵先后之遗言，礼重耆硕，相与补苴罅漏，夙夜忧危，或尚有祈天永命之望。乃听信谗言，袭用国初忮克汉人之习，以威名赫赫、天下仰望之大臣，首与为雠，几以托孤受命之身，蹈亡身赤族之祸，虽张文襄、鹿文端诸臣极力保全，犹使罢职以去。殊不知猛虎在山，藜藿不采；有太公鹰扬以为之师，故周公负扆，始延孺子之命，而乃自坏长城！"还说："国不自亡，谁能亡之！"[1]据说，载沣驱袁时也曾想到如何控制军队的问题，但他们认为，可以用日本留学生逐步取代北洋将领。岂料，形势急转直下，根本没有给他们这个时间。更何况，日本留学生中的不少人已经加入了革命党，就算有人忠于清朝，也没有掌握部队的能力。吴禄贞的例子就足可证明他们的想法是不切实际的，故他们败亡也

---

[1] 王锡彤：《抑斋自述》之三，《燕豫萍踪》，民国线装本，第37、40页。

是不可避免的。

载沣的失误犹如肃顺当年的得计一样，也是满洲贵族内部两派斗争的结果。在如何对待汉人督抚的问题上，直到清朝末年，满洲贵族内部仍有两种意见、两个派别。大约那拉氏、奕劻、荣禄为一派，主张重用汉臣；而载沣、铁良、良弼为一派，主张独揽大权。这帮少壮亲贵远离镇压太平军、捻军的那场战争，昧于历史发展的大势，以为没有汉族疆吏的支持，大清王朝仍可以摇而不坠。

袁世凯能有小站练兵的机会，固然全仗李鸿藻的奏荐、支持，但若无荣禄的远见卓识，恐怕开张不久即被驱逐，根本不可能获得以后的成功。据称，袁世凯为人所劾，清政府派荣禄赴小站核查。袁世凯请荣禄阅操，"荣相大惊异。盖未料成军才百余日，而队伍之精整，阵法之变化，竟擅曲端纵鸽之奇也。回京复命，据实称誉，遂蒙温谕"。不久，即"简放直隶臬司，入都展觐"[1]。本来，袁世凯是确有问题的，虽无左宗棠杀头之虞，但处分在所难免，最轻也是革差离营，失去小站练兵的机会。结果，不仅奏参各款免议，且获优旨褒奖，官升两级，似与当年的肃顺救左，颇有异曲同工之妙。荣禄死后，则袁世凯全靠继任领班军机大臣奕劻的全力支持。据说，奕劻因屡被弹劾，内不自安，本欲在劾去政敌瞿鸿禨、林绍年后自行引退，"而援其子载振入军机，副以杨士琦"。那拉氏不许，反而令载沣充任军机大臣，占据要位。"奕劻闻载沣用，则载振将为其所压，而引袁世凯相助。""及世凯入，交欢奕劻而与载振结盟为兄弟。"[2] 奕劻那么积极地搞假立宪，不外借袁世凯与立宪派之力保住满洲贵族的江山，虽有个人打算，但归根到底仍未脱出以汉制汉的范围。倘若这一派得势，其政治格局至多不过像袁世凯再度出山时那样，尽管满洲贵族难免大权旁落，但清朝绝不会亡得那么快。所以，奕劻一派的失败，既是袁世凯和立宪派的失败，更是满洲贵族的失败。因为无论真、假立宪，当时的立宪派都把

---

[1] 沈祖宪，吴闿生：《容庵弟子记》，载《北洋军阀》（五），上海人民出版社1993年版，第37、38页。
[2] 胡思敬：《国闻备乘》，上海书店出版社1997年版，第71页。

自己参政议政的希望寄托在袁世凯身上，只要还有一线希望，立宪派就不会急于造反，袁世凯也不会彻底背叛清朝。后来的历史事实表明，袁世凯的被逐和张之洞的"抑郁而死"，以及皇族内阁的随之出台，不仅把立宪派和袁世凯逼上梁山，也使各省汉员督抚兔死狐悲，为之寒心。据说，辛亥革命爆发后宣布独立的各省督抚，有的固然是因为受到革命党的影响，但其中很大一部分却是出于立宪派和袁世凯的鼓动。所以，未待辛亥革命爆发，已经决定了清王朝的命运。这不仅因为清廷此举起了催化革命的作用，还因其自毁长城，自我孤立，从此失去镇压革命的能力。

（《袁世凯与北洋军阀》，上海人民出版社，2006年6月）

晚清满汉关系与辛亥革命

辛亥革命为什么会有这样的结局？革命党轻而易举地推翻了清王朝，但却无论如何也无法实现真正的共和民主制度。中华民国虽已建立，而作为清朝残余势力的北洋集团却仍继续统治着中国，直到1928年国民党完成北伐，才将其彻底肃清。究其原因，主要是那拉氏死后，清朝皇室犯了致命的政治错误，拒绝立宪派参政和放逐袁世凯，从而导致立宪派的起而造反和袁世凯的背叛。而当时的革命军又没有足够的实力一举消灭以袁世凯为首的北洋集团，致使这场革命最后归于失败，形成共和国名存实亡而封建王朝名亡实存的结局。其理由主要有以下五条：

一

清王朝是满洲贵族入主中原所建立起来的一代政权，虽其强调满汉一家，大量吸收汉族士绅参加各级政府，但旗、汉界限分明，民族歧视显然存在。这不仅由于旗人享有种种特权，各级政府的实权都掌握在他们手中，汉员往往受到欺压和多方限制；还因为满洲贵族时时警戒、处处防范，竭力不让汉族官员握有兵权。

然而，随着时间的推移，这种情况也渐渐发生了变化。尤其咸丰十年以来，清政府兵饷两空，主要靠汉员督抚募勇筹饷、支撑危局。为赢得战争、保住皇位，他们两害相权取其轻，不得不大幅度地调整满汉关系与民族政策，行以汉制汉、放权督抚之计，遂致中央集权削弱、地方分权增强，国家军政实权落到曾国藩为首的汉族督抚手中。加之取代八旗、绿营地位充任国家主要军事支柱的湘淮勇营，军营风气大变，兵为将有，权出私门，层层辖制，结为死党，虽战斗力大为提高，但从此军权旁落，成为汉族将帅的专利，再非满洲皇室囊中之物。

甲午战后清政府编练新军以取代勇营，亦欲乘机从汉族将帅手中收回兵权，而阴错阳差又使新建陆军一开始就牢牢控制在袁世凯之手。迨及辛亥革命爆发，袁世凯东山再起，满洲皇室孤悬其上，已被汉族军政官员完全架空。

二

以曾、胡、左、李为代表的湘淮军政集团，亦即曾国藩集团，具有明显的相对独立性，与清政府之间既有共同利害也有矛盾冲突，而在太平军、捻军的巨大军事压力下尤为如此。于是，他们在共同的敌人面前结为同盟。因为这种同盟既不同于《三国演义》中的孙刘之盟，也不同于宋、辽间的澶渊之盟，故姑且将它称为满汉君臣之盟。

然而，他们在权利分配上又存在着一种此长彼消的关系，不仅包含着满汉之间的矛盾，也存在着中央与地方的矛盾，倘若处理不当，冲突不能及时化解，尤其在一些关键时刻或重大问题上，就必然会危及到他们的这种同盟关系。所以，要维持这个同盟，则不仅要以共同利害为基础，还要有双方信守不移的规则。简而言之，就是清廷必须善待功臣，而曾国藩集团则必须恪守臣道，亦即所谓"君使臣以礼，臣事君以忠"之意。

在数十年的政治生涯中，湘淮军政集团，尤其曾国藩本人同清政府之间，曾出现过不下十次的政治危机，有的固属一场虚惊，有的则实实在在。尤其在湘军攻克天京前后的同治三、四两年，他们所以能够两次渡过最为深刻的政治危机，在内战一触即发的关键时刻得以化解于无形，主要就是由于他们双方都做到了这一点。例如，湘军攻占天京后，清廷忧于曾国荃五万之众的威胁，以追查天京窖金与幼天王下落为名，迫使曾国藩自剪羽翼。而曾国藩一旦裁军辞饷、送其弟曾国荃回籍，上述两事亦不了了之。在此关键时刻，倘有一方不肯让步，必致联盟破裂，天下大乱。再如，同治四年三月那拉氏突然罢免恭亲王奕訢的一切职事，妄加罪名，欲陷不测。加以在此之前，蔡寿祺曾接连两折参劾恭亲王，其罪名之一即重用汉臣，词连曾国藩等人。这就不能不引起他们的极大恐慌，疑为清政府卸磨杀驴的信号。故曾国藩苦思数日，便开始向心腹将领吹风试探，酝酿对策，曾与水师将领彭玉麟二人在一只小船中抵额密谈，"欷歔久之"[1]。彭玉麟欲马上动手，上疏谏争。而曾国藩则要他少安毋躁，须得京中密报再定行止，不可仅据一纸京报就采取行动。若非那拉氏见风转舵，重新恢复奕訢"议政王"之外的其他主要职事，事情的发展必然是另外一种结局。

这种君臣之盟自古有之。而历史经验表明，得胜前结盟固属不易，而得胜后持盟不败则更难，倘此盟系于两个民族之间，尤难上加难。然清政府与曾国藩集团却居然做到了这一点，在中国政治史上实属罕见。人们在称赞曾国藩经验丰富、知进知退的同时，也不能不佩服那拉氏控驭有术、深谙为君之道。

三

袁世凯的外交与军事才能虽然主要得自曾国藩集团的熏陶，其所练新军的军营风气，也同湘淮勇营一脉相承，但其经世致用的本领与个人修养，却远不能与曾国藩等人相比。曾国藩是中国传统文化教养出来的最后一代出色的军事家、政治家，具有丰富的政治经验和相当高的个人修养，深悉清廷对汉臣的疑忌之心，故能恪守为臣之道，不仅能在功高震主、群疑众谤之际抑退自保，还能在手握重兵、身受冤抑之时缄默自守，严持武臣干政之戒。早在湘军攻陷天京之前，当他发现清廷对自己疑忌甚深时，就已经做好了功成身退、割权自保的思想准备，并将此想法广为散布。他在给亲友的信中说："两接户部复奏之疏，皆疑弟之广揽利权，词意颇相煎迫"[2]，而"近来体察物情，大氐以鄙人用事太久，兵权过重，利权过广，远者震惊，近者疑忌"。又说："长江三千里几无一船不张鄙人旗帜，外

---

[1] 曾国藩：《曾文正公手书日记》，中国图书公司宣统元年印行，同治四年四月初三日。
[2] 曾国藩：《曾文正公全集·文集》第23卷，湖南传忠书局版，第43页。

间疑敝处兵权过重,利权过大。盖谓四省厘金络绎输送,各处兵将一呼百诺,其相疑良非无因。"[1]还说:"自古握兵柄而兼窃利权者,无不凶于而国、害于而家"[2]。"侍忝附儒林,时临冰渊,而使人广揽利权疑我,实觉无地自容"[3]。"揆之消息盈虚之常,即合藏热收声,引嫌谢事"[4],以"避贤者路。非爱惜微名,而求自全也"[5]。他能在攻陷天京后很快摆脱政治危机,与此有很大关系。

剿捻期间清政府中途易帅,使曾国藩大丢脸面,有人劝他上疏谏争。曾国藩惧祸敛退,并复函解释道:"窃观古来臣道,凡臣工皆可匡扶主德,直言极谏,唯将帅不可直言极谏。以其近于鹫拳也。凡臣工皆可弹击权奸,除恶君侧,唯将帅不可除恶君侧。以其近于王敦也。凡臣工皆可一意孤行,不恤人言,唯将帅不可不恤人言。以其近于诸葛恪也。握兵权者犯此三忌,类皆害于尔国,凶于尔家。故弟自庚申忝绾兵符以来,夙夜祗惧,最畏人言,迥非昔年直情径行之态。"又说:"近有朱、卢、穆等交章弹劾,其未奉发阅者又复不知凡几,尤觉梦魂悚惕,惧罹不测之咎。盖公论之是非,朝廷之赏罚,例随人言为转移,虽方寸不尽为所挠,然亦未敢忽视也。"[6]大约正因为这一点,曾国藩方能以历经风波而有惊无险,功高权重而身名俱泰。

然袁世凯虽以权谋狡狯著称,但却似乎不大懂得这番道理,也不具备这样的自身修养。当其仰仗奕劻的宠信,兵饷集于一身,倾全国之力而将其所部新军扩练为六镇的时候,已经引起朝臣的警觉。御史王乃徵奏称,"今日国家兵赋之大政悉听"袁世凯一人。"该督年甫四十,曾无勋绩足录","爪牙布于肘腋","腹心置于朝列","党援置于枢要","即使忠纯如曾国藩、胡林翼、左宗棠,臣抑以为不可,况该督之断断非其人

---

[1] 曾国藩:《曾文正公书札》第23卷,湖南传忠书局版,第42页。
[2] 曾国藩:《曾文正公书札》第23卷,湖南传忠书局版,第43页。
[3] 江世荣编:《曾国藩未刊信稿》,中华书局1959年版,第214页。
[4] 曾国藩:《曾文正公书札》第23卷,湖南传忠书局版,第39页。
[5] 曾国藩:《曾文正公书札》第24卷,湖南传忠书局版,第7页。
[6] 曾国藩:《曾文正公书札》第26卷,湖南传忠书局版,第2—3页。

也"。甚至大声疾呼:"满溢之戒,该督既不自知;逾分之嫌,朝廷独不加虑乎?!"[1]只是由于清廷练兵计划尚未完成,正当用人之际,故对其奏折不予理睬。而以那拉氏之阅历,不可能看不到这一问题的严重性。

然六镇练成后,袁世凯仍不知自抑。他眼见那拉氏命不久长,害怕光绪帝重新执政清算自己的旧账,遂重操政治投机的故伎,企图利用清廷假立宪之机,攫取内阁副总理大臣一职。立宪派也极力加以鼓动,称"公今揽天下重兵,肩天下重任矣,宜与国家有死生休戚之谊","不及此日俄全局未定之先求变政体,而为揖让救焚之迂,图无及也"[2]。其时议论纷纷,似乎已成定局,真是司马昭之心路人皆知。由于奕劻对他言听计从,引为心腹,此计一旦得逞,责任内阁的实权也就落到他的手里。加以重兵在握,其实际地位将超过当年的肃顺、恭亲王。这就势必激怒满洲贵族,引起那拉氏的警觉。结果,那拉氏一纸上谕,不仅粉碎了他的入阁梦,还收回了他手中的兵权与财权。不过,那拉氏毕竟有经验,不久即令袁世凯以外务部尚书入值军机处,虚尊其位,保全脸面,既可解除袁世凯目前的威胁,又可留为他日之用。

但袁世凯并没有就此为止。其遭到迎头棒喝之后,仍不知自敛,不仅与奕劻联手将政敌瞿鸿禨逐出军机处,还上疏攻击凤山之无能与成立陆军部之失计,妄图重新夺回已经失去的兵权,似乎忘记了大清王朝是满洲贵族的天下。更为严重的是,那拉氏重病之际,忽然传来袁世凯欲废光绪、拥戴奕劻之子载振为帝的消息。这就更进一步激化了他们同少壮亲贵的矛盾,引起那拉氏的警惧。其临终安排以溥仪承位,以袁世凯的死对头载沣摄政,显然含有预防庆、袁篡权之深意。不过,直到此时袁世凯尚有和解之意,知道光绪帝复出无望,极力表示拥戴载沣,主动提出"以醇王载沣长子溥仪入承大统",为那拉氏破解了一个大难题。她本早有此意,惟顾

---

[1] 杜春和,等编:《北洋军阀史料选辑》(上),中国社会科学出版社1981年版,第41—43页。

[2] 沈祖宪,吴闿生:《容庵弟子记》,载《北洋军阀》(五),上海人民出版社1993年版,第67页。

虑可能遭到袁世凯和奕劻的反对，迟疑未发。那拉氏见此情景，也就放下心来。故而临终之际，对之倍加信赖，将载沣父子托付给袁世凯、奕劻等人，顾"而泣曰：'汝辈皆先皇老臣。今皇帝冲龄，虽有载沣摄政，亦唯汝辈匡辅是赖。'复泣顾载沣曰：'汝应拜诸老臣，汝年幼，唯诸老臣之谋是用。'"随之相互伏地跪拜。[1] 如果载沣不像后来那样把事情做绝，或许满汉君臣之盟尚不至彻底决裂。

然载沣偏狭短视，根本无法与那拉氏相比，实在不具帝王之资。他本来是要杀掉袁世凯的，鉴于奕劻、张之洞的坚决反对，尤怵于帝国主义的干预，方改为驱逐。当时的清王朝已是风雨飘摇，内外交困，他却既要排除立宪派，又要拆散满汉联盟，设大清有难，靠谁支撑？假如满洲贵族有能力平息汉族民众的反抗，曾国藩集团何能崛起田间？若非以汉制汉之策，清朝何能苟延至今？载沣对此全然不懂，在没有本钱的情况下，还要以大清江山为注，强赌一把。相形之下，他比袁世凯更蠢。因为袁世凯输得起，他却输不起！清朝的灭亡，不仅由于革命形势的日益发展和自身的腐败无能，而且因为清政府内连肃顺、奕訢、那拉氏那样善于因人成事的政治家，也不复出现了。正像有人说的那样，"那拉后当热河奔遁之余，委任汉大臣坐致中兴"，"其识力手腕均有不可及之处"。"所可恨者，嗣醇王不能听老人临终嘱托之言"，"三百年之帝位轻轻以一手断送之"。又说，"使醇王摄政之初，稍有知识，懔然于天命已去，大局将危，遵先后之遗言，礼重耆硕，相与补苴罅漏，夙夜忧危，或尚有祈天永命之望。乃听信谗言，袭用国初忮克汉人之习，以威名赫赫、天下仰望之大臣，首与为雠，几以托孤受命之身，蹈亡身赤族之祸，虽张文襄、鹿文端诸臣极力保全，犹使罢职以去。殊不知猛虎在山，藜藿不采；有太公鹰扬以为之师，故周公负扆，始延孺子之命，而乃自坏长城！"还说："国不自亡，谁能亡之！"[2]

载沣的失误犹如肃顺当年的得计一样，也是满洲贵族内部两派斗争的结果。在如何对待汉人督抚的问题上，直到清朝末年，满洲贵族内部仍有

---

[1] 袁克文：《洹上私乘》，大东书局1926年版，第6—7页。
[2] 王锡彤：《抑斋自述》之三，载《燕豫萍踪》，民国线装本，第37、40页。

两种意见、两个派系。大约以那拉氏、奕劻、荣禄为一派,主张重用汉臣;而以载沣、铁良、良弼为一派,主张力排汉臣,独揽大权。这帮少壮亲贵远离镇压太平军、捻军的那场战争,昧于历史发展的大势,以为没有汉族疆吏的支持,大清王朝仍可以摇而不坠。

袁世凯能有小站练兵的机会,固然全仗奕劻、李鸿藻的奏荐、支持,但若无荣禄的远见卓识,恐怕开张不久即被驱逐,根本不可能获得以后的成功。据称,袁世凯为人所劾,清政府派荣禄赴小站核查。袁世凯请荣禄阅操,"荣相大惊异。盖未料成军才百余日,而队伍之精整,阵法之变化,竟擅曲端纵鸽之奇也。回京复命,据实称誉,遂蒙温谕"。不久,即"简放直隶臬司,入都展觐"[1]。而亲历此事的陈夔龙则言之更详。《梦蕉亭杂记》称,袁世凯小站练兵"甫数月,津门官绅啧有烦言,谓袁君办事操切,嗜杀擅权,不受北洋大臣节制。高阳(指李鸿藻)虽不护,前因系原保,不能自歧其说,乃讽同乡胡侍御景桂,摭拾多款参奏,奉旨命荣文忠公禄驰往查办。文忠时官兵尚,约余同行"。"该军仅七千人,勇丁身量一律四尺以上,整肃精壮,专练德国操。马队五营,各按方辨色,较之淮、练各营,壁垒一新。文忠默识之。谓余曰:'君观新军与旧军比较何如?'余谓:'素不知兵,何敢妄参末议,但观表面,旧军诚不免暮气,新军参用西法,生面独开。'文忠曰:'君言是也。此人必须保全,以策后效。'旋参款查竣,即以擅杀营门外卖菜佣一条,已干严谴,其余各条亦有轻重出入。余拟复奏稿请下部议,文忠谓:'一经部议,至轻亦应撤差。此军甫经成立,难易生手,不如乞恩姑从宽议,仍严饬认真操练,以励将来。'复奏上,奉旨俞允。时高阳已病,仍力疾入直。阅文忠折拂然不悦,退直后病遂剧增,嗣后遂不常入直,旋即告终。足见其恶之深矣"[2]。本来,袁世凯是确有问题的,虽无杀身之虞,但处分在所难免,最轻也是革差离营,失去小站练兵的机会。结果,不仅奏参各款免议,且获优旨褒奖,官

---

[1] 沈祖宪,吴闿生:《容庵弟子记》,载《北洋军阀》(五),上海人民出版社1993年版,第37、38页。
[2] 陈夔龙:《梦蕉亭杂记》第2卷,1925年木刻线装本,第2—3页。

升两级，似与当年的肃顺救左，颇有异曲同工之妙。荣禄死后，则袁世凯全靠继任领班军机大臣奕劻的全力支持。奕劻那么积极地搞假立宪，主要还是为清王朝着想，不外借袁世凯与立宪派之力保住满洲贵族的江山，归根到底仍未脱出以汉制汉的范围。倘若这一派得势，其政治格局至多不过像袁世凯再度出山时那样，然满汉联盟不败，清朝绝不会亡得那么快。所以，奕劻一派的失败，既是袁世凯和立宪派的失败，更是满洲贵族的失败。因为无论真、假立宪，当时的立宪派都把自己参政议政的希望寄托在袁世凯身上，只要还有一线希望，立宪派就不会急于造反，袁世凯也不会彻底背叛清朝。袁的被逐和皇族内阁的成立，则把他们逼上梁山，未待辛亥革命的爆发，已经决定了清王朝的命运。这不仅因为清廷此举起了催化革命的作用，还因其自毁长城，从此失去镇压革命的能力。

四

按照马克思主义有关国家与革命的基本原理，辛亥革命的首要任务是推翻清王朝，彻底粉碎其旧的国家机器，尤其袁世凯为首的北洋集团及其反动武装力量。而事实上革命派并没有这样做。他们只将袁世凯的头衔由清王朝责任内阁的总理换成中华民国的临时大总统，而作为清王朝主要支柱的北洋集团及其反动武装力量却完整地保存下来。其后袁世凯正是利用手中的这支武力，逼迫革命党步步退让，攫取全部大权，致使新生的共和国有名无实。例如，逼迫孙中山出让临时大总统，逼迫南京临时政府北迁，都是利用北洋将领的宣言、兵谏甚至伪装兵变的办法实现的，否则，他的政治阴谋不可能步步得逞。革命党即使有些幼稚，也不可能完全看不透他的险恶用心。至于造成这一状况的原因，则有各种各样的解释。有的学者认为，这是由资产阶级的软弱性所致。然从根本上讲此说固无不可，惟就具体问题的解释，例如南京临时政府为什么没有出兵北伐，而主张南北议和，则显得有些牵强。

其时，革命党中基本有两种意见：孙中山"和一部分同志"是积极主张北伐的。他们"认为袁世凯是一个巨奸大憝，把建立民国的大任托付给他是靠不住的；我们革命党人应该有勇气、有决心率领南方起义将士继续战斗，趁此全国人心倾向革命的时候，必然胜利可期。此时多费些气力扫除障碍，在新的基础上建立新的国家，将是事半功倍的"。黄兴"和另一部分同志"，即革命党中的大多数人则根本就不想北伐。[1]究其原因，则由于南京临时政府在举兵北伐的问题上遇到两个无法克服的困难，一是军饷不支，一是兵力不济。南京临时政府并无经济收入，连日常行政开支都靠向外国借债，哪有财力为北伐筹饷？孙中山为向日本借款，甚至不惜出租东北，其决心不可谓不大。他曾一再向人表示，"最近，革命政府之财政匮乏已达极点"。"于军队解散、革命政府崩溃之前，作为最后之手段，唯有与袁世凯缔结和议"。如有"一线希望"，"此刻能够获得防止军队解散之足够经费，余等即可延缓与袁议和，仍按原计划，坚决以武力消除南北之异端，斩断他日内乱祸根，树立完全共和之政体"。"倘或不幸，在五日之内，即至九日，旧历年关之前，意欲筹得之一千五百万元经费，如仍无成功之希望，则万事休矣"[2]。只因最后无论如何也没有借到外债，他也只好放弃了举兵北伐的主张。这个问题几乎尽人皆知，学术界也没有什么争议。

现在的问题是，南方的革命军是否有把握打败袁世凯的北洋军？当时曾在南京临时政府主持军事的黄兴和李书城都认为，革命军没有一举击败北洋军的实力，黄兴主张以民国大总统餍袁，也是基于这种认识。他认为，"袁世凯是一个奸黠狡诈、敢作敢为的人，如能满足其欲望，他对清室是无所顾惜的；否则，他可以像曾国藩替清室出力把太平天国搞垮一样来搞垮革命。"[3]"和议若不成，自度不能下动员令，唯有割腹以谢天下！"[4]还说："革命的目的是推翻满清，建立民国，只要袁世凯承认这种主张，我们就可以将总统让给他，他虽狡猾，也可以与我们合作。假如完全靠武

---

[1] [3]中国人民政治协商会议全国委员会文史资料研究会编：《辛亥革命回忆录》第1集，中华书局1961年版，第200页。
[2] 陈旭麓，郝盛潮主编：《孙中山集外集》，上海人民出版社1990年版，第168页。
[4] 胡汉民：《胡汉民自传》，传记文学出版社1969年版，第69页。

力解决,将来鹿死谁手,尚难预料。"[1]李书城也认为:"最主要的一个问题,是革命军的实力。当时南方除少数从正规军扩编的军队尚有战斗力外,大部分新编入伍的士兵多是城市失业民众,尚未受过军事训练。各部队形式上虽具备军、师、旅、团、营、连、排的编制,实系乌合之众。从汉口、汉阳失败的经验看来,想仰仗这种军队去冲锋陷阵,一直打到北京,是靠不住的。"[2]

黄兴曾指挥过汉阳保卫战,在当时的同盟会领导人中,应该说是最有实战经验的;李书城的话则立足于革命军的实际状况和汉阳失败的教训。故都是有根据的、可信的,基本上反映了当时的历史实际。从太平军与湘淮军的战史看,也可大致印证这些话的可靠性。因为考察一方军队的战斗力,不仅要看人数,还要看其士气、装备、组织、训练,尤其将帅的军事、政治经验。而从这些方面考察,革命军并无优势。袁世凯的新建陆军,是当时中国最称精锐的部队,其装备、训练皆优于其他部队。清政府曾计划推广袁世凯和张之洞的经验,在全国建立三十六镇新式陆军,但直到武昌起义爆发也没有完成这个编练计划。其已经初步练成部队虽有二十几镇,然堪称精锐者仅直隶六镇,湖北一镇一协。所以,当时集结于南京地区的革命军虽有十数万人,然多为未经训练的部队,并无一举歼灭北洋军的能力。

由此可见,革命党主张南北议和并没有什么过错,实乃情不得已之举。其革命经验不足是有的,但不能说是出于对袁世凯的畏惧,更不应说是资产阶级软弱性的表现。否则,孙中山为什么会积极主张北伐,"二次革命"又当作何解释?既谓资产阶级软弱性,就非指其一时一事的表现,而是无人超越、一以贯之的根本特性,如害怕帝国主义干预和农民起来造反等,似不应把革命党的心志不一和经验不足,甚至两害相权取其轻的选择归咎于资产阶级软弱性。

有的学者所以会作出这样的判断,大约与对袁世凯了解不够有关。他

---

[1] 柏文蔚:《五十年经历》,《近代史资料》,1979年第3期。
[2] 中国人民政治协商会议全国委员会文史资料研究会编:《辛亥革命回忆录》第1集,中华书局1961年版,第201页。

们因对晚清满汉关系未多留意，摸不清袁世凯的思想脉搏，看到他忽然在攻占汉阳后停止攻势，且欲将指挥部撤到信阳，就以为北洋军武力不支，军心动摇，害怕被革命军消灭，从而得出革命党畏敌、黄兴右倾的看法，并与资产阶级软弱性联系起来。其实，袁世凯自从被逐之后，已同满族皇室恩义断绝，再不想做清朝的忠臣孝子了，其蛰居期间借以抒怀的"高（开）轩平北斗，翻觉太行低"[1]数语，似已泄露了他的不臣之心。迨及东山再起、大权在握之后，满汉君臣之间更是貌合神离，各怀鬼胎。满洲贵族不甘心大权旁落，无时不想伺机收回。袁世凯逼宫前再次决定将其罢免即为明证。而袁世凯亦怕战争结束后，清廷重施故伎，使自己陷于进退两难之地。其时，袁世凯"幕府分两派，一拥旧清，一复新汉"。复汉派"以为乱事一平，袁公有性命之忧"，拥清派即斥其"佐"袁氏父子"为灭门事"。袁世凯则表示，既"不能为革命党"，又不会将其"一鼓平之"，称"余甚稳健，对于革命党决不虐视，请公放心"[2]。就是说，他要选择一条对自己最为有利的道路。所以，他在攻占汉口、汉阳，掌握战场上的主动权之后，即以政治谈判代替军事进攻，借以达到倒清与篡权的双重目的。这时的袁世凯，在倒满问题上是与革命党一致的，只是在共和问题上有真假之分。早在南北和谈之前，其长子袁克定就秘密派人到武昌试探，主张南北联合，举袁世凯为总统。湖北军政府亦表示同意。唐绍仪则根据袁世凯的授意，一到上海就向张謇露出口风：若推举袁世凯为总统，则清室退位不成问题[3]。这说明袁世凯早已下定废除满族皇室的决心。

五

从辛亥革命的实际过程和主要内容看，大致可分为两个阶段和两个层次，一是排满，一是革命。自武昌首义至南北达成协议为第一阶段，自孙

---

[1] 袁克文：《洹上私乘》附《圭塘倡和诗》，大东书局1926年版，第51页。
[2] 王锡彤：《抑斋自述》之三，载《燕豫萍踪》，民国线装本，第81、82、85页。
[3] 刘厚生：《张謇传记》，上海龙门联合书局1958年版，第194页。

中山辞去临时大总统至"二次革命"失败为第二阶段。第一阶段的主要内容是排满，也体现了辛亥革命成功的一面。其主要功绩是完成了推翻清朝和建立民国的任务，推翻清朝是袁世凯和革命党共同完成的，而建立民国之功则为革命党所独有。这与革命党的主观意图是正好相符的，也是他们所最为看重和梦寐以求的。因为同盟会"驱除鞑虏，恢复中华，创立民国，平均地权"的革命纲领与由此化出的民族、民权、民生的旧三民主义，除平均地权与民生主义另当别论外，也只有排满与革命两条。他们大多数人以此为满足，不愿再为北伐付出代价，可能与此有关。第二阶段的主要内容是革命，亦即争取实现资产阶级的民主共和制度。它主要体现了辛亥革命成败参半的一面，革命党没有实现真正的民主共和，袁世凯也无法再行复辟帝制。

所以，辛亥革命功不可没。这不仅因为它推翻了清王朝二百六十年的统治，从而结束了延续数千年的帝王之制，而更由于它实现了名义上的共和制，从而为人民群众的思想进步和革命活动，提供了方便条件。也正是由这一点，决定了辛亥革命之资产阶级民主革命的性质。否则，它与天地会的反清复明、太平天国的另立新朝又有什么区别？辛亥志士尽管将实现真正民主共和的任务留给后人，但亦完成了自己应该承担的一段工程，并为后继者提供经验教训。而凡此种种，正是取得民族民主革命最后胜利所必不可少的条件。平心而论，辛亥革命能够取得这样的成就实属不易，同当时中国民族资产阶级的经济实力相比，已属超水平发挥，故无须对它以新民主主义的标准多所批评。

惟应该说明的是，对袁世凯其人其事亦应具体分析，功罪分明，两不相掩。这个问题如解决得当，在北伐与议和的问题上也就无须过多地埋怨革命党了。长期以来，对辛亥革命的研究多着重于宣传方面，旨在歌颂革命，又处处以无产阶级领导的新民主主义革命为标准，故对参与这次革命的各支政治力量所起作用的评定，带有很大的主观性。对革命派既肯定又批评，对立宪派只批判不肯定，对袁世凯则口诛笔伐，不遗余力。最近读到章开沅先生有关张謇和汤寿潜的文章，提出"合力"论，肯定了立宪派对辛亥革命的推动作用，对革命派在南北和谈中的妥协退让也没再进行批评,比以前的教科书,在学术上有了很大进展。但对袁世凯,仍排除于"合力"之外。其实,袁世凯虽是共和民主制度的敌人,但在"排满"问题上同革命党是一致的,符合同盟会"驱除鞑虏,恢复中华"的宗旨,在孙中山的旧三民主义中占有民族主义一条。这一点,正是南北和谈的客观基础,也是革命派和立宪党人对他寄予厚望的根本原因。不管出于什么动机,若非他对满族皇室反戈一击,辛亥革命则会是另一种结局。我这样讲并非为谁争功,只不过为了坚持史学研究的科学性。尽管这个人很可恨、很讨厌,但在袁世凯的问题上离开客观性,对辛亥革命的其他问题也就很难作出科学的解释。我这样讲也并非贬低辛亥革命和革命党,只是转换一下视角,从清朝方面进行考察研究,提出自己的一点想法,不当之处请批评指正。

纵观近代中国反对封建压迫和封建制度的革命战争的历程,似乎主要经历了三个大的阶段,先后完成了三个大工程,像接力赛跑一样节节相传,直到最后胜利。太平天国沉重地打击了清王朝,基本摧毁了满洲贵族赖以安身立命的武装力量八旗、绿营,使其军政实权逐渐转移到汉族疆吏手中。迨及辛亥革命爆发,袁世凯再度出山,清朝皇室就成了一个空架子,故能于数月之内结束清朝的统治和帝王制度,建立起名义上的共和国。然而资产阶级革命派虽然提出了太平天国所不可能提出的共和国方案和自由、平等、博爱的口号,但也丢掉了其最为宝贵的革命精神,即用平分土地的办法彻底消灭封建剥削制度。而中国共产党领导的人民民主革命,在一定意义上即是完成辛亥革命的未竟之业,实现太平天国的合理理想,从而彻底完成了民族民主革命的任务。这既是历史发展的必然进程,也是革命经验长期积累的结果。所谓水到渠成,大概就是这个意思吧。

(《历史档案》,2007年第1期)

曾国藩和晚清政治走向

如何看待曾国藩的历史作用？这要从中华民族的命运和晚清政治走向说起。

中华民族人丁兴旺、历史悠长，几经分合兴衰，巍然屹立于世界的东方。然 1840 年的鸦片战争打断了中国固有的发展之路，迫使中华民族于复兴灭亡间作一抉择。救亡图存、光复昔日的辉煌，遂成为中国政治家乃至每位中华儿女所面临的最大课题。

古人云：皇天无亲，唯德是辅；民可载舟，亦可覆舟。鸦片战争以来，清政府外不能御侮、内不能安民，广大民众不得不揭竿而起，寻求新的出路，以拯救民族的危亡。其战争的正义性是不言而喻的。太平天国起义虽然失败了，但曾国藩赖以制胜的兵为将有制度却不仅导致清朝的灭亡，且破坏了中国封建专制体制的内在机制，从而为广大民众从事革命活动提供了方便。清末以来，三江两湖地区成为革命发动最早且蓬勃兴旺之域，恐怕与此不无关系。

西方列强的步步进逼，激起中国人民的猛烈反抗。以天津教案为代表的各地反洋教斗争，终于发展为义和团爱国运动。他们力图以自己的血肉之躯筑成一道捍卫民族独立的长城，在历史发展的关键时刻，为挽救中华民族的危亡起了巨大作用。而其热爱祖国、英勇战斗、不怕牺牲的精神，更永远值得我们后人敬仰和学习。

太平天国反清起义失败之后，革命党人继之而起。他们以"洪杨之徒"自居，以"驱逐鞑虏，恢复中华"相号召，发动了一系列武装起义，作出巨大牺牲。他们提出共和国方案和自由、平等、博爱的口号，是中国民主革命的正式开始,具有开创之功。只是在辛亥革命时期,他们尚无消灭北洋军的实力,以致推翻了清朝、建立了民国而国家政权却落到袁世凯等人手里,民族危机日甚一日,中国社会依然如故,将更为艰巨的革命任务留给了共产党人。

在太平天国的沉重打击下,清政府兵饷两空,不得不推行"以汉制汉"之策,放权督抚、重用汉臣,依靠湘淮勇营取胜。遂致兵为将有、权出私门,国家军政实权落入汉员督抚手中,实力最强的曾国藩集团则暗中操控了国家命脉。然英国为首的西方列强却不相信他们强兵而"不战"的表白,挑唆日本一试虚实。结果,湘淮军一溃千里,北洋水师只舰无存,彻底戳穿了曾国藩集团船炮救国、隐图自强的神话。更为严重的是,李鸿章等人在甲午战争中的表现,令国人失望、世界震惊。西方列强遂将中国当成任人宰割的"死人",乘清政府废立之争而引起的政治危机,组成八国联军打了进来。若非义和团舍命救国、那拉氏放手一搏,从而促成军民联手、英勇抗敌的局面,他们绝不会中止瓜分中国的"重建计划"而"维持垂帘听政体制"。所以,历史事实证明,曾国藩集团那套船炮救国、隐图自强的做法,虽有一定历史乃至启迪作用,但作为抵御外侮、救亡图存的政治路线和方针、政策,却是行不通的。他们的"中体西用"以维护清朝的腐朽统治为前提,以对外签订的不平等条约为保障,以革命人民为主要敌人,到头来只能是师夷之长技以制民,既救不了清朝,更救不了中国。

而靠小站练兵起家的袁世凯北洋集团,不仅军营风气与湘淮军一脉相承,且政治上的权力、地位、方针路线也前后衔接。李鸿章得曾国藩真传,而袁世凯则袭李鸿章衣钵。只是人去势移,时局有变,满汉新贵的双方首脑同曾国藩、那拉氏相比,一代不如一代。袁世凯忘记了大清王朝是满洲贵族的天下,欲乘官制改革之机攫取其中央政府的实权;而少壮新贵则忘记了满洲贵族的天下要靠汉员督抚支撑,企图借推行新政之机夺回昔日旁落的兵、财实权。从而挑散了清朝统治阶级上层的满汉同盟,造成辛亥革命时期各省督抚的独立和袁世凯的背叛,清朝随之灭亡。

而导致这一历史走向和最后结局的深层原因,则在很大程度上应归因于曾国藩。正是他,改革军制、兵为将有,从而种下军阀政治的祸根;正是他，中体西用、师夷制民，决定了中国在甲午战争中必然失败的命运；正是他，既让清王朝摇而不坠又挖掉其墙脚，最后由袁世凯取而代之。就是说，太平军兴以来，满洲贵族所遭受的打击不只来自太平天国，也来自曾国藩的军制改革，这才是致命的最后一击。

因而，曾国藩的心腹幕僚赵烈文不仅据此断言，清朝的灭亡"必先根本颠仆而后方州无主，人自为政，殆不出五十年"，且当面直陈曾国藩即始作俑者。称"师事成矣，而风气则大辟蹊径。师历年辛苦，与贼战者不过十之三四，与世俗文法战者不啻十之五六。今师一胜而天下靡然从之，恐非数百年不能改此局面"。当时察觉曾国藩军制改革之弊端及其发展趋势的有识之士，不止赵烈文一人，与曾国藩颇有渊源的《湘军志》作者王闿运，也有类似看法。同治九年，他在读过《五代史》后，以古鉴今，为之大惊，便在当天的日记中写道："观其将富兵横，矛戟森森，与今时无异，恐中原复有五季之势，为之臬兀。余去年过湘乡县城如行芒刺中，知乱不久矣。"

有人曾为湘军攻占天京后曾国藩不做皇帝而扼腕叹息。这是因为他们不了解曾国藩和湘军，也不了解那拉氏。曾国藩一向持重，从不做没有把握之事。而当时的湘军，上层四分五裂下层箱满筐溢，大家都不愿打仗，不到生死关头他们是不会跟着曾国藩去造反的。而咸同以来，清政府核心人物中的安邦定国之才唯肃顺、那拉氏二人。肃顺于清朝存亡之秋暗操相权、力主重用汉臣，非此人则左宗棠性命堪忧，曾、胡亦难得其位。那拉氏虽无治国之策却精于操纵群臣之术，同治三、四两年清政府迭现危机，她都没给曾国藩起兵造反的机会。同治三年湘军攻下天京前后，她四处布兵、一再打压，反复拿天京金银和幼天王出走威逼曾国藩。而当曾国藩被迫就范后对之反唇相讥、勃然抗命时，她却对曾倍加体贴，温语抚慰。分寸拿捏得恰如其分。同治四年那拉氏打压恭亲王时，曾国藩以为大祸将临，曾与彭玉麟在河心小船中抱头痛哭，且做好了起兵造反的思想准备，只等京中密报。那拉氏仍是察言观色，适可而止，没给曾国藩以可乘之机。

总之，曾国藩自身充满着矛盾，这是当时社会的各种矛盾在他身上的反映。而在历史发展的转折关头，这个关键人物又将其自身的巨大能量反射于当时的社会,改革军制、兵为将有,既打败了太平天国,又拆解了清王朝和封建专制制度,将个人的主观能动性发挥到极致,且影响及于后世。至于其畏洋如虎、师夷制民,则既为其阶级地位所局限,也出于穆彰阿一派的本性,即与左宗棠相比也有明显差异。这是其个人的历史悲剧,尤为整个地主阶级和封建制度的悲剧。人类社会的发展如江河奔流,大浪淘沙。既然他们文武双全的"第三代圣人"都不能引领中华民族的复兴大业,也就只能乖乖退出历史舞台。

五 曾国藩集团与晚清政府

曾国藩在近代史上的作用与影响

评价一个历史上的政治人物，主要应根据什么？学识、道德、个人品质等都是不应忽视的，但更主要的恐怕还是要看其在历史上所起的作用，看其包括上述方面在内的一切思想言行，归根到底是推动还是阻碍了历史的发展。曾国藩从事政治活动的19世纪40至70年代，正是中国由封建独立国向半殖民地半封建社会急剧转化的时代，无论中国的统治阶级还是被统治阶级，都需要认识新问题，采取新对策，调整对内对外的各种关系。在这场新旧交替、错综复杂的矛盾冲突中，曾国藩究竟干了些什么，提出了哪些主张，其作用和影响如何？弄清这些问题对正确评价曾国藩是至关紧要的。这里，笔者不揣浅陋，拟就上述问题谈点初步看法。

一、中国传统文化的全盘继承者

中国传统文化以儒学为主体，内部包含众多的流派。曾国藩虽有理学家之名，但并无门户之见。他从地主阶级的根本利益出发，对任何学术派别都采取兼容并包的方针，对一切有用的知识都加以吸收和利用。

当时儒学分为义理、考据、词章、经济四门，各有门户，自我标榜。曾国藩主张兼取各家之长，反对儒学各派间的门户之争。他在给好友刘蓉的信中表达自己的志向说，"于汉宋二家构讼之端，皆不能左袒而附一哄，于诸儒崇道贬文之说，亦不能雷同而苟随"。而自己则"欲兼取二者之长，见道既深且博，为文复臻于无累"。对经济之学曾国藩也很重视。以往学者多视经济为做官术，"足以致高位取大名于时而已，不当施之于讲学"，故姚鼐、唐鉴谈论为学之道，只及义理、考据、词章。曾国藩则把经济作为一个独立的学科，与上述三者相提并论。他在《劝学篇示直隶士子》一文中说："为学之术有四，曰义理，曰考据，曰词章，曰经济。义理者在孔门为德行之科，今世目为宋学者也；考据者在孔门为文学之科，今世目为汉学者也；词章者在孔门为言语之科，从古艺文及今世制义诗赋皆是也；经济者在孔门为政事之科，前代典礼政书及今世掌故皆是也。"[1]但在曾国藩的心目中，上述四科的地位并不相同：理学是整个儒学的核心，处于指导地位，其他则不过是其精神实质的延伸和具体化，仅起辅助作用。他"以为义理之学最大，义理明则躬行有要，而经济有本，词章之学亦所以发挥义理者也"。有志于学者应"慎其所择而先其所急，择其切于吾身心不可造次离者则莫急于义理之学"。所以，治学必须"以义理之学为先"，首先"取程朱所谓居敬、穷理、力行、成物云者精研而实体之；然后求先儒所谓考据者使吾之所见证诸古制而不谬，然后求所谓词章者使吾之所获达诸笔札而不差。择一术而坚持，而他术未敢竟废也。"这些观点既是他治学的指导思想，也是他治学的切身体会。

曾国藩一生为学甚勤，不仅在京任职时严于律己，刻苦钻研，即于其行军、作战及政务繁忙之中，亦未尝废学。他先治理学，再治汉学，对古文嗜好最深，探求最苦，经济之学花费工夫最多，他为此付出了巨大代价，亦得到应有的报偿。对考据学的研究使他具有文字根底，对古文的钻研使他诗文俱佳，成为世所公认的桐城派古文学家，而理学的哲理和道德观念成为他为人处事的指导思想，经济之学的丰富知识则大大增长了他的军政才干。总之，传统的思想和文化知识不仅奠定了他从政从军的思想基础，也成为他取得湘军集团的领袖地位和获得某些成功的重要条件。

对儒学以外的诸子百家，曾国藩亦主张择长而用。他认为，"周末诸

---

[1] 本文引文未注出处者，均见拙著《曾国藩传》和拙文《曾国藩和理学》(《太平天国学刊》第五期)、《曾国藩哲学思想初探》(《求索》1987年第1期)。此处的汉学指古文经学。曾对今文经学并无反感，他的好友邵懿辰就是有名的今文经学家，但他从未言及今文经学，不知何因。

子各有极至之诣,其所以不及仲尼者,此有所偏至,即彼有所独缺"。但若运用得当,"偏者裁之,缺者补之",则可师诸子之长,补儒学之不足。例如,"若游心能如老庄之虚静,治身能如墨翟之勤俭,齐民能如管商之严整",那就再好不过了。他还由此推论,"圣人有所言有所不言",所言者即儒家思想,不言者即诸子思想,其精神实质是一致的。正确的做法应该是"以不言者为体,以所言者为用,以不言者存诸心,以所言者勉诸身,以庄子之道自怡,以荀子之道自克"。这样,就真算是"闻道之君子"了。甚至对一向为文人所不齿的游侠刺客之流,曾国藩也做了一定程度的肯定,认为他们的不少方面,如薄利重义、舍己济人、轻死重节等都是合乎"圣人之道"的。"昔人讥太史公好称任侠,以余观此数者乃不悖于圣贤之道,然则豪侠之徒未可深贬。"

如果说理学家"精诚所至,金石为开"的信条,鼓励他为地主阶级的利益奋斗不已的话,诸子清静无为、顺天从命的思想则帮他在统治阶级的矛盾斗争中得以"保全末路",在对清朝政治前途悲观失望时保持心理平衡。这对曾国藩个人来说都可谓受益匪浅。

中国传统文化既有精华也有糟粕,以忠孝节义为核心的理学,更带有强烈的阶级性。它是与腐朽的封建等级观念和土地剥削制度联系在一起的,是为地主阶级的反动统治服务的。曾国藩将这种以封建糟粕居于主导地位的传统文化全盘继承下来且付诸实践,就必然导致其政治上的反动立场和反动行为。这样,他的能力越强,其所产生的反动作用也就愈大。例如,太平天国上自天王将帅,下至士卒役夫,"皆以兄弟称之",本来是一种平等思想,进步表现,为历代农民起义所不及。而曾国藩却斥为大逆不道,声言"君臣父子,上下尊卑,秩然如冠履不可倒置",擎起保卫孔孟之道的旗号,组织湘军,残酷地镇压了太平天国革命,沦为逆历史潮流而动的反动派。由于政治方向的反动,即使传统文化中的精华,诸如在历史上颇有进步作用的法家思想和颇具科学精神的古代兵法战策,一旦由他用来镇压群众反抗活动和进攻人民起义军,也就会立刻产生完全相反的历史效果。

二、洋务派官僚士绅的首领

自19世纪60年代开始的洋务运动虽然不是中国资本主义的开始,但却由此引进了西方机器生产。而机器是近代资本主义的产物,巨大生产力的象征,同封建生产关系是不相容的。因而,机器的引进,等于在盘根错节的封建生产关系中打进一个楔子,为资本主义的发展提供可乘之机。所以,洋务运动成为中国工业化的起点,讲近代化、讲近代科技史都必须从这里讲起,研究资本主义的发展也不能不提到它。

推曾国藩为洋务派的首领,这不仅因为这批官僚士绅多为其旧部,主要还是因为最早提出并动手兴办军事工业的不是别人,而正是曾国藩。1860年《北京条约》刚刚签字,曾国藩就在奏折中提出"师夷智以造炮制船"的主张。1861年湘军攻占安庆后,曾国藩又首先组织徐寿、华蘅芳等科技人员在内军械所试制轮船,并于1863年制成中国第一艘木壳小轮船"黄鹄号"。当年12月曾国藩派容闳赴美购买机器,1865年用这批机器同李鸿章原设上海的炮局、铁厂及由苏州迁沪的炮局合建成江南制造局。1867年又在上海设江南造船所,第二年造出"恬吉号"兵轮一艘。至此为止,曾国藩在洋务运动中一直处于领先地位。曾国藩洋务运动创始人的地位是无人可以与他竞争的。

与"师夷智以造炮制船"的主张相适应,曾国藩还有一整套处理对外关系的方针和政策。在这方面,曾国藩讲过许多话,但表述最为完备的还是1862年同幕僚的一次谈论。他说,"余以为欲制(夷)人,不宜在关税之多寡,礼节之恭倨上着眼","吾辈着眼之地,前乎此者洋人十年八月入京,不伤毁我宗庙社稷,目下在上海、宁波等处助我攻剿发匪,二者皆有德于我。我中国不宜忘其大者而怨其小者。欲求自强之道总以修政事、求贤才为急,以学作炸炮、学造轮舟等具为下手工夫。但使彼之长技我皆有之,顺则报德有其具,逆则报怨亦有其具"。意思很清楚,在曾国藩看来,外国侵略者同封建统治者的根本利益是一致的,有些矛盾和冲突也是次要的。他的整个外交方针和各项政策以及兴办军事工业的计划,都是建立在这一政治战略基础上的。因而对过去清政府与外国侵略者签订的一切损害中华民族根本利益的城下之盟,他都信守不渝;对外国侵略者的军事讹诈,总是步步退让。当然,说曾国藩对外国侵略者的步步进逼,对其超越条约规定的无理要求总是心悦诚服,那是不客观的。他在对外交涉中,也曾力争过,例如洋人在内地违约设栈收茶,私带中国商船闯关逃税等。但外国人一旦以武力相威胁,他就立刻软了下来,由"初则壮而顽"变而"后则缄于口"。为保住整个和局,只好"凡小事苟无大悖,且以宽舒处之","皆可置之不论"。他的逻辑是:中国武器不如人,万不能同外国开仗,只有"使彼之长技我皆有之",即达到外国的技术和装备水平,才能以怨报怨,武力反抗洋人发动的侵略战争。结果,中国对外国侵略者愈是退让愈是贫弱,遂成恶性循环,无有底止。曾国藩主张的荒谬是显而易见的。他标榜求强而不争主权,标榜求富而不争利权,造炮制船而不敢抵抗外国的武力侵略,急求贤才而严惩良吏以取媚洋人。到头来只能陷入不可自拔的泥潭而归于失败,既不能挽救清朝的灭亡,更不能使中华民族振兴。总之,"师夷之长技"而不能"制夷",最后只落得一个不断签订卖国条约的当然代表的资格。这不能不说是洋务运动最大的历史悲剧,也是洋务派不能取信于中华民族,必然走向失败的关键所在。

当然,在中国近代史上,曾国藩并非媚外最甚者。他与同时代的人相比,则较乞求洋人"代收"南京、苏、杭的江浙士绅稍有骨气,较主张以"三员论抵"了结天津教案的崇厚稍顾清朝脸面,较在舰队指挥权上试图向李泰国让步的奕訢稍有远见。但综其一生,在外国武力侵略面前主张屈辱妥协却是一贯的,从鸦片战争到天津教案都是如此,铁证如山,不可改易,因而,称他为民族投降派应是恰如其分的。最近,有的同志著文对此提出异议,认为根据曾国藩的表现,尤其鸦片战争时期的言论,不能说曾国藩是民族投降派。其理由是南京条约签订前曾痛骂"英夷"和汉奸,说明他不愿投降;事后所说"以大事小,乐天之道"云云不过是阿Q式的自我宽解,"无论如何还说不上是投降派"[1]。这里混淆了一个重要的界限,即民族投降派与汉奸的界限。对外国资本主义的侵略主张抵抗还是投降,

---

[1] 彭靖:《曾国藩评价中的几个问题》,《中华文史论丛》1986年第3期。

是思想政治路线问题,其斗争的焦点是拒绝还是接受外国侵略者损害我国家主权和根本利益的无理要求。鸦片战争中以林则徐为首的抵抗派和穆彰阿为首的民族投降派的斗争即属这种性质。他们的主观愿望都是维护清王朝的利益,只是在客观上,林则徐的主张代表了中华民族的根本利益,与广大中国人民包括当时的大多数士绅的要求是一致的。而穆彰阿的主张则违背了中华民族的利益和人民要求,反映了英国侵略者的愿望,虽非预先勾结外敌的汉奸,却在客观上成为外国侵略者在清政府的代理人。而南京条约的签订是中国变为半殖民地的开始,也是投降派打击、陷害抵抗派的结果。当时,全国民众士绅无不痛心疾首,朝野上下一片对穆彰阿的责骂声,军机大臣王鼎为重新起用林则徐、揭露穆彰阿甚至不惜以死相争。这足见此事对中国人民刺激之深,影响之大。曾国藩与穆的关系非同一般,常去穆宅走动,他的那一套投降主义言论很可能是从穆彰阿那里学来的。虽然当时他没有什么责任,但起码说明他在思想上和政治上是站在穆彰阿一边的,属于民族投降派。结合其一生表现,更可看出曾国藩这种表现并非一时一事,而是一以贯之,坚定不移的。这样,在考察曾国藩民族投降主义路线的形成和发展时就不能不追溯到这一点。至于曾国藩在所谓"借夷助剿"问题上的态度,则比民族投降更进了一步,是在接受侵略者的一切要求之后,为兑现卖国条约规定的内容,勾结民族敌人镇压反封建反侵略的革命群众,即"以夷狄攻中国"[1],这就更不能用几句"岂谓""翻然"之类对侵略者稍有余怨的话遮掩过去,也难以用阿思本舰队问题加以抵销。对于曾国藩办理天津教案过程中的表现,有的同志提出一些新看法。他们总的认为曾国藩的态度是有变化的,可分为前后两个时期。所不同的是:一则认为前期还好,后期变坏了[2];一则认为前期是坏的,后期变好了[3]。下面对这两种说法分别予以考察。

所谓先好后坏,主要指曾国藩对"缉凶"问题,即在捕杀天津爱国群

---

[1] 夏震武:《灵峰先生集》第1卷,民国铅印本,第1页。
[2] 成晓军:《论曾国藩对外交涉的两面性》,《求索》1986年第3期。
[3] 许山河:《论曾国藩与天津教案》,《中华文史论丛》1986年第3期。

众问题上态度的先后变化。论者认为，曾国藩原定办案方针，并不打算惩办"首要各犯"，只是后来受到各方面压力才不得不下令捕人。事实究竟如何呢？关于办理天津教案的方针，曾国藩到达天津后不久即上奏表示："天津风气刚劲，人多好义，其仅止附和者尚不失为义愤所激，自当一切置之不问。其行凶首要各犯及乘机抢夺之徒，自当捕拿严惩，以儆将来。"曾国藩还申诉其作出上述决定的理由说："在中国戕官毙命尚当按名拟抵，况伤害外国多命，几开边衅，刁风尤不可长。"[1] 很清楚，曾国藩一到天津就决定严厉惩办那些杀洋人、焚教堂的带头人，只是对那些"附和者""一切置之不问"。用今天的话说，他的办案方针就是"首恶必办，胁从不问"。不料论者在引述材料时采取断章取义的做法，把它变成对天津百姓"义愤所激，伤洋人、焚教堂"的举动，"自当一切置之，不问其行凶首要各犯"，将意思完全颠倒过来，并以此为据引出上述结论。这种做法实在是不足取的。

所谓先坏后好，是指曾国藩对处理天津府县官员的意见。论者认为爱国舆论的压力迫使曾国藩有所悔悟，故在办理天津教案的中后期一改初期一味妥协退让的态度，转而既妥协又抗争。其根据是前期决定将天津府县官员送刑部治罪，中后期抵制了法国公使罗淑亚提出的"三员论抵"的要求，在缉凶问题上也改变了前期一味退让的做法。果真如此吗？事实上，即如上述，曾国藩一到天津就决定了忍辱求和的方针，尤其在"缉凶"问题上，"杀人偿命"的思想从未改变，只是在如何处理天津地方官的问题上尚无定见，只将天津道、府、县三级官员暂行革职，以待后命。接到法国公使关于"三员论抵"的照会（初次会见并无此语），大出曾国藩意料之外，深感"事体重大"不敢自作主张。所以，尽管他被法国侵略者的军事讹诈吓得张皇失措，却仍据理力争，不敢答应，只提出将天津府县官送刑部治罪，并照会法国。结果，曾国藩的意见得到清政府的支持，遂将主张"三员论抵"并为此吵闹不休的三口通商大臣崇厚调离天津，另派工部尚书毛昶熙赴津会同办案。可见，抵制"三员论抵"与答应将张、刘二官送刑部

---

[1] 曾国藩：《曾文正公奏稿》第29卷，湖南传忠书局版，第39页。

治罪两件事，从时间上看发生在同时，从事理上看不过是一个问题的两个方面，将张、刘二人送刑部治罪就是所谓既妥协又抗争的结果，根本就不存在前期与中后期之分。况且，那封因替天主教的侵略罪行辩护而后来成为众矢之的的奏折与上述奏折是同一天发出的，当时并无所谓舆论压力云云。从曾国藩一生的为人看，他的既定方针也绝不是舆论压力所能改变的。这次办理天津教案也是如此。本来，提出所谓"三员论抵"就是法国公使的讹诈伎俩。因为1870年7月19日这天法国对普鲁士宣战，从此无力顾及东方问题，恐清政府知情后态度变化，难以获得满意的结果，故而虚张声势，以所谓"三员论抵"之说迫使曾国藩作出送张、刘二人交刑部治罪的许诺。其后又约见一次，见曾国藩不再让步，便急忙返京，用曾国藩的照会压总理衙门以逞其狡谋。从这一过程看，曾国藩当时确实有上当受骗的成分。然而，当曾国藩知道事情的真相后，不仅毫无悔改之意，还唯恐清政府反悔，不肯惩办张、刘二人和捕杀带头反洋教的群众，特地上奏清廷，请求那拉氏当机立断，不要受形势变化和舆论压力的影响，并歪曲鸦片战争以来的历史，颂"和"而诋"战"，作为他忍辱求和的根据。他说："伏见道光庚子以后办理夷务，失在朝和夕战，无一定之至计，遂至外患渐深，不可收拾。皇上登极以来，外国强盛如故，惟赖守定和议，绝无改更，用能中外相安，十年无事。此已事之成效。"这可以说是曾国藩民族投降主义理论之最完备的表达，也是他多年来研究对外关系的心得体会，绝非一时的偶然想法。因而如果说曾国藩不是民族投降派，恐怕在中国近代史上就很难找到民族投降派了。同时，曾国藩还致函军机大臣宝鋆表示："谓津民义愤不可查拿，府、县无辜不应讯究者，皆局外无识之浮议"，"弟虽智虑短浅，断不至为浮议所摇"，"无端变易，妄信局外之言，不从委曲求和处切实办事。以此邀功功固难必，以此避谤谤亦难辞"。"此等情势弟筹之至熟，故奏牍信函屡持此论"。这哪里有一点"反省"的意思，丝毫的变化？可见，所谓在舆论压力下，中后期态度有所转变云云不符合历史事实。

三、近代军阀的开山鼻祖

从晚清至民初,经过数十年的发展,中央集权的一统天下终被军阀割据的局面所取代,国家四分五裂,民族忧患更深,人民陷于水深火热之中。这种局面的形成,寻根求源,不能不追溯到曾国藩的军制改革。

为了加强中央集权,防止地方将吏拥兵自重,各自为政,清政府吸取历代统治者的经验,采取种种防范措施,使兵将分离、军政分离、带兵权与财权分离,带兵将领和地方督抚都不能拥兵自重,与中央政府对抗。太平天国革命爆发后,清朝原有武装力量绿营和八旗不堪一击,纷纷败溃,坚决同太平军对抗的主要是一些地方团练武装。曾国藩为了力扫绿营兵败不相救的积习,提高军队的战斗力,把太平天国革命镇压下去,针对绿营兵不知将、将不识兵的弊病,对清朝兵制进行了一系列改革。他首先提高了士兵的月饷,改世兵制为募兵制,主帅挑选统领,统领挑选营官,营官挑选哨官,哨节挑选士卒。这样,薪饷虽为国家所发,士兵却感长官之私恩,久而久之,只知有长官,不知有国家,兵为国有遂变为兵为将有。同时,曾国藩逐级下放军权:一军之权概交统领,主帅不为遥制;一营主权概交营官,统领不为遥制。这样,就使各级军官具有很大的相对独立性,久而久之,便形成各军独树一帜、各行其是的风气。于是,对内结成死党,对外力谋独立,军队本身就逐渐变为谋求私利的武装集团。

由于清政府财政拮据,国库空虚,无力向地方武装提供军饷,在整个镇压太平军的过程中,湘军和各地勇营主要靠自己筹饷,其中尤以厘金为大宗。这样,有兵就可以打出一块地盘,有地盘就可以设卡抽厘,就地筹饷,久而久之,兵权和饷权完全结合起来,遂成兵饷合一的局面。结果,饷源和发放方式的改变带来了军权的转移。原来军饷由国库发放,军队归国家所有,如今由带兵将领发放,军队也就归带兵将帅所有,由国家的武装力量变为带兵将帅的家兵家将。以往八旗、绿营弁兵多不识字,或识字很少,即立有战功,也只能保举武职,不懂政治,不能掌握地方行政权。曾国藩以文臣带兵,将领幕僚多是生员文童,经过几年的战争,纷纷以军功或劳绩保升文职,十数年间,东南各省的地方大权完全落到曾国藩为首的湘淮军集团手中。与此同时，用人权也落到带兵督抚手中。本来，清朝文武官职各有定额，地方官的任命权也各有规定。凡三品以上官员，黜陟之权属于皇帝，遇有空缺，由军机处拟列名单，呈请皇帝斟选圈定。自四品以下，缺额分为三部分，分别由皇帝、吏部（文职）或兵部（武职）、地方督抚掌管，界限分明，各有定数，彼此不得牵混。经过多年的战争，督抚的权力日益膨胀，为奖励军功，滥加保奏，心腹亲信多任实缺。部下得缺不感"皇恩"而感长官私恩，所谓朝廷名器，遂成带兵督抚收买部下的工具。为了鼓励地方督抚给自己卖命，清政府几乎有保必准，很少议驳，更顾不得原来的分配定额，地方用人大权也就渐渐落到地方督抚手中。这样，曾国藩为首的湘淮军集团就渐渐成为集军、政、财、用人大权于一身的最大的地方实力派。

曾国藩死后，这种兵为将有、督抚专政的局面更为严重。江南提督、两江总督两席非湘人莫属，无怪乎有人会发出"金陵遂俨为湘人汤沐邑矣"的感叹。俟八国联军进攻中国时，两广总督李鸿章、两江总督刘坤一、湖广总督张之洞、山东巡抚袁世凯勾结帝国主义，宣布东南互保，保持中立，表明地方势力业已羽翼丰满，可以和中央政府分庭抗礼了。李鸿章死后，袁世凯接任直隶总督，北洋六镇统制和陆军部要员皆其旧部，清朝中央政府亦在其掌握之中。为了改变这种状况，那拉氏死后，摄政王载沣一度将其开缺回籍养病。怎奈新建陆军只听袁世凯一人指挥，武昌起义爆发后清廷不得不敬请袁世凯出山，授予内阁总理大臣之职，使其轻而易举地篡夺了国家大权。辛亥革命的历史意义是深远的，但其当时所能取得的实际成果，主要就是使国家的军政实权由满洲贵族手中转移到北洋军阀为代表的汉族官吏手中，而这个历史过程是从曾国藩创办湘军开始的，经过六十余年的演变，直到袁世凯才最后完成。在这个由中央集权到军阀混战的历史演变过程中，曾国藩起了无人可以取代的关键作用。无怪乎国民党的御用文人会说："辛亥革命与曾文正亦有密切关系。湘军演变而为淮军，淮军演变而为北洋军，湘军崛起为满汉势力消长之一关键。迨至北洋军，即与革命军合力推翻满清，亦分三阶段焉。"这可以说是国民党新军阀的寻根思祖之举。

四、封建社会的末世英雄

曾国藩出生于湖南山区一个中小地主家庭，自幼接受封建教育，并通过科举考试和权相穆彰阿的推荐很快升至二品大员的高位。为此，他对清政府感恩图报，在家信中一再表示："自是以后，余当尽忠报国，不得复顾身家之私。"曾国藩认为，"盛世创业垂统之英雄以襟怀豁达为第一义，末世扶危救难之英雄以心力劳苦为第一义"。他自己则生当乱世，应以"心力劳苦"为己任，力挽清王朝江河日下的政治颓势，做一个"扶危救难"的"末世英雄"。为此，他忍辱负重，竭力苦撑，为清政府效命终生，真可谓"鞠躬尽瘁，死而后已"。王闿运写《湘军志》时，连夜阅读有关文件，深为曾国藩当年的情景所感动，说"览涤公奏"，悲苦之状"令人泣下"，"《出师表》无此沉痛"。可见曾国藩对清政府的忠诚。至于他的政治才干、军事谋略、历史知识、文学成就，以及治事之踏实、意志之坚韧、操守之廉洁等，在地主阶级代表人物中也是无愧于古人的。

然而，曾国藩却生不逢时。他所极力维护的是业已腐朽的封建制度，他所效忠的是出卖中华民族根本利益的卖国政府，他的奋斗目标是与历史发展方向背道而驰的。因而，他虽然可以成功地镇压一次单纯的农民起义，却无法挽救清王朝必然灭亡的历史命运，也不可能得到古代军事家、政治家、文学家那样的历史评价，尽管他们同属地主阶级，而在上述方面又不乏可以称道之处。

曾国藩的悲剧还在于，他在生前就已经看到，他所取得的成功毕竟是有限的，而遭到的失败却是根本性的、无可挽回的。故而既尝到成功的欢乐，也体验到失败的痛苦。这在历史上也是不多见的。

那拉氏和奕䜣政变上台之初，曾国藩曾满怀希望地提出中兴和自强的口号并付诸行动。其自强之策就是整顿吏治和造炮制船。结果，造炮制船只能用以镇压本国人民起义，不能抵御外国侵略。而吏治问题也毫无起色，即如他自己直接掌管的三吴吏治也是"江河日下"，无从整顿。他不得不哀叹："安得有人乎？勇于事情者皆有大欲存焉！"

曾国藩的"造炮制船"与"急求贤才"之间也存在着不可克服的矛盾。

要学造炮制船之术，就得依赖洋人，就得向步步进逼的外国侵略者妥协退让。所以，一旦中外之间发生矛盾，就只好拿那些力图有所作为的"贤能之吏"开刀以取媚洋人。即以曾国藩办理天津教案为例。天津知府张光藻、知县刘杰克尽职守，有政绩、有民望，按曾国藩的吏治标准应属于循良贤能之吏，正是所谓"难得人才"，"自强之本"。结果这个以"修内政、求贤才"自任的曾国藩，为了讨好洋人、忍辱求和却不得不亲自将他们发配到黑龙江充军。这无疑是对吏治的极大破坏，以至连他自己也不得不承认："虽和约所载，中国人犯罪由中国官治以中国之法，而一为教民，遂若非中国之民也者。庸懦之吏既莫敢谁何，贤能之吏一治教民，则往往获咎以去。此次天津府县其始不过欲治一教民，其后竟至下狱"，"将来地方官群以为前车之鉴，谁敢与教民较量"。这样，贤能之吏无法立足，教民犯法"莫敢谁何"，还谈得上什么吏治？曾国藩自己也觉得他的所谓自强之策走进了死胡同，在给李鸿章的信中哀叹说："自宋以来，君子好痛诋和局而轻言战争，至今清议未改此态，虽知战不可恃，然不敢一意主和，盖恐群情懈驰，无复隐图自强之志。鄙人今岁所以大蒙讥诟而在己亦悔憾者，此也。"

使曾国藩大失所望和倍感痛苦的还不止于此。曾国藩将太平天国革命镇压下去之后，基于对"官逼民反"规律的认识，很怕由于官员的贪庸而再度激起人民的反抗，故将整顿吏治作为"求富求强"的根本，并为此作出了巨大的努力。然而，他没有料到，正是他所赖以起家的军事改革，挖掉了清朝统治的基础，开了军阀割据之滥觞，使清朝的灭亡成为一个时间问题。在这里，曾国藩同样遇到了不可抗拒的历史辩证规律。有一天，正当他扬扬得意地大谈他治军的成功经验时，他的心腹幕僚赵烈文当即指出："师事成矣，而风气则大辟蹊径。师历年辛苦，与贼战者不过十之三四，与世俗文法战者不啻十之五六。今师一胜则天下靡然从之，恐非数百年不能改此局面。一统既久，剖分之象盖已滥觞，虽人事，亦天意而已。"又说："天下治安一统久矣，势必驯至分剖。然主威素重，风气未开，若非抽心一烂，则土崩瓦解之局不成。以烈度之，异日之祸，必先根本颠仆，而后方州无主，人自为政，殆不出五十年矣。"曾国藩当时还希望能保住东南半壁河山,清廷"南迁",再现南北分治的局面。赵烈文却说,清朝"创业太易,杀戮太重,所以有天下者太巧","恐遂陆沉,未必能效晋、宋也"。曾国藩听后犹如五雷轰顶,默然良久说:"吾日夜望死,忧见宗祐之陨。"其心情之沉痛概可想见。过了几天,曾国藩又觉得形势未必有赵烈文说的那么严重,那拉氏的"威断"和奕䜣的"聪睿"也许能使清政府振作起来,不至发生"抽心一烂"的情况。为此,二人曾进行了长时间的争论,直到两年后曾国藩亲眼见到那拉氏和各军机大臣,方才接受这一无情的客观现实,同意赵烈文的判断。两人第一天见面,曾国藩就怀着沉痛的心情对赵说,"两宫才地平常,见面无一要语;皇上冲默,亦无从测之;时局尽在军机恭邸、文、宝数人,权过人主。恭邸极聪明而晃荡不能立足;文柏川正派而规模狭隘,亦不知求人自辅;宝佩衡则不满人口。朝中有特立之操者尚推倭艮峰,然才薄识短。余更碌碌,甚可忧耳。"总之,清政府不可能有什么作为,"抽心一烂"是不可避免的,清王朝没有复兴的希望,只好眼睁睁地看着它一天天走向死亡。

曾国藩自幼争强好胜,晚年亦未曾稍减,面对"补救无术,日暮道穷"的凄凉情景,犹如堕入无边苦海。他为了求得心理上的暂时平衡,减轻精神痛苦,便经常谈论天命,以"谋事在人"之说鼓励自己为清王朝效尽最后一份力,以"成事在天"之说来解释自己的失败。这一方面暴露出他对前途的失望和内心的痛苦,同时也反映出他的感情同理智的矛盾。虽然在理智上已经知道失败的不可避免性,而在感情上却想不通。这也是一个不甘心失败的失败者、头脑清醒的末世英雄所不可避免的逻辑。

五、地主买办阶级的精神偶像

鸦片战争以来,民族危机的加深、外国科学文化的传入以及国内阶级矛盾的激化等情况的出现,给中国各个阶级都提出一个战略性的问题,即对这些矛盾应采取什么态度和对策,怎样做才能适应新的情况,符合本阶级的根本利益。曾国藩通过自己一生的言行,在思想上和政治上形成了一条路线,其要点是:全盘继承以理学为核心、儒学为主体的中国传统文化,以保持封建地主阶级的道统；屈服于帝国主义的军事压力，出卖民族利益以换取其支持与合作；学习外国科学技术，以兴办军事工业；集军、政、财、文与用人大权于一身，以建立军阀制度。总之，就是在保持封建制度基本不变的前提下，引进西方资本主义国家的先进技术和科学知识，以加强统治力量，对付日益觉醒的革命人民，使中国社会沿着半封建半殖民地的道路发展下去。这条路线集中体现了地主买办阶级的根本利益和要求，不仅为清朝统治者所接受，也得到民国时期各届反动政府的拥护。因而，创行这条路线的曾国藩就成为地主买办阶级的精神偶像，一代"圣贤"，受到其政治代表人物的顶礼膜拜。

李鸿章是代表清朝反动政府对外签订卖国条约最多的民族败类，而他办理外交的秘诀就是曾国藩传授的。有一次，李鸿章对人说："别人都晓得我前半部功名事业是老师提挈的，似乎讲到洋务，老师还不如我内行，不知我办一辈子外交，没有闹出乱子，那是我老师一言指示之力。"接着，他讲述了这"一言指示"的来历，并说，从此之后，对一切外交事件，皆"遵奉老师训示办理"，不论英、俄、德、法，"只捧着一个锦囊，用一个'诚'字同他相对"。这不仅反映了李鸿章对曾国藩的崇拜心理，也说明他们政治思想上的师承关系。无怪乎清末学者夏震武说："合肥、南皮一生所为，其规模皆不出湘乡。世徒咎合肥、南皮之误国，而不知合肥之政术、南皮之学术始终以湘乡为宗，数十年来朝野上下所施行，无一非湘乡之政术、学术也。"

李鸿章死后，他的整套衣钵传给了袁世凯。袁世凯的叔祖袁甲三曾创办临淮军，同曾国藩、李鸿章一起镇压太平军与捻军起义，乃父一代亦参与其中，与湘淮军有着千丝万缕的联系。他本人也是靠李鸿章和淮军将领吴长庆的识拔一步步爬上来的。他在小站编练的新建陆军，其军营风气与湘淮军一脉相承。而他出卖戊戌志士、镇压义和团运动、签订全面出卖中国主权的二十一条等一系列反动卖国行为，则可以说是继李鸿章之后再次"青出于蓝"了。

1927年叛变革命后取代北洋军阀而兴起的蒋介石新军阀集团，更是一心一意地推行屠杀人民的反革命内战。而对日本帝国主义发动的吞并东三省的侵略战争，则采取所谓"不抵抗主义"，"等待国际解决"，实际上是甲午战争时期李鸿章"以夷制夷"政策的翻版。最近一位香港学者在评论曾国藩对后世统治者的影响时不无感慨地说："从曾国藩、李鸿章自咸丰十一年讲洋务以来，一直到一九三七年抗日战争前，中国都遵守曾、李的'不宜自我开衅'之戒，只在'万分无礼相加'时，不得已才起而应战，故东西各国频年对中国之'无礼'，执政权的人都不欲言战。于是，二十一条逼签，也只好俯首签字；五卅惨案、沙基惨案，亦可不了了之；九一八事变，日本人一夜之间夺去我东三省，我们不会觉得他们'无礼'，仍谨守曾文正、李文忠二公的遗教。曾、李的精神真伟大极了，死已三五十年还能影响执政诸公也！"又说，"有些人论李鸿章办的是卖国外交，媚洋外交，无非是说他所订的条约多丧权辱国，但从李鸿章的时代起以至一九四九年，办外交的人会不会比他好呢？"实际上"民国以来的外交家"还"万万"不如李鸿章。可见，蒋介石不仅在思想政治路线上与曾、李一脉相承，且不少地方更有过之。

蒋家王朝对曾国藩的吹捧也到了"前无古人，后无来者"的地步。蒋介石一上台，就一反孙中山先生的遗教，把辛亥革命时期遭到志士仁人痛加批判的曾国藩捧上了天，在思想上、政治上、军事上皆奉为宗师。其后他在庐山等地举办"中央训练团"，训练军政骨干，大力提倡阅读曾国藩的著作，到处发表演说，言必称"曾、胡"，叫喊"要救国复兴就不可不效法"曾、胡"，妄图借用当年曾国藩镇压太平天国革命的经验，将中国共产党领导的工农红军扼杀于摇篮之中。当时有人评论国民党发生这一转变的原因时说，"清末士人倡言革命，詈曾左如盗贼，以神圣颂洪扬"，"今政府念平乱之无功（指蒋介石围剿江西红军的反革命战争屡遭失败），求治兵之本计，通令军将，通读公（指曾国藩）书"。真是寥寥数语，道出了蒋介石抬出曾国藩这具政治僵尸的真实用意。当时有个自"中央训练团党政班"受训归来的御用文人，"重沐总裁（指蒋介石）熏陶，凛然有动于中"，摇动笔杆大造舆论，把什么"伟大""崇高""古今完人"等漂亮词句统统堆到曾国藩的头上，并拿蒋介石同曾国藩进行对照，探索其中的本质联系。他认为"总裁与曾虽时代有先后，而其生平志业行谊则颇相类似。总裁之黄埔建军，是犹曾氏之创立湘军也。而皆遭值事变，秉承中华固有之传统文化，适应现代社会环境之需要"，"以'诚'为一世昌"，并由此"窥见本党(指蒋介石国民党)与湘乡之渊源"。直到1964年一些国民党的御用文人还把曾国藩当成他们进行所谓"反共救国"的精神武器。有人在一本专为配合"反攻大陆"而修订再版的曾国藩传记中说："他的救国方案，是分作两方面进行：一方面要守旧，那就是恢复民族固有的美德，以'公诚'的精神教育来改造旧社会；另一方面要革新，接受西洋文化的一部分，以'炮''船'的科学机械来建设新事业。革新和守旧同时进行，这是经世学的必然道理，也是曾国藩对我国近代史的巨大贡献。""一直到现在，我们要救国家救民族还离不开这种原则。"

总之，曾、李、袁、蒋在思想政治路线上一脉相承，对大地主大买办阶级来说，李、袁、蒋不过是他们一个时期的政治首脑，而创行这条路线的曾国藩则始终是支撑其反动政权的精神支柱，而愈是当他们感到自身危机，需要大造舆论时，这种作用就愈加明显。

（《求索》，1988年第1期）

关于曾国藩的幕府和幕僚

曾国藩幕府之盛自古罕见，近世无匹。近20年间，他为了办理军政、粮饷及军工科技诸务，所设机构不下数十，招聘幕僚近于400人，一则治事，一则育人，从中产生出一大批各类人才，其中不少人属于曾国藩集团的骨干成员，对该集团的发展壮大起了很大作用。他们不仅助成曾国藩一时之功，且于他死后将他的思想政治路线传递下去，使之影响沛然，长期延续。故研究曾国藩幕府和幕僚一题，对于进一步了解曾国藩集团乃至中国半殖民地半封建社会的形成皆有助益。然而，长期以来，这一问题的研究却相当薄弱。光绪年间始有其门人薛福成《叙曾文正公幕府宾僚》一文问世。然其所列幕僚不过83人，尚不及实有人数的四分之一，曾在幕中担任要职而后又官至一、二品大员者，如沈葆桢、庞际云、勒方锜、厉云官、孙长绂、万启琛等均未提及，而一些过往游客，如吴敏树、俞樾、王闿运等却被拉入名单。民国年间出版的李鼎芳《曾国藩及其幕府人物》一书，不过依照薛福成开列的名录略增数人[1]，摘录有关传记编排成书。新中国成立以来，亦少有关注曾国藩幕府和幕僚问题者，至今未见有人发表新的专门论著。前不久偶见台北出版的《曾国藩的幕僚群》一书，虽字数略有可观，但其有关幕府和幕僚部分，却基本上是李书的翻版。对于曾国藩幕府的基本情况，诸如它产生和发展的基本条件及时代特征；它设有哪些办事机构，各自有哪些主要职能和办事人员；它有哪些主要特点，其幕

---

[1] 早在李书出版前六七年，罗尔纲先生就曾在《湘军新志》中续补曾国藩幕僚五人，皆准确无误，但未被李书采纳，其所增五人多不准确，且与罗不同。

主和幕僚间是一种什么关系；等等，人们仍无从全面了解。本文拟对此做一初步探讨，以引起学术界的广泛注意，增进对这一问题的兴趣和研究。

一

曾国藩幕府在近代史上的出现是不奇怪的。早在汉、唐甚至更早的年代，中国就已经有了幕府和幕僚制度。降及清代幕僚制度仍是经久不衰，六部九卿以至州县，主管官员无不聘有幕僚协助处理钱粮、刑名、文案等务。这些人或精通政务，笔下流畅，或善理钱财，熟悉律令，正好弥补科甲出身的官员不习政务的短处。所以，他们凭借某一方面的专业知识和办事能力，包揽钱粮，代办词讼，掌握很大一部分实权，在封建政权体系中处于非常特殊的地位。主管官员对他们必须敬之以师，待之以宾，修资丰厚，礼仪周全，称之为幕宾、幕客、幕友、师爷之类，不得以属员视之。幕僚亦往往自恃其才，与主管官员分庭抗礼，稍不随意，即拂袖而去。幕僚之间则师徒相承，自成体系，平日声息相通，有事死力相护，盘根错节，牢不可破。有清以来幕僚暗中操纵把持的情形更为严重。有的官员懒于政务，养尊处优，把经管钱粮、办理诉讼、草拟文稿、清理账目诸务一概交幕僚处理，甚至用人大权也由幕友家丁包揽。这就使本已腐败的吏治更加腐败。雍正帝即位之初，曾下令将六部的幕僚逐出京城，移往涿州一带，并相应做了一些限制性规定。经过这番整顿虽取得一定成效，但种种积弊没有根本改变，直到曾国藩生活的时代仍然如此。不过另一方面，对于未入政坛的士人来说，充任幕僚可以收到历练政务、增长才干的效果。不少人曾在青年时期充任幕僚，其后成为名臣，显示出幕僚制度在培养人才方面的作用。总之，幕府和幕僚制度虽有种种弊端，但在中国封建政治制度中，又有其存在的必然性。

当然，曾国藩幕僚能够不断发展，还有更为重要的原因，那就是战争的需要和督抚权力的膨胀。若在平时，督抚所要承办的公务毕竟有限，聘请几个幕僚，至多是十个八个，也就足可应付，绰绰有余了。然而，曾国藩担任两江总督的清代咸同年间，并不是什么太平盛世，而是多事之秋，不是例行一般公事，而是进行一场旷日持久的战争。当时，以太平天国为中心的各族起义已经遍及全国，不仅控制了长江中下游和西北、西南的广大地区，而且相继击溃清王朝所赖以生存的八旗、绿营国家常备武装，清政府无兵无饷，只得依靠各地督抚征厘募勇同太平军、捻军等人民起义军作战。这样，清朝的安危存亡就主要系在这些统兵大员身上。他们为了扭转战局，适应独立作战的需要，包揽把持，独断专行，将昔日用以束缚他们手脚的各项制度一一破坏，把过去与之比肩而立、三宪并称的布政使、按察使，贬为自己的属员，遂使兵、政、财、人大权集于一身，本属中央的权力落入地方督抚手中。清政府深知此弊，而无可奈何，只好听之任之。与此同时，各地督抚既要带兵打仗，又要兼理地方，所要承办的事务和对各类人才的需求也大大地增长起来。他们勇要自募，饷要自筹，粮台要自办，劝捐、征厘、办理盐务处处需要人手，原有属员不敷分配，实缺官员本有定额，只好多多招聘幕僚，一再扩大幕府，将幕府作为自己的参谋和后勤机关，依靠幕僚解决战争中遇到的各种难题。于是，地方分权和幕府制度互为表里，相得益彰，在办理军务、赢得战争的旗号下迅速膨胀，一时形成地方拥兵、督抚专政的局面，幕府制度亦随之兴盛起来。其时，用兵各省普遍如此，最早建立幕府、征厘募勇者也并非湘、淮各军，曾、胡、左、李各帅，只不过他们办理最著成效，异军突起，后来居上，军事上成为主力，其幕府亦最为突出、最为典型而已。

曾国藩幕府能以超越胡、左、李诸人，成天下一时之最，还有他个人方面的特殊原因。

第一，他地位最尊，权力最大，辖地最广，统兵最众，使其他三人望尘莫及。就个人资历而言，李鸿章是曾的门生，他刚刚入仕，曾国藩就已是二品大员。左宗棠中举之后，三试礼部而不中，长期充任馆师和幕僚。胡林翼入仕早于曾国藩两年，但其仕途坎坷，官运不佳，直到咸丰四年投靠曾国藩时，方刚刚被任命为贵州的一个实缺道员。就当时的实际地位而言，左、李出自曾国藩的幕府，胡亦曾是曾国藩的部下，三人位至封疆皆有曾国藩的奏荐之力，其高下之分是不言而喻的。就个人拥有的权力来说，胡得任封疆最早，但从未担任过钦差大臣，左、李担任钦差大臣则都是同治五年的事。而曾国藩自咸丰十年担任钦差大臣、两江总督之后，一再加任，迨至同治二年，已身兼五钦差大臣之职，过去由何桂清、和春、张芾、周天受、袁甲三、多隆阿六人分掌的权力，统统握在他一人手中。这在有清一代以至历朝历史上都是不多见的。就所管辖的地域而论，胡林翼限于湖北，左、李亦至多两省，而曾国藩则统辖江西、江苏、安徽三省之地，节制四省(外加浙江)军事。这也是其他三人所无法相比的。就统兵而言，曾国藩统兵最多时达12万人，仅由他供饷的军队即近于10万之众。而其他三人一般只有四五万，最多也不过六七万，皆不能与他匹敌。毫无疑问，兵多则饷需亦多，地广方便于筹饷。战事最紧张时，曾国藩曾在江西、江苏、安徽、湖南、湖北、广东六省设局征厘，厘金停解前后又在三江两湖遍设局、卡，征收盐课，先后敛银不下三千数百万两，所揽利权之广也是全国独一无二的。这样，他既有需要，又有条件，其幕府规模最大、人员最众，也就全在情理之中了。

第二，曾国藩在士林中的声誉和地位也是其他三人无法比拟的。胡、左、李三人虽有真才实学，堪称有清一代之大手笔，但若论治学根底和在士林中的名气，却远不如曾国藩。曾国藩学兼汉、宋，尤善词章，早在京师为官时，即已称誉士林，闻名全国，故能将钱泰吉、刘毓崧、罗汝怀等名儒宿学一一聘请入幕。这也是其他三人所不能及的。

由于战争的需要和督抚权力的膨胀，曾国藩承办的事务已大大超过平时一个普通总督的职责，而这些事务又主要靠他的幕府去完成，所以，其幕府同平时一般督抚的幕府有了很大不同。首先，幕府和幕僚的范围不再限于"文事"及钱粮、刑名之类，实际上，曾国藩为办理军务而设置的各种临时性办事机构[1]都应归入他的幕府，在其中办事的各类招聘或委派人员都应算作他的幕僚。

同时，由于上述条件的制约和变化，曾国藩幕府在其近20年的发展过程中呈现四个不同的发展阶段：（一）形成期，办事机构不多，幕僚人

---

[1] 这些机构初设时都是临时性的，均在清政府的正式编制之外。军务结束后有的裁撤，有的则保留下来，成为各省的常设机构，如各类厘金局、盐务局、制造局及营务处等。

数较少；(二)发展期，机构、人员日增，幕府粗具规模，但幕僚时聚时散，人数仍不太多；(三)鼎盛期，机构最多，人员最众，声望最隆，无论自古名臣抑或同时流辈，都无人能与之相比；(四)萎缩期，军务告竣，机构、人员日益减少，各种规章渐复旧制，幕府的职能和规模也逐步由战时回归平时状态。另外，其幕僚的来源主要是至亲好友，亲朋子弟、门生故吏及其他征调、候补、降革人员，与平时师徒相承，以师荐徒的绍兴师爷之类也大不相同。

二

曾国藩幕府的办事机构，大体可以分为军政、粮饷两类。军政办事机构有十余个，论其职能略分以下几种：

(一)秘书班子，包括曾国藩身边的谋士和各类文案人员。曾国藩称之为"幕府"，而笔者则为其取名秘书处。它不仅在军政办事机构中居于首要地位，且是整个幕府乃至曾系湘军的神经中枢。曾国藩对上级的报告，下级的指令，前后左右的联络协商，内部关系的调整，都通过这个机构进行。秘书处的具体工作主要是草拟咨、札、函、奏，管理文书档案，分工明确，各有专责。另外，有时还帮助曾国藩出谋划策和调查、处理重要事件。由于秘书人员工作性质重要，且与曾国藩最为接近，故在幕僚中地位最尊，待遇最厚。同其关系密切而后地位显赫的人物，如左宗棠、李鸿章、钱应溥、刘蓉、郭嵩焘等都曾担任是职。秘书处的任职条件，除"忠实可靠"外，还须通晓政务，文学优长，尤其草拟奏章者必须上上之选，殊难物色。而这些人也往往得保最易，得缺最早，其他人员望尘莫及。

(二)思想文化机构，包括编书局和忠义局。忠义局全名"忠义采访局"，也称"忠义采访科"，主要任务是采访在战争中为清王朝"阵亡殉难之官绅"，汇总事迹，由曾国藩奏请建立专祠、专坊，以扶持礼教，维持风化。实际上，这是曾国藩为封建地主阶级做的一件思想政治工作。该局工作人员主要有陈艾、方宗诚、汪翰等。编书局简称"书局"，主要任务是刊刻名籍。其中不少宿学名儒，如罗汝怀、莫友芝、汪士铎、李善兰、张文虎和刘毓崧父子，多入《清史稿》的《文苑》等传。

（三）军事和情报机构，包括营务处和采编所。营务处略似今日军中之参谋部，而职权略有不同，其任职条件是文武兼资，沈葆桢、李榕、李元度、罗萱等都曾任职其中。采编所主要有张德坚、邹汉章、程奉璜等人，其主要任务是通过降人、难民和侦察活动收集和整理太平天国的战略情报，后来据以编成《贼情汇纂》一书。

（四）司法机构。咸丰三年初曾国藩到长沙不久，就奏准在团练大臣衙内设立审案局，大肆捕杀有反清活动或嫌疑的湖南民众。审案局办案废除一切司法程序，定罪不要证据，只据团绅一言即可置人于死地。它是紧随秘书处之后设立的幕府机构，承办案件的刘建德、厉云官等人也成为最早的一批幕僚。曾国藩"东征"后审案局改名"发审局"，成为幕府中的常设机构，遇有案件，就交发审委员审理。这一时期大多审理军中犯案，如万瑞书抢粮台案、李金旸"通贼"案等。曾国藩担任直隶总督期间，为清理历年积讼和办理天津教案，都曾设立发审局审理案件。在发审局任职的人员，主要有张丞实、李兴锐、庞际云、孙长绂、吴汝纶等。同治四年北上剿捻期间，曾国藩曾仿照湖南"清匪"办法，派遣大批查圩委员赴捻军老家蒙、亳一带查圩，以整顿和重建地方基层政权，稳定社会秩序，割断当地绅民与捻军的联系。

查圩委员握有生杀大权。他们按照曾国藩的条令，对一切靠拢湘军的士绅，不管过去是否从苗从捻，一律加以提拔、重用、奖励，对一切不愿为他们所用的士绅，即使并未从苗从捻，也要加以撤任和惩办，对一些回乡捻众或同捻军有联系的人，更是大加捕杀。曾国藩为了多捕多杀，对查圩委员以杀人多少定功过，多杀者大加鼓励，心慈手软者严厉斥责。不少人开始缩手缩脚，被斥后胆大妄为，滥捕滥杀，遂成"能员"。

（五）善后机构，包括善后总局及团练、保甲、田产、抚恤等局。湘军攻占安庆和江宁之后，曾国藩曾先后在两地设立善后总局，下设团练、保甲、田产、米粮、子弹、火药、抚恤等局，以维持秩序，清查田产，催收钱粮，供应军需，救济灾民等。负责这一机构的是万启琛、李榕等人。

曾国藩的粮饷筹办机构分为供应和筹款两个系统。供应系统包括粮台、报销局和军工企业。粮台分为行营粮台、中转粮台和后路粮台，其总的任务是负责粮饷及各种军需物资的供应，而不同的粮台则又有其不同的具体任务和工作特点。行营粮台又称支应粮台，主要负责前线各军的供应。它一般随曾国藩湘军大营一起行动，有时根据战争形势的需要，也常于行营总粮台之外另设分支粮台或前敌支应所，如祁门粮台（又名山内粮台）、无为粮台（又名江北粮台）、徐州粮台、安庆银钱支应所等，以就近解决前线某军或数军的供应问题。这些粮台实际上也属于行营粮台。行营粮台的经办人员主要有李瀚章、张韶南、隋藏珠、王延长、李兴锐、李鸿裔、李作士等。

转运粮台又称转运局，主要有岳州转运粮台、汉口转运局、河口转运粮台、清江转运粮台和灵宝粮台。它的主要任务是负责粮饷及其他军需物资的居间转运，它的经办人员主要有夏廷樾、胡大任、沈葆桢、钱鼎铭等。后路粮台主要有长沙粮台、南昌粮台以及驻扎江宁的北征粮台，其主要任务是准备钱物以应行营粮台之需，在物资缺乏的情况下也负责外出采购或组织监制。此外，设在长沙的后路粮台还负责向裁撤回籍的湘勇发放欠饷，向新募湘勇提供就地训练和路途行军的费用。后路粮台的经管人员主要有裕麟、厉云官、李瀚章、甘晋、李桓、孙长绂、万启琛、李宗羲等。

报销局的主要任务是将营中历年开支编造成册，呈报清政府审批，要天衣无缝，不为户部议驳，故工作相当繁难。湘军攻占天京时，仍有几年的开支尚未报批，清政府下令一次报清，不再造册细核，使曾国藩如释重负，大为感激。此后报销局又存在了一个时期，专管同治三年六月后的报销事宜，直至军务结束，才和各地粮台一起陆续裁撤。报销局的经办人员主要有王延长、李兴锐、孙衣言等。

曾国藩兴办的军工科技机构主要有安庆内军械所、金陵军械所、江南制造总局、翻译馆、驻美中国留学生局。其中两所一总局的主要任务是制造新式枪炮火药及大小轮船以应军需。轮船分兵轮和商轮两种，兵轮用于作战，商轮用于军中运输。另外，江南制造总局还担负新轮操练及驾驶、管理人员的培训任务。翻译馆属于江南制造局的一部分，兼有外语教学和翻译、出版三项任务。驻美中国留学局的主要任务是办理中国留美学生的招生和在美学习等事务。首批留美学生分军政、船政及科学技术三项专业，都是与军事有关的。在上述机构中担任科技、管理、制造、训练、教育、翻译、出版等工作的中国人员主要有徐寿、华蘅芳、徐建寅、吴家廉、龚芸棠、吴大廷、丁日昌、冯焌光、李兴锐、陈兰彬、容闳等，另外，还有英国人傅兰雅、伟烈亚力，美国人林乐知、玛高温等外国人员。

粮饷筹办机构的筹款系统，主要有各地劝捐局、厘金局、盐务局及其众多的下属分支机构。它分布最广，人员最多，任务最为繁重，情况最为复杂，是幕府中最为庞大的部分[1]，办事人员约占幕僚总数的三分之二左右。

劝捐局包括衡阳劝捐总局、樟树镇劝捐总局、汉口劝捐局及其设于各府、州、县的分局，主要分布在湖南、江西、湖北三省，其主要任务是劝谕富绅出钱助饷，按各例捐官章程折成实收，依资填发执照。办捐人员主要有黄赞汤、郭嵩焘、胡大任等。

厘金局包括湖南东征局、汉口厘金局、江西牙厘总局、赣州牙厘局、安徽牙厘总局、皖南厘金局、泰州厘金局、广东厘金总局及其下属分局、厘卡，广布于湖南、湖北、江西、安徽、江苏、广东六省，其主要任务是向行商、坐贾征收税款，按期解送粮台以充军饷，各局皆有定额，不得贻误。对各厘金委员亦照收款多少计功过而定奖惩。湖南东征局除屡解巨款以救困厄外，还为曾国藩造船制炮、制造火药、购粮募勇等，只要曾国藩急需，接奉片纸即连夜赶办，火速解送，实际上成为他在湖南的留守政府。厘金征收办法一般是按照货价值百抽一，而江西和湖南则有所不同。江西自同治元年开始两起两验，加倍征收，实际税率已大大超过百分之一。湖南东征局系在湖南征收的厘金之外再加抽五成。厘金各局于咸丰十年五月起陆续设立，同治四年前后陆续移交各省办理，其间解款成数也屡有变更。

---

[1] 曾国藩的筹款系统是曾国藩幕府和幕僚研究中难度最大和最为薄弱的环节，究其原因，不外"资料缺乏、事倍功半"八字。笔者经过多年的探索，大致摸清了曾国藩筹款系统的机构设置和来龙去脉，拟于《曾国藩的幕府和幕僚》一书中辟专章阐述。本文限于篇幅，只能略述梗概。

设立之初所收款项全解曾国藩粮台，本省不得扣留。同治二年起本省开始提留，三成、五成、七成先后不等，直至全部停解，交由本省征收。经办厘金的人员主要有黄冕、郭昆焘、恽世临、胡大任、李桓、李瀚章、范泰亨、孙长绂、刘于浔、王德固、万启琛、李宗羲、莫祥芝、金安清、蔡应嵩、丁日昌等。

盐务局包括樟树镇饷盐总局、泰州招商总局、大通招商局、瓜洲总栈、江西督销局、湖北督销局、湖南督销局、淮北督销局、武穴督销分局、新堤督销分局及其下属分支机构，主要分布于湖南、湖北、江西、安徽、江苏五省，它的主要任务是组织食盐运销，从中征收盐税，借以筹集军饷，而不同种类的盐务局任务又有所侧重。泰州招商总局负责整个淮盐的招商承运工作，瓜洲总栈负责长江过往盐船纳税单据的掣验事务，大通招商局兼理招商、承运和过往盐船的厘金征收两项任务。其他各督销局则负责所在省、区的岸销事务：一是平抑盐价，防止暴涨暴跌，一是监督盐船、贩夫，禁止跌价抢售或越序争购。此外，为了使淮盐畅销，增加税收，曾国藩还派人在各通商要道、水陆码头设立盐卡，加抽盐税，以减少邻省私盐入境。其中较为著名的盐卡有吴城、湖口、万安、新城等卡。办理盐务的人员主要有黄赞汤、万青黎、史致谔、万启琛、裕麟、黄延赞、沈葆桢、张富年、刘履祥、郭嵩焘、周腾虎、程桓生、杜文澜等。

三

曾国藩幕府既有一般幕府的共同之处，也有自己的特点，这些特点归结起来大致可分为两个方面。

曾国藩幕府的第一个特点是大批幕友得保官职。平时人们充任幕僚只是作为一种职业，谋求衣食而已。有人后来做官也多由科举登进，尚未闻出自幕主奏保者。在古代和近代战争期间统兵大帅的幕僚曾有出幕不久即升高位者，但与曾国藩相比亦相去甚远。曾国藩不仅奏保身边秘书，亦保奖筹饷人员，数量之多、升迁之快都甚为罕见。

曾国藩大批奏保幕僚主要是在咸丰十年出任两江总督之后。咸丰四至七年曾国藩第一次带兵出省作战期间,很少奏保幕僚,他在籍丁艰时期曾为此甚感苦恼,觉得很对不住与自己患难多年的幕友李元度、甘晋等人。咸丰八年再出领军后,奏保幕僚较前为多,但又常遭议驳,难获批准。咸丰九年曾国藩奏保其老友吴嘉宾升任候补同知,即为吏部驳回。同年,奏保按察使衔候补道员李鸿章升任两淮盐运使,亦未获批准。咸丰十年担任钦差大臣、两江总督后,曾国藩既有地盘又得清廷倚重,奏保候补官职自不待言,即请旨简放实缺,亦无不获准。这一时期,曾国藩奏保人数之多、官职之高,都是空前的。咸丰十年七月曾国藩于一折之中,同时举荐李鸿章、沈葆桢二人堪膺封疆之寄。同治二年十一月又一次奏保涂宗瀛等九员皆学行修饬,可备任使。其他三三两两的陆续奏保者更是难以尽举。此时,清政府出于各种原因,对曾国藩等人的奏请几乎有求必应,以致咸丰十一年至同治四年的五年之中,曾为曾国藩幕僚的五位道员皆被破格重用,分别超擢为江西、江苏、广东、湖南等省巡抚。其中沈葆桢、李鸿章由道员直升,恽世临半年两迁而至,郭嵩焘、李瀚章则二年之中连升三级,由道员位至巡抚。同治三年六月湘军攻占天京之后,清政府开始对地方督抚的权力略加限制。吏部颁布新章规定,凡各省保荐人员,寻常劳绩概不准超级保升及留省补用,对粮台保案挑剔尤甚,使曾国藩不得不变换手法,免遭部评。其后曾国藩奏保幕僚,多以整顿吏治、荐举人才为词。尤其北上剿捻和移督直隶前后,都曾奏保大批幕僚升任实缺。迨至同治十一年二月曾国藩去世时,其幕僚官至三品以上者已达22人,其中总督四人,巡抚七人。至于官至道、府、州、县者则难以尽举。可以说,曾国藩幕僚凡愿意做官而又差可委任者,几乎人人有官可做,甚至连方宗诚那样不习政务的迂腐书生也谋得直隶枣强县实缺。这种现象在历史上是极为少见的。

在曾国藩幕僚中,得保既多且优者主要是秘书人员和筹饷人员。差不多湘军每打一次胜仗,曾国藩都在奏保作战"有功"人员的同时,以劳绩保荐一部分幕僚。有时来不及办理保案,就在奏折中留下话语,以便具折续保。例如,湘军攻占天京之后,曾国藩就在奏保前线将领时声称,对几年以来随其办理文案、善后、粮台诸务之印委各员,"均当确切查明,续行分案择优请奖"[1]。对于筹饷人员则无须借此挂带，仅根据其筹款成绩就可径直保荐。例如，在江西办理厘金的李桓、李瀚章、孙长绂，办理饷盐的万启琛以及湖南东征局的恽世临、黄冕等人，都是以此为由加以奏保的。

曾国藩奏保幕僚，通常有直接奏保、委托奏保和交互奏保三种办法。直接奏保即由其本人具折出奏。这种办法最为便捷，在受保幕僚中所占比例亦最大，但有时却不大方便。例如刘蓉和郭嵩焘二人，追随最久，功劳亦大，才能足任方面。曾国藩早想让他们升任高位而碍于儿女姻亲，例应回避，不能由自己出奏，只好托人代办。第一次曾国藩打算将刘蓉送到湖北由胡林翼保奏，因故没有办成。其后骆秉章入川奏请携左宗棠同行，曾国藩留左而荐刘，终于达到目的，使刘蓉二年之中连升四级，由候补知府跃居陕西巡抚之位。郭嵩焘则先由李鸿章保为两淮盐运使，再托两广总督毛鸿宾奏保广东巡抚。有时是因事暂离，奏保不便，也托人代办。如同治四年曾国藩北上剿捻时，只带部分秘书人员随行，便将留在两江总督衙门中的幕僚一一托付给署理江督李鸿章，要他予以奏保。交互奏保亦是遇有某些不便而采取的一种权变之计。例如，曾国藩担任两江总督后，欲整顿皖北吏治，又怕受到直接管辖这一地区的安徽巡抚翁同书的阻挠，便致函于翁有恩的湖北巡抚胡林翼，要求安徽与湖北间各举数员，交互奏保，庶几二人"交易而退"[2]，各得其所。翁碍着胡的面子，不便拒绝，遂使曾如愿以偿。

曾国藩所以这样奏保幕僚，一为实际上的需要，如整顿吏治、恢复被太平军打乱的清朝地方政权等；一为笼络人心，以使幕僚们为他出力卖命。当时，兵荒马乱之中肯于出为幕僚者，多想混个一官半职。正如赵烈文说的那样，"苟非贤杰以天下为己任，流俗之情，大抵求利耳。使诚无求，将销声匿迹于南山之南，北山之北，又肯来为吾用邪？"[3] 因而，曾国藩只有不断奏保幕僚，才能使人人觉得大有希望，死心塌地为他所用。对于这番道理，曾国藩带兵之初似乎不太明白，也有些放不下理学家的架子，

---

[1] 曾国藩：《曾文正公奏稿》第21卷，湖南传忠书局，第23页。

[2] 曾国藩：《曾文正公书札》第12卷，湖南传忠书局版，第28页。

[3] 赵烈文：《能静居日记》，学生书局影印本，咸丰十一年八月初九日。

故在营数载,"不妄保举,不乱用钱,是以人心不附",诸事不顺。咸丰八年再出领兵,他才在胡林翼的启发下,"揣摩风会,一变前志"[1],开始对幕僚大加保举。

当然,曾国藩奏保幕僚是有条件的,那就是要确实为他干事不怕艰苦,不讲条件,否则,他是不肯保举的。例如,幕僚中有个叫刘瀚清的人,曾以"忠义之士"召入幕中办理文案,并已升至候补知府。同治五年正当曾国藩需人之际,他为家中事急,不听劝告,执意请假回籍。其后,曾国藩即以他"缺乏耐性"为由不予奏保实缺官职,虽经其同乡好友赵烈文一再求情亦仍无济于事。

有计划地储备和培育人才是曾国藩幕府的第二个特点。讲储备则曾国藩用人如流水,其幕府恰是储备人才之库;论育人则曾国藩如师长教弟子,其幕府即为读书、习练之所。曾国藩的人才政策是博取慎用。取之欲博则凡具一技之长,一处出色者即广为延揽,多多益善,唯恐有所遗漏;用之欲慎则使用之时,慎之又慎,唯恐用非其人,人非所宜。面对众多的人才,而要做到用之无误,就要有安插之所、考察之方,不仅要察言观色,还要试之以事,验之以效。于是,曾国藩的幕府就成为实现这一目的的理想之地,对各种人才先事广为搜求,延之幕府,一旦需要即量才取用。据说,每有赴军营投效者,曾国藩先发给少量薪资以安其心,然后亲自接见,一一观察:有胆气血性者令其领兵打仗,胆小谨慎者令其筹办粮饷,文学优长者办理文案,学问渊博者校勘书籍。在幕中经过较长时间的观察使用,感到了解较深、确有把握时,再根据各人的才能和功绩奏保官职,委以地方之责。曾国藩的这套办法行之多年,卓有成效,本人自以为百无一失,世人也多推其有知人之明。倘无如此庞大之幕府,是很难做到这一点的。

曾国藩认为,大才乃天然生成,而中等以下人才则可通过培养教育造就出来。同时,科举制度耗人精力,误人青春,使天下无现成人才可取,要做好兵事、饷事、吏事、文事,亦必须自己动手培养人才。所以,他非常重视人才的培养工作。他的幕府一则治事,一则育人,既是办事机构,

---

[1] 曾国藩:《曾文正公家书》,商务印书馆民国二十七年版,咸丰八年五月十六日。

又是有计划培养各种人才的学校。他从军从政多年，在部下面前始终保持着两种身份：既是统帅和官长，又是老师和父兄。而幕府乃文人聚集之地，故他主要以老师的身份出现，不行军营规矩，略似私塾约束，同幕僚之间犹如严师教弟子，馆师课蒙童。曾国藩所拟"凡堂属略同师弟，使僚友行修名立，方尽我心"[1]的联语，基本反映了这种关系。

曾国藩培养人才的办法主要有三条：读书、历练、言传身教。他在专为幕僚拟定的劝诫条令中规定，凡入其幕府者，必于军、政、饷、文四事之中精习一事，并结合实际进行学习，增长才干。而学习又不外学古与学今两种途径，学古则多读书籍，学今则多找榜样，多向人请教。他对身边秘书人员抓得尤紧，不仅经常找人个别谈话，还在条件许可的情况下规定课程，定期考试。同时，他还利用茶余饭后之隙谈古论今，向幕僚传授自己的读书心得和实践经验。对于不在身边的幕僚，则主要通过书信和批札，结合实际事项进行开导，传授知识和经验。在培养方向上，曾国藩亦注意因材施教，根据各人的特点进行培养。有的人，如张裕钊文学基础很好，但不适于做官，曾国藩就令其专攻文学，以求发展。对其所谓"文学四弟子"中的其他三人吴汝纶、薛福成、黎庶昌，曾国藩也都在文学方面进行过培养，不过与张裕钊的要求有些不同而已。在培养人才问题上，曾国藩真可谓呕心沥血，终生不懈。不少幕僚受其感动，拜他为师。例如，赵烈文咸丰六年初入曾幕，咸丰十一年再次入幕，同治四年始行拜师大礼，改变称呼。此足见其郑重其事，并非草率之举，阿谀之行。曾国藩幕僚中有如此众多的人才，对他们大多数来说，恐怕是同曾国藩的教育、培养分不开的。

四

曾国藩与幕僚之间总的来说是主从关系，具体而言则又可分为互慕、互助和相互影响三个方面。首先，他们双方都有相互结合的愿望，可以说

---

[1] 曾国藩：《曾国藩全集·诗文》，岳麓书社1986年版，第105页。该对联分上下两部分，此处仅引下联。

是一种相互倾慕、相互追求的关系。曾国藩认为，远而言之则天下之兴亡，国家之强弱；近而言之则兵、饷、吏、文四事之成败利钝，无不以是否得人为转移。故他多年来爱才如命，求才若渴，为吸引和聘请更多更好的幕僚尽了很大努力，做了大量工作。他于率军"东征"之前，即号召广大封建知识分子奋起捍卫孔孟之道，反对太平天国，盛情邀请"抱道君子"参加他的幕府。其后行军打仗，每至一地必广为访察，凡具一技之长者，必设法延至，收为己用。闻有德才并称者，更是不惜重金，驰书礼聘。若其流离失所，不明去向，则辄具折奏请，要求各省督抚代为查明，遣送来营。曾国藩与人通信、交谈，亦殷殷以人才相询，恳恳以荐才相托，闻人得一才羡慕不已，自己得一才喜不自胜，遂使之爱才之名闻于全国。由于曾国藩精研百家，兼取众长，早在青年时代即已"道德文章"名满京师，称誉士林，加以其后出办团练，创建湘军，"战功"赫赫，威震天下，遂被封建统治阶级视为救星，受到不少知识分子的崇拜。由于清朝政治腐败，等级森严，满汉藩篱未除，加以取士不公，仕途拥塞，使一大批中小地主出身的知识分子空有一片"血诚"，满腹才华，而报国无门，升发无望，不得不千方百计地为自己寻求政治上的出路。有的知识分子则非但升发无望，且身遭乱离之苦，徒无定居，衣食俱困，亟须庇护之所，衣食之源。还有一部分知识分子，既无升官发财之念，亦无饥寒交迫之感，甚或已是学问渊博，名满士林，但却仰慕曾国藩的大名，以一与相识为幸，一与交游为荣。他们闻曾国藩能以诚心待士，破格用人，遂纷纷投其麾下，入其幕府。

同时，曾国藩同幕僚之间也是一种相辅相成的关系，幕僚们助曾国藩功成名就，曾国藩使幕僚们升官发财。多年以来，幕僚们为曾国藩出谋划策、筹办粮饷、办理文案、处理军务、办理善后、兴办军工科技等等，出尽了力，效尽了劳。可以说，曾国藩每走一步，每做一事，都离不开幕僚的支持和帮助。即如镇压太平天国一事，他之所以获得成功，也并非靠他一人之力，而是依靠一支有组织的力量，其中他的幕僚尤占有一定比重，起了相当大的作用。

曾国藩对幕僚的酬报亦为不薄。众幕僚入幕之初，地位最高的是候补道员，且只是个别人，知府一级亦为数极少，绝大多数在六品以下，有的刚被革职，有的只是一般生员，还有的连秀才都不是。而数年、十数年间，红、蓝顶子纷纷飞到他们头上，若非曾国藩为他们直接间接地一保再保，是根本不可能的。李鸿章的经历最能说明这个问题。他于咸丰九年入曾国藩幕，后又因故离去。郭嵩焘劝他说："此时崛起草茅必有因依。试念今日之天下，舍曾公谁可因依者？即有拂意，终须赖之以立功名。"[1]李鸿章听其劝告，重返曾幕。果然，青云直上，步步高升，一二年时间位至巡抚，五六年时间位至钦差大臣、湖广总督，已和曾国藩双峰并峙，高低难分了。试想，李鸿章不回曾幕，能够如此顺利吗？恐怕要谋得按察使实缺亦并非易事，虽然他此时已是未上任的按察使衔福建延建邵道道员。

当然，曾国藩同幕僚之间这种关系的维持，是有条件的。那就是，曾国藩要尊重幕僚，以礼相待；而幕僚也必须忠于曾国藩，绝不许中间"跳槽"，改投新主。说明这种情况的最为典型的事例，是冯卓怀的拂袖而去和李元度的被参革职。冯卓怀是曾国藩的老朋友，一向对曾国藩非常崇拜，为了能够朝夕受教，曾放弃条件优越的工作去当曾国藩的家庭教师。曾国藩驻兵祁门时，冯卓怀又放弃四川万县县令职位投其麾下，充任幕僚。后因一事不合，受到曾国藩的当众斥责。冯卓怀不堪其辱，决心离去，曾国藩几经劝留皆不为动，最后还是回家闲住，宁可丢掉官职也不能忍受曾国藩对自己的无礼举动。李元度是在曾国藩最困难时入幕的，多年来患难与共，情逾家人，致有"六不能忘"之说。不意其后曾国藩两次参劾李元度，前后态度悬若霄壤。究其原因则主要由私情而起。曾国藩明知李元度并非领兵之才而令其领兵，屡经败溃而复委重任，皆由私情太厚，盼其立功太切，即所谓"心欲爱之，实其害之"者。故李元度失守徽州，曾国藩也有责任。他第一次奏参，也只是气愤李元度故违将令，颇有挥泪斩马谡之意，并无私恨。不料李元度转身投靠浙江巡抚王有龄，并很快开复一切处分，连升两级实授浙江按察使。曾国藩深感受辱，积怒于心，不能忍受，遂借杭州失陷一事再次参劾李元度，将其革职。曾国藩在与友人的信中谈到与李元度的关系时，曾引春秋时豫让故事，

---

[1] 郭嵩焘：《玉池老人自叙》，养知书屋光绪十九年刊，第7页。

称"以中行待鄙人,以智伯待浙帅"[1],说明此次参劾全出私恨,而究其缘由则不外"改换门庭'四字。人们由此不难看出,曾国藩同幕僚的关系,归根结底还是主从关系,其维系纽带全在私谊,私谊对他们双方都是神圣的,高于一切的,任何一方如有违背,这种关系即会解除,甚至结成私怨。

在长期合作共事过程中,曾国藩和幕僚之间相互都产生过一定影响。曾国藩每遇一事决疑不下,不仅向部下个别征求意见,还往往令幕僚各抒己见,进行讨论。有时也让他们呈递书面意见,以供参阅。这样做,既有令其历练政事之意,也为从中吸收高明建议和看法。据说,咸丰十年曾国藩关于北援问题的决策,就出自李鸿章的启发。有时幕僚也单独呈递条陈,对一些问题提出自己的见解,供曾国藩采择。例如,赵烈文就曾就招贤用人问题上书曾国藩,提出不少甚有见地的看法。所有这一切,无疑都会对曾国藩产生一定影响。在有些问题上,诸如引进西方科学技术,兴办军事工业等,幕僚的意见和影响还对他的思想发展起了推动作用。例如,派遣留美学生一事,就是接受容闳的建议,同李鸿章等人协商之后决定的。江南制造局的迁址扩建,翻译馆的增设及其与上海同文馆的合并等,无疑也是接受了幕僚的建议。因为在这些方面他所知不多,如果没有幕僚们为他谋划和经办,他是很难下定决心,向前迈出一步的。

比较而言,曾国藩对幕僚的影响显然会更大、更深远。多年来曾国藩一直对其幕僚精心培养,视若子弟。除为数不多的几个老朋友和名儒宿学之外,一般幕僚亦对曾国藩尊之为师,极为崇拜,一言一动无不视为楷模。从道德修养、为人处世到学术观点、文学理论,以至军事、政治、经济、外交等方面,无不在不同程度上受到曾国藩的影响。尤其经常在曾国藩身边的人员,朝夕相处,耳濡目染,日积月累,潜移默化,于不知不觉之中,已受其熏陶,增长了见识和才干。正如薛福成说的那样,他们虽"专司文事,然独克揽其全。譬之导水,幕府则众流之汇也;譬之力穑,幕府则播种之

---

[1] 江世荣编:《曾国藩未刊信稿》,中华书局1959年版,第3页。

区也。故其得才尤盛"[1]。曾国藩的另一幕僚张文虎在谈及幕僚易于成才的原因时也说，盖"其耳目闻见较亲于人，而所至山川地理之形胜，馈饷之难易，军情之离合，寇形之盛衰变幻，与凡大帅所措施，莫不熟察之。而存于心久，及其措之裕如，固不啻取怀而予，故造就人才，莫速于此"[2]。至于那些才识敏捷，善解人意如李鸿章者，则更是心领神会，独得曾国藩思想政治之真谛，成为其公认的正宗传人。李鸿章就曾向人表示，不仅自己前半部功名事业出于老师的提挈，即其办理外交的本领亦全仗曾国藩"一言指示之力"[3]。

五

曾国藩幕府在历史上存在了近20年，随着曾国藩的去世，他的幕府也就不复存在了。但是，其作用和意义却并未随之消失，而是通过数目众多的幕僚继续发挥着作用，产生着巨大的历史影响。

曾国藩幕僚出幕之后，所从事的工作各式各样，但归根结底不外两途，一是从事科学文化活动，一是做了清政府的实缺官员。从事科研、翻译工作的主要有李善兰、徐寿、华衡芳等科学家。他们在数学、物理，化学等各个领域都有较深的造诣，其主要功绩和贡献是同英、美学者伟烈亚力、傅兰雅、玛高温等合作，翻译西方科技书籍数十种，首次把西方的物理、化学、矿物学及数学中的代数、几何、三角、概率论、微积分等介绍到中国来，从而为我国近代科学技术的发展奠定了初步基础。从事文学活动，在古文方面较有成就的是张裕钊、吴汝纶、黎庶昌、薛福成"四大弟子"。他们皆有文集刊行于世，其中尤以张裕钊造诣最深，成就最大。他谨奉曾国藩的教令，一生不去做官，一面主讲书院、培养学生，一面苦心探索古

---

[1] 薛福成，《叙曾文正公幕府宾僚》，载《庸庵全集·庸庵文编》（以下简称《庸庵文编》），第4卷，光绪十三年刊，第21页。
[2] 张文虎：《覆瓿集·杂著》乙编上，第7—8页。
[3] 吴永：《庚子西狩丛谈》，岳麓书社1985年版，第131页。

文的奥妙，著有《濂亭文集》一部，其门生亦有知名于世者。民国年间的著名文人徐一士等人认为，张、吴、黎、薛四人在古文方面俱得曾国藩真传，既继承和发扬了桐城派的优良传统，又有自己的特点和长处，可自成一家，称为"湘乡派"。

然曾国藩幕僚中人数最多、影响最大的是从政人员。他们有的身居要津，有的独任封疆，一时形成"名臣能吏，半出其门"[1]的局面。据不完全统计，出身曾国藩幕僚而后官至三品者达47人，位至督抚者33人，其中大学士一人，军机大臣一人，大学士入值军机者一人。他们就像曾国藩播下的"种子"，在其身后纷纷开花结果，致使清朝晚期的用人、行政、国防、外交无不打上曾国藩的思想政治烙印，一时形成风气，影响到整个政局。这种湘、淮军系统，尤其是曾国藩幕僚出身的官员到处主持要政的情况，曾国藩在世时已经出现，而到了光绪年间就变得更为明显。仅就掌握地方最大实权的各地总督而言，当时除河、漕二督外，主持军、政者只有8员。光绪元年至十年全国先后担任是职者共有18人，其中湘淮系官员12人，曾为曾国藩幕僚者即有6人，占总数的三分之一。而光绪三至四年则情况尤为突出，不仅8名总督全属湘淮系官员，且曾为曾国藩幕僚者竟有5名，占总数的将近三分之二。这种现象在历朝历史上都是不多见的。难怪清末文人夏震武会说："数十年来朝野上下所施行，无一非湘乡之政术、学术也。"[2]《清史稿》在李瀚章、陈士杰、李兴锐等人的传后也评论道："此十人虽治绩不必尽同，其贤者至今尤挂人口，庶几不失曾左遗风欤。"[3]

（《近代史研究》，1991年第5期）

---

[1] 中国社会科学院近代史研究所编：《曾国藩未刊往来信稿》，岳麓书社1986年版，第273页。

[2] 夏震武：《灵峰先生集》第4卷，浙江印刷公司版，第57页。

[3] 赵尔巽等：《清史稿》第41卷，中华书局1977年版，第12511页。

曾国藩集团的社会来历

这个集团的成员，大致可分为三部分：首脑人物、骨干分子、一般成员。首脑人物有曾国藩、胡林翼、左宗棠、江忠源、李鸿章五人[1]。他们密切配合而又各自独立，思想、政治上一致而又在组织上自成体系。尤其曾、左、李三人，他们虽最初目标一致，结为一体，而后却各自独立，成鼎足之势，不仅谈不上统属关系，如曾、左之间，甚至不通书问。所以出现这种情况，起初的原因，大约可追溯至该集团形成之始。也就是说，他们是个联合体，既可为成事而合，亦可为事成而散。出于种种原因，同治三年后该集团虽未解体，但同当初相比，关系是大大的松散了。所以，这五人地位、作用虽有不同，但各有各的系统，相互不能取代。

然而，他们亦并非没有差异。在此五人中，曾、左、李较为重要，而其中又以曾国藩最为突出。这不仅因他为官最早、地位最高，能将他们集结成团、联为一体，还因他在一些重大问题上能够提纲挈领、先走一步，如改革军制、首创湘军、首倡洋务运动等，故而成为这个集团的领袖。他的思想政治路线，也成为这个集团的灵魂。因而，这个集团应以他的名字命名，称之为"曾国藩集团"，或"曾国藩军政集团"。以往，人们往往把它称为"湘淮军集团"，有似意在突出军事，强调战争。而我的研究侧

---

[1] 此外，还有一个重要人物，那就是清朝地方官员、先任湖南巡抚后任四川总督的骆秉章。他在这个集团的发展过程中所起的作用，不逊于上述五人，是一位不可或缺的人物。但种种情况表明，他不是这个集团的核心人物，只能算是这个集团的亲密可靠的朋友。若把他屏之门外，似亦不妥。故暂将他放在骨干成员之中，不入首脑人物之列。

重于政治方面，意在从思想与政治上探讨这个集团得以形成和发展的原因。所以，不再采取过去的称呼。

所谓骨干分子，主要指重要幕僚和军官。重要幕僚指所任职事重要或同幕主关系密切者，如主办粮台、厘金局、盐务局、编书局、营务处等，可谓职任重要，而在幕主身边办理咨文、奏折、信函、批札之人，则属二者兼而有之。重要军官指前期的统领、主要营官和中、后期的统领、分统（又称小统领）。有的兼有双重身份，既为幕僚又曾领兵，更无疑是骨干分子了。有的人物，主要是后期一些人，文职位至实缺盐运使以上、武职位至实缺总兵以上者，亦足以说明其地位与作用的重要，故将其归入骨干分子之列。根据这几条原则，经粗略统计，该集团首脑和骨干分子共有475人，经查证核实，其中文职实缺按察使以上125人，武职实缺提督以上58人，位至督抚、堂官以上者67人。这个统计虽难称精确，但亦可大致反映出这个集团在清朝统治阶级中的实力地位。

至于一般成员，则主要指一般幕僚和一般官兵，如前期次要营官及哨官以下、中后期营官以下弁兵。一般幕僚即地位较低、作用不大，入幕前没啥名气、出幕后亦未发迹者。也就是那些虽入名幕，但做官未至三品、为学亦没有成名成家的人。曾、胡、左、李等人虽奏保人员甚众，但一般都是候补、候选、即用、记名之类，得任实缺者所占比重不大。尤其那些高级职位的实缺，只有那些重要幕僚和分统以上军官才有可能得到。战争结束时，湘淮军保至记名提、镇大员者成千上万，欲补一个实缺千总、把总亦不可得，甚至一副红顶子只能换得一醉。因而，一般幕僚和军官虽为这个集团出力卖命，但不过为了挣口饭吃，并没有获得太大的利益。况且，他们在政治与思想所能产生的影响有限，也不能决定这个集团的性质、方向和根本成败。再者，他们人数众多，资料阙如，也无从加以统计。所以，本书对之基本采取略而不计的办法，只从总体上概述，不作具体分析。

这个集团的成员，就家庭出身而言，曾国藩集团的首脑人物与骨干分子出身多为中小地主，而士兵与下级军官则多为农民出身，其中很大一部分属贫苦农民。就骨干分子而言，其职务（包括候补、候选等）的升迁则分为文武两途。就任文职的官员，除由武职转为文职的杨载福、刘铭传、田兴恕三人外,都具有文童以上学历,其家境一般不错,多为中小地主或富裕农民。而就任武职者则情况有所不同,多数人家境较为富裕,有的人还具有武生、武举、武进士之类的功名,但少数由士卒升迁而来的将领,家境却相当贫苦。其充任幕僚者无论地位、作用如何,文化程度都比较高,家庭也较富裕,多为中小地主,尚未发现家境贫苦者。当时虽有不少因衣食困难、居无定所而投入幕府以求生存者,但并非由于家境原本困难,而是由于家乡被太平军占领,急急逃出避难如丧家之犬的缘故。不过,从总体上看,这个集团主要成员的家庭出身虽然贵贱不同、贫富不一,但无论军官还是幕僚,家境贫苦者人数不多,出身豪门贵族者更是极少数。

在首脑人物中,除左宗棠之外,曾、胡、江、李都出身地主,有的还是中、小官僚,甚至攀上高亲。

曾国藩自称"家世寒素","少年故交多非殷实之家"[1],亦只能说明他家尚不是贵族与豪富,并非真的贫困。他曾对心腹幕僚赵烈文说家"有薄田顷余"[2],雇有长工,当是个中小地主,最低是个富农,且正处于上升之中。据曾国藩自己讲,他与曾国荃小时候都曾参加过劳动,他曾到十余里外的蒋街提篮卖菜,曾国荃推过小车,而很少读书的曾国潢还曾从事过推车运石之类的繁重劳动。而他的祖父曾玉屏与曾祖父曾儒胜,"皆未明即起,竟日无片刻暇逸"[3],及至他的小弟曾国葆与子侄一辈,就没有听说过参加劳动的事。只是他一生勤俭,生怕子女懒惰败家,一定要他的儿媳和成年未嫁之女学做针线,并年年寄送鞋袜,以考评她们的女工。曾国藩还把他们家发家致富的经验总结为"书、蔬、鱼、猪、早、扫、考、宝"[4]八字诀,作为治家的信条,用以教育其诸弟子侄。据他的解释,"书、蔬、鱼、猪"就是读书、种菜、养鱼、喂猪,"早"即早起、"扫"即打扫庭院,"考"即祭祀祖先,"宝"即周济亲友、乡邻。这些情况,都从不同的侧

---

[1] 曾国藩:《曾文正公书札》湖南传忠书局版,第12卷第1页,第1卷第45页。
[2] 赵烈文:《能静居日记》,学生书局影印本,同治六年九月初十日。
[3] 曾国藩:《曾文正公家书》,商务印书馆民国二十七年版,同治二年十二月十四日。
[4] 曾国藩:《曾文正公家书》,商务印书馆民国二十七年版,咸丰十年闰三月二十九日。

面反映了曾家的经济地位与发展经历。此外，曾国藩家还干过有似高利贷之类的活动。有一户名叫王大诚的农民，在道光初年向他家借过"百千"大钱（大约相当于白银百两）的债，以自己家的土地作抵押，从此沦为曾家的佃户。曾家每年向王家"收租十石者十余年，收租六石九斗者又二十余年，实属子大于母"，利息已超过本金一倍以上，直到咸丰七年十二月他在家丁忧期间才"检券发还"[1]，蠲免了王家父子的这笔债务。不过，在他之前，家中无人做过官；在他父亲考中秀才之前，家中也无人考取过功名。其经济收入亦不甚丰厚，有时仍"不足于用"[2]。道光十六年曾国藩会试落第南归，还曾因买书而发生过借贷之事。若同官员、富商相比，确实不太富裕，所以，曾国藩富贵之后，与人谈起自己的家庭出身，总是满口"素贫""寒微""贫窭""贫贱"等等。但若同周围的农民比较起来，则不仅是曾氏家族中的首富，而且是称霸一方的小豪绅了。亦正因如此，他的祖父曾玉屏才能够遇事强梁，经常出头解决乡邻间的纠纷。

胡林翼的家境比曾国藩好得多，少年时代也比曾国藩活得潇洒，可以说基本上属于纨绔子弟。郭嵩焘称：胡林翼"家故有田数百亩"[3]。曾国藩亦说："润帅本有恒产，私用当不至空乏。"[4]胡林翼的父亲胡达源为嘉庆二十四年一甲三名进士，曾任詹事府少詹事，官至正四品。他的岳父陶澍曾任两江总督近十年，是清朝的一代名臣。据此可知，胡林翼家应是个地主官僚家庭，而且是个相当大的地主。而若论其家庭出身，则应算作大官僚、大地主家庭。因为他曾长期在岳父家生活，年十九岁即入赘陶家，在陶家生活了六七年，直到中进士、点翰林，为官京师。故其生活环境相当优越，为曾国藩、左宗棠所远远不及。也正因为这一点，胡林翼自幼养成负才不羁、挥金如土的习性，"在江南幕中，常恣意声妓"[5]，入仕之后还间为狭斜游。徐宗亮亦称："文忠公少年，有公子才子之目，颇豪

---

[1] 曾国藩：《曾文正公家书》，商务印书馆民国二十七年版，咸丰七年十二月初六日。
[2] 赵烈文：《能静居日记》，学生书局影印本，同治六年九月初十日。
[3] 郭嵩焘：《胡文忠公行状》，载《胡文忠公遗集》，同治六年刊本，第16页，卷首。
[4] 曾国藩：《曾国藩全集》第3册，岳麓书社1987年版，第1636页。
[5] 萧一山：《清代通史》第3册，中华书局1986年影印本，第736页。

宕不羁。"[1]

左宗棠出生在一个知识分子家庭，"积代寒素"[2]，家境不如曾、胡，其经济地位大约相当于富农或富裕中农。左宗棠的父、祖两代都是县学生员（即通常所说的秀才），以教书为生，靠学生交纳的"束脩"度日，仅能维持一般生活。遇有荒年，例如嘉庆十二年湘阴大旱，家中乏粮，不得不靠糠饼活命。左宗棠出生（嘉庆十七年）不久，母亲缺奶，又无钱雇乳母，只好以米汁喂养。后来他回忆起这段家史，仍不免潸然泪下。他在一篇序文中说："先世耕读为业，以弟子员附郡县学籍者凡七辈。"又在给长子孝威的家书中称："吾家积代寒素，先世苦况，百纸不能详。尔母归我时，我已举于乡，境域较前稍异。然吾与尔母言及先世艰窘之状，未尝不泣下沾襟也。吾二十九初度时，在小淹馆中曾作诗八首，中一首述及吾父母贫苦之状，有四句云：'研田终岁营儿哺，糠屑经时当夕飧，乾坤忧痛何时毕，忍属儿孙咬菜根。'"还在"研田"和"糠屑"句下自注道："父授徒长沙先后廿余年，非修脯无从得食。""嘉庆十二年吾乡大旱，母屑糠为饼，食之仅乃得活。后长姊为余言也。伤哉。"[3] 左宗棠成年后，家境略有好转，但仍不富裕，与周氏夫人成婚后，入赘于湘潭岳丈家。其父去世时家中有田"数十亩，岁收租谷只四十八石"，不足家用。故在兄弟析产时，他与"终岁旅食"的次兄左宗植都没有分取，全部家产都给了长兄（左宗棫，二十五岁时去世）的儿子左世延[4]。直到十年之后，左宗棠才靠历年课徒授馆的余资，在湘阴柳庄购田七十亩[5]，营造出自己的小巢，结束了寄人篱下的生活。

李鸿章的家庭状况，与胡林翼颇为相近，都属于官僚地主家庭。在其祖父李殿华一代，李家号称"耕读之家"，家有佃户、雇工，四个儿子皆入学读书，大约是个小地主。及至其父李文安由科甲入仕，官至刑部督捕

---

[1] 徐宗亮：《归庐谈往录》第1卷，光绪十二年刊，第4页。
[2] 罗正钧：《左宗棠年谱》，岳麓书社1983年版，第2页。
[3] 罗正钧：《左宗棠年谱》，岳麓书社1983年版，第2页。
[4] 罗正钧：《左宗棠年谱》，岳麓书社1983年版，第11页。
[5] 罗正钧：《左宗棠年谱》，岳麓书社1983年版，第22页。

司郎中，李家就成了"庐郡望族"[1]。

江忠源道光十七年举于乡，是新宁县第一个举人。咸丰二年曾"出私财增募千人"[2]，带赴广西攻打太平军。募勇千人月饷、途费需银当在六千两左右，一下子出得起如此一大笔款子，家产当为不薄，可能是个不小的地主，家境当优于曾国藩，而与胡林翼相埒。

此外，主要成员中也有类似情形。如刘蓉的女儿嫁到曾国藩家，居安庆督署，还与婆婆夜夜纺线，其家境大约与曾家差不多。吴坤修咸丰六年因"江西饷绌"，"倾家资并劝族里富人出银米饷军，又筹银四万两解省垣，收集平江溃勇。"[3]其家境似与江、胡相近。郭嵩焘则自称："自曾祖父母以来本为巨富，吾父与伯母分析时已日趋虚乏，各得岁租数百石，每岁衣食足资取给。道光辛卯以后连年大潦，所受皆围业也，坐是益困于水。吾年十八入邑庠，则已岁为奔走衣食之计，总是十余年以馆为生。"[4]虽家道中落，其经济地位似仍不在曾家之下。胡大任在原籍湖北筹饷期间，曾有"毁家纾难"[5]之举，家境亦当在中资以上。

骨干成员中家境贫寒者是一部分由士兵升为分统、统领或保至实缺提、镇大员者，主要有李成谋、黄翼升、宋国永、威应洪、田兴恕、鲍超等人。据朱孔彰《中兴将帅别传》载，李成谋"家贫，以补釜为业。父死不能葬，舅氏赙之"。而"兄弟三人皆嗜博饮，私相谓曰：'今借舅氏力，仅可举丧事，无以治酒食待乡里吊客，孰若携资入博局，以冀一得，足自豪。负则吾三人舁父而葬，何如？'皆曰：'然'。一夜竟罄其资，遂用苇棺葬父于黄牛墩。"[6]家中一贫如洗，而又嗜赌如命，应该算作流氓无产者。已知湘军将领中，似无比李成谋更贫困者。其余如宋国永"贫时刺船自给"，

---

[1] 李文安：《李光禄公遗集》第8卷，线装古籍，第2页。
[2] 朱孔彰：《中兴将帅别传》，岳麓书社1989年版，第24页。
[3] 赵尔巽，等：《清史稿》第40册，中华书局1977年版，第12334页。
[4] 郭嵩焘：《玉池老人自叙》，养知书屋光绪十九年刊，第34页。
[5] 中国社会科学院近代史研究所编：《曾国藩未刊往来信稿》，岳麓书社1986年版，第265页。
[6] 朱孔彰：《中兴将帅别传》，岳麓书社1989年版，第326页。

威应洪"初家贫甚，为人佣"，黄翼升"少业铁工，又设肆鬻炮竹，岁荒不能自给"[1]，大概都属于农村无产者、半无产者。还有一些营兵出身的将领，如田兴恕、鲍超等人，家境也不富裕，吃粮当兵，一般都是为了谋取最低生活保障。据传，田兴恕少年家贫，"刈草为业"，卖与邻家"官都司者"以谋生。"一日往后，都司家已买草，兴恕沮懊，依门嗟叹。都司女闻之，谓其父曰：'贫儿待此以餐，盍留之备来日用？'父从其言。兴恕大喜，归途自誓曰：'妮子解事，苟富贵，当与共之。'后数年，田兴恕以军功官贵州提督、钦差大臣，乞假归省。都司女犹未嫁，竟媒娶之。"[2]其最初家境之贫困无助，概可想见。

骨干成员中的文幕人员也有家境较为贫寒者。在曾国藩幕府中主持两江采访忠义局的"拔贡陈艾，甘贫最久，日仅食粥一顿及衣被不完者，岁以为常"[3]。吴汝纶"少贫力学，尝得一鸡卵，易松脂以照读"。[4]

将领中有些人出身商贩，如周达武"少时为私贩"[5]，应属于劳动人民之列。其余如刘腾鸿"少读书，未遇，服贾江湖间"[6]，则属一般商人，生活水平大约高于一般农民，但也算不上富商，其社会经济地位仍处于中下层。

在就任文职的将领中，也有家境不太富有者，那就是出身教员家庭的李续宾、李续宜、潘鼎新和长期靠课徒授馆度日的罗泽南。罗泽南"少好学，家贫，夜无灯，读书月下。年十九，靠课徒自给"[7]，应属于农村中的贫苦知识分子。他年过三十始补县学生，四十岁后举孝廉方正，生活虽有好转，

---

[1] 朱孔彰：《中兴将帅别传》，岳麓书社1989年版，第130—131页，第335页、第325页。刺船即撑船。

[2] 朱克敬：《瞑庵杂识》第3卷，进步书局版，第9页。

[3] 曾国藩等：《张光藻密禀》，载《湘乡曾氏文献》第4册，学生书局1965年版，第2447—2448页。

[4] 赵尔巽等：《清史稿》第44册，中华书局1977年版，第13443页。

[5] 傅耀琳：《李续宾年谱》，咸丰二年七月条，载梅英杰等：《湘军人物年谱》（一），岳麓书社1987年版，第110页。

[6] 赵尔巽等：《清史稿》第39卷，中华书局1977年版，第11963页。

[7] 朱孔彰：《中兴将帅别传》，岳麓书社1989年版，第70页。

而"假馆四方,穷年汲汲"[1],遇有灾年,或竟无米为炊,还仍说不上富裕。他在给朋友的信中亦称:"泽南与阁下贫士也,饥寒交迫,变故频加。泽南之贫较阁下为尤甚。"[2]潘鼎新的父亲潘璞以教书为生。他中举前,其父曾向青阳司巡检求婚,本名士所不屑者,竟遭拒绝,遂与同乡同学刘秉章"担簦徒步入都","至都,穷困不能入郡邸[3]。中举之后,巡检"反求焉"。潘璞要以重聘,"曰:'与我二百金者,吾子与尔婚。'巡检不得已而与之。"潘鼎新便"以二百金鬻为富家赘婿"。[4]可见,潘鼎新当时的家境,虽无饥寒之虞亦仍尚不富裕,大约与左宗棠差不多。李续宾之父李登胜(字振庭、南轩)原为岁贡生,未出求官,筑家塾以教子弟。因生计日艰,家用不给,"货其田且强半"。又以家庭开销太繁命李续宾"兄弟析爨,债负亦共任之"[5]。李续宾兄弟五人,排行第四,因家道中落,长、次、三兄皆外出经商,自己亦于二十岁那年中途退学,操持家务,间或进山打猎,从事贩运。[6]他与王鑫的胞兄王勋为挚友,二人志同道合,对讲学里中的罗泽南心仪已久,曾"相约执贽其门,而皆以家事纠缠未克竟学"[7]。其后家境逐渐富裕,不仅将早年卖出的四十亩田重新购回,还于咸丰元年"捐纳从九品衔"。这时,李续宾在家经营土地,年"得谷百六十余石","诸兄懋迁益丰,丁口蕃庶"。咸丰二年他在乡里办团练,"招募二百人","官中又不名一钱,皆公(指李续宾)取于私家以食之"。[8]其经济地位

---

[1] 朱孔彰:《中兴将帅别传》,岳麓书社1989年版,第70页。

[2] 罗泽南:《罗忠节公遗集》第6卷,长沙线装本,第1页。

[3] 朱孔彰:《中兴将帅别传》,岳麓书社1989年版,第273页。

[4] 刘体仁:《辟园史学四种·异辞录》(以下简称《异辞录》),木刻线装本,第3、4页。

[5] 傅耀琳:《李续宾年谱》,咸丰二年七月条,载梅英杰等:《湘军人物年谱》(一),岳麓书社,岳麓书社1987年版,第105页。

[6] 吴酉云:《藤花馆掌故笔记》称,李续宾为人至孝,"家贫亲老,贩煤以供甘旨,自食粗粝",《小说月报》第8卷,第11号。

[7] 傅耀琳:《李续宾年谱》,咸丰二年七月条,载梅英杰等:《湘军人物年谱》(一),岳麓书社,岳麓书社1987年版,第104页。

[8] 傅耀琳:《李续宾年谱》,咸丰二年七月条,载梅英杰等:《湘军人物年谱》(一),岳麓书社,岳麓书社1987年版,第108、109、110页。

大约已上升到中小地主的水平。

将领与幕僚中出身名门贵族者亦为数甚少，只有钱鼎铭、栗燿、帅远燡数人。钱鼎铭的父亲钱宝琛，曾先后担任湖南、江西、湖北巡抚，故于咸丰十一年被麇集上海的苏南官绅选中，派赴安庆向湘军乞援。钱鼎铭先效申包胥秦廷之哭，继带洋轮迎接湘淮军赴沪，后又为李鸿章参谋军事，为湘淮军主办粮运，遂成曾国藩、李鸿章的重要幕僚。栗燿为东河河道总督栗毓美之子，道光十五年举人。以父恤荫，特赐进士。咸丰三年授湖北汉阳知府，赴任时汉阳已被太平军占领，遂受委综理营务，以廉干为巡抚胡林翼所赏识。复受命管理厘税、粮台，积官至道员。咸丰八年署荆宜施道，寻加按察使衔，授武昌道。十一年授湖北按察使，同治元年病卒。帅远燡的祖父帅承瀛，自嘉庆十五年起曾先后担任都察院左副都御史，礼、工、吏、刑部侍郎，浙江巡抚，道光四年丁忧免职。帅远燡道光二十七年成进士，选庶吉士，散馆授编修，系李鸿章、郭嵩焘等人的同年，极受曾国藩的赞许，称"少荃及筠仙、帅逸斋、陈作梅四人皆伟器，私目为丁未四君子。"[1]咸丰七年在江西投军，自募千人独成一军，依湘军老将周凤山对太平军作战。不料，初经战阵即遇翼王石达开来攻，周凤山部率先逃溃，帅远燡随之败死。帅远燡自视甚高，贵族习气甚重，求功甚切，其败亡是不可避免的。他在京服官时，即愤于清军屡败，"上封事历诋军机、封疆大臣，大臣切齿，非立奇功不足自表异"。[2]而初到江西时，又与湘军军营风气格格不入。"时湘军朴鲁，凡京朝官从军者，皆帕首腰刀，习劳苦，无敢鲜衣美食。"而帅远燡"雍容文儒，舆服都丽"，放不下贵族架子，完全不适于带兵打仗。当时有人劝帅远燡"宜居幕府"，他"奋欲自将"[3]，又依屡将屡溃的周凤山为靠山，皆由其年轻气盛、不懂世事所致。在湘军史上，像帅远燡这样的例子是极少见的。原因不外二端。一则就一般而论，家境富有的子弟多不愿从军犯险。咸丰五年曾国荃曾推荐一个名唤曾和六的人入营，

---

[1] 曾国藩：《曾文正公书札》第3卷，湖南传忠书局版，第39页。
[2] 朱孔彰：《中兴将帅别传》，岳麓书社1989年版，第295页。
[3] 朱孔彰：《中兴将帅别传》，岳麓书社1989年版，第295、296页。

曾国藩复函称："其人有才，但兵凶战危，渠身家丰厚，未必愿冒险从戎。若慷慨投笔则可，余以札调则不宜也。"[1] 其后不见下文，大概尚未下定投笔从戎的最后决心。一则带有一定的偶然性。他本来是投奔曾国藩的，而曾国藩恰好丁忧在籍，不在军营，否则，这件事或许不会发生。

就个人学历或文化程度而言，这个集团的主要成员则分为几种情况，一是幕僚高于统兵将领，一是任文职者高于任武职者。清朝有关任命制度规定，以军功保奏文职官员者，必须有一定文化程度，也就是说要有一定的学历，否则，不能保奏文职，只能就任武职。当时的学历，也称"出身"或"功名"，主要有两类，一是各种官学的生员，如国学的贡生、监生，府、州、县学的廪、增、附生等；一是通过国家科举考试取得的"功名"，如举人、进士、庶吉士。贡生分岁贡、恩贡、拔贡、优贡、副贡、例贡六种，监生分恩监、荫监、优监、例监四种。地方官学的府、州、县学廪生、增生、附生统称诸生，全部通过考试，择优录取。入学考试分为院试与府、州、县试两级。府、州、县试由府、州、县官主持，取中者称文童，或儒童、童生。它是科举时代最低一级学历，有了它即可担任文官。这个集团官至督抚大员者，如刘蓉、刘岳昭、李续宜、蒋益澧，都是文童出身。而战功远在其上的鲍超，因没有这个资格，官职最高只能升到提督，一再要求转任文职而不可得。院试由学院大人，即各省学政主持，轮回在各府举行，取中者为秀才，只有秀才有资格参加乡试。庶吉士通过朝考选取，由皇帝亲自主持，俗称"点翰林"。

清代科举除开文科外，还开武科，其情形与文科略相仿佛，有县试、院试、乡试、殿试名目，取中者分别称武童、武生、武举、武进士。所以，在武职人员中，还有一部分出身武童、武生、武举、武进士者。自咸丰末年以来，洋务运动兴起，各地纷纷兴办近代军事工业，筹办新式海军，开办技术、外语学校和武备学堂。从此，在这些学校毕业也成为一种学历。

据粗略统计，这个集团的主要成员共有477人，其中武职及当任武职者253人，文职及当任文职者224人。除汉军正白旗李云麟（以四品京堂

---

[1] 曾国藩：《曾文正公家书》，商务印书馆民国二十七年版，咸丰五年五月二十六日。

改任武职，系秀才出身）和另一军校毕业生外，武职人员多不识字，或识字不多。即使其中有读书数载、粗通文墨者，也没有获得如文童那样的学历。不过，有些人参加过武科考试，获得一定资历，也算是一种功名。据不完全统计，在253名武职人员中，获得武童以上功名者计有26人，其中武进士3人，武举6人，武生4人，武童13人。另有秀才1名，北洋武备学堂毕业生1名，共计28名。占武职人员总人数的11.5%。不过，除李云麟外，这些人员文化程度并不高，同其他武职人员没有多大差别。只有其中的北洋武备学堂毕业生文化程度较高，受过近代教育，具有一定的近代军事技术和科学文化知识，多半还会外语，同文职人员较为接近，而与靠弓、马、刀、石争得功名者大不相同。

在224名文职人员中，杨载福、刘铭传、田兴恕三人属武职改授文职者。杨载福由福建水路提督升授陕甘总督，刘铭传由前任直隶提督改授福建巡抚，田兴恕以贵州提督署贵州巡抚。此三人虽就任文职，但既无学历，文化程度也不高。所以，文职人员具有文童以上学历者实际上只有221人。在这221名文职人员中，已查明其学历者计有142名，其中翰林24名，进士24名，举人33名，秀才23名，文童8名，贡生17名，监生11名，孝廉方正1名，留美学生1名。此外，确知其具有一定学历、但不知其具体名称者36人。其中标明为"士人"者25名，标明为"生员"者11名。在这36人中，除1人官职不明外，其余则或实任，或署理，或实缺，或候补，或实官，或虚衔，自总督至从九，官职高低不等，但皆有官品或名称。其中（含实缺、候补、即用、记名等名目）总督1名，巡抚1名，布政使4名，按察使4名，道员15名，知府2名，知州、直隶州知州、运同5名，训导1名，从九品官员2名。另外，还有未注明学历者33名，连士人、生员的字样也没有，但确实具有一定官职和文化程度。其中查明其所任官职（含实缺、候补、署理等名目）者26名，自四品以下中、下级官员11名，自三品以上高级官员15名，计署理总督1名，巡抚2名，布政使7名，按察使4名，盐运使1名。其余未任官职或职衔不明者10名，则包括著名科学家2名，著名学者1名，著名古文学家1名，办理函、奏的幕僚1名，担任贴身秘书的幕僚1名，主办粮台的幕僚4名。最后还有10名如商人胡嘉垣等，既无法归入武职，只好算作文职的人员，因资料缺乏无从查明或推测其文化程度，也只好作罢。

即使不讲什么学问与科学知识，仅就学历而言，幕僚也普遍高于统兵将领。在这个集团的474名主要成员中，幕僚人员计有155名，占总人数的32.7%，非幕僚人员计有319名，占总人数的67.3%。在确知其学历的139人中，幕僚人员为101人，占72.5%，非幕僚人员为38人，占27.5%。在101名幕僚人员中，计有翰林17名，进士18名，举人29名，秀才14名，文童4名，贡生12名，监生6名，留美学生1名。在38名非幕僚人员中，计有翰林6名，进士6名，举人4名，秀才9名，文童4名，贡生4名，监生4名，孝廉方正1名。值得注意的是，在级别较低的三种学历，如监生、秀才、文童的总人数41人中，幕僚人员为24人，非幕僚人员为17人，双方的人数相差不远，其比例大约接近于4∶3。而在较高级别的四种学历，如翰林、进士、举人、贡生的总人数96人中，幕僚人员为76人，非幕僚人员为20人，双方的人数极为悬殊，其比例为7.6∶2。这就是说，两者相较，非幕僚人员具有学历者不仅所占比例小，而且所处级别低。

这个集团主要成员的所隶籍贯，就地域分布而言，则南方多于北方，江、淮流域多于黄河淮流；就其行政区划而言，则两湖、三江多于其他省份，其中尤以湖南、安徽最为突出。据粗略统计，这个集团主要成员有籍可稽者，计有445人，占总人数的94%。其中，湖南257人，安徽84人，江苏24人，江西15人，四川13人，广东9人，浙江、湖北各8人，贵州7人，直隶、河南各5人，广西、河南各4人，福建、云南各3人，陕西2人，山东、山西、甘肃及顺天府各1人，满洲镶黄旗、蒙古正白旗、汉军正白旗各1人。值得注意的是，籍隶两湖、三江五省者即有388人，占总人数的82%。其中，湖南占54.3%，安徽占17.8%，两省合占72.1%，其余各省（包括顺天府与旗人）所占比例还不到28%。就湖南、安徽而言，湘乡县79人，人数与安徽全省差不太多，合肥县40人，占安徽总人数的近一半。其次如宁乡22人、湘潭17人、新宁15人、长沙14人、湘阴10人，也超过湘、皖、苏、赣、川以外的所有省份。究其原因，则不外乎湘、淮军为曾国藩、李鸿章所创建，胡林翼、左宗棠、江忠源也都是湖南人，他们在自己的本省、本县募勇最多，保奏升迁者最多，所出的统兵将领也就最多。虽然招聘幕僚的人数也会多于外省、外县，但究竟不会这样悬殊。因为这个集团毕竟靠军队和战争起家，统兵将领占了主要成员的大多数，仅在大帅手下充任幕僚或属员、从未带兵打仗的人不多，能够处于重要地位、保奏三品以上实缺官职或在科学、文化、教育方面取得成就者人数更少。据粗略统计，在这个集团的主要成员中，没有带兵经历而又有籍可考者只有100人，计湖南19人，江苏19人，安徽15人，江西9人，浙江7人，广东6人，贵州5人，四川、河南各4人，湖北3人，陕西、福建各2人，山东、山西、直隶、广西及顺天府各1人。如果拿这个统计数字同前面的统计相比较，人们就会发现，二者的差异全在统兵将领身上。正是由于统兵将领所隶省份的相对集中，遂造成这个集团主要成员所隶省份之间，人数上的悬殊差别。

(《广西师范大学学报》，2002年第2期)

曾国藩集团同清政府的矛盾与对策

在镇压太平军、捻军的过程中，由于曾国藩集团兵勇自募、粮饷自筹，且实行兵为将有、家兵家将的军事体制，故在事实上处于一种半独立状态，虽与朝秦暮楚的苗沛霖有明显区别，但也不同于八旗、绿营诸将帅。曾国藩就认为，他们自练兵、自筹饷，与岳飞的岳家军极为相似。所以，他们有时候称湘军为"义军""义旅"，将自己募练湘军、举兵东征称为"起义"，以有别于八旗、绿营等"经制"之兵。其《讨粤匪檄》虽然气壮如牛，但却始终不敢稍违这种身份，只能立足于维护地方利益，至高至大不过是维护孔孟之道和封建制度，绝不能像大将军出征那样，动辄称奉天子之命征讨四方云云。然而，他们也不同于祁寯藻、彭蕴章之类的汉族地主阶级旧贵族。因为他们手中有实力，来自地主阶级中下层，既非可有可无的政治装饰品，也不是满洲贵族驯化已久的奴才。所以，从本质上看，曾国藩集团与清政府之间属于两个相互依存的政治军事实体，既有共同利害也有矛盾冲突。首先，谁也离不开谁。清政府离开曾国藩集团就无以自存，曾国藩集团离开清政府则难以发展，而当他们面对太平军、捻军的巨大军事压力时尤为如此。这是因为他们谁都没有力量单独战胜太平军，只有联合起来才有可能取得胜利。于是，他们在共同的敌人面前结为君臣之盟，其条件是曾国藩集团必须尊重和维护清廷的皇权，而清廷则必须承认他们的合法性，授予种种军政大权，使他们在战争中获得巨大的实际利益。然而，他们在权利分配上又存在着一种此消彼长的关系，不仅包含着满汉之间的矛盾，也存在着中央与地方的矛盾。而这些矛盾若处理不当，冲突不能及时化解，尤其在一些关键时刻或重大问题上，就必然会危及他们的这种同盟关系。所以，在长达十八年的镇压太平军、捻军的战争中，他们双方虽然屡有争斗，但始终掌握着一个分寸，即对方能够接受和容忍的最低限度。尤其在湘军攻克天京前后的同治三、四两年，他们所以能够两次渡过最深刻的政治危机，在内战一触即发的关键时刻得以化解于无形，主要就是由于他们双方都做到了这一点。这种君臣之盟自古有之，而历史经验表明，得胜前结盟固难而得胜后持盟不败则更难。然清政府与曾国藩集团居然做到了这一点，在中国政治史上实属罕见，大有认真探讨的必要。清政府一方已有专文论述，本文则主要侧重于曾国藩集团方面，着重考察其对清政府的政治对策。如果用一句话来概括的话，那就是"恪守臣道，积极进取"。

从君臣关系的角度看，曾国藩集团同清政府之间曾发生过几次矛盾，对清政府的态度与对策亦相应做过几次较为明显的调整。兹仅以曾国藩为例简述如下：

第一次是咸丰元年，曾国藩在刘蓉、罗泽南等人的推动下，上疏批评咸丰皇帝。咸丰帝没有读完，就"怒摔其折于地，立召见军机大臣欲罪之"[1]，若非祁寯藻、季芝昌等人苦苦为他求情，很可能陷于不测之罪。曾国藩了解这一情况后，心里非常紧张，不仅对此次谏诤之举上奏自责，称"才本疏庸，识尤浅陋，无朱云之廉正徒学其狂，乏汲黯之忠诚但师其憨"[2]，且从此改弦更张，行事更为谨慎，再不敢对皇帝本人和朝廷的根本决策说长道短。这不仅因为其后地位发生变化，为臣之道也随之不同，而且也与这次来之不易的教训不无关系。犯颜直谏虽自古有之，不失为臣之道，但为国为家不可不看实情，照搬照套。所以，他宁可放弃自上而下推动改革的尝试，另辟镇压太平天国革命的蹊径，再也不敢冒风险，贪图便捷。因为皇上既然不许，臣下就不该强而为之，这在曾国藩看来也是为臣之道，且从此恪守不渝，无稍改变。

第二次是咸丰四年，咸丰帝得到湘军攻占武昌的奏报，一时忘乎所以，

---

[1] 朱孔彰：《中兴将帅别传》，岳麓书社1989年版，第4页。
[2] 曾国藩：《曾文正公全集·文集》（以下简称《曾文正公文集》）第1卷，湖南传忠书局版，第39页。

命曾国藩署理湖北巡抚。不料，某军机大臣一言触痛了他畏惧汉人的心病，从此惕然警惧，收回成命，再不肯将地方督抚大权授予这位湘军统帅，使之数年之间坐困长江中段，客军虚悬，受尽屈辱。恰在此时，某大臣之言传入曾国藩耳中，更使他忧谗畏讥，伤心备至，担心自己也会像东汉时期的太尉杨震那样，含冤而死。他面对江西岌岌可危的军事形势，忧悴已甚，喟然长叹，对身边的好友刘蓉说："当世如某公辈，学识才具君所知也，然身名俱泰，居然一代名臣。吾以在籍侍郎愤思为国家扫除凶醜，而所至龃龉，百不遂志。今计日且死矣，君他日志墓，如不为我一鸣此冤，泉下不瞑目也。"[1] 其对清政府不公不明的愤懑，可谓溢于言表。这样，咸丰元年至八年之间，尤其四、五、六、七几年，他的这种不满情绪就不可能不在日记中有所发泄。所以，当摹写石印本《曾文正公手书日记》出版之时，其他年份或间有删节，而上述时期则全行删除，以致在数十年日日相连的日记中，造成十几年的空档。《清稗类钞》称："湘乡曾氏藏有《求阙斋日记》真迹，装以册页，得数十巨册，皆文正所手书。宣统纪元携至上海，将赴石印。中颇有讥刺朝政、抑扬人物处。或见之喜曰：'此信史也。'意欲摘录，以卷帙浩繁而罢。及印本出，重览一过，则讥刺朝政、抑扬人物之处，皆删除净尽矣。"[2]

第三次是咸丰七年，曾国藩基于上述情绪，先是闻讣上奏而不待谕旨，径直弃军奔丧回籍；继而假满不回江西军营，竟伸手向清廷要江西巡抚之权，否则宁可在籍守制。不论曾国藩是何居心，此举皆有违臣道，有违友道，与其理学家的身份颇不相符，引起不少人的不满。其时，左宗棠正在湖南巡抚骆秉章幕中，对其大发议论，"肆口诋毁"，引起社会舆论的共鸣，"一时哗然和之"。曾国藩心亏理短，有口难辩，遂"得不寐之疾"[3]。他在给郭嵩焘的信中亦称："以兴举太大，号召过多，公事私事不乏未竟之绪，生者死者犹多愧负之言。用是触绪生感不能自克，亦由心血积亏不

---

[1] 刘蓉：《养晦堂文集》第2卷，思贤讲舍光绪三年刊，第28页。
[2] 徐珂：《清稗类钞》第8册，中华书局1984年版，第3760页。
[3] 欧阳兆熊，金安清：《水窗春呓》，中华书局1984年版，第17页。

能养肝，本末均失其宜，遂成怔悸之象。"[1]于是，在朋友的启发诱导下，曾国藩对自己数年间的言行，进行了全面、深刻的反省，从此幡然悔悟，改弦更张，于处事做人，尤其对清廷的态度与对策，进行了一番全面调整。例如某宰相云云，关键不在其怎样说，而在清朝皇帝如何听，说到底也不过是个揣摩上意，投其所好的问题。既然不能改变这种客观政治环境，而要成就大业，一展宏图，也就只有改变自己昔日的做法，更何况自己也确有错处。他在家信中说："余生平在家在外，行事尚不十分悖谬，唯说些利害话，至今悔恨何及。"[2]又在给郭嵩焘的信中说："国藩昔在湖南、江西，几于通国不能相容，（咸丰）六、七年间浩然不欲复问世事。然造端过大，本以不顾生死自命，宁当更问毁誉？以拙进而以巧退，以忠义劝人而以苟且自全，即魂魄犹有余羞。"[3]当然，其伸手向皇帝要权的做法，更属荒唐，绝非一代名儒所应有之举，即使纯然公心亦不当如此。所以，曾国藩自此之后，恪守臣道，不违友道，其事业能够获得成功，尤其在功高震主之际仍能身名俱泰，与这次大彻大悟、改弦易辙有很大关系。

不过，曾国藩只是改变了对清政府的态度，并非改变了自己对清政府的根本看法。清政府腐败依旧，满汉藩篱依然，只是曾国藩不再像以前那样痛心疾首，必欲一改其貌而后快了。这从他处世态度的变化就可以知其一斑。此前对人总是持有一种"众人皆醉我独醒"的心态。其承办团练之初，越俎代庖，遭人反感，最后被赶出长沙，与此有很大关系。其做事亦必欲其成，必欲其速，其靖港之败与此不无关系。而再出领兵之后，处人则日趋圆滑，对事则不求速成，似乎有点听天由命的意味。他在给朋友的信中说："千羊之裘非一腋可成，大厦之倾非一木可支。今人心日非，吏治日坏，军兴十年而内外臣工惕厉悔祸者殆不多见，纵有大力匡持尚恐澜狂莫挽，况弟之碌碌乎！"[4]又说："往岁志在讨贼，尚百无一成，近岁意存趋时，

---

[1] 曾国藩，等：《八贤手札》，中国社会科学院近代史研究所藏，第1—2页。
[2] 曾国藩：《曾文正公家书》，商务印书馆民国二十七年版，咸丰八年十二月十六日。
[3] 曾国藩：《曾文正公全集·书札》（以下简称《曾文正公书札》）第24卷，湖南传忠书局版，第26页。
[4] 曾国藩：《曾文正公书札》第9卷，湖南传忠书局版，第45页。

岂足更图千里！"[1] 还说："国藩昔年锐意讨贼，思虑颇专。而事机未顺，援助过少，拂乱之余，百务俱废，接人应事，恒多怠慢，公牍私书，或未酬答。坐是与时乖舛，动多龃龉。此次再赴军中，消除事求可、功求成之宿见，虚与委蛇，绝去町畦。无不复之缄咨，无不批之禀牍，小物克勤，酬应少周，藉以稍息浮言。"[2] 他在家书中则称："余此次再出已满十月，而寸心之沉毅愤发、志在平贼，尚不如前次之坚，至于应酬周到、有信必复、公牍必于本日办毕，则远胜于前。"[3] 又说："兄自问近年得力，唯有一悔字诀。兄昔年自负本领甚大，可屈可伸，可行可藏，又每见得人家不是。自从丁巳、戊午大悔大悟之后，乃知自己全无本领，凡事都见得人家有几分是处。故自戊午至今九载，与四十岁以前迥不相同。大约以能立能达为体，以不怨不尤为用。立者，发奋自强，站得住也。达者，办事圆融，行得通也。吾九年以来，痛戒无恒之弊，看书写字从未间断，选将练兵亦当留心。此皆自强能立功夫。奏疏公牍再三斟酌，无一过当之语、自夸之词。此皆圆融能达功夫。至于怨天本有所不敢，尤人则常不能免，亦皆随时强制而克去之。"[4]

曾国藩的做法，甚至引起朋友们另一方面的忧虑和批评。郭嵩焘说："曾司马再出，颇务委曲周全。龙翰臣方伯寓书少鹤，言司马再至江西，人人惬望，而渠独以为忧。忧其毁方瓦合，而任事之气不如前此之坚也。"又说："方伯此语极有见地，时人知此义者鲜矣。"[5] 胡林翼也有类似的看法和忧虑，并曾一再致函向他提出批评。曾国藩在给毛寄云的信中则说："今年春夏，胡润帅两次诒书，责弟嫉恶不严，渐趋圆熟之风，无复刚方之气。今者见阁下侃侃正言，毫无顾忌，使弟弥惭对润帅于地下矣。"[6]

他对世人尚且态度如此谦谨，而对清朝皇帝就会更加恭顺，一扫昔日

---

[1] 曾国藩：《曾文正公书札》第8卷，湖南传忠书局版，第27页。
[2] 曾国藩：《曾文正公书札》第8卷，湖南传忠书局版，第41页。
[3] 曾国藩：《曾文正公家书》，商务印书馆民国二十七年版，咸丰九年四月二十三日。
[4] 曾国藩：《曾文正公家书》，商务印书馆民国二十七年版，同治六年正月初二日。
[5] 郭嵩焘：《郭嵩焘日记》第1册，湖南人民出版社1981年版，咸丰八年十月十九日。
[6] 曾国藩：《曾文正公书札》第17卷，湖南传忠书局版，第17页。

狂态了，且愈是后来功高震主、名满天下之时，个人不无屈抑之际，则更是如此。虽然郭、胡诸人对此变化曾一时不无忧虑，但从实践上看，无论对其本人还是整个集团，可谓失之者甚微，而得之者甚大。

第四次是咸丰十年，因英法联军逼近北京，清政府从各地调兵"勤王"，命曾国藩饬派鲍超率二三千壮勇"兼程前进，尅期赴京，交胜保调遣"[1]。曾、胡二人既不愿因鲍超北上而影响安庆之役，更不愿将此猛将交到胜保手中。然"勤王"事关大节，不可讨价还价，遂致曾、胡二人一时陷入困境，集团内部也众说纷纭，莫衷一是。曾国荃恐撤安庆之围，坚决反对北上"勤王"，大约于举例论证之际，涉及清廷高层决策与内部皇位之争，致犯武臣干政之大忌，引起曾国藩的极端惊惧，遂对之严加训斥，逼令缄口。口气之严厉，态度之决绝，在历年家书中可谓空前绝后。可惜未能见到曾国荃的原信。然从曾国藩的回信中，仍能看出他当时的焦急心情和对清政府的政策，他与清政府缔结君臣之盟的政治动机，更是显而易见。所谓忠义云云，都是说给别人听的，绝不会成为他们的行事准则和动力。

曾国藩在咸丰十年九月初十日的复信中称："初九夜所接弟信，满纸骄矜之气，且多悖谬之语。天下之事变多矣，义理亦深矣；人情难知，天道亦难测。而吾弟为此一手遮天之辞、狂妄无稽之语，不知果何所本！恭亲王之贤，吾亦屡见之而熟闻之。然其举止轻浮，聪明太露，多谋多改，若驻京太久，圣驾远离，恐日久亦难尽惬人心。僧王所带蒙古诸部，在天津、通州各仗，盖已挟全力与逆夷死战，岂尚留其有余，而不肯尽力耶！皇上又岂禁制之而故令其不尽力耶？力已尽而不胜，皇上与僧邸皆浩叹而莫可如何。而弟屡次信来，皆言宜重用僧邸，不知弟接何处消息，谓僧邸见疏见轻，敝处并未闻此耗也。"又说："分兵北援以应诏，此乃臣子应尽之分。吾辈所以忝窃虚名，为众所附者，全凭'忠义'二字。不忘君谓之忠，不失信于友谓之义。今銮舆播迁，而臣子付之不闻不问，可谓忠乎？万一京城或有疏失，热河本无银米，从驾之兵难保其不哗溃。根本倘拔，则南服如江西、两湖三省，又岂能支持不败？庶民岂肯完粮，商旅岂肯抽

---

[1] 曾国藩：《曾文正公奏稿》第12卷，湖南传忠书局版，第30页。

厘，州县将士岂肯听号令？与其不入援而同归于尽，先后不过数月之间，孰若入援而以正纲常、以笃忠义？纵使百无一成，而死后不自悔于九泉，不诒讥于百世。弟谓切不可听书生议论，兄所见即书生迂腐之见也。"还说："弟只管安庆战守事宜，外间之事不可放言高论，毫无忌惮。孔子曰：'多闻阙疑，慎言其余。'弟之闻本不多，而疑则全不阙，言则尤不慎。捕风捉影，扣槃扪烛，遂欲硬断天下之事。天下事果如是之易了乎？""嗣后弟若再有荒唐之信如初五者，兄即不复信耳！"[1]

归纳起来，曾国藩在信中谈了四层意思：一是戒骄戒妄，不可对自己不懂、不晓之事硬下断语；二是不可妄议朝政，触犯武臣之大忌；三是不可轻弃忠义的旗帜，否则无以号令天下；四是不可轻弃君臣之盟，否则必致孤立而失败。因曾国藩集团与清政府之间，虽有满汉矛盾和权利之争，但从根本上讲利害一致、命运相连，倘若清政府垮台，他们也势必陷于孤立，难以独存。然曾国藩所以对之声色俱厉，不仅为了陈明利害，让他懂得同满洲贵族缔结君臣之盟和高举"忠义"大旗的必要性，更重要的是要他知道维持这种同盟的必要条件。那就是，作为一个武臣，一定要恪守臣道，不可干涉朝政，既不能做，也不能说，强迫他这个不学无术、狂妄自大的胞弟闭起嘴巴，以免坏了自己的大事。因为他并不担心清政府垮台，也不打算北援。其根据是，在写此信之前，曾国藩已在李鸿章的启发下，断定英法联军必于强迫清政府订立城下之盟后而撤兵，并与李续宜商定以拖延之策逃避北援之计。况且，就他们对清政府的那些议论而言，曾国荃的话可能比曾国藩更接近实际，曾国藩也未必就没有听到这些议论，只是他不想让曾国荃议论此事而已。

总之，北援问题就像一块试金石。不仅暴露了曾国藩集团内战积极、外战消极的政治策略，也揭示出他们同清政府之间君臣关系的实质。他们同满洲皇室之间，并非亲如家人，而是地主阶级内部以及满汉之间基于共同利害而缔结的军事政治同盟。只是这种同盟不同于《三国演义》中的孙刘之盟，而是一个汉族地方军政集团同满洲皇室之间的同盟。其名分是君

---

[1] 曾国藩：《曾国藩全集》第19册，岳麓书社1987年版，第581—582页。

臣上下的关系，中央与地方的关系；其共同利益是镇压太平军、捻军等反清起义，维护封建制度。这个汉族地主阶级军政集团的相对独立性，如果在一般情况下还不明显的话，那么一遇到外国入侵问题，就会立刻凸显出来。当时接奉北援谕旨的其他督抚，无不闻命而动，甚至有的并未奉有明旨，听到消息也连夜赴京"勤王"，只有曾、胡二人按兵观望，等候清政府同英法联军签约。其时，清政府也未必看不出他们的异心，然事后竟不置一词。其情形与八国联军入侵时李鸿章、张之洞、刘坤一、袁世凯的做法颇为相似，仿佛是四十年后"东南互保"的一次预演。因为他们是一个相对独立的军政实力集团，其形成、发展主要依靠自身的力量，不共戴天的敌人只有农民起义军。他们为了自身的利益，既可以同清政府结盟，也可以同外国侵略者结盟。清政府则只是利用他们手中的实力，无时无刻不把他们看作自己的异己力量、不想收回落入他们手中的实权，只是苦于没有条件而已。否则，就不会发生袁世凯被迫回籍养病的事。所以，对他们的要求与对待自己的心腹、亲信亦也有所不同。只是由于历史进程的不同，很多问题不如后来暴露得那么充分。

曾国藩的这封信确实重要。事态的严重加上曾国荃的一纸荒唐家书，逼得曾国藩不得不说出一些平时不肯说的话，从而使人们发现了不少平时难以发现的问题。大约正是由于这个缘故，曾氏后人一直将之深藏不露，使以往的出版物均无此信，直至近年才由岳麓书社公之于众。

第五次是咸丰十一年，那拉氏、奕訢发动宫廷政变，推翻赞襄制度，捕杀肃顺等赞襄大臣，使曾国藩等虚惊一场。曾国藩曾在日记中几次谈及此事。咸丰十一年十一月十四日载："接奉廷寄四件"，"中有谕旨一道，饬余兼办浙江军务"。"又抄示奏片一件，不知何人所奏。中有云，载垣等明正典刑，人心欣悦云云。骇悉赞襄政务怡亲王等俱已正法，不知是何日事，又不知犯何罪戾，罹此大戮也！"又载："少荃来，道京城政本之地，不知近有他变否，为之悚仄忧皇。"还说："余近浪得虚名，亦不知其所以然便获美誉。古之得虚名而值时艰者，往往不克保其终，思此不胜大惧。将具奏折，辞谢大权，不敢节制四省，恐蹈覆悚负乘之咎也。"十七日载："是日，雨竟日不止，天不甚寒冷，而气象愁惨。""少荃来，与之邕谈。

因本日见阎丹初与李申夫书有云，赞襄王大臣八人中，载垣、端华、肃顺并拿问，余五人逐出枢垣。服皇太后之英断，为自古帝王所仅见，相与钦悚久之。"二十二日载："张仲远寄周弢甫一信，余拆阅。内言载垣、端华、肃顺等三人，肃顺斩决，载垣、端华赐自尽，穆荫发军台，景寿、杜翰、匡源、焦佑嬴革职，另用桂良、周祖培、宝鋆、曹毓英为军机大臣，始知前日廷寄中所抄折片中语之始末矣。因与幕中诸人邕论时事。"

《曾文正公手书日记》系摹写石印出版，并非如《湘乡曾氏文献》那样原稿影印，故其内容曾被人多处篡改。除前引《清稗类钞》外，薛福成也曾谈及此事。其《上曾侯相书》编后按语称："求阙斋乙丑五月日记云：'故友薛晓帆之子福成递条陈约万余言，阅毕，嘉赏无已。'余在幕府，尝见文正手稿。近阅湖南刊本，归入'品藻'一类，而讹为伯兄抚屏之名，想由校者之误。恐后世考据家或生疑义，故并及之。"[1]查《求阙斋日记类钞》与《曾文正公手书日记》，果如所言[2]。不过，此尚属校刊无意之误，或可查有实据，而事涉辛酉政变的记载是否经人篡改，那就无从可知了。

仅从现有记载看，曾国藩对这次政变的情况知之甚迟，且主要是从私人通信中得到的。当其初闻新元年号由祺祥改为同治，尤其赞襄王大臣八人皆被逮捕治罪之际，心中大为震惊，知京中出了大事，但却不明究竟。故数日间坐卧不安，天天与李鸿章密谈，甚至不惜私拆别人的信件来探求京中情报。当他知道政变的最后结局之后，方才放下心来，开始与身边的幕友公开谈论此事。然而，有件事虽然令他感到庆幸，但却万万不可提起。那就是他没有听从王闿运的劝告，同肃顺联手反对那拉氏垂帘听政。据王闿运之子王代功称："文宗显皇帝晏驾热河，怡、郑诸王以宗姻受顾命立皇太子，改元祺祥，请太后同省章奏。府君与曾书，言宜亲贤并用以辅幼主。恭亲王宜当国，曾宜自请入觐，申明祖制，庶母后不得临朝，则朝委裘而

---

[1] 薛福成：《庸庵文编》（第3卷），光绪十三年刊，第28页。
[2] 曾国藩：《曾文正公全集·求阙斋日记类钞》（以下简称《求阙斋日记类钞》）下卷，湖南传忠书局版，第41页；曾国藩：《曾文正公手书日记》，中国图书公司宣统元年印行，同治四年闰五月初六日。

天下治。曾素谨慎，自以功名太盛，恐蹈权臣干政之嫌，得书不报。厥后朝局纷更，遂致变乱，府君每太息痛恨于其言之不用也。"[1] 是否因为曾国藩不赞成王闿运的政治主张，故而得书不报呢？不是。他曾对胜保关于近支亲王辅政的奏请大加赞扬，显然是同意"恭亲王宜当国"一条的。咸丰十一年十一月二十五日《手书日记》载："阅胜克斋奏请皇太后垂帘听政，请于近支王中派人辅政，皆识时之至言。"皇太后垂帘听政之议扰攘已久，且此时已成定局，顺之者昌，逆之者亡，是无须表示的。唯近支亲王辅政一事系刚刚提出的，更何况曾国藩一向瞧不起胜保，说明他早就同意王闿运"恭亲王宜当国"的主张。但是，他却不会像胜保那样，甘犯武臣之忌而为人火中取栗，最后竟被那拉氏砍了脑袋。不过，曾国藩"恐蹈权臣干政之嫌"亦非一般性格上的"谨慎"，而是基于历史教训和现实情况，为保全身家性命而思之已熟的根本之道。多年来他一直认为权臣不祥，"古来窃利权者每遘奇祸"[2]，"处大权大位而兼享大名，自古曾有几人能善其末路者？"[3] 尤其咸丰七、八年间大彻大悟之后，一改昔日的傲气，态度愈益谦虚，行事愈益谨慎，言辞之间尚严持武臣干政之戒，怎肯自请带兵进京，横断皇太后垂帘听政之路？再者，不结交京中权贵亦是曾国藩出任两江总督以来的行事原则，严树森曾因保奏倭仁等人受到无情的讥讽，他怎么会与如日中天的肃顺联手？据说，肃顺被诛后，"籍其家，搜出私信一箱，内唯曾文正无一字，太后叹息，褒为第一正人。"[4]

不过，曾国藩不与肃顺交往，更不与之联手反对垂帘听政，或许还有另一方面的原因。那就是对肃顺执政以来的做法持有异议。咸丰九年他在给胡林翼的信中说："近来科场事株连太广，夷事办理太柔，均不甚惬人意，常思一陈鄙愚。而回顾在外数年百无一成，言之滋愧，宁默

---

[1] 王代功：《湘绮府君年谱》，咸丰十一年条，湘绮楼癸亥秋七月刊，第19页；台湾文海出版社影印本，沈云龙主编：《近代中国史料丛刊》第60辑，总第596册，第39页。
[2] 曾国藩：《曾文正公奏稿》第20卷，湖南传忠书局版，第51页。
[3] 曾国藩：《曾文正公家书》，商务印书馆民国二十七年版，同治二年正月初七日。
[4] 龙盛运：《湘军史稿》，四川人民出版社1990年版，第282页。

默也。"[1] 从后来的情形看，曾国藩的思想主张与奕訢更为接近，故辛酉政变只是使他虚惊一场，远没有同治四年那拉氏罢免奕訢时所给他带来的震动那么强烈。

第六次是同治三年正月，正当天京战事紧张、粮饷匮乏之际，江西巡抚沈葆桢事前不经协商，即奏请扣留原本解送雨花台大营的江西厘金归本省使用，使曾国藩骤然失去月入数万两的饷源。更为严重的是，户部不仅批准了这一奏请，还竟于复奏之中列出数笔并不存在的外省协饷，使曾国藩背上广揽利权、贪得无厌的黑锅，逼得他不得不起而抗争。他不仅必须与沈葆桢争江西厘金，还必须向户部讨回清白。结果，户部虽不再提协饷之事，但仍将江西厘金之半划归沈葆桢，使曾国藩既失钱财又丢面子。最后虽以调拨轮船退款的办法解决了乏饷问题，但却使曾国藩从中感到清廷在明显地疏远自己，不由惕然警惧。

自同治元年身兼五钦差之职、六大臣之权，统兵十万、敛财六省以来，曾国藩深惧负权臣之嫌，受清廷疑忌，最后落个兔死狗烹的下场。他在家书中对老九说："至阿兄忝窃高位又窃虚名，时时有颠坠之虞。吾通阅古今人物，似此名位权势能保善终者极少，深恐吾全盛之时不克庇荫弟等，吾颠坠之际或致连累弟等。唯于无事之时，常以危言苦语互相劝诫，庶几免于大戾。"[2] 为保身名俱泰，曾国藩除在态度上更为谦谨，恳请亲朋好友、部下僚属时时批评监督自己外，还在政治上采取了几项措施，诸如两次奏请清廷派亲信大臣赴天京城外监军，奏请天京攻克前不要再给曾家封赏，以及封疆大吏不得分掌朝廷用人大权等，直到清廷对他极表信任，无所疑忌，方使他暂时放下心来。不料，自同治二年湘军攻克太平军九洑洲要塞，尤其苏州、杭州相继攻克之后，清廷对曾国藩的态度却发生了变化。而清政府在处理曾、沈厘金之争中右沈抑曾，尤其户部虚列每月十五万五千两

---

[1] 曾国藩：《曾文正公书札》第7卷，湖南传忠书局版，第45页。曾国藩这时的身份是墨经出征的前兵部侍郎，原则上属于京官，与咸丰十年担任两江总督后所守臣道截然不同，对朝廷的用人行政是可以上奏建言的。他没有这样做则完全出于自身的原因，与朝廷体制无关。

[2] 曾国藩：《曾文正公家书》，商务印书馆民国二十七年版，同治元年六月二十日。

白银的外省协饷,无疑是向他发出的一个信号,使他感到形势紧迫,不得不急切寻求自全之策。他在给亲友的信中说:"两接户部复奏之疏,皆疑弟之广揽利权,词意颇相煎迫。"[1] 而 "近来体察物情,大抵以鄙人用事太久,兵权过重,利权过广,远者震惊,近者疑忌"。又说:"长江三千里几无一船不张鄙人旗帜,外间疑敝处兵权过重,利权过大。盖谓四省厘金络绎输送,各处兵将一呼百诺,其相疑良非无因。"[2] 当然,曾国藩最害怕的还是清廷对他的疑忌。而在这种情况下,要想自保身家,也只有割舍一部分权利。故此他一再向亲朋好友表明心迹:"揆之消息盈虚之常,即合藏热收声,引嫌谢事"[3],"避贤者路。非爱惜微名,而求自全也"[4]。又说:"自古柄兵之臣,广揽利权,无不获祸谪者。侍忝附儒林,时临冰渊,而使人广揽利权疑我,实觉无地自容。"[5] 还说:"自古握兵柄而兼窃利权者,无不凶于而国、害于而家,弟虽至愚岂不知远权避谤之道?惟舍弟引退之志更急于鄙人,此中先后之序,尚须妥商。"[6] 从中可以看出,曾国藩不愧一代儒将,深明以退求进、明哲保身之道,早在湘军攻陷天京之前,就已经做好了功成身退、割权自保的思想准备。不过,此所谓"舍弟引退之志更急于鄙人"则属谎言。后来事实证明,曾国荃根本没有功成身退的想法,且对被逼退隐一事极为不满。而曾国藩这样讲,不过是为将来的具体安排预设伏笔。曾氏兄弟太过招摇,其功成身退、割权自保是必然的,只是究竟怎么退尚须根据具体情况而定。而从各方面的情况看,则曾国荃先退的可能性更大些。所以,曾国藩要故意如此谬说,未雨绸缪。有了这一伏笔,将来也就可以左右逢源了。

第七次是同治三年六月,湘军攻陷天京之初。清廷先是违背事前颁发的谕旨,不准曾国荃等八百里红旗报捷,迫使曾国藩以湖广总督官文领衔

---

[1] 曾国藩:《曾文正公书札》第23卷,湖南传忠书局版,第43页。
[2] 曾国藩:《曾文正公书札》第23卷,湖南传忠书局版,第42页。
[3] 曾国藩:《曾文正公书札》第23卷,湖南传忠书局版,第39页。
[4] 曾国藩:《曾文正公书札》第24卷,湖南传忠书局版,第7页。
[5] 江世荣编:《曾国藩未刊信稿》,中华书局1959年版,第214页。
[6] 曾国藩:《曾文正公书札》第23卷,湖南传忠书局版,第43页。

重新上报，继而赖掉咸丰帝收复江宁者封王的遗诏，仅赐曾国藩一等侯爵；随之又以严厉的态度和口吻警告曾国荃等人不可骤胜而骄，并追查天京窖金与幼天王下落，使曾氏兄弟同清政府的关系骤然紧张起来，颇有剑拔弩张之势。由于湘军破城后竞相烧杀淫掠，炸开的豁口无人把守，方使幼天王等千余人得以脱身而去。李秀成刚被送至雨花台大营，曾国荃就企图将之杀害，理由是"恐有献俘等事，将益朝廷骄也"[1]，可谓狂妄至极。故清政府此举可谓切中要害，且已在军事上有所准备。当曾氏兄弟同太平军作最后的苦战时，清政府已在天京四周布有重兵，官文、富明阿、僧格林沁无不虎视眈眈地盯着他们的脊背。而在天京大发横财的曾国荃及其部下弁勇，则唯恐清廷真的要他们吐出吞到肚里的财货，内心极为恐惧和愤恨，决心不惜一切以维护自己拿性命换来的既得利益。据萧一山称，曾国荃及其部下将领曾集体劝进，欲仿陈桥故事，拥立曾国藩为帝。无论此事确实与否，而这种可能性当时确实是存在的。

此时的曾国藩，其内心深处未尝没有部下诸将同样的感受。一年后他在给曾国荃的信中说："去年三、四月间，吾兄弟正当万分艰窘，户部尤将江西厘金拨去，金陵围师几将决裂"，而攻陷天京后，"部中新例甚多，余处如金陵续保之案，皖南肃清之案，全行议驳，其余小事动遭驳诘。而言路于任事有功之臣，责备尤苛，措词严厉，令人寒心"[2]。满汉之间本来就界限分明。清政府既然如此对待功臣，起兵造反并非没有理由；夺回汉家江山亦未尝不大快人心。更何况，论及个人能力与资历，尤远非那拉氏、奕訢所能比。然曾国藩想的要比这深远得多，头脑也不像曾国荃那么简单。他心里非常清楚，清政府并非真的要追查天京窖金和幼天王下落，不过虚张声势，加大政治压力，逼迫自己就范：或则匆忙起兵，或则杀羽自保，二者必居其一，且须迅速作出抉择，以免其势坐大，形成南北对峙之局。因曾国藩虽在镇压太平天国的战争中羽翼丰满，足可拥兵自立，但若与清廷争帝位，则须经几年的准备方有取胜的把握。故对清廷来说，长

---

[1] 赵烈文：《能静居日记》，学生书局影印本，同治三年六月二十日。
[2] 曾国藩：《曾文正公家书》，商务印书馆民国二十七年版，同治四年十二月二十五日。

疼不如短疼，迟发不如速发，万不可让他积威养望，从容准备。在这种情况下，曾国藩只好选择杀羽自保之路。所谓杀羽，就是主动裁撤兵勇和停解外省厘金；所谓自保，就是保全身家名位和部属亲朋的既得利益，包括曾国荃及其部下在天京抢夺的金银财宝。于是，曾国藩在攻陷天京后主要为此做了两件事：一是裁撤或调离金陵地区的五万湘军，停解广东、江西厘金；一是采用软拖硬抗的办法，抵制清政府对天京窖金和幼天王下落的追查。他的具体做法是，对天京窖金下落来个死不认账，明明被曾国荃的部下抢去，却硬说天京并无窖金，连自己也觉得奇怪。可说是瞪着眼睛说瞎话。而对幼天王的下落，则是随机应变，不择手段，必得保全曾国荃及其部下，以求大家相安无事。他先以幼天王自焚上报，继称其死于乱军之中，及至证据确凿、无法抵赖之时，则对上奏揭发此事的左宗棠反唇相讥：天京破城之际不过逸出一千多人，就要如此反复追查、定要严惩失职将领，若如杭州那样，太平军大开九门，逃出十万八万，那时又当如何？结果，清廷也只好不了了之，甚至连左、沈二人将幼天王解送京师的奏请也予以驳回，免致曾国藩过于难堪。

曾国藩与清廷所以这样做，是因为世间有一个胜利者无罪的原则，对功臣只可赏不可罚。当时，曾国荃及其部下已在天京发了横财，个个箱满筐溢，一心只想保住自己的这份财产，再不想为别的事打仗。然而他们也曾为此付出了很大的代价，受尽煎熬而不肯散去，就是为了最后能进城大抢一通。如果清廷或曾国藩威逼太紧，定治其罪，令他们吐出吞到肚里的宝物，他们必然铤而走险，起兵叛乱。所以，曾国藩对清廷严惩走脱幼天王失职将领的谕旨，坚决顶着不办，以安曾国荃等人之心。而清廷这样做，本来就是别有用心，意在逼曾国藩裁军辞饷，一旦曾国藩真的这样做了，追查之事也就达到了预期的目的，最妙之法也就莫过于不了了之了。

至于曾国藩为什么没有挥戈北上，代清自为，则大约有两个方面的原因，或者本来就无此野心，或因料无胜算知难而退。曾国藩一生愁苦，时萌退志，常有生不如死之叹，或许真的没有称帝之心亦未可知。早在攻陷天京之前，他就曾在答复同年好友的信中表示："年来忝窃高位，饱聆誉言，虽同年至亲如寄云、筠仙辈，亦但有赞美而无针砭，大有独夫之象，可为悚惶。惟自知之明尚未尽泯,不敢因幸获之战功,倘来之虚名,遂自忘其鄙陋。此差可为故人告者。然辖境太广,统军太多,责任太重,才力太绌,正不知以何日颠蹶,以何日取戾。万一金陵克复,拟即引退避贤者路,非爱惜微名而求自全也,实自度精神不复堪此繁剧也。"[1] 联系祁门被困时曾遗嘱曾纪泽,要他长大后不可为官更不可带兵,只可一心做学问云云,或许曾国藩的人生乐趣,属文治学更多于从军从政,真的素无称帝之心。倘若并非如此,当时不仅存在着曾国藩起兵造反的客观可能性,而且他也确实具有这样的主观意图,那么终未成为事实的原因,则只能是政治上尚乏准备,军事上尤无胜算,以曾国藩之明智不肯干此蠢事,远不如继续做清王朝的忠臣孝子更为有利[2]。有人说曾国藩不愿称帝是因为忠君思想的制约,似乎他满有把握做成皇帝却偏偏不肯做,令不少人为之扼腕叹息。这不过是笔记小说的惯用手法,装饰文采而已,实则经不住认真推敲。因为作者仅提到有人拥戴和曾国藩拒绝两事,并没有对当时全国的政治军事局势,尤其湘淮军集团的实际状况作出分析,其拒绝的原因决不限于一条。且支配人们是否采取行动的最后关键并非道德规范,而是对根本利害的权衡。倘若曾国藩在方方面面真的具有取清自为的胜算,所谓忠君云云就绝不会成为他的思想政治障碍。因为按照儒家思想的逻辑,成者为王,败者为寇,君臣伦理并不妨碍改朝换代。试想自古开国明君取得天下,哪个离开暴力弑君和阴谋篡逆两途?然一旦权位到手,儒家的忠君道德就由对篡弑者的谴责,变为对新帝的诚心拥戴。曾国藩熟读经史,岂不知这番道理?

在这次战略退却中,曾国藩所遇到的另一棘手问题是曾国荃的出处。曾国荃不学无术,急功贪财,饕餮之名满天下。其每克一城必纵兵大掠,而大发横财之后则必回籍购置田产、起盖大屋。其为人复张扬跋扈,不知禁忌,早在攻陷天京前即已恶名远扬,故清政府对他疑忌尤甚。同治二年三月曾国荃已由江苏布政使升任浙江巡抚,因正率军围攻天京而未赴任。按照清朝制度他是可以单独奏报军情的,然清政府却不准这样做,遇事只

---

[1] 曾国藩:《曾文正公书札》第24卷,湖南传忠书局版,第7页。
[2] 朱东安:《曾国藩传》,四川人民出版社1985年版,之《大功不赏》一节。

能由远在安庆的曾国藩转奏，不消说与左宗棠、李鸿章相比，甚至连个按察使衔兵备道都不如。攻陷天京的当天，同治三年六月十六日，按照清廷谕旨和曾国藩的事先安排，他与杨载福、彭玉麟联衔八百里驰奏报捷，随即受到清廷的严厉指责，抓住"大势粗定，遽回老营"一事横加罪名，"倘曾国荃骤胜而骄，令垂成之功或有中变，致稽时日，必唯曾国荃是问"[1]。实际上不仅不承认他的捷报，而且节外生枝，故意吹求，以实施政治上的抑制和打击。曾国藩看透了清廷意欲排而去之的用心，遂于七月二十日奏请裁撤曾国荃所统兵勇之半的同时，提出是否准其本人回籍养病的问题，进行试探，称曾国荃"意欲奏请回籍，一面调理病躯，一面亲率遣撤之勇部勒南归"。而曾国藩本人尚未应允，"嘱以苟可支持，不必遽请开缺，姑在金陵安心调理，代臣料理善后事宜"[2]。谁知清廷比曾国藩还急，尚未接到这一奏请，就对曾国荃当头又施棒喝，下旨追查天京金银的下落，令曾国藩"查明报部备拨"。并郑重警告道："曾国藩以儒臣从戎，历年最久，战功最多，自能慎终如始，永保勋名。惟所部诸将，自曾国荃以下，均应由该大臣随时申儆，勿使骤胜而骄，孰可长承恩眷。"[3]其后清政府虽在谕旨中假意挽留，将曾国藩奏折中的话重复一遍，但却绝口不提赴任本官之事，反而肯定曾国荃奏请开缺回籍的想法"合于出处之道"[4]。曾国藩见事势难以挽回，更加坚定了自己原来的想法，遂于八月二十七日专折代曾国荃奏请开缺回籍养病，九月初四日即得到清政府的批准。其动作之快实出意外。不想，这下可惹恼了曾国荃。他本来就藐视清廷，心怀不满，加以缺乏涵养之性，遂于大庭广众之中将自己的愤懑之情公开发泄出来，致使曾国藩狼狈万状，无地自容。三年后他对自己的心腹幕僚赵烈文说："三年秋，吾进此城行署之日，舍弟甫解浙抚任，不平见于辞色。时会者盈庭，吾直无地置面目。"[5]原来这一次再次地陈请开缺回籍，都是

---

[1] 曾国藩：《曾国藩全集》第7册，岳麓书社1994年版，第4214、4215页。

[2] 曾国藩：《曾文正公奏稿》第21卷，湖南传忠书局版，第8页。

[3] 曾国藩：《曾国藩全集》第7册，岳麓书社1994年版，第4276—4277页。

[4] 曾国藩：《曾文正公奏稿》第21卷，湖南传忠书局版，第27页。

[5] 赵烈文：《能静居日记》，学生书局影印本，同治六年九月初四日。

曾国藩耍的政治把戏，曾国荃从无此意，都是阿兄背着他干的。不学无术的曾国荃既不懂兔死狗烹的道理，也不懂为臣之道，更不能理解胞兄的这番苦心。所以，曾国藩欲行退却之策以保身家名位，对这位不知进退的胞弟，非瞒天过海造成既成事实，然后迫其就范不可。"舍弟"的表现虽令曾国藩当众出丑，但他毕竟达到了自己的目的，解决了一个政治上的大难题，圆满完成了这次极为关键的退却。为了消解曾国荃内心的不平之气，待其四十一岁生日那天，曾国藩不仅专门指派能说会道的赵烈文前往劝慰，还亲赋七绝十二首为他祝寿。据说，当曾国荃读至"刮骨箭瘢天鉴否，可怜叔子独贤劳"一句时，竟然放声大哭，以泄胸中抑郁之气[1]。

第八次是同治四年三月，那拉氏罢免恭亲王奕䜣的一切职事，妄加罪名，欲陷不测，引起曾国藩等人的极大恐慌，疑为清政府卸磨杀驴的信号。曾国藩在三月二十八日的日记中写道："是日早间阅京报，见三月八日革恭亲王差事谕旨，有'目无君上，诸多挟制，暗使离间，不可细问'等语，读之寒心惴栗之至，竟日忡忡，如不自克。"于是，他苦思数日，便开始向心腹将领吹风试探，酝酿对策。四月三日他以巡察为名，相约驻扎裕溪口的水师将领彭玉麟赴下关一见，二人在一只小船中密谈良久，"言及国事与渠家事，欷歔久之"[2]。那么，他们究竟谈何国事呢？数日后彭玉麟在给朋友的一封信中说："议政王为九江蔡寿祺以莫须有污蔑，致出军机，中外骇闻。伏思今上当极，两宫垂帘，实赖贤王公忠体国，上下一心，华夷钦服，始有今日中兴气象。何物蔡寿祺，丧心狂吠，以珰人之授意，竟敢害于忠良。倭公不侃侃而言，亦竟阿于取好。议政其周召，若辈其管蔡乎？天下有心人能不愤恨欲死！不才欲以首领进词，而爵相极力劝阻，须俟城内动静，再作道理。兄不学无术，不平欲鸣，抑恨重吐，其如愤火中烧何！"还说："小人道长，国家堪忧，残喘余生安得即赋归去，遁迹山林，不阅世事耶？"[3]原来，令曾、彭二人言之感伤、"欷歔久之"的"国

---

[1] 萧一山：《清代通史》第3册，中华书局1986年影印本，第280页。
[2] 曾国藩：《曾文正公手书日记》，中国图书公司宣统元年印行，同治四年四月初三日。
[3] 赵烈文：《能静居日记》第1册，学生书局影印本，第19页。

事",就是西太后罢黜恭亲王一事。看来他们共同的意见是,此事关系重大,绝不可坐视不理。惟所不同的是,彭玉麟欲马上动手,领衔上疏谏诤。而曾国藩则要他静观时变,必须从京中了解到更进一步的详情,弄清事情的原委,才能决定行止,不能仅根据一纸京报就采取行动。这件事说明,清政府追查天京窖金与幼天王下落,遭受打击的仅是曾国荃一伙。曾国藩集团的其他派系可能不闻不问,有的甚至会幸灾乐祸,煽风点火。这是因为他们太不得人心了。他们的所作所为,不仅使他们在整个统治阶级中成为众矢之的,也在曾国藩集团中陷于孤立。倘若清政府欲行兔死狗烹之策,将湘淮将领一网打尽,他们就会由四分五裂走向一致,联合起来抗满自保。根据当时的形势,很可能形成南北对峙的局面,或如萧一山说的那样,挥戈北上,拥曾为帝,亦未可知。联系那拉氏死后,因摄政王载沣排斥袁世凯,拆散满洲皇室与汉大臣的联盟,从而导致清王朝迅速灭亡的事实,这种可能性并非不存在。只是后来那拉氏见风转舵,重新恢复了奕訢"议政王"之外的其他主要职事,才避免了这种结局,曾国藩集团也仅只虚惊一场。

第九次是同治五年冬,因剿捻战争一时失利,清政府中途易帅,使曾国藩大丢脸面,陷入进退维谷的困境。曾国藩自剿捻以来,屡受清廷的指责,防守沙河之策失败之后,更是接连不断,愈演愈烈。迨至同治五年冬,即已受到"寄谕责备者七次,御史参劾者五次"[1],使他感到再也干不下去了,只好自请革去钦差大臣之职和一等侯爵之位,以让贤者之路。然而,使他为难的是,天下之大竟无一个适当的安身之处。当时,曾国藩听到各种建议,有的劝其回籍省墓,有的劝其住京养病,有的请其回任江督,他以为皆不妥当。首先,回任江督行不通。因他辞职的理由是有病,"不能用心阅文,不能见客多说。既不堪为星使,又岂可为江督?"所以,既辞钦差就不能不连江督也一并辞去。其次,"乞归林泉亦非易易","若地方大吏小有隔阂,则步步皆成荆棘"。再次,"住京养病尤易招怨丛谤"。最后,曾国藩"反复筹思,仍以散员留营为中下之策,此外皆下下也"[2]。

---

[1] 曾国藩:《曾文正公书札》第31卷,湖南传忠书局版,第3页。
[2] 曾国藩:《曾文正公家书》,商务印书馆民国二十七年版,同治五年十一月初七日。

他在给鲍超的信中也以此招为得计:"仆自去岁以来,寄谕责备者七次,御史参劾者五次,从无不平之意形诸言色。即因病陈请开缺,亦不敢求回籍,又不敢求进京,但求留营效力耳。"[1]然实际上,此策则更加行不通。因为这样一来,不仅使后来者觉得碍手碍脚,倍生反感,且极易启人疑谤。正像有人说的那样,你留营中效力,谁人可以指挥?岂不是一舟双舵、一马双驭?同时,"维系军心之言与平日惧为权臣之意自相矛盾",且有"挟军心以自重之嫌"。[2]这前面一条可能导致李鸿章的坚决反对,他令其兄李瀚章劝曾国藩回任江督,即已显露此意。而后面一条更是曾国藩避之唯恐不及的罪名,是万万不可轻试的。当时也有人劝他直言极谏,陈明利害,以改变清政府的做法。他出于同一原因,不敢这样做。他在给尹耕云的复信中解释说:"窃观古来臣道,凡臣工皆可匡扶主德,直言极谏,唯将帅不可直言极谏,以其近于鹫拳也。凡臣工皆可弹击权奸,除恶君侧,唯将帅不可除恶君侧,以其近于王敦也。凡臣工皆可一意孤行,不恤人言,唯将帅不可不恤人言,以其近于诸葛恪也。握兵权者犯此三忌,类皆害于尔国,凶于尔家。故弟自庚申忝绾兵符以来,夙夜祗惧,最畏人言,迥非昔年直情径行之态。"又说:"近有朱、卢、穆等交章弹劾,其未奉发阅者又复不知凡几,尤觉梦魂悚惕,惧罹不测之咎。盖公论之是非,朝廷之赏罚例随人言为转移,虽方寸不尽为所挠,然亦未敢忽视也。"[3]就是说,可怕的不是御史而是为其撑腰的清廷,他们是根据朝廷的眼色行事的。朝廷发阅弹章,不过是放只氢气球,意在逼曾国藩交权退避,若竟倔强不服,必有更加厉害的后着,直至达到目的为止。曾国藩身为人臣,欲保名位,无论内心感受如何,都必须拿出对之忠诚驯服的样子,人君可畏,人言亦可畏。正像他在给李鸿章的信中所说的那样,"去冬以来,忧谗畏讥尤甚于昔"[4],"从此不居极要之任,或可保全末路耳"[5]。最后,曾国藩迫于情势,

---

[1] 曾国藩:《曾文正公书札》第31卷,湖南传忠书局版,第3页。

[2] 曾国藩:《曾文正公书札》第30卷,湖南传忠书局版,第44、45页。

[3] 曾国藩:《曾文正公书札》第26卷,湖南传忠书局版,第2—3页。

[4] 曾国藩:《曾文正公书札》第26卷,湖南传忠书局版,第6页。

[5] 曾国藩:《曾文正公书札》第26卷,湖南传忠书局版,第4页。

不得不返回两江总督之任。因李鸿章剿捻急需两江之饷，若易他人为江督，则未必能够保障前线各军的饷运。既然李鸿章一再以此为请，他也就很难拒绝了。然而，这对曾国藩来说却是一件含羞忍辱之事，不仅令其数年之间心情不畅，且遗终生之悔。同治九年三任江督时复函友人称："剿捻无功即当退处深山，六年春重回江南、七年冬莅任畿辅，皆系画蛇添足。"[1]不过，这只能说明其内心的懊丧，事实上却无法真正这样去做。此可谓人在官场，身不由己。他坚信命运之说，大概这也是根据之一吧。

第十次是同治九年，曾国藩将天津教案办成典型的屈辱外交，加以七王爷从中煽风点火，使其成为过街之鼠，众矢之的。清政府再次中途易帅，让他灰溜溜地再返江督之任。其实，曾国藩的办案方针与清政府是大致相同的，其种种举措亦无不得到清政府的批准，不过隐瞒了法国天主教堂的一些罪行，没有如实上报而已。故舆论的冲击不仅针对曾国藩，也是针对清政府的。然专制时代有一条非成文法，国家最高决策一旦出现重大失误，只能指责经办大臣，不能指责皇帝。如南宋的秦桧，晚清的穆彰阿，多年来一直受人唾骂，对其本人固属罪有应得，但同时也是代皇帝受过。只是这一过程发生较迟，都是在老皇帝去世、新皇帝登极之后，朝廷大张其过，舆论骤起攻击，形成人人喊打的局面。而曾国藩则是现世现报，一转眼间功臣贤相就成了过街之鼠。社会舆论变幻如此之速，其重要原因之一就是清政府有意落井下石，乘机打击曾国藩，以便将他赶出畿辅要地。当全国舆论在醇亲王的带动下，群起攻击曾国藩的时候，那拉氏不仅公开宣称曾国藩"文武全才，惜不能办教案"[2]，将刚到陕西的李鸿章调赴天津进行复查，还把曾国藩匆匆调回江南，以李鸿章取而代之。实际上是将天津教案办理失误的全部罪责，都推到他一人身上。其实，李鸿章最后仍以曾国藩的奏报结案，并无实质性的改变。原定死刑20名改为16名，也不是李鸿章争来的，而是俄国被杀四名只要赔钱，不要中国人抵命。正是清政府的这种做法，使全国舆论受到进一步的鼓舞，对曾国藩的攻击愈演愈烈，

---

[1] 曾国藩：《曾文正公书札》第33卷，湖南传忠书局版，第9页。
[2] 徐凌霄，徐一士：《曾胡谈荟》，《国闻周报》第6卷，第38页。

一发而不可收。对于这层原因，曾国藩当时就看得很清楚，只是不敢明言。他在给诸弟的家信中说："余两次在京不善应酬，为群公所白眼，加以天津教案物议沸腾，以后大事小事部中皆有意吹求，微言讽刺。陈由立遣发黑龙江，过通州时其妻京控，亦言余讯办不公，及欠渠薪水四千两不发等语。以是余心绪忧悒。"[1] 显然，这些人不过是看清政府的眼色行事。他们从清政府对天津教案和曾国藩的处理中得到一个信息，知道曾国藩已经失宠，故大着胆子这样做。曾国藩"心绪忧悒"的原因，也不只这些麻烦本身，而主要还是造成这些麻烦的深层原因，同清政府的关系愈来愈疏远了，自己的政治处境会越来越困难。

醇亲王奕譞与叶赫那拉皇太后所以对曾国藩采取这种态度，也可能与曾国藩拒绝他们的有意拉拢有关。曾国藩调任直隶总督后，醇亲王奕譞曾一再向其致意，但都遭到了他的拒绝。同治八年春奕譞托曾国藩的好友朱学勤转致一信，对曾大加赞扬。曾国藩没有复信，仅在给朱学勤的信中解释说："醇邸慎所许可，乃独垂青于鄙人，感悚无已。敝处函牍稀少，未便于醇邸忽改常度。"[2] 同治九年春奕譞又托曾国藩的另一好友黄倬转寄诗文，以求应和。曾国藩亦没有回信，仅在给黄倬的信中解释说："醇邸于敝处折节下交，拳拳挚爱，极为心感。兹承转寄见赠之作，诗笔既工，用意尤厚。惟奖许过当，非所敢承。理宜奉笺致谢，缘弟处向来书札稀少，朝端贵近诸公多不通问，未便于醇邸特致私爱，致启他嫌。素不工诗，亦未能遽成和章。稍暇当勉成一首奉呈，以答盛意，聊申谢悃。晤时尚望先为代达鄙意，至荷，至荷。"[3] 醇亲王的用意是很明显的。他是恭亲王之弟，同治帝之叔，那拉氏的妹夫。长期以来，他与那拉氏紧密勾结，欲与奕䜣一争高下，至于不惜主动拉拢湘淮军帅，以加强自己的地位。不过，曾国藩不与奕譞交往，不仅避交接权贵之嫌，更为避内外交通之嫌。历代王朝皆严禁亲王与外藩之间私下交通，以杜绝王位之争。故前者可能关乎个人

---

[1] 曾国藩：《曾文正公家书》，商务印书馆民国二十七年版，同治十年八月初十日。
[2] 曾国藩：《曾文正公书札》第32卷，湖南传忠书局版，第17页。
[3] 曾国藩：《曾文正公书札》第32卷，湖南传忠书局版，第40页。

名声，而后者则可能招致灭族之祸。事实上即使没有那么严重，亦远非大臣所宜。曾国藩对此惕然警惧，远嫌避祸，亦属恪守臣道之举。然而，这样一来却深深地得罪了醇亲王，或则衔恨于心，或则疑为恭党，遂乘天津教案之机对之攻击不遗余力，必欲去之而后快。不料，曾国藩固不知趣，李鸿章亦未满所望，复转而拉拢左宗棠。据说，左宗棠入值军机处，主要出于奕𫍽的推动，意在取代恭亲王。只是左宗棠更不知趣，最后只好作罢。或者，如此等等，皆出于那拉氏的授意，亦未可知。

历史事实表明，天津教案后再返江南，标志着曾国藩同清政府的关系进入了一个新阶段。湘军攻陷天京后，清政府深怕其真的要做皇帝，既忌其手握大权又忌其功高震主。待其停解外省厘金、大量裁撤金陵湘军后，手中失去挥戈北上的实力，也就不再对清廷构成威胁。然其威望尚存，仍有功高震主之嫌。其后剿捻无功，中途下台，已是威名大损，今不如昔。迨至三莅江督之任已是威信扫地，则完全失去对清廷的威胁，即使重握攻克天京前的兵饷实力，也不可能取清自为了。与此同时，清政府在曾国藩心目中的分量亦越来越轻，中兴幻想一步步破灭，悲观情绪愈来愈重，是构成其心情不畅的另一原因。

曾国藩系道光朝旧臣，因穆彰阿的荐赏而平步青云，十年七迁，跻身卿贰，成为清代罕见之事。然自从军以来屡遭疑忌，长期不得其位，心情甚感压抑，恨不得找个地方"痛哭而一倾吐也"[1]。自咸丰十年出任江督，尤其那拉氏、奕訢政变上台之后，曾国藩一度兴高采烈，以为中兴有望，对国家前途充满信心。然其心腹幕僚赵烈文不同意这种看法，遂引发二人间的多次辩论。同治六年夏，一次闲谈中曾对赵说，京中来人云，"都门气象甚恶，明火执仗之案时出，而市肆乞丐成群，甚至妇女亦裸身无裤。民穷财尽，恐有异变，奈何？"赵说："天下治安一统久矣，势必驯至分剖。然主威素重，风气未开，若非抽心一烂，则土崩瓦解之局不成。以烈度之，异日之祸，必先根本颠仆，而后方州无主，人自为政，殆不出五十年矣。"曾"蹙额良久"说："然则当南迁乎？"赵说："恐遂陆沉，未

---

[1] 曾国藩：《曾文正公书札》第3卷，湖南传忠书局版，第3页。

必能效晋、宋也。"曾说:"本朝君德正,或不至此。"赵说:"君德正矣!而国势之隆,食报已不为不厚。国初创业太易,诛戮太重,所以有天下者太巧。天道难知,善恶不相掩,后君之德泽未足恃也。"曾说:"吾日夜望死,忧见宗祐之陨,君辈得毋以为戏论?"赵说:"如师身分,虽善谑,何至以此为戏!"[1]此后,二人又争辩数次,对形势的看法基本一致,而分歧的焦点则集中在清政府的评价上,即它究竟是否有能力扭转这一江河日下的形势。一日,赵说:"在上海见恭邸小像,盖一轻俊少年耳,非尊彝重器,不足以镇百僚。"曾说:"然貌非厚重,聪明过人。"赵说:"聪明信有之,亦小智耳","至己为何人,所居何地,应如何立志,似乎全未理会"。"身当姬旦之地,无卓然自立之心,位尊势极而虑不出庭户,恐不能无覆𫗧之虞,非浅智薄慧、涂饰耳目之技所能幸免也"。曾国藩则以"本朝君德甚厚"、那拉氏"乾纲独断"应之,且举"勤政""免征""免报销"及处理官文数事以为证,称"数者皆非亡国举动,足下以为如何?"赵烈文对之逐条批驳,并进而指出:"三代以后论强弱不论仁暴,论形势不论德泽。即如诸葛辅蜀,宫、府甚治而卒不能复已绝之炎刘;金哀在汴,求治颇切而终不能抗方张之强鞑。人之所见不能甚远,既未可以一言而决其必昌,亦不得以一事而许其不覆。"又说:"夫以君德卜国祚之穷长,允矣。而中兴气象,第一贵政地有人。奄奄不改,欲以措施一二之偶当默运天心,未必其然也。"[2]曾国藩当时虽无言以对,但心中仍未服气。时隔两月,复因总理衙门"殷殷下问"而"喜动颜色",并大发感慨道:"此折所关甚大。枋国者能如此,中兴其有望乎?"又说:"国运长短不系强弱,唯在上者有立国之道,则虽困不亡。如金主亮南牧,宋社岌岌。虞允文之战,小胜不足言,顾孝宗忠厚恺悌,其道足以保身保家。天即使金人内变,海陵被弑,以全赵氏之宗祐。金祚未可遽陨,又生世宗以休息之。其妙如此,圣人所以动称天命也。"[3]这就是说,直到此时曾

---

[1] 赵烈文:《能静居日记》,学生书局影印本,同治六年六月二十日。
[2] 赵烈文:《能静居日记》,学生书局影印本,同治六年七月初九日。
[3] 赵烈文:《能静居日记》,学生书局影印本,同治六年九月二十三日。

国藩仍心存侥幸,祈盼清王朝偏安一隅,不至"抽心一烂"。

然而,当其重游京师,亲睹清政府的帝后王公及当轴政要之后,连这最后一点信心也没有了。同治八年夏,应调赶赴直隶的赵烈文刚到保定,曾国藩就立刻向他吐露心声,从而为他们多次争论的问题作出最后结论。他说:"两宫(指慈安、慈禧两太后)才地平常,见面无一要语;皇上冲默,亦无从测之;时局尽在军机恭邸(指奕訢)、文(指文祥)、宝(指宝鋆)数人,权过人主。恭邸极聪明而晃荡不能立足;文柏川(即文祥)正派而规模狭隘,亦不知求人自辅;宝佩衡(即宝鋆)则不满人口。朝中有特立之操者尚推倭艮峰(即倭仁),然才薄识短。余更碌碌,甚可忧耳。"[1]就是说,在清政府整个决策层中,根本没有出类拔萃之才,足可力挽狂澜,救清政府于当亡之时而不亡,完颜、赵氏在强敌威逼下苟延一隅的历史,再也无法重演了。

不过,曾国藩于极度失望之中,仍对清政府抱有感激之情,盖同宋朝相比,清政府毕竟对他宽大得多。在其攻陷天京之后,虽功高震主,颇有取清自为的条件,清政府亦仅只剥夺其足可"图谋不轨"的资本,即手中握有的兵权、利权及个人威信,一旦以实际行动表明自己恪守臣道、并无称帝之心,则不仅保住了其身家性命,也保住了自己的名誉地位,即作为一个功臣所应当得到的一切。就是说,清王朝虽疑忌功臣,但与宋朝相比要轻得多,对功臣的处理也宽大得多。故曾国藩等湘淮将帅的命运,要比岳飞等人幸运得多,遂使曾国藩对此感激不尽。他曾对人说:"南宋罢诸将兵柄,奉行祖制也","韩、岳等军制,自成军、自求饷,仿佛与今同"[2],然最后结局却大相径庭。又说:"宋世鉴于陈桥之变,于将帅得人心者猜忌特甚。北宋如王恭武、狄武襄均为正人所纠劾,不获大用。南宋秦氏亦以军心归附,急谋解张、韩、刘、岳之兵柄。""我朝宽大诚明,度越前古,国藩与左、李辈动辄募勇数万,保获提镇以千百计,朝廷毫无猜疑。仆辈

---

[1] 赵烈文:《能静居日记》,学生书局影印本,同治八年五月二十八日。
[2] 赵烈文:《能静居日记》,学生书局影印本,同治六年六月二十三日。

亦不知有嫌可避,坦然如鱼之忘于江湖,如足适而忘履,腰适而忘带。"[1]
这些话虽是同治六年说的,亦难免美化之意,但大致与实际情况吻合,清政府基本上还算"宽大诚明"。他虽然曾在咸丰五、六年间和攻陷天京前夕,颇为能否保全末路而心怀疑惧,同治四年亦曾怀疑那拉氏会屠戮功臣,但毕竟身名俱泰,没有发生东汉夕阳亭、南宋风波亭之事。这说明曾国藩与那拉氏双方,都接受了历史教训,在一定条件下相互妥协、相互克制,从而避免了历史悲剧的重演。倘若其中一方超越界限,不知自律,则很可能破坏君臣之盟,导致同归于尽的结局。所谓"君使臣以礼,臣事君以忠",并非凭空设想的道德规范,而是历史经验的总结。更何况此亦并非耸人听闻或凭空假设,只要重温清末民初的历史,就可明白其中的道理。正是由于那拉氏死后,摄政王载沣以新政为名罢免袁世凯,从而拆散了满洲贵族同汉族军政官僚集团的联盟,尤其破坏了双方政治上的相互信任,方导致袁世凯再度上台之后,在完全有力量攻占武昌的情况下按兵不动,利用革命党人逼清帝退位,又在打败革命党后洪宪称帝,虽几经周折、费时数载,亦同取清自为相差无几。对于这一历史现象,仅用个人品行、有否政治野心来解释显然是很不够的。因为决定人们一切行动的最终驱动力不是道德,而是利害。对袁世凯来说,这是他所能看到的对其最为有利的选择。他不是岳飞,不可能仍对一个不可信赖的清王朝徒效愚忠;他不是革命党,也不可能忠于共和制度。即就个人品德而论,假如袁世凯真的时怀退志、根本不计较个人的出处,他就会毫不犹豫将辛亥革命扼杀于血泊之中,难道这就一定会得到比今天更好的历史评价吗?他既然视权位如性命,也就不会听任自己手中的大权落到革命党手中,二者必居其一,难道还有其他可能吗?只是多年以来,研究辛亥革命的学者多注重于革命经验的总结,痛恨袁世凯的背信弃义,很少有人从清政府得失利害的角度总结这一经验教训,更不会将它与曾国藩的功成身泰联系起来,故很少引起人们的注意。

以上十条主要是讲曾国藩如何处理同清政府的关系,对于整个曾国藩集团来说虽然至关紧要,但却并非它的全部,而其他成员对清政府的态度

---

[1] 曾国藩:《曾文正公书札》第30卷,湖南传忠书局版,第44—45页。

与对策，则表现于双方对地方政权的争夺之中。这对曾国藩集团来说亦同样具有重大意义。因为作为汉族地主阶级新贵的曾国藩集团，通过一场战争固然为满洲贵族保住皇位，仍须对之俯首称臣，但却乘机取得半数以上的省级地方实权，隐掌半壁山河，从而成为晚清史上最大的地方实力派。

　　清政府为了取得战争的胜利，将太平天国革命尽快地镇压下去，十余年间不得不忍痛割爱，把很大一部分地方大权交给领兵作战的湘淮军将帅，使这些原本无权无位、身份平常的书生，一跃而成为清政府的一、二品大员。不过，清政府在大量放权的同时，心里还想着另外一件事，那就是力防他们将来尾大不掉，危及其自身的地位。为此，清政府拟定种种防范措施，对于不同的省份、官缺及受权人员，采取不同的办法。例如，总督一职，两江、直隶、闽浙、云贵等其他缺位皆可授予曾国藩集团的成员，唯湖广总督一席却长期握在自己手中，不肯授予他们中的任何人。又如巡抚一职，清政府在很长一个时期，可以授予江忠源、胡林翼，却偏偏不肯授予曾国藩。署理鄂抚，旋予旋夺；自请赣抚则宁可让他回籍闲居，也不肯一遂其愿。至于曾国荃的命运尚不及乃兄。补授浙江巡抚，攻陷天京前不许单独奏事，攻陷天京时不许单独报捷，攻陷天京后则既不许赴任也不许奏事，唯恐江浙财富之域落到曾家手中，逼得曾国藩不得不强奸弟意，代请辞职。授予湖北巡抚，却让他处处受制于总督，连朝廷发来的寄谕也要到督署领阅。这样，曾国藩集团同清政府之间，尤其曾氏兄弟同清政府之间，在地方权力的授予上就不可能不发生一些矛盾，投钩诱钓和巧取豪夺之事自不可避免。然曾国藩集团经过十几年坚持不懈的努力，通过各种各样的方式，终于将很大一批省份的大权，尤其东南半壁江山，牢牢控制在自己手中。兹大致以地域为序，就曾国藩集团取得地方大权的过程简述如下。鉴于这一时期例行督抚专政，地方大权操于督抚手中，故此陈述以督抚的任免为主线，司道提镇基本略而不计。

　　曾国藩集团对地方大权的争取首先从两湖开始，他们同清政府之间围绕权力之争的种种恩怨，也首先从这里说起。而湖南是曾、胡、左、江的故乡，其筹饷、募勇亦首先从这里开始，他们要在这里生存、发展，就不能没有地方政府的支持。所以，他们同地方政府的分合向背问题，从湘军萌发之时即已存在,而王鑫状告湘乡县令之事则开其滥觞。其时双方势如水火,各不相让,根本不可能联合起来共同对付农民的反抗活动,更谈不上镇压组织严密的反清起义军。其后事态的转机始于朱孙诒调任湘乡县令,一改前任所为,大肆笼络当地士绅,不仅依意另立钱粮征收新章,还令头面人物各得其所:聘王鑫为幕僚、举罗泽南为孝廉,拔刘蓉为文童,遂使湘乡率先成为官绅一家、联手制民的典范。从此,湘乡县令虽一换再换,但无不唯士绅之命是听,致使该邑不仅成为曾国藩集团所控制的第一个地方政权,而且成为他们最初接管地方政权的一种模式。故湘乡之举既是曾国藩集团逐步夺取地方政权的前奏,也是这一行动正式开始前的一次演示,对他们来说,无论在实践上与理论上,都有着重要意义。否则,他们的历史将重新改写。

  当太平军围攻省城长沙的时候,整个湖南也如湘乡县一样,很快形成官绅一家、联手对付农民起义军的政治格局。由于新任湖南巡抚张亮基熟识曾、胡、左等人,且一向关系良好,充分信任和依靠湖南士绅,遂采纳胡林翼的建议,礼聘左宗棠入幕主持军政大计,对他言听计从,实际情形同后来骆秉章抚湘时极为相似,巡抚居其名,师爷行其实。从长沙守城到镇压忠义堂起义,以至征调各县练勇赴省交由曾国藩集训,从而成为创立湘军之始,无不出自左宗棠的手笔。曾国藩出山之初诸事办理顺利,也是这个原因。其后,他与湖南地方官员之间矛盾重重,屡生波澜,则是由于张亮基调离湖南,左宗棠随之而去的缘故。迨及左宗棠重入湘幕,曾国藩在湖南的处境亦随之大为改善。这是因为曾国藩集团通过这种间接的方式,再度掌握了湖南的大权。咸丰皇帝所以对左宗棠之事大为震惊,且不听骆秉章的辩解,想必通过樊燮一案,复联想到左宗棠屡调不出的往事,从而弄清湖南大权旁落的真相,视为劣幕操纵政事的典型,决心依照祖制,严加整治。其后所以放弃追查并转而重用左宗棠,则因迫于战争形势而不得不从权处置,只求良好结果,不问具体过程。就是说,咸丰皇帝实际上认可了这件事,不管由谁掌权,由谁来办,只要能把太平军镇压下去就行。"老亮"左宗棠离开骆秉章幕府之际,又推荐"小亮"刘蓉以自代,使曾国藩集团继续隐操湖南一省大权,与左宗棠时期没有什么不同。直到咸丰十年骆秉章调赴四川，毛鸿宾出任湖南巡抚，曾国藩集团才告别了这种暗中操纵的历史，名正言顺地掌握了湖南的大权。

　　同湖南相比，湖北的情形则既有类似又有不同。相似之处在于也同样经历了一个由隐蔽掌权到公开掌权的过程，不同的是双方的角色不同，持续的时间不同，而权力之争则更为曲折隐蔽，牵扯面也更大、更深。这不仅缘于督抚同城之故，还因它的政治地位和地理位置比湖南更为重要。咸丰二年底曾国藩出山不久，张亮基调署湖广总督，他不仅同胡林翼关系密切、引左宗棠为心腹，而且处处同情与支持曾国藩，故在实际上成为他们的后台。咸丰三年张亮基调抚山东，吴文镕接任湖广总督。吴文镕同曾国藩有师生之谊，对胡林翼甚为器重，亦无形中成为他们的靠山。只是好景不长，上任半年即败死黄州，使他们空自喜欢一场。咸丰四年曾国藩带兵攻占武昌，咸丰帝一时高兴，令其署理湖北巡抚。然却很快反悔，收回成命，任命一向同曾国藩作对的陶恩培为湖北巡抚。咸丰五年陶恩培战死，胡林翼受命署理鄂抚。因胡林翼手中无兵，名气不大，又得文庆的暗中支持，故清政府尚无疑惧之心，肯将湖北巡抚之位授予他。但由于湖北位居长江上游，军事上具有特殊的战略地位，故不肯将一省之权交给汉员巡抚，特命原荆州将军官文任湖广总督，主持全省军政大计，使胡林翼纵有翀天之能也难以施展。又因官文系满洲贵族、咸丰皇帝的亲信，地位难以动摇。故胡林翼不得不听从别人的劝告，对其曲意奉迎、倾心结交，令其诚心感佩，言听计从，从而达到隐操一省大权的目的。薛福成曾专门著文谈论此事。其时，官文驻长江北岸，主上游军政，胡林翼驻南岸，主下游军政，"督抚相隔远，往往以征兵调饷互有违言。僚吏意向，显分彼此，抵牾益甚"。加之双方办事作风大相径庭，"文恭（指官文）于钜细事不甚究心，多假手幕友家丁"，"诸所措注，文忠（指胡林翼）尤不谓然"。咸丰六年底，湘军再次攻占武昌后，胡林翼"位望日益隆，文恭亦欲倚以为重。比由荆州移驻武昌，三往拜而文忠谢不见也。或为文恭说文忠曰：'公不欲削平巨寇耶？天下未有督抚不和而能办大事者。且总督为人易良坦中，从善如流。公若善与之交，必能左右之，是公不翅兼为总督也。合督抚之权以办贼，谁能御我？'文忠亟往见文恭，推诚相结纳，谢不敏焉"。胡林翼为了取得官文的好感，甚至不惜讨好他的小妾，请其母将之收为义女。于是，两家往来益密，馈问无虚日，二人之交亦益固。左宗棠以幕僚隐操一省大权，而胡林翼则以交欢官文的办法兼有总督之权，故其情形颇为相似。所不同的是，胡林翼不仅以此独掌一省大权，且通过官文影响清政府的决策，借以实现曾国藩集团的政治意图。例如，先后两次分别奏留奉旨入川的曾国藩、左宗棠共图安徽，保奏刘蓉以候补知府超升陕西巡抚等，都是由官文出面，按照胡林翼的意图向清廷奏准的。正像薛福成说的那样，"朝廷以文恭督湖广数年，内靖寇氛，外援邻省，成功甚伟，累晋大学士，授为钦差大臣，宠眷隆洽。文恭心感文忠之力，而文忠亦益得发舒。凡东南各省疆吏将帅之贤否进退与一切布置，每有所见必进密疏，或与文恭会衔入告。文忠所引嫌不能言者，亦竟劝文恭独言之，讦谟所定，志行计从"。故"人谓文忠有旋乾转坤之功，不仅泽在湖北也"[1]。徐宗亮的说法略有不同，而于某些细节则较为详尽。其《归庐谈往录》称："当武汉初复，文忠由湖湘，文恭由襄汉，分为两岸。麾下文武各有所主，议论颇不相下，两公遂成水火之势。文忠一日具疏参文恭十二事，先遣人示意请改，文恭闭不纳。时宝庆守魁联荫庭被议随营，周旋两府间甚洽，因诣文恭言曰：'今天下大事专倚湘人，公若能委心以任，功必成、名必显。公为大帅，湘人之功皆公之功，何不交欢胡公，而为一二左右所蔽乎？某请往说胡公，使下公。'旋又过文忠言曰：'官公忠实无他肠，友谊极重。公若与结好，凡事听公，决无后虑。若必劾去易能者，未必悉唯公所为，公其思之。'两公甚然其言，前隙遂释。魁又促文恭先过文忠布心腹，于是结为兄弟，家人往来如骨肉焉。"[2]薛福成曾任曾国藩、李鸿章幕僚，徐宗亮曾任胡林翼幕僚，他们的记载还是较为可信的。而魁联曾任湖南宝庆知府，同湘军将帅关系密切，塔齐布、普承尧所先后统带的宝勇，就是由他募练的。后又得官文赏识，由湖南按察使被劾降为候补知府后，复应聘赴湖北为其管理营务。故能取得官、胡双方的信赖，担当起为他们疏通关系的重任。

---

[1] 薛福成：《庸庵文编》（第4卷），光绪十三年刊，第22—23页。
[2] 徐宗亮：《归庐谈往录》第1卷，光绪十二年刊，第1页。

然而，官文只是出于个人私谊信任胡林翼一人，对曾国藩集团的其他成员并无好感，遂致咸丰八、九两年连出大故，李续宾在安徽三河全军覆没，左宗棠因樊燮案几陷大狱，皆官文一手造成，使官、胡关系出现新的危机。《湘军志》称，当驰救庐州的李续宾自感兵单复又"名重耻退"之际，乃"发书湖北请益师。"其时，"续宾弟续宜将四千人屯黄冈，唐训方将三千人道英山援淮北，未行。林翼已持丧还葬，官文得书笑曰：'李九所向无前，今军威已振，何攻之不克，岂少我哉？'遍示司道，皆以续宾用兵如神，无所用援。续宾虽请援，亦不肯留军示怯懦，则进三河"[1]，遂致败死。而《藤花馆掌故笔记》则说，李续宾驰救庐州之时，"胡文忠亦守制，居益阳故里，鄂中军务由官文恭主持。文恭颇不嫌于忠武（指李续宾）"。李续宾闻太平天国陈、李大军将至，"飞檄告急于鄂，文恭以疲卒予之，曰'迪庵善用兵，能化弱为强也。'忠武家人闻皖事急，与文正议，欲驰书令退军。未发，而三河全军覆没之耗至"[2]。胡林翼对之痛心疾首，引为己罪，通报全省司道官员，称吾"与迪庵共事最久，弃之以归，致全军殁于异域"[3]，而对负有直接责任的官文，岂不更为憎恶？遂使双方关系再度产生裂痕。更为严重的是，这件事过去不久，又发生奏劾左宗棠一事，必欲置之死地而后快。联系到官文的其他劣迹，终令胡林翼痛恨难忍，意欲再举弹章，劾之以去，后听从阎敬铭的劝告而罢。薛福成称，左宗棠"既被严劾，文忠愠不言"。"文恭有门丁颇为奸利，奔竞无耻者多缘以求进。文忠所素欲参劾者，文恭或荐之得居要地。府中用财无訾省，不足则提用军饷，耗费十余万金。文忠积不能平，独居深念，若有重忧者。当是时，今协揆朝邑阎公以户部员外郎总理粮台，兼运筹帷幄，往谒文忠，请间言事。文忠屏人，以督府事告之曰：'方今筹饷如此艰难，而彼用如泥沙；进贤退不肖大臣之职也，而彼动辄乖谬。今若不据实纠参，恐误封

---

[1] 王闿运：《湘军志》，载《湘军志 湘军志平议 续湘军志——湘军史专刊之一》，岳麓书社1983年版，第37页。

[2] 吴酉云：《藤花馆掌故笔记》称，李续宾为人至孝，"家贫亲老，贩煤以供甘旨，自食粗粝"，《小说月报》第8卷，第11号。

[3] 胡林翼：《胡文忠公遗集》第59卷，同治六年刊，第23页。

疆事，为朝廷忧，吾子以为奚若？'阎公对曰：'误矣。夫本朝二百年中，不轻以汉人专司兵柄。今者督抚及统兵大臣满汉并用，而焯有声绩者常在汉人，固由气运转移，亦圣明大公无私，划刮畦畛，不稍歧视之效也。然湖北居天下之冲，为劲兵良将所萃，朝廷岂肯不以亲信大臣临之？夫督抚相劾，无论未必能胜，就使获胜，能保后来者必胜前人耶？而公能复劾之耶？且使继之者或励清操、勤庶务，而不明远略，未必不颟已自是。彼官至督抚，亦欲自行其意，岂必尽能让人？若是则掣肘滋甚，讵若今用事者胸无成见，依人而行？况以使相而握兵符，又隶旗籍，为朝廷所倚仗，每有大事，可借其言以得所请。今彼于军事饷事之大者，皆唯公言是听，其失祗在私费奢豪耳。然诚于天下事有济，即岁捐十数万金以供给之，未为失计。至其位置一二私人，可容者容之，不可容则以事劾去之。彼意气素平，必无迕也。此等共事之人，正求之不可必得者，公乃欲去之何耶？'胡公击案大喜曰：'吾子真经济才也！微子言，吾几误矣。'由是益与文恭交欢无间言，文恭亦敬服之终身。"[1]虽然如此，清政府仍对胡林翼多方限制，使之大受压抑。同治五年八月曾国藩致函新任鄂抚曾国荃说："胡润帅奉朱批不准专衔奏军事，其呕气百倍于弟今日也。"[2]

胡林翼死后，官文再也不会像昔日对待胡林翼那样对待后来者。据说，胡林翼刚刚去世，官文就派人将巡抚衙门的全部文书档案取走，从此独掌全省军政大权，再无抚院主政之事。同治元年曾国藩在一封奏折中说："官文休休有容，遐迩共知。然昔日之待胡林翼，事无大小，推贤让能，多由抚署主政。今之待严树森，资有浅深，军政吏治多由督署主政。"[3]这样，胡林翼后的继任者，虽有几位属于曾国藩集团的骨干人物，但他们所能掌握的实际权力，也就很有限了。胡林翼病重期间曾奏准以李续宜署理鄂抚，临终之际又奏荐李续宜自代。据说，官文亦有此请，故一时尚可相安无事。然次年即发生变动，清廷令李续宜移抚安徽，湖北巡抚由原胡林翼心腹幕

---

[1] 薛福成：《庸庵文编》第4卷，光绪十三年刊，第23—25页。
[2] 曾国藩：《曾文正公家书》，商务印书馆民国二十七年版，同治五年八月二十四日。
[3] 曾国藩：《曾文正公奏稿》第16卷，湖南传忠书局版，第69页。

僚、时任河南巡抚的严树森调补。官文大概不喜欢此人。严树森赴任不久即遭弹劾，虽经曾国藩多方辩解当时没有落职，官文也勉强接受下来，但为时不到两年即被劾降调以去。其后鄂抚人选频繁改动，直到同治四年年底皆不是湘淮人物，也无人足以同官文抗衡。

同治五年正月曾国荃由晋抚调任鄂抚，一到武昌就与官文展开了权力之争。据说，任命曾国荃为湖北巡抚的谕旨甫下，因湖北布政使唐际盛"虑沅来鄂不利于己，遂代官拟一折，请沅公不接巡抚印，径出境任军事。官不可。唐计既沮，退即写折底寄归湘中，传之于众，妄言官已密奏，冀尼沅行。沅得之大怒"，"即莅鄂，不肯接印者旬日"。后经人劝解，"沅意稍释"，官文复"奏放沅为帮办"[1]。且军机处廷寄谕旨不直达抚署，每由官文转交。曾国荃不能忍受这种屈辱，遂于离开省城而未至剿捻战场之际，不听曾国藩的劝阻，上奏弹劾官文。

曾国荃采取行动之前，曾向曾国藩透露此意，曾国藩复信劝阻，令其"缓图"。其两次提到的"顺斋排行"之说，不知出于何典，而联系末尾"胡润帅奉朱批不准专衔奏军事，其呕气百倍于弟今日也，幸稍耐焉"一段，似指参劾官文一事。岳麓书社为该信所作的提要亦称"参劾一事缓图"，可见该书编者也持有这种看法。曾国藩阻挠此事的理由有三，一怕受到报复，二怕遭人议论，三怕牵连自己。他说："顺斋排行一节，亦请暂置缓图。此等事幸而获胜，而众人眈眈环视，必欲寻隙一泄其忿。彼不能报复，而众人若皆思代彼报复者。吾阅世最久，见此甚明。"并举自己与毛鸿宾参劾他人的教训说："陈、黄非无可参之罪，余与毛之位望积累，尚不足以参之，火候未到，所谓燕有可伐之罪，齐非伐燕之人也。以弟而陈顺斋排行，亦是火候未到，代渠思报复者必群起矣。苟公事不十分掣肘，何必下此辣手？"又说："吾兄弟位高功高，名望亦高，中外指目为第一家。楼高易倒，树高易折。吾与弟时时有可危之机，专讲宽平谦巽，庶几高而不危。弟谋为此举，则人指为恃武功、恃圣眷、恃门第，而巍巍招风之象见矣，请缓图之。"还说："星冈公教人常言：'晓得下塘，须要晓得上

---

[1] 赵烈文：《能静居日记》，学生书局影印本，同治六年四月二十七日。

岸。'又云：'怕临老打扫脚棍。'兄衰年多病，位高名重，深虑打扫脚棍，蹈陆、叶、何、黄之覆辙。"故"自金陵告克后，常思退休藏拙"，奈屡生变故，迄难遂愿。"弟若直陈顺斋排行，则人皆疑兄弟熟商而行，百喙无以自解，而兄愈不能轻轻引退矣。望弟平平和和作一二年，送阿兄上岸后，再行轰轰烈烈做去。"[1]

事实证明，曾国藩是有远见的，他的告诫事后果然应验了，曾国荃亦颇有悔意。不过，通过这场争斗，曾国荃个人虽然没有捞到什么好处，但却为李鸿章兄弟谋得湖广总督的职位，从而为曾国藩集团夺得湖北的军政大权，使清政府长期不肯放手的这一战略要地，终于落到他们的掌握之中。故曾国藩虽感清政府对整个事件的处理有失公允，但总还算得到一些收获，称"顷阅邸钞，官相处分极轻，公道全泯，亦殊可惧。惟以少荃督楚，筱荃署之，韫斋先生抚湘，似均为安慰。"[2]然数年之后，当他看到清政府为此而采取的一系列报复行动，也不会不想到他们为此所付出的巨大代价，实际是以数省督抚之位，始换得湖广总督一席。

在三江地区，对两江总督及苏、皖、赣抚的职位，双方之间亦有过程度不同的争夺。江、浙两省是清王朝的富庶之区和主要财源，非亲信大臣不肯倚任。咸丰十年清廷将两江总督一席授予曾国藩，亦属出于无奈，不过欲借湘军之力将太平天国革命镇压下去。故一旦目的达到，便开始打曾国藩的主意，不仅剪其羽翼，还要赶其出巢，一有机会就想将此要要之缺另委他人。同治四年曾国藩率军北上剿捻，江督一职由苏抚李鸿章署理，清政府即欲乘机将李鸿章调开，令其带兵赴豫西剿捻，而以漕运总督吴棠调署两江总督。其所遗江苏巡抚与漕运总督两缺，则分别由丁日昌、李宗羲署理，并令曾国藩同李鸿章、吴棠加紧函商，迅速复奏。表面看来，不过是一场官缺交易，实则清政府另有一番深意。在清王朝镇压太平军的战争中，吴棠曾长期驻扎安徽中部，因无漕可运而无所事事，虽拥有一支武装，但无功劳可言。其与曾国藩集团的关系，亦处之平淡，既无冲突也说不上

---

[1] 曾国藩：《曾国藩全集》第20册，岳麓书社1994年版，第1280、1281、1282页。
[2] 曾国藩：《曾文正公家书》，商务印书馆民国二十七年版，同治六年正月二十六日。

亲密。据传,吴棠曾因一偶然机会,有恩于那拉氏。其时,那拉氏之父惠征死于安徽道任所,一路乘船北归,情景相当凄惨。吴棠怜其孤寡,多有帮助。那拉氏政变当权后,对之感恩图报,授以高官,引为心腹。此时则更进一步派上用场,既可厚报旧恩,又可借以夺回这一财富之区。然对曾国藩集团来说,则无异于釜底抽薪。因两江一失,饷源立断,湘淮两军转成客军虚悬之局,必然受制于人,昔日坐困江西的历史又会重演。曾国藩接到此旨,一眼就看透了清政府的用心,只是关系重大,不能不谨慎对待。他在家书中说:"顷奉寄谕,欲以李少荃视师河、洛,而吴仲仙署理两江,垂询当否,复奏颇难措辞。李不在两江,则余之饷无着也。"[1]这就是说,他虽心里反对此举,面上却不能明说,只能找一个冠冕堂皇的借口,把它搪塞过去。所以,曾国藩在复奏中根本不提两江总督与吴棠如何,而专在李鸿章等人身上做文章,不仅以无兵无饷为由,对李鸿章出征的必要性提出重重疑难,还从用人经验的角度断然否定了丁日昌与李宗羲的任职资格。其理由有二:一是资历太浅,提拔太快;二是易遭弹劾,殃及荐主。因当时上海涉外事件较多,故曾国藩特以难当外交重任立言。奏折称,"谕旨饬李鸿章视师河洛,该处现无可剿之贼,淮勇亦别无可调之师"。至"谕旨垂询以李宗羲暂署漕运总督、丁日昌署理江苏巡抚"一事,似亦不妥。"李宗羲由安徽知府,甫于去年保奏以道员留江补用,本年奏署运司,叠擢安徽臬司、江宁藩司。一岁三迁已为非常之遭际",况"该员廉正有余,才略稍短,权领封圻未免嫌其太骤。丁日昌以江西知县因案革职,三年之内开复原官荐保府、道,擢任两淮运司,虽称熟悉夷务,而资格太浅,物望未孚。洋人变诈多端,非勋名素著之大臣,不足以戢其诡谋而慑其骄气"。而最后的结论是,"该员实难胜此重任。"又说:"数年以来,皇上求才若渴,于疆臣保荐人员,往往破格超迁。外间因其不次之擢,疑为非常之才,责备之下加以吹求。于是,台谏弹劾生风,并归咎于原保之员。若使保升者循资渐进,少为回翔,多经磨炼,则该员不至见妒于同僚,而言路亦不至仇视疆吏,实于中外和衷之道大有裨益。"至于自己未能遵旨会商

---

[1] 曾国藩:《曾文正公家书》,商务印书馆民国二十七年版,同治四年九月十六日。

的理由，曾国藩则称："历观前史明训，军事之进退缓急、战守屯驻统帅主之，朝廷之上不宜遥制；庙堂之黜陟将帅、赏罚百僚，天子与左右大臣主之，阃外之臣不宜干预。朝廷而遥制兵事其患犹浅，阃外而干预内政其害实深，从古统兵重臣遥执国命，未有能善其终者。""今以要缺督抚令臣等往返函商，如臣愚见，密保尚且不敢，会商更觉非宜。因不俟李鸿章、吴棠商定，直抒管见，未审有当于万一否。"曾国藩此奏可谓天衣无缝，滴水不漏。既然李鸿章不应调赴豫西，李宗羲、丁日昌不应骤迁督抚，吴棠也就无法署理两江总督了。此事若与吴棠会商，曾国藩必陷尴尬境地。大概清政府有意利用这一情势，诱使曾国藩在客气、迁就中就其范围。哪知曾国藩竟对吴棠不予理睬，且理由讲得冠冕堂皇："宜防外重内轻之渐，兼杜植私树党之端。"[1] 这样，清政府无话可说，只得另寻机会。

同治七年六月西捻军失败，中原战事基本结束，清政府遂再谋夺回两江之策。事隔不足一月，清政府即下令将曾国藩调任直隶总督，其遗缺由升任不久的闽浙总督马新贻调补。马新贻与李鸿章、郭嵩焘等人为同年，同治元年曾奉旨暂统临淮军，既无出色才能也无著名战功。若与一般清朝官员相比，也许还算能干人才，倘与湘淮人物相比，则尚在三等之外，根本就没有资格与能力顶替曾国藩。他的较快提升，可能主要是清政府的平衡政策所致，因湘淮人物身任要职者太多，须有支流旁系参杂其中。如今又将两江总督的重任放在他的肩上，这就不能不引起世人的惊疑。故在其任满二年即遭刺杀后，世间流言四起，几乎众口一词，多认为罪有应得，甚有"编造戏文讥讽马帅者"[2]。从此，两江总督成为曾国藩集团的专席，清政府再也无力夺回了。

如果说两江总督的权位略有争夺的话，而巡抚的情况则更为曲折。一般而言，江苏的情况还算稳定。自同治元年李鸿章接替薛焕以来，江苏巡抚的人选虽屡有更替，但十余年间大致未出湘淮集团及其盟友的范围。江西的情况亦与之相似。虽然咸丰五、六、七年曾国藩一再劾罢江西巡抚，

---

[1] 曾国藩：《曾文正公奏稿》第23卷，湖南传忠书局版，第17—18页。
[2] 《曾文正公手书日记》，中国图书公司宣统元年印行，同治十年三月初五日。

却不能以统兵将帅兼任封圻，致客军虚悬，受制于人。但自咸丰八年再出，赣抚耆龄"严事国藩"[1]，毓科亦与之密切配合，以江西之所出供湘军粮饷，曾国藩集团实际上已控制了江西的大权。迨及咸丰十一年沈葆桢补授江西巡抚以后，十几年间更无外人插足之地，后继数任皆湘淮将领。然转观安徽则情形显然不同，直可谓一波三折、错综复杂，前面所说的曲折云云，亦主要指该省而言。虽早在咸丰三年江忠源即补授安徽巡抚，为曾国藩集团谋得第一个省级地方政权，曾国藩为之大受鼓舞，致有练兵万人概交岷樵之说。然时隔三月战死庐州，倏如昙花一现。而此后六七年间，则皖抚人选迄与曾国藩集团无缘。咸丰十年，曾国藩带兵进入皖南，占有安徽的一席之地，但在该省所能掌握的权力，大约只有三分之一。因当时安徽巡抚驻皖北，漕运总督驻皖中，一时形成三分天下的格局。惟自咸丰十一年年初曾国藩劾罢皖抚翁同书后，虽然清政府先后任命的安徽巡抚李续宜、彭玉麟始终没有赴任，但皖抚的实权却一时落入曾国藩集团手中。同治元年李续宜丁忧回籍，安徽巡抚一职暂由唐训方署理，同治二年四月实授。然在此期间，由于僧格林沁的插手，安徽的情况发生了很大变化。

咸丰十年十一月僧格林沁奉命赴山东剿捻，次年又奉命督办山东、河南军务。这年春天胜保也奉命赴直隶、山东剿捻。这两股势力皆及于皖北，遂与湘军及曾国藩代管的李昭寿部屡次发生摩擦。僧格林沁是满蒙贵族的典型人物，虚妄自大，不悉时势，对湘淮勇营与曾国藩集团的新贵，极为仇视和藐视，攻击排斥不遗余力。他曾公开扬言，湘军最不能战，若论战斗力，皖军第一，豫军次之，湘军最差。而胜保更是狂妄无能之辈，但于排斥湘军却与僧格林沁有异曲同工之妙。于是二人联手，不断制造摩擦。他先是奏劾曾国藩等人的好友袁甲三，随后又排斥李续宜。曾国藩在给李续宜的信中称，"渠参劾袁帅，中伤甚深"，复"以遗大投艰自处，而以畏难取巧处君，已露排挤之意。其实不过挟苗以自重，谓他人皆不敢触手

---

[1] 王闿运：《湘军志》，载《湘军志 湘军志平议 续湘军志——湘军史专刊之一》，岳麓书社1983年版，第51页。

耳"[1]。胜保调赴陕西后，僧格林沁仍借苗沛霖排斥湘军，明谓"驭苗之道宜赦其罪而资其力"，而骨子里却是"亲苗党而疏楚师"[2]。于是，在他的暗中怂恿和煽动下，苗练不断向湘军挑衅，屡有湘勇被杀之事。曾国藩迫于无奈，只好将蒋凝学、毛有铭、萧庆衍三军陆续调离皖北，以避苗练，而实际上主要还是为了防止同僧格林沁发生冲突。及至苗沛霖公开叛乱，清政府下令讨苗之后，僧格林沁又唆使富明阿以调度乖方劾罢唐训方。不仅逃避自己的养痈遗患之咎，将责任推给别人，还从曾国藩集团手中夺去安徽一省的大权。曾国藩对此极为不平。他在家书中说："义渠交部议处，竟以皖藩降补，继芳之力甚大，而亦未甚公允。"[3]继芳之说出于何典尚不得知，但据曾国藩三封家书的内容，毫无疑问是指僧格林沁[4]。唐训方降职后，安徽巡抚一职由乔松年补授，乔松年调赴陕西后由英翰接任，英翰位迁两广总督则由裕禄接任。曾国藩等人大概无论如何也不会想到，作为湘军决战决胜之地和淮军故乡的安徽，其巡抚一职竟有二十多年间与他们无缘。为什么竟会出现此等怪事呢？皆因苗沛霖和李昭寿的问题解决之后，安徽再没有什么大麻烦，清政府也就无须依赖湘淮军了。正如王闿运说的那样，"淮甸无事，无所用湘军矣。"[5]

浙江、福建的情况也同三江地区有某些相似。浙江巡抚王有龄原来只是个库大使，全靠何桂清大力提携，方得升居高位。据说，何桂清之父，是王有龄祖父的家奴，其任浙江巡抚期间，为报旧恩而力荐王有龄。加以王有龄颇善敛财，而战争期间军饷供应又是头等大事，故得频频升迁，遂至巡抚之位。然亦终因不懂军事，又不肯向曾国藩集团输财纳贡，遂成为

---

[1] 中国社会科学院近代史研究所编：《曾国藩未刊往来函稿》，岳麓书社1986年版，第121、122页。

[2] 中国社会科学院近代史研究所编：《曾国藩未刊往来函稿》，岳麓书社1986年版，第128页。

[3] 曾国藩：《曾文正公家书》，商务印书馆民国二十七年版，同治二年十二月十八日。

[4] 曾国藩：《曾文正公家书》，商务印书馆民国二十七年版，同治二年十二月十八日、十二月除日巳刻、同治三年正月初四日。

[5] 王闿运：《湘军志》，载《湘军志湘军志平议续湘军志——湘军史专刊之一》，岳麓书社1983年版，第108页。

他们观望政策的牺牲品。王有龄死后，左宗棠顺利地登上浙江巡抚的宝座。同治二年左宗棠升任闽浙总督之后，浙抚一职由曾国荃补授，因其不能赴任，暂由左宗棠兼署。同治三年曾国荃被迫辞职，转由马新贻接任，直到同治六年晋升闽浙总督。从此之后，继任此职者即为李瀚章、杨昌濬，十数年间再无外人插足。即使光绪三年杨昌濬因杨乃武案革职，浙抚大权也未落到圈子之外，继任者梅启照原本是曾国藩的幕僚。但福建的情况与此有很大不同。其闽浙总督一职，自咸丰四年至光绪二年的二十三年间，除左宗棠任职不足四年外，其余人选前后达八人之多，皆与曾国藩集团无干。而福建巡抚一职，则自咸丰四年至同治八年的十六年间，除罗遵殿任职不足半年外，曾国藩集团中无一人担任过是职。惟自同治九年以来，何璟、王凯泰、丁日昌长期占据此席，与战争时期恰成鲜明对照。

两广的情况与福建有些类似。咸丰十年刘长佑出任广西巡抚，同治元年升任两广总督，旋改直隶总督。自此失去桂抚一席，直到同治十年方有革职起用人员刘长佑、严树森连任该职。然失之东隅，收之桑榆。同治二年，曾国藩的好友晏端书、黄赞汤分别出任两广总督和广东巡抚，为他抽取粤厘筹饷，同治二年又以毛鸿宾、郭嵩焘取代晏、黄二人，以保障军饷的供应。但自湘军攻占天京后，清政府即开始更换广东的督抚人选。同治四年春两广总督毛鸿宾降调，以满人瑞麟接任其职，终同治一朝，曾国藩集团与该缺无缘。惟自光绪元年起直至19世纪末，二十六年间又成为湘淮人物的天下，从无外人插足。而广东巡抚的人选情况似乎又降一等。同治五年郭嵩焘降调，由湘将蒋益澧接替，次年蒋又降调，复由闽抚李福泰调补。从此之后直到光绪八年，十五年间再无一名湘淮人物担任是职。

由于直隶地处畿辅，清政府对直隶总督的人选甚为看重，其地位仅次于两江总督。同治元年年底刘长佑由两广总督调任直隶总督，次年春抵任，奉旨镇压直鲁一带盐枭与饥民起事。同治六年冬清政府无端将刘长佑革职，以官文代之。同治七年为收回江督一席，复将曾国藩调督直隶，同治九年又因办理津案不善将曾国藩赶回江南，以李鸿章接任是职。从此，直隶总督兼北洋大臣成为他们的专席。

由于种种原因，曾国藩集团在云贵地区掌管督抚之权较晚，直到同治七年方有刘岳昭晋升云贵总督，随后又由刘长佑接任是职，直到光绪九年病免。然云、贵两省的巡抚之任，则很少与他们有缘。虽然湘军曾长期在这里作战，但统兵将领位不过藩臬，自咸丰四年至同治十年，近二十年间仅刘岳昭一人担任过云南巡抚，时间不及三年。至于田兴恕、江忠义署理贵州巡抚，则时间更短。

因战事晚于东南，西北地区的情况与云贵有些相似。由于回民起义军日趋活跃，钦差大臣多隆阿死于周至，清政府遂于同治三年夏调杨载福接任陕甘总督。同治五年又以杨载福作战不力，改调左宗棠移督陕甘。从此之后二十年间，陕甘总督一职亦成为湘军人物的专席。其时，甘肃、宁夏尚未建省，新疆自建省以来直到光绪末年，巡抚一职几乎全由湘淮人物担任。至于陕西巡抚，则由湘淮人物与其他人员间相任职。

综上所述可知，曾国藩集团可以牢固控制的主要是三江、两湖及浙江地区，其他省份则此长彼消、时进时退，大致与清政府平分秋色。

（《明清论丛》第 5 辑，2004 年）

曾国藩集团的人才理论与实践

在镇压太平天国革命的过程中，曾国藩集团，尤其曾、胡等人对人才问题极为重视，始终认为它是决定战争成败和国家兴衰的关键之一。早在咸丰元年曾国藩就指出，要把太平天国等反清起义镇压下去，清王朝面临着国用不足、兵伍不精、人才不振三大难题。这些问题如不解决，清政府就不可能完成自己的历史使命。他围绕这一问题，曾接连呈上《应诏陈言疏》《议汰兵疏》等奏折，其主旨就是通过自上而下的改革来解决这些问题。他在给好友胡大任的信中也说："国藩尝私虑以为天下有三大患：一曰人才，二曰财用，三曰兵力。人才之不振，曾于去岁具疏略陈大指，财用、兵力二者，昨又具疏言之。兹录一通，敬尘清览，未审足下以为有补万一否。如以为可行，则他日仍当渎请也。"[1] 其后因此路不通，只好另寻他途，但一切努力都围绕着这一中心进行。

关于人才问题，曾、胡等人认为大至世之兴衰治乱，小至军事之成败、粮饷之盈亏、吏治之修否，皆以是否得人为转移。曾国藩从唯心主义的英雄主义史观出发，早在京官时期就认为，社会风气的厚薄全由一二人之倡导而成。"此一二人之心向义，则众人与之赴义；一二人之心向利，则众人与之赴利。众人所趋，势之所归，虽有大力，莫之敢逆。"[2] 又说："世多疑明代诛锄缙绅而怪后来气节之盛，以为养士实厚使然。余谓气节者亦

---

[1] 曾国藩：《曾文正公书札》第1卷，湖南传忠书局，第30—31页。
[2] 曾国藩：《曾文正公文集》第2卷，湖南传忠书局版，第2页。

一二贤臣倡之，渐乃成为风气，不尽关国家养士之薄厚也。"[1] 从军以来，面对"内忧外患"的严峻形势，更把扭转时局的希望寄托在少数人才身上。称"粤、捻内扰，英、俄外伺，非得忍辱负重之器数十人，恐难挽回时局也"[2]。又说："吾辈所慎之又慎者，只在'用人'二字上，此外竟无可着力之处。"[3] 胡林翼则称："近时大局艰难，只求一二有心之士力济时艰。济之之法，壮者杀贼，廉者谋饷耳。"[4] 又说："为政之要，千条万缕，而大纲必在得人。"[5] 譬如，"天下事固患贫且弱，楚祸尤甚。而所以贫弱之故，则正气不申，伪士得志也。"而破解之法，"求才是先务。理财亦须先求才也"[6]。又如，"天下以盗贼为患。而乱天下者不在盗贼，而在人才不出、居人上者不知求才耳。鄭侯治汉、文若佐许、武乡治蜀、景略图秦，其得力全在得人。盖无一时一事不以人才为念，得人者昌，失人者亡。以卫灵而不丧国，以武氏而能治天下，其效可睹矣"[7]。故"救天下之急症，莫如选将；治天下之真病，莫如察吏。兵事如治标，吏事如治本"[8]。他们有时甚至认为，人与法二者相较，人比法更重要。曾国藩与左宗棠皆以为，"用法不如用人"[9]。曾国藩并进而解释说："吏治有常者也，可先立法而后求人；兵事无常者也，当先求人而后立法。"[10] 他还在给胡林翼的另一封信中说："默观天下大局，万难挽回。侍与公之力所能勉者，引用一班正人、培养几个好官以为种子，即咸丰四年寄公缄中'种火'之说也。""若能引出一班正人，倡成一时风气，则侍与公借以报国者也。[11]"总之，他们将人

---

[1] 曾国藩：《曾文正公文集》第2卷，湖南传忠书局版，第70页。
[2] 曾国藩：《曾文正公书札》第7卷，湖南传忠书局版，第36页。
[3] 曾国藩：《曾文正公书札》第9卷，湖南传忠书局版，第22页。
[4] 胡林翼：《胡文忠公遗集》第59卷，同治六年刊，第18页。
[5] 阎敬铭编：《胡文忠公遗集》第10卷，同治七年醉六堂重刊本，第13页。
[6]《胡文忠公遗集》第59卷，第4页。
[7]《胡文忠公遗集》第59卷，第30页。
[8]《胡文忠公遗集》第59卷，第16页。
[9] 曾国藩：《曾文正公书札》第19卷，湖南传忠书局版，第10页。
[10] 曾国藩：《曾文正公书札》第7卷，湖南传忠书局版，第37页。
[11] 曾国藩：《曾文正公文集》第18卷，湖南传忠书局版，第34、37页。

才问题看成了决定事业成败和国家命运的关键。

同时，他们还就人才问题对于军事、筹饷、吏治方面的关键作用，分别做过专门论述，留有大量言论。在军事上，曾、胡、左都认为，将领是决定战争成败的主要因素。曾国藩认为，战争之成败在人而不在器，军队之强弱在气而不在形。"凡军气之盛衰，全视主将之强弱。"[1]"大抵艰难百折不辞劳瘁者，将领之壮志也。"[2] 故"军事兴衰全系乎一二人之志气"[3]。咸丰六年年初他在一封奏折中称："行军之道，择将为先，得一将则全军振兴，失一将则士气消阻。甲寅秋冬之间，臣军所以长驱千里、势如破竹者，以陆路有塔齐布、罗泽南，水路有杨载福、彭玉麟诸人。军中士卒皆以塔、罗、杨、彭为法，沿江村市亦知有塔、罗、杨、彭之称，故能旌旗生色，席卷无前。不幸塔齐布中道殂谢，而罗泽南、杨载福、彭玉麟三人者又分往湖北、临江，不克遽聚一处"，致使"臣久困一隅，兵单将寡，寸心焦灼，愧悚难名"[4]。总之，将自己数年间军事上兴衰成败的主因，尽归之于数名将领的得失。胡林翼也认为，"兵事以人才为根本，人才以志气为根本；兵可挫而气不可挫，气可偶挫而志不可挫"[5]。故"纲领之要，成败之数"不系乎"法"，而系乎"人"。"得人者昌，失人者亡"。他还举例说："设五百人之营，无一二谋略之士、英达之才，必不成军；千人之营无六七谋略英达之士，亦不成军。"总而言之，"兵事不外'奇正'二字，而将才不外'智勇'二字"，"而其要以得人为主"[6]。左宗棠也认为，"天下无可恃之兵勇，而有可恃之将"[7]。实际上，都是在强调将领对军队的决定性作用。

至于人才对吏治、理财的作用，他们也有类似的论述。胡林翼在论及

---

[1] 曾国藩：《曾文正公奏稿》第28卷，湖南传忠书局版，第28卷，第15页。
[2] 曾国藩：《曾文正公奏稿》第28卷，湖南传忠书局版，第14页。
[3] 曾国藩：《曾文正公书札》第25卷，湖南传忠书局版，第39页。
[4] 曾国藩：《曾文正公奏稿》第7卷，湖南传忠书局版，第3页。
[5] 蔡锷：《曾胡治兵语录》，民国二十六年铅印线装本，第10页。
[6] 胡林翼：《胡文忠公遗集》第59卷，同治六年刊，第25页。
[7] 左宗棠：《左文襄公全集·书牍》第2卷，萃文堂光绪十六年刊，第20页。

湖北的治理时说："治理之要，贤才为本。苟不知求贤，即劳心焦思亦属废事。"[1] 又在论及整顿吏治的"利弊之原"时说："劾贪非难，而求才为难。前者劾去，后者踵事，巧避名目，其弊有不可胜言者矣。"[2] 至于人才对筹饷的重要性，胡林翼则说："理财之道，仍以得才为先。""得一正士，可抵十万金。"[3] 曾国藩也称："湖北军务迭兴，兵事饷事唯在得人。"[4] 而他对吏治与人才的关系，则有更多的论述。他说："国家之强，以得人为强。"[5]"除刑于以外无政化，除用贤以外无经济。"[6]"至于用人一节，实为万事根本。"[7]"鄙人阅历世变，但觉除得人之外，无一事可恃。"[8] 又说："凡国之强，必须多得好臣工；家之强，必须多出贤子弟。"[9] 曾国藩认为，"大氐吏治与军务相表里"[10]，而兵事首在选将，吏治以择吏为先。"军兴太久，地方糜烂。鄙意一面治军剿贼，一面择吏安民，二者断不可偏废"[11]。又说："行政之要首在得人"[12]。"一省风气全系于督抚、司道及首府数人，此外官绅皆随风气为转移"[13]。而"吏治之兴废全系乎州县之贤否"[14]。胡林翼也有同感。他在给邢高魁的信中说："弟意公之吏才乃可，治行第一，可开鄂之风气，可使在位以为矜式。"[15] 又在给周

---

[1] 胡林翼：《胡文忠公遗集》第60卷，同治六年刊，第18页。

[2] 胡林翼：《胡文忠公遗集》第14卷，同治六年刊，第5页。

[3] 胡林翼：《胡文忠公遗集》第59卷，同治六年刊，第4页。

[4] 曾国藩：《曾文正公书札》第11卷，湖南传忠书局版，第28页。

[5] 曾国藩：《曾文正公书札》第6卷，湖南传忠书局版，第35页。

[6] 曾国藩：《曾文正公手书日记》，中国图书公司宣统元年印行，道光二十二年十一月十六日。

[7] 曾国藩：《曾文正公书札》第28卷，湖南传忠书局版，第39页。

[8] 曾国藩：《曾文正公书札》第14卷，湖南传忠书局版，第6页。

[9] 曾国藩：《曾文正公家书》，商务印书馆民国二十七年版，同治五年九月十二日。

[10] 曾国藩：《曾文正公书札》第22卷，湖南传忠书局版，第22页。

[11] 曾国藩：《曾文正公书札》第12卷，湖南传忠书局版，第11页。

[12] 曾国藩：《曾文正公奏稿》第18卷，湖南传忠书局版，第42页。

[13] 曾国藩：《曾文正公手书日记》，中国图书公司宣统元年印行，咸丰十一年十一月十三日。

[14] 曾国藩：《曾文正公奏稿》第18卷，湖南传忠书局版，第42页。

[15] 胡林翼：《胡文忠公遗集》第60卷，同治六年刊，第7页。

乐的信中说："安得此等人布之郡守，何忧天下不治！"[1]

关于衡才标准，曾、胡都曾做过专门论述，总的来讲，不过德、才二字。曾国藩在一篇笔记中称："司马温公曰：'才德全尽谓之圣人，才德兼亡谓之愚人，德胜才谓之君子，才胜德谓之小人。'余谓德与才不可偏重。譬之于水，德在润下，才即其载物、灌田之用。譬之于木，德在曲直，才即其舟楫、栋梁之用。德若水之源，才即其波澜；德若木之根，才即其枝叶。德而无才以辅之，则近于愚人；才而无德以主之，则近于小人。世人多不甘以愚人自居，故自命每愿为有才者；世人多不欲与小人为缘，故观人每好取有德者。"又说："二者既不可兼，与其无德而近于小人，毋宁无才而近于愚人。自修之方，观人之术，皆以此为衡可矣。"还说："吾生平短于才。爱我者或谬以德器相许，实则虽曾任艰巨，自问仅一愚人。幸不以私智诡谲凿其愚，尚可告后昆耳。"[2] 曾国藩曾将当时的天下大事，分为兵事、饷事、文事、吏事四类，对于承办不同职事的人员，在德才方面又提出一些不同的具体要求。

由于当时的中心工作是战争，一切服从于战争，一切服务于战争。所以在人才的选用上，首先选拔的就是将才，最难得的也是将才。曾国藩说："文士游从，往往不乏，唯将才殊难其选。"[3] 胡林翼说："天下人最多，将才最少。"[4] 左宗棠亦称："选将之难，古今同慨。"[5] 至于选拔将才的具体标准，咸丰四年初创湘军时曾国藩曾提出四条："第一要才堪治民，第二要不怕死，第三要不急急名利，第四要耐受辛苦。"并进而解释说："治民之才不外公、勤、明三字。不公不明则诸勇必不悦服，不勤则营务细巨皆废弛不治，故第一要务在此。不怕死则临阵当先，士卒乃可效命，故次之。为名利而出者，保举稍迟则怨，不如意则怨，与同辈争薪水，与士卒争毫

---

[1] 胡林翼：《胡文忠公遗集》第59卷，同治六年刊，第18页。
[2] 曾国藩：《曾文正公全集·杂著》（以下简称《曾文正公杂著》）第4卷，湖南传忠书局，光绪二年刊，第31页。
[3] 曾国藩：《曾文正公书札》第8卷，湖南传忠书局版，第25页。
[4] 胡林翼：《胡文忠公遗集》第59卷，同治六年刊，第23页。
[5] 左宗棠：《左文襄公书牍》第6卷，中国社会科学院近代史研究所藏线装本古籍，第40页。

厘，故又次之。身体羸弱者过劳则病，精神乏短者久用则散，故又次之。"最后，他还强调说："四者似过于求备，而苟缺其一则万不可以带勇"。因"带勇须智深勇沈之士，文经武纬之才。"不过，最重要的还是看其是否具有'忠义血性'"。"大抵有忠义血性，则四者相从以俱至；无忠义血性，则貌似四者终不可恃"[1]。不过，这是最初立下的标准，其后随着战争形势的发展和实践经验的积累，说法又有所变化。时而强调德，时而强调才，但最重要的还是"智勇胆识"四字。例如，咸丰六年在给曾国荃的信中说："凡将才有四大端。一曰知人善任，二曰善觇敌情，三曰临阵胆识（恃有胆，迪、厚有胆有识），四曰营务整齐。"[2] 而咸丰八年则说："余前言弟之职，以能战为第一义，爱民第二，联络各营将士、各省官绅为第三。今此天暑困人，弟体素弱，如不能兼顾，则将联络一层稍为放松，即第二层亦可不必认真。惟能战一层，则刻不可懈。"[3] 同治元年又再次强调："大约选将以打仗坚忍为第一义，而说话宜有条理、利心不可太浓两者亦第二义也。"[4] 又说，"军旅之事必有毫无瞻顾之心，而后有一往无前之气"，若"于祸福成败多涉计较，则危急之时难期坚定"[5]。有时又强调将领的智略和道德。同年在给总理衙门的一封信中说："大抵拣选将才，必求智略深远之人，又须号令严明、能耐劳苦，三者兼全，乃为上选。今欲派与洋将会剿之将，亦必择三者兼全之人。环观江楚诸军，武臣唯多将军、文臣唯左中丞堪胜斯任。李中丞、杨军门与左相近，而耐苦少逊；鲍军门与多相近，而智略不如。"[6] 同治五年在给李鸿裔的信中则说："统领营官须得好，真心实肠是第一义，算路程之远近、算粮仗之缺乏、算彼己之强弱，是第二义。"[7] 这些变化可能与收函对象的不同有关。然

---

[1] 曾国藩：《曾文正公书札》第3卷，湖南传忠书局版，第2—3页。
[2] 曾国藩：《曾文正公家书》，商务印书馆民国二十七年版，咸丰七年十月二十七日。
[3] 曾国藩：《曾文正公家书》，商务印书馆民国二十七年版，咸丰八年五月初六日。
[4] 曾国藩：《曾文正公家书》，商务印书馆民国二十七年版，同治元年六月二十三日。
[5] 曾国藩：《曾文正公奏稿》第16卷，湖南传忠书局版，第68页。
[6] 曾国藩：《曾文正公书札》第18卷，湖南传忠书局版，第2—3页。
[7] 胡林翼：《胡文忠公遗集》第60卷，同治六年刊，第19—20页。

从曾国藩选用将领的实践看，能战始终是第一条。他手下最得意的湘军悍将，如前期的塔齐布，后期的鲍超，其治民之才、战略战术都谈不上，鲍超更是贪财好利、军纪败坏，但却因其悍勇敢战而备受青睐。周凤山带兵军容整齐，纪律严明，惟临阵胆气不壮，终因其一再覆军而被淘汰。胡林翼于艰难竭蹶之中得罗泽南一军，对罗敬若天神，对李续宾赞不绝口，然仍能冷静地品评诸将。在选将标准上，他虽看重一个"勇"字，将能战与否放在首位，但也没有忽视其他方面。并能在实践中总结经验教训，不断提高认识。例如，咸丰六年他在给周乐的信中说，湖北诸将"除迪庵最深固不摇外"，余如"何绍彩之胆力，亦一时无两，然尚不能如迪庵也。张荣贵勇而少学问，丁篁村勇而廉正无条理，周芝房正而严厉、阅历太浅，李景湖才情纪律过人而临阵未能冲锋，义渠细密而胆气稍逊、部伍最整，邹叔明朴质而见识游移不果决，又有鲍超者英鸷无匹而天资太钝。"又说："弟所用之将，在北岸则超群绝伦。在弟视之，可战也，未尽可恃也。又如水师，勇敢有余，然须用得其法，矢以小心，乃可不败。其本领亦在能胜不能败之列。"还说："此皆弟一二年精思而得之，无一字虚浮者也。"[1]李续宾三河覆军之后，胡林翼则又开始强调将才的谋略方面。称"兵不在多而在精，将不在勇而在谋。此次之败，其过仍不在兵寡也。"[2]又说："为将亦须稍具智略，审时审机是为上策。此番长城顿失，坚贞安重之将亦且无人，何况智士哉！"[3]还说："行军之道智略居首，勇力次之；保国之道全军为上，审时审势审机为上，得土地次之。"[4]"谚云：'兵贵精不贵多，将在谋不在勇。'"[5]所以，智勇兼备，方为将才之上选。胡林翼在给李云麟的信中说："大抵兵事不外'奇正'二字，而将才不外'智勇'二字。有正无奇遇险而覆，有奇无正势亟即沮；智多勇少实力难言，勇多

---

[1] 胡林翼：《胡文忠公遗集》第59卷，同治六年刊，第7页。
[2] 胡林翼：《胡文忠公遗集》第59卷，同治六年刊，第21页。
[3] 胡林翼：《胡文忠公遗集》第59卷，同治六年刊，第23页。
[4] 胡林翼：《胡文忠公遗集》第59卷，同治六年刊，第23页。
[5] 胡林翼：《胡文忠公遗集》第59卷，同治六年刊，第23页。

智少大事难成。"[1]左宗棠也深知智勇兼备的重要性，并以此慨叹选将之难，谓"勇锐者不悉机宜，明练者多甘退懦，求其指挥若定、一往无前者，盖戛戛乎难之。"[2]

至于文吏的衡才标准，曾国藩则将之概括为"有操守而无官气、多条理而少大言"四条。称："取人之式，以有操守而无官气、多条理而少大言为要；办事之法，以五到为要。"并进而解释说："五到者身到、心到、眼到、手到、口到也。身到者如做吏则亲验命案、亲巡乡里，治军则亲巡营垒、亲探贼地是也。心到者凡事苦心剖析，大条理、小条理、始条理、终条理，理其绪而分之，又比其类而合之也。眼到者著意看人，认真看公牍也。手到者于人之长短、事之关键，随笔写记以备遗忘也。口到者使人之事既有公文，又苦心叮嘱也。"[3]又说："大抵人才约有两种，一种官气较多，一种乡气较多。官气多者好讲资格，好问样子，办事无惊世骇俗之象，语言无此防彼碍之弊。其失也，奄奄无气。凡遇一事，但凭书办家人之口说出，凭文书写出，不能身到、口到、眼到，尤不能苦下身段，去事上体察一番。乡气多者好逞才能，好出新样，行事则知己不知人，语言则顾前不顾后。其失也，一事未成，物议先腾。"还说："两者之失，厥咎维均。人非大贤，亦断难出此两失之外。吾欲以'劳苦忍辱'四字教人，故且戒官气而姑用乡气之人，必取遇事体察，身到、心到、眼到、口到者。赵广汉好用新进少年，刘晏好用士人理财，窃愿师之。"[4]这样，曾国藩就将他取人之式的四条和办事之法的五到合而为一，制定出自己的选才标准，并根据以往经验与现有条件，尽量多用新取进士为州县官，主要用士人筹饷。因为在他看来，新进士官气较少，士人操守较好。对于一般文吏的取才标准，胡林翼谈得不多。咸丰八年（1858）曾在一封信中说："罗

---

[1] 胡林翼：《胡文忠公遗集》第59卷，同治六年刊，第25页。
[2] 左宗棠：《左文襄公书牍》第6卷，中国社会科学院近代史研究所藏线装本古籍，第40页。
[3] 曾国藩：《曾文正公全集·批牍》（以下简称《曾文正公批牍》）第2卷，湖南传忠书局，第14—15页。
[4] 曾国藩：《曾文正公书札》第12卷，湖南传忠书局版，第23页。

淡村、庄惠生均极一时之选,其廉正勤明他人莫及。"[1]又说:"许金堂颇淳朴不苟且,亦无虚浮名士之派。"[2]"少固笃实不欺,蒉阶亦然。"[3]他对这些人的赞许,都是在强调德的方面,没有涉及到才。有的地方,他又非常强调德的主导作用,与曾国藩德本才用之说颇有相似。如咸丰九、十年间在给阎敬铭、严树森的复信中说:"人到靠得住便可用,无才亦可用;人到靠不住便不可用,有才尤可用。此天下古今之大局也。"[4]还说:"大抵圣贤不可必得,必以志气节操为主。尝论孔孟之训,注意狂狷。狂是气,狷是节。有气节则本根已植,长短高下均无不宜也。"[5]

关于求才之道,曾、胡都曾有过专门论述。曾国藩说:"求人之道,须如白圭之治生,如鹰隼之击物,不得不休;如蛛之有母,雏之有媒,以类相求,以气相引,庶几得一而可得其余。"[6]胡林翼则称:"国之求才,如鱼之求水,鸟之求木,人之求气,口腹之求食。无水无木无气无食则一日不安,日即于亡,得水得木得气得食则生。此理至明,人自不察耳。"[7]曾国藩认为:"世人聪明才力不甚相悬,此暗则彼明,此长则彼短,在用人者审量其宜而已。山不能为大匠别生奇木,天亦不能为贤主更出异人。"[8]又说:"上等贤哲当以天缘遇之,中等人才可以人力求之。"[9]"在上者提倡之则有,漠视之则无。"[10]胡林翼也说:"天下无不可造之才。"[11]

为了网罗人才,曾、胡二人都曾做过大量的工作。曾国藩自出山以来,

---

[1] 胡林翼:《胡文忠公遗集》第59卷,同治六年刊,第19页。
[2] 胡林翼:《胡文忠公遗集》第59卷,同治六年刊,第8页。
[3] 中国社会科学院近代史研究所资料室编:杜春和,耿来金编:《胡林翼未刊往来函稿》,岳麓书社1989年版,第54页。
[4] 杜春和,耿来金编:《胡林翼未刊往来函稿》,岳麓书社1989年版,第54页。
[5] 胡林翼:《胡文忠公遗集》第60卷,同治六年刊,第19页。
[6] 曾国藩:《曾文正公书札》第12卷,湖南传忠书局版,第23页。
[7] 胡林翼:《胡文忠公遗集》第60卷,同治六年刊,第18—19页。
[8] 赵烈文:《能静居日记》,学生书局影印本,同治六年八月二十一日。
[9] 曾国藩:《曾文正公书札》第18卷,湖南传忠书局版,第43页。
[10] 赵烈文:《能静居日记》,学生书局影印本,同治八年七月十八日。
[11] 薛福成:《庸庵全集·庸庵文编》(以下简称《庸庵文编》)(第4卷),光绪十三年刊,第7页。

尤其在担任两江总督之后，每到一地即布告远近，深入寻访，延揽当地人才。东征之始，发布檄文，内有一段关于求才的文字称："倘有血性男子，号召义旅助我征剿者，本部堂引为心腹，酌给口粮；倘有抱道君子，痛天主教之横行中原，赫然奋怒以卫吾道者，本部堂礼之幕府，待以宾师。"[1]北上剿捻，广布告示，其"寻访英贤"条则称："淮徐一路，自古多英杰之士，山左中州亦为伟人所萃。""本部堂久历行间，求贤若渴，如有救时之策、出众之技，均准来营自行呈明，察酌录用。""如有荐举贤才者，除赏银外，酌予保奖。"[2]抵任直隶总督之后，虽知"此间士风稍陋"，仍于专拟《劝学篇示直隶士子》一文，广为传布，借以"扶持名教"的同时，大力延访当地人才，酌分德、才、学三科，"令州县举报送省。其佳者以时接见，殷勤奖诱，庶冀渐挽薄俗，一宏雅道"[3]。至于平时同人谈话、通信，更是殷切探问其间有否可称之才，一旦发现，即千方百计地调到自己身边。他幕府中的不少人物，都是用这种方式罗致的。曾国藩直至暮年仍保持这种习惯。江苏巡抚何璟曾在其死后奏称，曾国藩回任江督后，"自谓稍即怠安，负疚滋重。公余无客不见，见必博访周咨，殷勤训励。于僚属之贤否，事理之源委，无不默识于心，人皆服其耄年进德之勤。其勉力在此，其致病亦在此。"[4]

胡林翼"尤汲汲以讲拔人才为事。属吏一技之长，一行之善，随登荐牍，手书褒美，以宠异之。士有志节才名，潜伏不仕，千里招致，务尽其用。又密荐忠亮宏济之才十有六人"，其后"多任封疆与开藩者"，如阎敬铭、严树森、罗遵殿、刘其衔等。胡林翼尝言："国之需才犹鱼之需水，鸟之需林，人之需气，草木之需土，得之则生，不得则死。"又说："才者无求于天下，天下当自求之。"故其"所特荐十余人中，不尽相识也"。胡林翼为延揽人才，特于省城武昌"立宝善堂"，"以延贤俊之至者，察

---

[1] 曾国藩：《曾文正公文集》第3卷，湖南传忠书局版，第2页。

[2] 曾国藩：《曾文正公全集·杂著》（以下简称《曾文正公杂著》）第3卷，湖南传忠书局，第38页。

[3] 曾国藩：《曾文正公书札》第32卷，湖南传忠书局版，第25页。

[4] 《曾文正公全集》首卷，第42—43页。

其才德,随宜任使"[1]。咸丰八年他曾令心腹幕僚严树森"编列条目,征求事实,饬司、道、府各举所知。其有奇才异能必须度外汲引者,另作一格,均以公牍举荐"。胡林翼以此为"治鄂大事"[2],一抓到底,卓有成效。咸丰九年曾国藩途经黄州,在胡林翼处所见"《同官录》数册,胪列州县佐杂履历,注载详明,评骘精当,知为严树森手笔",就是此时搞出来的。胡林翼手下一批咸丰九年奏调来鄂的人才,大约也是在这次大规模搜才行动中了解到的。

他们还认为,"人才随取才者之分量而生,亦视用人者之轻重而至"[3]。因而,他们努力加强自身修养,宽以待人,严于律己,日日如临渊履薄,以求得真才实学之士。曾国藩在给朋友的信中称:"弟于四月之杪承乏两江,本不足以有为。又值精力疲惫之后,大局溃坏之秋,深恐贾越诒知己羞。所刻刻自惕者,不敢恶规谏之言,不敢怀偷安之念,不敢妒忌贤能,不敢排斥异己,庶几借此微诚,少补迂拙。"[4]同时,严戒任用私人,认为"阘冗者虽至亲密友不宜久留,恐贤者不愿共事一方也"[5]。又在一篇批牍中称:"本部堂治事有年,左右信任之人湘乡同县者极少。刘抚部院相从三年,仅保过教官一次。近岁则幕僚近习并无湘乡人员。岂戚族乡党中无一可用之才?亦不欲示人以私狭也。"[6]

胡林翼亦一扫昔日纨绔习气,"刻自砥砺,益务绳检其身,较其尺寸毫厘。而待人一秉大公,推诚相与,无粉饰周旋"。"与人言虚中禽受。言或未当,莞尔置之;苟有可行,必研穷其利害而竭尽其底蕴;即有抵牾,亦无芥蒂。事有不顺,愤怒作气,左右以一二语解之,即时消释,和颜下气,委己以从。与所常共事诸公,历六七年之久,披肝沥胆,无几微间隔。而遇事咨商,必务发摅胸臆而后已。其自视欿然常若有不足者"。"尝谓

---

[1] 郭嵩焘:《胡文忠公行状》,载《胡文忠公遗集》首卷,同治六年刊本,第14、15页。
[2] 胡林翼:《胡文忠公遗集》第59卷,同治六年刊,第31页。
[3] 胡林翼:《胡文忠公遗集》第59卷,同治六年刊,第31页。
[4] 曾国藩:《曾文正公书札》第11卷,湖南传忠书局版,第40页。
[5] 曾国藩:《曾文正公家书》,商务印书馆,民国二十七年版,咸丰八年四月初九日。
[6] 曾国藩:《曾文正公批牍》第6卷,湖南传忠书局版,第56页。

人曰：'吾于当世贤者，可谓倾心以事矣，而人终乐从曾公。其至诚出于天性，感人深故也。'"又说："世有伯乐，而人后有千里马。顾吾才智不足有为，贤者终不我应耳！"[1]

曾、胡等人求才若渴，上当受骗的事也就在所难免，然终不堕好贤之志。据传，有人赴曾国藩湘军大营投效，且对曾国藩说，受欺不受欺，要看什么人，"若中堂之至诚盛德，人自不忍欺"。曾国藩闻言大喜，"姑令督造炮船。未几，忽挟千金遁去"。曾国藩自知受骗，反复自语"人不忍欺"[2]四字。有人欲追捕之，曾国藩止之不许，渴求人才如故，心中仍不免留下一片阴影。一日，他对赵烈文说："求才的非易事，其中区奥太多。"赵烈文说："在诚耳！上以诚求，下以诚应，苟视国事如家事，人才不患不兴。区奥多，不过易上当耳！自古名君贤相，用人庶不上当？庸何伤？"曾国藩"首肯至再"[3]，更加坚定其求贤之志。他在与安徽巡抚李续宜论及求才问题时说："冷淡之雅怀本不宜改。惟他处如火如汤，恐贤士皆去皖而适彼耳。"[4]"诸公之热虽不能真得贤士，而尚可罗网中才。皖省则并中才而无之，亦吾二人之耻也！""程子告司马温公云：'相公宁百受人欺，不可使好贤之心自此而隳。'乞阁下味此二语，庶几悬格渐低，取士渐广。"[5]百受人欺而不隳好贤之心，恐怕也应算作曾国藩集团在用人问题上的一个信条。

在选才、求才问题上，曾、胡等人不仅理论完备，且在实践中积累起丰富的经验。他们认为，在衡才标准的掌握上，不宜苛求。曾国藩称："阅世已久，每见仁厚正大者，即苦无才识气力"[6]，而"勇于事情者，皆有大欲存焉"[7]。故"衡人但求一长可取，不可因微瑕而弃有用之才。苟于

---

[1] 胡林翼：《胡文忠公遗集》首卷，同治六年刊，第15页。
[2] 小横香室主人编：《清朝野史大观》第7卷，中华书局民国四年十二月，民国四年，第140、141页。
[3] 赵烈文：《能静居日记》，学生书局影印本，同治六年七月十八日。
[4] 曾国藩：《曾文正公书札》第18卷，湖南传忠书局版，第38页。
[5] 曾国藩：《曾文正公书札》第18卷，湖南传忠书局版，第43页。
[6] 曾国藩：《曾文正公书札》第23卷，湖南传忠书局版，第21页。
[7] 赵烈文：《能静居日记》，学生书局影印本，同治六年九月初四日。

峣峣者过事苛求，则庸庸者反得幸全"[1]。又说："窃疑古人论将，神明变幻不可方物，几于百长并集一短难容，恐亦史册追崇之辞，初非当日预定之品。要以衡才不拘一格，论事不求苛细，无因寸朽而弃连抱，无施数罟以失巨鳞。"[2] 当赵烈文问及"王船山议论戛戛独造，破自古悠谬之谈，使得位乘时，其有康济之效"时，曾国藩断然指出："殆不然。船山之说，信为宏深精至而嫌偏苛，使处用事，天下岂尚有可用之人？""世人聪明才力不甚相悬，此暗则彼明，此长则彼短，在用人者审量其宜而已。山不能为大匠别生奇木，天亦不能为贤主更出异人。"赵烈文听罢，抢上去大声赞扬道："大哉！宰相之言！"[3] 应该说，曾国藩的话很有见地，赵烈文之赞亦并非谀词。不过，这也并不是说，他们在用人问题上来者不拒，毫无顾忌。他们一致认为，有几种品德太差的人决不可用。曾国藩认为，"凡官气重、心窍多者在所必斥"[4]。胡林翼称："软熟者不可用，诌谀者不可用，胸无实际、大言欺人者不可用。"[5] 左宗棠认为，"人才唯好利、没干两种不可用"。曾国藩则进而补充说："好利中尚有偏裨之才，唯没干者决当屏斥。"[6] 就是说，好利有才者尚可小用，贪污公款者决不可用。

  总的来说，从用人实践上看，曾、胡、左等人都力求德与才的统一，使用德才兼备之人，单就个人而言，则又各有偏重。大约胡偏于才，曾偏于德，左则有时有些感情用事。例如严树森，经胡林翼一手提拔，至于高位，是其属僚中最受赏识和出力最大的人物，但在曾国藩眼里却庸不足称，他与赵烈文的一段对话就足可说明这一点。《能静居日记》同治六年九月初四日载，师"又言：'严本猥琐之才，经胡咏芝赏识后，俨然自托于清流。在豫抚任内，痛保朝中阔人，如倭艮峰等，古人明扬仄陋或不如此。'

---

[1] 曾国藩：《曾文正公书札》第23卷，湖南传忠书局版，第22页。
[2] 曾国藩：《曾文正公书札》第8卷，湖南传忠书局版，第34页。
[3] 赵烈文：《能静居日记》，学生书局影印本，同治六年八月二十八日。
[4] 曾国藩：《曾文正公书札》第12卷，湖南传忠书局版，第4页。
[5] 《曾胡治兵语录》，第6页。
[6] 曾国藩：《曾文正公书札》第19卷，第2—3页。没干（没幹）大约是干没（乾没）之意，即侵吞公家或他人财物。

余闻之大噱,因问:'此折据方宗诚自言其所作,信乎?'师曰:'方宗诚见识止此而已,斯言殆信。'余又问:'阎丹初(敬铭)视严何如?'师曰:'阎之器品较严树森端方固矣,如前辞齐抚。齐抚极可为之官,严即断不能也。凡一督抚官去之若遗者,皆有过人处。'"而曾国藩本人则与之相反,长期以来一直被人认为有重德轻才的倾向。而在王鑫的问题上,则不仅重德轻才之偏,更不免夹杂个人意气,故颇受人指责,自己也大遗后悔。这件事几乎众口一词,唯其本人不肯承认。例如,同治元年,其胞弟曾国荃就曾直言不讳地批评他,"用人往往德有余而才不足"。曾国藩虽然口头上承认"诚不免有此弊,以后当留心惩改",但曾国荃一指出具体人员,"疑"其所重用的李昭庆、穆其琛"为无用之才",他便矢口否认,称弟"所见差矣"[1]。迨及暮年,他终于认识到自己用人方面的弊端。同治十年他在一篇日记中写道:"虽有良药,苟不当于病,不逮下品;虽有贤才,苟不适于用,不逮庸流。""当战争之世,苟无益于胜负之数,虽盛德亦无所用之。余生平好用忠实者流,今老矣,始知药之多不当于病。"[2]

在人才的培养上,曾、胡都认为科举制度误人子弟,不能育出真才实学之士,以致在他们从政从军,大量需要人才时,方觉人才缺乏,现有士人多不适于用。而要赢得这场战争的胜利,必须自己动手,大量招引与培养人才。

至于培养人才的途径,胡、左、江、李等人与曾国藩大体相似,通常是发现人才即将其调至自己身边,或任幕僚,或充属员,经过一个时期的观察和历练,或予以奏保,加以重用。曾国藩集团中隶属这四个系统而又位至三品以上大员者,其绝大多数是从这条路上走过来的。

曾国藩认为,天下大事约有兵事、饷事、吏事、文事四端,实则文武两途。其人才的培养也可分为武将、文臣两种办法。对于武将的培养,曾国藩主要采取言传身教和通信、批札等方式。同治五年十月曾国藩离开军

---

[1] 曾国藩:《曾文正公家书》,商务印书馆民国二十七年版,同治元年十一月二十三日。
[2] 曾国藩:《曾文正公全集·杂著》(以下简称《曾文正公杂著》)第4卷,湖南传忠书局版,第34页。

营之前,在总结自己统兵十余年来的长短得失时说:"臣昔于诸将来谒,无不立时接见,谆谆训诲,上劝忠勤以报国,下戒骚扰以保民。别后则寄书告诫,颇有师弟督课之象。其于银、米、子药搬运远近,亦必计算时日,妥为代谋,从不诳以虚语。各将士谅臣苦衷,颇有家人父子之情。此臣昔日之微长也。"[1]在文员的培养上,曾国藩尤为成功,其效果大大超过武将。他根据自己的实践经验,赋予自己的幕府两种职能,一是治事,一是育人,使之不仅成为治事之所,也是培养人才的学校。也正因为这一点,曾国藩幕府对士人具有很大的吸引力。正像有人评论的那样:"公任兼圻,虽于幕府外设书局、忠义采访局以安置士人之贤者,而给俸仅足赡其家,但能随人之才以成就之,故归之者如流水。"[2]

要夺取战争的胜利,不仅要有一批能征惯战的将才,攻必克,战必胜;还要有一批擅长文案、营务的人员,保障指挥系统的畅通、有效;一批擅长筹办粮饷的人员,保障后勤供应的充足、及时;更需要一批长于吏治、善理民政的人员,尽快恢复控制区内的社会与生产秩序,以保障粮饷有地方可筹。所以,在社会制度、方针路线确定之后,是否拥有与能否恰当使用足够质量与数量的人才,就成为战争成败的关键。正是由于曾国藩集团极为重视并恰当处理了人才问题,方使他们雄心化为伟业,能够由小到大、由弱变强,在清政府与外国侵略者的支持下,成功地镇压了太平军与捻军起义。也就是说,曾国藩集团所以能够在战争中取胜,不仅因其军事可恃、筹饷有方,还因为他们在人才问题上有一整套较为完善的理论与政策,并在实践中取得较好的成效。

总而言之,曾国藩集团人才济济,是毫不奇怪的。这不仅由于他们具有一套完整的人才理论,还因为他们坚决将之付诸实践,从而赢得战争的胜利,并给后世提供了丰富的历史借鉴。

(《求索》,2003年第4期)

---

[1] 曾国藩:《曾文正公奏稿》第25卷,湖南传忠书局版,第13页。
[2] 姚永朴:《素园丛稿·见闻偶笔》,商务印书馆版,第4页,《曾文正公逸事》。

晚清军制演变和近代军事工业的兴起

一、八旗、绿营的腐败与勇营军制的形成

满洲贵族所赖以入主中原、建立清朝政权的主要武装力量是八旗骁骑营，即八旗兵，绿营仅起辅助作用。入关之后，八旗兵就渐渐趋于腐败，战斗力降低，俟康熙年间平定"三藩之乱"时，其军事作用已退居次位，绿营成为作战主力。不久，绿营又重蹈八旗覆辙。嘉庆初年清朝镇压白莲教起义，主要是靠当地团练武装围追堵剿，绿营不过虚冒战功而已。其后，八旗、绿营腐败日甚，在鸦片战争中得到更加充分的暴露。道光三十年冬（1851年1月）太平天国革命在广西爆发，很快发展到长江中下游广大地区，并于咸丰三年定都天京，建立起与清廷对立的农民政权。在太平天国革命的鼓舞下，各地人民纷纷起义，迅速形成全国性的革命高潮。在太平军和各地起义军的打击之下，绿营兵望风溃逃，呈分崩瓦解之势。至太平军举行西征时，整个东南地区，除株守天京城外的清军江南大营与江北大营，再无足以同太平军抗衡的大支绿营武装。于是，各地官员士绅纷纷募练官勇与太平军对抗，数年之间遍布东南各省，并逐步成为同太平军作战的主力。迨及咸丰十年太平军再破清军江南大营，尤其同治四年新捻军击毙科尔沁亲王僧格林沁之后，清朝原有的武装力量被扫荡殆尽，以湘、淮军为代表的勇营取代了八旗、绿营的地位，成为清王朝的主要军事支柱。清王朝的军制也相应地发生了一场变革，勇营军制与八旗、绿营军制并列而立，成为一个时期中国主要的国家军制之一，直到中日甲午战争之后，同八旗、绿营一起退出历史舞台。

湘军、淮军的军制，可说是勇营军制的代表。清朝的武装力量可分为兵、勇、丁三个层次。兵即八旗和绿营兵，是国家常备正规武装，其数额、编制、薪饷、防区均有定制，故称国家经制之兵。勇即经费出自政府的官勇，有事临时招募，事过遣散归籍，数额、编制、薪饷皆无定规，一切视具体情况而定，故其数量、装备、地位都不能同八旗、绿营相比，常受兵的欺压。丁即散处城乡各地的团丁，它属于不脱产的团练保甲组织，实际上是半兵半民的民兵。嘉庆初年清朝镇压白莲教起义时，团练武装曾发挥过很大作用。所以，太平天国革命爆发之初，清政府对团练武装寄望甚厚，曾专门发布谕旨，刊刻有关文件，令各地官绅参照办理，并先后任命数十名在籍官员负责团练事宜。但由于历史条件的变化，始终未能取得预期的效果。然而，在镇压太平天国革命的过程中，勇营却发挥了出人意料的作用，不仅团练武装无法比拟，而且将国家经制之兵八旗、绿营压下去，取其地位而代之。这对清政府来说，确实有点"无意插柳柳成荫"的味道。

清政府在兵力不足的情况下招募勇营，本是久已通行的办法。鸦片战争中曾在广东沿海招募过一些水勇和陆勇，战争结束后就随即解散了。太平天国革命爆发之初，就有勇营参与对太平军作战。清朝官员江忠源就曾率新宁勇与太平军屡次交锋，蓑衣渡一战使太平军遭到惨重损失。农民起义军叛徒张国梁统带的潮勇更是长期同太平军厮杀，不仅凶悍异常，且人数亦占江南大营七万众的五万以上，遂成清朝钦差大臣向荣、和春有限的利器。但与湘、淮军相比，这些勇营人数不多，编制各异，经济上没有独立可靠的饷源，始终没有改变其绿营附庸的地位。勇营后来所以成为支撑清政府的主要武装力量，并以一种新的军制在中国军事史上占有一席之地，其主要原因应归之于曾国藩的军制改革和湘军的创立。

曾国藩(1811—1872)，湖南湘乡人，翰林出身，道光二十九年（1849）擢升礼部右侍郎，咸丰二年（1852）母亲去世，回籍丁忧，同年冬天奉命协助巡抚办理湖南团练事宜。曾国藩认为，八旗、绿营腐败不可用，根本无法承担镇压太平天国革命的任务；团练武装更无法对抗组织严密、训练有素的太平军，办理不当还可能起火上浇油的作用，激起农民更广泛的反抗。因而，他把希望寄托在勇营身上，主张招募朴实健壮的山区农民，编练成军,独力担当镇压太平天国革命的任务。他认为绿营兵的主要弊病有四:1. 欺压文官,不听指挥;2. 纪律败坏,骚扰太甚;3. 勇于私斗,怯于公斗,敌来争先逃溃,敌去杀民报功;4. 胜则争功,败不相救。他认为造成这种情况的主要原因有二:一是薪饷太低,差役太重,训练太差;一是军事体制不良,调遣成法不善。薪饷低则士兵无法养家糊口,不得不离营贸贩,遇有操点,辄雇人顶替。差役重则士兵经常离营承差,不仅耽误军事训练,且易沾染市井与衙门习气。这样,必使军队素质下降,战斗力低下。由于绿营平时分防各地,有事临时征调,东抽一百,西拨五十,或此兵而管以彼弁,或楚弁而辖以黔将,致使兵不习将,将不知兵,卒与卒不亲,将与将不和,作战时势必各怀一心,败不相救。曾国藩在给朋友的信中说,"今日兵事最堪痛哭者,莫大于'败不相救'四字,虽此军大败奔北,流血成渊,彼军袖手旁观,哆口而微笑"[1]。既然"危急之际无人救应,谁肯向前独履危地,出万死之地而博他人一微笑?是以相率为巧,近营则避匿不出,临阵则狂奔不止,以期于终身不见贼面而后快"[2]。因而,如不改变绿营体制和调遣成法,即使孙子复生、诸葛再世也难以扭转清军一溃千里的局面。

曾国藩为了彻底扫除绿营积习,建立一支"呼吸相顾,痛痒相关,赴火同行,蹈汤同往,胜则举杯酒以让功,败则出死力以相救"[3]的新军,针对绿营积弊进行了下面几项改革。(一)改世兵制为募兵制。绿营属世兵制,国家立有军籍,父子相承,世代为业。绿营子弟成年即在营习武,称随军余丁,营中遇有空额,便可补名吃粮。所以,绿营一般不从营外招兵,只在余丁不足时才自外募补。勇营则全部公开招募。曾国藩在此基础上又进而采取层层选募的办法,即大帅挑选统领,统领挑选分统,分统挑选营官,营官挑选哨官,哨官挑选什长,什长挑选士兵。这样,"口粮虽出自公款,而勇丁感营官挑选之恩,皆若受其私惠,平日既有恩谊相孚,临阵

---

[1] 曾国藩:《曾文正公书札》第4卷,湖南传忠书局版,第22页。
[2] [3] 曾国藩:《曾文正公书札》第2卷,湖南传忠书局版,第35页。

自能患难相顾"[1]。为了加强湘军内部上下左右的联系,曾国藩特别注重地域原则和私谊。所以,湘军士兵只在湖南招募,又多集中于长沙、宝庆二府,尤以湘乡县最多,军官则多为师生、故旧、亲友、族属。为防止士兵逃跑,湘军还规定应募者必须出具保结,并将其府县里居及父母、兄弟、妻、子姓名详细登计入册,使士兵不敢轻易离营,一旦有人逃走,即可令原籍地方官访拿,向家属逼索。(二)加强各级军官的权力。曾国藩规定,一军之权全付统领,大帅不为遥制;一营之权全付营官,统领不为遥制。这样就大大加强了各级军官的相对独立性,使他们成为所在单位的绝对权威。从此,湘军中也就逐渐形成对内专制跋扈、对外力谋独立的风气。(三)兵权与饷权合一。八旗、绿营粮饷出自国库,平时由驻防省份的粮道发放,战时由朝廷任命的粮台委员发放,放款缓急及数量多少"粮台委员得以主持",与带兵将帅无关。湘军粮饷自筹,粮台仅负责粮饷的收交和转运,"无论支发何款",皆由大帅"亲自裁度","不与委员相干"[2]。(四)提高弁兵的薪饷标准。绿营兵饷分为行粮和坐粮两种标准。平日薪饷甚低,无以自存。遇有战事则薪饷、赏银数量陡增,又给筹饷造成很大困难。一旦饷银筹措不齐,弁兵即滋闹抗命,贻误大局。所以,曾国藩批评这种粮饷制度是"平日有少粮之名,临事无省费之实,百年受养兵之累,应急无破寇之效"[3]。为除此弊端,他在制定湘军饷章时取消了行粮、坐粮之分,规定每正勇一名每月饷银四两左右,同绿营相比则低于行粮而优于坐粮[4]。这样就大大提高了失意书生和山乡穷苦农民投军的积极性。(五)加强军事训练和思想政治教育。曾国藩非常重视新募兵勇的训练,明文规定各项训练标准,虽酷暑时节亦不肯少懈,以致被指责为"虐士"。他认为,"新募之勇全在立营时认真训练。训有二,训打仗之法,训作人之道。训打仗则专尚严明,须令临阵之际,兵勇畏主将之法令甚于畏贼之枪子。训作人之道则全要肫诚,如父母教子,有殷殷望其成立之意,庶人人易于感

---

[1] 曾国藩:《曾文正公奏稿》第28卷,湖南传忠书局版,第18页。
[2] [3] 曾国藩:《曾文正公奏稿》,湖南传忠书局版,第25卷,第51页;第23卷,第25页。
[4] 绿营正兵坐粮每月银一至二两,行粮每月约在五两以上。

动。"[1]曾国藩对士兵和下级军官进行思想政治教育的主要方式是队前讲话，"每逢三、八操演集诸勇而教之，反复开说至千百语"，"虽不敢云点顽石之头，亦诚欲苦口滴杜鹃之血"[2]。其对高中级军官进行培养教育的主要方式是个别谈话和书信、批札。他在一封奏折中颇为自豪地宣称："臣昔于诸将来谒，无不立时接见，谆谆训诲，上劝忠勤以报国，下诫骚扰以保民，别后则寄书告诫，颇有师弟督课之象。其于银米子药搬运远近，亦必计算时日，妥为代谋，从不诳以虚语。各将士谅其苦衷，颇有家人父子之情。"[3]可以说，这是曾国藩带兵的重要特点，八旗、绿营乃至以往各朝的军队是很少这样做的。

清王朝总结历代统治者的经验，为防止带兵将领和地方督抚拥兵自立，采取了种种防范措施，实行兵饷分离、军政分离、财权与行政权分离，使地方文武官员互相牵制，谁都无力同中央政府对抗。曾国藩通过上述改革，不仅改变了八旗、绿营的军事体制，也彻底改变了军营风气。从此，兵为国有变为兵为将有，军队亦由国家武装力量变成谋取私利的武装集团。这次军事体制的改革也就成为中国近代军阀制度的滥觞。

湘军营制有步兵营制、马队营制和水师营制三种，其编制与薪饷标准都有所不同。湘军步兵编制以营为基本单位，每营分4哨，每哨8队。每营设营官1名，帮办1名，书记、医生、工匠若干名。每哨设哨官1名，哨长1名，护勇5名，伙勇1名。每队设什长1名，伙勇1名，其正勇第二、三、四、六、七、八队各10名，第一、五队各12名。计全哨108名。另有亲兵6队，每队什长1名，伙勇1名，正勇10名，共计72名。总计全营兵勇505名，帮办、医生、工匠及随营长夫180名另计在外。

湘军以军为作战单位。每军设统领1人，无固定编制，少者二三千人，多者1万乃至三五万不等。人数太多的军下面又设有分统，以便于管带。统领与分统必须自带一营，外加若干营，人数一般在3000人左右。

---

[1] 曾国藩：《曾文正公批牍》第2卷，湖南传忠书局版，第44—45页。
[2] 曾国藩：《曾文正公书札》第2卷，湖南传忠书局版，第42页。
[3] 曾国藩：《曾文正公奏稿》第25卷，湖南传忠书局版，第14页。

步兵薪饷，营官每月银50两，外加公费银150两，夫价银60两，统计每月得银260两。其帮办、管账书记、工匠、医生的薪饷和置办旗帜、号补各费皆由公费开支，数量由营官酌定。

哨官以下人员薪饷以日计算。每日饷银哨官3钱，哨长2钱，什长1钱6分，亲兵、护勇1钱5分，正勇1钱4分，伙勇1钱1分，长夫1钱。统领、分统薪资除自带之营薪水公费银两外，根据人数另外酌加。凡统至3000人以上者，每月加银10两，加夫10名；统至5000人以上者每月加银200两，加夫20名；统至1万人以上者，每月加银300两，加夫30名[1]。

马队编制亦以营为基本单位。每营分前、后、左、右、中五哨，每哨五棚。每营设营官1名，帮办1名，字识1名，公用伙勇6名。每哨其前、后、左、右各哨设正、副哨官各1名，中哨（即亲兵哨）设副哨官2名，正哨官由营官自任。每棚设什长1名，马勇10名，伙勇1名。计每棚12名，每哨63名，每营319名。

马队薪饷包括个人薪饷和马干[2]两部分，故一般皆高于步兵。营官薪饷及马干银每月50两，公费银100两，帮办16两，字识9两，正哨官16两，副哨官15两，皆以月计算，无大小月之分。什长薪饷及马干银每日2钱6分，马勇2钱4分，伙勇1钱1分，皆以日计，有大小月之分。关于马匹的分配及报销制度，湘军规定，营官每人4匹，正副哨官每人2匹，其余人员除伙勇外每人1匹，每100匹之中每年准报销倒毙36匹，以资更换。另外，每哨可雇大车一辆，或购买车辆、骆驼以搬运锅帐弹药，费用由粮台发放。

湘军水师编制也是以营为基本单位，每营设营官1名，每船设哨官(或称管驾)1名。每营领长龙船8只，舢板船22只，共30只。其长龙船每只桨手16名，橹工4名，头工1名，舵工1名，炮手2名，共24名；舢板船每只设桨手10名，头工1名，舵工1名，炮手2名，共14名。全营共500人，营哨官不计在内。

---

[1] 每长夫一名，每月夫价银约为3两，故加夫10名等于加银30两。

[2] 以钱代物、按价折银称干折，马干即应发马匹养护用品折合银两。

湘军水师饷银，营官每月200两（含公费银150两），哨官每日4钱，舱长1钱6分，头工、炮手1钱4分，桨工1钱2分。

上述湘军营制、饷章属于最一般的情况，其不同时期和不同派系之间亦有所不同。湘军步兵营制最初为每营360人，咸丰三年曾国藩重定营制时改为500人。不过，这次制定的营制没有保留下来。现在所见到的湘军步兵营制（载于《曾文正公全集》）是曾国藩在咸丰九、十年间（1859—1860）重新修订的，故后人讲述湘军步兵营制均以此为准。其实，湘军内部派系林立，各树一帜，并不完全遵照曾国藩制定的营制执行。例如，著名湘军将领王鑫统带的老湘营就坚决拒绝按曾国藩制定的营制进行改编，故每营（或称旗）始终保持360人的建制。著名悍将鲍超则建军之初就定为每营600人，且附有人数不等的编外人员，并未遵行曾国藩制定的营制。湘军饷章亦有差别。霆营薪饷低于他军，而收编降卒建立的各营，则士兵饷银还不及湘军长夫之数。马队和水师营制也进行过修改，上述营制则以实行时间较久者为准。

淮军是从湘军衍生出来的一支勇营武装，不仅营制大同小异，军营风气也一脉相承。所以，有人把淮军看作湘军的一个分支是有一定道理的。淮军主帅李鸿章(1823—1901)，字少荃，安徽合肥人，其父是曾国藩的同年。自道光二十五年至咸丰二年李鸿章一直在曾国藩门下受教，可以说是曾国藩登堂入室的弟子。咸丰三年李鸿章以翰林院编修奉命回籍办理团练，咸丰九年在江西建昌投入曾国藩幕府任幕僚，甚受器重。曾国藩不仅在幕僚面前称赞李鸿章"所拟奏咨函批皆有大过人处，将来建树非凡，或竟青出于蓝亦未可知"[1]，还在奏折中荐举他"劲气内敛，才大心细"，"堪膺封疆之寄"[2]。咸丰十一年逃至上海的苏南士绅，派专使赴安庆向两江总督曾国藩求援，曾国藩既垂涎于上海厘税饶富，又苦于无力分兵，遂令李鸿章回庐州老家募勇，以湘军营制编练淮军。曾国藩这样做主要出于两种考虑：第一，开辟新的兵源，以解决湘军兵源不足的问题。由于湘军只在

---

[1] 薛福成：《庸庵笔记》第1卷，上海埽叶山房民国十一年石印，第9页
[2] 曾国藩：《曾文正公奏稿》第11卷，湖南传忠书局版，第83页。

湖南募勇，又主要集中于长沙、宝庆二府，致使随着湘军人数的增加，兵源日见缺乏，如不另辟蹊径，将来必有难以为继之日。曾国藩认为，军队之强弱主要取决于营制之优劣，不在于兵勇是否募自湖南。淮、徐一带民风强悍，若以湘军营制编练一军，其战斗力绝不会低于湘军。故此次增募新军一改往日不论将领籍隶何处，必赴湖南募勇的惯例，令李鸿章返回皖北招募淮勇，从而大大扩大了兵源，解决了战争形势需要迅速扩军和湘军兵源不足的矛盾。第二，创立新军，为取代湘军预做准备。曾国藩认为，自安庆战役之后，湘军暮气渐重，积习日深，已显露出强弩之末的景象，如不预做准备，必有一天陷于被动。如建立新军之时仍赴湖南募勇，势必新旧掺杂，积习难改。故决计"创立淮勇新军"以"济湘军之穷"[1]，一旦湘军不可用，即以淮军取而代之。李鸿章回到合肥老家，即将昔日办理团练时的旧部招募成军，带往安庆，同治元年乘轮船开赴上海。

其初，新募淮勇只有5营2500人。曾国藩担心李鸿章兵力太少难以立足，特意从湘军中抽出4营淮籍官勇2000人充任军事骨干，并以新募湘勇4营2000人附之，凑足13营6500人，勉强可以成军。到达上海之后，李鸿章一面将主要由安徽人组成的湘军开字营改为淮军，一面依靠上海丰厚的饷源和外国侵略者的支持迅速扩充人数，购置新式武器，使淮军很快成为拥有7万之众和洋枪洋炮装备的新式军队，其作战实力大大超过湘军。

淮军初至上海时，完全遵行湘军营制，其后渐渐有所改变，一是建立了一些洋枪队（营），一是建立了一些独立的炮队（炮兵营）。这都是湘军以往所没有的。洋枪队将原来的小枪、刀矛改为洋枪，抬枪改为劈山炮。李鸿章先从其亲兵营做起，以后逐步推行到全军。随着装备的改进，淮军的训练方法也相应改变，由土操改为洋操，"操演阵法纯用洋人规矩，号令亦仿照洋人声口"。曾国藩观后大有耳目一新之感，称其"步伐极整齐，枪炮极娴熟"，"平日所见步队不逮此远甚"[2]。炮队的设立在中国可谓创举，中国步兵设立独立的炮队兵营即从此开始。李鸿章到上海不久，即向洋人

---

[1] 江世荣编：《曾国藩未刊信稿》，中华书局1959年版，第240页。
[2] 《曾文正公手书日记》，中国图书公司宣统元年印行，同治四年八月二十八日。

购买新式洋炮,在淮军中筹建炮队。起初,仅亲兵护卫营有2000人之炮队,到同治二年夏,已有6个专门炮兵营,分属于淮军各部。戈登洋枪队解散后,李鸿章又将其炮队接管过来,从而大大加强了淮军的攻坚能力。在镇压太平天国过程中,炮队发挥了很大作用。这种落地开花炮虽属前膛炮,一旦集中使用亦可在城墙上轰开缺口,使步兵迅速冲入,比起湘军专门以开挖地道炸城要方便可靠得多。淮军所以能够迅速攻占苏南各城,除太平军方面的原因外,主要就是靠炮火先进和外国侵略者的配合。不过,淮军改用洋枪后,原来的编制基本未变,仍是每营4哨,每哨8队,另加亲兵6队,仅只将原来14人的抬枪队改为12人的劈山炮队而已。

防军直接来自湘淮军,军制未变,而练军由湘淮军演变而来,其军制亦略有变动。太平天国革命爆发后,各省也相继发生起义。八旗、绿营数量不足,质量更差,各省督抚纷纷仿效湘军营制,募练勇营武装,其较有名气者除淮军外,还有河南的豫军、安徽的皖军、临淮军等。战争进行较为激烈的省份和地区,绿营武装很快趋于瓦解,以后也没有恢复。战争结束后,勇营武装大部分裁撤,其余部分则根据需要保留下来,分别驻防各地,取代绿营而成为国家常备军,故不再称为勇营而称防军,如铭字军、盛字军、鼎字军、庆字军等。

太平天国战争期间,战争不甚激烈或湘、淮军势力未曾达到的省份或地区,则仍有一批绿营武装保留下来。为了使这种腐败已极的经制之兵死灰复燃,自同治二年起清政府即开始对之进行改造,以湘军营制和湘军将领重新加以编练。因为这种武装既不是原来意义上的勇营,也不是原来意义上的绿营,故定其名为练军。练军的发展可分为两个阶段,同治二年至七年为第一阶段,同治八年后为第二阶段。同治元年底原湘军将领刘长佑由两广总督调任直隶总督,次年,奉命以湘军办法重新训练绿营。其具体做法是从绿营中抽出精壮加以训练,操演完毕仍回原地驻防。结果成效甚微,三年仅轮训8000人,且绿营习气如故。同治五年刘长佑根据恭亲王奕訢的奏议改变办法,选练各营即在防地训练,独立成军,不再返回原建制。其人数也由原议7军2万人改为6军1.5万人,练成后分防遵化、易州、天津、河间、古北口、宣化六处。刘长佑所定营制既不同于绿营,也不同于湘军。湘军只有营、哨、队三级有固定编制，而统领和分统所带营数视人而别，并无固定数目。刘长佑所定练军营制以军为单位，每军2500人，设总统1员，文、武翼长各1员，下分前、后、左、右、中五营，每营500人，设营管带1员，帮带1名，下分左、右、前、后、中五哨。每哨100人，设哨官1员，下分四队。每队25人，设队长1人，下分五伍。每伍5人，内设伍长1人。其左、右、前、后四哨马步混编，第一、二、三队为步队，第四队为马队。中哨则步炮混编，第一、二、三队为炮队，第四队为步队。刘长佑的这次改革，由于户部和兵部的干预，很不彻底。其饷章仍沿用绿营旧习，仿照行粮、坐粮之制，把薪饷分为练饷与底饷两部分。练饷在练营支取，底饷由原营发放。士兵被选入练营后，由于不愿离家和怕受训练之苦，往往分出少许练饷，在练营驻地附近雇人顶替，而自己则继续在外从事手工或商业活动谋利。结果，两年之内欠饷300余万两，而新练之军见敌即溃，腐败仍如绿营。清政府无奈，只好令新任直隶总督曾国藩整顿直隶练军，继续完成训练直隶6军的计划。同治八年曾国藩上奏清廷，提出整顿直隶练军的三条原则，其中心思想是练军必须同绿营一刀两断，不折不扣地采用湘军营制。士兵一旦挑入练营，即与原营完全脱离关系，不得保留底饷，其去就升黜完全由练营长官决定，底营不得干预。这样，练营长官在绿营挑选士兵，就与在外招募无异。绿营所余老弱兵丁，仅以坐粮维持生活，死、病不再募补，任其自生自灭。曾国藩的练兵方案遭到兵部和户部的反对。曾国藩据理力驳，寸步不让，声言如不照此办理，难期"化弱为强"，绿营从前积弊也难以扫除。清政府鉴于上次因兵部、户部横加干预而导致改革失败的教训，只好让曾国藩放手"试办"，不再理会这部分人的意见。曾国藩所定练军营制虽基本仿照湘军，但也有一些改变。例如，在人数上，其亲兵哨增哨长1人，亲兵28名，改六队72人为八队101人。其前、后、左、右各哨增护勇5名，裁抬枪队正兵4人，变108人为109人。从而将全营人数由原来的504人增至538人。在装备上，将抬枪队和小枪队改为火器队，暂时使用抬枪或马枪，一旦条件成熟即改用洋枪。其亲兵哨的劈山炮队也只保留一队，另一队改用开花炮。从而大大加强了火力。另一方面，士兵的薪饷却有所降低。什长每日银1钱6分改为1钱4分,亲兵、护兵1钱5分改为1钱3分,正兵1钱4分改为1钱2分,伙夫1钱1分改为1钱。

曾国藩制定练军营制后,尚未来得及执行就奉命离开保定,前赴天津查办教案,案结后又改任两江总督。新任直隶总督李鸿章完全遵照老师的办法办理,遂使练军成为从绿营脱胎而换勇营之骨的武装力量。而后,其他各省纷纷仿效直隶的做法,清政府对绿营的改造,也就进入一个新时期。作为国家经制之兵的绿营虽在历史上延续了一个相当长的时间,最后与勇营一起退出历史舞台,但在国家常备武装中已退居次位,再也无法恢复昔日的风光。至此,勇营营制完全取代了绿营营制的地位,成为国家主要的军事制度,由曾国藩发起的这场军制改革,经历十几年的时间也就最终完成了。

二、近代军事工业的建立

19世纪60年代初兴起的洋务运动,实际上就是开明封建官僚掀起的一场兴办近代工业的热潮。开始,洋务派主要是办军事工业,后来才逐渐兴办民用工业。他们兴办军事工业的最初目的有两个:一是镇压人民起义,一是为筹建海军做准备。所以,当时军事工业的产品主要有两大类,一是制造枪、炮、军火,一是制造轮船。轮船又有兵轮和商轮之分,兵轮用于作战,商轮用于运兵、运饷,实际上都出于军事目的。后来为了解决经费问题才逐渐兴办民用工商业。

中国最早的军事工厂是咸丰十一年冬两江总督曾国藩在安徽省城兴办的安庆内军械所。同治元年江苏巡抚李鸿章在上海建上海洋炮局,随后又建立和接管了两个炮局,分别由英国人马格里和安徽人韩殿甲主持。同治二年,李鸿章将这两个炮局迁往苏州,故皆称苏州炮局。这一时期的军事工厂主要是生产洋枪、洋炮和弹药,以供湘、淮军镇压太平军之用, 同时也开始小轮船的试制工作。同治四年曾国藩奉命以钦差大臣率湘、淮军北上剿捻,李鸿章署理两江总督,由苏州移驻江宁,遂将由马格里主持的苏州炮局迁至江宁,建立金陵机器局,并同曾国藩合力在上海创办江南制造局。金陵机器局和江南制造局主要是为湘、淮军赶造军火，以供屠杀捻军之用。同治五年，闽浙总督左宗棠奏准建立福州船政局，专门制造轮船。同治六年，曾国藩回任两江总督，亦奏准在江南制造局内建立船厂。同年，三口通商大臣崇厚建立天津机器局。从此，风气大开，从南到北，从东到西，从沿海到内地，从中原到边疆，到处都有军事工厂出现，甚至连京师

清政府经营近代军事工业概况表 (1861—1894) [1]

名　称	所在地	设立年	创办人	主要产品
安庆内军械所	安庆	1861	曾国藩	子弹、火药、炸炮
上海洋炮局	上海	1862	李鸿章	子弹、火药
苏州洋炮局	苏州	1863	李鸿章	子弹、火药
江南制造局	上海	1865	曾国藩 李鸿章	兵轮、枪、炮、水雷、火药和机器。设有炼钢厂
金陵机器局	南京	1865	李鸿章	枪、炮、子弹、火药
福州船政局	福州	1866	左宗棠	专业修造轮船
天津机器局	天津	1867	崇　厚	枪、炮、子弹、火药
西安机器局	西安	1869	左宗棠	子弹、火药
福建机器局	福州	1870	英　桂	子弹、火药
兰州机器局	兰州	1872	左宗棠	子弹、火药
广州机器局	广州	1874	瑞　麟	子弹、火药、修造小轮船
广州火药局	广州	1875	刘坤一	火药
山东机器局	济南	1875	丁宝桢	枪、子弹、火药
湖南机器局	长沙	1975	王文韶	枪、开花炮弹、火药
四川机器局	成都	1877	丁宝桢	枪、炮、子弹、火药
吉林机器局	吉林	1881	吴大澂	子弹、火药、枪
金陵火药局	南京	1881	刘坤一	火药
浙江机器局	杭州	1883	刘秉璋	火药、子弹、水雷
神机营机器局	北京	1883	奕䜣	不详
云南机器局	昆明	1884	岑毓英	子弹、火药
山西机器局	太原	1884	张之洞	洋火药
广东机器局	广州	1885	张之洞	枪、炮、小轮船

[1] 张国辉：《洋务运动与中国近代企业》，中国社会科学出版社1984年版，第24页。

续表

名　　称	所在地	设立年	创办人	主要产品
台湾机器局	台北	1885	刘铭传	子弹、火药
湖北枪炮厂	汉阳	1890	张之洞	枪、炮、子弹、火药

重地也建起了机器局。到90年代初，全国军事工厂已达24个（见下表）。

洋务派早期兴办的几个军事工厂和各省督抚兴办的机器、枪炮等局，规模较小，设备简陋，产品也比较单一。规模较大、设备较好、产品较优的军事工厂，则是由洋务派主要代表人物曾国藩、李鸿章、左宗棠、张之洞等人创办的江南制造局、福州船政局、金陵机器局、天津机器局和湖北枪炮厂。它们基本上反映了中国近代军事工业的创建过程和发展水平。

江南制造局是同治四年曾国藩和李鸿章共同创办的。这年，李鸿章先从一美商手中买下一座铁厂，接着将上海洋炮局和韩殿甲主持的苏州炮局并入厂内，建立江南制造局。同时与曾国藩商定，俟容闳赴美购买的"制器之器"运到上海后也并入其中。同治六年，经曾国藩奏准，提取江海关洋税一成建立船厂，并将厂址由虹口迁往高昌庙，使规模进一步扩大。江南制造局新址占地70多亩（后来扩大到400多亩），除汽炉、机器、熟铁、木工、铸造、洋枪、火箭、造船等厂外，还建有船坞、办公楼和翻译馆。其后，规模更进一步扩大，陆续添置了枪厂、炮厂、子弹厂、炮弹厂、各式火药厂、水雷厂和炼钢厂，使之成为当时规模最大、设备最好的综合性军事工厂。

江南制造局生产的第一艘轮船取名"恬吉"（后改名"惠吉"）号，同治七年出厂，属于木壳明轮。接着又造成操江、测海、威靖、海安、驭远5艘木壳暗轮和铁甲暗轮（金瓯号）、钢板暗轮（保民号）各1艘。至光绪十一年止，江南制造局共生产轮船8艘。在枪支制造方面，江南制造局起初只仿造英国的步枪、马枪等前膛枪，70年代初开始仿造林明敦后膛枪，80年代后期才开始仿造奥国曼利夏枪和德国新毛瑟枪。在大炮的制造方面，同治九年前江南制造局专造开花子轻铜炮，其后又仿造美国的千斤重铜炮和40余磅来福子熟大炮，直至90年代才开始仿造英国阿姆斯特朗新式大炮和制造装40余磅炮弹的全钢快炮。

金陵制造局是由马格里主持的苏州炮局迁至江宁后扩充而成的。李鸿章在镇压太平军过程中先后建立和接管了三个炮局，一个在上海，两个在苏州，分别由丁日昌、韩殿甲、马格里主持。马格里主持的洋炮局最初规模很小。同治二年，李鸿章乘清政府遣散阿思本舰队之机，通过马格里买下了该舰队带来的全部机器设备，使之粗具规模。其后经过两次迁厂和历年扩充，到光绪五年金陵制造局已拥有三个机器厂、两个翻砂厂、两个熟铁厂、两个木工厂、两个洋炮局以及洋火药局、水雷局等分厂，并能制造洋枪、洋炮、抬枪、炸炮、水雷及炮架、子弹箱等器具，成为当时最重要的军事工厂之一。

天津机器局原名天津军火机器局，由三口通商大臣崇厚创办。同治九年，清政府撤销三口通商衙门，北洋大臣由直隶总督兼任。该局遂由新任直隶总督李鸿章接管，并改名天津机器局，光绪二十一年，又改称北洋机器局。起初，天津机器局规模较小，设备简陋，只能制造军火。李鸿章接手后，连年添购机器，扩建厂房，规模不断扩大，生产能力也不断提高。同治十一年增设铸铁、熟铁、锯木等厂，同治十三年又建成第三座和第四座碾药厂，并成立洋枪厂和枪子厂。经过连年扩充，至光绪三年天津机器局的军火产量已提高到原来的四五倍，并开始试制新产品，承接兵船、轮船和挖河机器船的修理业务。当时，天津机器局分为东、西两部分，东局主要制造洋枪、洋炮、子弹、水雷和火药，西局主要制造军用器具和开花炮弹。中法战争后天津机器局又有了新的发展。光绪十三年建成栗色火药厂，十九年建成炼钢厂，并开始制造口径六英寸的小钢炮。光绪二十一年前，天津机器局的生产能力一直呈上升趋势，生产的火药和枪子、炮弹不仅供应陆军，也供应各海口炮台和海军舰只，直到光绪二十六年被八国联军彻底毁掉为止，天津机器局一直是全国主要军火工厂。

福州船政局是洋务派官僚左宗棠创办和控制的军事工厂，同治五年由左宗棠奏准并动工兴建，同治七年建成，因左宗棠奉命西行，改由船政大臣沈葆桢主持。福州船政局厂址在福州城外马尾山后，包括办公楼、船坞以及船厂、机器厂、转锯厂、木模厂、铸造厂、钟表厂、铜厂、储材厂等。

另外，还有船政学堂一所，分法文班和英文班，分别培养轮船的监造和驾驶人才[1]。甲午战争中的著名海军将领刘步蟾、林泰曾、邓世昌、林永升都是该学堂英文班的第一届毕业生。

福州船政局的主要产品是轮船，其造船速度和数量都是当时其他军事工厂所无法相比的。自同治八年制成第一艘轮船"万年青"号之后，六年之间又连续造出湄云、福星、伏波、安澜、镇海、扬武、飞云、靖远、振威、济安，永保、海镜、琛航、大雅14艘轮船，平均每年两艘以上，其造船速度等于江南制造局的两倍以上。光绪元年后由于经费困难，造船速度有所下降，20年内共造出元凯、艺新、登瀛洲、泰安、威远、超武、康济、澄庆、开济、横海、镜清、寰泰、广甲、平远、广乙、广庚、广丙、福靖、通济19艘，平均每年不到1艘，但在技术水平和自力更生的能力方面却较前有了较大进步。

福州船政局建厂之初，左宗棠曾聘请法国人日意格和德克碑分任正、副监督，并签订了为期7年的合同。同治十三年合同期满，船政局遂将日意格、德克碑及大部分外国技师和工头辞退，改由自己培养的技术人员主持技术设计。由于打破了日意格的阻挠和把持，反而大大加快了技术进步。同治十三年前生产的15艘轮船，不论兵轮、商轮全系木质。日意格走后，即开始生产木胁兵轮，三年后又开始制造铁胁快船和钢胁鱼雷舰，并造出钢甲兵轮一艘。同时，轮船载重量、轮机马力以及航速也都有所提高。开始所造15艘轮船，最大载重量为1450吨，轮机动力最大250马力，最高时速为90里，且达此标准者只有一艘，其余则相去甚远。其后所造19艘轮船载重量2000吨以上者5艘，轮机动力2000马力以上者8艘，时速100里以上者7艘。由此可见，福州船政局虽然也有极大的对外依赖性，如铁胁由法国定做，轮机由英国供应并派人安装，但总的来看其自立能力仍强于江南制造局。

湖北枪炮厂是洋务派官僚的后起之秀张之洞创建的军事工厂。厂址在汉阳北龟山下，光绪十六年动工兴建，直到光绪二十一年一直处于翻

---

[1] 法文班和英文班又称前学堂与后学堂。

修改进和不断扩充之中。光绪十五年张之洞担任两广总督时曾计划劝捐集资筹建广东枪炮厂。这年夏天，刚寄出一半货款，机器尚未运到，即奉命调任湖广总督。新任两广总督李瀚章以所余半价款项难筹，奏请将枪炮厂移往天津，张之洞乘机奏准将所定机器运往湖北，建立湖北枪炮厂。最初，张之洞在德国订购的是制造毛瑟枪和旧式小炮的机器，光绪十六年致电驻德公使改订制造新式快枪和新式快炮的机器。光绪二十年，又订购新的机器，增添枪弹、炮弹和炮架三厂。由于机器运到时间前后不一，建厂过程中枪厂又遭火灾，厂房烧毁、机器损坏严重，故直到光绪二十一年各厂始陆续安装完毕，开工生产。

湖北枪炮厂主要分枪厂、炮厂、枪弹厂、炮弹厂、炮架厂、翻砂厂六部分。枪厂主要制造小口径新式快枪，炮厂主要制造适于野战和山地作战的两种快炮。按生产能力每年可产新式快枪7000—8000支，70—120毫米快炮200尊，实际上都达不到此数。据管理人员禀称，在料足工齐的条件下，炮厂每年只能生产40—50毫米新式快炮70尊，枪厂机器被烧后虽经修复，生产能力已无法达到原来的水平，实际产量恐怕还会低些，其质量也不能不受影响。其他几个工厂生产的都是枪、炮二厂的配套产品，产量也不能不受其影响。光绪二十一年后，湖北枪炮厂又几经扩充，终于成为与江南制造局齐名的全国最大的军事工厂之一。

三、新式海军的筹建

早在19世纪60年代，清政府就有建立海军的打算。无论是恭亲王奕訢托李泰国在英国购买兵轮，还是曾国藩、左宗棠、李鸿章设厂造船、派人出国留学、建立船政学堂等，都是出于这一目的。仅由于清政府决心不大，故进展缓慢，十年间一直处于准备阶段。

促使清政府迅速建立海军的直接动因是日本侵略台湾的事件。同治十三年日本以与己毫不相干的琉球居民与台湾居民的民间纠纷为借口，派兵进攻台湾。这一事件暴露出日本侵略中国的野心，使清政府强烈感受到来自海上的威胁。事件平息后，清政府上上下下掀起一场筹建海军的议论。光绪元年清政府综合这场讨论的意见,决心每年从海关和厘金项下拨银400万两作为海防经费,任命两江总督沈葆桢、直隶总督李鸿章为南、北洋海防大臣,负责筹建新式海军。同时议定,首先集中力量建成北洋水师,然后一化为三,十年之内完成北洋、南洋、粤洋三支水师的创建工作。这是中国创建新式海军的开始。

为了培养海军人才,光绪二年李鸿章奏请派李凤苞率福州船政学堂学生30名分赴法、英两国学习轮船的制造与驾驶技术,光绪六年奏请建立天津水师学堂,光绪七年又奏请由福州船政学堂选出学生10名,续派英、法学习。为了使新式海军(当时又称外海轮船水师)同原有的内江、外海水师相区别,李鸿章还于光绪七年奏请将原水师三角旗改为纵3尺、横4尺的长方旗,质地章色(黄地、蓝龙、红珠)不变,以充海军军旗。为了加强对新建海军的统一管理,光绪九年总理衙门添设海防股,光绪十一年清政府又设立海军衙门,任命醇亲王奕譞总理海军事务,庆郡王奕劻、直隶总督李鸿章为会办,正红旗汉军都统善庆、兵部右侍郎曾纪泽为帮办。同时决定,北洋练军之始,即著李鸿章专司其事。

然而,在筹建海军的过程中,清政府并没有按照最初的设想办理。最初三年,每年400万两的海军专款尽归北洋使用。光绪四年(1878)沈葆桢以南洋经费日绌,奏请海军专款仍按原定份额分解南北洋使用。不久,沈葆桢去世,有关海军的一切规划和专款使用大权全落到李鸿章手中,这就大大便利了北洋舰队的扩充。及至光绪十三年部分海军专款被慈禧太后挪用于修建颐和园后,新建海军也就基本上停止了发展。所以,清政府筹建海军的结果,计划中的粤洋水师根本没有建立,只在广东和福建分别搞了两支小舰队;南洋水师也没有发展起来,难以在海上独立作战;而真正建成的一支具有一定海上作战能力的舰队就是北洋水师。现将各外海轮船水师的概况分述如下:

广东水师和福建水师规模都较小。广东水师由两广总督掌管,共有大小舰只19艘,其中10艘购自外国(英国4艘,法国4艘,德国2艘),9艘由本国仿造(广东5艘,福建4艘),除澄清、广甲、广乙、广丙4艘舰只较大外,其余皆船体轻小,不能远涉重洋。整个舰队只能在近海巡防,没有海上作战能力。福建水师归闽浙总督和福州船政衙门掌管，受南洋大臣指导，但不归其指挥。该水师共有各类舰船20艘，其中6艘购自外国（英国3艘，法国1艘，美国2艘），14艘由福州船政局制造。福建水师的舰船总的看比广东水师大，千吨以上者占半数以上，最大的一只（旗舰）近1400吨。但舰船多为木质，钢舰甚少，难以抵挡敌人的炮火，作战能力不强。

南洋水师由两江总督掌管。因历任两江总督皆系湘系人物，故它始终控制在湘军集团手中。该水师共有大小船只26艘，就其来源而论，则购自外国者12艘（英国5艘，法国1艘，德国6艘），国内仿造者14艘（江南制造局和福州船政局各7艘）；就其载重量而论，则1000吨及1000吨以上者3艘，2000吨以上者7艘，其余皆在700吨以下；就其质地而论则木质和铁胁木壳船9艘，铁船和钢舰17艘；就其种类而言，则炮船16艘，巡洋舰5艘，运输船1艘，鱼雷艇4艘。总的来看，南洋水师的实力强于广东和福建水师，是仅次于北洋水师的第二大舰队，但由于缺乏大型铁甲舰充任主力，故仍不能自成一军在海上独立作战。

北洋水师是清政府的主力舰队，也是清政府在筹建海军活动中建成的唯一一支粗具规模的舰队，它从初创之日起就一直控制在李鸿章手中，是淮军集团的重要军事支柱。北洋水师的舰只主要购自外国，并聘有英国和德国人充任教习，故其装备最好，实力最强，对外国的依赖性也最大。它共有各类舰船27艘，除其中5艘系福州船政局制造外，其余22艘均购自外国（英国、德国各11艘）。这些舰船中，木质与铁胁木壳船有6艘，其余全是钢质和铁质船。从舰队的组成看，铁甲舰2艘，巡洋舰7艘，炮船10艘，鱼雷艇7艘，运输船2艘。从舰船的载重量看，1000吨以上的4艘，2000吨以上的5艘，7000吨以上的大舰2艘。北洋水师还在大沽、旅顺口、大连湾、威海卫等地修筑港口，旅顺口和威海卫成为北洋水师的两大基地。这都是其他舰队所无法比拟的。

新建海军虽然在形式上粗具规模，但却从一开始就充满了腐败现象，训练不严，纪律松弛。大大小小的兵船，平日除会操、载运军官外无所事事。

一到冬天，北方港口封冻，"海军岁例巡南洋，率淫赌于香港、上海"[1]，沾染种种恶习。这就不能不影响其战斗力。

为了展示海上力量，清政府还曾先后两次举行海军会操。第一次在光绪十七年，参加会操的有北洋水师的主要及附属舰只定远、镇远、致远、平远、经远、来远、威远、靖远、超勇、扬威、康济、广甲等13艘，南洋水师的主要舰只南琛、南瑞、寰泰、镜清、开济、保民6艘。舰只先驶向旅顺口会齐，然后进行海上作战阵法的演习。第二次在光绪二十年，参加会操者除南、北洋水师的主要舰只外，还有广东水师派来的广甲、广乙、广丙三舰。船只先在大沽口会齐，然后驶向旅顺作海上作战演习。这次会操不仅规模大于上次，还特别邀请了英、法、俄、日等国使臣，毫无保留地让他们参观了所有要塞、船坞、水师学堂及舰船设备，暴露出李鸿章只为显示个人实力，而毫无抗敌准备的心态，从而为北洋舰队在随即爆发的中日甲午战争中的彻底毁灭埋下祸根。

（《中国军事史略》下册，军事科学出版社，1992年）

---

[1] 姚锡光：《东方兵事纪略·海军篇》，中国社会科学院近代史研究所藏线装本古籍。

关于晚清垂帘听政制度的确立

中国自秦汉以来即实行中央集权的君主专制政体。由于权力的高度集中,顺利完成君位交替,就成为关系一代王朝稳定和发展的大事。为了防止皇子间争夺帝位,各代王朝无不预立太子,作为法定的君位继承人。清王朝是以少数民族入主中原而建立的一代,自康熙朝起开始总结历代王朝及自身的经验,对建储制度进行改革,创立秘密建储制度,不再预立太子,并在雍正朝巩固下来,成为清代法定的储位制度。这一制度可以通过较长时期的考察和培养,在诸皇子中择贤而立,并不局限于嫡长子,既可保证将国家最高权力交到贤者之手,也可杜绝诸皇子间的储位之争。清朝能够在政治上保持稳定,经济上较快发展,显然与这一较为优越的君位建储制度不无关系。然而,一旦皇帝青年去位,皇子幼小,甚或并无皇子,它的这一优越性也就无从发挥了。

咸丰帝即位之初,本欲在内政外交上有一番大的作为。不意内外交困,愈办愈糟,使他渐渐对时局的好转失去信心,遂至纵情声色以自遣。咸丰十年(1860)太平军再破江南大营,咸丰帝就更加悲观,以至郊祀行礼时"伏地痛哭",还宫即"患咯血"[1]。接着英法联军又进逼北京,使他仓惶出逃。逃到热河之后,陷入绝望的咸丰帝就更加纵情声色,致使精神愈加不振,身体愈加不支,虽值壮年,一过中午便困顿不能坐立。迨至十一年七月病情已日见沉重,延至七月十七日(1861年8月22日)死于承德避暑山庄。其时,皇子载淳年方六岁,虽是法定帝位继承者,但却无法掌权理政,从

---

[1] 郭嵩焘:《郭嵩焘日记》,湖南人民出版社1981年版,咸丰十年四月十一日。

而造成皇位与皇权的分离。这样，由什么人，用什么方式执掌皇权，就成为当时乃至若干年内，关系帝室安危、王朝稳定的头等大事。正因为如此，咸丰帝在死前就一直在考虑这一问题。

一、"赞襄"与"垂帘"之争

当时，咸丰帝面临着三种选择：一是恭亲王奕訢（1833—1898），一是皇后钮祜禄氏与皇子载淳生母懿贵妃叶赫那拉氏，一是肃顺等亲信大臣。

与历代皇子、亲王相比，奕訢处于非常特殊的地位。道光帝虽生有九子，但一、二、三子早死，五子奕誴为人粗率，且已出为惇亲王绵恺嗣子，七子奕譞及其同母两弟均年少不更事。这样，也就只有四子奕詝、六子奕訢因年龄较长，聪明好学，而各自生母又受宠爱，遂成为道光帝物色储君的对象。这不仅使两人为竞争储君而钩心斗角，且各自生母也同时卷入储位之争，从而在两人心中留下难以磨灭的阴影。奕詝即位后，按乃父遗旨，加封奕訢为恭亲王，甚至还命他为军机大臣。但奕訢不自检束，竟为病危生母请封皇太后，与乃兄发生矛盾，甚至采取迹近矫旨的行动。这就使咸丰帝对这位昔日的竞争对手再次产生某种戒备心理。咸丰十年，咸丰帝虽迫于空前严重的内外形势，命奕訢出任钦差大臣，留京主持议和。但十一年病剧时，却拒不让他来热河问安，免其乘机插手中枢大政。再加上清初多尔衮以皇叔摄政，几倾顺治帝位的教训，咸丰帝自然不会让奕訢辅佐他的幼子，这就是所谓"圣心自有深意"[1]的关键所在。

至于皇后和懿贵妃，咸丰帝似乎始终没有考虑将大权交与她们。所以当他弥留之际，懿贵妃问及大事如何办理时，他就闭目不答，只有当她提到幼子载淳时，才开口讲话，且仅"当然是彼接位"[2]一句。咸丰帝这样做，不少人归之于爱新觉罗家族与叶赫那拉家族的宿怨，称叶赫部为努尔哈赤所灭，其族长临终发誓报仇，故清代祖制，不令叶赫那拉氏之女入宫充任

---

[1] 故宫博物院明清档案部编：《清代档案史料丛编》第1辑，中华书局1987年版，第94页。
[2] 徐珂：《清稗类钞》第3册，中华书局1984年版，第36页。

后妃。其实这纯属后人附会。查《清史稿》之《后妃传》，叶赫部被灭之后，其家族之女不仅仍不断应选入宫，且有数人册封为妃。现在看来，咸丰帝不愿与懿贵妃谈论自己身后大事的安排，其主要原因恐怕还是限于清代祖宗家法，太后无干涉行政之权，更无垂帘听政之例。咸丰皇帝不过依例而行，照章办事而已。

这样，咸丰帝可以托付后事之人，就只有肃顺集团了。咸丰帝信任肃顺等人的原因约有三端。首先，他们对国内外问题的看法和所行政策一致。他们对内主张坚决镇压太平军等农民起义，对外国侵略者则既不敢战，又不甘心屈从其无理要求。故表现为《北京条约》签订前和战不定，反反复复；《北京条约》签订后则仍狐疑不定，怕丢面子，尤恐受其挟制。其次，他们在对待和处理统治阶级腐败问题上也完全一致，都主张严刑峻法以治乱世。最后，肃顺处事果断，又有办法，且属宗室疏族。在咸丰帝看来，由肃顺等人掌握国家大权，既可保证国家机器的正常运行，把太平天国革命镇压下去，保住大清江山，又可保证将来归政于载淳。因为宗室远支篡权的可能性要大大小于近支亲王。如果拿肃顺与奕訢做个比较，在咸丰帝心目中，奕訢的政治才能显然远不如肃顺，而将来归政的可能性则又大大小于肃顺，两相权衡，其舍訢而择顺就很可以理解了。

经过这样多方考虑，咸丰帝终于作出决断，并在临死的前一天，即咸丰十一年七月十六日（1861年8月21日）召集宗人府宗令、御前大臣、军机大臣等安排身后大事，宣布立皇子载淳为皇太子，著派御前大臣载垣、端华、肃顺与军机大臣匡源、穆荫、杜翰、焦佑瀛及额附景寿八人赞襄一切政务，辅佐太子继承皇位。这就是所谓赞襄制度，载垣等八人也就成为赞襄政务大臣。这种制度在清代历史上早已存在，康熙帝登极之初，年幼不能亲政，就由鳌拜等四位亲贵大臣赞襄政务。这次由于同样原因，再度由大臣赞襄政务，使这种制度再度成为国家最根本的政治体制。咸丰帝上述诏旨经多方查证确凿无疑，只是由于为时稍晚，咸丰帝已手颤不能捉笔，遗命由别人代拟，加盖皇帝印章，难收亲笔朱谕之效，遂给人否定它的真实性留下可乘之机。

咸丰帝一死，肃顺等八大臣就执掌大权，虽未举行新皇登极仪式，却以皇帝的名义办起公事来。当日即七月十七日（1861年8月22日）皇太子改称皇上，皇后钮祜禄氏晋封皇太后，后加徽号慈安。肃顺等八人称赞襄政务王大臣，并行文知照吏、兵两部，今后所有谕旨，由赞襄政务王大臣缮拟后，呈递皇太后、皇上用印发下，上钤用"御赏"印，下钤用"同道堂"印，传谕京师内外各衙门一体遵照执行。次日，又晋封载淳生母叶赫那拉氏为皇太后，后加徽号慈禧。为区别起见，或称钮祜禄氏为母后皇太后，那拉氏为圣母皇太后。或因钮祜禄氏住承德避暑山庄烟波致爽殿东暖阁，称东太后；那拉氏住西暖阁，称西太后。或以各自徽号，以慈安太后、慈禧太后相称。接着，八大臣拟定小皇帝载淳的年号为"祺祥"，并很快铸造出以祺祥为年号的新币，刊印出祺祥元年的历书。至此为止，一切行事都是按照咸丰皇帝的遗命执行的，且八人办事认真，同心协力，诸事皆能细心熟商，颇有点兢兢业业的样子，办理亦较为顺利。有人称"八位共矢报效，极为和衷，大异以前局面"，"循此不改，且有蒸蒸日上之势"[1]。

但是，两宫皇太后并没有在这一大变局中得到太大的实权。性既懦弱，才又平平的慈安尚可接受，而慈禧太后则极为不满。慈禧太后（1835—1908），正黄旗人，安徽徽宁太广道惠徵女。早在娘家时，她就受过一定文化教育，通汉文，能绘画，浏览过史书。咸丰二年入宫后不久，就以工于心计得到咸丰帝宠幸，初封兰贵人，继升懿嫔，六年二月生皇子载淳，再升懿妃，次年更升为懿贵妃，地位仅次于皇后。由于得到皇帝的宠爱，她不仅促成胞妹与醇郡王奕譞的婚姻，从而加强了自己在皇室中的地位，且时或参议朝政，阅读奏章，从而养成干预国政的才能和野心。这样，她对肃顺等人掌权后，致其"声威大减，诸所钻求，不敢轻诺"[2]的局面，自然如鲠在喉，必欲去之而后快。同时，她虽名分低于慈安太后，却是载淳生母，手中控制着一个小皇帝，所谓皇帝盖印，实际上就是由那拉氏盖印。于是，这个野心勃勃、善弄权术的年轻寡妇，便利用这一有利条件，在最高权力中枢一再挑起争权夺利的斗争。

慈禧夺权的第一步是要求阅看奏报。如前所述，依照清代家法，太后

---

[1] [2] 佚名：《热河密札》，载《近代史资料》总36号，中华书局1978年第1期。

不得干预国政。皇太极之庄后博尔济吉特氏虽以太后、太皇太后的身份先后扶持顺治、康熙两代幼帝，但一般并不干涉国政。这次赞襄制度实行之初，也无太后阅折之事，只是对八大臣所拟之旨钤印而已。其后西太后联合东太后，要求凡有陈奏折件需下发谕旨者，先由八大臣拟旨，经皇太后、皇帝(实为那拉氏)阅后盖印方为有效。至于用人大权，各省督抚要缺，先由八大臣拟名呈递，再请两太后裁定。其他简放人员，则先由军机处糊名呈进，继由小皇帝坐于两太后中间掣签，再由吏部签分各省。对以上"诸事母后颇有主见"[1]，绝非虚应故事之举。显然，这是对赞襄大臣权力的限制和赞襄制度的修改，也是肃顺等人为维持政局稳定而对慈禧太后所作的重大让步，由赞襄制度退为太后与大臣的联合执政。所以，当时深悉内幕的人称之为"垂帘辅政，盖兼有之"[2]。从发展过程来看，可以说这是由赞襄制度到垂帘听政制度的一个过渡时期。不过肃顺等人阳奉阴违，并没有完全按照规定办理。例如任命杜翰为户部左侍郎、焦佑瀛为太仆寺卿都没有经过抽签，即径直以谕旨发下，这就不能不给人留下把柄。而慈禧太后也不以此为满足，她心中的目标是代行帝权，故不久即挑起垂帘听政之议。

八月初六日(9月10日)都察院山东道监察御史董元醇奏请皇太后垂帘听政，并另简亲王一二人辅政。这个奏折正合慈禧太后的心意，即暗中授意亦未可知。故收到奏折之次日即"召见载垣等面谕照行"[3]。而肃顺等人则"勃然抗论"[4]，"声震殿宇"[5]，坚决反对太后垂帘听政。声言他们"系赞襄皇上，不能听太后之命"，"请太后看折亦系多余之事"[6]。

---

[1][2] 佚名：《热河密札》，载《近代史资料》总36号，中华书局1978年第1期，1978年。
[3] 故宫博物院明清档案部编：《清代档案史料丛编》第1辑，中华书局1987年版，第114页。
[4] 薛福成：《咸丰季年三奸伏诛》，载《庸庵笔记》第1卷，上海埽叶山房民国十一年石印。
[5] 李慈铭：《越缦堂日记补》，商务印书馆民国二十六年版。咸丰十一年十月初一日。
[6] 故宫博物院明清档案部编：《清代档案史料丛编》第1辑，中华书局1987年版，第94、114页。

以至"天子惊怖,至于啼泣,遗溺后衣"[1]。双方争论之激烈,概可想见。肃顺等人回去之后,立即拟就诏旨,以"我朝圣圣相承,向无皇太后垂帘听政之礼"和咸丰帝委托八大臣辅政"圣心自有深意"为由,严厉斥责董元醇奏议"甚属非是","是何诚心?"并在指出"所奏尤不可行"的同时郑重宣布,"以上两端,关系甚重,非臣下所得妄议"[2],禁止讨论这类问题。慈禧太后阅罢拟旨极为愤怒,决意留中不发。肃顺等人则以"搁车"相抗,拒绝办理一切公事,使国家机器立刻停止运转。两太后见状只好把八大臣所拟诏旨发下照抄,作为上谕由内阁发布。八大臣随即谈笑风生,照常办事,以为自己胜利。其实,数日之前,两太后已与来热河奔丧的恭亲王奕䜣,密定铲除他们的计划,因而对这场争议的成败,已不十分在意了。

二、辛酉政变

当咸丰帝第一次接受僧格林沁的密请,决定逃往热河时,几乎遭到所有王公大臣的反对,奕䜣、奕誴、奕譞甚至伏地哭留,迫使他不得不放弃这次计划。但是,战争形势急转直下,英法联军很快逼近北京,咸丰帝再也顾不了许多,遂于十年八月八日(1860年9月22日)带着少数亲信王公大臣自圆明园仓惶出逃,从而导致了清朝统治集团内部的分裂。在留京诸王大臣看来,咸丰帝的做法无疑是抛弃江山社稷、宫廷太庙,只顾自己逃命。而他们自己也在紧急时刻被皇帝抛弃,置身于危城之中。当时甚至有人公开倡言要杀掉赞成此策的端华、肃顺,其对咸丰帝的绝望和不满由此可见一斑。既然他们不能阻止咸丰帝北逃,也不能随其逃走,只好退而求其次,盼望早一点与侵略军订立城下之盟,以保住身家性命。奕䜣同侵略者签订《北京条约》,英法侵略军退往天津,使他们的愿望得以实现,遂

---

[1] 李慈铭:《越缦堂日记补》,商务印书馆民国二十六年版。咸丰十一年十月初一日。
[2] 故宫博物院明清档案部编:《清代档案史料丛编》第1辑,中华书局1987年版,第94页。

使他们对其仰若救星。这些王公大臣也和奕訢一样，渐渐认识到洋人并不想推翻清王朝，只是要求特权和利益，只要满足他们的要求就可化险为夷。这样，他们就越发感到以前的战争完全没有必要，越发感到咸丰帝以前的措置失策。因而，《北京条约》一签订，他们就开始吁请咸丰帝回京。结果，时间一拖再拖，致使咸丰帝病死热河，清王朝最高决策权落入肃顺等人之手。他们对此既恨又怕，岂能甘心！恨的是肃顺等人长期以来为咸丰帝划策，和战不定，造成一场灾难，使国家陷入危机；怕的是肃顺等人掌权，恐对自己不利。几年来，肃顺等人求治心切，连兴大狱，处死耆英、柏葰，打击和排挤翁心存、彭蕴章等，在统治阶级中弄得怨声载道，人人自危。因为在当时满汉官员中，贪污纳贿及尸位素餐者大有人在，照肃顺那样搞下去，总有一天要搞到他们头上。于是，出于各种原因而对肃顺等人心怀不满的人，便纷纷聚拢在恭亲王奕訢的周围。这样，身受排挤，本来就力图改变自己处境的奕訢，自然会大受鼓舞，更加坚定其改变当前政局的信心，遂与两宫太后结成反对肃顺等人的联盟。

为落实反对肃顺等人的行动计划，奕訢以祭奠乃兄梓宫为由，于八月初一日，由北京赶往热河避暑山庄，并与两宫太后秘密会商。从后来的事态发展和现存资料看，奕訢动身前已做了一些准备和安排，双方见面后又进行了两个小时的秘密协商，遂就发动政变一事取得完全一致的意见。他们谈论的主要内容大约有两个方面：一是推翻赞襄制度，由他们掌握国家大权，即发动政变的必要性与内容；一是发动政变的时间、地点及必要的准备工作。据载，叔嫂见面后，"两宫皆涕泣而道三奸之侵侮，因密商诛三奸之策"[1]。"后以夷务为问，邸力保无事，又坚请速归"，并"令各兵九月十二日到此"[2]。就是说，他们决心要发动一场政变，杀掉载垣、端华、肃顺三人。而热河避暑山庄处处为肃顺等人控制，奕訢无能为力，只有回京后才能动手，那里是他们的天下。为保证回京途中的安全，派胜

---

[1] 薛福成：《咸丰季年三奸伏诛》，载《庸庵笔记》第1卷，上海埽叶山房民国十一年石印。

[2] 佚名：《热河密札》，载《近代史资料》总36号，中华书局1978年第1期。

保带兵在北京至承德间沿途布防，以免肃顺等人先行下手，遭其暗算。至于"以夷务为问"，则是两太后不了解情况的过虑。由于咸丰帝、肃顺对外国侵略者心存疑惧，又放不下天朝上国的架子，以至造成第二次鸦片战争打打停停，反反复复的局面。《北京条约》签订后，仍心存芥蒂和疑虑，迟迟不愿回京。再加上沙俄因肃顺曾拒绝其大片领土要求，而大肆向英法宣传他"是与欧洲人为敌的头号坏蛋"。这样，就使西方侵略者对他们甚感不快，甚至视为必欲去之的对手。与之不同，奕訢则在谈判过程中，特别是英法联军提前撤出北京后，打消了对西方国家的疑惧，采取了较为合作的态度，因而大得他们的好感，甚至一度妄想把奕訢"推上皇位"[1]。正因为有了这样的不同认识，所以奕訢赴热河前，曾就回銮一事同洋人相商，并得到某种许诺。故敢于向慈禧太后保证："外国无异议，如有难，唯奴才是问。"[2]当两太后及小皇帝回京时，外国侵略者也履行诺言"约束自己"[3]。这次政变的成功，虽应主要归因于统治集团内部的力量对比，但若无外国的配合，慈禧太后就难以放胆回京，也就难以及时发动政变。

奕訢于八月十二日返京后，一面宣布咸丰帝棺柩及新皇帝九月二十三日（10月26日）回京，十月初九日（11月11日）新皇帝在京即位，造成一种平安无事，一切正常的气氛；一面在亲信大臣中进行秘密串联，暗中做政变准备，尤其加紧做军事布置。当时，清廷的嫡系武装共有两支，分别控制在僧格林沁与胜保手中，他们都与肃顺嫌隙甚深，咸丰帝死后便无条件地站在皇太后和奕訢一边，而胜保表现得尤为突出。《北京条约》签订后，他们二人都被派往直、鲁、豫、皖一带剿捻。咸丰帝死后，胜保即自行带兵回京，经与奕訢密商后，奏准赴热河祭奠咸丰帝，并乘机在京畿一带和京、热之间沿途布防。奕訢还"以后命示"步军统领、神机营都统和前锋、

---

[1] A.布克斯盖夫登：《1860年〈北京条约〉》，商务印书馆1975年版，第46、98页。
[2] 王闿运：《祺祥故事》，载《中国近代史资料丛刊：第二次鸦片战争》第2册，上海人民出版社1978年版，第326页。
[3] 严中平：《一八六一年北京政变前后中英反革命的勾结》，载《历史教学》1953年第4、5期。

护军统领[1]，把这些京城武装控制起来。在此前后，手握重兵的僧格林沁还不顾当时的政治体制，一再坚持奏折必书"伏乞皇太后、皇上圣鉴"字样，公然与肃顺等人对抗，表示自己坚定地站在皇太后一边。至此，肃顺内外都完全陷于孤立无援的境地。

这时，肃顺等人已被人置于刀俎之上却仍懵然无知。自董元醇奏议受谴，京师浮言甚多，原主垂帘的大学士周祖培心中颇为紧张，见奕訢不提垂帘之事，更彷徨不知为计。恰在这时，原大学士"祁寯藻亦自保定书告朝士，谓垂帘非本朝家法，元醇议不可行"。"于是，朝野啧啧，谓回銮后元醇辈必干严谴"。宗室知情者亦有些人沉不住气，劝奕訢"宣上意示朝臣"，以扭转舆论。奕訢则任其发展，故示软弱退让以麻痹肃顺等人。出于同一目的，胜保也就因向太后问安而被议处一事专折"谢恩"，表示罪有应得，心服口服。肃顺等人果然上当。闻京师议论，"顺大喜，扬言众中曰,今在廷诸臣亦有公论,吾辈受遗诏辅冲主,天经地义,宁有他虞？"[2]参与机要的军机章京中有人将这些情况通告奕訢，使其对政变的成功更有把握和信心。据说，这个通风报信的人就是曹毓瑛。曹毓瑛原本是肃顺心腹，被肃顺任为军机处领班章京，参与机要。后因咸丰帝拟增一军机大臣上学习行走，按序应授曹毓瑛而为焦佑瀛越班抢得，曹遂阳示谦退，心怀怨恨。咸丰帝死后，曹毓瑛见肃顺等人与奕訢、两太后皆有矛盾，其权位难得长久，遂改换门庭，投靠奕訢，不断把热河行宫的机密情报通过各种途径暗中提供给奕訢，使之对肃顺等人的动向了如指掌，而肃顺等对敌方的密谋却一无所知，对曹毓瑛等人的活动也毫无察觉。正由于这一点，后世论者多鄙薄曹的为人，称其"巧于仕宦，卖肃顺以干进"。又说"其迁擢之速，身后恤典之渥"，皆远非其他同僚所能比，究其原因则不外两宫太后及恭亲王奕訢偿其"告密之劳"[3]。

正当慈禧和奕訢磨刀霍霍准备杀人政变的时候，肃顺等人又接连犯了

---

[1] 沃丘仲子：《慈禧传信录》，载《当代名人小传》卷上，崇文书局1918年版，第9页。
[2] 沃丘仲子：《慈禧传信录》，载《当代名人小传》卷上，崇文书局1918年版，第8页。
[3] 章士钊：《热河密札疏证补》，《文史》第2辑，中华书局1963年版，第91页。

两个严重错误：一是他们在关键时刻自行放弃了宫廷警卫之权。銮仪卫、向导处、上虞备用处和步军统领是京城和皇帝的主要安全保卫力量，皇帝无论驻京或出游，他的活动全由这些机构安排，谁掌握了它，谁就控制了京城与禁中的主要武装力量，也就控制了皇帝本身。所以，这些机构从来就由皇帝亲信的王大臣掌握。由于载垣、端华、肃顺深得皇帝的信任，故这些机构的管理权皆由他们兼领。如今，他们见西太后被迫退让，奕䜣对赞襄制度也不敢提出异议，遂认为大局已定，无人能奈何他们，于是，便一齐辞去上述要职。而慈禧太后也就立即批准，以奕䜣同党瑞常等接任步军统领等职，为杜绝肃顺等的猜疑，又特命端华暂署行在步军统领。这样，两宫太后及小皇帝一回到京畿，特别是京城后，肃顺等人仅有的一点兵权也丢掉了。二是在返京问题上接受了对他们极为不利的安排，即肃顺护送咸丰帝棺柩在后慢走，载垣等则随同两太后、小皇帝间道先行，以便在东华门跪迎。这样，八位赞襄大臣就被分割两处，使载垣、端华等人失去灵魂，遇事没有主张，肃顺一人在后慢行，遇事也变得孤掌难鸣，无能为力。总之，肃顺等人计低一筹，招招落于下风，及至事态发展到如此地步，他们失败的命运也就注定了。

咸丰十一年九月二十八日（1861年10月31日）两宫太后和小皇帝一行行抵京郊，奕䜣出城迎接，并在当天受到接见，双方开始为政变做最后一项准备，即密商政变后的政治体制，或者说如何瓜分权力的问题。这时，肃顺等人命运已定，垂帘听政势在必行，剩下就是奕䜣的地位问题。奕䜣虽早有考虑，只是不好直接提出。于是，他便策动胜保上奏，其核心是"非皇太后亲理万机，召见群臣，无以通下情而正国体，非另简近支亲王佐理庶务，尽心匡弼，不足以振纲纪而顺人心"[1]。这样的奏折由控制整个京畿地区的军事统帅奏出，其实际意义自与一般大员有很大不同。因为这次政变的主谋是慈禧太后，而所依靠的主要力量却是奕䜣和胜保。从后来的事态发展看，慈禧的目标是代行君权，个人专制，其内心深处并不想接受这种政治体制，但迫于形势，不得不暂且答应下来，以后再从长计议。因

---

[1] 故宫博物院明清档案部编：《清代档案史料丛编》第1辑，中华书局1987年版，第100页。

而，胜保此举无异于火中取栗，虽为奕訢争得了特殊地位，亦从而为政变后的政治体制奠定了政治基础，但却同时触犯了武臣干政之大忌，为自己的最后结局埋下祸根。

在一切就绪之后，慈禧、奕訢等人便于九月三十日（11月2日）发动了这场蓄谋已久的政变。因为这年的干支纪年为辛酉年，故史称辛酉政变。这天，先由两太后在宫中召见奕訢、文祥、桂良、贾桢、周祖培等人，在经过一番哭诉、试探，确信留京大臣对诛除肃顺等人毫无异议之后，随之抛出九月十八日（10月21日）奕譞在热河行宫草拟缮就的"上谕"。内称"上年海疆不靖，京师戒严，总由在事之王、大臣等筹画乖方所致。载垣等复不能尽心和议，徒以诱惑英国使臣以塞己责，以致失信于各国。淀园被扰，我皇考巡幸热河，实圣心万不得已之苦衷也。嗣经总理各国事务衙门王大臣等将各国应办事宜妥为经理，都城内外安谧如常。皇考屡召王大臣议回銮之旨，而载垣、端华、肃顺朋比为奸，总以外国情形反覆，力排众议。皇考宵旰焦劳，更兼口外严寒，以致圣体违和，竟于本年七月十七日龙驭上宾。朕抢地呼天，五内如焚。追思载垣等人从前蒙蔽之罪，非朕一人痛恨，实天下臣民所痛恨者也。朕御极之初，即欲重治其罪，惟思伊等系顾命之臣，故暂行宽免，以观后效。孰意八月十一日朕召见载垣等八人，因御史董元醇敬陈管见一折，内称请皇太后暂时权理朝政，俟数年后朕能亲理庶务，再行归政。又请于亲王中简派一二人令其辅弼，又请在大臣中简派一二人，充朕师傅之任。以上三端，深合朕意。虽我朝向无皇太后垂帘之仪，朕受皇考大行皇帝托付之重，惟以国计民生为念，岂能拘守常例？此所谓事贵从权。特面谕载垣等，著照所请传旨。该王大臣奏对时，晓晓置辩，已无人臣之礼，拟旨时又阳奉阴违、擅自改写，作为朕旨颁行，是诚何心？且载垣等每以不敢专擅为词，此非专擅之实迹乎？此皆伊等辜负皇考深恩，朕若再事姑容，何以仰对在天之灵？又何以服天下公论？载垣、端华、肃顺著即解任，景寿、穆荫、匡源、杜翰、焦佑瀛著退出军机处。派恭亲王会同大学士、六部、九卿、翰、詹、科、道将伊等应得之咎，分别轻重，按律秉公具奏。至皇太后应如何垂帘之仪,著一并会议具奏。"[1]

这时,载垣、端华尚不知发生了何事,当两太后召见奕訢等人时,竟敢在宫门外大喊大叫进行阻止。于是,又迅速发下一道"谕旨",将载垣、端华、肃顺革去爵职拿问,交宗人府会同大学士及六部、九卿等官共议其罪。这时,肃顺则刚走到京郊密云,睿亲王仁寿、醇郡王奕譞连夜赶去,在卧室中将其拿获。十月初一日(11月3日)开始对参加政变的王大臣论功行赏。任命恭亲王奕訢为议政王、首席军机大臣、宗人府宗令,大学士桂良、户部尚书沈兆霖、户部右侍郎宝鋆为军机大臣,鸿胪寺少卿曹毓瑛在军机大臣上学习行走。原军机大臣、户部左侍郎文祥仍值军机处。究竟给肃顺等人加什么罪名呢?拟旨时遇到难题。初欲照和珅例胪列罪状。查抄结果发现,肃顺各处家产总计不及20万,只有和珅的五百分之一,还不到奕訢财产(富逾300万)的十五分之一,致使奉命拟稿的曹毓瑛"思索竟日,周纳无词"[2],觉得无法以贪污纳贿罪惩处肃顺等人。西太后只好在政治上大做文章,利用咸丰帝临终遗诏并非亲笔朱谕这一弱点,宣称咸丰帝当时仅"面谕立皇太子,伊等既假传圣旨,造作赞襄政务名目",根本否定了赞襄制度的存在。然而,王大臣所拟肃顺等人的罪名却是"载垣等身膺顾命,我皇上冲龄践祚,未能同心赞襄,竟敢跋扈不臣,其罪大恶极,莫此为甚!"[3]实际上又承认了赞襄制度的存在。在事关全局的重大问题上,如此尖锐对立的两种说法,竟出现于由奕訢等20多名王大臣署名的同一奏折中,这种现象在历史上也是极为罕见的。这说明慈禧太后最恼恨王大臣赞襄政务一事,在这个问题上她与奕訢是有分歧的。由于上述谕旨由双方意见拼凑而成,故将这种分歧于不知不觉中暴露出来。但是,肃顺等人却是他们的共同敌人,如何惩办则是很容易达成协议的,并在十月初六日(11月8日)宣布:肃顺立斩,载垣、端华赐令自尽,穆荫革职并发往军

---

[1] 故宫博物院明清档案部编:《清代档案史料丛编》第1辑,中华书局1987年版,第101—102页。
[2] 沃丘仲子:《慈禧传信录》,载《当代名人小传》卷上,崇文书局1918年版,第25页。
[3] 故宫博物院明清档案部编:《清代档案史料丛编》第1辑,中华书局1987年版,第114页。

台效力，匡源、杜翰、焦佑瀛革职，景寿革御前大臣职，保留公爵及额驸品级。而他们的罪名不外乎造作赞襄名目，反对垂帘听政，不能听命于太后，擅坐御坐，擅用御物，企图离间两太后，等等。实际上说来说去只有一条，就是反对慈禧太后掌权。至于一再否定赞襄制度的存在，则属篡改历史，意在掩盖其发动政变的真相。接着，还搞了一些肃清余党的活动。被指为肃党的主要有陈孚恩、黄宗汉、刘昆、成琦、德克律太及太监杜双奎、袁添喜、王庆喜等，结果陈孚恩、黄宗汉被革职，发往新疆充军，其余大臣皆被革职，太监则被发往边远地区充官兵奴仆。至于其他向肃顺致函输诚之人，则因为数太多，概不追究，以利于形势的稳定。体现这一政变的赏功科罪过去之后，接着又举行标志其新体制的礼仪活动。十月九日，小皇帝在太和殿举行登极大典，接受百官朝贺。此前数日，已将肃顺等人制定的年号"祺祥"改为"同治"，即两宫太后共同临朝而治之意。十一月初一日(12月2日)两宫太后在养心殿举行了垂帘听政的正式仪式。六岁的小皇帝载淳坐在高高的御座上，其后隔着黄纱屏风，并排端坐着慈安太后钮祜禄氏和慈禧太后叶赫那拉氏，奕䜣则在下面率领百官行礼朝贺。从此，慈禧太后便成为实际上的女皇，在中国统治了47年，直到光绪三十四年(1908)病死为止。

三、垂帘议政联合体制的解体

　　清王朝是君主专制最甚的一代王朝，尤其雍正末年设立军机处之后，内阁变成事务性机构，相权基本上就被取消了。咸丰帝即位，特别是文庆病逝之后，基于军机大臣遇事拿不出主意，遂重用御前大臣载垣、端华、肃顺等，对肃顺更是言听计从，甚为倚重。肃顺亦勇于任事，敢作敢为，实际上以协办大学士行使相权。于是，就形成了清代历史罕见的帝相合作、共同执政的局面。推翻八大臣赞襄政务制度之后，实际上又恢复了这种体制，帝相关系依然如故，所不同的不过是慈禧太后取代了咸丰帝的位置，奕䜣取代了肃顺的位置而已。当时，军机大臣共六人，桂良是奕䜣的岳父，其余文祥、宝鋆、沈兆霖、曹毓瑛皆是领班军机大臣奕䜣的亲信，处处察言观色，仰其鼻息，与肃顺掌权时很有些类似。慈禧对此心中一清二楚，故只让奕訢掌握相权，而将帝权，即最高决策大权牢牢掌握在自己手中。就是说，奕訢遇事可拿出主意，并负责具体办理，但可与不可，要由她说了算。奕訢与她的关系只能是君臣关系、上下关系、决策与执行的关系，不可摆错了自己的位置。为了明确这一点，在奏准处死肃顺等三人的第二天，慈禧太后即发布上谕，借题发挥，对奕訢等人提出警告，"王公内外文武大臣均受皇考大行皇帝深思，特备任使"，"倘敢纳贿招权，营私舞弊"，"载垣等前车具在"。"嗣后倘有如载垣等专擅不臣者，尔王大臣等以及科、道即行参奏"，"倘仍前缄默"，"朕亦不能宽宥也"[1]！奕訢一看便知是针对自己的，遂于第二天急急上奏，表示要"尽心竭力，一秉公忠，与在廷诸臣认真办理，以期仰慰先帝在天之灵，用酬委畀深恩于万一"。同时请求："明降谕旨，饬下中外大小臣工，嗣后于朝廷用人行政贤否是非，务当各抒所见，据实胪陈，以求折中至当。而臣得借以多方历练，庶不致有陨越之虞矣！"[2]实际上承认了他与慈禧太后这种君臣名分和主从关系，并自愿接受她的训诫和王公大臣的监督。慈禧太后见目的已经达到，便一面肯定奕訢的功绩、忠诚以及自己对他的信任，以安其心；一面又肯定奕訢的"谦卑侧怛"，示意其后要照此办理，勿负"厚望"[3]。可以说，这是两人第一次交锋，慈禧太后恩威并施，处处主动，操纵自如，稳占上风。奕訢则臣服于她的脚下。这样，两人的主从关系和联合执政体制也就暂时稳定下来。

联合政体面临的最大问题仍是如何尽快解除"内忧外患"的问题。"内忧"即太平天国等各地各族起义，"外患"即外国侵略者的步步进逼。同咸丰帝和肃顺执政时期相比，这两个问题虽仍然存在，但局势却已大为不

---

[1] 故宫博物院明清档案部编：《清代档案史料丛编》第1辑，中华书局1987年版，第117—118页。

[2] 故宫博物院明清档案部编：《清代档案史料丛编》第1辑，中华书局1987年版，第121、122页。

[3] 故宫博物院明清档案部编：《清代档案史料丛编》第1辑，中华书局1987年版，第121、122页。

同。自湘军攻占安庆，击溃太平军陈玉成部之后，清王朝对太平天国的战争已经稳操胜券，剩下的只是如何尽快收复江宁及苏、杭诸城，把太平天国革命彻底镇压下去的问题。这方面，他们基本上继承了肃顺以汉制汉，即重用汉人、依靠湘军镇压太平天国革命的政策，但在程度上又向前推进了一步，也就是说对曾国藩等人的使用更放手了。与此同时，又努力恢复僧格林沁的部队，重用旗人将领胜保、多隆阿等人，拒绝任命曾国藩为经略大臣，而令官文稳居上游，以监视和牵制湘、淮军。这样，既放手使用，又讲求操纵控驭之术，则较咸丰、肃顺似尤过之。对外政策方面，则做较大的调控。他们不仅基本上抛弃了咸丰帝、肃顺等坚持的天朝上国的传统观念，开始了解世界，学习办理近代外交，甚至掀起了以学习西方军工技术为主的洋务运动；同时，也对西方国家产生了某种幻想和依赖，以为只要信守和约就可以中外相安，因而遇事退让。更有甚者，还使多年来议而不决的所谓"借师助剿"问题很快达成协议，将一个中外反动派仅在局部或暗中进行的勾当，变为公开的重要国策，并将之迅速付诸行动，绞杀太平天国革命于血泊之中。

　　总之，慈禧太后与奕訢在内政，特别是对外方针方面，是有变动而无分歧。但在权力分配上二人却仍然存在着矛盾，并不时发生隐蔽的争斗或公开的冲突。奕訢虽表面上对慈禧太后表示臣服，但实际上并不甘心，仍在利用自己的皇叔地位和手中权力，力图使垂帘徒具虚名，而将朝廷实权掌握在自己手中。不少大臣也往往趋附奕訢，遇事先就奕訢相商，唯其马首是瞻。慈禧太后对此看得清清楚楚，以十分警惕的目光注意着奕訢的动向，刻意防范重现大臣擅权的局面。但一则太平军"未平"，外交上麻烦不断，须借重奕訢的力量共渡难关；一则她上台不久，根基不深，尚不足以与奕訢公开较量。故对奕訢一般采取隐忍退让的态度，所有奏请几乎无不应允，而暗中则设法削弱他的实力，以免其无限扩充，尾大不掉。而杀掉胜保，就是她为此采取的重要步骤。

　　胜保在清军将领中本属庸才，既不能与湘、淮将领相比，也不能与僧格林沁等旗籍将领相比。与太平军、捻军作战屡次败北，素有"败保"之称。然自助成辛酉政变后，他在统治阶级中的地位陡然突出起来。此后，胜保不仅未曾谦退敛抑，反而自以为有拥戴垂帘听政之功，更加胡作妄为，甚至与奕䜣过从甚密，多次以重金行贿。一次胜保派人为奕䜣送去二万金，承办人员将它误投惠王府，惠王遂与醇王平分享用。奕䜣与胜保这种特殊关系不能不引起慈禧的妒恨与警惕，遂决心杀掉胜保以剪除奕䜣的羽翼。同治元年(1862)七月，先将胜保由安徽调往陕西，接着又于十二月初四日(1863年1月22日)以恃功骄盈、多次庇护清政府势在必剿的苗沛霖，以及宋景诗部"降而复叛"等罪，密令多隆阿将其逮捕，并于次年二月槛送至京，七月又下诏赐令自尽。为了避开奕䜣的阻挠，顺利杀掉胜保，慈禧太后便采取对付肃顺的办法，背着奕䜣令人拟定谕旨。"一日，帘内传旨无事，各直员皆散，恭邸甫出而赐胜死之旨从中降"[1]。当奕䜣发现回救时，已经来不及了。胜保的被杀，是对奕䜣的一个严重打击，也是慈禧、奕䜣间政治决战的前奏。

三年六月湘军攻陷太平天国首都天京，太平天国革命宣告失败，制约政局的这一主要矛盾暂时解决。随后，曾国藩又被迫迅速裁撤集结在江宁一带的湘军，并令其胞弟曾国荃离开军营，回籍养病，从而解除了曾国藩为代表的汉族地主武装对清廷的威胁。慈禧太后认为大局已定，时机成熟，便开始着手解决自己与奕䜣的矛盾。

四年三月，日讲起居注官蔡寿祺上奏要求"广言路、勤召对、复封驳、振纲纪、正人心、整团练、除苛政、复京饷"[2]八条，同时，批评奕䜣重用汉臣，指责劳崇光、骆秉章、曾国藩、刘蓉、李鸿章等督抚大员捏功晦败，结党营私，排斥异己。此折虽留中不发，但蔡却因未受谴责而得到鼓舞和启发，遂于十日之后再上一折，从而在统治阶级内部掀起更大的波澜。这一次蔡寿祺没有像上次那样漫议朝政，万箭齐发，而是集中攻击恭亲王奕䜣，其所列罪状主要有"揽权、纳贿、徇私、骄盈"四条，尽管无一事实，而语气却极为肯定，并据此要求奕䜣引咎辞职，"归政朝廷，退居藩邸，

---

[1] 赵烈文：《能静居日记》，学生书局影印本，同治七年二月十四日。
[2] 赵烈文：《能静居日记》，学生书局影印本，同治四年四月初四日。

请别择懿亲议政"[1]。据说，此折出自慈禧的授意，而若将蔡寿祺所上先后两折稍作比较，便觉此说可信，且可为此后发生的事实所印证。

收阅蔡寿祺奏折后，两太后就抛开多为奕訢亲信的军机处，直接召见大学士周祖培、瑞常，吏部尚书朱凤标等八人，要他们照蔡寿祺的奏折议奕訢之罪。周祖培等人如闻晴天霹雳，惊惧交加不敢出一语。后经慈禧太后一再鼓励、催迫，周祖培始被迫答应"容臣等退后详察"，并"请与倭仁共治之"[2]。当周祖培、倭仁等人在内阁面询蔡寿祺参劾奕訢的事实根据，并令其一一写出时，蔡仅就"纳贿"一事指出薛焕、刘蓉二人，且系得自传闻，其余皆含混搪塞，不能指实。倭仁等只好如实以事出有因，查无实据奏复，至于如何处理则由两宫太后决定。其实慈禧太后早就决定了。当倭仁、周祖培等人复命时，她就拿出自拟的上谕草稿，并命周等为其润色后绕过军机处，送由内阁迅速发往全国。足见这确属非常之举，蔡寿祺之所以敢于在未获实证的情况下，肆无忌惮地攻击手握朝中大权的懿亲重臣，并要求其"归政朝廷，退居藩邸"，若无人暗中授意是根本不可能的。周祖培等对慈禧太后草拟的上谕除添入"议政之初尚属勤慎"八字外，内容一无变更，修改错别字及文理不通之处后，即遵旨由内阁明发。现将该谕旨照录如下：

"朕奉两宫皇太后懿旨，本月初五日据蔡寿祺奏，恭亲王办事徇情、贪墨、骄盈、揽权，多招物议，似此劣情，何以能办公事！查办虽无实据，事出有因，究属暧昧，难以悬揣！恭亲王议政之初，尚属勤慎。迨后妄自尊大，诸多狂傲，倚仗爵高权重，目无君上，视朕冲龄，诸多挟制，往往暗使离间，不可细问。每日召见，趾高气扬，言语之间许多取巧妄陈。若不及早宣示，朕亲政之时何以用人行政！凡此重大情形，姑免深究，正是朕宽大之恩。恭亲王著毋庸在军机处议政，革去一切差使，不准干预公事，以示朕曲为保全之至意。至军机处政务殷烦，著责成该大臣等共矢公忠，尽心筹办。其总理通商事务衙门各事，宜责令文祥等和衷共济，妥协办理。

---

[1] 吴相湘：《晚清宫廷实纪》，正中书局，1982年，第99、101页。
[2] 吴语亭：《越缦堂国事日记》第2册，第156页。

以后召见，引见等项，著派惇亲王、醇郡王、钟郡王、孚郡王四人轮流带领。特谕。"[1]

上谕发布之后，立刻掀起轩然大波。同上次诛除何桂清、胜保时相反，这次得到的不是赞誉，而是惊异和反对之声。首先上疏抗争的是惇亲王奕誴。他认为奕訢的进退于大局关系匪浅，应由王公大臣集议决定。不久，醇郡王奕譞、通政使王拯、御史孙翼谋也上疏力争，不同意罢免奕訢。奕誴、奕譞与奕訢同为兄弟，虽数年来意见多有不合，嫌隙甚深，但太后如此对待咸丰帝的骨肉兄弟，不能不引起他们的警惕。况且，这一棒又打得不明不白，毫无道理，无疑是西太后擅作威福，故而也上疏力谏。这些奏折发下复议，结果对她罢免奕訢的决定，亦是反对者多，赞成者少，且反对之声越来越大，几乎众口一词，要求收回成命。有人还奏称："该王素为中外所仰重，又为夷人所信服，万一夷人以此为请，从之则长其骄肆之心，不从则别启猜疑之渐"[2]，更使她不能不有所顾忌。

但是慈禧太后毕竟有政治经验，善弄权谋，于碰壁之后感到必须退却时，也能够做得非常主动，恰到好处。她先是在王公、大臣集议之前，分别召见奕訢的亲信和其他王公大臣，要弄两面手法，使双方都认为得到她的支持，意见相持不下，不能成议，借以对王公大臣进行政治测试。当意见出现一边倒时，她便乘机明发谕旨恢复奕訢内廷大臣、管理总理各国事务衙门的职务。接着又召见奕訢，面加训诫，见他"伏地痛哭，无以自容"，"深自引咎，颇知愧悔"，完全屈服在自己的脚下，她便作出"衷怀良用恻然"的姿态，并恢复其军机大臣差事，但仍"毋庸得议政名目，以示裁抑"[3]，并将这些情形与决定通过上谕公布全国。这样，奕訢不敢不服，王公大臣亦不敢再争，她则以取乎上而得乎中大获全胜。经过这次打击，恭亲王奕訢威风大减，神气沮丧，遇事唯唯诺诺，再不敢坚持己见，与她抗争。从这场斗争中也可以看出，奕訢确实显得浅薄、懦弱、处处计低一筹。有人

---

[1] 翁同龢：《翁同龢日记》，中华书局1969年版，同治四年三月初八日。
[2] 吴相湘：《晚清宫庭实纪》，正中书局1982年版，第109页。
[3] 翁同龢：《翁同龢日记》，中华书局1969年版，同治四年四月十五日。

评论他"聪明信有之，亦小智耳"，"身当姬旦之地，无卓然自立之心，位尊势极而虑不出户"[1]，还是比较恰当的。同时，也说明慈禧太后对国家的大政方针虽无卓见，但在人事关系上却颇能操纵自如。其政治手腕刚柔相济，阴谋诡计层出不穷，且在执政过程中历练愈久，运用得愈加娴熟。仅此一点而言，可与历代帝王一比高低。在遭受太平天国等人民起义的沉重打击之后，清王朝能以克服重重危机，苟延数十年之久，恐怕与此不无关系。

从此，奕訢虽仍为首席军机大臣，但却失去议政王地位，诸事由皇太后决定，不再迁就他的意见。故政治体制亦随之一变，通过辛酉政变而建立起来的垂帘、议政联合体制宣告瓦解，在镇压太平天国革命过程中曾一度恢复起来的相权被慈禧太后取消，由帝相联合执政逐步走向清代以来所独有的、极端的君主个人专制。为了进一步孤立奕訢，她还对那些公然为奕訢辩护的王公大臣，如肃亲王华丰，借故加以惩治，革去其刚刚任命的宗人府宗令和内务府大臣职务，对站在她一边的倭仁、李鸿藻加以提拔重用，造成一种顺之者昌、逆之者亡的政治气候，以达到逐步削弱奕訢集团、壮大自己力量的目的。

四、同治帝的亲政与病死

按清朝祖制，小皇帝长到 14 岁即为成年，就要举行大婚，开始亲理朝政。幼年登极的清太宗皇太极、顺治帝福临、康熙帝玄烨都是这样做的。载淳生于咸丰六年 (1856) 三月，以当时的计算方法，同治八年 (1869) 即已 14 岁，达到亲政的年龄。但慈禧太后却借口典学未成，不肯归政，致使亲政之期推迟。迨至同治十一年 (1872)，载淳已经 17 岁，实在无法再行拖延，才于是年九月举行大婚之礼，次年正月正式亲政。然而，她不甘心交出大权，在载淳亲政之后，仍令其每日办完公事即赴弘德殿学习，其师李鸿藻亦照常入值，以此暗示小皇帝仍缺乏治理国家的能力，遇有重大问

---

[1] 赵烈文：《能静居日记》，学生书局影印本，同治六年七月初九日。

题还要向她请示,借以暗施操纵,遥执国柄。同时,不顾国家财力物力,命小皇帝为她修复圆明园,以供其享乐。同治帝亦欲借此讨取慈禧太后的欢心,使其迁居园内安度晚年,不再干预他用人行政,故毅然决定修复圆明园部分园庭。不料却在政治上引出层层波澜,反为她继续干政提供方便。

由于圆明园破坏太甚,虽只择要修复亦需款甚巨,国库空虚,实在无此财力。故此议初兴,虽有人反对,并多次进行辩论,但仍悍然开工。开工不久,即发现采办人员与内务府经办官员相互勾结进行贪污、诈骗的事件,遂致反对派再次抬头,要求停止修复工程。奕䜣、奕譞等人除联名上疏外,还借召见之机进行劝谏。不意同治帝极为反感,竟口出"让位"之语,气得文祥伏地大恸,几乎昏厥过去。最后经醇王奕譞反复"泣谏",同治帝始说明园工一事系慈禧太后的主意,自己不能擅停,只可转奏。于是,由此引出李鸿藻直接上奏皇太后,要求停止园工之举。这在同治帝业已亲政之后发生,应该说是一种极不正常的现象。小皇帝身为一国之主,而处处受制于人,大小事件均由皇太后决定,已是烦恼无比。而今自己认为唯一可以摆脱困境的出路又被王公大臣堵死,其心中的恼怒可想而知。所以,经过几次辩论,同治帝虽被迫同意停止园工,但对奕䜣、奕譞等人极为憎恶,遂把自己的一切绝望、烦恼、怨愤都一股脑儿发泄在他们身上。停止园工的诏旨刚刚拟就,即朱谕传出,将奕䜣革职议罪。第二天,同治帝又发下朱谕,降奕䜣为郡王,仍任军机大臣。仅惩办奕䜣还不解气,随后又将反对园工的所有王公大臣,如奕譞、奕䜣、文祥、宝鋆、沈桂芬、李鸿藻等十人概行革职,并拟召六部、九卿、翰、詹、科、道议其朋比谋为不轨之罪。慈禧太后看着闹得差不多了,便出面进行干预,将两道朱谕留中不发,在弘德殿召见奕䜣,垂涕慰谕,并宣布撤销上述谕旨,同治帝亦表示悔悟。随后又以同治帝的名义发布谕旨,备述恭亲王奕䜣革职、复位缘由及其召见之时言语失仪之咎。在这场风波中,慈禧利用同治帝的狂妄无知,再次玩弄了他与奕䜣,达到一箭双雕的目的。一方面暴露了同治帝行事乖张,视国事如儿戏,确无治国能力,为其继续干预政务提供了根据;一方面离间了同治帝与奕䜣、奕譞的关系,防止他们叔侄联手排挤自己。这样,国家实权就仍然握在慈禧太后的手中,同治帝不过其玩偶而已,他的亲政并不能改善奕䜣的政治处境。总之，通过这场风波，奕䜣再次遭受打击，地位更加虚弱，同治帝也大出其丑，使王公大臣大失所望，唯有慈禧太后坐得渔人之利，给人造成一种大清江山非由她主宰不可的印象。

同治帝亲政之后，不仅政治上受控制，生活上亦不能完全自主，连正常的夫妻生活也往往受到限制。皇后阿鲁特氏虽品貌俱佳，才德一流，但却系郑亲王端华的外孙女，是慈安太后和同治帝选定的，慈禧太后虽事后勉强同意，但心中极为不快，尤恐他们生子成立，继承大统。故常常干预他们的夫妻生活，授意太监，不令他们同宿。据说，同治帝为此极为苦恼，有时独宿乾清宫，有时则微服出宫，去斜巷娼寮冶游，以致渐染恶疾，亲政尚不及二年，即于同治十三年十二月初五日（1875年1月12日）病死，年仅19岁。

关于同治帝的死因，当时，清政府的官方文件曾宣布死于天花，而一些野史、笔记则言死于梅毒，有关史学著述也各持己见。1980年徐艺圃据故宫档案著文认为，确实"死于天花"[1]。1989年李镇著文反对此说，指出这是为顾全皇家体面而造出的假医案。甚至就是这个医案，也曾泄露出真实病情的蛛丝马迹，如"毒火聚腰，慢流脓水""牙龈黑臭，口疳穿腮"[2]二事，就绝非天花症状。

同治帝病死给两太后再度垂帘听政提供了机会。早在同治十三年十一月初七日，即同治帝卧床不起的第八天，慈禧太后就几次召见军机大臣和御前大臣，策划重新垂帘听政，示意大臣具折奏请，并先奏明同治帝，声言俟来年二月十一日（1875年3月18日）后同治帝再亲理朝政。这就为她此后强立幼帝准备了条件。关于选定继承人的过程众说纷纭，但多系传闻或后人揣测之词，不足凭信，唯《翁同龢日记》中的记述属当事人的记录，较为可信。《翁同龢日记》载：

> 戌正（摘缨青袿），太后召诸臣入，谕云，此后垂帘如何？枢臣中有

---

[1] 徐艺圃：《同治帝之死》，载《故宫博物院院刊》，1980年第4期。
[2] 李镇：《同治究竟死于何病》，载《文史哲》，1989年第6期。

言宗社为重，请择贤而立，然后恳乞垂帘。谕曰，文宗无次子，今遭此变，若承嗣年长者实不愿，须幼者乃可教育，现在一语即定，永无更移，我二人同一心，汝等敬听。则即宣曰某。维时醇郡王警惧敬唯，碰头痛哭，昏迷伏地，掖之不能起。诸臣承懿旨后，即下至军机处拟旨。潘伯寅必明书为文宗嗣，余意必应书为嗣皇帝，庶不负大行付托，遂参用两人定议。亥正请见，面递旨意（黄面红里），太后哭而应之，遂退。方入见时，戈什爱班奏迎嗣皇帝礼节大略……遣御前大臣及郭郡王等暖舆往迎，寅正一刻闻呼门，则笼烛数枝入自门矣。余等通夜不卧，五鼓出。[1]

据上述记载可知，从同治帝死到嗣皇帝载湉入宫承继大统，都是在一夜之间完成的。参与此事者除两宫太后外，虽还有军机大臣、御前大臣及少数机要人员，但对于由谁承继大统这个如此重大的问题，始终没有经过议论，而是完全由两宫太后，实际上则是由西太后一人决定的，整个过程极为简单快速。不过在做法上却极为讲究策略。她若首先提出为同治帝选定继承人的问题，王公大臣们必定议论纷纷，目标很难集中到载湉身上，弄不好会难以收场。所以首先提出："此后垂帘如何？"自肃顺等人因反对太后垂帘听政惨遭杀身之祸以后，朝中大臣再也无人敢于议论这个问题的是是非非。只要这个问题确定下来，接下来所谓"年长者实不愿，须幼者乃可教育"，便可顺理成章，再打出两宫太后二人同心的旗号一压，也就可以如愿以偿。至于选立载湉为"嗣皇帝"，慈禧太后显然早有精心计算。当时皇室近支中有资格继承皇位者，"载"字辈以奕䜣之子载澂年最长，"溥"字辈以道光帝长子之孙溥伦在排列正序中最为靠前。若为咸丰帝立嗣，按长幼顺序应为载澂；若为同治帝立嗣，按承继正序应为溥伦。但载澂的年龄与同治帝相差不多，即位就要亲政，且必定会提高和加强奕䜣的地位。而溥伦承绪就成为同治帝的嗣子，即使仍行垂帘之制也轮不到她，因为那样一来她就不是皇太后而是太皇太后了。所以这两个人都不可能为她所接受。而选立载湉作为同治帝的继承人，则情况就大为不同，概

---

[1] 翁同龢：《翁同龢日记》，中华书局1969年版，同治十三年十二月初五日。

括起来可以说对慈禧太后有四条好处：首先，载湉系载淳之弟，由他继位只可作为咸丰帝的嗣子而不能作为同治帝的嗣子，这样她就可以作为太后继续垂帘听政。其次，载湉当时年方四岁，她最少可执政十年。再次，载湉系奕譞与她胞妹所生之子，与她有亲戚关系，便于控制和施加影响，即使将来亲政也不会对她过于不利。还有，以载湉"承继大统"可以加强奕譞的地位，使之与奕訢势均力敌，谁也无力与她对抗，也就只能臣服在她的脚下。这样，她就可以长期把持皇权，作威作福，为所欲为。总之，选立载湉继承皇位并不完全符合清代惯例，而是出于她的私意。

慈禧太后这种贪权枉法的做法引起部分高层人士极大的不满。他们无法正面提出反对意见，就千方百计地寻找可乘之机，向她提出挑战。由于载湉以咸丰帝嗣子继承帝业，这就造成帝位兄弟相承的局面，不仅破坏了清朝帝位父子相承的传统，且使同治帝失去后嗣，从而在政治上和宗法上留下一个漏洞。于是，有人便在如何为同治帝立嗣的问题上大做文章，以示抗争。首先就这个问题上奏的是内阁侍读学士广安，请求她召集王公大臣，当众颁立铁券，保证在载湉之后，将大清皇位再传到同治帝嗣子手上。结果受到传旨申饬。随后即发生同治帝皇后阿鲁特氏自杀身亡之事。阿鲁特氏在同治帝生前曾受尽慈禧的折磨与整治，同治帝死后又使阿鲁特氏成为新君载湉的寡嫂，既非皇后亦非太后，在宫中处于极为尴尬的境地，终因无法忍受这种屈辱而在同治帝死后百日之内自寻短见。由于此事发生在深宫，外人不明真相，故亦被轻易地掩盖过去。然而，光绪五年三月，吏部主事吴可读乘同治帝、后大葬之机，因同治帝立嗣一事不惜尸谏的激烈行动，却在全国引起震动，亦使慈禧太后在政治上受到较大冲击。但是，吴可读立论之基不过是清代帝位以子传子的祖宗家法，以死相诤不过是要求明降谕旨，宣布将来清朝大统仍归同治帝嗣子继承。她针对上述特点降谕诡称，吴可读虽所争有理却无此必要，因早在选立新君之初即已宣布，嗣皇帝生有皇子即承继同治帝而为其后嗣。随后便有大臣按照她的意图纷纷上疏，在立嗣与建储之不同上大做文章，称吴可读要求预先颁定大统所归的做法，有违清代不明定储位的祖宗家法，很快扭转了舆论方向，使她在政治上由被动变为主动，没有耗费太大的气力便平息了这场风波。

五 曾国藩集团与晚清政府

咸丰帝青年去世和同治帝幼年即位，造成了皇权与皇位的分离，从而使内外交困的清政府处境更加艰难，并由此引发清王朝宫廷内部一系列矛盾、斗争，其焦点就是由谁来掌握帝权的问题。至于皇权与皇位分离的现象，则历代王朝屡见不鲜，清王朝建立之初亦曾一现再现，其解决办法，不外由幼帝最为亲近之人，如宦官、外戚、太后、亲王、顾命大臣等代行皇权，其究竟采取哪种方式，则由当时的具体情况决定。慈禧太后所以能够一一击败对手，以垂帘听政的形式长期掌握皇权，并引导清政府一次次走出困境，使之在经受几次沉重打击之后得以苟延数十年，除其他诸因素外，则又有其个人方面的原因。她不仅有极强的权势欲和幼帝生母这一他人无法相比的有利地位，而且具有在清朝最高统治阶层中高人一等的政治才能。而同治帝的早死则又为慈禧的再度垂帘听政提供了机会，从而使这一制度确立起来。而此后接连发生的东太后去世与奕訢罢职，则使她终于成为中国历史上最为专制的一代女皇。

（《清代全史》第七卷第四章第一节，辽宁人民出版社1993年版）

关于清代的道和道员

作为地方监察机构的道,不仅与整个清代相始终,而且一直延续到北洋政府垮台。有关清代地理沿革的著作和地图,只有省、府、厅、州、县,很少涉及道,连卷帙可观的《清代职官年表》也无道员一目。有些官制表虽然详列其辖区、住地等项,但却没有道的设置与撤、改时间,也看不出辖区、住地的前后变化。因而,为解除种种疑难,不得不对这一问题试作探求。现将所接触到的材料略加整理,叙述如下:

一、道的性质和道员的职权

道和道员制度是在明代形成和确立下来的,清代承袭了这一制度,并进行了若干调整和改革。

清代地方政权分为省、府、县三级(厅、州或同于府,或同于县),设置于省、府之间的道并不是一级政权组织,而是省级政权的派出或办事机构。但也有人把道与省、府、县相提并论,称之为四级地方行政机构。例如,民国年间出版的《内政年鉴》就认为,清代地方行政机构为省、道、府、县四级制。这就把地方政权组织与某级地方政权的派出或办事机构混为一谈,虽有一些道理却不尽妥当。

道的长官称道员,俗称道台,在书信往来中通常称为观察。道员的办公机关称道台衙门,其属吏有库大使、仓大使、场大使、盐课大使、关大使等杂职,秩从九品或未入流不等,"皆因地建置,不备设"(《清史稿》职官三)。道员的主要职责是协助督、抚、藩、臬诸地方人员管理政务、监督府、县。《清史稿·职官志》说，道员"各掌分守、分巡及河、粮、盐、茶，或兼水利、驿传，或兼关务、屯田，并佐藩、臬核官吏，课农桑，兴贤能，励风俗，简军实，固封守，以帅所属而廉察其政治"。正是由于这一特点，人们通常把道员与藩、臬二司连在一起，统称为司道官员，简称"司、道"。这既说明其地位之重要，也说明其属员身份。由于道员的主要职责是监察而无地方专责，所以实权很小。有个曾出任福建汀漳龙道的人发牢骚说："分巡一官，上之不如藩、臬黜陟有权，下之不如守、令措施在我，驭吏而吏不畏，辖兵而兵不知，名为监司，实与闲曹等。"（桂超万：《宦游纪略》，卷六）曾国藩也认为："司道位高而无权，处易受三四之地，纵不多凶，亦颇多惧，本难时措咸宜。"（《曾文正公全集·书札》，卷二十五）

清代道员的衔额与品秩，前后有很大变化。清朝开国之初，各项制度承袭明制，道员"衔额靡定，均视其升补本职为差"（《清史稿》职官三）。顺治十六年的上谕说，"自今以后，除、授、升、转各道员，不得拘地方坐定职衔，著以布、按二司衔通融兼带，永著为例。"于是，据此议定，"守道缺出，所升之人系副使即升参政，佥事即升参议，或系参议应升副使者，即以副使兼参议衔，郎中等官应升佥事者，即以佥事管参议事。巡道缺出，所升之人系参议即升副使，系郎中等官即升佥事。或系副使应升参政者，即以参政兼副使衔。佥事应升参议者，即以参议兼佥事衔"（嘉庆《钦定大清会典事例》，卷二十二）。由于原职不同，所以虽同为道员，其品秩却不一样，"参政道从三品，副使道正四品，参议道从四品，佥事道正五品"（《清史稿》职官三）。乾隆十八年实行改革，"罢各省守道兼布政司参政、参议衔，巡道兼按察司副使、佥事衔，定为守巡各道秩正四品"（嘉庆《钦定大清会典事例》，卷二十二）。从此以后，道员开始以自己所掌管的部门或地区定衔，品秩一律为正四品。

关于一般道员能否封章奏事的问题，清政府一再变更自己的规定，情况比较复杂。清朝初年，道员本无具折奏事之权，即使"委署两司，其应奏交代等事"亦须"详请督抚代奏"。雍正年间，曾一度允许"道、府、同知"自行具折奏事，"后因无所建白，遂行停止"。乾隆四十一年，清政府规定："道员中有委署两司者，俱准其照藩、臬一体具折奏事。"(嘉庆《钦定大清会典事例》，卷二十二)嘉庆四年清政府又进一步将封章奏事之权推及到所有道员。上谕说："雍正年间，道、府、同知等员俱准封章奏事。因思各省道员职司巡察，即与在京科道有言责者相等，况科道之条陈纠劾，尚多得自风闻，何如监司大员身任地方，目击本省政务民情者较为真知灼见耶！嗣后除知府以下等官仍不准奏事外，其各省道员均著照藩、臬两司之例，准其密折封奏，以副兼听并观、集思广益至意。"(嘉庆《钦定大清会典事例》，卷二十二)

但从后来的情况看，乾隆四十一年的规定得以实行，而嘉庆四年的允诺并没有兑现。否则，以后就不会出现根据会衔或专折奏事的需要与否，给某些道加上或裁去按察使衔的问题。据不完全统计，清代巡守各道曾加过按察使衔者先后共有八个，即福建台湾道、直隶热河道、江苏淮扬海道、安徽徽宁池太广道、四川康安道、奉天驿巡道、奉锦山海关道、黑龙江道。就时间而言，除台湾道系乾隆五十三年外，其余各道之加按察使衔均在嘉庆四年之后。不仅如此。有的道之加按察使衔或裁按察使衔，均视其需否会衔或专折奏事为转移。仅以徽宁池太广道和奉锦山海关道为例。咸丰三年，太平军发动西征，攻占安庆、庐州等地，致使皖南之徽、宁、池、太、广五府、州与迁往寿州的省政权文报不通，联系中断。清政府为使皖南地区成为一个独立战场，可以单独对太平军作战，遂于咸丰五年改安徽道为徽宁池太广道，加按察使衔，准其会衔或专折奏事。同治四年，太平天国革命被镇压下去以后，清政府即裁去其按察使衔，撤销其封章奏事之权。上谕说，"见在皖南安谧，所有暂加按察使衔著即撤销，亦不必与该镇合衔奏事，用符旧制"(《皇朝续文献通考》，卷一百三十四)。奉锦山海关道的情形也与此类似。同治五年，裁山海关监督，改设奉锦山海关道，兼关务及中外交涉事宜，加按察使衔，"傥遇中外交涉关系紧要事件，准该道专折奏闻"(《清实录同治朝实录》，卷一百八十六)。宣统元年改奉锦山海关道为锦新营口道，不再兼管中外交涉事宜，随即裁去按察使衔。可见，道员之加按察使衔带有暂时的性质，为了使某些道员能够具折奏事，即给他加上按察使衔，使之与道员委署两司者等。一旦无此必要，即裁去按察使衔，使之"仍归旧制"（《皇朝续文献通考》，卷一百三十四）。由此可知，嘉庆四年虽然明文规定道员可以"密折封奏"，但实际上一般道员并没有享受这个待遇，只有委署两司即署理布政使或按察使以及加按察使衔的道员才可以封章奏事。

二、道的分类与设置

从历史渊源上看，道可以分为分守道与分巡道。分守道由布政司参政、参议演化而来，分巡道由按察司副使、佥事演化而来。从明代形成道以来直到清乾隆十八年，道员都没有专衔，仍须兼带布政司参政、参议或按察司副使、佥事衔。乾隆十八年后，情况发生变化，分守道与分巡道渐渐合二而一，仅只名称不同，实际上不再有什么分别。所以有人说，"清初有分守道分巡道之分，分守为布政使之副，专掌钱谷，分巡为按察使之副，专掌刑名。清末则两者合而为一。"（《内政年鉴·民政篇》，民国二十四年出版）因而，对于清代的道，尤其清代后期的道，只能以职责的不同来分类，否则不仅毫无意义，且会造成一些不必要的麻烦与混乱。

按其职责的不同，清代的道可以分为两类：一是掌管一事的道，一是掌管一地的道。前一种道以所管职事命名，实际上是省的办事机构；后一种道以所辖地区命名，实际上是省级政权派往各地的监察机构。前一种道权力及于全省，仅以自己所掌管的部门为限，后一种道权力及于各个方面，但以自己的辖区为限。

清代道的设置，前期与后期有很大不同。清朝初年，专管一事的道名类繁多，计有粮储道、盐法道、驿传道、水利道、管河道、巡海道、海防道、江防道、兴屯道、马政道、提学道等等，殊难尽举。经过多次整顿，除盐、粮、河道予以保留，提督学道改为提督学政外，其他各道陆续裁撤，其所管职事概由守巡道兼管。这样，到鸦片战争时，专管一事的道就仅有粮、盐、河三种了，其他如海关、巡警、劝业等道，都是在鸦片战争后添设的。巡警道与劝业道分别掌管警务和矿业、工艺等事，它们是在清政府实行新政时于光绪末年或宣统年间陆续设立的。这两种道存在时间不长，影响不大，且各省大体雷同。因而，不作专门论述。这里仅就粮、盐、河、关四道的情况，做点简单介绍。

粮储道又名督粮道，简称粮道。有的省与盐法、驿传合为一道，称为粮驿盐道或粮盐道。粮道一般驻省城，但也有驻其他府、州的。粮道的主要职责是收储和支放驻防本省旗、绿各营的兵粮，承办过省客人的迎送费用(见张集馨：《道咸宦海见闻录》)。有漕省份的粮道还要负责办理漕务，诸如漕粮的征收、押运、折色等(见《钦定户部则例》)。清代前期各省粮道的设置尚难考察。经历年变改，到鸦片战争时全国粮道计有江安、苏松、山东、河南、江西、福建、浙江、湖北、湖南、陕西、广东、云南、贵州一十三员，其中兼守地方者三(陕西、云南、贵州)，兼巡地方者三(江西、福建、广东)，负有漕务之责者八(江安、苏松、浙江、江西、山东、河南、湖北、湖南)。粮道一职本来就管事不多，太平天国建都天京后，漕运不通，这就使它更加清闲了。光绪末年和宣统年间，清政府为移出经费和办公场所设立巡警、劝业二道，曾陆续裁了一些粮道和盐道。所以，到清朝覆灭时，全国粮道就仅存苏松、江安、云南三员了。

盐法道简称盐道，有的盐道兼管其他事务，称盐粮道或盐茶道、驿盐道。有的省份如直隶、山东，盐道则由盐运使兼任。盐道的主要职责是掌管盐务，诸如盐场、盐仓、盐税以及盐的运输、经销、缉私等。宣统三年八月内阁会奏说："旧制设官，皆注重于产运销三项，故长芦、山东、两淮、两浙、两广各运司，河东、四川、云南各盐道以司产运，河南、陕西、甘肃、湖北、湖南、江南、江西、广西各盐道以司岸销，皆受成于盐政。"不过这是咸丰元年以前的情形。太平天国革命打乱了清朝的统治秩序，也使其盐政大乱，盐道闲置。奏折说："军兴以后，各省多设督销、官运等局，运司之权既分，而盐道尤成虚设。故河南、江西、陕西各盐道均经奏裁，以藩司及巡警道兼之。湖北、湖南、广西各盐道则名存实去。甘肃宁夏道、平庆泾固化道原兼管盐法，而现在并不知有盐法之职务。即江南盐巡道，亦仅管江宁食岸销数。"清政府针对这种状况，对盐政进行了整顿和改革，决定将督办盐政处改为盐政院，总揽盐政，并于产盐区域设盐务正监督，于行盐区域设盐务副监督。清政府规定，"长芦、山东、两淮、两浙、两广及新设之奉天、改设之四川各运司"，"河东、福建、云南各盐道"，均改为正监督；江南盐巡道改为淮南江岸副监督，将桂平梧道所管盐法划出，另设广西副监督，而"所有湖北武昌、湖南长宝、广西桂平梧、甘肃宁夏、平庆泾固化各盐法道，均撤去盐法字样，河南、江西两藩司、陕西巡警道亦均毋庸兼管盐法，其河东、福建、云南、江南等盐道，原兼分巡、兵备、船厂、税关、水利事宜"，另归实缺司道兼管（《大清宣统政纪》，卷六十一）。这个奏折基本上反映了清代盐道的职责、设置和历史演变。不过，奏折所规定的改革方案只能算作一个有关盐政改革的书面决定，实际上并没有得到实施。因为就在这个月里爆发了武昌起义，随之清王朝就灭亡了。所以，要考察清代盐道的实际设置情况，仍应以改革前的状况为准（参见附表一、二）。

　　管河道又称河务道，简称河道，其主要职责是管理河道工程及抢险防汛事宜。河道主要设置于直隶、江苏、山东、河南四省，以协助该地方大员和河道总督治理黄河、运河及苏北、京南各河流的水患。经过历朝的增、改、裁、并，到鸦片战争时全国河道共有十四员，计直隶、江苏各五员，山东、河南各二员。其主要特点是，除山东运河道、江苏河库道、直隶永定河道外，其余十一个河道都兼巡地方。所以出现这种情况，其主要原因并不是由于河道过于清闲，而是河道这一职务本身的需要。直、鲁、苏、豫四省是经常发生水患的地方，常年不断的修河工程与雨水集中季节的抢险防汛，就成为该地方政府乃至中央政府的重要工作。所以，清政府不仅设有河道总督，而且还在上述省份设立河道以专管其事。管河道所以要兼管地方，主要就是为了在一旦有事时能够迅速集中起足够的人力、物力，免致地方官踌躇、观望，不受辖制，临时呼应不灵。因为道员的监察权力仅限于自己辖区之内，其他府、县官员并无受其弹劾之虞，所以也就不会受其支配。因而，如果沿河府、县不由河道管辖，守、令就不会听其指挥，踊跃贡献人力、物力，倘遇事故必然互相推诿，贻误大事。例如，江苏省苏北地区就曾出现过这种情况。淮徐河道原本兼管地方，"后因专设巡道，地方各官遂以非河道管辖，雇夫抢险等事每致呼应不灵"。清政府不得不于乾隆二十二年专门发布上谕，强调："嗣后伏秋大汛办料、雇夫，该地方官著仍听淮徐河道调遣，毋得歧视，以重河防。"(《钦定大清会典事例》，卷二十二）但是，这样三令五申并不能解决问题。所以，清政府只好恢复旧制，于乾隆三十年决定："著将淮、徐二府地方分巡事，仍归淮徐河道兼辖，其扬州府地方分巡事务，仍归淮扬河道兼管，俾事权归一，以资实效。其添设之淮徐海道一缺，即行裁汰。"(《钦定大清会典事例》，卷二十二）直隶也有过类似情况。大名、天津、通永各道原本兼辖地方，雍正四年改大名道为清河道，天津、通永二道为河道，专管河务，不再兼管地方。结果发现行不通，几年后只好改复。雍正十一年复设大顺广道，兼管河道工程，并以河间、天津二府隶天津河道，永平一府及通、蓟、遵化（后升为直隶州）、三河、武清、宁河、宝坻七州县隶通永河道，以保定、正定二府及易、赵、深、冀、定五直隶州隶清河道。

关道的主要职责是掌管关务。鸦片战争前清政府已在沿江、沿海及内陆要地设关榷税，派员管理。鸦片战争后，清政府被迫对外开放口岸，又陆续增设了一些新的海关。为区别起见，通常将原设各关称为常关或钞关，新设各关称为洋关或新关。重要口岸，如天津、上海、南京、宁波等处，往往是兼设新、钞两关。管理海关的官员，通常是海关监督或道员，也有的海关由巡抚、将军等其他官员管辖。但在鸦片战争前及其后一个很长时间，管理海关的道员都是守、巡等道兼管关务，并无专职关道。严格地讲，整个清代专职关道只有一个，那就是设立在天津的津海关道。津海关道于同治九年撤销三口通商大臣衙门时设立，民国元年十二月改为津海关监督，其主要职责是"专管中外交涉各事件及新钞两关税务"(光绪《钦定大清会典事例》，卷二十五）。至于兼辖关务的守巡等道则数量很多（参见附表一、二），不拟赘述。

专管一地的道有分守、分巡之名，统称为守巡道。清初，承袭明制，守巡道因地而设，数量繁多，"省置无恒"(《清史稿》职官三）。清政府针对这一情况进行了多年的大力整顿，其中较为集中的一次是康熙六年，"裁各省守巡道一百有八人"(《钦定大清会典事例》，卷二十二》，占当时全国各道总数的十分之七，其他零星的增、改、裁、并则几乎年年有之。经过多年的努力，使各省守巡道设置划一，辖区亦明确、稳定下来。

这样，守巡道就成为省政权设置于各地的固定的派出机构，同时也具有行政区或"监察区"的意义。

守巡道的设置主要是根据当时政治、军事，外交等方面的需要，其驻地通常是政治中心、战略要地或关津码头。具体讲来有下面几种情况。(一)便于稽查钱粮。开始时，当发现一些府、厅、州、县的钱粮无人稽查时，即设置新道。后来改变办法，遇到这类情况不再添设新道，而是扩大某守巡道的辖区，或使某专管一事的道兼管地方。例如，雍正九年谕："江西十三府属，向各有道员兼辖，续经裁缺归并，南昌、抚州、建昌、袁州、瑞州、临江、吉安、(广信)八府，皆无专管道员，守令无所稽查。"因而决定"将南昌、抚州、建昌三府归督粮道管辖，袁州、瑞州、临江三府归盐驿道管辖，广信一府归饶九南道管辖，吉安一府归赣南道管辖"(嘉庆《钦定大清会典事例》，卷二十二)。遂改督粮道为粮储兼分巡南抚建道，改盐驿道为盐驿兼分巡袁瑞临道(乾隆四十三年裁驿道，改盐驿巡道为盐巡道)，改饶九南道为广饶九南道，改赣南道为吉赣南道。又如康熙五十八年谕："山东东兖道奉裁以后，东昌、兖州两府所属州、县事务，统归两知府管理，至稽察该府仓库、钱粮一切地方事务，竟无统辖之员。"于是决定将兖州府属州、县事务改归济宁道管辖，东昌府夏津等九州、县事务，改归济东道管辖。"雍正二年又议准："山东济东道盘查泰安州、武定州、滨州钱粮，兖宁道盘查曹州、沂州、济宁州钱粮"(嘉庆《钦定大清会典事例》，卷二十二)。这样，济东道就变成为济东泰武临道，济宁道几经改变而成为兖沂曹济道。另外，山西河东道、雁平道，江苏淮扬道、苏松太道，安徽庐凤道也有类似情况。(二)加强对边远地区的控制，便于镇压当地人民与少数民族的反抗。光绪三十一年，四川总督锡良奏称："巴塘匪乱已除，全台底定……巴、里两塘距省过于辽远，究属鞭长莫及，宜有文武大员常川坐镇，方足以资控制而固藩篱，若于该处地方添设道、镇各一人……地方屯垦工艺诸事，亦可次第振兴，寓兵于农，整军经武，以期一劳永逸。"(光绪《实录》，卷五百四十九)不久，清政府即在该地设康安分巡兵备道，隶川滇边务大臣。直隶热河道与山西归绥道的设立也属于这种情况。嘉庆《钦定大清会典事例》载，乾隆五年议准，"直隶承德州等处绵亘数千里,所设同知等官隶霸昌道统辖,势难遥制,于古北口外添设热河兵备道一人。"乾隆六年(1741)又议准:"山西归化城地处塞外,同知、通判不足整饬,添设总理蒙古旗民事务分巡归绥道一人。"(《钦定大清会典事例》,卷二十二)(三)加强边疆防卫力量。奉天省临长海道的设立就属于这种情况。宣统元年(1909)二月东三省总督锡良奏称:"奉省南边防务之重要,什百倍于曩昔。上年划吉省南境奏设长白府归奉管辖,于是奉省东南边防更形吃重。东西沿鸭绿江岸,处处与韩毗连,日本对岸经营著著进步,彼则屯守相望,我则势孤援绝。由长白至安东东边道治且千有余里,日人趋利甚捷,稍事迟徊,赴机已迟。而南沿江岸除塔甸已设长白府治外,临江最据要害,拟请划东边道东境,于兴京厅之临江县设道员一缺,辖长白一府,海龙府全属,临江、辑安、通化三县,名曰临长海等处分巡兵备道。"(《大清宣统政纪》,卷八)清政府很快批准这一奏请,两月后设临长海道。

守巡道大多数都兼带其他职衔(参见附表一、二)。嘉庆《钦定大清会典事例》一开头就说,守巡道"或兼兵备,或兼河务,或兼水利,或兼提学,或兼茶马、屯田,或兼粮储、盐法"。除此之外,还可举出一些,如关务,窑务、驿传、海防、船工、渔业、商埠,漕务等。有的道还加参领衔或按察使衔。按察使衔的问题前面已经说过,参领衔的问题后面还要提及,这里只谈一下兵备衔与兵备道的问题。

兵备道简称兵道,也称为兵宪。据《清史稿·职官志》载,守巡道加兵备衔有这样几种情形:分守道带兵备衔,分巡道带兵备衔,分守道兼整饬兵备衔,分巡道兼整饬兵备衔,分巡道兼抚治兵备衔。这几种情形统称为兵备道,或稍区分为分守兵备道与分巡兵备道。专管一事的道也有带兵备衔的,如盐法道,管河道。它们通常兼管地方,因而称为盐巡兵备道或管河兵备道,都属于兵备道。兵备道的主要职责是整饬兵备,监察镇及其以下地方武官,平时可参与军事机要,战时可带兵打仗。有的兵备道,如吉林东南路道、西南路道、东北路道、黑龙江呼伦道、瑷珲道,还加有参领衔,可能也是为了带兵的方便。

兵备道的设置始于明代,《明史》有"兵备之员盈天下"之概(《明史·职官四》),实则还不到守巡各道总数的百分之二十七,较之清代则相差甚远。据粗略统计,鸦片战争时全国共有守巡各道(包括盐、粮、河道兼守或兼巡地方者)八十一个,其中兵备道五十八个,约占百分之七十二。鸦片战争后添改各道共四十二个,其中兵备道三十九个,约占百分之九十三,另外还有四个于鸦片战争后加兵备衔者未计算在内。这也从侧面反映出清王朝日益强化地方统治的趋势。

清朝灭亡后,道还存在了一个相当长的时间。民国二年北洋政府在各地重新设立道的机构,改道员为观察使,民国三年又改观察使为道尹,直到民国十九年国民党政府才颁布法令废除道和道尹制度。

三、道员的实缺与补授,候补道与实缺道

清代各省道员皆有定额。道员的这种固定的编制就称为"员缺"或"实缺",简称为"缺"。前面所说的道的设置,也就是道员名额的设置。所以,在清代文献资料中,添设或裁撤一个道就称为添设或裁撤某某道员一缺,道员死亡称"出缺",因故免职或革职称为"开缺",任命新的道员顶替其原来的道员称为"补缺"。如果不添设新的名额的话,只有在遇有道员缺出时才能任命新的道员去补缺。清代道员之任命权,开始掌之吏部,后因频繁用兵而渐渐落到地方督抚手里。康熙二十六年重新加以整顿,将道员员缺分为简放、部选、外补三项,形成定制,地方官不得自行改动。"简放"又称"请旨",即请旨简用补放,其具体办法是得到保举的知府等官送吏部引见后在军机处记名,遇简放缺出,由军机处论俸开列十员,呈请皇帝钦点简用。另外,大计考绩优异或未及应行投供月分赴部验到的候补道员,以及堪任繁缺之外升京官,遇简放缺出亦可开列名单,请旨简放。"部选"就是由吏部铨选。由于吏部选官分双、单月进行,大选双月,急选单月,满员在上旬,汉员在下旬,所以部选又称为"月选"。部选的具体办法是将入班轮选的候选、候补各道员分为若干班次,遇部选缺出,各班轮流出人抽签选用。"外补"就是在外补授,即由督抚补授。外补缺又称题调缺,其中又有题缺与调缺之别,题缺由督抚奏保知府或候补道升

补，而调缺只能调取别处的实缺道补用，只可由简调繁，不可改调为题。

在实缺总数中，简放、部选、外补三项员缺的分配并不是平均摊派的。据《大清缙绅全书》的记载统计，鸦片战争时全国共有道员实缺94个，其中简放缺67个，占71%，部选缺8个，占8%强，题调缺19个，占21%弱。以后虽有一些增、改、裁、并和不同员缺之间的调换改动，但这个比例关系没有根本性变化。至光绪末年，部选缺与外补缺虽有一些增加，但简放缺仍在57%以上，超过其他两项的总和。同时，三项员缺的重要性也各不相同。清代以冲、繁、疲、难四条标准将各实缺定为最要缺、要缺、中缺、简缺四等，简放缺与外补缺大多为要缺、最要缺，而部选缺只有中缺与简缺。另外，还有一些地处边防、被清廷认为特别重要的员缺，如直隶热河道、口北道、山西归绥道、奉锦山海道与吉林西路道，则进而规定只能由旗员补授。可见，道员的任命权虽然由皇帝、吏部与地方督抚分别掌管，而主要权力还是掌握在皇帝和满洲贵族手里。

清代"道员"一词是个总的概念，细分起来又有道员、候选道员、候补道员、实缺道员等名类，其官品虽然一样而境遇却大不相同。一个人通过推升、保举、捐纳等途径成为道员，只表明其取得了道员一级官员的任职资格，可以在穿戴、乘轿和官场往来中享受道员的待遇，但并不等于在实际上担任了道员的职务。由于清代道员的官与缺是分离的，实缺有限而授官无穷，所以也并非每个道员皆有实缺可任。实际上只有少数人可以补缺，而多数人则并无实缺可任。有的人取得道员资格后就此满足，不再谋取实缺，那么就只能称作"道员"。这种最起码的道员要谋求实缺，首先要"赴部投供验到"，即去吏部报到，经验看各种"文结"完全合格后方准其登记注册，入班轮选。这时才算取得了候选资格，才能称作"候选道"。清初，候选道在吏部或原籍候选。乾隆二十六年捐纳道员准加捐指省分发，后来遂成常例，无论捐官非捐官在吏部入资若干即可直接分发到各指定省份候补。这样，就由候选道变成候补道。除此之外，服阕、假满、病愈的起复道员，革降开复道员，各类遇缺即补道员，以及各种以道员降补的人员，于吏部投供验到后亦称为候补道。清初规定，初选道员补缺后，须试用一年经甄别合格方准转为正式实缺道员。后来，赴部投供验到可捐免，试用、甄别可捐免，指省分发可捐，班次可加捐改优，至有"新班遇缺先"等"花样"，候选道与候补道遂无区别，只要有钱无论正途、杂途皆可很快补缺，成为实缺道。实缺道每年除薪俸等银一百四十七两外，还有二千至六千两的养廉银和数目可观的办公津贴。更为重要的是，实缺道如得到保举或以卓异、俸满送部引见时为皇帝所看中，认为堪胜臬司之任，就有可能被简用为盐运使、按察使。有清一代，尤其鸦片战争后，江河日下、仕途拥塞，普通官员升迁困难，府县官尤甚，而道员一级则是其关键所在，只有过了这一关，才有跃升中高级官员的可能。所以无论为眼前之禄位还是将来之发展，候补道都要拼命钻营道员实缺。候补道谋缺不到还可以谋差。所谓"差"就是正式官缺（官员编制）以外的各种临时性差委，诸如筹饷、练兵、押运以及办理河工、洋务等等。候补道受到差委也可以得到若干薪资，弄得好还可能得到保举，步步高升。但是，清代的候补道是没有薪资收入的，如果长期不得缺、差而又无其他财源，则虽为四品大员也可以穷困到无可名状的地步。晚清讽刺小说《官场现形记》曾对此做过淋漓尽致的描写。

  由于清代吏治腐败，尤其在鸦片战争后滥加保举，大开捐例，致使选途拥挤，层层积压，好多候补道甚至终生都没有补缺的希望。而那些花费大量钱财得以补缺的人，上任后又必然加紧搜刮，赚回本息之外还要大捞一把，以保住现在的官位并为将来之高升张本。这就必然使吏治愈加腐败，人民与统治阶级的矛盾更加尖锐。对于这种恶性循环，清朝统治者是清楚的，不过他们为了摆脱眼前的危机，不得不挖肉补疮，苟延一时。同治五年曾国藩在给吴廷栋的信中说："捐例、保举两途有积重难返之势。然明知其弊而无从禁止，譬之医者，知病难矣而制方更难，或有方而无药，或病重而药轻。"（《曾文正公全集·书札》，卷二十八）可见，这是清王朝的不治之症。随着时间的推移，清代吏治的腐败也日甚一日，最后终于灭亡。

附表一　鸦片战争时[1]各道设置情况一览表

省名 \ 项目	名称	性质	兼职	驻地	辖区	备考
直隶顺天府	口北道	分守整饬兵备道		宣化	宣化府、张家口直隶厅、独山口直隶厅、多伦诺尔直隶厅	清初设。康熙元年裁怀来道,其辖地改隶口北道
	热河道	分巡整饬兵备道加按察使衔		承德	承德府。(光绪二十九年年增辖朝阳府,光绪三十四年增辖赤峰直隶州)	乾隆五年设,其加按察使衔时间不详,加兵备衔记载前后歧异,时间难考[2]
	清河道	分巡管河道	兼管河务	保定	保定府、正定府、易州直隶州、赵州直隶州、深州直隶州、冀州直隶州、定州直隶州	雍正四年改大名道设,专管河务,十一年兼巡二府五直隶州
	天津道	分巡管河兵备道	兼管河务	天津	天津府,河间府	雍正四年定天津河道专管南运河河务,雍正十一年兼管天津、河间二府。乾隆三十二年加兵备衔
	大顺广道	分巡兵备道	兼管河道工程	大名	大名府、广平府、顺德府	雍正十一年设
	霸昌道	分巡道		昌平	辖顺天府属大兴等十八州县	康熙八年改霸易道为巡道,总管刑名,其辖顺天府属各州县改隶昌密道,改昌密道为霸昌道,仍驻昌平州。光绪三十年裁
	通永道	分巡道(道光三十年加兵备衔)	兼管河务	通州	永平府,遵化直隶州及顺天府属通、蓟等七州县	康熙八年改通蓟道为守道,总管钱粮,其原辖州、县、卫、所改隶永平道,改永平道为通永道。雍正四年兼理北运河河务

[1] 道光元年至二十九年全国各道的设置无变化,个别辖区、兼衔等变化以道光二十年为准。
[2] 《钦定大清会典事例》乾隆五年载,"设热河兵备道,驻承德"。三十一年又载,"准奏,直隶热河道加兵备衔"。现无其他佐证,难以确定哪条记载为准。

续表

项目 省名	名称	性质	兼职	驻地	辖区	备考
直隶顺天府	永定河道			固安	沿河州县	雍正四年裁永定河分司，改设永定河道
	盐法道	长芦盐运使兼				
山西	冀宁道	分守道	兼水利	太原	太原府、汾州府、潞安府、泽州府、辽州直隶州、沁州直隶州、平定直隶州	宣统二年裁冀宁道，改设劝业道
	河东道	分守驿盐兵备道	兼管盐法、驿传	蒲州[1]	平阳府、蒲州府、解州直隶州、绛州直隶州、隰州直隶州、霍州直隶州	康熙十年设。嘉庆十一年兼管盐法
	雁平道	分守驿传兵备道	兼管驿传	代州[2]	大同府、宁武府、朔平府、代州直隶州、忻州直隶州、保德直隶州	康熙十四年改雁平分巡道为雁平分守道，乾隆三十二年加兵备衔。宣统元年裁雁平道改设巡警道
	归绥道	分巡驿传兵备道	总理蒙旗事务	绥远城	归化城直隶厅、绥远城直隶厅、萨拉齐直隶厅、清水河直隶厅、丰镇直隶厅、托克托直隶厅、和林格尔直隶厅（光绪十年增辖宁远直隶厅，二十九年增辖陶林、武川、兴和、五原四直隶厅，三十四年增辖东胜直隶厅）	乾隆六年设。二十七年由归化城外移驻绥远城
陕西	粮储道	粮储兼分守西乾鄜道		西安	西安府、乾州直隶州、鄜州直隶州	乾隆九年督粮道加分守西乾二府州衔，仍旧管理粮务 光绪三十年裁

续表

项目 省名	名称	性质	兼职	驻地	辖区	备考
陕西	盐法道	盐法兼分巡凤邠道		凤翔	凤翔府、邠州直隶州	乾隆五十九年改分巡驿盐道为分巡凤邠道，嘉庆十一年分巡凤邠道复兼管盐法。光绪三十四年裁盐巡道改设巡警道仍兼管盐法，水利各事宜
	潼商道	分守兵备道	兼收潼关税课	潼关[1]	同州府、商州直隶州	
	陕安道	分巡兵备道	兼水利	汉中	汉中府、兴安府	嘉庆五年改分巡汉兴道为分巡陕安道，加兵备衔
	延榆绥道	分巡整饬兵备道	兼管盐、茶	榆林	延安府、榆林府、绥德直隶州	乾隆二十五年改延绥道为延榆绥道，乾隆三十二年加兵备衔。
甘肃	兰州道	分巡道	兼屯田、茶、马	兰州	兰州府	乾隆四十四年裁驿传道，改驿传兼分巡兰州道为分巡兰州道宣统二年裁
	平庆泾道	分巡兵备道	兼盐法	固原、平凉	平凉府、庆阳府、泾州直隶州。（同治十年增辖化平川直隶厅，十二年增辖固原直隶州）	乾隆十五年平庆道加兵备衔，驻固原。四十二年平凉府之泾州升直隶州来属。同治十一年移驻平凉，十二年改为平庆泾固化道
	巩秦阶道	分巡整饬兵备道	兼管屯田、茶，马	秦州	巩昌府、秦州府，阶州直隶州	乾隆二十八年改洮岷道设
	甘凉道	分守整饬兵备道		凉州	甘州府、凉州府	乾隆三十七年改凉庄道设

---

[1]《清史稿·地理志》注，潼商道驻西安，此处据《大清最新百官录》。

续表

省名\项目	名称	性质	兼职	驻地	辖区	备考
甘肃	西宁道	分巡抚治兵备道	兼治蒙番	西宁	西宁府	乾隆三十二年加兵备衔
	安肃道	分巡抚治兵备道	兼屯田	肃州	肃州府、安西直隶州	乾隆三十七年改肃州兵备道设
	盐法道	盐法兼分巡宁夏整饬兵备道		宁夏	宁夏府	乾隆三十二年加兵备衔，嘉庆十一年兼管盐法
	镇迪道	分巡整饬兵备道	兼驿传、粮务	迪化州	镇西府（咸丰五年降为直隶厅）、迪化直隶州（光绪十二年升为府）、哈密厅、辟展厅[1]（光绪十二年增辖库尔喀喇乌苏直隶厅、吐鲁番直隶厅）	乾隆三十八年巴里坤屯田粮务兵备道移驻迪化州，四十一年改为分巡镇迪等处整饬兵备道，仍管粮务。光绪十年设新疆省，镇迪道往属。十一年加按察使衔
山东	济东泰武临道	分守道	兼驿传、水利。	济南	济南府、东昌府、泰安府、武定府、临清直隶州	雍正六年兼水利衔
	登莱青道	分守整饬兵备道	兼关务、海防、水利	登州[2]	登州府、莱州府、青州府（光绪三十年增辖胶州直隶州）	雍正六年兼水利衔。乾隆三十二年加兵备衔，光绪三十年登莱青胶道
	兖沂曹济道	分巡兵备道	兼驿传、水利、河务	兖州	兖州府、沂州府、曹州府、济宁直隶州	康熙十二年改兖沂道为兖沂曹道，乾隆三年兼黄河河务三十二年加水利衔，三十九年济宁州升为直隶州，来属

---

[1] 赵泉澄《清代地理沿革表》以为乾隆三十八年辟展厅隶镇西府。此处据《钦定大清会典事例》，乾隆四十一年设镇迪道，"兼管哈密、辟展"。
[2]《大清最新百官录》载驻莱州，此处依据其他大多数相同的记载。

续表

省名\项目	名称	性质	兼职	驻地	辖区	备考
山东	督粮道		兼漕务	济南、德州		原驻德州，后迁济南，屡经反复始定。光绪三十年裁
	运河道		兼河库事务	济宁		乾隆三年改山东管河道为通省运河道，兼河库事务。光绪末年裁
	盐法道	山东盐运使兼		济南		
江苏	盐法道	盐法兼分巡江宁整饬兵备道	兼水利（光绪二十五年兼金陵关务）	江宁	江宁府	康熙十三年改驿道为驿盐道，乾隆二十六年加水利衔，四十三年又改驿盐道为盐法道
	常镇通海道	分巡兵备道	兼河务、水利（同治三年兼镇江关务）	镇江	常州府、镇江府、通州直隶州、海门直隶厅	康熙二十一年设，辖常、镇二府，乾隆六年增辖通州直隶州，二十六年加水利衔，三十三年增辖海门直隶厅，嘉庆七年兼管江防事务
	淮海道	分巡管河兵备道	兼海防、河务（咸丰三年兼水利）	中河	桃源县（北岸）、安东县、阜宁县、海州直隶州	嘉庆十六年设，咸丰十年裁
	淮扬道	分巡河务兵备道	兼盐务、河务、漕务（咸丰三年兼水利）	淮安	淮安府（淮扬、淮徐二道兼辖）、扬州府（光绪三年增辖海州直隶州）	康熙九年改淮海道设，乾隆三十二年加兵备衔，咸丰十年裁淮扬道，改淮徐道为淮扬道，驻徐州。同治四年复设淮扬道，仍驻淮安。光绪三年改淮扬道为淮扬海道

续表

项目\省名	名称	性质	兼职	驻地	辖区	备考
江苏	苏松太道	分巡兵备道	兼水利、渔业、关务	上海县	苏州府、松江府、太仓直隶州	清初设，雍正八年移驻上海县，乾隆六年兼巡太仓直隶州，二十六年兼水利衔。三十二年原辖之苏州府改归苏松粮道兼巡，苏松太道改为松太道。嘉庆十六年苏州府复改归松太道，松太道又改为苏松太道[1]
	淮徐道	分巡管河兵备道	兼河务（咸丰三年兼水利）	宿迁、徐州[2]	淮安府（淮扬、淮徐二道兼辖）、徐州府	乾隆三十年淮徐河道兼辖淮、徐二府，三十二年加兵备衔。咸丰十年改淮徐道为淮扬道，同治四年复改淮扬道为淮徐道，光绪三年改淮徐道为徐州道，淮安府改由淮扬道专辖
	苏松粮道[3]		兼漕务	苏州		乾隆三十二年由常熟移驻苏州，兼辖苏州府，嘉庆十六年苏州府改隶苏松太道，粮道不兼辖地方，仍驻苏州
	江安粮道		兼漕务	江宁		
	河库道		专司河湖水利	清江浦		雍正十年设，咸丰三年裁[4]

[1]《清史稿·地理志》注，苏州府隶分巡苏州道（兼苏松粮道），疑有误，此处据《大清会典事例》。

[2] 淮徐道原驻宿迁，咸丰十年已迁往徐州，其迁移时间不详。

[3] 江南省（包括今江苏、安徽二省）设二粮道，江安粮道分管十府，全称为"督理江安徽宁池太庐凤淮扬粮储道"；苏松粮道分管五府、州，全称为"督理苏松常镇太粮储道"（《大清最新百官录》）。故又有"十府粮道"和"五府粮道"之称。安徽分省后此种设置状况仍未改变，遂形成江苏二粮道而安徽无粮道的情况。

[4]《清史稿·职官志》以为光绪季年裁，误。此处据《大清会典事例》和咸丰《实录》。

续表

省名	名称	性质	兼职	驻地	辖区	备考
安徽	庐凤道	分巡兵备道	兼关务	凤阳	庐州府、凤阳府、颍州府、滁州直隶州、和州直隶州、六安直隶州、泗州直隶州	康熙九年设,乾隆三十二年加兵备衔,嘉庆二十四年兼凤阳关务。同治四年改为凤颍六泗道,庐州府改隶安庐道
安徽	安徽道	分巡兵备道	兼关务	芜湖	安庆府、徽州府、宁国府、池州府、太平府、广德直隶州	全名安徽宁池太广道,简称安徽道。雍正十二年设,驻芜湖,兼芜湖关务。咸丰五年改为徽宁池太广道,移驻徽州
江西	督粮道	粮储兼分巡南抚建道	兼漕务、水利	南昌	南昌府、抚州府、建昌府	雍正九年改督粮道为粮巡道,兼巡南昌、抚州、建昌三府,乾隆二十三年加水利衔。宣统元年裁
江西	盐法道	盐法兼分巡袁瑞临道	兼水利	南昌	袁州府、瑞州府、临江府	康熙九年设驿盐道,雍正九年兼巡袁州、瑞州、临江三府,乾隆二十三年加水利衔,四十三年改驿盐巡道为盐巡道。宣统元年加兵备衔,增辖南昌府。二年移驻萍乡,改为分巡南瑞袁临兵备道,其盐法事务由藩司兼管
江西	广饶九南道	分巡兵备道	兼关务、窑务、水利	九江	广信府、饶州府、九江府、南康府	康熙九年设饶九南道,雍正九年增巡广信府,改为广饶九南道。乾隆二十三年加水利衔,三十二年加兵备衔,嘉庆二十四年兼九江关务。宣统元年增辖抚州、建昌二府,改为抚建广饶九南道

续表

项目\省名	名称	性质	兼职	驻地	辖区	备考
江西	赣南吉宁道	分巡兵备道	兼关务、驿务、水利	赣州	赣州府、南安府、吉安府、宁都直隶州	康熙九年设南赣道，雍正九年增巡吉安府，乾隆十九年增辖宁都直隶州，二十三年加水利衔，三十二年加兵备衔
福建	粮储道	粮储兼分巡福宁道	兼水利	福州	福州府、福宁府	雍正十二年改粮驿道为粮驿巡道，兼巡福州、福宁二府，乾隆二十三年兼水利衔，四十三年改为粮巡道。宣统二年裁
	盐法道		兼理福厂船工[1]	福州		雍正十二年改驿盐道为盐法道
	兴泉永道	分守兵备道	兼海政、驿传、福厂船工[2]	厦门	兴化府、泉州府、永春直隶州	康熙九年设，雍正五年加巡海道衔，移驻厦门，十二年增辖永春直隶州，乾隆二十三年加水利衔，三十二年加兵备衔
	延建邵道	分巡道		延平	延平府、建宁府、邵武府	康熙九年设，咸丰七年加兵备衔
	汀漳龙道		兼海政、福厂船工[3]	漳州	汀州府、漳州府、龙延直隶州	康熙二十二年裁汀漳道，汀、漳二府改隶巡海道，雍正十二年增辖龙延直隶州。乾隆三十二年加兵备衔

---

[1] [2] [3] 张集馨：《道咸宦海见闻录》，中华书局，1981年，"闽省三厂，一在漳，一在泉，一在省，俱归道负责经管"。可见三道皆兼管船厂，并非如《清史稿·职官志》所载，仅盐道兼管船厂。此处据张书。

续表

项目 省名	名称	性质	兼职	驻地	辖区	备考
福建	台湾道	分巡兵备道加按察使衔	兼学政	台湾府	台湾府（光绪元年增辖台北府，十三年改台湾府为台南府，于台中新设台湾府）	雍正五年改台厦道设。乾隆五十三年加按察使衔，准自行奏事。光绪十一年改隶台湾省
浙江	粮储道		兼漕务	杭州		清初设
	杭嘉湖道	分巡兵备道	兼海防、水利	嘉兴	杭州府、嘉兴府、湖州府	雍正三年设，乾隆二十三年加水利衔。光绪二十二年移驻杭州，兼杭州关关务。
	宁绍台道	分巡兵备道	兼水利、海防	宁波	宁波府、绍兴府、台州府（道光二十三年增辖定海直隶厅）	乾隆二十三年加水利衔，三十二年加兵备衔。咸丰十一年兼浙海关关务
	金衢严道	分巡道	兼水利	衢州	金华府、衢州府、严州府	乾隆二十三年加水利衔
	温处道	分巡兵备道	兼海防、水利	温州	温州府、处州府	乾隆二十三年加水利衔，三十二年加兵备衔。同治十三年兼瓯海关关务
河南	开归陈许道	分巡管河兵备道	兼河务、水利	开封	开封府、归德府、陈州府、许州直隶州（光绪三十年增辖郑州直隶州）	雍正六年管河兵备道加水利衔，十三年兼辖开、归、陈、许四府，乾隆六年降许州府为直隶州
	河陕汝道	分巡道	兼驿传、水利	陕州	河南府、陕州直隶州、汝州直隶州[1]	雍正十三年设，乾隆二十三年加水利衔，咸丰八年加兵备衔
	南汝光道	分巡道	兼水利	信阳	南阳府、汝宁府、光州直隶州（宣统三年增辖淅川直隶厅）	康熙九年设，雍正五年加水利衔，十三年其所辖汝州直隶州拨隶河陕汝道。咸丰五年加兵备衔，宣统三年增辖淅川直隶厅，改称南汝光淅道

[1] 汝州直隶州原属南汝光道，雍正十三年拨隶河陕汝道。《清史稿·地理志》仍将其归入南汝光道，未载明这一变化，误。此处据《大清会典事例》。

续表

项目\省名	名称	性质	兼职	驻地	辖区	备考
河南	粮盐道		兼漕务	开封		雍正十三年改分守开归陈许道为粮驿盐道，原辖开、归、陈、许四府改隶管河兵备道，乾隆四十三年改粮驿盐道为粮盐道。宣统元年裁
	河北道	分守管河兵备道	兼河务、水利	武陟	彰德府、卫辉府、怀庆府	康熙九年设，二十五年裁，雍正五年复设，兼管河务，乾隆二十三年加水利衔
湖北	盐法道	盐法兼分守武昌道		武昌	武昌府	乾隆四十四年改驿盐道为分守武昌盐法道
	督粮道		兼漕务	武昌		光绪二十九年裁
	汉黄德道	分巡兵备道	兼水利	黄州	汉阳府、黄州府、德安府	乾隆四十四年武昌府改隶盐法道，改武汉黄德道为汉黄德道，同治三年移驻汉口，兼理江汉关关务
	安襄郧荆道	分守兵备道	兼水利	襄阳	安陆府、襄阳府、郧阳府、荆门直隶州	乾隆三十二年加兵备衔，五十七年改安襄郧道为安襄郧荆道，加水利衔
	荆宜施道	分巡兵备道	兼水利	荆州	荆州府、宜昌府、施南府	雍正十三年改荆州道设，光绪三年兼宜昌关务，二十二年兼荆州关务，二十四年移驻沙市，二十九年析为荆宜道和施鹤道

续表

省名\项目	名称	性质	兼职	驻地	辖区	备考
湖南	督粮道		兼漕务	长沙		雍正十二年改粮驿盐道为粮道。光绪末年或宣统年间裁
	盐法道	盐法兼分巡长宝道	兼水利	长沙	长沙府、宝庆府。	雍正十二年设驿盐道,乾隆二十三年加水利衔,四十三年改为盐法道。光绪三十年兼长沙关关务
	岳常澧道	分巡道	兼驿传,商埠	澧州	岳州府、常德府、澧州直隶州(光绪十七年增南州直隶厅)	光绪二十五年移驻岳州,兼岳州关关务
	辰沅永靖道	分巡兵备道		凤凰	辰州府、沅州府、永顺府、靖州直隶州、永绥直隶厅、乾州直隶州、晃州直隶州、凤凰直隶厅	康熙九年设,雍正十三年加兵备衔
	衡永郴桂道	分守兵备道	兼驿传	衡州	衡州府、永州府、郴州直隶、桂阳直隶州	康熙九年设衡永郴道,雍正十年增辖桂阳直隶州,改为衡永郴桂道
广东	肇罗道	分巡兵备道		肇庆	肇庆府、罗定直隶州(同治九年增辖阳江直隶厅)	雍正八年改肇高廉罗道为肇罗道,加兵备衔。光绪三十一年改为广肇罗道
	粮储道	粮储兼分巡广州道	兼水利	广州	广州府、佛冈直隶厅、赤溪直隶厅	光绪二十一年裁粮道,所辖府、厅改隶肇罗道
	惠潮嘉道	分巡兵备道		惠州	惠州府、潮州府、嘉应直隶州	康熙二十二年岭东守道事务归并岭东巡道管辖,改岭东巡道为惠潮嘉道,雍正八年加兵备衔

续表

项目省名	名称	性质	兼职	驻地	辖区	备考
广东	南韶连道	分巡兵备道	兼关务、水利	韶州	韶州府、南雄直隶州、连州直隶州、连山直隶厅	乾隆三十二年加兵备衔。道光十九年兼太平关关务
广东	高廉道	分巡兵备道		高州	高州府、廉州府	乾隆三年改高雷廉道为高廉道。光绪三十一年改为高雷阳道
广东	雷琼道	分巡兵备道		琼州	雷州府、琼州府（光绪三十一年降为琼州直隶州）	雍正八年改雷琼道为海南道，加兵备衔，乾隆三年复改海南道为雷琼道。光绪三十一年改为琼崖道。
广西	盐法道	盐法兼分守桂平梧道		桂林	桂林府、梧州府、平乐府、郁林直隶州（光绪十三年改隶左江道）	又名苍梧道。康熙四年桂平梧道兼盐法。光绪二十三年兼梧州关（常关）关务，光绪三十一年移住梧州，兼管梧州新关关务，并负责办理对外交涉，督率水师，清理河道
广西	右江道	分巡兵备道	兼控汉土		柳州府、广远府、思恩府、浔州府	乾隆三十二年加兵备衔
广西	左江道	分巡兵备道	控压边关、抚辑土瑶	南宁	南宁府、泗城府、镇安府（光绪元年增辖百色直隶厅，十三年增辖郁林直隶州，十八年增辖上思直隶厅）	康熙八年设，乾隆二十一年加兵备衔。光绪二十三年兼南宁关关务
四川	盐茶道			成都		嘉庆二十五年改驿盐分巡道为盐茶道。宣统二年改盐茶道为盐运使，茶务归劝业道管辖
四川	成绵龙茂道	分巡兵备道	兼水利	成都	成都府、龙安府、绵州直隶州、茂州直隶州、松潘直隶厅、理番直隶厅	嘉庆二十五年改松茂道为成绵龙茂道，移驻成都，兼管水利。光绪三十四年裁

续表

省名\项目	名称	性质	兼职	驻地	辖区	备考
四川	川东道	分巡兵备道	兼驿务	重庆	重庆府、夔州府、绥定府、忠州直隶州、酉阳直隶州、石柱直隶厅	乾隆三十二年加兵备衔。光绪十七年兼重庆关关务
	川北道	分巡兵备道		保宁	保宁府、顺庆府、潼川府	雍正八年设，乾隆三十二年加兵备衔
	川南道	分巡道		泸州	叙州府、资州直隶州、泸州直隶州、叙永直隶厅（光绪三十四年改为永宁直隶州）	又称川南永宁道
	建昌道	分巡兵备道	兼水利、驿传、抚治土司	雅州	雅州府、宁远府、嘉定府、眉州直隶州、邛州直隶州	又名建昌上南道。乾隆二十四年兼水利衔，三十二年加兵备衔
云南	粮储道	粮储兼分守云武道		昆明	云南府、武定直隶州	乾隆三十三年驿盐道所辖之云南、武定二府（乾隆三十五年武定府降为武定直隶州）改隶粮道。光绪二十四年裁，同年十月又恢复
	盐法道			昆明		乾隆三十三年改盐巡道为盐法道，其原辖云南、武定二府改隶粮道
	迤东道	分巡兵备道	兼驿传、水利	曲靖	曲靖府、东川府、昭通府、澂江府、广西直隶州、广南府、开化府（光绪十三年广南、开化二府拨隶临安开广道，三十四年增辖镇雄直隶州）	雍正八年设，乾隆二十四年兼水利衔，三十一年将原辖十三府中之四府拨隶迤南道，二府拨隶盐法道，仅辖所余之七府（乾隆三十五年广西府降为广西直隶州）
	迤南道	分巡兵备道		普洱	普洱府、临安（光绪十三年拨隶临安开广道）、镇远直隶厅、元江直隶州、永北直隶厅	乾隆三十一年设，三十二年加兵备衔

续表

项目\省名	名称	性质	兼职	驻地	辖区	备考
云南	迤西道	分巡兵备道	兼驿传	大理	大理府、楚雄府、永昌府、丽江府、顺庆府、蒙化直隶厅、景东直隶厅	雍正八年改永昌道设，乾隆二十四年兼水利衔，三十二年加兵备衔。光绪二十八年移驻腾越厅，兼管腾越关关税
贵州	贵东道	分巡兵备道	兼驿传、镇苗疆	古州	都匀府、镇远府、思南府、思州府、铜仁府、黎平府、松洮直隶厅	又名古州道
贵州	贵西道	分巡兵备道[1]		威宁、安顺[2]	安顺府、遵义府、大定府、兴义府、普安直隶厅	康熙二十年改平大黔武道设。光绪三十四年裁贵西道，改设劝业道
贵州	粮储道	粮储兼分守贵平石仁道			贵阳府、石阡府、平越直隶州、仁怀直隶厅（光绪三十四年降为赤水厅，还隶遵义府）	光绪三十四年裁粮道，改设巡警道

附表二　鸦片战争后[3]添改各道设置情况一览表

项目\省名	名称	性质	兼职	驻地	辖地	备考
直隶	津海关道	专管对外交涉事务及天津、津海两关税务		天津	天津府及所属栾州、沧州、天津、静海、盐山、庆云各州县，永平府及所属乐亭、遵化、丰润各州县，顺天府属之宁河等沿海地方（寻常钱粮命盗案件仍由各该道饬办）	同治九年裁三口通商大臣衙门，设津海关道。民国元年十二月改为津海关监督

---

[1]《大清会典事例》载，乾隆十七年加兵备衔，三十二年又加兵备衔，前后记载歧异，准确时间难考。

[2] 初驻安顺，乾隆十七年移驻威宁州，后又迁回安顺，其时间不详。

[3] 道光三十年至宣统三年。

续表

项目 省名	名称	性质	兼职	驻地	辖 地	备 考
奉天[1]	奉锦山海关道	分巡兵备道加按察使衔	兼关务、对外交涉	营口	锦州府、金州厅、复州、岫岩县、海城县、盖平县	同治五年裁山海关监督，设分巡奉锦山海关兵备道，加按察使衔，兼关务及对外交涉事宜，准专折奏事。
	锦新营口道	分巡兵备道	兼山海关监督	营口	锦州府、新民府、营口直隶厅	宣统元年改奉锦山海关道为锦新营口道，裁按察使衔，兼山海关监督，仍驻营口，复州、海城等州、厅、县还隶奉天府
	驿巡道	加按察使衔		奉天	法库门直隶厅（光绪三十三年，奉天府属之法库门厅升为法库门直隶厅，直隶驿巡道）	光绪元年奉天府裁治中，改设驿巡道。三十四年已无此道，其改撤时间不详
	东边道	分巡兵备道	兼关务	凤凰厅、安东	凤凰直隶厅、兴京直隶厅。光绪二十八年添海龙府，三十三年添庄河直隶厅，三十四年添长白府。宣统元年海、长二府拨隶临长海道	光绪四年设，三十二年移驻安东，兼海关监督。宣统元年划出其东部设临长海道，又升兴京直隶厅为兴京府，遂改东边道为兴凤道
	兴凤道	分巡兵备道	兼关务	安东	兴京府、凤凰直隶厅、庄河直隶厅	
	洮昌道	分巡兵备道	兼蒙旗事务	辽源州	洮南府、昌图府	宣统元年设
	临长海道	分巡兵备道		临江县	长白府、海龙府、临江县、辑安县、通化县	宣统元年划东边道东半部设

---

[1] 光绪三十三年裁盛京、宁古塔、黑龙江三将军，改设奉天、吉林、黑龙江三省。

续表

项目\省名	名称	性质	兼职	驻地	辖地	备考
吉林	吉林分巡道	分巡兵备道	专事对外交涉	吉林	吉林府、密山府、长春厅（光绪十四年升为府）、伯都纳厅（光绪三十四年升改为新城府）、五常厅、宾州厅（以上二厅均于宣统元年升为府）、伊通州（宣统元年升为直隶州）、蒙江州、长岭县	光绪八年设。三十一年改为吉林西路道，移驻长春。宣统元年加参领衔，二年改为西南路道
	西路道	分巡兵备道加参领衔	专事对外交涉	长春	吉林府、长春府、密山府、新城府、五常厅、宾州厅、伊通州、蒙江州、长岭县、桦甸县	
	西南路道	分巡兵备道加参领衔	专事对外交涉	长春	吉林府、长春府、伊通直隶州、蒙江州、农安县、长岭县、桦甸县、磐石县、舒兰县	
	哈尔滨关道			哈尔滨[1]		光绪三十一年设，宣统二年改为西北路道，拨原隶西路道及新升之部分府、厅、州、县隶之，兼哈尔滨关关务
	西北路道	分巡道	兼关务	哈尔滨	新城府、双城府、五常府、宾州府、榆树直隶厅、宾江厅、长寿县、阿城县	
	东南路道	分巡兵备道加参领衔	兼关务、对外交涉事宜	延吉	延吉府、宁安府、珲春直隶厅、东宁直隶厅、和龙县、额穆县、汪清县、穆棱县、德惠县、敦化县	宣统元年设，初驻珲春，当年即迁驻延吉。二年兼珲春关关税及对外交涉事宜

---

[1] 哈尔滨关道辖区不详。同年在哈尔滨所设之宾江厅，可能归其管辖，但未见明确记载。

续表

项目\省名	名称	性质	兼职	驻地	辖地	备考
吉林	东北路道	分巡兵备道	兼关务	依兰	依兰府、密山府、临江府、方正县、饶河县、桦川县、富锦县、虎林县、绥远厅	宣统元年设
黑龙江[1]	黑龙江道	分巡道加按察使衔	总司刑名、兼管驿传	齐齐哈尔	黑水厅（光绪三十四年升为龙江府）、大赉厅（光绪三十年升为大赉直隶厅）、塔子城	光绪三十年设，加按察使衔，三十四年六月已无此道，其撤改时间不详
	绥兰海道	分巡兵备道		绥化城	绥化府、呼兰府、海伦直隶厅	光绪三十年设，三十二年移驻内兴安岭以东
	兴东道	分守兵备道		萝北	大通县（宣统元年设）	萝托山以北地方，改为兴东分守兵备道
	呼伦道	分巡兵备道加参领衔		呼伦贝尔	胪滨府、呼伦贝尔直隶厅	光绪三十四年设，又称呼伦贝尔道
	瑷珲道	分巡兵备道加参领衔		瑷珲	黑河府、瑷珲直隶厅、呼玛直隶厅	光绪三十四年设
新疆	阿克苏道	分巡兵备道	兼水利、屯政、抚驭蒙部、弹压布鲁特、稽查卡伦	阿克苏	喀喇沙尔直隶厅、库车直隶厅、温宿直隶州、乌什直隶厅。光绪二十四年喀喇沙尔直隶厅升为焉耆府，二十八年温宿直隶州升为温宿府，库车直隶厅升为库车直隶州	光绪八年设，初属甘肃，十年建新疆省，划归新疆

[1]《清史稿·地理志》四《附志》所载，光绪三十四年拟设之一府、十一直隶厅、五县，除其中之呼玛直隶厅外，皆未果设。另外，光绪三十四年所设之嫩江府和宣统二年所设之讷河直隶厅隶属何道不详。

续表

项目省名	名称	性质	兼职	驻地	辖地	备考
	喀什噶尔道	分巡兵备道	兼水利、屯垦、通商、抚驭布鲁特、稽查卡伦	喀什噶尔	和田直隶州、英吉沙尔直隶厅、疏勒直隶州、莎车直隶州。光绪二十八年疏勒直隶州升为疏勒府，莎车直隶州升为莎车府	
	伊塔道	分巡整饬兵备道	兼水利、屯田、稽查卡伦	宁远城	塔尔巴哈台直隶厅、精河直隶厅、伊犁直隶厅。光绪十四年伊犁直隶厅升为伊犁府	光绪十三年设
江苏	淮扬道	分巡管河兵备道	兼河务	徐州	淮安府、扬州府、徐州府、海州直隶州	咸丰十年裁淮扬、淮海二道，改淮徐道为淮扬道，仍驻徐州，辖淮、扬、徐、海四府、州
	淮扬道	分巡管河兵备道	兼河工	淮安	淮安府、扬州府	同治四年复设淮扬道，驻淮安，辖淮、扬二府；改原淮扬道为徐海道，辖徐、海二府、州，仍驻徐州
	徐海道	分巡兵备道	兼河务	徐州	徐州府、海州直隶州	
	淮扬海道	分巡管河兵备道加按察使衔[1]	兼河务、漕务、盐法、海防	淮安	淮安府、扬州府、海州直隶州	光绪三年改徐海道为徐州道，其原辖之海州直隶州改隶淮扬道，改淮扬道为淮扬海道
	徐州道	分巡兵备道	兼海政	徐州	徐州府	

[1] 淮扬海道加按察使衔时间不详。此处据《清史稿·职官志》。

续表

项目\省名	名称	性质	兼职	驻地	辖地	备考
安徽	徽宁池太道	分巡兵备道加按察使衔	兼关务	徽州、芜湖	徽州府、宁国府、池州府、太平府、广德直隶州	咸丰五年改安徽道为徽宁池太道，加按察使衔，移驻徽州。同治四年裁按察使衔，次年迁芜湖
	安庐滁和道	分巡兵备道		安庆	安庆府、庐州府、滁州直隶州、和州直隶州	同治四年设安庐滁和道，安庆府来属；改庐凤道为凤颍六泗道，析出庐、滁、和三府、州归安庐滁和道管辖。光绪三十四年改徽宁池太道为皖南道，凤颍六泗道为皖北道，裁安庐滁和道，其原辖之安庆府拨隶皖南道，庐、滁、和三府、州拨隶皖北道
	凤颍六泗道	分巡兵备道		凤阳	凤阳府、颍州府、六安直隶州、泗州直隶州	
	皖南道	分巡兵备道	兼关务	芜湖	安庆府、徽州府、宁国府、池州府、太平府、广德直隶州	
	皖北道	分巡兵备道	兼关务	凤阳	庐州府、凤阳府、颍州府、六安直隶州、泗州直隶州、滁州直隶州、和州直隶州	
江西	抚建广饶九南道	分巡兵备道	兼关务、水利、窑务	九江	抚州府、建昌府、广信府、饶州府、九江府、南康府	宣统元年裁粮道，其原辖抚、建二府拨隶广饶九南道，南昌府拨隶盐法道。盐法道加兵备衔，改为盐法兼分巡南袁瑞临兵备道，广饶九南道改为抚建广饶九南兵备道。宣统二年盐巡兵备道移驻萍乡，其盐法事务由按察使兼管，改盐巡道为南袁瑞临道
	南袁瑞临道	分巡兵备道		萍乡	南昌府、袁州府、瑞州府、临江府	
湖北	荆宜道	分巡兵备道	兼关务、水利	沙市	荆州府、宜昌府	光绪二十九年析荆宜施道为荆宜道与施鹤道，其原辖之施南府并升鹤峰州为直隶厅，归施鹤道管辖
	施鹤道	分巡兵备道	兼辖文武	施南	施南府、鹤峰直隶厅	

续表

项目\省名	名称	性质	兼职	驻地	辖 地	备 考
广东	广肇罗道	分巡兵备道		广州	广州府、肇庆府、罗定直隶州、佛冈直隶厅、赤溪直隶厅	光绪三十一年裁粮道，其原辖之广州府及佛冈、赤溪二直隶厅改隶肇罗道，改肇罗道为广肇罗道移驻广州。又增设廉钦道，改高廉道为高雷阳道，改雷琼道为琼崖道。析出原雷琼道之雷州府及原肇罗道之阳江直隶厅拨隶高雷阳道；析出原高廉道之廉州府及新升之钦州直隶州，拨隶新设之廉钦道；原属雷琼道之琼州府及新升之崖州直隶州，归隶琼崖道
	琼崖道	分巡兵备道		琼州	琼州府、崖州直隶州	
	高雷阳道	分巡兵备道		高州	高州府、雷州府、阳江直隶厅	
	廉钦道	分巡兵备道		钦州	廉州府、钦州直隶州	
广西	太平思顺道	分巡兵备道	兼镇南关关务、并控汉土	龙州	太平府、归顺直隶州	宣统三年设，又称太平归顺道
四川	康安道	分巡兵备道加提法使衔[1]	兼理刑名	巴安	康定府、巴安府。	宣统三年设，隶川滇边务大臣[2]
	边北道	分巡兵备道		登科府	登科府、德化州、白玉州、石渠县、同普县	宣统三年设，隶川滇边务大臣

---

[1] 宣统元年改按察使为提法使。
[2] 《清史稿·职官志》注，康安道、边北道为宣统二年设，疑有误。此处据《宣统政纪实录》和《清末职官表》。

说明：

1. 光绪末年与宣统年间，各省先后设置巡警、劝业二道，因其存在时间不长，又各省大体雷同，未列入表内。

2. 制定以上两表，光绪十三年前主要根据《钦定大清会典事例》，光绪十三年后主要根据光绪、宣统两朝《大清实录》，同时参照《清朝文献通考》《清朝续文献通考》《钦定户部则例》《东华录》。

3. 制定以上两表主要参考资料有：

黄本骥：《历代职官表》

彭汝畴：《大清最新百官录》

佚名：《最新清国文武官制表》

童士亨：《历代疆域形势一览图》附《历代州域形势通论》

赵泉澄：《清代地理沿革表》

李国祁：《清代新常两关设置与督理情形表》（见台北：《近代史研究所集刊》第三期）

佚名：《清末职官表》（台北影印本）

《清史稿》之《职官志》《地理志》

藏励龢等：《中国古今地名大辞典》

4.《清史稿》之《职官志》《地理志》舛误较多，又无年限，参考价值较他书为低。在制定以上两表过程中，凡遇有本书记载与其他资料相异而又无从考证者，均舍此而取彼。

5. 宣统三年冬季内阁印铸局发行的《职官录》第五册"江南省"一目载，苏松粮道兼巡苏州驻常熟，松太兵备道驻上海，徐州河务兵备道驻宿迁，与《大清会典事列》记载不同，本表未采用，录此以供参考。

（《近代史研究》，1982年第4期）

六 曾国藩与传统文化

曾国藩的洋务思想与中国传统文化

一

什么叫洋务思想？曾国藩的洋务思想包括哪些方面？长期以来学术界曾存在着两种不同的意见，一种意见认为只包括兴办军工科技一个方面，一种意见则认为应包括外交与军工科技两个方面的内容。两种意见争论不休，并由此引出对曾国藩与洋务运动历史评价的差异。笔者认为，为准确反映事物的本质，避免断章取义、各取所需之嫌，不妨追根溯源，看一看曾国藩本人是怎样讲的，然后再本着实事求是的原则，由此展开讨论。

曾国藩谈论洋务的地方很多，而最集中、最典型者则莫过于同治元年五月初七日同幕僚宾友的一段谈话。《手书日记》载："与幕府诸君畅谈，眉生言及[夷]务。余以为欲制[夷]人，不宜在关税之多寡、礼节之恭倨上着眼。即内地民人处处媚[夷]，艳[夷]而鄙华，借[夷]而压华，虽极可恨可恶，而远识者尚不宜在此等处着眼。吾辈着眼之地，前乎此者，洋人十年八月入京，不伤毁我宗庙社稷，目下在上海、宁波等处，助我攻剿发匪。二者皆有德于我，我中国不宜忘其大者而怨其小者。欲求自强之道，总以修政事、求贤才为急务，以学作炸炮、学造轮舟为下手工夫。"这段话包含两层意思，一是对外国侵略问题的战略思考，一是对外国侵略问题的具体对策。前者可谓怀德弃怨，化敌为友，后者可谓自我振作，师夷长技。实际上包含着内政与外交两个方面的内容，而内政方面又包含整顿吏治与兴办军工科技两个要点。就其内在联系而言，前者是后者的前提和必要条件，后者是前者的最终目标，二者相辅相成，密不可分，结成一个有机的统一体。由此可见,所谓洋务,是由"夷务"一词转换来的,实际上不仅指外交事务而言,也不仅指造船制炮等西方科学技术,而是包含着如何对待和处理外国侵略问题的全部政策与策略。曾国藩所谈的上述各点,亦不仅是曾国藩个人的思想,而是整个洋务派与洋务运动的思想基础和行动纲领。可见,将曾国藩的洋务思想仅限于军工科技一个方面是不恰当的,由此得出的对曾国藩及洋务派、洋务运动的认识也难以全面、准确。

曾国藩的实践活动与他的上述说法是一致的。他曾为兴办军工科技作出了很大努力。咸丰十一年冬,曾国藩在安庆设内军械所,制造新式枪炮与子弹火药。次年又试制轮船,并于同治二年制成木壳小火轮一艘。为了扩大规模,改进技术设备,以制造更大、更先进的轮船,复派容闳赴美采购"制器之器",拟于两湖一带择址设立新厂。同治四年会同李鸿章在上海创办江南制造总局,容闳采办的机器亦并入其中。同治六年曾国藩又奏拨专款设立船厂,专门从事新轮试制工作,并将江南制造局迁址扩建,内设翻译馆与诸多分厂,使之成为当时国内规模最大、技术设备最好的综合性军事工厂。其所造新轮的技术水平也不断提高。至同治十年曾国藩赴沪巡察时,江南制造局已造出各式轮船四艘,其第五艘也将近完工。为了培养轮船的驾驶与管理人员,他曾委派专人负责新轮的操练工作。为了解决养轮乏资的问题,他曾提出将新造商轮租给可靠商人使用的主张,遂成官督商办与轮船招商局之滥觞。为了培养军事,尤其海军需要的人才,曾国藩还于同治九年会同李鸿章奏准派遣留学生赴美学习,成为中国派遣留学生之始。

曾国藩在兴办军工科技方面所做的具体事情并不太多,他的业绩既不能与李鸿章相比,也不能与左宗棠相比。加以左宗棠一贯主张抵抗外来侵略,有收复新疆之功,故其历史形象远比曾国藩为好。然而,无论左宗棠还是李鸿章,其在近代史上的地位与影响,都不能与曾国藩相比。其原因非他,而重在开风气之先。即就洋务运动而言,第一个上奏提出"师夷智以制船造炮"者是他,第一个造出轮船者是他,第一个派人出洋购买成套"制器之器"者是他,第一个提出"官督商办"者还是他。其洋务运动首倡者的地位是无人可以取代的。洋务运动虽然不是中国资本主义的开始,但却由此引来西方机器生产。而机器是近代资本主义的产物,巨大生产力的象征,同封建生产关系是不相容的。因而,机器的引进等于在盘根错节的封建生产关系中打进一个楔子,为资本主义的发展提供了可乘之机。中国资本主义紧随洋务运动之后而兴起,是完全符合历史发展的逻辑的。所以,洋务运动成为中国工业化的起点,在中国近代化的进程中具有开创性的作用,讲近代化,讲近代科技,必须从这里讲起,研究资本主义的发展,也不能不提到它。就此而言,洋务运动功不可没,曾国藩功不可没。不过,曾国藩所行之事不止一件,洋务运动亦不止一面,要得出科学的结论,准确的评价,还必须对其进行全面的考察。

在对外交涉问题上,曾国藩主张坚持一个"诚"字。无论外国侵略者多么奸诈狡猾、蛮横无理,都采取诚恳的态度,以友相待;对他们的无理要求、步步进逼亦能忍则忍,能让则让,除非万难相从者,一概答允。他虽然积极练兵、筹建海军,但却实行备而不战、决不抵抗主义,对于资本主义列强的武装侵略和战争讹诈,决不敢以自卫战争给予回击。在外国侵略者面前,完全丧失了当年打长毛时那种"敢战第一"的精神。在这一点上,他不如洪秀全,也不如左宗棠。

对于如何处理外国侵略的问题,曾国藩言论不少,而行动则只有办理天津教案一事,尚不足以完整地体现其洋务思想的全貌。而深得恩师心传的李鸿章在中日甲午战争中的表现,则可以作为曾国藩洋务思想的注脚,实际上亦为洋务运动做了历史性的总结。政治上的腐败和对外不抵抗主义,不仅断送了北洋轮船水师,且使中华民族陷入空前未有的严重危机。它使中国人大开眼界,从而看清了洋务派的所谓"求富求强"究竟是怎么一回事。而随之而起的割地狂潮,更使中国人民深切体验到亡国灭种迫在眉睫的滋味,以至百年之后人们对这段历史仍是刻骨铭心!

曾国藩与洋务派把他们的这套做法称为"隐图自强",意即对洋人的侵略隐忍退让,示人以弱,使其难于发觉,而暗地里则奋发图强;待其科学技术和武器装备赶上洋人,再与之一决雌雄,争回主权。后来有人根据曾纪泽在国外发表的言论,把它概括为"先睡后醒论"。这可算是对洋务运动的最好解释。然这套做法,往最好处说也不过是一厢情愿。这里且不说清朝统治者腐败如故,看不出一点克勤克俭、励精图治的迹象,西方列强的眼睛也紧紧盯着中国,不容许这"东亚病夫"日益强壮、手握利器,使一块供其享用的肥肉变成打击自己的铁锤。所以,尽管李鸿章开放旅顺港供洋人参观,表示中国建立海军舰队仅满足于你有我也有,并不打算与外国打仗,而西方列强仍不放心、不买账,一定要怂恿日本出面一试。结果,立使洋务派多年的经营化为乌有,现出清王朝纸老虎的原形。

这里有两个想不通和不允许。一是洋人想不通与不允许。既然你根本就不打算同外国打仗,花那么多钱搞海军干什么?不允许他们摆架子、装样子。一是中国人民想不通和不允许。中国屡受外侮,民族危机日深,你解决不了这个问题,我们何必要供养你?不允许他们尸位素餐、误国害民。于是,有志之士起而抗争,遂有戊戌维新、辛亥革命,披荆斩棘,另寻新径,探索中国的富强之路。

总之,对曾国藩的洋务思想应一分为二,肯定其合理因素,排除其荒谬成分。曾国藩将魏源"师夷之长技"的思想付诸实践,率先造船制炮,兴办近代军工及相应科学技术,是应当肯定的;对其所兴所造不用于"制夷",而专用以"制民",是应该坚决否定的。对他所倡导的洋务运动亦应当如此。对其合理成分应当肯定,因为它至今仍能给我们以启迪。对其历史功绩应当肯定,因为它的作用无可替代,我们应当尊重历史,不可采取虚无主义的态度。然而从总体上,对其主要方面,必须进行批判。因为它最终还是失败了,不仅没有兑现富国强兵的许诺,反而使中华民族陷入空前未有的危机。因而,我们应当把它作为历史的借鉴,惨痛的教训,不时敲起警钟,庶不致重蹈覆辙。曾几何时,蒋介石亦步亦趋地学习曾国藩,颂扬之格过于晚清。结果却一败如水,不得不逃至台湾一隅之地,靠着美国人战略防线的庇护聊度残生。这个历史的事实人们是不应忘记的。古人云,"殷鉴不远,在夏后之世",岂此之谓欤?

二

曾国藩作为中国传统文化之集大成者,为什么又能够成为引进西方科技的带头人呢？这主要出于两个方面的原因：一是中国传统文化的固有性质，一是曾国藩的自身特点。

提到传统文化，人们立刻就会想到保守、封闭等等。其实，这种想法并不全面、准确。笼统言之，迄今为止的一切文化都可称为传统文化。故有人将新中国成立以来至改革开放这一时期的思想、制度乃至文艺节目等等，皆冠以"传统"二字。这样做是不无道理的。不过，笔者这里所讲的传统文化并非如此，而是按照约定俗成的说法，专指五四新文化运动以前中国数千年所创造的文化，实质上是指以理学为核心、儒学为主体的整个封建思想文化体系。这个思想文化体系，是经过长期的发展和不断强化，在中国封建社会中形成的，曾在中华民族的形成、发展过程中起过伟大的作用，其历史功绩是不容抹杀的。只是到了近代，随着封建制度的日益腐败以至终结，越来越暴露出它的弱点，作为一个完整的思想文化体系，再也不能适应历史发展的需要，不可避免地为新的思想文化体系所取代。这是历史发展的必然规律，不可抗拒的时代潮流。尽管前进的道路是曲折的，但这一总的历史趋势却是无法改变的，不以人们的主观意志为转移的。

作为传统文化主体的儒家学说，创立于周代，西汉中取得在全国的统治地位，曾在历史上几经兴衰，出现过几个不同的发展阶段。在其长期的发展过程中，不仅能够吸收其他学派的长处而不断强化与完善自己，而且能够吸取外来文化之长以救自身之短。理学就是在吸收佛教禅宗的一些思想与做法的基础上，经过不断发展而形成的。由此可见，儒学既有保守性，也有进取性，既有封闭性，也有开放性。试想，假如儒学真的故步自封，一成不变，不能及时吸收新的营养和不断改变自身，以适应形势的变化和新的要求，它岂能屡衰屡兴，长期在意识形态领域保持其统治地位，成为中国传统文化的主流？即使到了近代，虽已老态龙钟，步入垂暮之年，面对西方资本主义思想文化体系这一几千年来从未遇到过的对手，亦仍能提出自己的对策："师夷之长技以制夷"，即所谓"中学为体，西学为用"，力图在保持自身思想文化体系不变的前提下，学习西方的某些长处，诸如船坚炮利之类，以与之对抗。

曾国藩之所以能够接受这一思想并付诸实践，则又有其自身的原因。

首先，他不仅是个学者，还是个政治家。他学习一切学问的目的，都是为了用以解决统治阶级所面临的政治问题。所以，他借以建功立业的学问主要并不是理学，而是经世致用之学。经世致用之学又称"经世济用之学"，简称经济之学，但并非今天的经济学。它在孔学属于政事之科，潜心治学的学者亦往往把它视为做官术。今天看来它应属于政治学的范畴，但却包含了政治、经济、军事、法律以及科学技术等方面的内容，曾国藩曾把它归纳为十四大项，实际上是中国古代一个以政治学为主的社会综合学科。自鸦片战争以来，如何看待和处理西方列强入侵的问题，一直是中国各阶级、集团及政治派别所面临的头等重要的政治问题，也就不能不成为经世致用之学的首要内容。曾国藩既以封建社会"末世扶危救难之英雄"自居，就不能不严肃考虑、认真研究这一问题，并提出自己的对策，振作精神，大干一场。不过，曾国藩所处的政治环境与魏源略有不同，国内矛盾尖锐、突出起来，故"师夷之长技"首先用以"制民"，而将"制夷"之事推之于遥远的将来。只要洋人不打算推翻清政府，就决不同洋人开仗，妥协再妥协，忍让再忍让，直到军事技术装备与经济发达程度超过洋人，再报昔日一箭之仇。这说明，这时的清朝统治者比鸦片战争时更腐败、更虚弱、更加内外交困，连"师夷之长技以制夷"这一对策，也不能全面实施，只能半行之。而后偷天换日，将进攻的矛头转向国内，对准不甘忍受外国侵略与封建压迫的老百姓。曾国藩就是体现这种振兴与转变的一代地主阶级政治家的典型代表。

同时，也正因为曾国藩是一位政治家，而不仅仅是一位学者，所以，他所着眼之处在于整个统治阶级的最高利益、兴衰安危，而不仅仅是一个学术派别的兴旺发达。因而，曾国藩虽为知名理学家，而治学却向无门户之见，对一切有用的知识、学问，都主张全盘接受，融会贯通，应时切要，择长而用。故能领悟儒学真谛，成为一代大儒、通儒，在思想观念上突破夷夏之辨，学习洋人之长，以强化自身。这与我们通常所见到的一些俗儒、陋儒显然不同。这些人抱定一技之长，坐井观天，妄自尊大，故步自封，不思进取，并不能算作真儒。他们不能全面继承传统文化，也没有资格代表传统文化。同有理学家之名，曾国藩应时变通成为洋务派首领，而倭仁却成为顽固派的代表，其原因就在于此。

再者，曾国藩在镇压太平军的过程中，多借洋器之重、洋人之力，并取得成效，亦使他尝到了甜头，增强了师夷之长的自信心。曾国藩靠湘军起家，更以水师取胜。他坚持非洋炮不用、船炮不齐不出，终于建成当时国内技术装备最好的炮船船队，夺取水上控制权，使湘军在同太平军争夺沿江重镇的各个战役中，处于战略上的优越地位。然而，湘军水师船小体轻，行驶缓慢，只适于内河作战，不能在海洋上巡行。所以，曾国藩早在咸丰末年，即对太平天国的战争稳操胜券之时，就开始筹划建立外海轮船水师，即近代海军舰队的问题。其后兴办军工科技、派遣幼童留学美国等，基本上都围绕着这一中心进行。

不过，曾国藩引进西方资本主义文化的目的，并不是为了打破儒家文化，而是为了巩固这个陈旧的思想文化体系及其统治地位。在他看来，以理学为核心、儒学为主体的封建思想文化体系没有什么不好，只是缺乏西方以船坚炮利为特点的科学技术而已。所以，曾国藩引进西方文化，大致以此为限。凡与此无直接关系的外来事物，曾国藩多持消极态度，甚至心怀反感，坚决反对。例如，整顿两淮盐政，坚决反对采用洋人的办法管理盐船的厘税征收工作，对其子女请西医为夫人看病，也心感不快。实际上并没有什么道理可讲，仅只因为这些东西来自外洋而已。再如，曾国藩对修造铁路亦持反对态度，不仅反对修建普通铁路，也反对修建一切带有铁路之名的技术设施。同治八、九年间，其尚在直隶总督任内，为清除永定河积沙以消水患，曾有人禀请购买和使用挖河机器。而要将挖出的淤泥及时运走，则需修造轻便铁路。曾国藩不同意这一请求。其理由除诸多财政、技术问题一时不易解决外，尚有更为重要的一条涉及国家重大政策的问题："近年中国力拒外洋来开铁路之议，岂可反自中国作俑！此层决不可行。"[1] 曾国藩在这些方面，与顽固派极为相似，而同上海滩上培养出来的一批洋务派官僚，例如李鸿章、丁日昌、冯浚光（皆曾任曾国藩幕僚）

---

[1] 曾国藩：《曾文正公全集·批牍》（以下简称《曾文正公批牍》）第4卷，湖南传忠书局光绪二年刊，第65页。

等有明显不同,故有人会将曾国藩的某些言论当成顽固派的思想加以批判。

综上所述可以看出,曾国藩对西方文化表现出的开放性与保守性,有的属中国传统文化的固有特性所致,有的则出于曾国藩的个人原因。不过,有一点可以肯定,无论曾国藩还是其他洋务派人物,对西方的政治制度与思想体系,诸如共和国制度与自由、平等、博爱等,是决不会引进的。而对近代中国来说,这正是不该缺少而恰恰缺少的东西,也是导致中国落后于西方的根本所在。而洋务派恰恰是避开了这一要害问题,选择了一条舍本逐末、避重就轻的道路,这就不能不归于失败。犹如一个衰朽年迈之人,即使握有同样的武器,也无法战胜一个身强力壮的年轻人,更何况其武器与招数皆学自对方,且处处依赖于人、处处受制于人!至于"隐图自强"云云,则无论主观上如何想,自不免属于自欺欺人了。

三

如何对待中国传统文化,是多年来一直争论不休的问题。曾国藩是中国传统文化之集大成者,又是中国传统文化所造就出来的最后一代出色人物的典型代表,从某种意义上讲,可以说是中国传统文化的化身。如果说儒家文化可以分为早、中、晚三个发展时期,并有与之相应的三个代表人物的话,那么早期为孔子,中期为朱熹,而末期就是曾国藩了。所以,对曾国藩的历史评价,也就不能不与如何对待中国传统文化的问题,尤其末期的历史命运紧密相关。

对于中国传统文化,自鸦片战争以来大致有三种态度:一是主张完整保存,全盘继承;一是主张彻底否定,全盘西化,一是主张一分为二,批判继承,弃其糟粕,取其精华。1989年以前,全盘西化的呼声曾一度很急,而近几年则似乎不大听得到了。这几年在如何对待中国传统文化问题上的分歧,似乎集中在继承问题上,两种意见都主张继承传统文化,要不要进行批判?究竟是奉若神明,全盘继承,还是一分为二,批判继承,弃其糟粕,取其精华?则成为问题的焦点。与此相联系,在对曾国藩的历史评价问题上,主张彻底否定的观点亦见不到了,而主张完全肯定或基本肯定的观点则较为流行。有人认为，曾国藩的过错只是不该"忠于满人"，现在清朝已成过去，"乃倡五族共和"，对曾国藩也就没有什么值得批评的地方了。曾国藩是主张全盘继承中国传统文化、力保封建道统的，所以，从某种意义上讲，全面肯定曾国藩，也就是全盘肯定了中国传统文化。或者有些人只是出于其他考虑，并没有想这么多，而实际效果则亦没有多大不同。

对于中国传统文化为什么应该一分为二，批判继承呢？从曾国藩的经历，就可以清楚地看到这种必要性。曾国藩一生，从理学家到洋务派，从一个封建士人到封疆大吏、名将名相，由治学、修身转而治军、治国，从头至尾走完了修身、齐家、治国、平天下的全过程。而其一生的成败得失、悲喜荣辱，亦无不与中国传统文化的精华与糟粕息息相关。因为他继承了中国传统文化的精华，所以能够取得事业上的某些成功，在近代史上占有一席之地，至今令人感叹。同样也因为他继承了中国传统文化中的糟粕，所以深陷泥潭而不能自拔，最后酿成个人的历史悲剧，在伤痛、悔恨和一片咒骂声中死去。他个人认为，剿捻失败即应辞职退隐，不应回任江督，更不应再赴直隶总督之任。也有人认为，攻下天京后他应挥戈北上，取清自为。其实，这都是一些不切实际的设想。且不说他作为清朝大臣与湘军统帅，一身进退不可能完全自主，即使真的要在攻下天京后谋反称帝，也不过重演一遍三藩之乱，其最后结局和历史评价都不会比吴三桂更好些。其原因无他，主要还是中国传统文化作为一个完整的思想文化体系，是完全根据封建制度的需要、经过长期的发展而形成的，是完全为这个制度服务的。曾国藩作为中国传统文化的典型代表，他所要维护的不仅仅是"满洲政权"，而更是整个封建制度。他若起而反满，也只能是地主阶级内部争权夺利的斗争，不可能改变封建思想和封建制度的分毫，与孙中山先生领导的以"建立民国，平均地权"为主旨的革命排满具有完全不同的性质。

实际上，对于曾国藩个人来说，自从军从政以来，在政治策略上并没有犯过什么重大错误。他所经历的道路，正是其最好的人生选择，虽然备尝艰辛，但却最为稳妥，步步立于不败之地。就是说，曾国藩作为湖南一群士绅的领袖与代表，当他建立湘军、淮军一展宏图时，面对着西方列强、清政府、太平天国三种异己力量，无论从政治利害还是政治策略考虑，他联合西方列强与清政府,以共同对付太平天国都是正确的。否则,处处树敌,何以生存和发展?及至太平天国失败之后,不仅作为曾氏嫡系的吉字营已成强弩之末,且整个湘军也变得四分五裂,呈现互争雄长的局面,除非清政府对他们采取斩尽杀绝的方针,湘、淮将帅是不可能联合反满的。其中,真能为曾氏夺取皇位而战者为数不会太多,而举兵讨贼者却不乏其人。权衡力量对比,恐无胜算可言。所以,曾国藩只能自剪羽翼以解清廷之疑,继续做他的忠臣孝子。至于赴津办案最后竟落得一个"举国欲杀"的下场,并非政治策略上的偶一失误,而是他历史发展的必然。所以,此事最能体现曾国藩的政治立场与思想本质。因他毕竟不是林则徐,也不是叶铭琛。他既怕洋人,又要效忠于清朝卖国政府,在洋人、清政府与天津绅民的三面夹击之下,除了逐官杀民、媚外求和之外,还会作出什么其他选择?

然而,种种事实表明,曾国藩所代表的传统文化体系,与它所维护的封建制度一样,已经走到了穷途末路,已经不能完全适应时代的需要。新的思想文化体系虽然尚未形成,更无以取代其在意识形态领域的统治地位,而其思想萌芽却已破土而出,并向旧的思想文化体系发起猛烈冲击,展开武器的批判。而洪秀全就是这一新的萌芽的代表。他虽然失败了,但却代表了历史的未来和发展方向。他所提出的平分土地的主张和人人平等、个个饱暖的口号已经变为现实,他所描述的关于大同世界的理想,也总有一天要实现。与此相反,曾国藩所拼命维护的清王朝和封建制度,却已成为历史的陈迹,而他本人也成为历史上的一个悲剧人物。古人所谓"不可以成败论英雄",似正指此而言。由此可见,毛泽东在其未成为马克思主义者之前,曾那样推服曾国藩,而成为马克思主义者之后却给予洪秀全以很高的历史评价,是很有道理的。须知,当洪秀全第一个对传统文化展开批判时,该需要多么大的勇气!而第一个挑战者的出现又是何等的不易!其在中国近代史上所起的振聋发聩的作用,是不可低估的。

曾国藩在自己的一生中,无论做事做人都尽到了最大的主观努力,其在立功、立德、立言三个方面亦无逊于古人,但却得不到古人那样的历史评价。究其原因,则由于曾国藩生于新旧制度交替之际,而他所代表的封建思想文化体系,只服务于旧制度、旧时代,不可能自动地整体转向,再为新时代、新制度服务。所以，他在大厦将倾之际无法脱身而出，只能充当旧制度和旧思想的卫道士。为什么会出现这种情况呢？这是因为封建思想文化体系的核心，是它的旨在维护封建等级制度的道德观念，即所谓三纲五常。其他种种都是围绕在其周围，为其所用的。而一个人接受这一思想体系的过程，又首先从这一点开始，修、齐、治、平，一步步向前推进。而在近代史上，最不适应于时代，最称糟粕者则又无过于此。鲁迅的小说《狂人日记》《祥林嫂》等，将攻击旧文化的火力集中于这一点上，是很切中要害的。正是在这种封建道德的制约下，曾国藩捕人不要证据，杀人不依法律，屠戮战俘不以为有违人道，敛财抽厘不以为病国害民。尤其到了晚年，虽已深信清朝的灭亡只是一个时间问题，却仍要忍受着精神上极大痛苦，为一个腐朽的王朝鞠躬尽瘁，死而后已。而在其办理天津教案之时，则不仅将生死置之度外，还拼却了个人一生的"清名"！当然，这里包含着曾国藩个人对清政府的感激之情，但更主要的恐怕还是因为这个政权是封建制度的代表，土地剥削制度与君主专制政体的象征。所以，曾国藩对清王朝的忠诚，并不仅仅出于对满洲人的忠诚，而主要还是对封建地主阶级与封建等级制度的忠诚。所谓"自唐虞三代以来，历世圣人，扶持名教，敦叙人伦，君臣父子，上下尊卑，秩然如冠履不可倒置"云云，恐怕不仅是出于策略考虑，而更是曾国藩真情实感的喷薄而出。有人说，曾国藩镇压太平天国是为了维护中国的传统文化。那么，他要维护的首先就不是精华，而是它的糟粕。

综上所述可知，中国传统文化作为一种意识形态，对其所适应的经济基础和上层建筑是会产生反作用的，而这种反作用又要通过接受这一思想体系的人来实现的。曾国藩及其周围的知识分子群，正是体现这种反作用的典型例子。他们由思想而组织，由组织而军队，由军队而政权。一群笃敬践履的卫道之士，居然为清王朝争得东南半壁江山，将这摇摇欲坠的大厦重新支撑起来，颇有点儿"天欲堕，赖以拄其间"的味道。这样典型的事例，无论在中国还是世界史上，都是不多见的。由此可见，一种旧的思想文化体系是不会自动解体的，更不会自动地为新时代、新制度服务。而要使中国传统文化为新时代、新制度服务，就必须对它来一番去粗取精、去伪存真的改造，将其糟粕扫入历史的垃圾堆，将其精华吸收到新的思想文化体系之中。只有这样方能使它在新的时代发挥作用，在中国历史发展的长河中永葆青春。而要做到这一点，就必须首先对它进行批判，打破其思想体系，否则，就不可能将那层层围裹、盘根错节的糟粕剔除出去，也不可能将那你中有我、我中有你的精华提取出来。因此，五四新文化运动功不可没，当时提出打倒孔家店的口号是完全必要的，没有这样一场思想文化领域的革命，就不可能造就出一批完全新型的知识分子，也就不可能在中国大地上掀起一场空前未有的大革命。中国也就不可能取得今天的进步。古人云，不破不立，不塞不流，不止不行。不打破旧的思想文化体系，新的思想文化体系也就建立不起来。

总之，从某种意义上讲，曾国藩犹如传统文化的化身，既是其精华所聚，也是其糟粕所聚。故无论对曾国藩还是中国传统文化，都只能是一分为二，批判继承，只能接受其中的精华，不能连糟粕也一起继承下来。由于主观与客观条件的种种限制，以及它们二者之间盘根错节、错综复杂、你中有我、我中有你的情况，人们对精华与糟粕的识辨，亦并非一蹴而就，一举可成，而是一个长期的、艰巨的、反反复复的过程。所以，在一个很长的历史时期内，尤其今天，在讲到继承的时候，还不应放下批判的武器，不加分析地颂扬曾国藩，笼统地弘扬传统文化，都是不尽妥当的。

（《娄底师专学报》，1995年第4期）

中体西用　师夷制民
——评曾国藩集团的文化取向与社会实效

　　湘淮军政集团的首脑人物曾国藩、左宗棠、李鸿章等人，是中国传统文化造就出来的最后一代出色人物的典型代表，不仅集中国传统文化之大成，且带头引进外国科学技术，创办出中国第一批近代军事工业和第一支近代海军舰队。从某种意义上，可以说他们是中国传统文化与近代科技的政治代表。然而，他们集精华、糟粕于一身，勇于内战而怯于御侮，既有成功的经验，也有失败的教训，不能不成为一群至今争议不休的历史人物。而对他们的历史评价，也就不能不成为一个极为复杂的学术问题。

　　我们对这个复杂问题的探讨，首先从传统文化说起。

　　曾国藩不仅是湘淮军政集团政治上、军事上以及组织上的代表，也是这个集团文化上的代表，而在传统文化的问题上尤为如此。所以，在论述这个集团与传统文化的关系时，也就不能不以曾国藩为主。可以说，在这个问题上，弄清了曾国藩，也就弄清了他们整个集团。

　　曾国藩对中国传统文化的各门各派，义理、考据、词章、经济乃至诸子百家，基本采取全盘继承的方针，主张兼取各家之长，融会贯通，付诸实践。

　　作为中国传统文化主体的儒家文化，经过二三千年的长期发展，在最后一个封建王朝——曾国藩所生活的清代，又再度辉煌，不仅鸿儒迭出、硕果累累，且品类大致齐全，历史上曾经出现过的各种流派，几乎无不具备。他们门户森严，自我标榜，无不党同伐异，申己而抑人。有的门派如汉宋两家，甚至结为深仇，代代相报，必欲将对方置之死地而后快，以至并非靠书本吃饭之人如左宗棠者，也不能不囿于门户，落此窠臼。此亦可见其流毒之深。然曾国藩虽早年讲习理学，具理学家之名，但学兼汉宋尤嗜词藻，经世济用最可称道，故于各种学术流派，并无门户之见。早在青年时代，他就在一封信中表达自己的志向："于汉宋二家构讼之端，皆不能左袒而附一哄，于诸儒崇道贬文之说，尤不能雷同而苟随"。而自己则"欲兼取二者之长，见道既深且博，为文复臻于无累"[1]。对于经世致用之学，曾国藩尤为重视。以往学者多视经济之学为做官术，不把它当成一门学问，故姚鼐、唐鉴谈论为学之道，仅及义理、考据、词章三门。而曾国藩则明确表示，为学之道"有义理之学，有词章之学，有经济之学，有考据之学"，"四者不可缺一"[2]，并从儒学创始人孔子那里找到根据，称"经济者在孔门为政事之科，前代典礼政书及当世掌故皆是也"[3]。

对儒学以外的诸子百家各学派，曾国藩亦主张兼师并用。他在日记中总结自己的体会道："周末诸子各有极至之诣"，"若游心能如老庄之虚静，治身能如墨翟之勤俭，齐民能如管商之严整，而又持以不自是之心，偏者裁之，缺者补之，则诸子皆可师也，不可弃也"。[4] 有时，曾国藩甚至干脆把诸子学说称为孔子的言外之意，并将二者取长补短，结缡联姻，提出以诸子为体、儒学为用的主张。他说："圣人有所言有所不言。积善余庆其所言者也，万事由天不由人，其所不言者也；礼乐刑政、仁义忠信，其所言者也，虚无清静、无为自化，其所不言者也。吾人当以不言者为体，以所言者为用；以不言者存诸心，以所言者勉诸身；以庄子之道自怡，以荀子之道自克，其庶为闻道之君子乎？"[5] 对于墨家后学，一向为文人所不齿的游侠刺客之流，曾国藩亦有所称道，认为他们在不少方面，诸

---

[1] 曾国藩：《曾文正公书札》第1卷，湖南传忠书局版，第4、5页。
[2] 曾国藩：《求阙斋日记类钞》卷上，王启原校编，湖南传忠书局版，第8页。
[3] 曾国藩：《曾文正公全集·杂著》（以下简称《曾文正公杂著》）第4卷，湖南传忠书局，第4页。
[4] 曾国藩：《曾文正公手书日记》，中国图书公司宣统元年印行，咸丰十一年八月十六日。
[5] 曾国藩：《曾文正公手书日记》，中国图书公司宣统元年印行，咸丰九年十一月初四日。

如"轻财好义""忘己济物""轻死重节"等，皆合"圣道"。"昔人讥太史公好称任侠，以余观此数者，乃不悖于圣贤之道，然则豪侠之徒未可深贬。"[1]

不过，曾国藩并非平等地看待各学各派，而是各自有所轻重缓急。他认为，周末诸子"所以不及仲尼者，此有所偏至，则彼有所独缺"[2]。故治学当以儒学为主。而在义理、词章、经济、考据四科中，则又以"义理之学最大。义理明则躬行有要，经济有本。词章之学亦所以发挥义理者也"[3]。故欲治儒学必以"义理之学为先"，"取程朱所谓居敬、穷理、力行、成物云者，精研而实体之。然后求先儒所谓考据者，使吾之所见证诸古制而不谬，然后求所谓词章者，使吾之所获达诸笔札而不差"[4]。总之，只有理学才是诸学的主宰，其他各学各科皆莫急于它、莫大于它、莫重于它，都只能起辅助作用，都是为它服务的。

对于传统文化，曾国藩不仅主张基本上全盘继承、择长而用，还主张有所创见、超越前人，具独到见解，成一家之言。在经济之学方面，早在咸丰年间曾国藩就提出，"天下之大事宜考究者凡十四宗，曰官制、曰财用、曰盐政、曰漕务、曰钱法、曰冠礼、曰婚礼、曰丧礼、曰祭礼、曰兵制、曰兵法、曰刑律、曰地舆、曰河渠。"而研究这些问题，"皆以本朝为主而历溯前代沿革之本末，衷之以仁义，归之于简易。前世所袭误者，可以自我更之；前世所未及者，可以自我创之"。又说："功成以开疆安民为要，而亦须能树人、能立法。能是二者，虽不开疆不泽民，不害其为功也。"[5]就是说，他不仅要立功当世，还要垂范后人。在理学方面，他从程朱入手，经周敦颐、张载而溯至孔孟，称"许郑训诂之文或失则碎"，程朱"指示之语或失则隘"，为学"能深且博，而属文复不失古圣之谊者，孟氏而下

---

[1] 曾国藩：《曾文正公杂著》第4卷，湖南传忠书局版，第4页。
[2] 曾国藩：《曾文正公手书日记》，中国图书公司宣统元年印行，咸丰九年八月十六日。
[3] 曾国藩：《曾文正公家书》，商务印书馆民国二十七年版，道光二十三年正月十七日。
[4] 曾国藩：《曾文正公杂著》第4卷，湖南传忠书局版，第4—6页。
[5] 曾国藩：《曾文正公手书日记》，中国图书公司宣统元年印行，咸丰九年八月十六日。

唯周子之《通书》，张子之《正蒙》，醇厚正大，邈焉寡俦"[1]。故由此可知，曾国藩视孔孟周张为儒学正统，而许郑程朱不过是支流旁系。他的这种观点和立场，同其理学家的身份颇为不合，与其公开场合，如上述有关推崇"义理之学"的言论，亦有明显差异。或许这就是他"体"与"用"的不同吧。然也正因为这一点，他常常受到程朱信徒的指责和开革出门的处分，不承认他是理学家。在考据学方面，他由清代大儒溯至杜佑、马端临，认为"许郑考先王制作之源，杜马辨后世沿革之要，其于实事求是一也"[2]。故考据学的主要任务不仅在于文字训诂，而更重要的则是对历代典章制度的考订。这样，就把考据学与经济之学结合起来，实际上是对乾嘉学派的一个驳正。在词章之学方面，他从桐城派入手，经欧阳修、韩愈溯至司马迁、扬雄等人，力求以汉赋之气势，矫桐城派柔弱之弊，称"艺成以多作多写为要，亦须自辟门径，不依旁古人格式"[3]。表现出自成一家的意向。

曾国藩一生为学甚勤，不仅京宦时期严于律己，刻苦钻研，即于其后行军、作战、政务繁忙之中，亦未尝废学。他先治理学，继治汉学，对古文嗜好如瘾，探索最苦，而于经济之学耗费工力最多，其所取得的成就亦最大。

曾国藩在古文方面颇有造诣。无论在文论上或风格上曾国藩都继承了桐城派，而在某些方面则有所发展，似犹过之。在理论上，他坚持"文以载道的""理法"，尤重"气"的作用。认为"行气为文章第一要义"[4]，"气能挟理以行，而后虽言理而不厌"。又说，"文家之有气势，亦犹书家有黄山谷、赵雪松辈，凌空而行，不必尽合于理法，但求气之昌耳"[5]。故"古文之法，全在气字上下功夫"[6]。在文章的审美方面，他还把姚鼐

---

[1] 曾国藩：《曾文正公全集·杂著》（以下简称《曾文正公杂著》）第4卷，湖南传忠书局，第4页。
[2] 曾国藩：《曾文正公文集》第3卷，传忠书局版，第24页。
[3] 曾国藩：《曾文正公手书日记》，中国图书公司宣统元年印行，咸丰九年八月十六日。
[4] 曾国藩：《曾文正公家书·家训》，湖南传忠书局版，同治元年八月初四日。
[5] 曾国藩：《曾文正公手书日记》，中国图书公司宣统元年印行，同治五年十月十四日。
[6] 曾国藩：《曾文正公手书日记》，中国图书公司宣统元年印行，咸丰十一年十一月初八日。

提出的阳刚之美与阴柔之美，分别归结为"雄直怪丽"与"茹远洁适"八字，并各作"十六字赞"加以解释。可以说是对桐城派文论的进一步丰富和发展。在文章的写作上，曾国藩颇得桐城派心传，而雄直之气则犹过之。例如他在东征太平军时所发布反革命檄文《讨粤匪檄》，气势磅礴，一气呵成，道理说得清清楚楚，政策讲得明明白白，仅用了不到一千字，没有一定的文学功底是根本不可能的。他所写的奏咨函札，也总是平实简练，情理交融；其悼念性文字则尤为生动感人，仅从文学的角度讲，其中确实有不少佳作。

曾国藩的文章由桐城派入手，经过多年的刻苦钻研与习练，逐渐形成自己的风格。它直接为现实政治服务，与经济之学相结合，最适于拟制奏、咨、函、札等公文，自己办理起来得心应手，也引起不少人的仿效。经过多年的选拔培养，在他的门下聚集起一大批熟悉政务的文学之士，其中尤以张裕钊、吴汝纶、黎庶昌、薛福成四大弟子最为突出，形成桐城文派的一个分支，人称湘乡派。曾国藩去世后，籍隶安徽桐城的吴汝纶成为这一门派的代表。然其文章的风格，却因无法继续像他的老师那样以气势奇崛取胜，而渐渐回归于桐城派的阴柔一路。这一新的分支也渐渐成为文坛上的陈迹。

后人对曾国藩的文章也给予相当高的评价。李慈铭称《曾国藩全集》为"近代之杰作"[1]。梁启超谓曾国藩即使没有什么"事业"，仅就文章而言亦可"文苑"立传[2]，青史留名。民国文人徐一士兄弟，对曾国藩的文章也很推崇，称"国藩文章诚有绝诣，不仅为有清一代之大文学家，亦千古有数之大文学家也。"他还把曾国藩与胡林翼、左宗棠加以比较，认为三人奏议各有所长，"均为有清大手笔"，但"若以文字学根底论"，则以曾国藩"为独优"[3]。其门人黎庶昌甚至认为，曾国藩一扫桐城派后学之窳弱流风，"扩姚氏而大之""使司马迁、班固、韩愈、欧阳修之文

---

[1] 徐凌霄，徐一士：《凌霄一士随笔》，《国闻周报》第11卷，第32期。
[2] 徐凌霄，徐一士：《凌霄一士随笔》，《国闻周报》第11卷，第17期。
[3] 徐凌霄，徐一士：《曾胡谈荟》，《国闻周报》第6卷，第33、40期。

绝而复续","自欧阳氏以来一人而已"[1]。

然曾国藩却觉得,自己的文章还不如桐城派,尤其不如桐城派后人梅曾亮,相比之下还有不小的距离。他曾向人表示,年轻时见梅曾亮以古文名重京师,"心独不肯下之","今日复番视梅伯言之文,反觉有过人处,往日之见多客气耳"[2]。他还在一篇读书札记中表示,桐城张氏之"巨卿硕学",宣城梅曾亮之"古文诗篇",高邮王引之父子之文字训诂,"实集古今之大成"。"国藩于此三家者常低徊仰叹,以为不可及"[3]。至于造成这种差距的原因,曾国藩则归咎于自己的中途改行。他认为,自己年轻时曾立志以道德文章扬名天下,且已摸到门径,颇具自信。只是升迁太骤,政务繁忙,继而忙于战争,肩负重任,遂将学业搁置起来。直到其功成名就之后还一再向人表示:"人生读书做事,皆仗胸襟。今自问于古诗人中,如渊明、香山、东坡、放翁诸人,亦不多让。而卒卒无暇,不能以笔墨陶写出之"。倘自己有暇读书,较之梅曾亮、何绍基"数子","或不多让"[4]。

由此可见,将太平军与湘淮军间的战争说成是农民打农民,或人权与神权之争是很不准确的,从某种意义上看,还不如说它是民本主义与等级观念之争,或儒家思想的精华与糟粕之争较为接近。因为儒家思想本来就是二元的和相互矛盾的。在封建社会中,相互对立的两派各持一端,都从儒学中找根据,也是常有的事。且比较而言,儒家思想中的民本主义应该说与近代民主潮流的接近点更多些,而等级观念则与之尖锐对立,将它们以此区分为精华与糟粕,应该说也是大致不会错的。例如,曾国藩在《讨粤匪檄》中,曾以天下为家和上尊下卑为据,对太平天国的土地公有主张和上下贵贱皆以兄弟相称的做法进行攻击,就表现出这种观念。因为曾国

---

[1] 黎庶昌:《拙尊园丛稿》第2卷,光绪十六年刊,第10页。
[2] 赵烈文:《能静居日记》,学生书局影印本,同治六年八月二十一日。
[3] 曾国藩:《曾文正公全集·杂著》(以下简称《曾文正公杂著》)第2卷,湖南传忠书局版,第2页。
[4] 赵烈文:《能静居日记》,学生书局影印本,同治六年六月十五日、同治六年八月二十一日。

藩之说固属儒家思想，而太平天国"天下为公"的主张亦以经典为据。孔子曾对言偃曰："大道之行也与三代之英，丘未之逮也，而有志焉。"[1]随之即讲出有关"大同""小康"的一大段话。可见，他确实把"大道之行也天下为公"的"大同"社会当成了自己的最高理想。在这一点上，是与太平天国相一致的。此外，太平天国上下贵贱皆以兄弟相称，亦并不违背"圣道"，君不闻"四海之内皆兄弟也"[2]。此说载儒家经典，倡言者虽非孔子，当亦属大成殿中人，即使付诸实践也与"大道"相通，岂可视为贼赃罪证？曾国藩号为大儒，听信理学家仁天义地的胡诌，却不肯下功夫钻研儒家经典，实在是一个大的失误。而有些学者，在传统文化潮涨气热之时，仅根据曾国藩的一些文字，将之推为维护传统文化的功臣，而斥太平天国为破坏传统文化的罪魁，并以所谓"无本者竭，有本者昌"[3]判为双方成败的关键。这就不仅有点荒唐，而是是非颠倒、本末倒置了。

　　试问，何为儒家思想之本，何为儒家思想之末？哪是它的精华，哪是它的糟粕？而判断其是非的标准又是什么？想来不过有两个标准，一个是儒家自身的标准，一个是当今时代的标准。以儒家自身而论，太平天国的主张合于"大道"，通向"大同"，属于儒家的最高理想，出于先师的论述，当然为根、为本。而曾国藩所要维护的不过是"大道既隐"的"小康"[4]之制，其所"本"亦不过是后儒理学偏狭之论，当然为枝、为末。如果说，曾国藩所卫的"道"仅指理学而言，还是可以的，若指儒家思想甚或传统文化，就很不准确了。因为传统文化不仅是儒家思想，而理学只是儒学的一部分。这不仅是说另外还有词章、经济、考据等门派，即其对儒家核心思想的继承，也是片面的。它将三纲五常强调到灭绝人性的地步，而几乎完全抛弃了民本主义思想，与先儒的思想是有很大不同的。这一点，于今天的社会似乎没有多大意义，而对曾国藩或今天以重续儒学道统自任的学

---

[1] 陈戍国点校：《四书五经》，岳麓书社1991年版，第513页。
[2] 陈戍国点校：《四书五经》，岳麓书社1991年版，第40页。
[3] 曾国藩：《曾文正公文集》第4卷，湖南传忠书局版，第22页。
[4] 陈戍国点校：《四书五经》，岳麓书社1991年版，第513—514页。

者却有很大关系。因为他们是专业人员，理应弄清其中的曲折原委，采取实事求是的态度。

若以当今时代的标准，则以其是否接近或抗拒近代民主潮流，来区分儒家思想的精华与糟粕，从而衡定民本主义与等级观念在儒家思想中的本末地位。儒家的民本主义虽不同于近代民主思想，但有一点是共同的，那就是，国家的最终主宰是人民，人民有权选择最高决策人。就是说，按照儒家的说法，在中国封建时代，人民虽然不能选择一个王朝的皇帝，但却可以选择一个王朝。虽然这种权力几百年才能行使一次，远不如近代欧美国家更换总统、议员那么便当，但毕竟有胜于无。此外，民本主义还包括使民以时、关心民瘼等内容。所以，自夏至清，中国历史就是一部王朝更替史。在中国历史上，曾出现过不少明君贤相和廉明官吏及政治清明的时期，如文景之治、贞观之治、姚崇宋景之治、开元之治、康乾之治等，代表了封建社会和儒家思想光明的一面。而等级观念则要求绝对的服从，将整个社会限定在一个僵死的枷锁里，广大民众只有少得可怜的一点权力，面对层层压迫没有足够的自卫能力，最多也不过盼望出现清官好皇帝。从而压抑甚至扼杀了个人与下级的积极性，阻碍商品经济的发展，与近代以来的民主自由精神相冲突，是滋生政治腐败的根源，代表了封建社会和儒家思想黑暗的一面。所以，如果儒家思想可以一分为二，区别为精华和糟粕的话，当然各自会有丰富的内容，但就其核心而论，就是民本主义和等级观念。如果儒家思想在失去独尊地位之后，还有作为一个学术派别继续生存的理由，也就是因为它具有民本主义思想。故以此看来，其民本主义较之等级观念更重要，而二者间的本末地位也是不应怀疑的。太平天国作为一场旧式农民战争，也是最后一次失败了的谋立新朝的革命，虽然达到它所能达到的最高限度，出现前所未有的诸多新因素，但从根本上说，并未冲出王朝更替和儒家思想的范围。然其高举民本主义的旗帜，向满洲贵族的皇权挑战，同曾国藩集团维护土地剥削与等级观念的做法形成鲜明对照。可以说虽败犹荣，不失英雄本色。所以，无论就反帝反封建的民主革命的潮流抑或儒家思想而言，肆意拔高曾国藩集团、贬低以至完全否定太平天国，都是不妥当的。在革命年代，曾有不少史学权威，为了革命宣传的需要,将太平天国举上天,把曾国藩集团踹入地。而今天改革开放时代,又有不少学者,为了宣传需要,反其道而行之,以纠偏为名而走向另一极端。其做法都是不可取的。因为他们都加入了太多的主观成分,违背了科学性,以至于混淆了历史学与政治学的界线。而科学性是历史学的生命,失去它,也就会使历史学迷失本性,变为另外一个学科。所以,世上讲历史陈迹的书很多,但不一定都是史学著作。例如孔子的《春秋》及其三传,虽有"六经皆史"之说,但多年来谁也不把它当作史学著作。因为它是经,属于政治学,而中国的史学是由司马迁创立的,不是孔子。

当然,说太平天国与曾国藩集团分别代表着文化上的精华与糟粕,还有另外的根据。那就是,太平天国虽然失败了,但提出《天朝田亩制度》和《资政新篇》两个革命纲领,向外国侵略者和腐败、卖国的清政府作了坚决的斗争,代表了近代中国民族民主革命的方向和进步潮流,不仅丰富了革命人民的斗争经验,也为后来者作出了榜样。曾国藩集团则逆历史潮流而动,强行不可为之事,而为了达到自己的目的,不惜采取任何手段,以至在不少方面,不仅继承了中国传统文化的糟粕,也在中国近代史上开了最恶劣的先例。这里仅举出最著名的三条:一是以军法处理民事,二是以厘金筹军饷,三是以残忍手段杀俘杀降。

曾国藩出山不久,就在团练大臣公馆设立审案所,杀人不要证据,审案不经有司,废除一切司法程序,只凭各地团练头子的一言定人生死。重者就地正法,轻者立毙杖下,再轻者瘐死狱中。实际上,被送到审案所的人,很少有活着出来的。他还嫌湖南地方官员杀人不多、不快,竟然将送至首府首县的人提来杀掉。以致激怒省城官绅民众,纵容士兵哗变,将他赶出长沙。其"曾剃头、曾屠户"的徽号,就是这时候得的。其后剿捻期间,他又故技重施,派员四出查圩、杀人,心狠手辣者奖,迟疑手慢者罚。有人起初杀人很少,后经曾国藩的威逼利诱,便胆大妄为,大杀特杀。其后凡杀人多者,皆受到奖励。他制造了无数冤假错案,却不准申诉、翻控,称所办之案皆以军法从事,翻不胜翻,有碍体制。胡林翼的做法也与曾国藩相似,他在贵州任知府时即办团练杀人,并因而受到赏识,有干练之名,升迁贵东道,奉调赴湖北,遂成为他一生飞黄腾达的最初基础。所以,他虽因此得到"胡屠户"的徽号,但却极感自豪和得意,常以"杀人如麻,挥金如土"夸示于人。曾国藩之胞弟曾国荃亦曾以此语夸示于人。其尤恶劣者,则是他们于战争结束后继续沿用"就地正法"之制,仍以军法办理民间案件。例如,沈葆桢光绪元至五年任两江总督,"残忍滥杀胜于军事时期",有人说其"所杀戮者,平均每日得五十人"[1]。所以,有人说1927年蒋介石血腥清党,屠杀共产党员,"宁可错杀一千,不可放走一人"的方针,是从他们那里学来的,恐怕也不能说没有道理。

  曾国藩集团为筹集军饷亦不择手段,所得白银达数千万两,方式虽多种多样,但主要来自厘金,尤其盐厘,占七成左右。厘金之害不仅在于常税之外再多抽百分之几的捐税,而在于贻误商机,加以经办人员乘机敲诈勒索,使商人实际上所遭受的损失,超过厘金本身不知多少倍,从而严重阻碍了商品的流通和资本主义的发展。其盐厘所占比重甚大的主要原因,是由于当时战乱之下,百业萧条,人民生活困苦,但却不能不吃盐,尤其南方酸性水土地区。厘金虽不是由他们所创,但他们成效最著,影响最大,并因而得到很大发展,遍及各省,遂成为当时政府的一项主要财源,战争结束后仍被保留下来,直到20世纪30年代,才归入统税一体征收。所以,人们一提到这项弊政,就想到曾国藩集团。故有人斥责他们倡"就地正法之制",兴"抽厘聚敛"之风,是祸国殃民的"罪魁戎首"[2]。

  说起他们的杀俘杀降,则更令人发指,不仅人数众多,动辄逾万,且手段极为残忍。屠戮战俘与降卒,在湘淮军中相当普遍,曾国藩力主此策,罗泽南、曾国荃、李鸿章、左宗棠、刘锦棠都直接间接地干过此事。咸丰十一年,曾国荃将围攻安庆期间陆续投降的太平军降卒一万多人,全部杀死。同治二年,李鸿章将献城而降的苏州太平军兵将杀逐殆尽。同治十年,左宗棠杀金积堡已经出降的回军首从近百人。同治十二年,左宗棠又在肃州乘夜放火屠城,杀降回军民近七千人。原城中军民,除一千一百名汉民和九百余名回族老弱妇孺外,无一幸免。他们不仅将其中的有些人,如金

---

[1] 周今觉:《夜读书室随笔》,《永安月刊》第103期。
[2] 夏震武:《灵峰先生集》第4卷,浙江印刷公司版,第57、42页。

积堡回军首领马化龙父子亲属十三人、肃州回军首领马文录及出城迎降父老九人，凌迟处死，还剖取活人心肝生祭战死将领。如左宗棠以马八条生祭刘松山，罗泽南以被俘太平军战士生祭彭三元、李杏春，都是这样干的。罗泽南甚至竟鼓励湘军弁兵，生吃太平军战俘的血肉心肝。曾国藩对罗泽南的做法，不仅不加以制止，还在奏折中大肆张扬炫耀，真不知天下有羞耻事。他对曾国荃、李鸿章的杀降一事，实际上也抱有支持与鼓励的态度。曾国荃杀俘之后，因畏于阴骘果报之说，致函曾国藩表示悔意。曾国藩对之严加批评，称圣人在世也会这样做，既已行之更无反悔之理。他初闻李鸿章收复苏州，曾为四万降卒的处置绕室彷徨，及闻杀降之后，才如释重负，寝食复安。其心其意，不言自明。

以上三事对曾国藩集团的整个杀人事业来说，虽属小菜一碟，但因其不是在战场上，不是面临着强大的敌对武装力量，使人愈感无此必要，且为近代法律所不容。而他们却偏要这么干，不以为耻，反以为荣。从这里，使人愈加看清封建地主阶级的野蛮性和残忍性，儒家文化，尤其理学阴暗和糟粕的一面。不容讳言，所有这一切，都是通过曾国藩集团的所作所为暴露出来的。当然，他们于战争之外的野蛮暴行还不止于此，譬如他们在九江、安庆，特别在天京的烧、杀、淫、掠，都是旷古罕见的，都应归于此类。惟点到即止，就不再详谈了。

至于曾国藩集团同传统文化总体上的关系，除上述继承的一面，即体现文化对人的制约作用外，还通过他们的实践，体现出文化对政治、对社会的反作用，以及人对文化的反作用。这就是说，曾国藩集团在本质上是一群来自地主阶级中下层的书生，如果将他们的经历看作一种文化现象，人们就会从中发现两个有趣的问题。一方面他们表现为儒家学说，尤其程朱理学的忠实履践者，自立志、诚意开始，一步步走完了修身、齐家、治国、平天下的全过程。他们的事业借程朱理学之力获得成功，而他们的思想行为也受到儒家学说，尤其程朱理学的制约，既体现其精华的一面，又体现其糟粕的一面。所以，从学术的角度看，将其名之为理学经世派还是有道理的。一方面这个集团从无到有、从小到大的发展，也向人们演示了一个由精神到物质的辩证的转化过程。起初，直到太平天国革命爆发，曾国藩冒死上疏之时，他们除了书生的血诚之外，几乎一无所有。当他们发现清政府并不能保护其身家性命时，在死亡的威胁下，不得不一改旧习，穿起乡勇号服，借承办团练之机奋起自救。他们由思想而组织，由组织而军队，由军队而政权，不仅为清王朝撑起半壁江山，使其摇而不坠，危而复安，还使日暮途穷的传统文化回光返照。直到今天，仍有人将这段史实，作为论证儒家文化万古长青的根据。

常言道，书生造反，三年不成。曾国藩集团以书生治兵竟成如此大功，曾使不少人为之欢欣鼓舞，喜闻乐道，颂扬之声至今不绝。既颂扬其心目中的这些英雄，更颂扬程朱理学、儒家文化。曾国藩亦借题发挥，将他们成功的根本原因归之于理学。他在《湘乡昭忠祠记》中说："东南数省莫不有湘军之旌旗，中外皆叹异焉！""一县之人征伐遍于十八行省，近古未尝有也！""然而，前者覆亡，后者继往，蹈百死而不辞，困厄无所遇而不悔者何哉？岂皆迫于生事逐风尘而不返与？亦由前此死义数君子者为之倡，忠诚所感，气机鼓动，而不能自已也。"又说："君子之道，莫大乎以忠诚为天下倡。世之乱也，上下纵于亡等之欲，奸伪相吞，变诈相角。自图其安，而予人以至危；畏难避害，曾不肯捐丝粟之力以拯天下。得忠诚者起而矫之：克己而爱人，去伪而崇拙，躬履诸艰而不责人以同患，浩然捐生如远游之还乡而无所顾悸。由是，众人效其所为，亦皆以苟活为羞，以避事为耻。呜呼！吾乡数君子所以鼓舞群伦，历九州而勘大乱，非拙且诚者之效与？亦岂始事时所及料哉！"他在《罗忠节公神道碑铭》中则讲得更为具体，不仅将其一生的勋业归功于理学，且将其思想行为的某些出色表现，都与其从军前的学术观点、治学特点联系起来。他说，罗泽南"以诸生提兵破贼，屡建大勋，朝野钦仰，而不知其平生志事，裕于学者久矣。公之学，其大者以为天地万物本吾一体，量不周于六合，泽不被于匹夫，亏辱莫大焉"。又说，罗泽南教馆多年，授徒甚众，"讲论濂洛关闽之绪，瘏口焦思，大畅厥旨"。"湘中书生多拯大难、立勋名，大率公弟子也"。还说，罗泽南"在军四载，论数省安危，皆视为一家骨肉之事，与其所注《西铭》之指相符。其临阵审固乃发，亦本主静、察几之说。而行军好相度山川脉络，又其讲求舆图之效。君子是以知公之功，所蓄积者夙也，非天幸也"。[1]

所谓"无本者竭,有本者昌"就是曾国藩在这篇铭文中提出的。不过,曾国藩是指自明代以来理学与心学之争、乾嘉以来的汉学与宋学之争。罗泽南的《小学韵语》《姚江学辨》就是崇尚程朱理学,贬抑汉学、心学,辨治学之本末正误的。曾国藩以"大江"喻程朱理学,以车辙"积潦"喻与之对立的其他学派,但并未涉及太平天国。其"洛闽之术,近世所捐,姚江事业,或迈前贤。公慎其趋,既辨其诡,仍立丰功,一雪斯耻。大本内植,伟绩外充,兹谓豪杰,百世可宗"[2]的铭文,即可说明这一点。

然数年之前,曾有新儒派学者,在一本以重树儒学道统为己任的杂志上,发表了一篇题为《无本者竭 有本者昌》[3]的文章,则又向前大大地推进一步,用以解释太平军与湘军之间战争胜败的根源,并借机鼓吹儒家文化,推出至今乃尔的结论。该文所论并非没有几分道理,只是推延过广,学风过劣,虽于孔学本源及太平天国、曾国藩集团三方皆不熟悉,而发泄之语却随处可见。故尽管立意高远,气壮如山,却谈不上什么说服力。人们比较曾国藩、李鸿章、袁世凯的文化品格,常兴儒学气运日下之叹。今观新儒学为文之道,且无须仿之司马迁、韩愈,即与桐城派、湘乡派相比,亦难免霄壤之叹。曾国藩曾言,文运与国运相通。大陆新儒学于祭旗开山之际,竟以这样的文章充号鼓,不能不令人为之气短。

不过,曾国藩的文章多含反动的政治内容,不似桐城派游记之类的艺术珍品,后人对它的评价,也就不能不受政治因素的影响。即使那些为艺术而艺术的文学家,也很少有人将他的文章归入文艺作品之中。他的文章多年来不为文坛所重,这恐怕也不能不是一个重要原因。

在理学方面,曾国藩虽无专门著述,但亦无愧于理学家的称号。他从世界观、人生观、处世为人、个人修养到政治立场、施政方略、治军原则、战略战术乃至用人方针,无不受到理学的影响。仅就道德修养而言,曾国

---

[1] 曾国藩:《曾文正公文集》第4卷,湖南传忠书局版,第18—19页,20—21页,第22页。
[2] 曾国藩:《曾文正公文集》第4卷,湖南传忠书局版,第23页。
[3] 辛岩:《无本者竭 有本者昌》,载《原道》第1辑,中国社会科学出版社1994年版。

藩自追随唐鉴、倭仁讲习理学以来，一直按照封建道德标准严格要求自己，对一切有违圣道的思想行为，无不痛加苛责，终生未曾稍懈。仅就抽象的道德而论，曾国藩对本阶级的忠诚，脚踏实地、自强不息的精神，以及坚忍不拔、勤俭廉洁、忍辱负重、鞠躬尽瘁的品质，在古今中外的历史人物中都是不多见的。因而，从"力践"的意义上看，他确实是一位理学家。至于有些晚清学者将他屏之于理学家之外，除政治因素外，主要出于狭隘的门户之见，是不足为据的。

曾国藩一生最大的成功之处在于经世致用，将中国传统文化中各门各派之长吸收过来，用于实践之中，解决当时面临的各种社会矛盾和重大政治问题。例如，他运用刑名家"重法治乱世"的思想镇压湖南人民的反抗活动，运用岳家军、戚家军的治军经验创建湘军，运用古代军事理论制定湘军的战略战术，运用幕府的形式解决战争的指挥、后勤与人才问题，运用儒家"君使臣以礼，臣事君以忠"的政治规则和中庸思想来处理同清政府的矛盾，以"精诚所至，金石为开"的精神对待自己所面临的一切困难和问题，用"虚无清静、无为自化"的思想看待个人的权力消长和利害得失，以"顺天从命"的态度对待自己一生的成败祸福。总之，运用中国传统文化的几乎全部积累，成功地镇压了发展到农民战争顶峰的太平天国革命，并在统治阶级内部错综复杂地矛盾斗争中保住了自己的权位。曾国藩在近代史上之所以名声大噪，影响深远，并非出于他的道德文章，而主要在于他善于吸收各家之长，融会贯通，付诸实践，且取得显著成效。谓其集中国传统文化之大成主要在于此，而青年毛泽东之"独服曾文正"[1]亦主要在于此。

通过以上论述，虽然大体可以反映出曾国藩集团对中国传统文化的继承性，但有两个与此相关的问题仍需要进一步说明，一个是孔子思想的二元化问题，一个是思想文化对社会的反作用问题。孔子思想的核心是"仁"，其主要内容包括民本主义与等级观念两部分[2]。以今天的观点看来，应该

---

[1] 毛泽东：《致黎锦熙信》，1917年8月23日。
[2] 朱东安：《战国封建说质疑——从孔子思想与周初政治看西周社会性质》，载《广西师范大学学报》2001年第4期。

说其民本主义较之等级观念含有更多的精华。只是随着时间的推移，尤其程朱理学成为儒学的主宰与核心之后，民本主义渐渐沉没，而等级观念则不断强化，以至五四时期张扬国粹的学衡派也产生了错觉，只强调三纲五常的合理性，而不提与近代民主思想更为接近的民本主义。不过，亦并非所有的人尽皆如此，例如太平天国的领袖洪秀全就注意到儒家思想的这一特点，并在发动革命时充分加以利用。以笔者浅见，儒家的民本主义思想，主要表现在有关君民关系、天人关系的论述和平均主义思想上。他们认为，"民为贵，社稷次之，君为轻。是故得乎丘民而为天子"[1]，得民心者得天下，失民心者失天下。君不爱民，失德于天下，人民有权力起而推翻他，并能得到上天的支持。因为"君者舟也，庶人者水也，水则载舟，水则覆舟。"[2]"皇天无亲，唯德是辅，民心无常，唯惠之怀。"[3]所以，汤放桀、武伐纣不为弑君，而是诛一残贼之人。还认为，"有国有家者，不患寡而患不均，不患贫而患不安。盖均无贫，和无寡，安无倾。夫如是，故远人不服，则修文德以来之。既来之，则安之"。否则，很可能引起内乱。"吾恐季氏之忧不在颛臾，而在萧墙之内也。"[4]而最理想的境界，则是"老吾老以及人之老，幼吾幼以及人之幼"[5]。然要真正实现这一理想，则只有到大同之世。因为那里，"大道之行也天下为公，选贤与能，讲信修睦。故人不独亲其亲，不独子其子。使老有所终，壮有所用，幼有所长，矜寡孤独废疾者皆有所养，男有分，女有归。货恶其弃于地也不必藏于己，力恶其不出于身也不必为己。是故谋闭而不兴，盗窃乱贼而不作"。[6]今天

---

[1] 陈戍国点校：《四书五经》，岳麓书社1991年合刊本，第133页。
[2] 荀卿：《荀子》第20卷，上海涵芬楼影印本，第22页。类似的记载还见于《后汉书》、《孔子家语》、《艺文类聚》、陆贽《翰苑集》，内容大同小异。晋代的刘渊和唐代的魏徵也都转述过类似的话，见于《资治通鉴》《通鉴纪事本末》的相关篇章。此语广为流传，最终演化为"水能载舟，亦能覆舟"，收入成语词典。惟不见于儒家经典。然无论孔子是否讲过这些话，既为儒家所承认，就可以作为儒家思想看待。
[3] 陈戍国点校：《四书五经》，岳麓书社1991年版，第265页。
[4] 陈戍国点校：《四书五经》，岳麓书社1991年版，第51页。
[5] 陈戍国点校：《四书五经》，岳麓书社1991年版，第66页。
[6] 陈戍国点校：《四书五经》，岳麓书社1991年版，第513页。

看来，这不过是人们对遥远的原始社会的回忆，然经过儒家的宣传，却成为中国多少代人的理想。而所有这一切，在太平天国的文件中都有所反映。洪秀全曾熟读四书五经，受尽儒家思想的熏陶，走上革命道路后虽反孔批孔，亦不过推翻其在思想政治领域的权威地位，而对其思想则采取古为今用的态度，尽量吸收对自己有利的内容，作为发动革命的思想武器。其对西方宗教的中国化，除坚持认为上帝自古在中国外，就是在它的教义中加进儒家思想的内容。太平天国革命思想的核心，就是农民的平等平均思想。其平等思想主要来自基督教的原始教义，而平均思想则主要来自儒家经典。开始，他们只是作为一种思想主张提出来，而后不久则将之变为其革命纲领《天朝田亩制度》，实际上是为自己的理想社会绘制出一幅蓝图。细审之，它与儒家的所谓大同社会，究竟有何不同？对于这个问题，南京大学的茅家琦教授早有专门论述[1]，这里就不再重复了。作者所要指出的是，洪秀全等太平天国革命志士，始终以"皇天无亲，唯德是辅"的思想作为自己另立新朝的理论根据，故能正义在手，成竹在胸。发动时期他们以解民倒悬为宗旨，进军途中他们以吊民伐罪为号召，形势危机之中坚决拒绝洋人的诱惑，失败被俘仍然理直气壮，保持革命的气节。如若不信，请看洪秀全起义前的诗歌文章，东西二王传檄天下的三篇檄文，陈玉成、洪仁玕等在临终前的《自述》。

曾国藩集团既然是中国传统文化的卫道士，为什么又能成为引进西方科学技术的带头人呢？这主要出于两个方面的原因，一是中国传统文化的固有性质，一是这个集团的自身特点。

提到传统文化，人们立刻就会想到保守、封闭等等。其实，这只是它的一个侧面，而就其自身来说，还有与之对立的另一侧面。我们通常所说的中国传统文化，实际上是指五四新文化运动以前中国数千年所创造的文化。它以理学为核心，儒学为主体，是一个完整的封建主义的思想文化体系。这个思想文化体系，是经过长期的发展和不断演变，在中国封建社会中逐步形成的，曾在中华民族的形成、发展过程中，发挥过伟大的推动作

---

[1] 茅家琦：《基督教、儒家思想和洪秀全》，载《晚清史论》，河南人民出版社1989年版。

用，显示出极大的优越性。其历史功绩是不容抹杀的，其光辉、精华的一面也是不应忽略的。只是到了近代，随着封建制度的日益腐败以至终结，越来越暴露出它的弱点，再也不能适应历史发展的需要，其在意识形态领域的领导地位，不可避免地为新的思想文化体系所取代。这是历史发展的必然规律，不可抗拒的时代潮流。尽管前进的道路是曲折的、漫长的，有时会出现某些反复，但这一总的历史趋势却是无法改变的，不以人们的主观意志为转移的。所以，要想在中华大地重新树立起它的独尊地位，接续儒家文化中断八十多年的道统，恐怕是不大可能的。即有偶尔成功，也是脆弱的和短命的。犹如昙花之一现，赖于黑夜而畏于光明，来也匆匆，去也匆匆。不过，新儒学派高张其帜的现实意义，亦并非表明他们真的具有光复旧业的信心，而不过为了固守小得可怜的一点阵地，硬硬地挺在那里，拒不承认五四运动后中国政治的巨大变化和马克思主义在中国思想文化领域的领导地位。

作为传统文化主体的儒家学说，发源于殷周之交，创立于春秋时代，于西汉中期取得独尊地位，曾在历史上几经兴衰，出现过几个不同的发展阶段。在其长期的发展过程中，不仅能够吸收其他学派的长处而不断强化和完善自己，而且能够吸取外来文化之长以救自身之短。理学就是吸收道家与佛教的一些思想及做法，经过不断发展而形成的。与孔学相比，其民本主义虽明显削弱了，但却强化了等级观念和哲学思想，不仅更加适应封建社会后期的政治经济要求，同时也提高了对各种宗教的抵抗能力。由此可见，儒家文化既有保守性也有进取性，既有封闭性也有开放性。试想，如果它始终故步自封，一成不变，不能及时吸取新的营养和不断调整自身，以适应形势的变化和新的要求，它岂能屡衰屡兴，长期在意识形态领域保持领导地位，成为中国传统文化的主流？即使到了近代，儒家文化虽已老态龙钟，步履维艰，然面对西方资本主义思想文化体系这一千年未遇的对手，亦仍能提出自己的对策："师夷之长技以制夷"，即"中学为体，西学为用"，在保持自身文化体系不变的前提下，学习西方的某些长处，诸如船坚炮利之类，以与之对抗。

曾国藩集团之所以能够接受这一思想并付诸实践，则既有内因也有外因。从客观上说，自鸦片战争以来，由西方殖民主义者入侵而引起的民族危机日益加深，救亡图存成为中国各个阶级、阶层及政治集团所面临的最大的政治课题。太平天国革命及其两个施政纲领《天朝田亩制度》和《资政新篇》，就是农民阶级提出的救国方案。曾国藩集团虽然镇压了太平天国农民革命，但对这个问题却不能不作出回答，否则，在中国的政治舞台上将没有自己的立足之地。就主观而言，他们也具有这样的条件。因为他们不仅是一些具有真才实学的学者，而且是颇有政治远见的政治家；他们虽号称理学经世派，然赖以建功立业的却并非理学，而是经世济用之学，即当时的政治学。这样，他们既以天下为己任，封建社会"末世扶危救难之英雄"[1]自居，就不能不对这一当时社会所面临的头等政治问题加以认真研究，并提出自己的解决方案。实际上，这也不只是曾国藩集团，几乎所有从传统文化走向师夷长技的地主阶级思想家和政治家，包括林则徐、魏源、龚自珍以及张之洞、袁世凯等，都是经由经世济用之学这座桥梁来实现的。

再者，曾国藩集团在镇压太平天国的过程中，多借洋器之重、洋人之力，取得成效、尝到了甜头，从而增强了师夷之长的信心。曾国藩靠湘军起家，更以水师见长。他坚持非洋炮不用、船炮不齐不出，终于建成当时国内技术装备最好的炮船船队。而握有这一战争中的利器，是湘军最后取胜的重要原因之一。然湘军水师船小体轻，行驶缓慢，只适于内河作战，难以在海上巡行。所以，曾国藩早在咸丰末年，即对太平天国的战争稳操胜券之际，就开始筹划建立外海轮船水师，即近代海军的问题。其后兴办军事工业、引进外国科学技术、派遣赴美留学生等活动，基本上都是围绕着这一中心进行的。左宗棠和李鸿章则不仅在战争中靠洋枪队的火力支援取胜，苏州、常州的城墙都是戈登的大炮轰塌的，且其后兴办军事工业的最初人才、物力资源，例如分别并入江南制造局和迁址改建为金陵制造局的两个苏州炮局、主持福州船政局的日意格等人，也是从洋枪队和阿思本舰队那里弄来的。李鸿章一到上海就开始购置洋枪，用以装备淮军。洋枪队撤销，即其中的洋人撤走后，原来的全套人马，包括洋炮队都落入李鸿

---

[1] 曾国藩：《曾文正公手书日记》，中国图书公司宣统元年印行，咸丰十年六月二十七日。

章手中，从而使淮军成为当时武器装备最好的部队。其后剿捻，它亦主要靠火力上的优势。安庆内军械所、金陵制造局、江南制造局等军工厂初期，也主要是生产枪炮子弹，供应剿捻前线的湘淮军使用，与国防建设毫不相干。所以，他们从内战走向洋务运动这条路，是很自然的。

不过，曾国藩集团引进西方资本主义文化的目的，并不是为了打破儒家文化，而是为了巩固清朝的封建统治。在他们看来，以理学为核心、儒学为主体的封建思想文化体系并没有什么不好，只是缺少西方以船坚炮利为特征的科学技术。所以，他们引进西方文化大致以此为限，绝不会将西方的政治制度和思想体系，诸如共和制度与自由、平等、博爱等，也一起引进过来。而对近代中国来说，这正是不该缺少而又恰恰缺少的东西，导致中国落后于西方的根本所在。然而，曾国藩集团及其他洋务派人物却极力回避这一要害问题，选择了一条舍本逐末、避重就轻的道路，这就不能不最后归于失败。而追究其思想文化方面的根源，则不能不说是同他们对传统文化的错误认识有关，正可谓：不识庐山真面目，只缘身在此山中。

曾国藩集团的洋务事业分为外交与军、工、科技两部分，共同组成其解救民族危机的政治方案。面对起义农民与外国侵略者这两个敌人，曾国藩集团主张分清轻重缓急而采取不同对策。然而，他们却将阶级与集团的私利置于中华民族的根本的与长远的利益之上，视起义农民为头号敌人，外国侵略者为次要敌人；将剿灭农民起义当作至急至重的问题首先解决，将外国入侵的问题放在从轻从缓的位置上慢慢解决。所以，他们对农民起义坚决镇压，毫无妥协的余地；而对外国侵略者的进攻则步步妥协，忍辱退让。在内战期间，他们联合外国侵略者来镇压农民起义军，美其名曰"借夷助剿"。而内战结束后，他们面对外国武装侵略和战争威胁，作为非主流派的左宗棠等人，尚能坚决反击，并曾为中华民族立下大功；而以曾国藩、李鸿章为代表的主流派，则一贯主张妥协退让，从未进行过认真抵抗。及至八国联军进攻中国，他们竟公然向敌人投降，甚至不惜与中央政府公开分裂，美其名曰"东南互保"，连样子也不想装了。

在军、工、科技方面，则包括军事、工业和科学技术等内容。在军事方面，他们除继续以洋枪洋炮装备陆军外，还创建了中国第一代近代化的海军舰队，包括北洋舰队、南洋舰队、广东舰队和福建舰队。其中以北洋舰队规模最大、装备最好，李鸿章与有功焉。工业方面则包括军用与民用两部分。军事工业主要有曾国藩的安庆内军械所，李鸿章的金陵制造局，曾李合办的江南制造局，左宗棠的福州船政局、西安机器局、兰州机器局，刘坤一的广州火药局、金陵火药局，丁宝桢的山东机器局、四川机器局，刘秉璋的浙江机器局，刘铭传的台湾机器局。其中以江南制造局和福州船政局规模最大、设备最好。江南制造局除生产枪、炮、子弹、火药、机器、原钢外，还设有船厂，先后造出惠吉、操江、测海、威靖、海安、驭远、金瓯、保民等大小轮船十五艘，至1875年停止造船业务，专事修理。福州船政局则专事造船，自1866年至1895年的三十年间，先后制成万年清等大小轮船三十四艘。民用工业则包括工厂、矿山、铁路、航运等近代企业，较为著名的有李鸿章经办的轮船招商局、开平煤矿、开平铁路、上海机器织布局，沈葆桢的基隆煤矿，左宗棠的利国驿煤铁矿等。

就总体而言，对曾国藩集团和其他洋务派的思想与实践活动，应该一分为二，全盘肯定或全盘否定都是不客观的。大致说来，应该肯定的方面约有三点。首先，其师夷长技的思想是正确的。这一思想虽不是他们的发明创造，但却由他们首先将之付诸实践，由书斋推向社会，不仅起到扩大宣传、启发后人的作用，也为中国的近代化事业提供了最初的经验教训。从某种意义上说，中国鸦片战争以来的历史，就是"师夷长技"的历史，它的更迭、前进，不过是在广度和深度上的不断延伸。因而，其敢为人先的勇气是可敬的。同时，就其实践而言，虽然以失败而告终，但却为中国的工业化提供了最初的基础，培养出中国第一代近代科学家、技术人才和管理人员，从而成为中国工业化的起点，讲近代化，讲科技史都必须从这里说起。最后，也是最重要的一点，从客观上说，洋务运动虽不是中国资本主义的开始，但却由此引来了西方机器生产。而机器是近代资本主义的产物，巨大生产力的象征，同封建生产关系归根到底是不相容的。因而，机器生产的引进，无异于在盘根错节的封建生产关系中打进一个楔子，从而为资本主义的发展提供可乘之机。所以，中国资本主义紧随洋务运动之后而悄然兴起是不奇怪的，合乎社会发展规律的。

然而，这对洋务运动来说都是它的意外之物，都是次要的。对它来说，决定其命运的关键，还在于是否能够经受得住战争的考验，在抗击外来入侵的战争中建功立业，一展新式船炮的威力。也就是说，要在国人面前证明，他们在"师夷之长技"之后，能不能够折冲御侮，"制夷"之不断侵凌中国之势。李鸿章是曾国藩集团的后期首领、洋务运动的主干，北洋舰队则更是其船炮政策的象征。他们状况如何尤为世人所注目。但是，李鸿章在中日甲午战争中的表现却为洋务运动和曾国藩集团的最后命运，作出了历史性的总结。政治上的腐败和军事上的不抵抗主义，不仅断送了北洋舰队，且使中华民族陷入空前未有的严重危机。历史事实证明，他们救不了清王朝和封建地主阶级，也救不了中国。所以，历史不得不宣告他们的彻底失败，无情地将他们淘汰出局。这也是客观的、不以人的主观意志为转移的历史规律。这是因为，不管他们主观上是否具有反抗外国侵略的愿望，而客观上种种条件的制约，却使他们"师夷之长技"而不能"制夷"，只能制民。首先，他们逆历史潮流而动，为不可为之事，极力维护反动卖国的清政府和腐朽、落后的封建制度，与世界的发展大势和广大人民的民主要求是尖锐对立的。同时，他们的外交路线使之畏敌如虎，一改昔日赖以立足的"敢战第一"的治军方针，从而导致军心瓦解，战斗力丧失，不能发挥武器装备的效力。再者，他们的新兴的军事工业充满着旧式衙门腐败之风，产品质次价昂，管理落后、混乱，又有严重的对外依赖性。所以，他们的军事装备无论完全购自国外，还是自己加工拼凑，都不可能达到西方资本主义列强的水平，到头来也只能是个御外侮而不足、靖内乱而有余。因而，曾国藩、李鸿章等人虽然标榜求富求强，常年制炮造船，训练部队，甚至创建海军，都是让人看的，并不打算同外国开仗，不管洋人如何无礼相加、违约进犯，天津教案和中法战争的结局就足以说明这一点。这就不能不令人感到愤怒和惊奇。

然而，曾国藩集团如何向世人解释他们的这种矛盾做法呢？则美其名曰"隐图自强"。意思是，对洋人的侵略要隐忍退让，示人以弱，甚至以德报怨，使其难以察觉。而暗地里则发奋图强，待其科学技术和武器装备赶上洋人，再与之一决雌雄，争回主权，报一箭之仇。这种思想最完整的表达，是曾国藩同治元年五月初七日同幕僚的一次谈话。其《手书日记》载："与幕府诸君畅谈，眉生言及[夷]务，余以为欲制[夷]人，不宜在关税之多寡、礼节之恭倨上着眼。即内地民人处处媚[夷]，艳[夷]而鄙华、借[夷]而压华，虽极可恨可恶，而远识者尚不宜在此等着眼。吾辈着眼之地，前乎此者洋人十年八月入京，不伤毁我宗庙社稷；目下在上海、宁波等处助我攻剿发匪。二者皆有德于我。我中国不宜忘其大者而怨其小者。欲求自强之道，总以修政事、求贤才为急务，以学做炸炮、学造轮舟等具为下手工夫。但使彼之长技我皆有之，顺则报德有其具，逆则报怨亦有其具。若在我者挟持无具，则曲固罪也，直亦罪也；怨之罪也，德之亦罪也。内地之民人人媚[夷]，吾固无能制之；人人仇[夷]，吾亦不能用之也。"可以说，这是洋务运动的总纲领，也是洋务派对自己相互矛盾的言行的最好解释。曾国藩把它概括为"隐图自强"。而有人根据曾纪泽在国外发表的言论，将它称为"先睡后醒论"。这些话貌似有理，然往最好处说，也不过是一厢情愿。这里且不说清朝统治者腐败如故，看不出一点克勤克俭、励精图治的迹象，西方列强也紧紧盯着中国，不容许这"东亚病夫"日益强壮、手握利器，由一块供其享用的肥肉变成牙尖爪利的雄狮。所以，尽管李鸿章开放旅顺军港供洋人参观，表示中国建立海军完全是供人看的，仅仅满足于你有我也有，并不打算与外国打仗，但西方列强仍不放心、不买账，一定要怂恿日本出面一试。结果，立使洋务派多年的经营化为乌有，现出清王朝纸老虎的原形。

这里有两个想不通和不允许。一是洋人想不通和不允许。既然你们根本不打算同外国打仗，花那么多钱搞海军干什么？不允许他们摆架子、装样子。一是中国人民想不通和不允许。中国屡受外侮，危在旦夕，最严重的问题是如何挽救中华民族的危亡。既然你们解决不了这个问题，我们为什么还要供养你们？不允许他们尸位素餐、误国害民。于是，有志之士起而抗争，遂有戊戌变法、辛亥革命之举，披荆斩棘，另寻新径，探索中国的富强之路。

（《曾国藩集团与晚清政局》，华文出版社，2003年）

曾国藩与中国传统文化

曾国藩是中国传统文化造就出来的最后一代出色人物的典型代表，不仅集中国传统文化之大成，且带头引进西方科学技术，创办了中国第一批近代军事工业。从某种意义上，可以说他是中国传统文化的化身。既是其精华所聚，又是其糟粕所聚。精华所聚，使其获得事业上的某些成功，声名远播，影响及于后世。而糟粕所聚则使其顽固保守，倒行逆施，强为不可为之事，硬做不应做之人，永远难逃人民的谴责，最终成为近代史上的一个悲剧人物。多年以来，人们对曾国藩的历史评价常常出现大起大落，有时甚至尖锐对立，大相径庭。这除了政治上的直接原因之外，还往往出于文化上的原因，即同人们对传统文化的评价紧密相关。笔者不揣浅陋，试图从二者的关联上谈点对曾国藩与传统文化的看法，不当之处，请读者多加批评指正。

一

曾国藩对中国传统文化的各门各派，义理、考据、词章、经济乃至诸子百家，都采取全盘继承的方针，主张兼取各家之长，融会贯通，付诸应用。

作为传统文化主体的儒家文化经过长期的发展，在最后一个封建王朝——曾国藩生活的清代，又再度辉煌，不仅鸿儒迭兴，硕果累累，而且历史上曾经出现过的各种流派几乎无不具备。他们门户森严，自相标榜，无不党同伐异，抑人而扬己。曾国藩虽早年讲习理学，却并无门户之见。他在一封信中表达自己治学的志向称："于汉宋二家构讼之端，皆不能左祖而附一哄，于诸儒崇道贬文之说，尤不能雷同而苟随"，而自己则"欲兼取二者之长，见道既深且博，为文复臻于无累。"[1]对经世致用之学，曾国藩尤为重视。以往学者多视经济之学为做官术，不把它当成一门学问。故姚鼐、唐鉴谈论为学之道，仅及义理、考据、词章三门。而曾国藩则明确表示，"有义理之学，有词章之学，有经济之学，有考据之学"，"四者不可缺一"[2]，并从儒学创始人孔子那里找到根据，称"经济者在孔门为政事之科，前代典礼政书及当世掌故皆是也"[3]。

对儒学以外的诸子百家各学派，曾国藩亦主张兼师并用。他在日记中总结自己的治学体会道："周末诸子各有极至之诣"，"若游心能如老庄之虚静，治身能如墨翟之勤俭，齐民能如管商之严整，而又持以不自是之心，偏者裁之，缺者补之，则诸子皆可师也，不可弃也"[4]。有时，曾国藩甚至干脆把诸子学说称为孔子的言外之意，并将二者取长补短，结缡联姻，提出以诸子为体、儒学为用的主张。他说："圣人有所言有所不言。积善余庆其所言者也，万事由天不由人，其所不言者也；礼乐刑政、仁义忠信，其所言者也，虚无清静、无为自化，其所不言者也。吾人当以不言者为体，以所言者为用；以不言者存诸心，以所言者勉诸身；以庄子之道自怡，以荀子之道自克。"只有这样才能算作"闻道之君子"[5]。对于墨家后学，一向为文人所不齿的游侠刺客之流，曾国藩也给予一定程度的肯定，认为他们在不少方面，诸如"轻财好义""忘己济物""轻死重节"等，皆合"圣道"。"昔人讥太史公好称任侠，以余观此数者乃不悖于圣贤之道，然则豪侠之徒未可深贬。"[6]

不过，曾国藩并非平等地看待各学各派，而是各自有所轻重缓急的。

---

[1] 曾国藩：《曾文正公书札》第1卷，湖南传忠书局版，第4、5页。
[2] 曾国藩：《曾文正公全集·求阙斋日记类钞》（以下简称《求阙斋日记类钞》）上卷，湖南传忠书局版，第8页。
[3] 曾国藩：《曾文正公杂著》第4卷，湖南传忠书局版，第4页。
[4] 曾国藩：《曾文正公手书日记》，中国图书公司宣统元年印行，咸丰十一年八月十六日。
[5] 曾国藩：《曾文正公手书日记》，中国图书公司宣统元年印行，咸丰九年十一月初四日。
[6] 曾国藩：《曾文正公全集·杂著》（以下简称《曾文正公杂著》）第4卷，湖南传忠书局版，第4页。

他认为，周末诸子"所以不及仲尼者，此有所偏至，则彼有所独缺"[1]。故治学当以儒学为主。而在义理、词章、经济、考据四科中，则又以"义理之学最大。义理明则躬行有要，经济有本，词章之学亦所以发挥义理者也"[2]。故欲治儒学必以"义理之学为先"，"取程朱所谓居敬、穷理、力行、成物云者精研而实体之，然后求先儒所谓考据者，使吾之所见证诸古制而不谬，然后求所谓词章者，使吾之所获达诸笔札而不差"[3]。总之，只有理学才是儒学的主宰，其他各科皆莫急于它、莫大于它、莫重于它，都只能起辅助作用，都是为它服务的。

对于传统文化，曾国藩不仅主张全盘继承、择长而用，且力求超越前人，有所创见，具独到见解，成一家之言。在经济之学方面，早在咸丰年间曾国藩就提出，"天下之大事宜考究者凡十四宗，曰官制、曰财用、曰盐政、曰漕务、曰钱法、曰冠礼、曰婚礼、曰丧礼、曰祭礼、曰兵制、曰兵法、曰刑律、曰地舆、曰河渠"，研究这些问题，"皆以本朝为主而历溯前代沿革本末，衷之以仁义，归之于简易。前世所袭误者，可以自我更之，前世所未及者，可以自我创之"[4]。又说："功成以开疆安民为要，而亦须能树人、能立法。能是二者，虽不开疆不泽民，不害其为功也。"[5] 就是说，他不仅要立功当世，还要垂范后人。在理学方面，他从程朱入手，经周敦颐、张载而溯至孔孟，称"许郑训诂之文或失则碎"，程朱"指示之语或失则隘"，为学"能深且博，而属文复不失古圣之谊者，孟氏而下唯周子之《通书》，张子之《正蒙》，醇厚正大邈焉寡俦"[6]。故曾国藩推崇周张，视孔孟周张为儒学正统，而许郑程朱不过是支流旁系。在考据学方面，他

---

[1] 曾国藩：《曾文正公手书日记》，中国图书公司宣统元年印行，咸丰十一年八月十六日。

[2] 曾国藩：《曾文正公家书》，商务印书馆，1938年版，道光二十三年正月十七日，37页。

[3] 曾国藩：《曾文正公全集·杂著》（以下简称《曾文正公杂著》）第4卷，湖南传忠书局版，第5—6页。

[4] 曾国藩：《湘乡曾氏文献》第7册，学生书局1965年版，第3369—3370页。

[5] 曾国藩：《曾文正公手书日记》，中国图书公司宣统元年印行，咸丰九年八月十六日。

[6] 曾国藩：《曾文正公书札》第1卷，湖南传忠书局版，第4页。

由清代大儒溯至杜佑、马端临，认为"许郑考先王制作之源，杜马辨后世沿革之要，其于实事求是一也"[1]。故考据学的主要任务不仅在于文字训诂，而更重要的是对历代典章制度的考订。这样，就把考据学与经济之学结合起来，实际上是对乾嘉学派的一个驳正。在词章学方面，他从桐城派入手，经欧阳修、韩愈溯至司马迁、扬雄等人，力求借汉赋之气势，矫桐城派柔弱之弊，并称"艺成以多作多写为要，亦须自辟门径，不依旁古人格式"[2]。表现出自成一家的意向。

曾国藩一生为学甚勤，不仅京宦时期严于律己，刻苦钻研，即于其后行军、作战、政务繁忙之中，亦未尝废学。他先治理学，再治汉学，对古文嗜好尤深，探索最苦，而于经济之学则花费工夫最多，所取得成就亦最大。

曾国藩在古文方面颇有造诣。无论在文论上或风格上，曾国藩都继承了桐城文派，而在某些方面又有所发展。在理论上，他坚持"文以载道"的"理法"，更重视"气"的作用。认为"行气为文章第一要义"[3]，"气能挟理以行，而后虽言理而不厌"。又说，"文家之有气势，亦犹书家有黄山谷、赵雪松辈，凌空而行，不必尽合于理法，但求气之昌耳"[4]。故"古文之法，全在气字上下功夫"[5]。在文章的审美方面，他还把姚鼐提出的阳刚之美与阴柔之美，分别归结为"雄直怪丽"和"茹远洁适"八字，并各作"十六字赞"[6]加以解释。可以说是对桐城派文论的进一步丰富与发展。在文章的写作上，曾国藩颇得桐城派心传，而雄直之气则犹过之。例如他在"东征"太平军时所发布的《讨粤匪檄》，气势磅礴，一气呵成，道理说得清清楚楚，政策讲得明明白白，用了还不到一千字，没有一定的文学功底是根本不可能的。他写的奏咨函札也总是朴实简练，情理交融，而悼念性文章则尤为生动感人，仅从文学的角度讲，其中不乏佳作。

---

[1] 曾国藩：《曾文正公文集》第3卷，湖南传忠书局版，第24页。
[2] 曾国藩：《曾文正公手书日记》，中国图书公司宣统元年印行，咸丰九年八月十六日。
[3] 曾国藩：《曾文正公家书·家训》，湖南传忠书局版，同治元年八月初四日，第648页。
[4] 曾国藩：《曾文正公手书日记》，中国图书公司宣统元年印行，同治五年十月十四日。
[5] 曾国藩：《曾文正公手书日记》，中国图书公司宣统元年印行，咸丰十一年十一月初八日。
[6] 曾国藩：《曾文正公手书日记》，中国图书公司宣统元年印行，同治四年正月二十二日。

曾国藩的文章由桐城派入门，经多年刻苦钻研与习练，渐成一格。它直接为现实政治服务，与经济之学相表里，最适于拟制奏、咨、函、批等各种公文，自己办理起来得心应手，也引起不少人的仿效。经过多年的选拔培养，在他的门下聚集了一大批熟悉政务的文学之士，其中尤以张裕钊、吴汝纶、黎庶昌、薛福成四大弟子为最，形成桐城文派的一个新的分支，人称湘乡派。曾国藩去世之后，籍隶安徽桐城的吴汝纶成为这一门派的代表。其文章的风格，由于无法继续像他老师那样以气势奇崛取胜，遂渐渐回归于桐城派的阴柔一路，这一新的分支也就渐渐成为文坛上的陈迹。

后人对曾国藩的文章也给予相当高的评价。李慈铭称曾国藩全集为"近代之杰作"[1]。梁启超谓曾国藩即使没有什么"事业"，仅就文章而言，亦可传入"文苑"[2]，青史留名。民国文人徐一士兄弟对曾国藩的文章也很推崇，称"国藩文章诚有绝诣，不仅为有清一代之大文学家，亦千古有数之大文学家也"[3]。他还把曾、胡、左三人加以对比，认为三人奏议各有所长，"均为有清大手笔"，而"若以文字学根底论"，则以曾国藩"为独优"[4]。其门生黎庶昌甚至认为，曾国藩一扫桐城派后学之窳弱流风，"扩姚氏而大之"，"使司马迁、班固、韩愈、欧阳修之文绝而复续"，"自欧阳氏以来一人而已"[5]。

而曾国藩则认为，自己的文章还不如桐城派，尤其与桐城派后人梅曾亮相比，还有不小距离。他曾对人表示，年轻时见梅曾亮以古文名重京师，"心独不肯下之"，"今日复番视梅伯言之文，反觉有过人处，往者之见，客气多耳"[6]。他还在一篇读书札记中表示，桐城张氏之"巨卿硕学"，宣城梅曾亮之"古文诗篇"，高邮王氏父子之训诂之学，"实集古今之大

---

[1] 徐凌霄，徐一士：《凌霄一士随笔》，《国闻周报》第11卷，第32期。
[2] 徐凌霄，徐一士：《凌霄一士随笔》，《国闻周报》第11卷，第17期。
[3] 徐凌霄，徐一士：《曾胡谈荟》，《国闻周报》第6卷，第33期。
[4] 徐凌霄，徐一士：《曾胡谈荟》，《国闻周报》第6卷，第40期。
[5] 黎庶昌：《拙尊园丛稿》第2卷，光绪十六年刊，第10页。
[6] 赵烈文：《能静居日记》，学生书局影印本，同治六年八月二十一日。

成。国藩于此三家者，常低徊叹仰，以为不可及"[1]。

不过，曾国藩的文章多含反动的政治内容，不似桐城派游记之类的艺术珍品，后人对它的评价也就不能不受政治因素的影响，即使那些专门追求为艺术而艺术的文学家，也很少有人把他的文章归于文艺作品之中。他的文章多年来不为文坛所重，这也是原因之一。

在理学方面，曾国藩虽无专门著述，但亦无愧于理学家的称号。他从世界观、人生观、处世为人、个人修养到政治立场、施政方略、治军原则、战略战术以及用人方针等，无不受到理学的影响。仅就道德修养而论，曾国藩自追随唐鉴、倭仁讲习理学以来，一直按照封建道德标准严格要求自己，对一切有违"圣道"的思想行为，无不痛加苛责，终生未曾稍懈。仅就抽象的道德而论，曾国藩对本阶级的忠诚，脚踏实地、自强不息的精神，以及坚韧不拔、勤俭廉洁的品质，在古今中外的历史人物中都是不多见的。因而，从"力践"的意义上看，他确实是一位理学家。有些晚清学者将曾国藩屏之于理学家之外，不过出于狭隘的门户之见，是不足为据的。

曾国藩一生的最大特点和成功之处在于经世致用，将中国传统文化中各门各派的长处吸取过来，用于实践之中，解决当时面临的各种社会矛盾和重大政治问题。例如，他运用刑名家"重法治乱世"的思想残酷镇压湖南人民的反抗活动，运用岳家军、戚家军的治军经验改革绿营军制创建湘军，运用古代军事理论随机应变地制定湘军的战略战术，效法禹墨勤苦耐劳的精神从事行军打仗，以理学家"尽人事"的思想为挽回清王朝的政治颓势而"鞠躬尽瘁"，以"精诚所至，金石为开"的精神对待自己所面临的一切困难和问题，用"虚无清静、无为自化"的思想看待个人权力的消长和利害得失，用"顺天从命"的态度来对待自己的一切成败祸福。总之，运用中国传统文化的几乎全部积累，成功地镇压了发展到农民战争顶峰的太平天国革命，并在统治阶级内部错综复杂的矛盾斗争中保住了自己的权位。曾国藩所以在近代史上名声大噪，影响远播，并非由于其"道德完善"，文学优长，而在于他的学以致用，成效显著。谓其集中国文化之大成，主

---

[1] 曾国藩：《曾文正公杂著》第2卷，湖南传忠书局版，第2页。

要即此而言。青年毛泽东之"独服曾文正"[1]，也主要在这一方面。

二

曾国藩作为中国传统文化之集大成者，为什么又能够成为引进西方科技的带头人呢？这主要出于两个方面的原因：一是中国传统文化的固有性质，一是曾国藩的自身特点。

提到传统文化，人们立刻就会想到保守、封闭等等。其实，这种想法并不全面、准确。笼统言之，迄今为止的一切文化都可称为传统文化。故有人将新中国成立以来至改革开放这一时期的思想、制度乃至文艺节目等等，皆冠以"传统"二字。这样做是不无道理的。不过，笔者这里所讲的传统文化并非如此，而是按照约定俗成的说法，专指五四新文化运动以前中国数千年所创造的文化，实质上是指以理学为核心、儒学为主体的整个封建思想文化体系。这个思想文化体系，是经过长期的发展和不断强化，在中国封建社会中形成的，曾在中华民族的形成、发展过程中起过伟大的作用，其历史功绩是不容抹杀的。只是到了近代，随着封建制度的日益腐败以至终结，越来越暴露出它的弱点，作为一个完整的思想文化体系，再也不能适应历史发展的需要，不可避免地为新的思想文化体系所取代。这是历史发展的必然规律，不可抗拒的时代潮流。尽管前进的道路是曲折的，但这一总的历史趋势却是无法改变的，不以人们的主观意志为转移的。

作为传统文化主体的儒家学说，创立于周代，西汉中取得在全国的统治地位，曾在历史上几经兴衰，出现过几个不同的发展阶段。在其长期的发展过程中，不仅能够吸收其他学派的长处而不断强化与完善自己，而且能够吸取外来文化之长以救自身之短。理学就是在吸收佛教禅宗的一些思想与做法，经过不断发展而形成的。由此可见，儒学既有保守性，也有进取性，既有封闭性，也有开放性。试想，假如儒学真的故步自封，一成不变，不能及时吸收新的营养和不断改变自身，以适应形势的变化和新的要

---

[1] 毛泽东：《致黎锦熙信》，1917年8月23日。

求，它岂能屡衰屡兴，长期在意识形态领域保持其统治地位，成为中国传统文化的主流？即使到了近代，虽已老态龙钟，步入垂暮之年，面对西方资本主义思想文化体系这一几千年来从未遇到过的对手，亦仍能提出自己的对策："师夷之长技以制夷"，即所谓"中学为体，西学为用"，力图在保持自身思想文化体系不变的前提下，学习西方的某些长处，诸如船坚炮利之类，以与之对抗。

　　曾国藩之所以能够接受这一思想并付诸实践，则又有其自身的原因。首先，他不仅是个学者，还是个政治家。他学习一切学问的目的，都是为了用以解决统治阶级所面临的政治问题。所以，他借以建功立业的学问主要是经世致用之学，而并非理学。经世致用之学又称经世济用之学，简称经济之学，但并非今天的经济学。它在孔学属于政事之科，潜心治学的学者亦往往把它视为做官术。今天看来它应属于政治学的范畴，但却包含了政治、经济、军事、法律以及科学技术等方面的内容，曾国藩曾把它归纳为十四大项，实际上是中国古代一个以政治学为主的社会综合学科。自鸦片战争以来，如何看待和处理西方列强入侵的问题，一直是中国各阶级、集团及政治派别所面临的头等重要的政治问题，也就不能不成为经世致用之学的首要内容。曾国藩既以封建社会"末世扶危救难之英雄"自居，就不能不严肃考虑、认真研究这一问题，并提出自己的对策，振作精神，大干一场。不过，曾国藩所处的政治环境与魏源略有不同，国内矛盾尖锐、突出起来，故"师夷之长技"首先用以"制民"，而将"制夷"之事推之于遥远的将来。只要洋人不打算推翻清政府，就决不同洋人开仗，妥协再妥协，忍让再忍让，直到军事技术装备与经济发达程度超过洋人，再报昔日一箭之仇。这说明，这时的清朝统治者比鸦片战争时更腐败、更虚弱、更加内外交困，连"师夷之长技以制夷"这一对策，也不能全面实施，只能半行之。而后偷天换日，将进攻的矛头转向国内，对准不甘忍受外国侵略与封建压迫的老百姓。曾国藩就是体现这种振兴与转变的一代地主阶级政治家的典型代表。

　　同时，也正因为曾国藩是一位政治家，而不仅仅是一位学者，所以，他所着眼之处在于整个统治阶级的最高利益、兴衰安危，而不仅仅是一个学术派别的兴旺发达。因而,曾国藩虽为知名理学家,而治学却向无门户之见,对一切有用的知识、学问,都主张全盘接受,融会贯通,应时切要,择长而用。故能领悟儒学真谛,成这一代大儒、通儒,在思想观念上突破夷夏之辨,学习洋人之长,以强化自身。这与我们通常所见到的一些俗儒、陋儒显然不同。这些人抱定一技之长,坐井观天,妄自尊大,故步自封,不思进取,并不能算作真儒。他们不能全面继承传统文化,也没有资格代表传统文化。同有理学家之名,曾国藩应时变通成为洋务派首领,而倭仁却成为顽固派的代表,其原因就在于此。

再者,曾国藩在镇压太平军的过程中,多借洋器之重、洋人之力,并取得成效,亦使他尝到了甜头,增强了师夷之长的自信心。曾国藩靠湘军起家,更以水师取胜。他坚持非洋炮不用,船炮不齐不出,终于建成当时国内技术装备最好的炮船船队,夺取水上控制权,使湘军在同太平军争夺沿江重镇的各个战役中,处于战略上的优越地位。然而,湘军水师船小体轻,行驶缓慢,只适于内河作战,不能在海洋上巡行。所以,曾国藩早在咸丰末年,即对太平天国的战争稳操胜券之时,就开始筹划建立外海轮船水师,即近代海军舰队的问题。其后兴办军工科技、派遣幼童留学美国等,基本上都围绕着这一中心进行。

不过,曾国藩引进西方资本主义文化的目的,并不是为了打破儒家文化,而是为了巩固这个陈旧的思想文化体系及其统治地位。在他看来,以理学为核心、儒学为主体的封建思想文化体系没有什么不好,只是缺乏西方以船坚炮利为特点的科学技术而已。所以,曾国藩引进西方文化,大致以此为限。凡与此无直接关系的外来事物,曾国藩多持消极态度,甚至心怀反感,坚决反对。例如,整顿两淮盐政,坚决反对采用洋人的办法管理盐船的厘税征收工作,对其子女请西医为夫人看病,也心感不快。实际上并没有什么道理可讲,仅只因为这些东西来自外洋而已。再如,曾国藩对修造铁路亦持反对态度,不仅反对修建普通铁路,也反对修建一切带有铁路之名的技术设施。同治八、九年间,其尚在直隶总督任内,为清除永定河积沙以消水患,曾有人禀请购买和使用挖河机器。而要将挖出的淤泥及时运走,则需修造轻便铁路。曾国藩不同意这一请求。其理由除诸多财政、技术问题一时不易解决外,尚有更为重要的一条涉及国家重大政策的问题:"近年中国力拒外洋来开铁路之议,岂可反自中国作俑!此层决不可行。"[1] 曾国藩在这些方面,与顽固派极为相似,而同上海滩上培养出来的一批洋务派官僚,例如李鸿章、丁日昌、冯浚光(皆曾任曾国藩幕僚)等有明显不同,故有人会将曾国藩的某些言论当成顽固派的思想加以批判。而有些学者在称颂曾国藩的业绩时,竟将"他主张修建铁路"[2]摆在首位,则似乎出于一种想当然,实际上也并没有提出任何事实根据。

综上所述可以看出,曾国藩对西方文化表现出的开放性与保守性,有的属中国传统文化的固有特性所致,有的则出于曾国藩的个人原因。不过,有一点可以肯定,无论曾国藩还是其他洋务派人物,对西方的政治制度与思想体系,诸如共和国制度与自由、平等、博爱等,是决不会引进的。而对近代中国来说,这正是不该缺少而恰恰缺少的东西,也是导致中国落后于西方的根本所在。而洋务派恰恰是避开了这一要害问题,选择了一条舍本逐末、避重就轻的道路,这就不能不归于失败。犹如一个衰朽年迈之人,即使握有同样的武器,也无法战胜一个身强力壮的年轻人,更何况其武器与招数皆学自对方,且处处依赖于人、处处受制于人!至于"隐图自强"云云,则无论主观上如何想,自不免属于自欺欺人了。

三

如何对待中国传统文化,是多年来一直争论不休的问题。曾国藩是中国传统文化之集大成者,又是中国传统文化所造就出来的最后一代出色人物的典型代表,从某种意义上讲,可以说是中国传统文化的化身。如果说儒家文化可以分为早、中、晚三个发展时期,并有与之相应的三个代表人物的话,那么早期为孔子,中期为朱熹,而末期就是曾国藩了。所以,对曾国藩的历史评价,也就不能不与如何对待中国传统文化的问题,尤其其

---

[1] 曾国藩:《曾文正公批牍》第4卷,湖南传忠书局光绪二年刊,第65页。
[2] 刘鄂培:《早春——访冯友兰教授》,载《新观察》,1989年第7期。

末期的历史命运紧密相关。

对于中国传统文化，自鸦片战争以来大致有三种态度：一是主张完整保存，全盘继承；一是主张彻底否定，全盘西化，一是主张一分为二，批判继承，弃其糟粕，取其精华。1989年以前，全盘西化的呼声曾一度很急，而近几年则似乎不大听得到了。这几年在如何对待中国传统文化问题上的分歧，似乎集中在继承问题上，两种意见都主张继承传统文化，要不要进行批判？究竟是奉若神明，全盘继承，还是一分为二，批判继承，弃其糟粕，取其精华？则成为问题的焦点。与此相联系，在对曾国藩的历史评价问题上，主张彻底否定的观点亦见不到了，而主张完全肯定或基本肯定的观点则较为流行。有人认为，曾国藩的过错只是不该"忠于满人"，现在清朝已成过去，"乃倡五族共和"，对曾国藩也就没有什么值得批评的地方了。曾国藩是主张全盘继承中国传统文化、力保封建道统的，所以，从某种意义上讲，全面肯定曾国藩，也就是全盘肯定了中国传统文化。或者有些人只是出于其他考虑，并没有想这么多，而实际效果则亦没有多大不同。

对于中国传统文化为什么应该一分为二，批判继承呢？从曾国藩的经历，就可以清楚地看到这种必要性。曾国藩一生，从理学家到洋务派，从一个封建士人到封疆大吏、名将名相，由治学、修身转而治军、治国，从头至尾走完了修身、齐家、治国、平天下的全过程。而其一生的成败得失、悲喜荣辱，亦无不与中国传统文化的精华与糟粕息息相关。因为他继承了中国传统文化的精华，所以能够取得事业上的某些成功，在近代史上占有一席之地，至今令人感叹。同样也因为他继承了中国传统文化中的糟粕，所以深陷泥潭而不能自拔，最后酿成个人的历史悲剧，在伤痛、悔恨和一片咒骂声中死去。他个人认为，剿捻失败即应辞职退隐，不应回任江督，更不应再赴直隶总督之任。也有人认为，攻下天京后他应挥戈北上，取清自为。其实，这都是一些不切实际的设想。且不说他作为清朝大臣与湘军统帅，一身进退不可能完全自主，即使真的要在攻下天京后谋反称帝，也不过重演一遍三藩之乱，其最后结局和历史评价都不会比吴三桂更好些。其原因无他，主要还是中国传统文化作为一个完整的思想文化体系，是完全根据封建制度的需要、经过长期的发展而形成的，是完全为这个制度服务的。曾国藩作为中国传统文化的典型代表，他所要维护的不仅仅是"满洲政权"，而更是整个封建制度。他若起而反满，也只能是地主阶级内部争权夺利的斗争，不可能改变封建思想和封建制度的分毫，与孙中山先生领导的以"建立民国，平均地权"为主旨的革命排满具有完全不同的性质。

实际上，对于曾国藩个人来说，自从军从政以来，在政治策略上并没有犯过什么重大错误。他所经历的道路，正是其最好的人生选择，虽然备尝艰辛，但却最为稳妥，步步立于不败之地。就是说，曾国藩作为湖南一群士绅的领袖与代表，当他建立湘军、淮军一展宏图时，面对着西方列强、清政府、太平天国三种异己力量，无论从政治利害还是政治策略考虑，他联合西方列强与清政府，以共同对付太平天国都是正确的。否则，处处树敌，何以生存和发展？及至太平天国失败之后，不仅作为曾氏嫡系的吉字营已成强弩之末，且整个湘军也变得四分五裂，呈现互争雄长的局面，除非清政府对他们采取斩尽杀绝的方针，湘、淮将帅是不可能联合反满的。其中，真能为曾氏夺取皇位而战者为数不会太多，而举兵讨贼者却不乏其人。权衡力量对比，恐无胜算可言。所以，曾国藩只能自剪羽翼以解清廷之疑，继续做他的忠臣孝子。至于赴津办案最后竟落得一个"举国欲杀"的下场，并非政治策略上的偶一失误，而是他历史发展的必然。所以，此事最能体现曾国藩的政治立场与思想本质。因他毕竟不是林则徐，也不是叶铭琛。他既怕洋人，又要效忠于清朝卖国政府，在洋人、清政府与天津绅民的三面夹击之下，除了逐官杀民、媚外求和之外，还会作出什么其他选择？

然而，种种事实表明，曾国藩所代表的传统文化体系，与它所维护的封建制度一样，已经走到了穷途末路，已经不能完全适应时代的需要。新的思想文化体系虽然尚未形成，更无以取代其在意识形态领域的统治地位，而其思想萌芽却已破土而出，并向旧的思想文化体系发起猛烈冲击，展开武器的批判。而洪秀全就是这一新的萌芽的代表。他虽然失败了，但却代表了历史的未来和发展方向。他所提出的平分土地的主张和人人平等、个个饱暖的口号已经变为现实，他所描述的关于大同世界的理想，也总有一天要实现。与此相反，曾国藩所拼命维护的清王朝和封建制度，却已成为历史的陈迹，而他本人也成为历史上的一个悲剧人物。古人所谓"不可以成败论英雄"，似正指此而言。由此可见，毛泽东在其未成为马克思主义者之前，曾那样推服曾国藩，而成为马克思主义者之后却给予洪秀全以很高的历史评价，是很有道理的。须知，当洪秀全第一个对传统文化展开批判时，该需要多么大的勇气！而第一个挑战者的出现又是何等的不易！其在中国近代史上所起的振聋发聩的作用，是不可低估的。

曾国藩在自己的一生中，无论做事做人都尽到了最大的主观努力，其在立功、立德、立言三个方面亦无逊于古人，但却得不到古人那样的历史评价。究其原因，则由于曾国藩生于新旧制度交替之际，而他所代表的封建思想文化体系，只服务于旧制度、旧时代，不可能自动地整体转向，再为新时代、新制度服务。所以，他在大厦将倾之际无法脱身而出，只能充当旧制度和旧思想的卫道士。为什么会出现这种情况呢？这是因为封建思想文化体系的核心，是它旨在维护封建等级制度的道德观念，即所谓三纲五常。其他种种都是围绕在其周围，为其所用的。而一个人接受这一思想体系的过程，又首先从这一点开始，修、齐、治、平，一步步向前推进。而在近代史上，最不适应于时代，最称糟粕者则又无过于此。鲁迅的小说《狂人日记》《祥林嫂》等，将攻击旧文化的火力集中于这一点上，是很切中要害的。正是在这种封建道德的制约下，曾国藩捕人不要证据，杀人不依法律，屠戮战俘不以为有违人道，敛财抽厘不以为病国害民。尤其到了晚年，虽已深信清朝的灭亡只是一个时间问题，却仍要忍受着精神上极大痛苦，为一个腐朽的王朝鞠躬尽瘁，死而后已。而在其办理天津教案之时，则不仅将生死置之度外，还拼却了个人一生的"清名"！当然，这里包含着曾国藩个人对清政府的感激之情，但更主要的恐怕还是因为这个政权是封建制度的代表，土地剥削制度与君主专制政体的象征。所以，曾国藩对清王朝的忠诚，并不仅仅出于对满洲人的忠诚，而主要还是对封建地主阶级与封建等级制度的忠诚。所谓"自唐虞三代以来，历世圣人，扶持名教，敦叙人伦，君臣父子，上下尊卑，秩然如冠履不可倒置"云云，恐怕不仅是出于策略考虑，而更是曾国藩真情实感的喷薄而出。有人说，曾国藩镇压太平天国是为了维护中国的传统文化。那么，他要维护的首先就不是精华，而是它的糟粕。

综上所述可知，中国传统文化作为一种意识形态，对其所适应的经济基础和上层建筑是会产生反作用的，而这种反作用又要通过接受这一思想体系的人来实现的。曾国藩及其周围的知识分子群，正是体现这种反作用的典型例子。他们由思想而组织，由组织而军队，由军队而政权。一群笃敬践履的卫遭之士，居然为清王朝争得东南半壁江山，将这摇摇欲坠的大厦重新支撑起来，颇有点"天欲堕，赖以拄其间"的味道。这样典型的事例，无论在中国还是世界史上，都是不多见的。由此可见，一种旧的思想文化体系是不会自动解体的，更不会自动地为新时代、新制度服务。而要使中国传统文化为新时代、新制度服务，就必须对它来一番去粗取精、去伪存真的改造，将其糟粕扫入历史的垃圾堆，将其精华吸收到新的思想文化体系之中。只有这样方能使它在新的时代发挥作用，在中国历史发展的长河中永葆青春。而要做到这一点，就必须首先对它进行批判，打破其思想体系，否则，就不可能将那层层围裹、盘根错节的糟粕剔除出去，也不可能将那你中有我、我中有你的精华提取出来。因此，五四新文化运动功不可没，当时提出打倒孔家店的口号是完全必要的，没有这样一场思想文化领域的革命，就不可能造就出一批完全新型的知识分子，也就不可能在中国大地上掀起一场空前未有的大革命。中国也就不可能取得今天的进步。古人云，不破不立，不塞不流，不止不行。不打破旧的思想文化体系，新的思想文化体系也就建立不起来。

总之，从某种意义上讲，曾国藩犹如传统文化的化身，既是其精华所聚，也是其糟粕所聚。故无论对曾国藩还是中国传统文化，都只能是一分为二，批判继承，只能接受其中的精华，不能连糟粕也一起继承下来。由于主观与客观条件的种种限制，以及它们二者之间盘根错节、错综复杂、你中有我、我中有你的情况，人们对精华与糟粕的识辨，亦并非一蹴而就，一举可成，而是一个长期的、艰巨的、反反复复的过程。所以，在一个很长的历史时期内，尤其今天，在讲到继承的时候，还不应放下批判的武器，不加分析地颂扬曾国藩，笼统地弘扬传统文化，都是不尽妥当的。

（《近代史研究》，1997年第1期）

曾国藩哲学思想初探

关于曾国藩的哲学思想，其本人没有专门著作，研究者也较少谈到。其实，涉及这一问题的材料还是相当多的。它散见于信函、批札、日记、笔记之中，从各个方面反映出曾国藩的哲学观点。这些观点虽不是曾国藩的发明创造，他却从中国传统文化中吸收过来加以运用，并取得某些成功。因而，弄清这些问题，对于我们进一步了解曾国藩一生中得失成败的思想根源乃至整个近代史，都是有益的。下面分几个方面谈点粗浅看法。

一

曾国藩在政治上是反动的，代表的是腐朽的封建地主阶级，但由于出身于上升中的中小地主家庭，来自统治阶级下层，故其人生观还是积极向上的，很少有颓废思想。尤其他的前期，更是如此。曾国藩曾与人讲："盛世创业垂统之英雄以襟怀豁达为第一义，末世扶危救难之英雄，以心力劳苦为第一义。"[1]而他一生则始终以"末世扶危救难之英雄"自任，以"心力劳苦"自持。出办团练之始，他即提出"不要钱、不怕死"的口号，既用以号召士绅，也用以约束自己。曾国荃被任命为浙江巡抚时，他又在信中与之相约道："吾兄弟报称之道，仍不外'拼命报国，侧身修行'八字"[2]。

---

[1] 曾国藩：《曾文正公手书日记》，中国图书公司宣统元年印行，咸丰十年六月二十七日。

[2] 曾国藩：《曾文正公家书》，商务印书馆民国二十七年版，同治二年三月二十九日。

实际上，确实如此。他为挽回清王朝江河日下的颓势奋斗了一生，真可谓"鞠躬尽瘁，死而后已"。

他非常相信主观意志的作用，认为只要拼命去干，就能达到目的。早在京官时期，他就立志成为地主阶级的一代圣贤，并信心十足地宣称："人苟能自立志，则圣贤豪杰何事不可为。""我欲仁，斯仁至矣。我欲为孔孟，则日夜孜孜，唯孔孟之是学，人谁得而御我哉。"[1]后来镇压太平天国的成功，他也归之于"坚忍不懈"四字，并推而广之，视为一般规律。他在淮军将领刘铭传的禀帖上批道："凡发一谋，举一事，必有风波磨折，必有浮议摇撼。从前水师之设，创议于江忠烈公（指江忠源），安庆之围，创议于胡文忠公（指胡林翼）。其后本部堂办水师，一败于靖港，再败于湖口，将弁皆愿去水而就陆，坚忍维持而后再振。安庆未合围之际，祁门危机，黄、德糜烂，群议撤安庆之围援彼二处，坚忍力争而后有济。至金陵百里之城，孤军合围，群议皆恐蹈和、张之覆辙，即本部堂亦不以为然，厥后坚忍支持，竟以地道成功。可见天下事果能坚忍不懈，总可有志竟成。"[2]在《劝学篇示直隶士子》一文中又说："志之所向，金石为开，谁能御之！"[3]人的主观意志对于事业的成败固然有一定的作用，但却不能脱离具体的客观条件，否则，有志未必竟成。只讲主观意志的作用，不讲客观条件，实际上就变成了唯意志论。曾国藩带着这种想法行事，就必然有碰壁的时候，在许多场合行不通。于是，他就搬出了天命论，由主观唯心主义跳到客观唯心主义，对一切无法用"有志竟成"解释的问题，统统归之于"天命"。

曾国藩第一次谈论天命是升授礼部侍郎后不久。他出身中小地主，生长深山之中，中进士后十余年间官至二品，实出乎意料。于是他便认为这是命中注定，非人力所能做到。他在给陈源兖的信中说："回思善化馆中同车出入，万顺店内徒步过从，疏野之性，肮脏之貌，不特仆不自意其速化至此，即知好三数人亦未敢为此不近情之称许。可见命数有定。"曾国藩再出后，正当他处

---

[1] 曾国藩：《曾文正公家书》，商务印书馆民国二十七年版，道光二十四年九月十九日。
[2] 曾国藩：《曾文正公批牍》第3卷，湖南传忠书局版。
[3] 曾国藩：《曾文正公杂著》第4卷，湖南传忠书局版。

处顺手，叫喊太平军"不患今年不平"的时候，忽然传来李续宾在三河全军覆没的消息，更使他相信"天命难违"的说法。多少年后还在日记中写道："偶思咸丰八年四月葛睾山扶乩，即已预知有是年十月三河之败，温弟（指曾国华）之变。天下万事皆有前定，丝毫不能从人力强求，纷纷思虑亦何补邪？以后每日当从'乐天知命'四字上用功，治事则日有恒课，治心则纯任天命。"[1]

曾国藩既谈"有志竟成"，又谈"纯任天命"，那么对于事业的成败究竟哪种力量起主要作用呢？他认为天命为主，人力为次，大约为三七开。他说："古来圣哲名儒之所以彪炳宇宙者，无非由于文学事功。然文学则资质居其七分，人力不过三分。事功则运气居其七分，人力不过三分。"[2] 他甚至把人看作"运气口袋"，常说"人生皆运气为主，七尺之身实以盛运气"[3]。还跟欧阳兆熊等人开玩笑说，"他日有为吾作墓志者，铭文吾已撰：'不信书，信运气，公之言，告万世。'"[4] 可见，曾国藩是很信奉天命的。

那么，既然如此，曾国藩为什么还要那样起劲地宣扬"有志竟成"呢？他认为，天命是人所不能左右的，心里明白就行了，不能讲得太多，更不应向部下和民众宣传，以免动摇军心，瓦解士气。咸丰九年他在日记中写道："圣人有所言有所不言：积善余庆，其所言者也；万事由命不由人，其所不言者也。""吾人当以不言者为体，以所言者为用，以不言者存诸心，以所言者勉诸身"，"其庶为闻道之君子乎"。[5] 咸丰十年在给曾贞干的信中又说："季弟言'出色之人断非有心所能做到'，此语确不可易。名位大小，万般由命不由人。特父兄之教家，将帅之训士，不能如此立言耳。季弟天分绝高，见道甚早，可善可爱。然办理营中小事，教训弁勇，仍宜以'勤'字作主，不宜以'命'字谕众。"[6] 鉴于这种考虑，曾国藩

---

[1] 曾国藩：《曾文正公手书日记》，中国图书公司宣统元年印行，同治八年七月十八日。
[2] 曾国藩：《曾文正公手书日记》，中国图书公司宣统元年印行，同治八年十二月二十二日。
[3] 赵烈文：《能静居日记》，学生书局影印本，同治六年九月三日。
[4] 欧阳兆熊，金安清：《水窗春呓》，中华书局1984年版，第17页。
[5] 曾国藩：《曾文正公手书日记》，中国图书公司宣统元年印行，咸丰九年十一月四日。
[6] 曾国藩：《曾文正公家书》，商务印书馆民国二十七年版，咸丰十年七月八日。

从不在众人面前谈论天命,即使私下谈论,前期也很少。后期谈论较多,大约总不出亲信僚属的小圈子,并且多在事后。这一时期,他讲天命的场合大约有三种。一是在某事成功之后,将成功的原因归之于天,以表示自己的谦谨。如他在给黎庶昌的信中说:"兵事之成否,亦皆时会之适然,即如鄙人及胡、李、李、左诸公后来侥幸成功,实非初意所及料。"又说:"功名者与场屋之科名相等,或邂逅而高第,或百战而不售。"[1]虽未点明,实际上讲的仍然是"命有前定"。一是为了稍抑部下的骄气。如曾国荃侥幸攻陷天京,"皆归功于己",骄横不可一世。曾国藩就对他说:"汝虽才能,亦须让一半与天。"[2]意思是湘军攻陷天京,半由人力,半由天命,劝曾国荃不可贪天之功,居为己有。但更多的场合是为了调整自己对天人关系的认识,以解除精神上的痛苦,使自己在道德修养上日臻完善。曾国藩是个功名心很盛的人物,他年轻时就立下宏愿,要挽回清王朝江河日下的颓势,再现康乾盛世。同时,还要立德、立功、立言三不朽,成为地主阶级的一代圣贤,并为此奋斗了一生。但到了晚年,他发现除镇压太平军、捻军一事外,其他都未获成功。而自己则年老体衰,大病缠身,行将就木,再无实现这些夙愿的可能。于是,深深地陷入苦恼之中,患得患失,萦萦扰扰,难得片刻安静。为了使自己在"补救无术,日暮道穷"的情况下心情稍得宽解,他便经常搬出天命来安慰自己。他在日记中写道:"不特富贵功名及身家之顺逆,子孙之旺否,悉由天定,即学问德行之成立与否,亦大半关乎天事,一概淡而忘之,庶此心稍得自在。"[3]他还写韵语数句作为自己的箴言:"心术之罪,上与天通,补救无术,日暮道穷,省躬痛改,顺命勇从,成汤之祷,申生之恭。资质之陋,众所指视,翘然自异,胡不知耻,记纂遗忘,歌泣文史,且愤且乐,死而后已。"[4]"补救无术,日暮道穷"八字恰当地描写出其政治上走投无路的困境,而"且愤且乐"则道出了他失望之余所采取的对策:

---

[1] 江世荣编:《曾国藩未刊信稿》,中华书局1959年版,第279页。
[2] 赵烈文:《能静居日记》,学生书局影印本,同治六年六月十五日。
[3] 曾国藩:《曾文正公手书日记》,中国图书公司宣统元年印行,同治十年三月十六日。
[4] 曾国藩:《曾文正公手书日记》,中国图书公司宣统元年印行,同治八年十一月十三日。

既要发奋图强,坚忍不懈,作出自己应有的努力,又要对不可避免的失败想得开,经常保持乐观心情。其实,这种道理他并不是不知道。早在同治元年他就在日记中写道:"阅王而农所著张子《正蒙》,于尽性知命之旨略有所会。盖尽其所可知者于己性也,听其不可知者于天命也。""若于性分当尽之事,百倍其功以赴之,而俟命之学则以淡如泊如为宗,庶几其近道乎。"[1]他所以在日记中反复申述"天命"问题,表明他虽然已经弄清了其中的道理,但在感情上却转不过弯来。就是说虽然他在理智上相信运气是主要的,而在感情上仍希望"志之所向,金石为开"。

这样,在曾国藩身上就出现了两种矛盾,除上面所说的感情和理智的矛盾外,还有表里不一的问题。他愈是感到"天命难违",愈是强调主观意志的作用,甚至达到极端的程度。譬如,上面几次提到的"志之所向,金石为开"一语,就是他晚年讲的。这时,他已经知道清朝的灭亡不过是个时间问题,他的一切努力都无补于"天命之穷",但仍故意说一些违心的话,教训"直隶士子"。这一方面反映了他的顽固立场和作为一个高级官吏不得已而为之的苦衷,同时也不能不指出其中确实带有自欺欺人的成分。这正是其地主阶级本性的表现,而对一个不甘心失败的失败者来说,也是不可避免的。

曾国藩不仅相信天命,也迷信鬼神。这方面的例子除前面提到的相信扶乩外,还有如下数事。(一)把"鬼神之情状"列为研究对象。他在《书学案小识后》一文中把"鬼神之情状"与"草木鸟兽之咸若"相提并论,一起作为应当深究细考的问题,可见他是相信鬼神的存在的。(二)相信阴骘寿夭之说。他与曾国潢都死了孙子,他认为这是有损阴德的结果。[2](三)迎神求雨。同治六年江苏大旱,曾国藩迎神于密室,焚香祈祷,下雨之后复出重金还愿。(四)相信宅第吉凶。曾国荃担任湖北巡抚后,同捻军交战屡遭惨败,新湘军基本垮台,曾国藩认为这是由鄂抚衙门不吉利造成的,

---

[1] 曾国藩:《曾文正公手书日记》,中国图书公司宣统元年印行,同治元年十月十日。
[2] 曾国藩:《曾文正公手书日记》,中国图书公司宣统元年印行,同治七年六月二十四日。

曾敦劝曾国荃移贡院。[1]类似的例子可能还有一些，但仅从以上数事即可看出，曾国藩确实是迷信鬼神的。

二

从总体上说，曾国藩的认识论是属于唯心主义的。他认为，天地间的人与万物都是由"太和氤氲、流行而不息"的仁、义二气生成的。"人也物也，圣人也常人也，始所得者钧耳"。其所不同的是："人得其全，物得其偏，圣人者既得其全，而其气质又最清且厚，而其习又无毫发累。""常人者虽得其全，而气质拘之，习染蔽之。好不当则贼仁，恶不当贼义，贼者日盛，本性日微，盖学问之事自此兴也。学者何？复性而已矣。"[2]这显然是说，作为儒家道德规范的仁与义等，都是每个人先天具有的。只是由于圣人气质清纯，习惯良好，故能把它完整地保存下来，不需要学习就可自然达到儒家的最高道德标准。而常人则由于后来沾染了种种不良习惯，致使气质变劣，本性淹没，只有通过学习才能恢复本性。"唯物主义的认识论认为，包括道德、知识、习惯等在内的思想意识，都是社会存在的反映，是人们在社会实践中形成的。人们的学习过程，也是认识客观世界的过程，世界上根本没有生而知之的圣人。曾国藩把人分为生而知之的圣人和学而知之的常人，把学习的本质理解为"复性"，即恢复人们先天具有的本性，这种认识论无疑是属于先验论的，唯心主义的。

然而，曾国藩一生主要是从事社会实践活动，尤其带兵打仗，这绝不是理学家的空谈所能解决问题的。所以，在实践活动中，在一些具体问题上，曾国藩又往往表现为经验论者。他主张遇事体察，亲自动手，不可假手于人。曾国藩在谈到人才问题时说："大抵人才约有两种，一种官气较多，一种乡气较多。"官气较多者"遇事但凭书办、家人之口说出，凭文书写出，不能身到、心到、口到、眼到，尤不能苦下身段去事上体察一番"。而他

---

[1] 赵烈文：《能静居日记》，学生书局影印本，同治六年九月十日。
[2] 曾国藩：《曾文正公书札》第1卷，湖南传忠书局版。

自己用人，则"必取遇事体察，身到、心到、口到、眼到者"[1]。曾国藩这里讲的是用人标准，同时也是讲做人的原则。他所说的"遇事体察，身到、心到、口到、眼到者"，实际上就是指"乡气较多"的人，也是指他自己。而这"四到"的说法与他"十八条挺经"遇事"躬自入局，挺膺负责"[2]的总精神是一致的。这种思想显然是来自家庭的影响和自身的阅历，而不是来自理学家的书本。

对于书本知识和自身经验，曾国藩则更注重后者。曾国藩从军从政多年，积累了丰富的经验，对于古代兵法和史书中关于战阵的记载，都有自己的看法。一天，曾国藩与幕僚、将领谈论"军中阵法"，发现"虽同见同闻同局中人，而人人言殊，不足凭信"，遂由此得出结论，认为"古来史传之不足凭信，亦如是矣"。[3] 又说："廿三史除马、班外，皆文人以意为之，不知甲仗为何物，战阵为何事，浮词伪语，随意编造，断不可信。仆于《通鉴》中之不可信者，皆用笔识出矣。"[4]还说，即如《史记》《汉书》亦有不可信者。"太史公称庄子之书皆寓言，吾观子长所为《史记》，寓言亦居十之六七，班氏闳识孤怀不逮子长远甚"[5]。对于古代兵法和史传的"不可信"之处，曾国藩在给尹耕耘的信中讲得更加具体。他说："国藩久处兵间，虽薄立功绩，而自问所办者皆极钝之事，于'神速'二字几乎相背，即于古人论兵成法，亦千百中而无什一之合，私心深自愧叹，又因此颇疑古人之书皆装饰成文，而不可以尽信。敝部如塔、罗、李、鲍，外间有文人叙其战绩，已与当时实事迥不相符，窃疑古书亦复尔尔。"又说："儒者记兵事以迁为最善，迁史以《淮阴传》为最详，其中如木罂渡河、沙囊壅潍，国藩颇疑其并无是事。今临晋之黄河尚在，果木罂所能渡乎？沙囊堵水，溢漏如故，断不能顷刻成堰，水大则不能忽堵忽决，水小则无

---

[1] 曾国藩：《曾文正公书札》第12卷，湖南传忠书局版。
[2] 吴永：《庚子西狩丛谈》，岳麓书社1985年版，第134页。
[3] 曾国藩：《曾文正公手书日记》，中国图书公司宣统元年印行，咸丰十一年正月十六日。
[4] 曾国藩：《曾文正公书札》第12卷，湖南传忠书局版。
[5] 曾国藩：《曾文正公文集》第3卷，湖南传忠书局版。

损于敌。以物理推之，迁书尚可疑如此，则此外诸史叙述兵事，其与当年实迹相合者盖寡矣。"[1]曾国藩这些话既有合理成分，也有一定的片面性。他重视实践经验，并指出古书中的问题，都是无可非议的，但仅根据自己的狭隘经验，就断言古书"皆装饰成文"，未免显得过于武断。仅就兵法而言，曾国藩用兵呆板，基本上是有"正"无"奇"，"呆"多"活"少。这个弱点他是知道的，也不止一次地在书函、奏稿中讲过。如今却忘得一干二净，仅以自己在特殊条件下所取得的侥幸成功，即视狭隘经验为一般规律，这就不可避免地犯了经验主义的错误。

曾国藩还反对死啃书本、生搬硬套的读书方法。湘军平江营中有个名叫吴士迈的营官，摘录二十三史中有关战争的记载，编辑成册，打算以此作为治军的根据。曾国藩知道后，立即致函该军统领李元度加以纠正说："军事是板质实之事"，"若以编辑二十三史成书为治军之蓝本，则门径已差，难与图功。阁下与之至交，须劝之尽弃故纸，专从事于点名、看操、查墙子诸事也"。[2]还有一个名叫吴希颜的人，建议曾国藩"以古书考核将才，分派正副文武营官"。曾国藩认为"此皆书生之见"，并在批复中指出："读书之与用兵判若两途。古来名将如前汉之韩信、曹参，后汉之皇甫嵩、朱隽，未闻其著书。戚继光能著书而战功又甚平平。孙武之不能自践其言，则老苏已讥之矣。"[3]曾国藩对于这两事的处理以及关于读书与用兵"判若两途"的见解，都是正确的，他所指出的情况在某些古代名将中也确实存在。只是把战功与著述完全对立起来，断言能战者不能著书，能著书者皆不能战，就不尽符合实际情况了。古代名将孙膑、吴起等皆属文武全才，既有赫赫战功，又有著作传世。三国时的名相曹操更是身经百战，一代风流，其对《孙子兵法》所作的注释，至今仍有参考价值。对于这些情况，曾国藩未必不知道，他所以这样讲，恐怕很可能与他自己有"战功"而无著述有关。或许是矫枉过正，在纠正这一片面性时而出现另一片面性，亦未可知。总

---

[1] 曾国藩：《曾文正公书札》第29卷，湖南传忠书局版。
[2] 曾国藩：《曾文正公书札》第12卷，湖南传忠书局版。
[3] 曾国藩：《曾文正公批牍》第2卷，湖南传忠书局版。

之是将自身的狭隘经验视为一般规律，同样犯了经验主义的错误。

三

曾国藩哲学思想的精华是他的辩证思想。对于某些辩证观点，他不仅赞成，而且还用以观察和解决自己遇到的实际问题。他一生中所以能够获得某些成功，与此很有关系。他的辩证思想归结起来有如下几个方面：

关于一分为二的观点。曾国藩认为，天地万物都是一分为二的。他在给朋友的信中说："天下之道，非两不立。是以立天之道曰阴与阳，立地之道曰柔与刚，立人之道曰仁与义。"[1]又说："昔邵子将天下万事万理看成四片，近姚惜抱论古文之法有阳刚、阴柔两端，国藩亦看得天下万事万理皆成两片。"[2]他不仅用一分为二的观点看待世界，看待万物，亦用以评论文章和书法。他根据自己的体会，把"阳刚之美"归结为"涌直怪丽"四字，"阴柔之美"归结为"忧茹远洁"四字。[3]后来他又将"涌直怪丽"改为"雄直怪丽"，"忧茹远洁"改为"茹远洁适"，并对此八字中的每个字都加以注释，写成"十六字赞"[4]。他还把阳刚阴柔之说移于书法理论，提出"书法之道亦分阳刚之美和阴柔之美两端"[5]的说法。这都是对姚鼐文艺理论的发展。

关于矛盾双方互相依存的观点。他认为，某些事物中矛盾的双方，例如军事中的正与奇、稳与险、呆与活等，都是互相依存的，失去一方，另一方就无法存在。他在给胡林翼的信中说："权不可预设，变不可先图，自是至当之论。大抵平日非至稳之兵，必不可轻用险着，平日非至正之道，必不可轻用奇谋。然则稳也，正也，人事之力行于平日者也；险也，奇也，

---

[1] 曾国藩：《曾文正公书札》第1卷，湖南传忠书局版。
[2] 曾国藩：《曾文正公书札》第10卷，湖南传忠书局版。
[3] 曾国藩：《曾文正公手书日记》，中国图书公司宣统元年印行，同治二年九月二十三日。
[4] 曾国藩：《曾文正公手书日记》，中国图书公司宣统元年印行，同治四年正月二十二日。
[5] 曾国藩：《曾文正公手书日记》，中国图书公司宣统元年印行，同治四年十月二十日。

天机凑泊于临时者也。"[1] 不过，曾国藩虽然这样讲，但在实际用兵中并未掌握稳着与险着，正兵与奇兵的机动变化。后来他在总结自己的战争经历时也不得不承认："十余年来，但知结硬寨打呆战，从未用一奇谋，施一方略，制敌于意计之外。"[2]

关于矛盾的主要方面和次要方面的观点。曾国藩认为，某些事物中矛盾着的两个方面，例如战争中的人与武器，军队的外形与士气，文章的说理与文气，以及书法中的阳刚之美和阴柔之美等，总有一方面是主要的。关于决定战争胜负的因素，在人与武器这对矛盾中，他认为人的因素是主要的；在军队的外形与士气这对矛盾中，他认为士气是主要的。他常说："攻守之要在人而不在兵"[3]，"用兵之道在人而不在器"[4]，"炸炮轮船虽利，然军中制胜，究在人而不在器"[5]。还说："胜负不在形而在气。有屡败而无伤，亦有一蹶而不振，气为之也。"[6] 对于文章中说理与文气这对矛盾，曾国藩认为文气是主要的。他说："文家之有气势，亦犹书家有黄山谷、赵松雪辈，凌空而行，不尽合于理法，但求气之昌耳。故南宋以后文人好言义理者，气皆不盛。"并进而推论："大抵凡事皆宜以气为主，气能挟理以行，而后虽言理而不厌. 否则，气既衰苶，说理虽精未有不可厌者。犹之作字者，气不贯注，虽笔笔有法，不足观也。"[7] 对于书法阳刚之美和阴柔之美两个方面，曾国藩认为每次作字只能以某一方面为主，若二者并重则必然两失。他说："作书之道亦分阳刚之美、阴柔之美两端。偏于阳刚者，取势宜峻迈，偏于阴柔者，下笔宜和缓，二者兼营并骛则两失之矣。"并总结自己的体会说，"余心每蹈此弊"[8]，故书法不能自成一格。

---

[1] 曾国藩：《曾文正公书札》第13卷，湖南传忠书局版。
[2] 曾国藩：《曾文正公奏稿》第25卷，湖南传忠书局版。
[3] 江世荣编：《曾国藩未刊信稿》，中华书局1959年版，第127页。
[4] [5] 曾国藩：《曾文正公书札》第20卷，湖南传忠书局版。
[6] 赵烈文：《能静居日记》，学生书局影印本，同治六年六月十五日。
[7] 曾国藩：《曾文正公手书日记》，中国图书公司宣统元年印行，同治五年十月十四日。
[8] 曾国藩：《曾文正公手书日记》，中国图书公司宣统元年印行，同治四年四月十七日。

关于矛盾双方相互向对立面转化的观点。曾国藩认为，战争双方所处的地位，如强弱、胜负、攻守、主客等等，在一定条件下，是可以向对立面转化的。他尤为注意主客关系的变化。他常对部下说，"凡扑人之墙，扑人之壕，扑者客也，应者主也"。敌人攻我壕墙，"我若越壕而应之，则是反主力客，所谓致于人者也。我不越壕，则我常为主，所谓致人至，不致于人者也"[1]。又说，陈玉成作战"从不先发，最善反客为主"，"不可堕其术中"，为人所致。[2] 为防止反主为客而达到反客为主的目的，曾国藩主张以静制动，后发制人。临阵则按兵不动，诱敌先发；攻城则挖筑双层壕墙以围之，"蓄养锐气先备外援，以待内之自敝"[3]。这样，曾国藩往往变被动为主动，变不利为有利，日后取得胜利。

关于无限与有限的观点。他认为，宇宙的时间与空间是无限的，人的寿命与见闻是有限的；知识和事务是无限的，人生所能读、能办者是有限的。人们应该用这种相对的观点来看待人生和个人的成败得失。他说："古今亿万年无有穷期，人生其间数十寒暑仅须臾耳。大地数万里不可纪极，人于其中寝处游息，昼仅一室，夜仅一榻耳。古人书籍，近人著述，浩如烟海，人生目光之所能及者，不过九牛之一毛耳。事变万端，美名百途，人生才力之所能办者，不过太仓之一粒耳。"又说，"知天之长而吾所历者短，则遇忧患横逆之来当少忍以待其定；知地之大而吾所居者小，则荣利争夺之境当退让以守其雌；知书籍之多而吾所见者寡，则不敢以一得自喜；知事变之多而吾所办者少，则不敢以功名自矜，而当思贤以共图之。夫如是，则自私自满之见可渐渐蠲除矣。"[4]

关于盛极必衰的观点。曾国藩认为，物穷则变，盛极必衰。所以，名声愈大，赏赐愈厚，他的心情愈紧张，行动愈谦谨，唯恐不能保全末路。咸丰十一年曾国藩接奉节制四省军事的命令，且喜且惧。在日记中写道："余

---

[1] 曾国藩：《曾文正公家书》，商务印书馆民国二十七年版，咸丰八年四月十七日。
[2] 曾国藩：《曾文正公书札》第12卷，湖南传忠书局版。
[3] 曾国藩：《曾文正公书札》第5卷，湖南传忠书局版。
[4] 曾国藩：《曾文正公手书日记》，中国图书公司宣统元年印行，同治元年四月十一日。

近浪得虚名，亦不知其所以然便获美誉。古之得虚名而值时艰者，往往不克保其终，思此不胜大惧。"[1]同治七年曾国藩赴直隶总督任，离开南京时地方官组织盛大欢送仪式。曾国藩对此并无得意之情，反增畏惧之感。他在日记中写道："本日送者之众，人情之厚，舟楫仪从之盛，如好花盛开，过于烂漫，凋谢之期恐即相随而至，不胜惕栗。"[2]曾国藩在为清廷立下"大功"之后而得以"保全末路"，恐怕与这种思想有一定关系。

曾国藩先追随唐鉴讲习理学，后又兼治考据、词章、经济之学，对诸子百家各派学说亦采取兼包并蓄的方针。所以，读书较杂，知识较广。而笔者在这些方面，偏又知识浅薄、读书甚少，若对其哲学观点具体指出来自何家何典是很困难的。但他治学始终以理学为核心，为人处事亦始终以理学为指导，对周敦颐、张载及其所著《通书》和《正蒙》尤为推崇。他一生的主要实践活动是带兵打仗，最喜欢读的书是文学和史学著作。所以，他的哲学思想似应主要来自儒家著作，尤其《易经》和《通书》《正蒙》等，其次是《老子》《庄子》《墨子》及军事、历史著作，总之是传统的中国文化。不过由于他既无专门著作，也无系统思想，所以，他的哲学观点相当零乱，散见于章奏、书札、笔记之中，有的已被视为一般规律，如"天地之道，非两不立"，"志之所向，金石为开"等；有的则只是就事论事，并未作为一般规律提出来，严格地说还算不上是一种哲学思想，只是某种哲学观点的因素或思想火花。而无论属于哪种情况，曾国藩都没有把它提到哲学的高度来认识，更没有使用哲学的语言来加以表述。在这点上，与古今哲学家是有很大不同的。为了方便起见，笔者在探讨问题时，不得不将他的各种观点和说法，试探着分别归入各个哲学范畴来加以分析。其实，曾国藩并没有这样明确的认识，这是不言而喻的。不当之处，欢迎批评指正。

(《求索》，1987年第1期)

---

[1] 曾国藩：《曾文正公手书日记》，中国图书公司宣统元年印行，咸丰十一年十一月十四日。

[2] 曾国藩：《曾文正公手书日记》，中国图书公司宣统元年印行，同治七年十一月初四日。

曾国藩和理学

长期以来，一些研究曾国藩的著述往往把他看作理学家，并特别强调他早年就追随唐鉴讲习理学。其实，他不只研究理学，对考据、词章、经济乃至诸子百家各派学说，都采取兼包并蓄的方针，其学业上的成就也不在理学上，而在古文和书法方面。他所推崇的宋儒，亦不是二程和朱熹，而是周敦颐和张载，对程朱和程朱理学反而有不少批评。所以，严格讲来，他与唐鉴、倭仁那样的理学家还是有不少区别的。然而，他治学虽然博杂，却始终以理学为核心，其为人处事亦无不以理学为指导。因而，从这个意义上讲，称之为理学家又未尝不可。对于这种错综复杂的情况，过去很少有人谈过，或仅一笔带过，语焉不详。笔者打算就此问题谈点粗浅看法，以就教于各位。

一

曾国藩的家乡湖南，自南宋以来理学一直在学术领域占据优势。省城长沙当时有两个最有名气的书院，一个叫岳麓书院，一个叫城南书院，其嘉、道以来的几代山长都是讲习理学的。曾国藩本人及其亲朋好友，如胡林翼、左宗棠、罗泽南、郭嵩焘、刘蓉、刘长佑、曾国荃等人，都在这里学习过，非就学于岳麓，即肄业于城南。湖南著名学者欧阳厚钧和贺熙龄，就是直接向他们传道授业的老师。在这种环境下，曾国藩不可能不受到理学的熏陶和影响。只是由于曾国藩当时正急于谋求功名，眼光完全局限于应试诗文，无暇顾及学问，所以未能从这里直接走上治理学的道路。

曾国藩其后走上治理学的道路，主要是受到唐鉴的影响。唐鉴号镜海，湖南善化人，翰林出身，历任检讨、御史、知府、道员、按察使、布政使等官，道光二十年内召为太常寺卿。他"潜研性道，宗尚闽洛"[1]，号称理学大师，在京师士林中颇有声望。道光二十一年七月，曾国藩为了弄清做学问的门径，登门求教"读书之法"。唐鉴告诉他，"当以《朱子全书》为宗"，"此书最宜熟读，即以为课程，身体力行，不宜视为浏览之书"。并说，"治经宜专一经，一经果能通，则诸经可旁及，若遽求尽精，则万不能通一经"。为了突出理学的指导地位和关键作用，唐鉴特别强调，"为学只有三门，曰义理，曰考核，曰文章。考核之学多求粗而遗精，管窥而蠡测；文章之学非精于义理不能至；经济之学即在义理之中"。还说，"经济不外看史，古人已然之迹，法戒昭然，历代典章制度不外乎此"。"诗文词曲皆可不必用功，诚能用力于义理之学，彼小技，亦非所难"。曾国藩听后顿开茅塞。他在当天的日记中写道："听之昭然，若发蒙也。"[2]在给贺长龄的信中说："国藩本以无本之学寻声逐响，自从镜海先生游，稍乃粗识指规。"[3]可见，唐鉴对曾国藩之研究理学，的确起了指路人的作用。

曾国藩按照理学家的模式修身养性，则主要是出倭仁的影响。本来，在唐鉴向他介绍"读书之法"时也同时谈到"检身之要"。唐鉴说，"近时河南倭艮峰前辈用功最笃，每日自朝至寝，一言一动，坐作饮食，皆有札记。或心有私欲不克，外有不及检，皆记出。"[4]希望他引为榜样，将读书和修身结合起来，同时进行。但曾国藩回去后却没有照办，直到一年之后，道光二十二年十月，曾国藩方向倭仁请教修身之道，倭仁告诉他"研几功夫最要紧"。"颜子之'有不善未尝不知'是研几功夫也，周子曰'几善恶'，《中庸》曰'几虽伏矣亦孔之招'，刘念台先生曰'卜动念以知几'，皆此谓也。失此不察则心放难收矣"。还说，"心之善恶之几与国家治乱之几相通"。最后，倭仁要求他必须"写日课"，"当即写，不宜再因循。"[5]

---

[1] 曾国藩：《曾文正公文集》第4卷，湖南传忠书局版，第36页。
[2] 曾国藩：《曾文正公手书日记》，中国图书公司宣统元年印行，道光二十一年七月十四日。
[3] 曾国藩：《曾文正公书札》第1卷，湖南传忠书局版，第1页。
[4] 曾国藩：《曾文正公手书日记》，中国图书公司宣统元年印行，道光二十一年七月十四日。
[5]《曾文正公手书日记》，中国图书公司宣统元年印行，道光二十二年十月初一日。

倭仁的所谓"几",就是思想或事物发展过程中刚刚露出的某种迹象,所谓"研几",就是抓住这些迹象加以认真研究,从而把握其发展趋势,权衡利害,加以解决。其解决办法就是通过静坐、札记等自省功夫和相互讨论,将一切不合圣道的杂念消灭于刚一"闪念"之时,以使自己的思想沿着"圣人贤人"所要求的方向向前发展,并将学术、心术、治术联通一气,通过学问的增长和道德修养的提高,逐步体验和学习治理国家的本领。这就是理学家一套完整的修、齐、治、平理论。

此后,曾国藩就开始按照倭仁的要求进行修身养性。他每天阅读《朱子全集》后,静坐自省,对照检查,写出心得体会,并与吴廷栋、冯卓怀、陈源兖等人交流。曾国藩还经常把自己的日记送请倭仁批阅。这一时期的日记上留下不少倭仁的眉批,多是一些批、评、鼓励之语。曾国藩通过同唐鉴等人的交往,大大提高了在士林中的声望,不少人慕名拜访,切磋学问,理学家之名传遍京师。他自己也踌躇满志,以为用不了很久就可以成为一位大学问家了。他在信中对诸弟说:"兄少时天分不甚低,厥后日与庸鄙者处,全无所闻,窍被茅塞久矣。""近得一二良友,知有所谓经学者、经济者,有所谓躬行实践者;始知范、韩可学而至也,司马迁、韩愈亦可学而至也,程、朱亦可学而至也。慨然思尽涤前日之污,以为更生之人,以为父母之肖子,以为诸弟之先导。"[1] 又说:"君子之立志也,有民胞物与之量,有内圣外王之业,而后不忝于父母之所生,不愧于天地之完人。"[2] 可见唐鉴等人对曾国藩鼓舞之大,影响之深。他的门徒们后来所说的曾国藩"毅然有效法前贤,澄清天下之志"[3] 即是指此而言。

二

曾国藩治学虽然受唐鉴影响很大,但却并不像唐鉴那样独宗程朱,而

---

[1] 曾国藩:《曾文正公家书》,商务印书馆民国二十七年版,道光二十三年正月十七日。
[2] 曾国藩:《曾文正公家书》,商务印书馆民国二十七年版,道光二十二年十月二十二日。
[3] 曾国藩:《曾文正公年谱》第1卷,湖南传忠书局版,第6页。

是由程朱溯流而上，学习周敦颐、张载、欧阳修，韩愈乃至司马迁，并尊奉孔、孟、周、张为儒学正统，将程朱理学和许郑汉学一概归之于不无偏颇的支流旁系。他在一封书信中评论儒学各派并申明自己的志向说，学问"能深且博而属文复不失古圣之谊者，孟氏而下惟周子之《通书》，张子之《正蒙》，醇厚正大，邈焉寡俦。许郑亦且深博，而训诂之文或失则碎；程朱亦且深博，而指示之语或失则隘"。而自己治学则"上者仰企于《通书》《正蒙》，其次则笃嗜司马迁、韩愈之书，谓二子诚亦深博，而颇窥古人属文之法。"[1] 他甚至将"文周孔孟之圣"与"左庄马班之才"相提并论。当刘蓉指责他不应推崇司马迁、韩愈的文章时，曾国藩复信反诘说："今论者不究二子之识解，辄谓迁之书愤懑不平，愈之书傲兀自喜。而足下或不深察，亦偶同于世人之说，是犹睹《盘》《诰》之謷牙而谓《尚书》不可读，观郑、卫之淫乱而谓全《诗》可删，毋乃漫于一概而未之细推也乎？"[2] 这些观点与唐鉴、倭仁显然不同，而与桐城派则较为接近。

到了晚年，曾国藩连理学究竟有多大实际作用也产生了怀疑。有一次，他与赵烈文闲聊。当赵谈到春秋以来人心不正，淫乱成风，"纳人心使日就范围亦宋儒之功"时，他立刻反诘说："古人再醮为常事，今并有未嫁守节者，然桑濮之风亦不绝，论其优劣何如？"赵说；"互有长短。"曾笑着说："允哉，断狱也。"[3] 意思是，赵的评判是公允的。由此可见，在曾国藩的心目中，宋代以来理学在所谓"正人心"方面并没有人们所吹嘘的那种神奇作用。

有时，曾国藩甚至对理学和理学家表现出强烈的反感和厌恶情绪。同治六年冬，曾国藩连遭言官弹劾，不得不辞去钦差大臣职务，离开剿捻战场。他的好友郭嵩焘也因不谐于舆情而丢掉广东巡抚之职。于是，二人同病相怜，互相唱和，对当时的理学和理学家进行了猛烈抨击。曾国藩在给郭嵩焘的复信中说："尊函痛陈自宋以来言路之蔽，读之乃正搔着痒处。

---

[1] 曾国藩：《曾文正公书札》第1卷，湖南传忠书局版，第4页。
[2] 曾国藩：《曾文正公书札》第1卷，湖南传忠书局版，第4页。
[3] 赵烈文：《能静居日记》，学生书局影印本，同治六年九月初四日。

船山先生《宋论》，如宰执条列时政，台谏论宰相过失及元佑诸君子等篇，讥之特甚，咎之特深，实多见道之言。尊论自宋以来多以言乱天下，南渡至今言路持兵事之长短，乃较王氏之说尤为深美。仆更参一解云：性理之学愈推愈密，苛责君子愈无容身之地，纵容小人愈得宽然无忌，如虎飞而鲸漏。谈性理者熟视而莫敢谁何，独于一二仆讷君子攻击惨毒而已。"[1] 仅从这几句话看，似乎曾国藩从来就不是一个"谈性理者"，倒像是一位"性理之说"的受害者或一贯反对者。如果不是同治八年《劝学篇示直隶士子》那篇鼓吹"为学之术""莫急于义理之学"的杰作，很可能被人误认为他早已同理学分道扬镳了。

三

曾国藩不仅对理学的态度与唐鉴不同，其对词章、汉学、经济乃至诸子百家亦无程朱学派的门户之见。

追随唐鉴讲习理学之初，曾国藩对唐鉴"重道轻文"的观点就未能接受。虽然唐鉴公然宣称诗文词曲皆小技，不必用功，而他却对之不能忘情。他在给刘蓉的信中热情洋溢地写道："国藩既从数君子后，与闻末论，而浅鄙之资兼嗜华藻，好司马迁、班固、杜甫、韩愈、王安石之文章，日夜以诵之不厌也。"[2] 自从道光二十三年因过于劳累而大病一场之后，曾国藩愈益将主要精力用于古文诗词，再不仿效唐鉴、倭仁搞什么静坐、札记之类修身功夫了。一年之后他在信中告诉诸弟："余近来读书无所得"，"惟古文各体诗自觉有进境，将来此事当有所成就"[3]。数月后他又更为自信地说："若如此做去，不做外官，将来道德文章必粗有成就。"[4]

对于汉学，曾国藩也下过多年的功夫。道光二十六年夏秋之交，曾国

---

[1] 曾国藩：《曾文正公书札》第26卷，湖南传忠书局版，第1页。
[2] 曾国藩：《曾文正公书札》第1卷，湖南传忠书局版，第12页。
[3] 曾国藩：《曾文正公家书》，商务印书馆民国二十七年版，道光二十四年三月初十日。
[4] 曾国藩：《曾文正公家书》，商务印书馆民国二十七年版，道光二十四年十二月十八日。

藩在京师城南报国寺养病，携带段玉裁注《说文解字》一部，准备随手翻阅。恰好汉阳刘传莹也住在这里，他对考据学颇为熟悉。曾国藩便向他请教。刘传莹亦正为考据学"无当于身心"而感到苦恼，遂转而向曾国藩学习理学。于是，二人朝夕相处，互相学习，取长补短，结为好友[1]。从此，曾国藩对汉学时时进行学习，把学会文字训诂作为理解儒学思想真谛和写好文章的前提，不仅本人对此坚持不渝，并时常拿这番道理谆谆告诫子侄。

程朱学派不仅视词章之学为雕虫小技，对汉学的攻击尤不遗余力，有人甚至将太平天国革命爆发的原因归之于汉学。曾国藩认为这都是门户之见，应该加以摒弃。他主张兼取各家之长，义理、词章、考据、经济四者不可缺一。他在给刘蓉的信中表达自己的见解和志向说，"于汉宋二家构讼之端，皆不能左袒以附一哄；于诸儒崇道贬文之说，尤不敢雷同而苟随"。吾"欲兼取二者之长，见道既深且博，为文复臻于无累"[2]。他的门徒黎庶昌在为他作传时说"始公（指曾国藩）居京师，从太常寺卿唐公鉴讲授义理学，疾门户家言，汉宋不通晓，亦宗尚考据，治古文词，与蒙古倭公仁、六安吴公廷栋、师宗何公桂珍、汉阳刘公传莹、仁和邵公懿辰数辈友善，更相砻砥，务为通儒之学。由是精研百氏，体用赅备，名称重于京师。"[3]这些话基本上反映了曾国藩的治学主张和经历。

对于经济之学曾国藩也非常重视。当时一般学者多视经济之学为做官术，不把他当成一门学问。所以，姚鼐、唐鉴都认为学问只有义理、考据、词章三门。曾国藩则把"经济之学"列为一个独立的学科。他在《劝学篇示直隶士子》一文中说："为学之术有四：曰义理，曰考据，曰词章，曰经济。义理者在孔门为德行之科，今世目为宋学者也；考据者在孔门为文学之科，今世目为汉学者也；词章者在孔门为言语之科，从古艺文及今世制义诗赋皆是也；经济者在孔门为政事之科，前代典礼政书及今世掌故皆

---

[1] 曾国藩：《曾文正公年谱》第1卷，湖南传忠书局版，第14页。
[2] 曾国藩：《曾文正公书札》第1卷，湖南传忠书局版，第4、6页。
[3] 黎庶昌：《拙尊园丛稿》第3卷，光绪十六年刊，第1页。

是也。"[1]曾国藩认为,"欲周览经世之大法",必自杜佑之《通典》、马端临之《通考》始,"许郑考先王制作之源,杜马辨后世因革之要"[2],其精神实质是一致的。所以,考据学的任务不仅在于文字训诂,更重要的是对历代典章制度的考订。早在咸丰元年曾国藩就在日记中表示,"天下之大事宜考究者凡十四宗:曰官制、曰财用、曰盐政、曰漕务、曰钱法、曰冠礼、曰婚礼、曰丧礼、曰祭礼、曰兵制、曰兵法、曰刑律、曰地舆、曰河渠"。研究这些问题,"皆以本朝为主而上溯前代之沿革本末,衷之以仁义,归之于简易。前代之袭误者可以自我更之,前世所未及者可以自我创之。其苟且者知将来之必敝,其至当者知将来之必因,所谓虽百代可知也"[3]。事实上,曾国藩对"经济之学"也确实下过一番苦功夫。他大约从道光二十九年担任礼部侍郎前后起,一生中始终孜孜不倦地研究"经济之学",并从中吸取了历代统治阶级丰富的政治、经济、军事等方面的经验,从而解决了一连串的社会实际问题,为他在政治生涯中取得某些成功,提供了重要条件。

曾国藩不仅对儒学各科主张兼取各家之长,且对诸子百家也采取兼收并用的方针。咸丰十一年他在日记中写道:"立身之道,以禹墨之勤俭兼老庄之虚静,庶于修己治人之术两得之矣。"[4]又说:"周末诸子各有极至之诣。其所以不及仲尼者,此有所偏至,即彼有所独缺,亦犹夷、惠之不及孔子耳。若游心能如老庄之虚静,治身能如墨翟之勤俭,齐民能如管商之严整,而又持之以不自是之心,偏者裁之,缺者补之,则诸子皆可师也,不可弃也。"[5]有时,曾国藩甚至干脆把先秦诸子的各派学说称之为孔子的"言外之意"。他说:"圣人有所言有所不言。积善余庆其所言者

---

[1] 曾国藩:《曾文正公杂著》第4卷,湖南传忠书局版,第4页。
[2] 曾国藩:《曾文正公文集》第3卷,湖南传忠书局版,第24页。
[3] 曾国藩:《绵绵穆穆之室日记》,咸丰元年八月二十一日。见台北影印《湘乡曾氏文献》,第6册,第3369—3370页。
[4] 曾国藩:《曾文正公全集·求阙斋日记类钞》(以下简称《求阙斋日记类钞》)卷上,第20页。
[5] 曾国藩:《曾文正公手书日记》,中国图书公司宣统元年印行,咸丰十一年八月十六日。

也，万事由天不由人其所不言者也；礼乐刑政、仁义忠信其所言者也，虚无清静、无为自化其所不言者也。吾人当以不言者为体，以所言者为用；以不言者存诸心，以所言者勉诸身；以庄子之道自怡，以荀子之道自克。其庶为闻道之君子乎？"[1]

曾国藩在其一生的活动中，从诸子百家各派学说中吸收了不少思想用于行政和为人处世。例如，他在湖南举办团练时，就吸取刑名家重法治乱世的思想，作为残酷镇压农民群众反抗活动的理论根据；他在统治阶级中受到排挤时，就吸取老庄清静无为的思想主动"推让少许权利"，以解除清政府的疑忌。结果，他在这两件事上都达到预期的目的。否则，湖南很可能成为第二个广西，使他无立足之地，更难以取得以后的成功，即使把太平天国革命镇压下去，他也未必能"保全末路"。这对他来说可谓受益匪浅。

由于以上这些特点，曾国藩常常受到一些正统理学家的"讥议"。清朝末年有位学者在一封信中评论道："湘乡（指曾国藩）训诂、经济、词章皆可不朽，独于理学则徒以其名而附之，非真有镜于唐镜海、倭艮峰、吴竹如、罗罗山之所讲论者，其终身所得，'以老庄为体、禹墨为用'耳。"又说："儒者学孔孟程朱之道，当独守孔孟程朱，不必以混合儒墨并包兼容为大也。""以杂为通，以约为陋，以正为党，博学多能，自命通人，足以致高位取大名于时而已，不当施之于讲学。""湘乡讥程朱为隘，吾正病其未脱乡愿之见耳。"[2] 显然，这位独尊程朱的道学先生是不承认曾国藩为理学家的。这固然反映了程朱学派的门户之见，而同时也反映出曾国藩的治学特点。

四

曾国藩虽然早年以理学出名，但兴趣最大的是古文诗词，即"词章之

---

[1] 曾国藩：《曾文正公手书日记》，中国图书公司宣统元年印行，咸丰九年十一月初四日。

[2] 夏震武：《灵峰先生集》第4卷，浙江印刷公司版，第13页。

学"。他在家信中说:"余生平好读《史记》《汉书》《庄子》《韩文》四书。"[1]又说,"余在道光廿二、三、四、五等年用胭脂圈批的各书中,唯有《史记》《韩文》《韩诗》《杜诗》《古文辞类纂》《震川集》《山谷集》数书首尾完毕","余皆有始无终"。[2] 上面提到的这些书,基本上属于古文类,没有一本经书或理学家的著作,即如《史记》《汉书》《庄子》等史学或哲学名著,曾国藩也是作为文学作品来阅读的。对于所谓经史书、宋五子书他似乎并没有下过太大的功夫。咸丰八年他在信中对长子曾纪泽说:"余生平有三耻:学问各途,皆略涉其涯涘,独天文算学毫无所知,虽恒星五纬亦不认识,一耻也;每作一事,治一业,辄有始无终,二耻也;少时作字,不能临摹一体,遂至屡变而无所成,迟钝而不适于用,近岁在军因作字太钝,废阁殊多,三耻也。"[3] 其后,曾国藩大致学会辨认天体星象,书法也大有长进,唯经学的学习进展迟缓,直至很晚才将主要经书读完。

曾国藩用功最深、成就最大的亦是古文诗词。咸丰十一年曾国藩困守祁门,形势万分危急,深感性命难保。他在遗嘱中对长子曾纪泽说,"此次若遂不测,毫无牵恋。""唯古文与诗二者,用力颇深,探索颇苦,而未能介然用之,独辟康庄。古文尤确有依据,若遽先朝露,则寸心所得,遂成广陵之散","不无耿耿"。[4] 就是说,在古文方面他是决心自成一格的,并且确实摸到了门径,只是作品太少,不能充分表现出来。倘若遽然死去,自己多年积累的心得体会也就随之泯灭,无法流传后世了,实在于心不甘。第二年又在信中表示,"余近年颇识古人文章门径,而在军鲜暇,来尝偶作,一吐胸中之奇"[5]。直到年老力衰之时,曾国藩还跃跃欲试地声称,假使自己"有暇读书",即如梅曾亮、何绍基数人,亦不"多

---

[1] 曾国藩:《曾文正公家书》,商务印书馆民国二十七年版,咸丰六月十一月初五日。
[2] 曾国藩:《曾文正公家书·家训》,湖南传忠书局版,同治四年七月十三日。
[3] 曾国藩:《曾文正公家书·家训》,湖南传忠书局版,咸丰八年八月二十日。
[4] 曾国藩:《曾文正公家书·家训》,湖南传忠书局版,咸丰十一年三月十三日。
[5] 曾国藩:《曾文正公家书·家训》,湖南传忠书局版,同治元年八月初四日。

让"[1]。曾国藩对诗也很自信。他曾向人表示:"人生读书做事全仗胸襟。今自问于古诗人中如渊明、香山、东坡、放翁诸人,亦不多让。而卒卒无暇,不能以笔墨陶写出之。唯此一事,心中未免不足。"[2]

后人对曾国藩的文章亦评价颇高。李慈铭看过《曾文正公全集》后,对其中若干篇章大加称赞,说有的情感"真挚",有的叙事质实,有的笔力苍劲,有的字字传神,可谓"近代之杰作"[3]。近代史上的一代才子梁启超也对曾国藩的文章大加赞扬,说即使没有什么"事业",仅就文章而言,曾国藩亦"可以入文苑传"[4]。民国文人徐一士兄弟对曾国藩的文章尤为推崇,称"国藩文章诚有绝诣,不仅为有清一代之大文学家,亦千古有数之大文学家也"[5]。还说,曾国藩、左宗棠、胡林翼三人奏议各有所长,"均为有清大手笔",而"若以文字学根底论",则以曾国藩为"独优"[6]。这些评论虽未必处处恰当,但总的来说,还是比较客观的。至于有些人称曾国藩的文章自成一派(即所谓湘乡派),足可与桐城派分庭抗礼,甚至说其文"冠绝古今","使司马迁、班固、韩愈、欧阳修之文绝而复续","自欧阳氏以来一人而已"[7]云云,就有些言过其实了。曾国藩是有自知之明的。年轻时虽然自视才高,对桐城派后人梅曾亮很不服气,但中年之后平下心来,还是觉得自己的文章不如梅曾亮。他曾对人说,年轻时与梅曾亮交游,见其以古文名重京师,"心独不肯下之"。"今日复审视梅伯言之文,反觉有过人处,往者之见,客气多耳"[8]。他还在一篇读书笔记中表示,桐城张氏之巨卿硕学,宣城梅曾亮之古文诗篇,高邮王念孙、王引之父子之训诂学,"实集古今之大成。国藩于此三家者,常低徊叹仰,以为不可及"[9]。

---

[1] 赵烈文:《能静居日记》,学生书局影印本,同治六年八月二十一日。
[2] 赵烈文:《能静居日记》,学生书局影印本,同治六年六月十五日。
[3] 徐凌霄,徐一士:《凌霄一士随笔》,《国闻周报》第11卷,第32期。
[4] 徐凌霄,徐一士:《凌霄一士随笔》,《国闻周报》第11卷,第17期。
[5] 徐凌霄,徐一士:《曾胡谈荟》,《国闻周报》第6卷,第33期。
[6] 徐凌霄,徐一士:《曾胡谈荟》,《国闻周报》第6卷,第40期。
[7] 徐凌霄,徐一士:《曾胡谈荟》,《国闻周报》第7卷,第4期。
[8] 赵烈文:《能静居日记》,学生书局影印本,同治六年八月二十一日。
[9] 曾国藩:《曾文正公杂著》第2卷,湖南传忠书局版,第2页。

赵烈文对曾国藩崇拜得五体投地，但听了前面那段话后亦未作任何表示，可见曾国藩的文章是始终不如梅曾亮的，并以此引为终生憾事。

曾国藩在古文上虽有一定造诣，但真正属于文学精品的文章却寥若晨星。尤其那几篇为人称道的"佳品"，几乎全是悼念湘军战死将领的文章，政治内容极为反动。在这点上，与古今文学大家有着很大不同。长期以来，他在近代文学史上的地位不为人们所承认，除了政治上倒行逆施，多行不义之外，这恐怕也是一条重要原因。

正是由于上述种种原因，曾国藩虽然在士林中颇有名气，而学术上却没有什么著述。曾国藩死后，《湘军志》的作者王闿运曾以地主阶级名士身份送去一副挽联，对他一生的长短得失作过较为客观的评定。挽词是："平生以霍子孟张叔大自期，异代不同功，戡定仅传方面略；经术在纪河间阮仪征之上，致身何太早，龙蛇遗憾礼堂书。"意思是，他虽然平生以西汉霍光和明代张居正这两位名相自期，但因时代不同，功业相差甚远，将太平天国革命镇压下去之后仅留下一些用兵方略；儒术超过著名经学家纪昀和阮元，而因过早擢升高官，没有写出什么学术著作。"相传光绪年间，有人向清廷建议，应准曾国藩从祀文庙。清廷下礼部议奏，部议国藩无著述，于经学亦无发明，且举王湘绮的挽词证之，事遂中止"[1]。曾国藩未得从祀文庙，大约有多种原因，"无著述"一条也不一定是主要的。但这件事起码说明，曾国藩在理学方面确无突出的学术成就。

五

曾国藩治学虽然主张兼取各家之长，义理、考据、经济、词章四科不可缺一，但始终将理学放在首要地位。道光二十三年他在一封家信中对诸弟说："读经以研寻义理为本，考核名物为末。""自西汉以至于今，识字之儒约有三途，曰义理之学，曰考据之学，曰词章之学，各执一途，互相诋毁。兄之私意以为，义理之学最大，义理明则躬行有要，经济有本。

---

[1] 高伯雨：《中兴名臣曾胡左李》，波文书局1977年版，第34页。

词章之学亦所以发挥义理者也。""此三途者,皆从事经史,各有门径。吾以为欲读经史,但当研究义理,则心一而不纷。是故经则专守一经,史则专熟一代,读经史则专主义理,此皆守约之道,确乎不可易者也。"[1]直到晚年成为著名的洋务派首领之后,他仍坚持这种观点。同治八年他在《劝学篇示直隶士子》一文中谈到治学问题时说:"人之才智上哲少而中下多,有生又不过数十寒暑,势不能求此四术遍观而尽取之,是以君子贵慎其所择而先其所急。择其切于吾身心不可造次离者,则莫急于义理之学。""苟通义理之学,而经济该乎其中矣。"因而,他特别强调:"今与直隶士子约,以义理之学为先,以立志为本。""志之所向,金石为开,谁能御之?志既定矣,然后取程朱所谓居敬、穷理、力行、成物云者,精研而实体之;然后求先儒所谓考据者,使吾之所见证诸古制而不谬;然后求所谓辞章者,使吾之所获达诸笔札而不差。"[2]显然,曾国藩始终视理学为儒学的统帅与灵魂,以为只有它才是儒学的主宰,其他各科都是为它服务的,只能起辅助作用。因而,考据、词章、经济三科同义理比较,皆莫急于它,莫大于它,莫重于它。在这一点上,曾国藩同理学家的看法是基本一致的。

在世界观与道德观上,曾国藩同程朱学派也是一致的。他认为,"圣人之学"不外乎"即物求道"和"身体力行"两事,前者即所谓"致知"功夫,后者即所谓"力践"功夫。他不同意王守仁的"即知即行"说,认为"致知"重要,"力践"更重要[3],由前者走向后者的关键是个"诚"字。"天地之所以不息,贤人之德业之所以可大可久,皆诚为之也。故曰诚者物之始终,不诚无物"。他特别赞许"道在存诚"一语,说"果存诚而不欺,则圣学王道又有他哉"[4]。那么,究竟怎样才算"诚"呢?他认为,"诚"就是"不欺",就是"无私",就是"至虚","是故天下之至诚即天下

---

[1] 曾国藩:《曾文正公家书》,商务印书馆民国二十七年版,道光二十三年正月十七日。
[2] 曾国藩:《曾文正公杂著》第4卷,湖南传忠书局版,第4—6页。
[3] 曾国藩:《曾文正公书札》第1卷,湖南传忠书局版,第9—11页。《曾文正公家书》,道光二十二年十月二十六日。
[4] 曾国藩:《曾文正公书札》第1卷,湖南传忠书局版,第1—2页。

之至虚者也"[1]。在他看来，从事理学研究就是达到"至诚"这一最高境界的指南和阶梯，也是自己不断"去私"的过程，所以，他又称理学为"克己之学"。事实上，他对个人道德品质的修养也非常重视。自追随唐鉴、倭仁讲习理学以来，他虽然没有坚持按照理学家的模式每天做"功课"，但从未降低要求。对自己一切不合封建道德规范的思想和行为，经常进行反省，自责之词经常见于日记和书牍之中。尤其咸丰七、八年间经过一番"大悔大悟"之后，思想上和政治上显得更加成熟、老练，否则，对于后期错综复杂的政治环境是很难应付自如的。他的一生，可以说是按照理学家"诚意、修身、齐家、治国、平天下"的程式为地主阶级奋斗不息的一生，其死后获得"文正"的谥号是不奇怪的。

曾国藩非常相信主观意志的作用，有时甚至把自己取得某些成功的原因归之于"坚忍"二字。他曾对曾国荃说，"李申夫尝谓余呕气从不说出，一味忍耐，徐图自强。因引谚语曰'好汉打脱牙和血吞'。此二语是余咬牙立志之诀。余庚戌辛亥间为京师权贵所唾骂，癸丑甲寅为长沙所唾骂，乙卯丙辰为江西所唾骂，以及岳州之败、靖港之败、湖口之败，盖打脱牙之时多矣，无一次不和血吞之。"[2]又对淮军将领刘铭传说，"本部堂办水师，一败于靖港，再败于湖口，将弁皆愿去水而就陆，坚忍维持而后再振。安庆未合围之际，祁门危机，黄德糜烂，群议撤安庆之围援彼二处，坚忍力争而后有济。至金陵百里之城，孤军合围，群议皆恐蹈和、张之覆辙，即本部堂亦不以为然，厥后坚忍支持，竟以地道成功。"他由此得出结论："凡发一谋举一事，必有风波磨折，必有浮议摇撼"，"天下事果能坚忍不懈，总可有志竟成。"[3]对于这一点，曾国藩很自负。有一次，当他的心腹幕僚赵烈文谈到李鸿章"事机不顺未必能如师（指曾国藩）宏忍"时，曾国藩非常得意地说："吾谥法文韧公，此邵位西之言，足下知之乎？"[4]

---

[1] 曾国藩：《曾文正公手书日记》，中国图书公司宣统元年印行，道光二十二年十一月十五日。
[2] 曾国藩：《曾文正公家书》，商务印书馆民国二十七年版，同治五年十二月十六日。
[3] 曾国藩：《曾文正公杂著》第3卷，湖南传忠书局版，第65页。
[4] 赵烈文：《能静居日记》，学生书局影印本，同治六年八月二十八日。

他的这些话与"志之所向，金石为开"一语的精神实质是一样的，无非是在宣扬主观意志的决定作用。

在政治上，曾国藩更是经常摆出一副理学家的面孔，处处标榜一个"诚"字，时时以封建礼教的卫道士自居。他出办团练之始，就信誓旦旦地宣称："国藩奉命以来，日夜悚惕，自度才能浅薄，不足谋事，惟有'不要钱、不怕死'六字时时自矢，以质鬼神，以对君父，即借以号召吾乡之豪杰。"[1] 举行所谓"东征"之前，他又发布文告说，"自唐虞三代以来，历代圣人扶持名教，敦叙人伦，君臣父子，上下尊卑，秩然如冠履不可倒置"，而太平军"举中国数千年礼义人伦诗书典则，一旦扫地以尽，此岂我大清之变，乃开辟以来名教之奇变，我孔子孟子之所痛哭于九原，凡读书识字者，又乌可袖手安坐，不思一为之所也。"他号召一切忠于孔孟之道的封建士人起而反对太平天国革命，说什么"倘有血性男子号召义旅助我攻剿者，本部堂引为心腹，酌给口粮；倘有抱道君子痛天主教之横行中原，赫然奋怒以卫吾道者，本部堂礼之幕府，待以宾师"[2]。事实上，曾国藩选拔将弁、招聘幕僚也都是以是否忠于封建礼教为标准的。咸丰十年（1860）太平军横扫苏、常，驻守常州的两江总督何桂清先期逃走，地方官随之逃散一空，唯当地士绅据城顽抗，并在城破之后退往农村，带领团练武装继续与太平军为敌。曾国藩听到这一情况非常高兴，认为"该郡素尚节义，其士子多好读书稽古，研究事理"，"其中必有二三贤智之士为之倡率"。曾国藩把这些"贤智之士"视为难得人才，立即上奏清廷，保举周腾虎、刘翰清、赵烈文、方俊谟、华蘅芳、徐寿等人，请求清政府速令各地督抚将他们"咨遣来营"，收入幕府加以"造就"，留为"他日之用"[3]。这不过是个典型，其他类似的例子亦为数不少，曾国藩手下有些幕僚和将领，多是因为誓与太平军为敌，而被目为"血性男子"收至部下的。

曾国藩还认为，清代社会风气的转变，气节的树立，政治颓势的挽回，

---

[1] 曾国藩：《曾文正公书札》第2卷，湖南传忠书局版，第4页。
[2] 曾国藩：《曾文正公文集》第3卷，湖南传忠书局版，第2页。
[3] 曾国藩：《曾文正公奏稿》第14卷，湖南传忠书局版，第69页。

全靠一二"节义之士"的倡导。他说："风俗之厚薄奚自乎？自乎一二人之心所向而已。""此一二人者之心向义，则众人与之赴义；一二人者之心向利，则众人与之赴利。"[1] 又说："世多疑明代诛锄缙绅而怪后来气节之盛，以为养士实厚使然。余谓气节者一二贤臣倡之，渐乃成为风会，不尽关国家养士之厚薄也。"[2] 他甚至认为，湘军的创立，镇压太平天国革命的成功，归根到底都是理学的胜利，都是罗泽南、王鑫、李续宾等数位"忠诚君子"倡导的结果。他在《湘乡昭忠祠记》中说："君子之道，莫大乎以忠诚为天下倡。世之乱也，上下纵于亡等之欲，奸伪相吞，自图其安而予人以至危，畏难避害而不肯捐丝粟之力以拯天下。得忠诚者起而矫之，克己而爱人，去伪而崇拙，躬履艰难而不责人以同患，浩然捐生，如远游之还乡而无所顾悸。由是众人效其所为，亦皆以苟活为羞，以避事为耻。呜呼！吾乡数君子所以鼓舞群伦，历九洲而戡大乱，非拙且诚者之效与！"[3] 第二次鸦片战争后，清王朝"内忧外患"，危机重重，曾国藩更为重视人才的聚集和培养，认为"粤捻内扰，英俄外伺，非得忍辱负重之器数十人，恐难挽回时局"[4]。他从这一观点出发，总是把所谓"整顿吏治"放在首位，将聚集和培养人才作为"挽回时局"的着手点。在他的一生中，曾为此作出过极大的努力。他的幕府就是他会集和训练人才的综合学校，曾先后培养出不少适应半封建、半殖民地制度的人才，分遣各个地区和部门担任要职，作为忠实贯彻其思想政治路线的"种子"。

在军队的治理上，曾国藩主张以礼治军。他认为，"带勇之法，用恩莫如仁，用威莫如礼"。他的所谓"仁"，即"欲立立人，欲达达人"。也就是"待弁勇如待子弟，常有望其成立、望其发达之心"，这样，"则人知恩矣"。他的所谓礼，即"无众寡，无小大，无敢慢，泰而不骄也"。也就是说，"正其衣冠，尊其瞻视，俨然人望而畏之"，"持之以敬，临

---

[1] 曾国藩：《曾文正公文集》第2卷，湖南传忠书局版，第2页。
[2] 曾国藩：《曾文正公文集》第2卷，湖南传忠书局版，第70页。
[3] 曾国藩：《曾文正公文集》第4卷，湖南传忠书局版，第18—19页。
[4] 曾国藩：《曾文正公书札》第7卷，湖南传忠书局版，第36页。

之以庄，无形无声之际，常有凛然难犯之象"。如此，"则人知威矣"。总之，就是带兵之人只要"以仁存心，以礼存心"[1]，就可不加恩而令弁勇知恩，不立威而令弁勇知威，于"无形无声"之中达到"辨等明威"[2]的目的。曾国藩的这套做法，实际上是将封建伦理观念同尊卑等级观念融合起来，把军规、军法同家规、家法合为一体，用父子、兄弟、师生、朋友、同乡等亲属关系掩饰、调剂以至补充军队中的上下尊卑关系，以减少内部的摩擦和抵触，使士兵和下级易于甚至乐于尊重长官、服从长官、维护长官，积极为长官卖命。为了贯彻以礼治军的方针，曾国藩对部下既实行"言教"，也注重"身教"。后来他在评论自己的带兵特点时说："臣昔于诸将来谒，无不立时接见，谆谆训诫，上劝忠勤以报国，下戒骚扰以保民，别后则寄书告诫，颇有师弟督课之象。其于银米子药搬运远近，亦必计算时日，妥为代筹，从不诳以虚语。各将士谅其苦衷，颇有家人父子之情。"[3]其实，不仅上下级关系，湘军中各营各军间的团结，各将各帅间的交往，以至军队的组成，人员的去留，皆取决于私人情分，即如堂堂朝命，亦远不如一纸私函。总之，湘军中各种关系、成例，军营风气，乃至军阀制度的形成，无不与此有关。可以说，曾国藩、罗泽南的以礼治军是湘军战场制胜和演化为军阀武装的重要原因之一。

在施政方略上，曾国藩也明显带有理学的影响。例如，办理对外交涉坚持"忠信"[4]第一的原则，兴办军事工业讲求"铢积寸累"[5]功夫，等等。实际上不过是将理学家为人处事的信条和修身法则搬到洋务活动中加以运用。

总而言之，曾国藩在很多方面都表现出理学家的特点，虽与唐鉴、倭仁不属于同一派别，仍应归之于理学家之列。

在治学内容上，曾国藩之所以这样始终以理学为核心而又博杂多变，是与他的政治志向和治学作风分不开的。早在京宦时期，曾国藩就立志成

---

[1] 曾国藩：《曾文正公手书日记》，中国图书公司宣统元年印行，咸丰九年六月初四日。
[2] 曾国藩：《曾文正公全集》第1卷，湖南传忠书局版，第36页。
[3] 曾国藩：《曾文正公奏稿》第25卷，湖南传忠书局版，第14页。
[4] 江世荣编：《曾国藩未刊信稿》，中华书局1959年版，第294页。
[5] 薛福成：《庸庵文编》第1卷，光绪十三年刊，第34页。

为地主阶级的一代圣贤,要立德、立功、立言三不朽。他虽然努力学古文、学理学、学训诂、学经济,但并不满足于做一个博学多能的通儒或精明干练的能吏,而是要将自己的所学付诸实践,以挽回封建统治阶级日趋衰落的形势,重新振兴摇摇欲坠的清王朝。而理学以君臣父子为核心的伦理说教,特别有利于维护清王朝的腐朽统治,因此为曾国藩所选中,企图利用理学来改变其江河日下的社会风气和政治形势。这是曾国藩一贯重视理学,始终将其置于儒学各科的首位,而极力加以提倡的根本原因。然而,他生当封建社会末世,在其实践活动中必然会遇到各种复杂而困难的问题,而要解决这些问题,就需要具有渊博的知识和真才实学,仅有理学家关于世界观和方法论的一些说教是很不够的,因而,他摈弃种种门户之见,对一切有用的思想和知识都采取兼包并蓄的方针。同时,曾国藩在社会实践中也不断发现理学的弱点,感到它不仅实际作用有限,有时甚至对自己的事业还有一种束缚和破坏作用。故在挚友通信或私下谈论中难免流露出对它的怀疑态度和厌恶情绪。这就造成曾国藩对理学的矛盾态度和似是而非的理学家形象。这种现象在晚清封建士大夫中大概不是绝无仅有的,不过都不如曾国藩这样典型而已。

(《太平天国学刊》,第 5 辑)

曾国藩与湘乡文派

曾国藩（1811—1872），是中国半殖民地半封建时代的地主阶级政治家、军事家与古文学家，阅历较为复杂，留下的文字亦不少。这本文选基本上从不同方面反映了他各个历史时期的言行，大致可以从中看出他一生的思想与功罪。

曾国藩，字伯涵，号涤生，湖南湘乡白杨坪（今属双峰县）人。道光十八年进士，选庶吉士，散馆授翰林院检讨。依靠自身的努力与首席军机大臣穆彰阿的荐引，十年间擢升内阁学士兼礼部侍郎衔。道光二十九年补授礼部右侍郎，并于数年间接连兼署兵、工、刑、吏各部侍郎。

仕途的一帆风顺使曾国藩春风得意，对清政府感激涕零，一心要尽忠报国，干出一番事业。他在家信中说，"湖南三十七岁至二品者本朝尚无一人……近年中进士十年而得阁学者，惟壬辰季仙九师、乙未张小浦及余三人"（《曾国藩全集·家书》，以下简称《家书》，道光二十七年六月十八日）。又说："自是以后，余益当尽忠报国，不得顾身家之私。"（《家书》，咸丰元年五月十四日）

不料，正当曾国藩踌躇满志之时，全国政治形势发生了巨变。这时，阶级矛盾日趋尖锐，各种反清团体日益活跃，民众起义不断发生，全国已逞"山雨欲来风满楼"之势。特别是发生在广西金田的太平天国起义，更显现出与众不同的特点。当时清政府政治腐败，财政拮据，兵无斗志，根本无力对付这场革命风暴。而以咸丰帝为首的统治阶级上层，却对此并无深刻认识，这就使一批较为清醒的官绅士人愈感忧虑。

由于湖南特殊的地理位置、社会环境、士林风气和历史传统，造就出一大批这样的人物：他们保守、务实、好斗，有丰富的政治经验和历史知识，关心整个地主阶级的命运，并把清政府的安危与自身利益结合起来。他们与曾国藩气味相投，通过各种关系联合起来。由于曾国藩的地位和声望，无形中成为他们的领袖。正是在这些人的激励和推动下，曾国藩在咸丰帝继位之初，乘下诏征言之机接连上疏，就国家用人、行政、军事及民间疾苦、平抑银价等问题提出自己的看法和对策，并对咸丰皇帝本人提出批评，企图推动他振作精神，励精图治，以改变清政府的被动地位。结果，这些精心写就的奏疏被束之高阁，意见不被采纳，且几乎因此而获罪。曾国藩在改革弊政的尝试失败之后，不得不另寻他途，以挽救清王朝的危亡。

咸丰二年曾国藩放江西乡试考差，行至安徽太湖，接其母病故讣告，遂改途返籍，为母守制。这时，清政府为阻止太平天国革命势力的发展，重施嘉庆初年故技，企图用团练、保甲之法抑制太平军流动作战的战术。于是，就在太平军势力所及各省委任在籍官员为团练大臣，利用其人地两熟的条件，专门负责本省团练、保甲事宜。当时，清政府在全国先后任命团练大臣四十五名，曾国藩为其中之一。他就是利用这一半官半绅的身份，创建了一支非正规的地主阶级武装力量，将太平天国运动镇压下去，并使勇营武装逐渐取代八旗、绿营的地位，成为清王朝的主要军事支柱。

曾国藩认为，绿营腐败已甚，不能担负镇压民众起义、维护封建社会秩序的任务；团练、保甲组织面对统一、强大的农民军也杯水车薪，无济于事；而要打败太平军，只有改革军制，另起炉灶，建立新军。他认为，绿营最大弊端在于"败不相救"四字，究其原因：一是平时薪饷太低，缺乏训练，技艺不精；二是战时东拼西凑，上下左右不和，调遣成法不善。于是，他以募兵制代替世兵制，权归主将，层层选募，适当提高弁兵薪饷，变"兵为国有"为"兵为将有"，从而提高了军队的战斗力，也为近代军阀制度种下根苗。据《湘军志》的作者王闿运估计，各省湘军人数最多时达三十万人，曾国藩直接指挥的部队约有十二万人。曾国藩就是依靠这支武装，采用以静制动、围点打援等战术，自上而下，沿江推进，逐步夺取太平军控制的长江沿岸城镇要塞，最后攻陷太平天国的首都天京，为清王朝建立了第一功。

曾国藩攻陷天京的第二年，蒙古科尔沁亲王僧格林沁在山东剿捻遭到惨败，全军覆没，本人丧命。清政府又命曾国藩带兵北上，进剿捻军。捻军一改太平军固守城镇的做法，而采取大规模运动作战，马队为主，步兵为辅，行动迅疾，飘忽不定，一旦时机有利，就集中兵力杀个回马枪。山东高楼寨歼灭僧格林沁一战即用此法。故曾国藩有同捻军作战，不怕打不着，就怕打不赢之说。这样，曾国藩就不得不放弃以往驾轻就熟的围城打援的战术，在作战过程中逐步摸索战胜对手的办法。开始，曾国藩采取重点设防、以堵为主的方法，马队练成后，又采用以快打快、追堵结合的方法，结果成效都不大。最后，不得不采纳淮军将领刘铭传的建议，以防河为主，限定和缩小捻军的活动区域。这实际上正是他多年来一贯坚持的以静制动的军事思想在新条件下的应用。历史证明，这一方法是相当有效的，其后继者李鸿章正是利用此法消灭了捻军，完成了曾国藩的未竟之业。然而，清政府这时却再也没有镇压太平天国时那样的耐心，曾国藩的防河工程刚刚完成，一遇挫折，就采取前敌换帅的非常举动，使曾国藩灰溜溜地返回两江总督之任。

同治七年十一月，曾国藩奉命北上，就任直隶总督任。上任不到两年，同治九年五月就发生了天津人民反洋教斗争，即所谓"天津教案"。六月，曾国藩奉命赴津，查办此案。曾国藩面对外国侵略者咄咄逼人的气焰，一点儿也没有攻打太平军时的那种劲头，一开始就悲观失望，低眉下气，对形势作出了错误的估计。他认定这次法国非来开战不可，无论怎样让步都难以挽回局面，自己很可能要做叶铭琛第二。故出发前再次写好遗嘱，安排好后事，大有一去不返之慨。

本来这次教案是法国侵略者的蛮横不法引起的。法国天主教充当西方殖民主义者的开路先锋，以传教为名，多行不法之事。它收罗不少痞棍，如王三之类入会，又勾结武兰珍等拐匪，四处拐骗儿童，送给育婴堂收养，致使天津、静海等地多次发生儿童失踪之案，追查之中往往词涉教堂；与此同时，又在天津郊外发现多具儿童尸体，情景凄惨，大悖常理；加以育婴堂中多名儿童非正常死亡。人们遂疑为教堂虐杀中国儿童，哄传开来，引起民愤。在这种情况下，天津知府张光藻、知县刘杰不得不查审此案。

在查核事实过程中，曾引起群众在教堂门口围观，并因此引起围观者与教堂人员的口角。这本属寻常小事，稍做些工作，即可化解。不料法国驻津领事丰大业仗势欺人，蛮横逞凶，闯入三口通商衙门大吵大闹，两次向通商大臣崇厚开枪，逼令崇厚派兵前去镇压，再次引起群众在通商衙门前围观。崇厚等人一再向丰大业求情，说明已派人前去劝解，若在群情激愤之时派兵前往，恐易激起变故；为避免引起冲突，又婉劝丰大业稍事休息，待人群散尽再走。怎奈丰大业不听劝告，一再狂叫不怕中国百姓，携带恶仆西蒙，气势汹汹地冲出大门。这时，天津知县刘杰已赶到通商衙门门前，经他劝解，人们正在慢慢散去，见丰大业走出，急忙为他让开一条通道。若丰大业具有常人理智，不再逞凶寻衅，事件是可以避免的。不料丰大业再次向中国官员开枪，打伤刘杰的跟丁高升。群众忍无可忍，怒火喷涌，一发难收，当场殴毙丰大业、西蒙之后，又冲入教堂、育婴堂，搜出罪犯王三，救出被拐骗的中国幼童，混乱之中烧毁洋人驻华机构数处，造成二十人死亡。

  显然，造成这一事件的根本原因是帝国主义对中国的侵略，勾结中国的卖国政府及各种恶势力压迫中国人民；其直接原因则是丰大业一再向中国官员开枪行凶，激起众怒。所以，当时的社会舆论普遍同情天津民众，不少王公贵族也认为百姓只知"护官"，不知身犯律条。在这种情况下，清政府也不敢不顾是非，一味讨好洋人，一再指示曾国藩，拐骗幼童一事是天津教案的症结所在，一定要认真审理。然而，曾国藩却早就抱定"忍辱求和"之策，一到天津，即放走拐匪王三、武兰珍，并上疏清廷，为法国天主教堂的种种恶行劣迹辩护。他以为这样可以换取外国人相应的让步，为顺利办理天津教案铺平道路。岂知拐犯放出之后，法国人便以为中国政府手中再无他们的什么把柄，可以把责任完全推到中国方面，于是立刻凶相毕露，提出"三员论抵"的无理要求，即让天津知府张光藻、知县刘杰及偶过天津的清军总兵陈国瑞为丰大业抵命，并扬言十几天内若得不到满意的答复，定将天津化为焦土。曾国藩被吓昏了头，虽然拒绝了"三员论抵"之说，但却将张光藻、刘杰交刑部治罪，并杀了二十名中国人为洋人偿命。据说，曾国藩抓不到那么多"正凶"，只好让天津士绅买人顶替，以凑足二十人之数。其实,当时法国已与普鲁士开战,并遭到惨败,根本没有力量进攻中国。

由于这次外交办理得过于软弱,使中华民族蒙受了屈辱,所以曾国藩激起公愤,顿时成为众矢之的。那拉氏也乘机落井下石,说他文武全才,可惜不会办外交,将他调回两江,再次以其得意门生李鸿章取而代之,使他有苦难言,灰溜溜地离开直隶总督这一重要职位。这件事对他在精神上打击很大,使他既伤心又丧气,不到两年便郁悒死去。

曾国藩一生于镇压太平军、捻军与天津人民的反洋教斗争外,所干的另一件大事就是兴办军事工业。他兴办的军事工业主要是安庆内军械所和江南制造总局。咸丰十一年冬,曾国藩在安庆设内军械所,制造洋枪使用的枪弹、火药,第二年又试制小火轮。同治二年造成木壳小火轮一艘,因速度太慢,尚不适用于战争。为造出更大、更好的军舰,曾国藩准备扩大规模,改进设备,择址另建新的兵工厂,故派容闳专程赴美,购买"制器之器"。同治四年机器运抵上海,交由江南制造总局使用。江南制造总局是由曾国藩、李鸿章二人合办的,最初只制造枪炮、弹药之类,供湘、淮军镇压捻军之用。同治六年,曾国藩返任两江总督后开始设立船厂,专门从事舰船的试制工作。同时,将制造局由虹口移至高昌庙,扩大规模,兴建一系列新厂,使之成为当时规模最大、技术设备最好的综合性军事工厂。另外,还在制造局内设立翻译馆,兼有科研、翻译、教育、出版等多种功能,为中国发展近代工业和科学技术培养出大批人才。为了进一步学习西方科学技术,为建立新式海军做准备,曾国藩、李鸿章还向美国选派了中国第一批出国留学生,虽然由于后来美国人的背信弃义(不准中国学生进入军事院校学习)和清政府的目光短浅,导致这次留学生派遣工作的破产,但在中国教育史上还是有意义的。江南制造局的船厂先后造出七艘小轮船。曾国藩死后,制造局和船厂落入李鸿章一人掌握之中,在其"造船不如买船"思想指导下,一改曾国藩"逐步试制,不断提高"的方针,停止制造新轮,专门从事轮船修理业务。这表明在学习西方科学技术、发展军事工业的问题上,更向后倒退了一步。这是因为,曾国藩主张自己造船,虽对外国依赖性很强,但毕竟还可以培养一批科技人员、技术工人与企业管理人员，保留一点机器设备；而直接从外国购船，一旦战败，全军覆没，则连这点东西也留不下。

曾国藩在近代史上所以产生如此深远的影响，不仅由于他的上述"业绩"，更重要的还由于他对传统文化的积极态度以及由此取得的成绩。曾国藩不仅是引进西方科学技术的带头人、洋务运动的倡导者与洋务派的首领，而且还是中国传统文化的集大成者、经世致用与古文方面的大家。从某种意义上讲，他就是传统文化的化身、传统文化所造就出来的最后一批出色人物的代表，直至今天，在不少方面仍值得我们借鉴。

曾国藩对传统文化的各门各派都没有门户之见，主张兼容并包，择长而用。儒学是中国传统文化的主体，经过两千多年的发展，形成义理、考据、经济、词章四大门派，相互间门户森严，党同伐异，互相争雄，各不相让。尤其义理与考据两派，甚至闹到水火不容的地步。曾国藩虽早年追随唐鉴讲习理学，但却并无一般理学家的门户之见，更不想参与两派间的门户之争。他在给理学门户之见甚深的好友刘蓉的信中表明自己的治学志向说："于汉、宋二家构讼之端，皆不能左袒以附一哄；于诸儒崇道贬文之说，尤不敢雷同而苟随。""仆窃不自揆，缪欲兼取二者之长，见道既深且博，而为文复臻于无累。"（《曾文正公书札》第1卷，第4~5页）

对于儒学以外的各派学说，曾国藩亦采兼师并用的态度。他认为，"周末诸子各有极至之诣，其所以不及仲尼者，此有所偏至，即彼有所独缺，亦犹夷、惠之不及孔子耳。若游心能如老、庄之虚静，治身能如墨翟之勤俭，齐民能如管、商之严整，而又持之以不自是之心，偏者裁之，缺者补之，则诸子皆可师也，不可弃也。"（《曾文正公手书日记》，咸丰十一年八月十六日）又说："立身之道，以禹、墨之勤俭，兼老、庄之虚静，庶于修己、治人之术两得之矣。"（《求阙斋日记类钞》上卷，第20页）有时曾国藩干脆把诸子百家的各派学说说成是孔子的弦外之音、难以明言之意。他说："圣人有所言有所不言。积善馀庆，其所言者也；万事由命不由人，其所不言者也。礼乐刑政、仁义忠信，其所言者也；虚无清静、无为自化，其所不言者也。吾人当以不言者为体，以所言者为用；以不言者存诸心，以所言者勉诸身；以庄子之道自怡，以荀子之道自克，其庶为闻道之君子乎！"（《曾文正公手书日记》，咸丰九年十一月初四日）甚至一向为文人所不齿的那些作为墨家后学的游侠、刺客，曾国藩亦认为其在不少方面，如舍己济人、薄利尚义、轻死重节等，皆与"圣人之道"相一致。他说："昔人讥太史公好称任侠，以余观此数者，乃不悖于圣贤之道。然者豪侠之徒，未可深贬。"（《曾文正公杂著》第4卷，第4页）他就任直隶总督之后，又触景生情，一再赞赏侠义之风。

曾国藩对义理、考据、经济、词章各门学问都下过一番功夫。早在道光二十一年，曾国藩就在同乡前辈理学家唐鉴的指导下钻研理学，精读《朱子全书》。次年又在倭仁的影响下，每天静坐自省，记修身日记，并将日记送唐鉴、倭仁批阅，与朋友一起讨论问题，交流心得，在士林中博得理学家之名。不过，这样搞了一段时间之后，终因紧张劳累，得了头晕吐血之症，在道光二十三年大病一场。从此，曾国藩只读理学家的著作，领会其精神实质，严于律己，修身养性，不再盲目模仿理学家的修身方法。也正因为这一点，使他成为与唐鉴、倭仁有所不同的、另一种类型的理学家。他学宗宋五子（指张载、周敦颐、程颐、程颢、朱熹），而对理学与理学家又多有"微言"；处处以诚字相标榜，为人处事无不渗透着理学家的思想，而一生并无这方面的著述；且并不按照理学家的方式进行修身养性，而在封建道德的修养上却达到相当高的境界。

道光二十六年，曾国藩又开始苦攻汉学。这年夏秋之际，他在城南报国寺养病，携带段玉裁注《说文解字》一部随手翻阅。当时，熟悉考据之学的刘传莹也住在这里，以为考据之学"无当于身心"，正想学习理学，于是二人相互学习，取长补短，结为好友。这样，曾国藩就大大拓宽了自己的治学领域，不仅学会了文字训诂，使自己的理学和古文学有了文字根底，而且进一步熟悉了中国的典章制度和统治阶级治国治民的经验，为自己事业的成功打下了基础。

曾国藩研习经济之学大概是道光二十九年开始的。这一年他担任礼部侍郎，随后几年内又先后兼署兵、工、刑、吏各部侍郎。为胜任本、兼各职工作，便结合自身业务，钻研各类经世致用之学。咸丰元年，他在一篇日记中写道："天下之大事宜考究者凡十四宗：曰官制，曰财用，曰盐政，曰漕务，曰钱法，曰冠礼，曰婚礼，曰丧礼，曰祭礼，曰兵制，曰兵法，曰刑律，曰地舆，曰河渠。皆以本朝为主，而历溯前代之沿革本末，衷之以仁义，归之于简易，前世所袭误者可以自我更之，前世所未及者可以自我创之，其苟且者知将来之必蔽，其至当者知将来之必因。所谓虽百世可知也。"（《绵绵穆穆之室日记》，咸丰元年八月二十二日）经世致用之学又称经世济用之学，简称经济之学或经济，在古代属政事之科，而今天则属于政治学。他自从军从政以来，练兵筹饷，南征北战，以至创办军工企业、办理江西与天津教案等，实际上都是钻研这门学问，并运用它来解决实践中所遇到的具体问题。他所以在近代史上居于如此重要的地位，主要还是由于他在这些方面所取得的成功。

曾国藩在书法方面也下过一番功夫。早在京宦之时，他就"深以学书为意，苦思力索，几于困心横虑"。咸丰八年再出领兵，治军之暇，练字愈勤，"每日笔不停挥"，除办理各种文件之外，还要"习字一张，不甚间断"。经过几年的苦练，"笔意笔力与之俱进，十年前胸中之学，今竟能达之腕下"（《曾文正公手书日记》，咸丰十一年二月二十五日）。只是由于他眼高手低，字体屡变，始终没有形成自己的风格。他先习柳（公权）体、赵（孟頫）体，欲得"两家合为一炉"，"只为欠缺间架工夫，便尔作字不成体段"，"有志莫遂"（《曾文正公家书》，咸丰九年三月初三日）。后又以王羲之、王献之父子为师，"师羲之不可遽几，则先师欧阳信本；师欧阳不可遽几，则先师李北海。师献之不可遽几，则先师虞永兴；师虞不可遽几，则先师黄山谷"。原以为"二路并进，必有合处"（《曾文正公手书日记》，咸丰十一年四月二十七日），结果虽"用力亦不少，而时进时退，时好之，时不好之；时慕欧、柳，时慕赵、董，趋向无定，作辍靡常"（《曾文正公手书日记》，咸丰九年三月初一日），字体变来变去，终无太大成就。一般来说，曾国藩的字还是可以的，但尚未达到书法家的水平。

曾国藩兴趣最大、用功最深、探索最苦、自信心最强的是古文学。曾国藩自称"生平好读《史记》《汉书》《庄子》、韩文四书"（《曾文正公家书》，咸丰六年十一月初五日）。显然，他是把这些书作为文学作品看待的。道光十六年（1836），曾国藩会试落第后自京师南归，途经江宁，用借贷与典当衣物的钱买了二十三史。回家后其父曾麟书对他说，借钱买书我不怕，可以尽力想法替你偿还，你但能圈读一遍，就算对得住我了。曾麟书的这些话对他起了很大的激励作用，从此足不出户，在家闭门苦读了一年。他为了鞭策自己，还特地把他父亲的这几句话作为座右铭，限定进度，立下誓言："嗣后每日点十页，间断不孝。"（《曾文正公手书日记》，道光二十二年十二月初七日）不过，这时他对文学还不摸门径，也谈不上浓厚的兴趣，只是"奉命"而已。

曾国藩渐入古文学殿堂的门墙，是致仕以后的事。道光二十年（1840），曾国藩在翰林院庶常馆修业期满，官授翰林院检讨。翰林院是培养人才的地方。这里的官员主要是读书养望，以备他日之用。所以，在很长一段时间，曾国藩并无多少具体公务，除参加一些必要的应酬外，就是读书会友。一个偶然的机会，曾国藩借到一部桐城派首领姚鼐的《古文辞类纂》和一部明人归有光的《震川集》，从此刻苦攻读，钻研习摩，对文学产生了越来越浓的兴趣。后来，他在回忆自己治古文辞的过程时说："仆早不自立，自庚子以来，稍事学问，涉猎于前明、本朝诸大儒之书，而不克辨其得失。闻此间有工为古文辞者，就而审之，乃桐城姚郎中鼐之《绪论》，其言诚有可取。于是取司马迁、班固、杜甫、韩愈、欧阳修、曾巩、王安石及方苞之作，悉心而读之，其他六代之能诗者及李白、苏轼、黄庭坚之徒，亦皆泛其流而究其归。"（《曾文正公书札》第1卷，第2页）又说："国藩初解文章，由姚先生启之也。"（《曾文正公文集》第3卷，第15页）桐城姚氏后人姚慕庭也说："吾师戴存庄孝廉入都，曾文正询古文法，存庄以《惜抱轩尺牍》告之。文正由是益肆力文章。"（李鼎芳《曾国藩及其幕府人物》，岳麓书社1985年版，第59页）经过一个时期的努力，曾国藩在文学上初有长进，兴趣益浓，故在给刘蓉的信中称："国藩既从数君子后与闻末论，而浅鄙之资兼嗜华藻，笃好司马迁、班固、杜甫、韩愈、王安石之文章，日夜以诵之不厌也。"（《曾文正公书札》第1卷，第12页）

曾国藩兴趣甚广，读书较杂，但多随兴趣而转移，虎头蛇尾，"有始无终"，惟读古文书籍能坚持到底。后来他在回忆这段经历时说，"余在道光廿二、三、四、五等年用胭脂圈批"的书籍,惟有《史记》、韩文、韩诗、杜诗、《古文辞类纂》、《震川集》、《山谷集》数部"首尾完毕"(《曾文正公家训》,同治四年七月十三日)。实际上,自道光二十三年以来,曾国藩已把理学放到次位,主要精力与时间都集中在古文方面。随着水平的提高,他对文学的信心也逐步增强。道光二十四年,他在家书中对诸弟说:"余近来读书无所得","惟古文、各体诗自觉有进境,将来此事当有所成就"(《曾文正公家书》,道光二十四年三月初十日)。数月之后,又更加自信地表示:"若如此做去,不做外官,将来道德文章必粗有成就。"(《曾文正公家书》,道光二十四年十二月十八日)

但是,曾国藩没有能够成为一位专业文学家或学者。道光二十七年曾国藩晋升内阁学士,兼礼部侍郎衔,二十九年任礼部右侍郎,接着又先后兼署兵、工、刑、吏各部侍郎。尤其自咸丰三年出办团练、创建湘军之后,连年征战,主要精力用于处理军务、政务方面,读书、属文等事成为业余爱好,再没有在京中做翰詹官时的那种优越条件。正如他后来说的那样,"学未成官已达,从此与簿书为缘,素植不讲。比咸丰以后奉命讨贼,驰驱戎马,益不暇"(赵烈文《能静居日记》,同治六年八月二十一日)。

不过,曾国藩毕竟不同于一般官员,读书的习惯,尤其对文学的嗜好已深,虽于戎马倥偬之中,仍是手不释卷,探讨古文学的奥秘,摸到不少作诗著文的诀窍;只是时间太紧,没有机会习练,无法把自己的心得在写作中表现出来。同治元年,他在一封家信中说:"余近年颇识古人文章门径,而在军鲜暇,未尝偶作,一吐胸中之奇。"(《曾文正公家训》,同治元年八月初四日)咸丰十一年春,曾国藩困守祁门,四面皆敌,形势危急,深怀全军覆没之忧。在他写给曾纪泽的遗嘱中,对军国大事未示牵挂,只为文学、书法未能一展才华而耿耿于怀。他说:"此次若遂不测,毫无牵恋。……惟古文与诗二者用力颇深,探索颇苦,而未能介然用之,独辟康庄。古文尤确有依据,若遽先朝露,则寸心所得,遂成广陵之散。作字用功最浅,而近年亦略有入处。三者一无所成,不无耿耿。"(《曾文正公家训》,咸丰十一年三月十三日)直到同治六年功成名就之后,曾国藩仍为自己在文学上成就不显、不能同古今诸大家一比高低感到遗憾。他对人表示:"人生无论读书做事,皆仗胸襟。今自问于古诗人中如渊明、香山、东坡、放翁诸人,亦不多让。而卒卒无暇,不能以笔墨陶写出之。惟此一事,心中未免不足。"(赵烈文《能静居日记》,同治六年六月十五日)

在文学理论上,曾国藩主要继承了周敦颐、张载、姚鼐等人的观点,在某些方面,则又有所丰富和发展。

关于文与道的关系,曾国藩采纳并发展了周敦颐等人"文以载道"的思想,并将它运用于实践之中,从而提出一套衡量各派人物高下殿最的标准和自己的奋斗目标。他认为,衡量一个人水平高低的标准只有两条:一则见道之多寡,一则为文之醇驳。"所谓见道多寡之分数何也?曰深也,曰博也";"深则能研万事微芒之几,博则能究万物之情状而不穷于用。"而为"文之醇驳",亦"一视乎见道之多寡以为差。见道尤多者,文尤醇焉";"次多者醇次焉;见少者,文驳焉;尤少者,尤驳焉。"(《曾文正公书札》第1卷,第5页)根据这个标准,曾国藩对孔子之后的儒学各派学者进行了一番排列:"后之见道不及孔氏者,其深有差焉,其博有差焉。""见道尤多者,文尤醇焉,孟轲是也。""能深且博,而属文复不失古圣之谊者,孟氏而下,惟周子之《通书》、张子之《正蒙》,醇厚正大,邈焉寡俦。许、郑亦能深博,而训诂之文或失则碎;程、朱亦且深博,而指示之语或失则隘。其他若杜佑、郑樵、马贵与、王应麟之徒,能博而不能深,则文流于蔓矣;游、杨、金、许、薛、胡之俦,能深而不能博,则文伤于易也。""于百家之著述",亦"皆就其文字以校其见道之多寡,剖其铢两而殿最焉。"(《曾文正公书札》第1卷,第5页)至于曾国藩的志向,则兼取各家之长,"见道既深且博,而为文复臻于无累。""苟于道有所见,不特见之,必实体行之;不特身行之,必求以文字传之后世。"(《曾文正公书札》第1卷,第5页)可见,在曾国藩的心目中,文学居于何等崇高的地位!

曾国藩不仅对古文的重要性认识明确,对于属文方法也颇有心得。他说:"近姚惜抱论古文之法,有阳刚、阴柔两端,国藩亦看得天下万事万理皆成两片。"(《曾文正公书札》第10卷,第36页)又说:"文章阳刚之美莫要于'涌直怪丽'四字,阴柔之美莫要于'忧茹远洁'四字。"

（《曾文正公手书日记》，同治二年九月廿三日）不久，他又把"涌直怪丽"改为"雄直怪丽"，"忧茹远洁"改为"茹远洁适"，并分别把其中每个字的含意概括为四句话十六个字，称为"十六字赞"，以为注释：

雄：划然轩昂，尽弃故常，跌宕顿挫，扪之有芒。
直：黄河千曲，其体仍直，山势如龙，转换无迹。
怪：奇趣横生，人骇鬼眩，易玄山径，张韩互见。
丽：青春大泽，万卉初葩，诗骚之韵，班扬之华。
茹：众义辐辏，吞多吐少，函独咀含，不求共噍。
远：九天俯视，下界聚蚊，寤寐周孔，落落寡群。
洁：冗意陈言，类字尽芟，慎尔褒贬，神人共濡。
适：心境两闲，无营无待，柳记欧跋，得大自在。

（《曾文正公手书日记》，同治四年正月二十二日）

他还将这一理论用于文学史的研究，认为自西汉以来，凡在文学上有所成就的大家，其作品之美总不外阳刚、阴柔两途。他说："姚惜抱先生论古文之途，有得于阳与刚之美者，有得于阴与柔之美者，二者判分，画然不谋。余尝数阳刚者约有四家：曰庄子，曰扬雄，曰韩愈、柳宗元；阴柔者约有四家：曰司马迁，曰刘向，曰欧阳修、曾巩。"（《曾文正公书札》第8卷，第9页）又说："西汉文章，如子云、相如之雄伟，此天地遒劲之气，得于阳与刚之美者，此天地之义气也；刘向、匡衡之渊懿，此天地温厚之气，得于阴与柔之美者，此天地之仁气也。东汉以还，淹雅无惭于古，而风骨少矣。韩、柳有作，尽取扬、马之雄奇万变，而内之于薄物小篇之中，岂不诡哉！欧阳氏、曾氏皆法韩公，而体质于匡、刘为近。文章之变，莫可穷诘。要之不出此二途，虽百世可知也。"（《曾文正公文集》第3卷，第23—24页）

有时，曾国藩把文章的阳刚、阴柔之美归之为气势、识度、情韵、趣味"四象"，并称"有气则有势，有识则有度，有情则有韵，有趣则有味"。而"古人绝好文字，大约于此四者之中，必有一长"（《曾文正公家训》，同治四年六月一日）。不过，习文之人能具有其中一长，已甚为难得，不可能四者兼而有之。当其长子曾纪泽问他"有一专长，是否须兼三者乃为合作"时，曾国藩回答："此则断断不能！韩无阴柔之美，欧无阳刚之美，况于他人而能兼之？凡言兼众长者，皆其一无所长者也。"（《曾文正公家训》，同治四年七月初三日）这就是说，任何一个喜爱文学的人，在自己的写作中只可追求一种风格，沿着一个方向发展，不可左右摇摆，忽求阳刚之美，忽求阴柔之美。然而，属文之时，又不可把刚、柔二者看得过于绝对，走阳刚一途就一味求刚，遣词造句处处求刚；走阴柔一途就一味求柔，字字句句无处不柔。而实际上则是总体上以一方为主，而又兼容对方，刚中有柔，柔中带刚，刚柔相济，方称上乘佳作。他说："无论古今何等文人，其下笔造句，总以'珠圆玉润'四字为主。""世人论文家之语，圆而藻丽者莫如徐（陵）、庾（信），而不知江（淹）、鲍（照）则更圆。进之沈（约）、任（昉）则亦圆，进之潘（岳）、陆（机）则亦圆，又进而溯之东汉之班（固）、张（衡）、崔（骃）、蔡（邕）则亦圆，又进而溯之西汉之贾（谊）、晁（错）、匡（衡）、刘（向）则亦圆。至于马迁、相如、子云三人，可谓力趋险奥，不求圆适矣；而细读之，亦未始不圆。至于昌黎，其志意直欲陵驾子长、卿、云三人，戛戛独造，力避圆熟矣。而久读之，实无一字不圆，无一句不圆。"又说："柔和渊懿之中，必有坚劲之质、雄直之气运乎其中，乃有以自立。"桐城派大师姚鼐虽为"百代正宗"，为文"义精而词俊，复绝尘表"，唯因缺少"雄直之气、驱迈之势"，遂仍不免"不厌人意"（《曾文正公书札》第27卷，第13页）。为此，曾国藩谆谆教导门人子弟力克此弊。曾国藩的门生张裕钊、长子曾纪泽皆"体质近柔"，为文亦趋于阴柔一途，曾国藩深恐他们重蹈姚氏覆辙，屡屡致书，一再告诫，要他们"熟读扬、韩各文，而参以两汉古赋，以救其短"（《曾文正公书札》第8卷，第9页）。

基于上述认识或其他原因，曾国藩虽属桐城文派，但在艺术风格上却更偏于阳刚一途，喜扬雄、韩愈的雄直之气、驱迈之势，并在这方面摸到一些诀窍。他说："行气为文章第一要义，卿、云之跌宕，昌黎之倔强，尤为行气不易之法。"（《曾文正公家训》，同治元年八月初四日）又说："古文之法，全在气字上用工夫。"（《曾文正公手书日记》，咸丰十一年十一月初八日）"四象表中惟气势之属太阳者，最难能而可贵。古来文人虽偏于彼三者，而无不在气势上痛下工夫。"（《曾文正公家训》，同治四年七月初三日）而习文之人，欲使自己的文章具有阳刚之美、雄奇之气，其关键也在于行气，其次才是选字、造句。他说："雄奇以行气为上，造句次之，选字又次之。然未有字不古雅而句能古雅、句不古雅而气能古雅者，亦未有字不雄奇而句能雄奇、句不雄奇而气能雄奇者。是文章之雄奇，其精处在行气，其粗处全在造句选字也。"又说："余好古人雄奇之文，以昌黎为第一，扬子云次之。二公之行气，本之天授。至于人事之精当，昌黎则造句之工夫居多，子云则选字之工夫居多。"（《曾文正公家训》，咸丰十一年正月初四日）

基于上述认识，曾国藩认为，要使自己的文章写得有气势，必须在如下两个方面作进一步的努力：一是要处理好文中行气与说理的关系，一是要学好文字训诂之学。他认为，"古文之道，无施不可，但不宜说理"（《曾文正公书札》第9卷，第34页）；倘若说理，就必须处理好行气与说理的关系。他的好友刘蓉曾把两篇宣讲义理的文字寄给他，征求他的意见。曾国藩复信称："大著《游记二首》，以义理言之则多精当，以文字言之终少强劲之气。"（《曾文正公书札》第6卷，第16页）为什么会出现这种情况呢？曾国藩认为，这是因为作者在为文之时不分主次，将行文与说理平均使用力量。"欲发明义理，则当法经说理窟及语录札记（如《读书录》《居业录》《困知录》《思辨录》之属）；欲为文，则当扫荡一副旧习，赤地新立，将前此所业荡然若丧其所有，乃始别有一番文境。望溪所以不得入古人之阃奥者，正为两下兼顾，以致无可怡悦。"（《曾文正公书札》第6卷，第16页）若要避免此弊，只有在为文之时将行气放在首位，以气挟理，方可使道与文"兼至交尽"。他说："文家之有气势，亦犹书家有黄山谷、赵松雪辈，凌空而行，不必尽合于理法，但求气之昌耳。故南宋以后文人好言义理者，气皆不盛。"又说："大抵凡事皆宜以气为主。气能挟理以行，而后虽言理而不厌。否则，气既衰苶，说理虽精，未有不可厌者。犹之作字者，气不贯注，虽笔笔有法，不足观也。"（《曾文正公手书日记》，同治五年十月十四日）

曾国藩还认为，要写出好的文章，必须有文字训诂学的基础。他说：

"余观汉人文章,未有不精于小学训诂者,如相如、子云、孟坚,于小学皆专著一书。《文选》于此三人之文著录最多。"又说:"余于古文,志在效法此三人,并司马、韩愈五家。以此五家之文,精于小学训诂,不妄下一字也。""自宋以后,能文章者不通小学;国朝诸儒,通小学者又不能文章"(《曾文正公家训》,同治元年五月十四日),故难以再有汉、唐盛时那样的上乘佳作。道光二十六年夏秋之际,正当曾国藩苦心钻研文章之时,忽然对文字训诂之学产生浓厚的兴趣,刻苦攻读段玉裁所注《说文解字》,恐怕与这种认识很有关系。

曾国藩虽然知之甚多,探索到一些古文创作的奥秘,并在文艺理论方面提出一些见解,但却未能用自己的作品一一表现出来。正像他自己所说的那样,"余于古人之文用功甚深,惜未能一一达之腕下,每歉然不怡耳"(《曾文正公家训》,咸丰十年四月二十四日)。究其原因,主要是古文刚刚学成,即已位至卿贰,尤其出办团练以来,长期从事战争,军政事务繁忙,身体又过早衰老,也就没有时间对古文多写多练、反复揣摩了。他对这件事曾解释说:"学古文则趋向略有所定,亦以不常作文,故卒无所成。"(《曾文正公手书日记》,咸丰九年三月初一日)又说:"平生好为雄奇瑰伟文,近乃平浅无可惊喜,一则精神耗竭,不克穷探幽险;一则军中卒卒少闲适之味。"(《曾文正公书札》第9卷,第34页)还说:"余近年颇识古人文章门径,而军中鲜暇,未尝偶作,一吐胸中之奇。"(《曾文正公家训》,同治元年八月初四日)曾国藩死后,王闿运曾送挽联一副,道出了曾国藩的终身遗憾,也解释了其中的原因。联称:"平生以霍子孟、张叔大(指汉、明名相霍光、张居正)自期,异代不同功,戡定仅传方面略;经术在纪河间(纪昀,直隶河间人)、阮仪征(阮元,江苏仪征人)之上,致身何太早,龙蛇遗憾礼堂书。"(高伯雨:《中兴名臣曾胡左李》,第34页)"致身何太早!"真是一语中的,道破了曾国藩在古文方面没有登上时代高峰的原因。曾国藩自己最后亦不得不承认,古文不如梅曾亮。梅曾亮系江苏上元人,先学骈体文,颇负盛名,后师事姚鼐,改习古文。为文气势雄峻,纵横明快,实为桐城文派的后起之秀。他长曾国藩25岁,当时亦在京师为官,在曾国藩初学古文之时,梅曾亮已是名满京城的古文大家。而曾国藩与之交游，"心独不肯下之"，暗下决心，要凌越而上，超而过之。待到曾国藩已心力交瘁、年老体衰之时，方不得不看到一个客观现实："今日复番视梅伯言之文，反觉有过人之处，往者之见，客气多耳。"（赵烈文：《能静居日记》，同治六年八月二十一日）又说，桐城张氏之算学，宣城梅曾亮之古文诗篇，高邮王氏父子（王念孙、王引之）之训诂学，"实集古人之大成。国藩于此三者，常低徊叹仰，以为不可及"（《曾文正公杂著》，第2卷，第2页）。

　　曾国藩在古文方面确有造诣，虽其总体水平尚不及梅曾亮，但仍不失为有清一代之古文学家。曾国藩一生忙于军务政务，专门的文学作品甚少，且其中很大一部分属于应酬之作，而有些奏稿则写得气势豪迈，情理交融，不失为一篇好文字。其中有些词句和段落，如"每闻春风之怒号，则寸心欲碎；见贼帆之上驶，则绕屋彷徨"（《曾文正公奏稿》第5卷，第27页），"疆吏以城守为大节，不宜以僚属之一言为进止；大臣以心迹定罪状，不必以公禀之有无为权衡"（《曾文正公奏稿》第16卷，第72页），"与其将来毫无功绩受大言欺君之罪，不如此时据实陈明受畏葸不前之罪"（《曾文正公奏稿》第2卷，第27页），"细察今日之局势，非位任巡抚、有察吏之权者，决不能以治军；纵能治军，决不能兼及筹饷"（《曾文正公奏稿》第9卷，第76页），以及"杀贼有心，治兵无术"（《曾国藩全集·奏稿》，岳麓出版社版，第423页），"论兵则已成强弩之末，论饷则久为无米之炊"（《曾文正公奏稿》第20卷，第51页），等等，皆可谓点睛之笔，读文至此，不能不令人为之动容。

　　时人与后人都曾给曾国藩的古文以很高的评价。其门人黎庶昌认为，自姚鼐之后百余年来，桐城派流风相沿，"遂有文敝道丧之患。至湘乡曾文正公出，扩姚氏而大之，并功、德、言为一途，携揽众长，轹归掩方，跨越百氏，将遂席两汉而还之三代，使司马迁、班固、韩愈、欧阳修之文绝而复续，岂非所谓豪杰之士、大雅不群者哉！盖自欧阳氏以来，一人而已。"（黎庶昌《拙尊园丛稿》第2卷，第10页）。民国文人徐凌霄、徐一士兄弟对曾国藩的文章亦推崇备至，称"国藩文章诚有绝诣，不仅为有清一代之大文学家，亦千古有数之大文学家也"。曾国藩与左宗棠、胡林翼三人的奏议各有所长,"均为有清大手笔",但"若以文学根底论",则以曾国藩"为独优"(《曾胡谈荟》,《国闻周报》,第6卷,第40期)。

曾国藩在苦心钻研古文的同时,还言传身教,培养出一大批擅长古文的人才。在其幕府之中,不少人都是属文好手,其中尤以张裕钊、吴汝纶、薛福成、黎庶昌受曾国藩影响最深,成就最大,其心法、技巧皆属于桐城文派,而又有自己的显著特点,蔚然成为一个文学派别。故有人称曾国藩为"桐城派中兴的明主"(周作人:《新文学源流》),将曾国藩及其文学弟子名之为"湘乡文派",与桐城派的另一支派"阳湖派"并列。不过一般学者认为,湘乡文派善属经世致用之文,直接为办理军务、政务服务,很少有如姚鼐、梅曾亮等人所作风景游记之类的专门供人赏阅的文章,虽有不少佳作,但却不能称之为艺术品(王献永:《桐城文派》,中华书局1992年版)。其在文学史上的地位与评价,极易受到政治气候的影响,这大约是一个重要原因,曾国藩所感到终身遗憾者,很可能也就在这一点上。

(《曾国藩文选》之代序,百花文艺出版社,2002年)

清儒汉宋之争与曾国藩集团的思想基础

多年以来，论者多强调曾国藩集团习尚程朱理学的特点，尤其那些为其歌功颂德的人们。但笔者始终弄不清楚，这一学术思想上的特点，与其拥戴清朝、坚决镇压一切反清起义的政治态度之间，究竟存在着何种必然的内在联系。最近笔者从清儒汉宋之争受到启发，发现学术思想的背后，似乎隐藏着某种起制约作用的政治因素。故试从满汉关系的角度对这一问题做点探讨，以就教于学术界的诸师友。

一

在满洲贵族征服中原之后，汉族官绅民众始终没有停止反抗，错综复杂的满汉关系也反映到学术领域，影响着学派间的关系与整个士林的学术风气。满洲贵族为了加强对汉族官绅士人的思想控制，曾大力推崇和倡导程朱理学，利用程朱理学的忠君思想与等级观念，淡化汉人的民族意识，力图以君臣关系取代满汉关系，借以掩盖民族矛盾。由大明遗臣顾炎武等创立的实学演化而来的汉学，则发挥自己的考据之长，彻底推翻了程朱理学赖以立论的经典依据和哲学基础，使之威信扫地，在士林中失去市场。结果，考据之风日盛，理学声势日微，除少数旗人外，广大士人中很少有讲习理学。尽管满洲贵族政治、军事上势焰熏天，如日在当午，却对之无能为力。直到道光初年，这种情况才有所改变，经世济用之学悄然兴起，逐步取代汉学昔日在学术界的主导地位，理学与今文经学也开始活跃，出现生机。而造成这一转变的根本原因,则是白莲教起义的爆发。农民起义这一共同敌人的出现,使广大汉族士绅从反清复明的迷梦中惊醒,开始改变对满洲贵族的态度,由反对而拥护,由不合作而合作。于是,他们的注意力就从学术问题的烦琐考证转向社会现实问题的解决,鸦片战争后则更加惊醒,更加关注中华民族的命运,考据学的黄金时代也就一去不复返了。

而湖南士人则是另外一种情形。由于特殊的社会环境和地理条件,加之由来已久的学术传统,遂养成他们关心时事的务实风气和对理学的浓厚兴趣。当汉学风行海内的时候,他们仍固守理学,很少有人讲习汉学。其学术风气上之所以出现这样明显的反差,究其原因,还是政治因素,尤其满汉关系的不同造成的。由于湖南地近边陲,民族杂处,不时发生苗、瑶等族的起事与动乱,威胁着汉族士绅的生存和安全。他们要维护自身利益,时刻准备平息事端,就不仅需要全神贯注,还需要清政府的支持。这样,他们与江浙士绅相比,也就既没有那种闲情逸致,亦不会感到有什么反清复明的必要。这就是说,他们对于清政府有着颇为不同的另外一种感受和态度。于是,当满汉关系发生根本变化,汉族士绅乾坤倒转、首尾易位的时候,湖南便由落后变先进,成为同清政府通力合作,积极镇压反清起义的先锋。

曾国藩集集团的首脑与核心成员,绝大多数出身于儒生,其学历自文童至翰林不等。他们在思想上尊崇程朱理学、注重经世致用,实际上是将儒学中的哲学与政治学结合起来,形成一个独特的学科,后人称它为"义理经世之学"[1],而把这派人物称为理学经世派。而这一学科与学派的形成,则经历了一个较长的历史过程,就其成因而言,其中既有其特定的社会、地理环境的制约,也受到全国学术风气的影响。

清王朝是少数民族入主中原而建立起来的一代政权,虽采取一些措施,如实行中央六部堂官旗员与汉员缺额对等,地方官旗员与汉员参用,吸收一部分汉族士绅参加满洲贵族为主的各级政权,但满汉藩篱坚固,民族歧视明显。这就无形中不断提醒汉族官绅民众的民族意识,使他们无时不感

---

[1] 罗正钧:《左宗棠年谱》道光十一年条,岳麓书社1983年版,第8页。

到自己在遭受着异族的统治。这个统治者高高在上，指挥一切，而自己面对着一些民族间的不平等、不公平，则只能服从，只能忍耐。这样，无疑会对清朝统治者产生不利影响。然而，这又是清王朝对待汉族官绅民众的根本方针，绝对不可能改变。因为满洲贵族只有通过这种方式，使旗人凌驾于汉人之上，给它种种特权和恩惠，才能增加本民族内部的凝聚力，达到利用少数人统治多数人的目的，借以保持其在中原的统治地位。再者，满洲贵族虽以弓马强悍征服了人数众多的汉族，但人数既少，文化程度又低，若打破民族界线，用人唯贤、科考取士，他们很快就会淹没在汉民族的汪洋大海之中，难以维持其统治地位。清朝统治者为了达到既能保持其特权地位、又能模糊汉人民族意识的目的，取得一箭双雕的效果，就在采用哪一学派的思想作为本王朝的统治思想方面，作了认真的选择。由于程朱理学特别注重伦理道德，将三纲五常强调到空前未有的高度，而其中作为纲中之纲的"君为臣纲"一条，尤为适合满洲贵族的口味。所以，他们几经审慎的考虑，决定采用程朱理学作为他们对全国官绅民众实行思想统治的主要工具。正是出于这一原因，清初的几代帝王都采取种种措施，极力推崇和倡导程朱理学，甚至亲自钻研、讲习。昭梿称，康熙帝"夙好程朱所著，几暇余编。其穷理至性处，虽夙儒耆学莫能测"。"尝出'理学真伪论'以试词林。又刊定《性理大全》《朱子全书》等书，特命朱子配祀十哲之列"[1]，将朱熹的塑像塞进孔庙大成殿，与孔子最著名的弟子并列排放，从而将他的地位抬到空前未有的高度。企图借助于朱熹的伦理说教，将满汉间的民族关系变为君臣政治关系，使汉人自觉接受满洲贵族的统治，服服帖帖地称臣、真心实意地效忠，而忘记满汉间的民族界线。同时，对一批热衷于"君君臣臣"、伦理说教的理学家，大加提拔重用，一时汉员显官如熊赐履、李光地、汤斌等，"皆理学耆儒"[2]。不过，这些人只会重复前人的说教，学术上没有创新，虽在统治者的大力扶植下名利双收，煊赫一时，但除方苞以文学名世外，在学术发展史上都没有什么名

---

[1] 昭梿：《啸亭杂录》第1卷，上海埽叶山房光绪二十七年石印本，第2页。
[2] 昭梿：《啸亭杂录》第1卷，上海埽叶山房光绪二十七年石印本，第2页。

气，更很少为后人所知。

然而，这只是清代政治与学术的一个方面，而事实上还存在着与之对立的另一方面。清军入关之后，残酷地镇压汉族各阶级、阶层的反抗，但却无法征服汉族人民的民心。这不仅表现在以天地会为代表的下层人民经久不断地反清复明活动，即在汉族士人之中，也有一部分人不满于满洲贵族的统治，通过他们的学术著作与学术活动，采取这样那样的形式将他们的这种情绪表现出来。其中有些人通过一些文字游戏，有意无意地表达对前明的怀念或对清廷的蔑视，但很快遭到清政府"文字狱"的残酷镇压，不仅自己身陷囹圄，且使亲朋好友受到株连。于是，另一部分人便总结经验教训，采取更隐蔽、更高级、但却完全合法的斗争方式，以名物考据打击清朝统治者所刻意扶植的程朱理学，以汉宋门派之争的形式，曲折地表达汉族士人对清朝统治者更深层次的反抗情绪。他们不仅在政治高压下表现出高尚的独立人格，而且在学术上取得很大的成就，一时硕果累累，名儒迭出，在中国文化史上创造出一个辉煌灿烂的时代。

清代汉学家对程朱理学的致命一击，是采取釜底抽薪的办法，通过有理有据的考证，否定了理学家赖以立论的学术基础，从而推翻了它的整个学说。例如，阎若璩积三十年之功力，撰成《古文尚书疏证》一书，从篇数、篇名、字数、书法、文例等方面，列举一百二十八条确凿证据，证明东晋梅赜所献《古文尚书》是后人伪造的。而据丁晏所著《尚书余论》的考证，该伪书出于魏人王肃之手。这部《古文尚书》是宋代理学家尊奉的经典和赖以立论的根据，否定了它的经典性，也就推翻了理学家据以著论的根基，使理学变成以讹传讹的伪道学，从而失去信用。再如另一汉学家胡渭著成《易图明辨》一书，经考证指出，宋代的"河图""洛书"之说，同唐以前完全不相符合，是陈抟、邵雍编造的。而朱熹所著《周易本义》一书，正是采用了宋初道士陈抟关于"河图""洛书"的说法，并进而推衍出理、气、性、命诸说。这样，对陈抟学说的否定，也就否定了程朱理学关于理、气、性、命诸说的理论基础，从而推翻了宋代理学的哲学根据，使之威信扫地，沦至人人喊打的惨境。学兼汉宋的曾国藩在追述嘉道士风时称："嘉道之际，学者承乾隆季年之流风，袭为一种破碎之学，辨物析名，梳文栉字。刺经典一二字，解说或至数千万言，繁称杂引，游衍而不得所归；张己伐物，专抵古人之隙。或取孔孟书中心性仁义之文，一切变更故训，而别创一义。群流和附，坚不可易，有宋诸儒周程张朱之书，为世大诟。间有涉于其说者，则举世相与笑讥唾辱。以为彼博闻之不能，亦逃之性理空虚之域，以自盖其鄙陋不肖者而已矣。"[1] 于是，在这种风气的压力之下，尽管统治者大力倡导，官绅士人中仍很少有人讲习理学。有人描述这种怪现象说："近日士大夫皆不尚宋儒，虽江浙文士之薮，无以理学著者。转于八旗得二人：一为松尚书筠，蒙古人"；"一为唐水部嵩龄，满洲人"。[2] 这就愈加使人相信，在汉、宋学术之争与满、汉政治关系之间，确实存在着某种微妙的联系。

汉学家对程朱理学的打击是致命的，其目的绝不只是为了在清朝统治者面前同它争宠，而是从根本上摧毁这一学说，可谓必欲置于死地而后快。这就不能不使汉、宋两派结下深仇大恨，以致咸、同、民国年间还有人大张挞伐，将太平天国革命的爆发和西方殖民主义者的入侵，统统归罪于汉学。如果没有政治上的因素包含其中，仅只出于不同学术观点的争论，何至倾毕生精力，去追求这样一个结果？如果说他们完全是出于学术上的追求，并不想同理学家为难，作为个人或许难料，但若作为一种社会现象，就很难作出这样的解释。孔子及其学说曾被冷落多年，直到西汉初年才得到最高统治者的重视，以致《尚书》失传，仅据年老齿稀的伏生的口授成书，而仍被尊为经典，谁也不去追究其中的真伪和可信程度。直到汉武帝时在孔子宅壁中发现用古蝌蚪文写成的《古文尚书》，似乎才算找到了真凭实据，但也由此引发了一场有关《尚书》的今古文之争，从此出现今文经学和古文经学两个学术派别。所不幸的是，西晋永嘉年间，汉武帝时在孔子宅壁中发现的《古文尚书》因战乱遗失，直到东晋元帝时才由梅赜奏献一部《古文尚书》。唐代时由孔子后人孔颖达作疏，多年来一直被人们奉为

---

[1] 曾国藩：《曾文正公全集·文集》（以下简称《曾文正公文集》）第2卷，湖南传忠书局版，第68页。
[2] 昭梿：《啸亭杂录》第8卷，上海埽叶山房光绪二十七年石印本，第14页。

经典，不只理学家，古文经学家也是如此。因为他们所能看到的《古文尚书》只要这一本。该书比孔宅《古文尚书》多九篇，显然不是原来那一本。然而，一千多年来读过此书的人何止千万，怀疑此书的人也大有人在，却很少有人揭露此事。其原因无他，无论王朝的统治者还是理学家、今文经学家、古文经学家，他们需要的只是孔子学说，至于书本、史实、具体材料，则只看其有用无用，不看其是真是假。为了政治上和学术上的需要，儒家曾对中国历史上的不少重大事实，诸如尧舜禅让、周公圣贤、西周井田等，进行了歪曲和捏造。所以，人们虽知其伪，仍当作真，更不会去揭露。因为伪书也比无书好，揭露之后还要用它，就不如不去揭露。时至今日，梅赜所献《古文尚书》仍被视为儒学经典，大量翻印，广为传布，就是最好的明证。因而，清代汉学家拼一生精力去论证它为伪书，不能不令人认为他们在学术背后隐藏着一个政治目的，通过考证揭伪，直接打击的是理学，间接打击的是对其倍加推崇的清朝统治者。而这种学术风气的盛行，广大知识分子热心考据而冷淡理学，则表明当时确实曾有一大批知识分子在内心深处不愿同满洲贵族合作，有时甚至隐隐相抗，不顾政治上的高压，利用一切机会继续在思想上进行合法的、隐蔽的斗争。

然而，这种历史现象的存在是有条件的。随着时间的推移、民族仇恨的淡忘，尤其清朝统治者对汉族知识分子拉拢政策的加紧实施，具有较强民族意识的汉族知识分子亦逐步发生分化。有些人逐渐转变立场，由反清转而拥清，由对清廷不合作转为效忠。桐城文派的创始人方苞，就是这样一位具有典型意义的代表人物。

方苞，字凤九，又字灵皋，安徽桐城人，晚年自号望溪，诸门生、学者称他为望溪先生。他出身于官绅名士之家，其父"民族意识甚强"[1]，清代初年仍经常书写一些怀念亡明的诗词，以抒发内心的感慨。与之友善、过从较密者，亦多为前明遗老。父辈的这种思想感情，对青年时代的方苞产生很大影响。后来他在回忆这段经历时曾说："仆少所交，多楚越

---

[1] 王献永：《桐城文派》，中华书局1992年版，第13页。

遗民，重文藻，喜事功，视宋儒为腐烂。用此，二十年未尝涉宋儒书。"[1] 正是这种思想基础，导致他与怀有反清情绪的同乡学者戴名世结为密友，并为其《南山集》作序。康熙四十九年戴名世的《南山集》为御史所劾，本人被收狱处死，方苞亦因为该书作序而株连入狱。解至京师后，先判死刑，后经多方营救免死，而将本人与整个家族改隶汉军旗籍充当奴婢。康熙五十一年以其为天下名士，奉旨转隶武英殿总管和素名下为奴。嗣后，连日奉命撰写为清王朝歌功颂德的文章，受到皇帝的赏识，旋即以白衣入值南书房，教诸王子读书。如此度过了长达十年半是人犯、半是王子师的生活。雍正元年新君继位，将方苞及其家族赦免放归原籍。从此，方苞对清朝统治者又是恐惧又是感激，完全放弃了原来不合作甚或反对的立场，彻底归顺新王朝，不断用自己的作品向清王朝效忠。这样，他也就愈益受到清朝统治者的信任与重用。又十年，即雍正十一年擢内阁学士兼礼部侍郎。又四年，即乾隆二年擢礼部侍郎。这时，方苞年已七十，不仅身跻卿贰，且成为皇帝的亲信。雍正帝遇有大政方针，往往咨询于方苞。方苞遇咨多密陈己见，"于是盈廷侧目矣"[2]。只是原因不明，不知究竟是出于嫉妒还是对其人格的卑视。服刑反而成为接近皇帝的机缘，钦犯变成了亲信，人们的惊讶总是不可免的。

不过，这究竟是个别的例子，虽较为典型，但却不能代表大多数。大多数汉族知识分子对清王朝政治态度的根本转变，当在嘉庆年间，而推动这一转变的根本原因，应是嘉庆初年的白莲教起义。川楚白莲教大起义给予清王朝以沉重的打击，成为其由盛到衰的转折点。它无情地揭去清王朝"太平盛世"的面纱，将各种社会矛盾暴露出来，使清朝统治者与广大士人受到巨大的震惊。面对共同的敌人，汉族知识分子的头脑渐渐清醒起来，他们终于认识到，只有将农民起义镇压下去，保住清王朝的统治，才能保住自己的身家地位。这样，阶级利益压倒了民族利益，阶级矛盾掩盖了民族矛盾，往日的一切"复明"梦想也就变得毫无意义。况且，经过一百数

---

[1] 王献永：《桐城文派》，中华书局1992年版，第14页。
[2] 王献永：《桐城文派》，中华书局1992年版，第15页。

十年的时间,清王朝的统治已经完全巩固下来,他们也看不到有如元朝统治者那样的迅速败亡的迹象。于是,广大汉族知识分子的政治态度也就产生根本性的变化,由反对或不合作转而拥护、归顺,甚至主动、自觉地去效忠清王朝。他们逐渐将自身的利益同清王朝联为一体,其政治希望不再是清的灭亡和明的复兴,而是寄托于清王朝的巩固与发展。这样,他们的注意力也就渐渐开始转移,不再集中于学术上的一些旧案,不再向故纸堆中寻慰藉,更不再借打击归顺清朝的理学家来发泄自己对异族统治的不满。其中的一些有识之士,开始逐渐把自己的眼光转向社会现实问题,探索解决这些问题的方法,以求得清王朝的长治久安。于是,广大汉族士人对清王朝政治态度的变化,带来学术风气的转变,盛极一时的考据学经过乾隆、嘉庆两朝的发展,终于在道光年间衰落下来,其在学术上左右潮流的领袖地位,渐为方兴未艾的经世致用之学所取代。学术风气为之一变。

二

经世致用之学又称经世济用之学,简称经济之学,但不是今天的经济学,而是包含政治、经济、军事、科学、技术等项内容的综合学科。咸丰元年曾国藩曾把它的内容概括为官制、财用、盐政、漕务、钱法、冠礼、婚礼、丧礼、祭礼、兵制、兵法、刑律、地舆、河渠十四大项,实际上是当时的政治学。故他在谈到儒学的分科时称,经世致用之学"在孔门为政事之科,前代典礼政书及当世掌故皆是也"。[1]这一学派倡导学以致用,着眼于当前急需解决的政治与社会问题,也恰是一个国家官吏的应尽之责。故常常被那些坐而论道的理学家和发掘故纸的考据学家目为"做官术",摒之于学术研究之外。姚鼐、唐鉴论为学之道,皆称义理、考据、词章三门,而不及经世致用之学。唐鉴甚至将它归入理学,说"经济之学即在义

---

[1] 曾国藩:《曾文正公杂著》第4卷,湖南传忠书局版,第4页。

理之中。"[1]道光年间这一学派的主要代表人物是陶澍、林则徐、魏源等人。鸦片战争前他们的主要精力放在内政方面，诸如兴修水利、清理财政，整顿漕务、盐务等，取得了显著成效。时任两江总督的陶澍对两淮盐政的治理，成效尤为突出，其所行淮南纲盐之法、淮北票盐之法遂成定制。同治年间曾国藩整顿两淮盐政，乃不过恢复陶澍的旧制，亦取得很大成效。两淮盐政由两江总督专任，亦自陶澍始。

鸦片战争的发生，则给当时的士人以极大的震动。堂堂天朝大国，竟惨败于"岛夷"小国手下，惨败之余又被迫签订了丧权辱国的《江宁条约》，使中国由一个独立国变为半独立国。于是，关心国家命运的知识分子眼光转而对外，开始总结鸦片战争失败的教训，寻求强国御侮之策。他们一面介绍海外各国的情况，了解外国的长处，提出"师夷之长技以制夷"的对策；一面要求对照外国，改造中国自身，提出学习西方某些制度，对中国的一些制度实行改革的主张。与鸦片战争前有所不同的是，当时作为地方大吏的陶澍，既手握重权，又得到清政府的支持，所以，思想上的认识可以立刻化为行动，并取得成效。而鸦片战争后的魏源等人，只是一些幕僚与学者，因而，他们的认识和主张十几年间一直停留在思想上，保存在著作中。虽然如此，但却使风气大开，一些先进的知识分子开始向西方寻求救国的真理，开始讲学习外国，开始讲中国制度的改革。在学术风气上，广大士人渐以经世致用为尚，不再以闭门治学为荣。这种习尚风靡全国，而魏源的故乡尤为称盛。有人形容当时的士风说，他所辑录的《皇朝经世文编》一书由贺长龄刊刻发行后，"三湘学人诵习成风，士皆有用世之志"[2]。

鸦片战争前后经世致用之学的复兴与学术风气的改变，影响了整整一代人，而曾国藩军政集团的首脑人物与骨干分子大多集中于湖南，其学术派别的称号复于"经世致用"之前加上"义理"二字，以示其与魏源等今文经学派的不同，则又有其深刻原因。

[1] 曾国藩：《曾文正公手书日记》，中国图书公司宣统元年印行摹写版，道光二十一年七月十四日。
[2] 黄濬：《花随人圣庵摭忆》，上海古籍书店1983年版，第200页。

首先，湖南地处南国，域近边陲，境内多种民族杂处，民族关系和阶级矛盾都较为尖锐复杂，遇有天灾人祸，往往发生起义或变乱。乾隆末年的湘黔苗民起义，使清政府调兵转饷，倾动七省，卒成为震惊全国、持续九年的川楚白莲教大起义的前奏。进入道光朝以来，各地各族起义更加频繁，三十年间较大规模的起义约有三四次，而较小规模的反抗、冲突、起义则接连不断，几乎年年都有。其中以新宁农民雷再浩、李沅发起义最为著名。正是这种频繁的动乱和极不安定的社会环境，培养出湖南地主阶级敏感的政治嗅觉与丰富的斗争经验，以及争强斗狠的习性。在这种环境下，他们所昼思夜想的就不再是什么朱明王朝的复兴，而是如何对付眼前的敌人。而要将这些农民或少数民族起义镇压下去，也就只有依靠清政府的支持与援助。正是这共同的敌人——农民与少数民族起义，使满、汉间的民族对立情绪较早地淡化下来。所以，这里的封建士人较少有同满洲贵族相对抗的情绪。这样，乾嘉学派也就失去了普遍发展的政治思想基础。再者，这里地瘠民贫，经济文化都比较落后，就大多数知识分子来说，大约也没有江浙文人那样的闲情逸致。另外，因有大湖阻隔，湖南在学术上的对外联系不多，同江浙学人来往更少。所有这一切，都成为乾嘉学派难以在湖南得到蓬勃发展的重要因素。

同时，义理之学在湖南学术界一直居于主导地位，溯其源流可追至宋代。宋代理学分濂、洛、关、闽四大派，其代表人物则分别为周敦颐、程颢、程颐、张载、朱熹。而濂学创始人周敦颐就是湖南道州人，洛学创始人程颢、程颐兄弟则师承周敦颐，而理学大师朱熹又师承二程。南宋时期的理学家张栻曾长期居住湖南，在长沙创办城南书院，主讲岳麓书院，并请朱熹赴长沙讲学。时至今日，长沙城郊的湘江上仍留有唤作"朱张渡"的一处名胜，据说是朱熹、张栻赴岳麓书院讲学时的渡江之处。其时，张栻与朱熹、吕祖谦齐名，合称"东南三贤"。降至清代道光年间，著名理学家唐鉴亦籍隶湖南，曾国藩讲习理学就是从向唐鉴问学开始。这样，自宋至清连绵七八百年，湖南士人就形成了讲习理学的传统。在这种风气的影响下，门户偏见甚深，对汉学往往采取排斥态度。乾隆以来汉学风行海内，"而湖湘尤依先正传述，以义理、经济为精宏，见有言字体音义者，恒戒以逐末遗本。传教生徒，辄屏去汉唐诸儒书，务以程朱为宗"[1]。这就是说，当"汉学风靡一时"、普天下皆以考据为尚之际，"湖湘学子大都专己守残，与湖外风气若不相涉"[2]，在文化学术上形成一个闭塞、落后的孤岛。而一旦乾坤倒转、首尾易位，广大汉族知识分子在白莲教起义后对满洲贵族的政治态度发生转变，开始冷落考据、注重社会现实问题的研究与解决之时，湖南士人也就处于全国知识分子的前列，成为同满洲贵族合作镇压农民起义的先锋和主力。

其次，湖南士人一直保有一种务实精神，崇尚学以致用。倡导此风者有清以来首推王夫之，道光以来则以陶澍为第一。在这种风气的影响下，无论治宋学抑或治汉学者，都主张学以致用、身体力行，注重经世济用之学。例如魏源，本师从刘逢禄治今文经学，而贺长龄则讲习理学，二人皆致力于经世济用之学，重视历代典章制度的考订，合作编印《皇朝经世文编》一书，一时风行海内，对湖南知识界产生很大影响。贺长龄的弟弟贺熙龄亦尊崇程朱，致力经世济用之学，曾长期担任城南书院山长，从事讲学多年。其余学者如王文清、罗典、欧阳厚钧、丁善庆、邓显鹤等人，或任岳麓书院山长，或长期在此讲学，尽皆宗尚宋儒，注重经世致用。曾国藩军政集团的首脑与骨干成员，不仅自幼耳闻目染，受到他们多方面的影响，且多曾在这里问业受教，直接受到他们的教育、训练和熏陶。于是，久而久之，就形成了一个独特的学科和别具特色的学派，后人称这一学科为"义理经世之学"[3]，称曾、胡、左、郭等人为义理经世派，或理学经世派。显然，这一学科是由义理之学和经世济用之学，即哲学和政治学两个学科结合而成的，就其形成过程而言，固然不能忽视朱熹与理学的作用，但相对而言，陶澍的作用则似乎更大一些。故张佩纶在论及此事时称："论道光来人才，当以陶文毅为第一。其源约分三派：讲求吏治、考订掌故，得之者在上则贺耦庚，在下则魏默深诸子，而曾文正集其成；综核名实、坚卓不回，得

---

[1] 罗汝怀：《绿漪草堂文集》首卷，光绪九年版，第5页。
[2] 湖南省文献委员会：《湖南文献汇编》第2辑，1949年湖南省文献委员会印行，第111页。
[3] 罗正钧：《左宗棠年谱》，岳麓书社1983年版，道光十一年条。

之者则林文忠、蒋砺堂相国，而琦善窃其绪以自矜；以天下为己任、包罗万象，则胡、曾、左直凑单微。而陶实黄河之昆仑、大江之岷也。"[1] 这一派人数甚多，虽在总体上兼习义理、经世两科，但不同的人不仅于理学的习染程度存在一定差别，即在经世济用方面，对于一些重大政治问题，尤其对外国侵略问题的态度与对策，也有所不同。

他们对于理学的习染程度，大致有这样几种情况：其一，既讲习有年又具理学家之名，如罗泽南、曾国藩。曾国藩于道光二十一年七月开始向唐鉴请教读书之法、检身之要。次年十月，又向另一理学家倭仁请教修身方法，并每天静坐反省，检查自己的言行，发现有不符圣道者，即严加自责，写进修身日记。同时，还将自己的日记交唐鉴、倭仁批阅，接受指导。有时也同二三好友一起交流心得，展开批评与自我批评。总之是完全按照理学家的方式，严格地进行有关修身养性的训练。他如此坚持了九个多月，即于道光二十三年六月因搞得过于紧张而突然病倒，痊愈后即停止书写修身日记、静坐反省等活动，认为这套办法不适合自己的情况。此后，曾国藩虽然放弃了理学家这套修身方法，但从未放松过对自己道德修养的要求，终生自刻自砺，奋斗不息，基本做到为清政府和封建地主阶级鞠躬尽瘁，死而后已。此外，他在治国、治军、用人、外交乃至为人处世等方面，亦无不受到理学的影响。故其虽无著述问世，仍无愧于理学家之名。罗泽南则不仅按照理学家的方式修身、讲学，且有理学方面的著述，如《人极衍义》《姚江学辨》《西铭讲义》等刊行于世。所以，在一些人的心目中，他比曾国藩更像一位理学家。曾国藩也对之极表赞赏："阅罗罗山《人极衍义》《姚江学辨》等书，服其见理甚真，所志甚大，泣为吾乡豪杰之士。"[2] 不过，令人惊奇的是，这种理学上的正统又往往流为政治上的邪僻。他们以道学家自居，仁义道德经常挂在嘴上、流于笔下，而为了捍卫他们的所谓"天理"，不仅可以"灭人欲"，有时甚至可以灭绝人性，一点人道都不讲。曾国藩、

---

[1] 张佩纶：《涧于日记》，光绪五年十一月二十一日。
[2] 曾国藩：《曾文正公手书日记》，中国图书公司宣统元年印行，同治三年十月二十九日。

罗泽南就曾做过这等违反人道之事。咸丰五年，罗泽南率师回援湖北途中打了败仗，彭三元、李杏春战死。罗泽南为鼓舞士气，竟于反攻取胜后以全部战俘血祭阵亡弁勇，还让湘军士兵生食其肉。其残忍野蛮为古今中外所罕见。事后，曾国藩又根据罗泽南的禀报上奏清廷，对这一骇人听闻的暴行大加赞扬："日暮收队，各路共杀毙九百余名"，"生擒七十余名，杀之以祭壕头堡阵亡将士。诸勇犹痛憾切齿，争啖其肉"。并信誓旦旦地宣称，此乃"实在情形也"[1]。其二，既无理学家之名，亦无卓然可称之行，仅取理学之"忠孝"二字付诸实践，同一般儒生无异者。这个集团的大多数文职人员（包括其后就任文职官员的统兵将领）恐怕都属于这种情况。其中有些人则是第二代、学生一辈的人物。例如李鸿章，中举后即以"年家子"的身份投到曾国藩的门下而"师事之"，"朝夕过从，求义理经世之学"[2]。其三，接受理学关于忠、孝、仁、义的说教，但拒绝按理学家的要求修身养性，既有惊世骇俗之壮举，亦间有丑陋邪僻之行者。仅从他们的言行看，不但很难同理学联系起来，且为一般儒生所不齿。属于这种情况的典型人物是胡林翼和江忠源。江忠源是湖南新宁县多年来的唯一举人，其"少时游于博，屡负，至褫衣质钱为博资，间亦为狭斜游，一时礼法之士皆远之"。他曾屡次赴京应礼部试而不中。"其下第回南时，三次为友人负柩归葬，为人所难为。"曾国藩"以此赏之，令阅儒先语录，约束其身心"。江忠源表面唯唯，"谨受教"，实际则依然故我，"冶游自若"[3]，终生不改其恶习。胡林翼年轻时纨绔习气甚重，在其岳父陶澍幕中充任幕僚时，时常饮酒游乐。在京服官时，还间或外出逛妓院。有一次恰逢御史巡查，同伴被捉去，他因机警灵便，侥幸逃脱。出任地方官员之后则多用权术，曾国藩说他"本可移入霸术一路"[4]，左宗棠称其"喜任术，善牢

---

[1] 曾国藩：《曾文正公文集》第6卷，湖南传忠书局版，第50页。
[2] 周维立校：《清代四名人家书》，文海出版社1971年版，第164页。
[3] 欧阳兆熊，金安清：《水窗春呓》，中华书局1984年版，第13页。
[4] 曾国藩：《曾文正公书札》第6卷，湖南传忠书局版，第24页。

笼"[1]。赵烈文亦说:"胡咏芝颇得古人家数。"[2]而胡林翼本人亦直言宣告:"兼弱攻昧,取乱侮亡,言道学者疑之,而英君贤相之方略实不外此。"并解释说:"自强者天道之所取,自弱者《洪范》谓之'极'。帝王驭世之微权,必取强杰之人预为驾驭,为我用而不为人用。"[3]薛福成称其善于驾驭和调护诸将,"量能授事,体其隐衷而匡其不逮。或家在数千里外,辄馈资用,问遗其父母,珍裹良药,使岁月至"[4],实则善用权术,杨载福、彭玉麟、金国琛、鲍超、罗泽南、刘蓉以及李续宾、李续宜兄弟,都曾令他煞费苦心。例如,胡林翼初任湖北巡抚时,湘军水师将领杨载福与彭玉麟不和,甚有碍于战事,他为其跪酒而和解之。一日,邀请杨载福与彭玉麟入室就座,"胡设酒三斗,自捧一斗跪地,陈利害,责大义,二人和解"[5]。又如,"金国琛以贫乞返,立馈千金;鲍超母病,时致参药。"再如,"先恶刘霞仙,继折节事之。"而对罗泽南则不仅"执弟子礼甚恭,虽与僚属语,必称罗山先生,事无巨细,谘而后行",还"以女弟妻罗公长子"[6],"以疆臣而为统将晚辈。"[7]此外,李续宾、李续宜兄弟为人至孝,"父母皆笃老,方事之殷,以不能归省为憾"。胡"为迎养其父母,晨昏定省,如事父母,日发书慰二李。二李皆感激,愿尽死力"。由于做得太过,以至引起李续宜的怀疑,私下对曾国藩说:"胡公待人多血性,然亦不能无权术。"曾国藩答道:"胡公非无权术,而待吾子昆季,则纯出至诚。"李续宜笑应曰:"然。虽非至诚,吾犹将为尽力。"[8]就是说,胡林翼犹类汉初的陈平,因过用权术,虽获成功仍不免德薄之讥。致令曾国藩引为教训,不敢轻使此着,并以此告诫李鸿章:"闻渠(指刘铭传)

---

[1] 左宗棠:《左文襄公全集·书牍》第2卷,萃文堂光绪十六年刊,第28页。
[2] 赵烈文:《能静居日记》,学生书局影印本,同治六年九月初三日。
[3] 胡林翼:《胡文忠公遗集》第58卷,同治六年刊,第4页。
[4] 薛福成:《庸庵文编》第4卷,光绪十三年刊,第7页。
[5] 徐凌霄,徐一士:《凌霄一士随笔》,《国闻周报》第13卷,第16期。
[6] 薛福成:《庸庵文编》第4卷,光绪十三年刊,第4页。
[7] 赵烈文:《能静居日记》,学生书局影印本,同治六年九月初三日。
[8] 薛福成:《庸庵文编》第4卷,光绪十三年刊,第5页、第7页。

于阁下不满处在'权术'二字,昔年希庵不满于胡文忠,亦在此二字。"[1]至于胡林翼处理同官文的关系,更全靠权术二字,其详情则有待后言。

如此说来,胡林翼同理学之间不就没有什么关系了吗?实则也不尽然。胡林翼之父胡达源"学宗宋儒。林翼少时即授以性理诸书"。只是胡林翼"负才不羁"[2],不肯接受理学教条的约束,故从言行上看不出理学的影响,别人也不把他归入理学家之列,唯曾国藩赞其"进德之猛",出人意表。曾国藩在给李续宾的信中说:"润公聪明,本可移入霸术一路。近来一味讲求平实朴质,从日行俗事中看出至理来,开口便是正大的话,举笔便是正大之文,不意朋辈中进德之猛有如此者。"[3]胡林翼本人有时也效仿理学家的样子,强调"诚"之可贵,谓"唯诚之至,可救欺诈之穷。"[4]而欧阳兆熊则认为,胡林翼这样做不过是赶时髦,对其事业的成功了无作用。他在《英雄必无理学气》一文中列举江忠源的例子之后说:"他如胡文忠公,以纨绔少年一变而为头巾气,亦不能舍此时趋,究竟文忠之所以集事者,权术而非理学也。"[5]这与赵烈文称其行权为"英雄举动"[6],曾国藩谓其"于朋友纯用奖借,而箴规即寓乎其中"[7],意思是大致相同的。就是说,胡林翼将儒家的"修齐治平"拦腰裁为两段,以理学、权术分任之:修身、齐家奉理学为本,治国、平天下靠权术收功,故亦不失为义理经世派的典型代表人物。

三

理学经世派人物与理学的关系,除上述习染程度的差别外,其门户之

---

[1] 曾国藩:《曾文正公书札》第32卷,湖南传忠书局版,第10页。
[2] 赵尔巽等:《清史稿》第39册,中华书局1977年版,第11927页。
[3] 曾国藩:《曾文正公书札》第6卷,湖南传忠书局版,第24页。
[4] 蔡锷:《曾胡治兵语录》,民国二十六年铅印线装本,第14页。
[5] 欧阳兆熊,金安清:《水窗春呓》,中华书局1984年版,第14页。
[6] 赵烈文:《能静居日记》,学生书局影印本,同治六年九月初三日。
[7] 曾国藩:《曾文正公书札》第6卷,湖南传忠书局版,第24页。

见的深浅亦有所不同。有的门户之见甚深，有的门户之见不大，有的则全无门户之见。就其著名人物而论，左宗棠应归第一类人，而曾国藩则属于最后面一种人。

曾国藩学宗宋儒，兼治汉学，尊周敦颐、张载为理学正宗、孔孟传人，认为程、朱、许、郑各有偏颇，不过是儒学的支流旁系。他早在青年时期，就表达自己的学术见解和治学志向说："所谓见道多寡之分数何也？曰深也，曰博也。""许、郑亦且深博，而训诂之文或失则碎；程、朱亦且深博，而指示之语或失则隘。"见道"能深且博而属文复不失古圣之谊者，孟氏而下唯周子之《通书》、张子之《正蒙》，醇厚正大，邈焉寡俦。"而自己则"欲兼取二者之长，见道既深且博，而为文复臻于无累。"而"于汉、宋二家构讼之端，皆不能左袒以附一哄，于诸儒崇道贬文之说，尤不能雷同而苟随"。[1] 其好友刘蓉亦治理学，但不仅对王阳明心学攻之甚力，且于"崇道贬文之说"持之甚坚。他对曾国藩醉心古文一事，多有批评，认为"文也者载道之器"，"犹花草之美、锦绣之文，犹末也"。而欲探"治乱之本源"、以求"济治之方"，则应按照理学家"即物穷理"的办法向社会寻求，"静其心以察天下之变，精其心以穷天下之理，息其心以验消长之机"，而"非特记诵词章"[2] 所能济事。实际上是批评曾国藩舍本逐末，不务正业。曾国藩不同意这种看法，上面那段引文就是在二人往返辩论时讲的。

还有一些人对汉学成见甚深，不仅从学术上贬斥该学"素少研求"，而且在政治上"痛诋汉学，谓其致粤寇之乱。"曾国藩有个名叫孙鼎臣的好友，"尝作《畚塘刍论》"[3] 一书，函请曾国藩为其作序。"其首章追溯今日之乱源，深咎近世汉学家言用私意，分别门户，其语绝痛。"[4] 其后左宗棠作《重刊〈吾学录〉序》，持论较孙鼎臣更加偏激，不仅将太平天国起义的爆发，甚至将西方列强的入侵亦归罪于汉学。他说："出于礼

---

[1] 曾国藩：《曾文正公书札》第1卷，湖南传忠书局版，第4页、第5页。
[2] 刘蓉：《养晦堂文集》第3卷，思贤讲舍光绪三年刊，第17，18页。
[3] 徐珂：《清稗类钞》第8册，中华书局1984年版，第3824页。
[4] 曾国藩：《曾文正公文集》第3卷，湖南传忠书局版，第33页。

即入于刑，其翼教持世者不可忽也。礼坏蘖作，讼狱繁而干戈起矣。盗起岭峤，祸延下国，中原糜沸，夷戎凭之。三朝忧于上，公卿将吏瘁于下，阅廿余稘乃有止戈之望。推原祸始，厥有由来。"[1] 显然，该文作于光绪年间收复新疆之时，实际上是将咸、同年间的内忧外患归因为"礼坏"，而又将"礼坏"归咎于乾嘉考据之学。其见解之荒谬、偏狭是不言而喻的。曾国藩不同意这种看法，认为"曩者良知之说诚非无蔽，必谓其酿晚明之祸则少过矣；近者汉学之说诚非无蔽，必谓其致粤贼之乱则少过矣。"[2]而太平天国革命爆发的真正原因则是清朝政治的腐败。咸丰元年他在给朋友一封信中说："今春以来，粤盗益复猖獗。西尽泗、镇，东极平、梧，二千里中几无一尺净土。推寻本源，何尝不以有司虐用其民，鱼肉日久，激而不复反顾。盖大吏之泄泄于上，而一切废置不问者，非一朝夕之故也。"[3]同左宗棠相比，曾国藩之所以对这个问题有较为符合实际的认识，当然不是由于他更接近基层，了解下情，而是在学术上没有门户之见，也就不会像一般学者那样，轻易为世俗偏见所惑。当时士林中怀有左、孙之见者大有人在，不仅治理学者，即如今文经学一派也"力诋乾隆诸大儒"。"谓海夷之祸，粤寇之乱，酿成于汉学"。[4]直到民国年间，湖南仍有人持此成见，认为左、孙之说虽"为通儒所訾"，但对"破碎害道"的汉学，"殆非厚诬之言也"[5]。此亦可见门户偏见为害之大，流毒之远。也正出于这同一原因，作为一代通儒的曾国藩，被后世治理学者屏出理学家之列，称其"训诂、经济、词章皆可不朽，独于理学则徒以其名而附之，非有镜于唐镜海、倭艮峰、吴竹如、罗罗山之所讲论者"[6]。这些话虽未必准确，但却这一定程度上反映了曾国藩在正统理学家心目中的地位。

（《明清论丛》，第二辑，2001年）

---

[1] 左宗棠：《左文襄公全集·文集》第1卷，萃文堂光绪十六年刊，第20页。
[2] 曾国藩：《曾文正公文集》第3卷，湖南传忠书局版，第34页。
[3] 曾国藩：《曾文正公书札》第1卷，湖南传忠书局版，第30页。
[4] 徐珂：《清稗类钞》第8册，中华书局1984年版，第3825页。
[5] 湖南省文献委员会：《湖南文献汇编》第2辑，1949年湖南省文献委员会印行，第191页。
[6] 夏震武：《灵峰先生集》第4卷，浙江印刷公司版，第13页。

战国封建说质疑
——从孔子思想与周初政治看西周社会性质

  中国古史分期问题是关乎中国历史如何定位的一件大事。20世纪50年代初期，史学界曾就此问题进行过长达数年的热烈讨论，此后也不断有人对此发表意见。本文拟着重从上层建筑与意识形态的角度，对西周社会性质谈点看法，不当之处，诚请批评指正。
  "战国封建说"是20世纪50年代初由郭沫若提出的，是在中国古史分期问题上影响最大的一种观点，其他如"西周封建说"等皆不能同之相比，笔者也一直对之深信不疑。然近年却因一些学术难题的困扰而渐生疑窦，尤在拜读李学勤主编的《中国古代文明与国家形成研究》一书（以下简称李书）之后深受启发，更觉今是而昨非。
  我是研究近代史的，本不愿介入古史分期问题的讨论。怎奈近代中国是由古代中国发展而来的，研究过程中往往碰到与之有关的问题。例如，你若说太平天国是反封建的，他就说中国自秦以来，就不再是封建社会，近代史上何封建之有？其理由只有一条：外国没有，马列没说。事情弄到这步田地，还如何进行讨论？再如，你若研究曾国藩的思想，就不能不涉及儒学的本质与基本评价。而要弄清它的来龙去脉，就不能不对它的社会背景和大致走向略作考察。实际上，这已经超出近代史的研究范围。而当我向史学界寻求答案的时候，不料却陷入更大的困惑：孔子是哪个阶级的思想代表？儒家学说是何种社会经济、政治制度的反映？这个思想体系为什么具有如此强劲的生命力？如此等等。那些昔日从教科书中得来的说法，似乎已经经受不住进一步的推敲。例如，按照"战国封建说"，孔子生活的时代属奴隶制社会,他当为奴隶主阶级和奴隶占有制度的思想代表,儒家学说创立之初就是反动的、逆历史潮流而动的。而事隔多年之后,汉武帝为什么对它情有独钟,"罢黜百家,独尊儒术"?究竟是儒学变得革命、进步了呢,还是此时的地主阶级已经反动、腐朽?一个生来反动、一直反动的思想体系,竟能在中国历史上统治近二千年,似乎不可思议。然这些问题,从现在的古史分期中却找不到满意的答案。新儒学一派虽调子唱得很高,但旨在恢复中断已久的儒学道统,对其历史评价的科学与否,实际上并无多大兴趣。其他如农民战争问题,中华民族的形成与凝聚力问题,中国封建社会的长期性与特殊问题,等等,都是所谓"外国没有,马列没说"的老大难问题,皆直接间接地与古史分期问题有关。

这样,就不能不使人反思古代史的分期问题,不能不对至今主导着中国史学界的战国封建说产生疑问,尤其最近读过李书之后,更觉得"西周封建说"有些道理。该书依据马克思主义的基本原理,对"五帝"传说时代,尤其夏、商、周三朝的社会矛盾与国家形态的形成、发展、成熟,作了令人信服的论述,受到史学界的广泛关注和著名专家的高度评价。笔者打算从孔子思想入手,主要依据这部鸿篇巨制,参照其他著作和有关资料,谈点自己的粗浅看法,以就教于史学界诸师友,也算是对战国封建说的一点质疑。

孔子思想的核心是"仁"。据范文澜的统计,仅《论语》一书"记载讲仁的话",就在"一百条以上,其中很多是孔子讲的"。若再加上其他儒学经典,那就更为可观。他认为,儒家学说的"主要内容是礼乐和仁义"。"'道之以德,齐之以礼',是孔子最高的政治思想,德指仁义,礼指一切统治阶级规定的秩序"[1]。如君君、臣臣、父父、子子、夫夫、妇妇、兄兄、弟弟及亲亲、贵贵、尊尊、贤贤、长长、幼幼等。而实际上,礼、乐不过是其外形,只有仁才是它的内涵。"人而不仁如礼何?人而不仁如乐何?"那么,究竟什么是仁呢?孔夫子曾作出各式各样的回答。尤其《论语》一书,提问对象不同,答案也不同,但大致不出上述范围。如颜渊问仁,子曰:

---

[1] 范文澜:《中国通史简编》(修订本),人民出版社1964年版,第204页。

"克己复礼为仁。一日克己复礼，天下归仁焉。""请问其目。"曰："非礼勿视，非礼勿听，非礼勿言，非礼勿动。"[1]实际上都是在说仁和礼的关系。而实质性的回答则有三次，一载《论语》，一载《史记》，一载《中庸》。樊迟问仁，子曰："爱人。"还说："古之为政，爱人为大。"[2]"节用而爱人，使民以时。"[3]"君子学道则爱人，小人学道则易使。" 哀公问政。子曰："为政在人"，"修道以仁"，"仁者人也，亲亲为大"。并解释说："亲亲之杀，尊贤之等，礼所生也。"[4]意思是说，他讲的仁，就是要把人当成人，对人有爱心和同情心。不过，对人所实施的爱有亲疏之别、贵贱之分："所以治爱人，礼为大"[5]。而按照战国封建说，孔子当是奴隶主阶级的思想家，他的思想政治主张是代表奴隶主阶级利益，极力维护日趋衰落的奴隶制度，反对新生封建主阶级的。然细思起来，却颇有不合。难道只有奴隶主阶级，才是推崇爱人、提倡爱心和同情心的吗？读李书殷商篇，一点儿也体会不到奴隶主阶级有什么仁者"爱人"，有什么"仁政"。对奴隶如何且不必说，即如纣王受辛，连贵如相、侯，亲为叔父、岳丈的比干、鄂侯、九侯都要剖之、脯之、醢之，哪里还有一点"仁者人也，亲亲为大"的味道？或者只是出于统治阶级的虚伪，唱点高调欺骗民众。然而，国家却并非什么慈善之物，它首先是暴力的象征，是专门用来解决不可调和的阶级矛盾的。所以，夏、商两朝的统治者，尤其商代，从不掩饰这一点。他们总是公开的、赤裸裸地使用暴力，大肆张扬暴力的淫威，用极为酷刑和大规模的屠杀手段来制服奴隶或内部反对派。决不允许有人大唱反调，用曲折的手法为那些被屠杀的奴隶鸣冤叫屈，变相地指责他们的残暴。既然同为奴隶主阶级的代表，必然在本质上有基本相通的东西，尤其读过李书夏、商两朝的历史之后，更加坚信这一点。然而我们

---

[1] 陈戍国点校：《四书五经》，岳麓书社1991年版，第39页。

[2] 陈戍国点校：《四书五经》，岳麓书社1991年版，第619页。

[3] 陈戍国点校：《四书五经》，岳麓书社1991年版，第41、17页。

[4] 司马迁：《史记》第7册，中华书局1959年版，第2201页；陈戍国点校：《四书五经》，岳麓书社1991年版，第41、10页。

[5] 陈戍国点校：《四书五经》，岳麓书社1991年版，第619页。

所看到的事实，却好像并非如此。譬如鲁国君主，按战国封建说应是奴隶主贵族的代表吧，他就不仅不讨厌、加害孔子，反而问政求教，委以重任。其后孔子下台，亦非失宠于鲁君，而是"堕三都"失败，被"三桓"排挤出局的。凡此种种，不能不令人深思。

往日在研究曾国藩与儒学的关系时，曾得到一个孔子思想源于西周文、武、周公的信息，迨近读李书之后，方知此言不虚。自西伯姬昌主政以来，就实行"笃仁、敬老、慈少、礼下贤者"的政策，还因此几遭杀身之祸，被崇侯虎在纣王面前告了黑状："西伯积善累德，诸侯皆向之，将不利于帝。"其侥幸脱险后，佯俯商受，阴行仁政，借以"感召"诸侯，壮大实力，以为破商复仇之资。周朝建立，武王去世，周公姬旦主政之后，亦动以"爱民"为言，时以亡殷为鉴。他曾告诫奉命监视殷地的卫康叔说："必求殷之贤人君子长者，问其先殷所以兴、所以亡，而务爱民。"[1]范文澜认为，孔子"崇拜辅助成王制礼作乐的周公旦"，师承于"文、武、周公"。[2]《中庸》亦称："仲尼祖述尧舜，宪章文武。"[3]由此顺藤摸下去，则发现了更多的线索。

西土周国主要是在文王的治理下强盛起来的，克商大业由武王完成，而周公旦则是周初政治的关键人物。"文王在时，旦为子孝，笃仁，异于群子。及武王即位，旦常辅翼武王，用事居多。"武王同八百诸侯会盟于盟津，"周公辅行"。武王举兵伐纣，周公旦是主要助手和姜尚之下的最大功臣。克殷后受封鲁公而不之国，"留佐武王"[4]。"武王崩，成王幼弱，周公践天子之位以治天下。六年，朝诸侯于明堂，制礼作乐，颁度量，而天下大服。"[5]在此关键时期，周公旦实际上成为当时周王朝的最高决策人。他制定规章制度，设置中央机构，分封地方诸侯，使国家形态臻于完善，

---

[1] 李学勤主编：《中国古代文明与国家形成研究》，云南人民出版社1997年版，第514、516、530页。

[2] 范文澜：《中国通史简编》（修订本），人民出版社1964年版，第206页。

[3] 陈戍国点校：《四书五经》，岳麓书社1991年版，第13页。

[4] 司马迁：《史记》第5册，中华书局1959年版，第1515页。

[5] 陈戍国点校：《四书五经》，岳麓书社1991年版，第549页。

不仅奠定了周代数百年基业，且于后世具有巨大影响。而鲁国是周公的封地，虽由世子伯禽赴国，但思想政治一准周公之制，在一定程度上成为周初政治的缩影。"成王以周公为有勋劳于天下"，"命鲁公世世祀周公以天子之礼乐"[1]，更使其在诸侯中享有特殊的地位。鲁国的文化遗存尤为丰富，与宋国同为"保存商周文化最多的旧国"和诸侯"观礼"[2]的盛地，欲观商礼赴宋，欲观周礼赴鲁。梁启超也认为："文武周公时代的文化，传在鲁国的最多，后来诸姬之国都认他做宗国（《孟子·滕文公》上）。吴季札聘鲁，乃尽见各国的诗与乐（《左传》襄二十九年）。晋韩宣子聘鲁，观书于太史氏，曰：'周礼尽在鲁矣（《左传》昭二年）。'"[3]孔子先人为宋国贵族，曾祖时避难至鲁。自幼生活在这种社会环境之中，不可能不受到潜移默化的影响。更为重要的是，他勤奋好学，博闻强记，收集鲁、周、宋、杞等故国文献，整理出《诗》《书》《礼》《易》《乐》《春秋》六种教本以课徒授馆，从而创立了儒家学说。孔子说："夏礼吾能言之，杞不足征也。殷礼吾能言之，宋不足征也。文献不足故也。"又说："周监于二代，郁郁乎文哉！吾从周。"[4]可以说，孔子继承了此前为止的中国主要的文化遗产，尤其周初的思想政治方针。他的学说，可谓周初政治的思想结晶。对其思想影响最大的，亦是殷、周交争的历史。其六经的内容周代占有绝大部分自不待言，即如《大学》《中庸》《论语》中种种有关治国治身的哲理，也好像多是从这段历史中抽象出来的。

然而，作为一种在社会上居于指导地位的政治思想和方针政策，带有极大的可操作性，它的制定与实施，完全是政治家的行为，绝不同于思想家的坐而论道和纸上谈兵。尤当殷、周之间隐隐相抗，决定国家与个人命运的生死关头。所以，虽然同样倡导"仁"和"仁政"，但在文、武、周公那里与孔子那里有着实、虚之别。就是说，前面提到的"笃仁""爱民"

---

[1] 陈戍国点校：《四书五经》，岳麓书社1991年版，第549页。
[2] 范文澜：《中国通史简编》（修订本），人民出版社1964年版，第201页。
[3] 梁启超：《孔子》，中华书局民国二十五年版，第3页。
[4] 陈戍国点校：《四书五经》，岳麓书社1991年版，第20、21页。

等说,与当时的社会实际要具有共通性。这包括两层意思:一是社会存在决定人们的思想,它应是当时社会的产物;一是理论要接受实践的检验,这种思想、政策要符合社会的要求,对当时的社会生产和整体实力的增长,能够切实起到推动作用。这不仅是个理论问题,更是个实际问题。其克商前后究竟属于什么社会性质,处于哪个发展阶段,要通过实际考察才能确定。

关于西周的社会性质,多位史学名家都曾作过论述,兹仅举范、翦、白三家为例。关于周族克商前的社会性质,范文澜与白寿彝都认为尚处于早期奴隶制阶段。其从事农业生产的主要劳动力是农奴或公社农民,而不是奴隶[1]。至于克商之后,范文澜认为原来的奴隶得到解放,升级为农奴。而翦伯赞则认为,商、周两朝社会阶级结构有很大不同:"奴隶是商代农业劳动的主要承担者。卜辞中所见的众或众人就是奴隶。"而周代的"农人、农夫,又称庶人、庶民","实质上就是农奴,他们是西周时期农业生产的主要担当者"。[2] 白寿彝虽然采用战国封建说,但亦明确肯定,即使殷商故地,从事农业生产的主要劳动力也不是奴隶,而是聚族而居的"公社农民"。西周征服者仅"满足于征收赋税",并没有把他们当成宗族奴隶。同时指出,在当时的整个西周社会中,奴隶虽仍存在,"但数量并不多",且"只有少数用在农业生产上"。同时,他还专门批驳了那种认为西周社会奴隶数目非常之多的观点[3]。按一般常理,社会性质是由社会生产方式决定的,若有两种以上同时并存的话,则由其中一种占主导地位的生产方式所决定。既然奴隶占有制不再成为制约整个社会上层建筑和意识形态的主要生产关系,虽因战俘、债务、犯罪等在其他生产部门,以私家奴隶的形式保留一些奴隶制度的残余,也不应再将西周划入奴隶制社会了。至于中国封建社会土地私有说,恐怕也是一个误区。因为土地私有制并非

---

[1] 范文澜:《中国通史简编》(修订本),人民出版社1964年版,第126—129页;白寿彝:《中国通史》第3册,上海人民出版社1994年版,第289页。
[2] 翦伯赞:《中国史纲要》第1册,人民出版社1979年版,第19、37页。
[3] 白寿彝:《中国通史》第3册,上海人民出版社1994年版,第306、318页。

中国封建社会所固有的特点，而是在它发展到一定阶段才出现的。当封建社会刚刚脱离奴隶制社会时，都是领主分封、土地国有、长子继承，中国、西欧大体相同。翻读有关周代战国前与西欧中世纪的一些史书，觉得两者的社会情况好像差不多。若以土地私有制为限，将封建社会的初级阶段划入奴隶制社会，势必夸大双方的差距，使中西之间在这一问题上处处失去共性。这好像是用现有的社会常识来测量古代社会，其客观性如何，是令人怀疑的。

比较而言，李书应该算最新研究成果。我粗粗翻检了一下20世纪50年代，分别由三联书店和江西人民出版社出版的《中国古代史分期问题讨论集》和《中国的奴隶制与封建制分期问题论文选集》，其有关夏、商、周三代的情况，皆因缺乏金文、甲骨文的最新研究成果作依托，远不如李书那样言之凿凿。然将商末、周初两相比较即可发现，其间发生的变化是巨大的和明显的。例如，在商朝社会中，国家若不使用残酷的刑罚，甚至大规模的屠杀手段，就无法镇压奴隶们的反抗，维持社会与生产秩序。由于中国奴隶制的特点，斗争的双方，往往是庞大的奴隶群和全副武装的国家政权，其逃跑和反逃跑的斗争，就显得特别酷烈。若用现代影视手段将之重新演示出来，不知会是一种什么情境。大概会使罗马角斗场相形见绌，只有斯巴达克思起义失败后的场面，方可与之相比。难道这一切，可以用人性的善恶来解释吗？我们似乎可以从这里得到启发，实事求是地理解孔子思想与周初社会政策的实质。他们强调爱民，推行仁政，绝非有如儒家宣传的那样，由于他们心地纯良，天生圣人，最能体察上天好生之德，而是出于社会，尤其统治阶级的需要。这就是说，无论克商之前还是克商之后，周的社会内部都没有殷商那样两大阶级尖锐对抗的情况。浏览商朝历史即可发现，奴隶逃跑和集体遭到屠杀的事件接连不绝，用奴隶祭祀、殉葬的情况亦比比皆是。及读至周史戛然而止，仿佛步入一块新天地。20世纪50年代初，曾因有人根据安阳地下发掘的材料，在《光明日报》上披露了周代以人殉葬的情况，"较之殷代，所差远甚"的史实，第三天即受到郭沫若的严厉批评，并由此引发了一场有关中国古史分期问题的激烈争论。"战国封建说"就是郭老在这篇批评文章中提出的。郭老反驳此说最有力的理由,就是"商墓的发掘只是十几年的事,其前关于商代殉葬的情形古书上毫无记载。今天西周帝王的墓一直没有发见过,假使将来发见了,同样惊人的情形是可以出土的"。还说"中国的地下发掘,还仅在萌芽状态","将来必然会有更丰富的材料从地下涌现出来"。[1]然五十年过去了,郭老盼望的奇迹始终没有出现,反而有越来越多的材料证明,殷周两代的社会制度,确实存在着显著差异!这个历史事实也是不应忽视和遗忘的。

据载,周自"不窋至武王凡十五世,当属信史",前后"约450年左右",时间上略与商代"相当"[2]。但其社会发展进度却大为落后,在很多方面带有原始性。即使阶级分化已经开始,也绝不会达到殷朝那样贫富悬殊、尖锐对立的程度。现有考古发掘与金文、甲骨文的最新研究成果,也没有提供与此相反的证据。以礼器陪葬表明周人重礼,但却找不到大量财物和殉葬奴隶。史籍有关周之先公先王"积德行义,国人皆戴之"[3]的记载,亦并非全属儒家杜撰美化,而只能说明其早期国家乃至整个社会的原始性,尚处于奴隶制社会早期,亦即原始社会末期,大量保有原始社会的特点。民众对部落首领的尊敬和爱戴,完全出于内心,与而后对国家官员的尊敬不是一码事,那主要是出于对暴力的畏惧。恩格斯对此曾作过精辟的论述。故其先公先王直至文、武二王,无须过分张扬暴力。在国家初成、已具暴力的前提下,只要借助礼教与原始淳朴遗风,即可辨等明威,维持社会秩序。在文王之前,这些做法也许出于自然。及至文王一代,为覆强商而报父仇,大约开始有意标新立异,宣传和推行这种思想政治主张,制造周、商之间善恶形象的对立,以吸引周边小国,壮大自身实力。故《诗》有云:"周虽旧邦,其命维新。"[4]而虞、芮二国自行息讼的事例,则更可较为具体地说明这一点。相传"西伯阴行善,诸侯皆来决平","虞、芮之君相与争田,久而不平,乃相谓曰:'西伯仁人,盍相质焉。'乃相

---

[1] 历史研究编辑部编:《中国的奴隶制与封建制分期问题论文选集》,三联书店1956年版,第55、60、85、95页。
[2] 李学勤主编:《中国古代文明与国家形成研究》,云南人民出版社1997年版,第481页。
[3] 李学勤主编:《中国古代文明与国家形成研究》,云南人民出版社1997年版,第499页。
[4] 陈戍国点校:《四书五经》,岳麓书社1991年版,第387页。

与朝周。入其境，则耕者让畔，行者让路。入其邑，男女异路，班白不提挈。入其朝，士让为大夫，大夫让为卿。二国君相谓曰：'我等小人，不可履君子之庭。'乃相让所争地以为闲原"。或称"虞、芮之人有狱不能决，乃如周。入界，耕者皆让畔，民俗皆让长。虞、芮之人未见西伯，皆惭，相谓曰：'吾所争，周人所耻，何往为，只取辱耳。'遂还，俱让而去。诸侯闻之曰：'西伯盖受命之君。'"或称"二国相让后，诸侯归西伯者四十余国，咸尊西伯为王。"[1] 基于这种政治经验，周于克殷之后改变殷人原来对待奴隶的政策，提高其社会地位，以换取社会的稳定与生产的发展，也是顺理成章的。鉴于中国宗族奴隶制的特点，只要征服者改变政策，不再奴役和任意杀戮失败者，有如周对商朝遗民那样，准其择贤立国，位列诸侯，奴隶制度的发展也就中止了。也有人以"周因于殷礼"一条，作为西周奴隶说的依据，实际上也不足以服人。因为法律、制度上的承袭，与生产关系上的延续，毕竟是两回事，何况还有"所损益可知也"[2]一条。例如，商代以奴隶殉葬、祭祀二事，周朝就没有继承。范文澜称，西周曾明令禁止用奴隶殉葬、祭祀。而孔子则连以陶俑器物代替活人陪葬也加以反对，"谓为俑者不仁，殆于用人乎哉！"[3] 继而诅咒道："始作俑者，其无后乎？""为其象人而用之也！"[4] 还说："哀哉！死者而用生者之器也，不殆于用人殉乎哉？"[5] 至于私家奴婢和罪徒苦役，则一直留存到汉、晋以后，也不能作为确定西周奴隶制说的根据。

周以西土蕞尔小国攻打中央大国商，其实力之悬殊何止数倍？而竟于一日之内战而胜之，取而代之。这个经验教训，是不能不令周初政治家好好总结的。大致说来，周胜商败的原因都有三条，唯第三条是共同的。内部团结、上下协调和恩威兼施征服周边各国是周取胜的主观原因，而连年征战、民怨沸腾与朝政昏暴、内部离心离德是商失败的重要原因。然最根

---

[1] 司马迁：《史记》第1册，中华书局1959年版，第117、119页。
[2] 陈戍国点校：《四书五经》，岳麓书社1991年版，第20页。
[3] 陈戍国点校：《四书五经》，岳麓书社1991年版，第464页。
[4] 陈戍国点校：《四书五经》，岳麓书社1991年版，第64页。
[5] 陈戍国点校：《四书五经》，岳麓书社1991年版，第464页。

本的一条，还是得道多助，失道寡助，残暴的奴隶制不得人心，武王伐纣得到众多诸侯和殷国奴隶的支持。据《史记·周本纪》载，武王出发时，"率戎车三百乘，虎贲三千人，甲士四万五千人"，总兵力近五万人。及至双方在牧野列阵决战时，"诸侯兵会者，车四千乘"，按周国的兵种配置推算，总兵力当有六十多万人，大大超过周国本身的力量。而在两军决战的关键时刻，殷方又生"前徒倒戈"之变，从而导致全军瓦解，一败涂地。《史记》曾对此作过生动叙述："帝纣闻武王来，亦发兵七十万人距武王。武王使师尚父与百夫致师，以大卒驰帝纣师。纣师虽众，皆无战之心，心欲武王亟入。武王驰之，纣兵皆崩畔纣。纣走，反入登于鹿台之上，蒙衣其珠玉，自燔于火而死。"[1]周鉴不远，在殷商之世。正处于历史的十字路口的周初政治家，不能不严肃考虑未来的发展前途，审慎选择自己要走的政治道路。他们面前摆着两条现成的路，一条是自己走过来的，一条是亡商走过来的，却没有一条路可以照旧走下去。周在克商之前，尚处于奴隶制社会的早期发展阶段。克商之后，政治重心东移，民情社情变化很大，将原来一套做法照样搬到殷商故地，显然是不可能的。而以殷为师，甘受同化，全盘继承它的覆国之策，则目前尚未可知，前途尤堪忧虑：亡殷覆辙，岂可重蹈？他们不能不为子孙后代着想。每朝每代的统治者都有一个共同的特点，总是希望王权罔替，传之千秋万代。他们眼见殷人失国之痛，若照猫画虎地去学它的样子，实在难以建立起这样的信心。这样，他们只有一条路可走，就是对殷、周两家兼取并用，扬长避短。殷先进，很多地方值得周学习，但也不能不有所舍弃；周落后，舍弃者在所难免，但也有很多宝贵之处，必须继承下来。于是，中庸之道就成为周公治国的秘方。这样，他就不能不认真地研究殷、周两家的历史，探索殷"所以兴，所以亡"的规律，以及周所以兴旺壮大，终能以小胜大、以弱胜强的原因。唯尚折中，但求至当，从而在政治上走出一条新的道路。这并非一般推理，亦为其后发生的历史事实所证明。

上天不会独钟周人。克商二年，武王弃世，成王年幼。"周公践天子

---

[1] 司马迁：《史记》第1册，中华书局1959年版，第121、123、124页。

之位以治天下",却因而引起亲贵大臣的不满,管、蔡挑动武庚叛乱,蒲、奄、淮夷群起响应,从而使刚刚建立的周王朝陷入一场严重的政治军事危机。周公旦是退居皇叔监国之位,并先以大局为重说服姜尚、召公,取得亲贵大臣的谅解,稳定了丰镐的政治形势,巩固了自己的权位;随之亲率大军平息了东方各国之乱,将殷商故地分为卫、宋二国,建军八师,以卫康叔监视殷地;最后制定一系列方针政策,以求得殷商故地乃至整个社会的长治久安。结果,"宁淮夷东土,二年而毕定,诸侯咸服宗周"[1],遂致社会稳定,生产发展,周王朝成为夏、商之后的一代强大王朝,华夏民族形成空前未有的大一统格局。周公旦也从而成为中国历史上著名的大政治家。

当时,周公旦面临着两大政治难题,一是殷民的反抗,一是殷人原有的奴隶。二者相互关联,处理当与不当,都将关系到周朝的安危。范文澜认为,临阵起义的奴隶,已因反戈之功受到奖励,被武王解放了,升格为农奴。而大量用于农牧业生产的奴隶也获得解放,成为农奴,但没有提出有力的证据。不过,就常理而言,这种观点是站得住脚的。何况,周人也没有继续使用这些奴隶的理由。首先,从认识上说,他们没有以奴隶获利的经验,却见到殷人因奴隶阵前倒戈而致亡的教训。他们既没有将失国的殷民掳为奴隶,为什么要接受这份遗产,抓住其原有大量奴隶不解放呢?同时,他们既无在生产上以暴力管理大量奴隶的经验,也无这个力量。既以全国半数以上的兵力防止殷民叛乱,哪里还有兵力像殷人那样,用来大量使用、关押及追捕、屠杀奴隶?再者,武王克殷与汤逐夏桀不同。商人以强兼弱取代夏朝,自视种族优越,又得天神佑护,可以任意奴役和屠杀他族,从来不会想到自己会失败,会向别人学习。周人则因比商族落后太多,自认以民心取胜,并不能因克殷而产生民族优越感。商人瞧不起他们,心里老大不服气,只有继续以争取民心来巩固已有的胜利。正像民国年间的著名学者王国维说的那样:"殷周之兴亡,乃有德与无德之兴亡。故克

---

[1] 司马迁:《史记》第5册,中华书局1959年版,第1518页。

殷之后，尤兢兢以德治为务。"[1]所以，他们于克商之后，两次为殷人立国，即使发动叛乱的顽民，也并未加以"孥戮"，不过远迁洛邑而已。最后，也是最重要的一点，从社会效果看，殷人原有的奴隶是被解放了。否则，如果仍像商朝那样，在农、牧业生产上大量使用奴隶，其地位没有变化，譬如上升为农奴。那么，他们为什么不再逃跑、反抗了呢？难道他们不怕殷人单怕周人，或者没有比以前更好的时机吗？既然原有的大量农牧业奴隶基本解放，奴隶占有制不再成为制约整个社会上层建筑和意识形态的主要生产关系，虽因战俘、债务、犯罪等在其他生产部门，以私家奴隶的形式保留一些奴隶制度的残余，也不应再将西周划入奴隶制社会了。

周王朝的建立，标志着国家形态上的完全成熟，"在中国古代国家发展史上具有划时代意义"[2]。这不仅表现在各项制度及相应机构的完备，更表现在治国理政经验得到进一步的丰富与发展。当社会分裂为两大对抗阶级，矛盾无法调和的时候，新生的奴隶主阶级开始将暴力引入社会公共管理机关，创立国家政权，以强制手段压制被剥削阶级的反抗，维持社会生产与生活秩序。这无论对于统治阶级还是人类社会，都是一种历史进步。然暴力并不是万能的。它不仅对被剥削阶级的反抗未必时时事事尽皆有效，更无法恰当处理统治阶级的内部矛盾。商王朝一朝而亡的教训，就暴露了国家制度上的严重缺陷。同时，人类进入阶级社会之后，各方面都获得很大进步与迅速发展，但也丢掉许多宝贵的东西，如人与人之间的亲情、和谐、爱心、谅解等。所以，认真探索国家权力机构的功能与操作规律，进一步完善国家制度，不仅成为统治阶级的政治需要，也是人类个人感情上的需要。而可庆幸的是，中国早在三千年前，就由当时的大政治家周公姬旦解决了这一问题。他总结周、殷双方的成败得失与经验教训，将暴力与礼教结合起来，统一于国家制度之中，刚柔相济，恩威并用，从而形成中国政治的基本特色。按现在的话说，就是赋予国家以警察与牧师两种功能。中西之间的不少差异即源于此。具体而言，就是以礼规范人的行为，将人

---

[1] 王国维：《观堂集林》，中华书局1959年版，第479页。
[2] 李学勤主编：《中国古代文明与国家形成研究》，云南人民出版社1997年版，第535页。

与人之间方方面面的关系,皆纳入礼制之中,以礼治国,以礼治家,以礼治一切事业。故《礼记》开篇即称:"道德仁义,非礼不成。教训正俗,非礼不备。分争辨讼,非礼不决。君臣、父子、兄弟,非礼不定。宦学事师,非礼不亲。班朝治军,莅官行法,非礼威严不行。祷祠、祭祀,供给鬼神,非礼不诚不庄。"[1] 而实行礼制的目的与条件,首在于教,故礼教并称。而教必有师。唯师道尊严,教学方有成。故将师与天、地、君、亲同列,称:"天地君亲师。"这也是中国所独有的。而作为周初政治的思想结晶的儒学,则更侧重于礼教方面,体现其牧师的功能。孔子思想所以具有抵制宗教的作用,其秘诀大约即在于此。因为它本身就带有原始社会的思想残余,肩负维护社会现有秩序的责任,且"穷则独善其身"[2],兼有出世思想,故在一定程度上带有宗教的性质。西欧统治者认识这番道理,虽在一二千年之后,但从社会发展阶段上看,却是相同或相当的。也是在高度发展的奴隶社会被"野蛮民族"冲垮之后,领主封建制正在形成之时。所不同的是,在西欧,体现温情与"礼教"的不是政治家,而是教会,且曾一度凌驾于国家之上。但其内涵上却极为相似,都带有原始社会末期处理人际关系的道德准则。它使人联想到,大概世界上的许多民族,都有着大体相似的经历,都在这个社会发展阶段上,发生过类似的现象。

　　周公旦所以能够做到这一点,当然也不仅仅由于个人的聪明才智,而主要还是因为克殷前的周族社会,尚处于早期奴隶制阶段,各方面都还保留着原始社会的一些特点。故能体会民心、道德对国家政治的重要性,在以中庸之道重建国家政治制度的时候,将当时尚存的、处理人际关系的道德准则,引入国家管理之中。借以缓和、调整被较为发达的奴隶制度,弄得极为紧张的人际关系,亦兼可补救暴力之短。由此看来,反映原始人类内部关系的《大同篇》,保留在儒家经典《礼记》之中,是可以理解的。这样,社会就经历了一个否定之否定的过程。本来,以暴力与礼教相结合的方式管理国家,在奴隶社会早期,亦即原始社会末期的国家初立之时就

---

[1] 陈戍国点校:《四书五经》,岳麓书社1991年版,第429页。
[2] 陈戍国点校:《四书五经》,岳麓书社1991年版,第127页。

存在着。譬如传说中的尧舜时代，据《史记·五帝本纪》载，当时虽已刑制初备，但仍崇尚道德，重礼、乐、教化[1]，其治理国家的方式，同文王时期的西土周国极为相似，即所谓"尧、舜帅天下以仁，而民从之"。而后，随着社会的发展，奴隶主阶级对原始社会的这场革命的步步深入，即所谓"桀、纣帅天下以暴，而民从之"[2]，这些特点也就渐渐消失了。孟子所谓"尧舜既没，圣人之道衰，暴君代作"，"邪说暴行又作"[3]，就反映了国家管理方式的这一变化。现在封建领主阶级革了奴隶主阶级的命，重新把它恢复起来，也就否定了夏、商两朝单纯使用暴力的国家制度。这在某种意义上，可谓以倒退求进步，于复古中寓革命。

然值得注意的是，在奴隶制发达或较为发达的社会中，在国家形态上是不可能取得这样的进步的。因为奴隶主阶级是暴力的发明者，正是他们首先把暴力引入社会公共事务与生产的管理之中，借以取得政治上的统治地位和经济上的巨大财富。他们不可能否定自己，也想不出别的什么其他办法可以达到自己的目的。他们对原始社会的一切弃之如敝屣，且属久已失传，是不可能再把它找回来的。大约李书的作者也想到了这一层，唯恐读者会从中得到某种信息。故行文至此特别强调："这一在中国古代国家发展史上具有划时代意义的变革，既非取决于社会性质是否有所变化，也非由何种新的经济生产方式之导发"[4]，以消除读者心中可能发生的误解。读书至此，则既为他们在学术上的探索精神和巨大成就感到高兴，也为他们囿于成说、戛然而止的做法感到惋惜。然读者不会不想，仅只分封制这样一个技术操作上的做法，且夏、商早已有之，能导致"这一在中国古代国家发展史上具有划时代意义的变革"吗？这个谜只好让它留在心里。

王国维也对此作过专门论述。他认为，"中国政治与文化之变革，莫剧于殷周之际。"并郑重声明："此非穿凿附会之言也，兹篇所论，皆有

---

[1] 司马迁：《史记》第1册，中华书局1959年版，第24页。
[2] 陈戍国点校：《四书五经》，岳麓书社1991年版，第2、3页。
[3] 陈戍国点校：《四书五经》，岳麓书社1991年版，第93页。
[4] 李学勤主编：《中国古代文明与国家形成研究》，云南人民出版社1997年版，第535页。

事实为之根据。"[1]他通过对夏、商、周三代政治与文化的反复比较研究之后说:"夏殷间政治与文化之变革,不似殷周间之剧烈也。"认为"殷周间之大变革",绝非一般的改朝换代,而是政治与文化制度的根本变革:"自其表言之,不过一姓一家之兴亡与都邑之移转;自其里言之,则旧制度废而新制度兴,旧文化废而新文化兴。"[2]并进而指出,中国以立嫡长子为中心内容的宗法封建制度,就是由周公一手制定的,且只能由周代创立,"自殷以前,决不能有此制度也。"[3]还说:"欲观周之所以定天下,必自其制度始矣!""欲知周公之圣与周之所以王,必于是乎观之矣!"[4]

商、周之间的这一巨大变化,也反映在儒家经典著作中。现举数例如下。

一、关于天和人的关系。殷人重神而贱人,周人敬天而更重人事,结果周胜而殷败。周以偏居西北的落后小国弱国,战胜了先进的中原大国强国,这不能不在人们的思想上引起巨大的震动。这一历史经验被周公所接受,也反映在孔子思想中。他对天和鬼神抱着不可知的态度,而反复强调人的重要地位和作用,把人当作国家政治的中心和根本。哀公问政。子曰:"为政在人。""其人存,则其政举;其人亡,则其政息。"[5]子贡问政。子曰:"足兵,足食,民信之矣。"子贡曰:"必不得已而去,于斯三者何先?"曰:"去兵。"子贡曰:"必不得已而去,于斯二者何先?"曰:"去食。自古皆有死,民无信不立。"[6]孟子发挥这一思想,称"天时不如地利,地利不如人和","得道多助,失道寡助"[7],"仁者无敌"[8],进一步强调了人的作用。周公甚至干脆把民心当天心,称"皇天无亲,惟德是辅。民心无常,惟惠之怀。"[9]还说:"天听自我民听,天视自我民

---

[1] 王国维:《观堂集林》,中华书局1959年版,第451、454页。
[2] 王国维:《观堂集林》,中华书局1959年版,第453页。
[3] 王国维:《观堂集林》,中华书局1959年版,第464页。
[4] 王国维:《观堂集林》,中华书局1959年版,第453、480页。
[5] 陈戍国点校:《四书五经》,岳麓书社1991年版,第10页。
[6] 陈戍国点校:《四书五经》,岳麓书社1991年版,第40页。
[7] 陈戍国点校:《四书五经》,岳麓书社1991年版,第79页。
[8] 陈戍国点校:《四书五经》,岳麓书社1991年版,第64页。
[9] 陈戍国点校:《四书五经》,岳麓书社1991年版,第265页。

视。"[1] 从这一思想出发，他们承认汤放桀、武伐纣皆是应天顺民的革命，不是什么以臣弑君。孟子见齐宣王。齐宣王问曰："汤放桀，武王伐纣，有诸？"孟子对曰："于传有之。"曰："臣弑其君可乎？"曰："贼仁者谓之贼，贼义者谓之残。残贼之人谓之一夫。闻诛一夫也，未闻弑君也。"[2] 还说："民为贵，社稷次之，君为轻。"[3] 然而，这样一来却造成了儒家学说的二元倾向，民本主义和等级观念各持一端，天和人各持一端，从而为后世的改朝换代提供了理论根据。所谓"天人合一"，所谓"成王败寇"，皆是由此演化而来的。所以，孔学虽带有一些宗教的特点，但却不能成为宗教。因为它没有神学体系，有时甚至把人视为主宰。不过，他所说的人不是一个人、概念人或自然人，而是以礼为范的社会群体，实际上是指整个人类社会。齐景公问政于孔子。孔子对曰："君君，臣臣，父父，子子。"[4] 所以，孔子思想的核心就集中在一个人字上，民本主义是其精华，等级观念是其糟粕。所谓仁，也就是划分为等级的人。

二、关于治身与治国的关系。本来，政治上的成败主要决定于所行政策的正确与否，同政治家个人的品德没有多大关系，无论如何也不会起决定性作用。然孔子基于对周、殷成败与周初政治经验的认识，知其然而不知所以然，误将文、武、周公行仁政、行德政的根本原因，归之于他们个人的人性。视个人人性为决定一切成败的关键，并由此推及尧、舜，把他们称为圣人。《礼记》中的《大学》一篇，专讲治国、治身的道理。而其开章明义，即提出一套修身、齐家、治国、平天下的公式。其根据是："大学之道，在明明德，在亲民，在止于至善。""古之欲明明德于天下者，先治其国。欲治其国者，先齐其家。欲齐其家者，先修其身。"[5] 从这关乎天下兴亡的道理中，似乎可以看到周文王治国、平天下的影子。至于将"齐家"抬到如此重要的地位，则可能与舜的传说有关。据《史记·五帝本纪》

---

[1] 陈戍国点校：《四书五经》，岳麓书社1991年版，第243页。
[2] 陈戍国点校：《四书五经》，岳麓书社1991年版，第71页。
[3] 陈戍国点校：《四书五经》，岳麓书社1991年版，第133页。
[4] 陈戍国点校：《四书五经》，岳麓书社1991年版，第40页。
[5] 陈戍国点校：《四书五经》，岳麓书社1991年版，第1页。

载，舜本庶人。其父愚顽，继母凶狠，异母弟贪、傲，对之虐待不止，屡害不遂。舜不怨不悔，孝友和家，以是荐达于尧。执掌社会教化之后，复"举八元，使布五教于四方，父义、母慈、兄友、弟恭、子孝，内平外成。"[1]以此为起点，一步步成为治国治民的能手，终至传说中的五帝之位。因此，儒家经典中常提到舜，对之大加赞扬："舜其大孝与！德为圣人，尊为天子，富有四海之内。""故大德者必受命。"[2]还说："尧、舜帅天下以仁，而民从之。桀、纣帅天下以暴，而民从之"。故"治国必先齐其家"[3]。

三、关于中庸之道。这是孔子思想中最令人费解的问题。范文澜认为属士的妥协思想，且举同"三桓"斗争的半途而废为例，恐未确。孔子嫡孙孔伋曾集其有关论述辑为《中庸》[4]，作为《礼记》中的一章。南宋时，朱熹复将《大学》《中庸》从《礼记》中抽出，单独成册，合《论语》《孟子》称四书，并分章、注释编为《四书章句集注》，成为元末以来开科取士的根据。可见对此说的重视。从内容上看，儒家对中庸之道更是极为推崇，将它称为"极高明"的君子之道、圣人之道："大哉，圣人之道洋洋乎！""故君子尊德性而道学问，致广大而尽精致，极高明而道中庸。"[5]还说："君子中庸，小人反中庸。"[6]那么，究竟怎样做才算符合中庸之道呢？书称："居上不骄，为下不倍；国有道，其言足以兴；国无道，其默足以容。《诗》曰：'既明且哲，以保其身。'其此之谓与！"[7]他们为什么推崇这样一种处世之道呢？可能与文王的政治经历有关。正是他在鄂侯、九侯被纣王杀害之后，以沉默不语保住有用之身，终得灭商复仇。故孔子提倡"事君以忠"，但不主张愚忠。当子路、子贡责备管仲为不仁时，孔子说："桓公九合诸侯，不以兵车，管仲之力也。如其仁！如其仁！"

---

[1] 司马迁：《史记》第1册，中华书局1959年版，第35页。
[2] 陈戍国点校：《四书五经》，岳麓书社1991年版，第9页。
[3] 陈戍国点校：《四书五经》，岳麓书社1991年版，第2、3页。
[4] 司马迁：《史记》第6册，中华书局1959年版，第1946页。
[5] 陈戍国点校：《四书五经》，岳麓书社1991年版，第12页。
[6] 陈戍国点校：《四书五经》，岳麓书社1991年版，第7页。
[7] 陈戍国点校：《四书五经》，岳麓书社1991年版，第12页。

又说："管仲相桓公，霸诸侯，一匡天下，民到于今受其赐。微管仲，吾其被发左衽矣。岂若匹夫匹妇之为谅也，自经于沟渎而莫之知也"[1]。而"执其两端，用其中于民"[2]，则是儒家的施政原则，后来演化为"执两用中""折中至当"，虽托言于舜，实则亦似基于周公的施政经验。正是他兼取殷、周，扬长避短，从而奠定了周代八百年基业。否则，《尚书·舜典》既不见此语，其有关传说也不会太少，为什么单单赞扬此事？

四、关于君臣之道。孔子所谓"君君，臣臣，父父，子子"，所谓"君使臣以礼，臣事君以忠"[3]，所谓"礼不下庶人，刑不上大夫"[4]，也都像是从商纣王乱杀大臣的教训中引发出来的。所以，齐景公一听就明白了这关乎国家兴亡的大道理："善哉！信如君不君，臣不臣，父不父，子不子，虽有粟，吾得而食诸？"[5]

五、关于平均主义。当受到严责的弟子冉有，为季氏伐颛臾辩称"今不取，后世必为子孙忧"时，孔子愤然道："丘也闻：有国有家者，不患寡而患不均，不患贫而患不安。盖均无贫，和无寡，安无倾。夫如是，故远人不服，则修文德以来之。既来之，则安之。今由与求也相夫子，远人不服而不能来也，邦分崩离析不能守也，而谋动干戈于邦内。吾恐季氏之忧不在颛臾，而在萧墙之内也。"[6]这种以平均主义为治国良方的经验，也像是源于文王治周，实为原始社会的残余思想，与春秋时代凌弱暴寡的风气，是格格不入的。由此看来，反映原始人类内部关系的《大同篇》，保留在儒家经典《礼记》之中，是可以理解的。

总之，孔子不是奴隶主阶级的思想代表，而是封建领主阶级的思想家。孔子思想并非春秋时代的产物，而是周初政治、经济制度的反映。多年来，

---

[1] 陈戍国点校：《四书五经》，岳麓书社1991年版，第46页。管仲初相公子纠与小白争位，纠死，管仲辅小白登齐王位，是为桓公。
[2] 陈戍国点校：《四书五经》，岳麓书社1991年版，第7页。
[3] 陈戍国点校：《四书五经》，岳麓书社1991年版，第21页。
[4] 陈戍国点校：《四书五经》，岳麓书社1991年版，第436页。
[5] 陈戍国点校：《四书五经》，岳麓书社1991年版，第40页。
[6] 陈戍国点校：《四书五经》，岳麓书社1991年版，第51页。"夫子"，指季氏。

人们曾对孔子思想作出各种解释，或与他所生活的时代相比照，但很少有人把它与周初政治联系起来。曾有"六经皆史"之说，似已触及问题的边沿，可惜未能进一步深入下去。也许，与上述看法最为接近的要算王国维了。其《殷周制度论》一文，论列中国宗法封建制度创于周初，而"根据《尚书》《礼经》与卜辞立说"[1]，可说是通篇散发着周、孔一家的气息。而在上呈废帝溥仪的《论政学疏》中，则干脆将周公、孔子相提并论，称"与民休息之术，莫尚于黄、老；而长治久安之道，莫备于周、孔。"[2]唯其志在帝制，思路至此而止，未能从思想史的角度，对孔子思想与周初政治的关系，作出进一步探讨。也许正是因为这个渊源，虽其博大精深，但却不能不受到周初政治的历史局限。由于周公旦志在安民保国，以折中、妥协为施政秘诀，发明创造皆在继承之中，遂使孔子思想带有守成有余而进取不足的特点。所以，当一个社会、一个阶级或一个政治集团开拓前进，迅猛发展的时候，就往往把它视为绊脚石，对之冷漠、遗弃、甚或猛烈批判。其多年来政治地位的反复浮沉，大概与此有关。由于孔夫子生不逢时，当其创立儒家学说的时候，他所代表的封建领主阶级和农奴制度已经开始衰落，地主阶级和相应封建制度已经产生。所谓天子无钱，诸侯有钱；诸侯无钱，大夫有钱；大夫无钱，家臣有钱，正反映了春秋时代国家权力重心下移的情况。然孔子却坚决反对这一变化，力图恢复周初的政治格局，故为当时的新兴势力所不容，在鲁国不能立足，周游列国也处处碰壁。例如，齐国欲用孔子，有人说儒家礼仪繁复，不堪其烦，只好作罢。楚王欲用孔子，有人说孔子力主以礼治国，楚为子爵，地方五十里，你能照办吗？孔子只好重新上路。

儒家学说于长期沉寂之后，汉代中期突然被汉武帝定于一尊，则因新生的地主阶级遇到了类似周初的政治难题。鉴于强秦、霸王以暴取亡的教训，不得不仿效周公旦有张有弛的治国理念和政教合一的做法，借以巩固既得的权位。法家所行焚书坑儒、以吏为师的政策，实际上是将政、教对

---

[1] 吴泽主编：《王国维全集·书信》，中华书局1984年版，第213页。
[2] 罗振玉：《王忠悫公别传》，载《海宁王忠悫公遗书初集》第1集卷首，1927年刊，第5页。

立起来，弃教以保政，有政而无教。结果，连国家政权也丢掉了。事实证明这一政策是失败的。从此，法家为儒家所兼容，外儒内法成为后世有为政治家的主要特征。而刘彻此举，则标志着地主阶级已由幼稚走向成熟。不过，这时所用的只是孔子有关修身、齐家、治国、平天下的一般原理，并非他原来的政治主张。而所以能够这样做的基本条件，则是郡县制和中央集权政体业已巩固，领主分封制已没有复辟的可能。

"战国封建说"是20世纪50年代确立的，《光明日报》新近发表的一篇文章，大致说清了该说形成的经过[1]。20世纪30年代，郭沫若别开生面，提出西周为奴隶社会的开始，东周为封建社会的开始。据说，当时史学界存在着中国有没有奴隶制度的激烈争论，关系到马克思主义是否适合中国国情的重大政治问题。夏、商两朝的存在既被古史辨派所否定，西周若不是奴隶制社会，中国也就找不到奴隶制这一社会发展阶段了。40年代郭沫若修改了自己的说法，将奴隶制社会的上限移至殷代，下限移至秦。与此同时，范文澜根据吴玉章的观点，在所著《中国通史简编》中采用"西周封建说"。郭沫若再次修改其说，于50年代初将封建社会的上限移至春秋战国之交。"战国封建说"至此确立，再没有更易过。1950—1956年间，中国史学界曾就古史分期问题进行过长时间的热烈讨论，唯封建社会起点争论最大，或郭或范相持不下。因资料缺乏，双方都提不出有力的证据，只好两说并存，作为在学术问题上百家争鸣的榜样。而教科书则以郭说为准。

现在看来，"战国封建说"缺陷明显，"西周封建说"亦不尽完美，似乎没有把春秋战国间的急剧变革突现出来。笔者浅见，应将郭、范二说结合起来，时限稍移，参照翦伯赞《中国史纲要》和最新研究成果，重新进行古史分期：夏以前为原始社会，夏、商两朝为奴隶制社会，周至鸦片战争为封建制社会。而后再将封建社会分为前后两个发展阶段：周代为领主封建制阶段，自秦至鸦片战争为地主封建制阶段。前者是其初级发展阶

---

[1] 黄烈：《郭沫若的〈中国古代社会研究〉〈青铜时代〉〈十批判书〉》，载《光明日报》，1999年7月16日。

段，差不多是各国共有的，西欧、日本皆与之类似；而后者是其高级发展阶段，为中国所独有。其不少问题属"外国没有，马列没说"者，都要靠中国史学家，依据马克思主义基本原理，独立加以解决，从而走出欧洲中心论的误区。

（中国社会科学院近代史研究所编：《划时代的历史转折——"1949年的中国"国际学术讨论会论文集》，四川人民出版社，2002年）

附录：

社会反映：
360 百科等对本集论文的推介

一、有关曾国藩研究的三部学术专著，填补了新中国成立以来该项研究的空白，与其相关的十余篇论文亦多有创见，涉及政治、军事、文化、外交诸方面的内容，具有一定的学术价值。十几年来，经过风风雨雨、潮涨潮落的历史考验，愈显出它所具有的科学性。《应当如何看待义和团的排外主义》与《太平天国"推行神权政治"说质疑》两文，对农民战争史研究中甚感疑难的笼统排外和宗教问题提出自己的看法，以科学的态度与鲜明的观点回答了学术界某些名流大家对农民革命的种种责难，并对其巨大的历史推动作用进行了充分论证。《太平天国与咸同政局》一文，则对晚清咸同时期太平天国、清朝中央政府和曾国藩集团三方政治势力及其相互作用，进行了较为深入的考察和分析，使微观研究与宏观研究相衔接。2002年该文获院、所优秀科研成果奖。《关于清代的道和道员》一文颇具功力，而《清儒汉宋之争与曾国藩集团的思想基础》一文，则对清代学术与政治的相互关系进行考察，认为其学派间的争斗与学术习尚的变化，受到满汉关系的制约。有关孔子思想与中国古史分期问题的《战国封建说质疑——从孔子思想与周初政治看西周社会性质》一文，依据当代金文、甲骨文的最新研究成果和儒家经典著作，集中揭示出孔子思想的阶级属性与主要特点，并对事关大局的古史分期问题提出自己的看法，呼吁史学界尽快走出因分期不当所造成的困境。（以上由相关网页复制，仅文字上做了些压缩整合，以下则由相关网页复制）

二、《应当如何看待义和团的排外主义》一文，通过对所能看到的全部有关资料的分析认为，作为义和团运动指导思想的排外主义，是中国人民在帝国主义长期侵略、压迫和瓜分狂潮的威逼下，所产生的一种民族自卫自救思想，在近代史上具有革命的和进步的作用。只是由于阶级与历史的局限，使之尚未走出排外主义的范畴，成为其思想发展过程中一个自然的、难以逾越的历史阶段。然若没有它也就没有这场运动。正是义和团运动有力地阻止了帝国主义瓜分中国的阴谋，使中国避免了彻底沦亡的命运。

三、《太平天国"推行神权政治"说质疑》是一篇颇有影响的史学论文。当时哲学界和史学界流行着这样一种观点，太平天国农民革命政权是西方中世纪式的神权政治，"假如太平天国统一了中国，那么中国的历史将倒退到黑暗时期"，"曾国藩打败了太平天国避免了中国历史倒退到神权政治的黑暗时期"，只有曾国藩镇压太平天国的战争才是"进步的"、"建立在人权之上的"。该文认为，太平天国的宗教是具有民族独立性和现实性的农民革命宗教，不应当把它当成帝国主义侵略中国的工具和西欧中世纪黑暗的教会统治的象征。根据斯宾诺莎关于"神权政治"的原义和太平天国的具体情况，太平天国农民政权的政治体制应属于君主专制政体，不属于神权政治，而洪秀全集最高军、政、教权于一身的做法，正是斯宾诺莎开出的根治"神权政治"的药方。鉴于中国的历史传统和实际情况，拜上帝教根本不可能在中国取得统治地位，当时战争双方中的任何一方取胜，都不可能造成西欧中世纪的政治局面。冯友兰先生对中国历史的假设是没有根据的，不能成立的。他的有关著作和文章不仅有违历史事实，其研究方法也值得商榷。

四、《太平天国与咸同政局》（《近代史研究》，1999年第2期），通过翔实的史料和严密的分析指出，在太平天国革命的沉重打击下，清政府被迫调整了满汉关系和自身权力结构，地方行以汉制汉、放权督抚之策，中央则恢复相权，使宰相成为新政策的制定者与实施者，结果造成皇权流失和国家权力重心的下移。对太平天国的战争基本结束后，那拉氏随之夺回相权，使中央政权归复旧制，但却无法收回失落于地方的军政大权，督抚专政终成定局，且影响民国一代。太平天国对近代中国实际历史进程的巨大推动作用是不应否定的。

五、《战国封建说质疑——从孔子思想与周初政治看西周社会性质》是朱东安教授为新中国成立五十周年学术讨论会提交的学术论文，将由大会组织者结集出版。战国封建说是20世纪50年代初由郭老提出的，影响巨大，但由于历史定位的不当，造成史学研究中的诸多难题和混乱，致使诸如农民战争、儒家思想等久议不决。该文依据近年的相关研究成果和儒家经典著作认为，孔子思想不是他所生活的春秋时代的产物，而是周初政治的反映。作为其思想核心的"仁"，包含民本主义和等级观念两个方面，是对历史经验的总结，与奴隶制度是格格不入的。这样，孔子的阶级属性与思想本质问题，就成为战国封建说难以逾越的障碍。该文认为，应当综合郭沫若、范文澜及翦伯赞等诸位史学大家的观点，取长补短，重新划定中国古史不同时期的上下时限，以殷周之际作为中国奴隶制社会与封建社会的分界线，更以秦并六国为界将中国封建社会分为领主封建制和地主封建制两个发展阶段。前者为其低级阶段，与西欧日本相似，后者则属高级阶段，为中国所独有。这样，不仅有助于解读中国历史研究中的诸多问题，而且对于中国史学走出"欧洲中心论"的误区大有裨益。